Boucot R.
Mar. Lemaire G.
Ger. Pietre P.
Mace le Boullenger
Seb. Cramoisy Es.
Iac. de Monhers Es.
Rem. Trouchot Es.
Guil. Baillon

LES ORDONNANCES ROYAUX SUR LE FAICT ET IURISDICTION DE LA PREVOSTE' DES MARCHANDS, & Escheuinage de la Ville de Paris.

REVEÜES ET AUGMENTEES DE PLUSIEURS Edicts, Declarations, Arrests, Ordonnances & Reglemens, sur le faict de la Police d'icelle.

Auec les Priuileges concedez par les Roys de France aux Preuosts des Marchands, Escheuins, & autres Officiers de ladite Ville, comme aussi aux Cappitaines, Lieutenans, Enseignes, & Bourgeois d'icelle: Ensemble le Catalogue desdits Preuosts & Escheuins, jusques à present.

A PARIS,
Chez P. ROCOLET, Imprimeur & Libraire ordinaire du Roy, & de la Ville, au Palais, aux Armes du Roy, & de la Ville.

M. DC. LXIV. (1664)

Auec Priuilege de sa Majesté.

LE LIBRAIRE AV LECTEVR.

IL y à long-temps, Lecteur, qu'estant honoré de la charge d'Imprimeur & Libraire de l'Hostel de Ville, ie recherche l'occasion de luy témoigner dans cét employ mes humbles seruices, par l'impression de quelque Liure, qui ne soit pas seulement vtile, mais necessaire. Elle s'est enfin presentée par l'ordre exprés que j'ay eu de faire vne nouuelle Edition de ces Ordonnances, que j'ay remises sous la Presse au mois de Mars, en l'an mil six cens quarante-trois, & acheuées au commencement de la presente année mil six cens quarante-quatre, sous l'Escheuinage de Monsieur de Bourges, Conseiller du Roy, Payeur du Bureau des Tresoriers de France en la Generalité d'Orleans, & de Monsieur Deuin, Bourgeois de cettedite Ville. Si vous en considerez le trauail, ie ne doute point que vous n'y treuuiez dequoy vous contenter beaucoup plus incomparablement qu'aux Editions precedentes. Car en celle cy sont déduites au long plusieurs belles choses qu'on auoit obmises cy-deuant, & qui meritent bien d'estre remarquées, soit pour leur rareté propre, soit pour la peine qu'on a prise d'y apporter les ornemens requis, pour leur donner plus d'agreément, & de lustre. Vous en auez l'obligation à Monsieur le Boulanger, seigneur de Mafflé, Quinquempoix, Vierme, & autres lieux, Conseiller du Roy en ses Conseils, President en la Cour de Parlement, & Preuost des Marchands; La vigilance duquel en cette occasion, a esté secondée par celle de Monsieur Cramoisy, Premier Escheuin, de qui lon peut dire veritablement, qu'outre le soin par luy témoigné en general dans l'exercice de sa charge, il à contribüé beaucoup en particulier à l'impression de cét Ouurage. Dequoy certes on l'a jugé d'autant plus capable, que pour son exquise connoissance en ce bel Art, il a esté choisi Directeur & Chef de l'Imprimerie Royale. Monsieur de Monhers, Bourgeois, Monsieur Tronchot,

Conſeiller du Roy, & Receueur general du Taillon en la Generalité de Paris, & Monſieur Baillon, auſſi Bourgeois de cettedite Ville, Eſcheuins, qui ſe ſont auſſi portez auec ardeur à ſoliciter l'impreſſion d'vn Liure ſi vtile au public. Surquoy ie vous aduertis, Lecteur, que vous ne l'auriez ny en ſi bon ordre, ny meſme ſi ample, ſans les ſoins de Monſieur Pietre, Conſeiller, Procureur du Roy, & de ladite Ville, & Procureur general de Monſieur, Fils de France, Oncle vnique de ſa Majeſté, qui a pris la peine d'y trauailler, pour vous le rendre plus intelligible. Car en effet, c'eſt luy qui en a éclaircy le ſens, qu'on pouuoit à peine conceuoir auparauant, à cauſe de la rudeſſe des anciens mots, & des termes de Police & de Nauigation, non encore expliquez; enſemble de ce que l'on pratique à preſent, qui differe en quelque façon du premier vſage. Ce qu'on ne treuuera pas eſtrange pourtant, ſi l'on conſidere que les ſentimens de la pluſpart des hommes ſont tels, qu'ils examinent ſouuent les choſes qui ne ſeruent de rien, & negligent les neceſſaires, comme ſont les Loix de Police, bien que châcun les doiue ſçauoir; pource qu'outre le moyen qu'elles donnent de viure plus commodément, elles entretiennent auec plus de douceur la ſocieté ciuile. Pour cette meſme fin, vous treuuerez icy adjoûtées ſur châque châpitre diuerſes notes, qui vous porteront aiſément à l'intelligence du texte; Comme auſſi les Edicts, Declarations, Reglemens, Sentences & Arreſts, qui vous en peuuent donner l'explication, reduits en vn corps, au lieu qu'ils eſtoient auparauant épars çà & là; Et qu'ainſi, Lecteur, ils ne vous pouuoient pas beaucoup ſatisfaire. Ce ne vous ſera pas vn petit ſoulagement d'en voir icy le Recueil, qui eſt comme la clef de ces Ordonnances; Où ie vous aduiſe encore, qu'outre ceux que j'ay nommez cy-deuant, les Sieurs le Maire, Greffier, & Boucot, Receueur de la Ville, n'ont eſpargné ny ſoin ny peine, pour faire voir le jour à ce volume. Maintenant donc qu'il eſt en lumiere, receuez-le, s'il vous plaiſt, Lecteur, pour vn témoignage de mon inclination à vous contenter; & s'il s'y rencontre de legeres fautes, que l'Imprimeur ait laiſſées, excuſez-les, ie vous prie; puis qu'en matiere de correction, il eſt impoſſible qu'il n'en échape toûjours quelques-vnes, à la diligence la plus ponctuelle & la plus exacte. Adieu.

TABLE DES CHAPITRES DV LIVRE DES ORDONNANCES de la Preuosté & Escheuinage de la Ville de Paris.

†

TABLE DES CHAPITRES.

Fin de la Table des Chapitres.

ORDONNANCES ROYAUX SUR LE FAICT ET JURISDICTION DE LA PREVOSTE' DES MARCHANDS, & Escheuinage de la Ville de Paris.

CHARLES par la grace de Dieu, Roy de France. Sçauoir faisons à tous presens & à venir, de la partie du Procureur General, de Nous & de nostre bonne Ville de Paris, sur le fait de la Marchandise de l'Eau, nous auoir esté exposé; Que comme pour le bien & vtilité de Nous, de nostre-dite bonne Ville, de toute la chose Publique, & des Bourgeois, Marchands, Manans & Habitans, & autres frequentans, & affluans en icelle: Et pour obuier aux fraudes, cautelles, deceptions & abus, qu'on pouuoit faire & commettre és biens, denrées, & marchandises, qui chacun iour estoient arriuées, conduittes, & amenées pour vendre, despendre, ou adenerer en nostre-dite Ville, tant par les Marchands, Voicturiers, & autres conduisans & menans icelles, comme par les gens & Officiers ordonnez & establis pour icelles vendre, ou faire vendre, visiter, mesurer, compter, ou distribuër: Eussent esté faites, constituées, & ordonnées de long-temps, & de grande ancienneté, par grande & meure déliberation, plusieurs Statuts, Constitutions, & Ordonnances, de la Preuosté des Marchands & Escheuinage d'icelle, fondez & decorez de plusieurs beaux & notables droits, franchises, libertez, & prerogatiues: Tant en fait de Iurisdiction, comme aussi pour maintenir, garder, & conseruer icelle nostre bonne Ville, & lesdits Habitans, Marchands, & marchandises, en bon regime & vraye Police, & non autrement. Plusieurs desquelles Ordonnances, Statuts, & Constitutions (tant par la mutation du temps, & de ladite Preuosté & Escheuinage, qui longuement ont esté gouuernez en nostre main; comme pour la diuersité & multiplication des Officiers, tant de la Garde de ladite Preuosté, qui a esté en nostre-dite main: Et aussi de la Clergie d'icelle, qui par long-temps, & par plusieurs années a esté baillée à ferme en diuerses mains) n'ont pas esté gardées ny obseruées en leurs termes: & plusieurs Lettres, Chartres, & autres enseignemens, faisans mention d'icelles, ont esté perduës ou adirées, tellement qu'on ne les a pû bonnement recouurer de ceux qui les auoient en garde: pource qu'aucuns d'eux sont pieça allez de vie à trespassement, & leurs biens transportez en diuers lieux & places: & les autres sont allez demeurer en lieux loingtains: parquoy plusieurs fraudes, abus, & deceptions ont esté depuis, & sont chacun iour faites & commises au fait de la marchandise, &

CHARLES VI. imitant ses Predecesseurs Rois, donna à la Ville de Paris plus de lustre, qu'il ne luy en auoit osté dans sa colere, fondée sur la rencontre du temps, ses principaux Magistrats luy furent rendus, ses Loix r'establies, mais plus pures qu'elles n'estoient: & à ce faire fut commis le sieur de Mauloüé, Conseiller au Parlement, tres-celebre, auec les Preuost des Marchands & Escheuins qui estoient lors, sur la Requeste qu'en fit le Procureur General du Roy & de la Ville de Paris, sur le fait de la marchandise, qui est son vray tiltre, & tous ensemble compilerent ce Corps d'Ordonnances, qui s'obseruent encores, à la reserue de quelques Articles, que l'vsage a pû faire changer, qui seront remarquez en leur lieu.

des Officiers d'icelle. Et aussi ont esté meus plusieurs procez, debats & controuerses entre nos sujets, au tres grand grief, dommage, & prejudice de Nous, de ladite Ville, de ladite marchandise, & de toute la chose Publique, & au grand retardement de Iustice. Pour obuier ausquelles fraudes, deceptions, abus, procez & debats, & afin de reformer le bien Public de bien en mieux, & le tenir, maintenir, & conseruer en tres-bonne Police, ainsi qu'à ce sommes principalement ordonnez, & que de tout nostre cœur desirons. (Apres ce que nous auons leué & osté la main, qui de par Nous auoit esté mise en ladite Preuosté & Escheuinage, & és droits, priuileges, libertez, franchises, & prerogatiues d'icelles:) eussions à la requeste de nostre-dit Procureur, par nos autres Lettres commis nostre amé & feal Conseiller en nostre Parlement, Maistre Iean Mauloüé, pour sçauoir & enquerir auecque lesdits Preuost & Escheuins, & nostre-dit Procureur, des Ordonnances, Coustumes, Constitutiōs, Statuts, Vsages, & communes Obseruances anciennes, que l'on souloit garder, & dont le temps passé on a vsé, & estoit necessaire & tres-expedient d'vser au temps à venir au fait desdits Preuosté, Escheuinage, & marchandise: Tant par Bourgeois, Marchands, Preud'hommes, & autres Anciens en ce cognoissans, comme par Chartres, Vidimus, Liures, Cahiers, Papiers, Registres, & autres enseignemens anciens, & tout ce rapporter par articles pardeuers Nous, ou nostre amé & feal Chancelier, pour sur ce ordonner & bailler telles Lettres comme il appartiendra. Lequel nostre Conseiller, & lesdits Preuost & Escheuins de nostre-dite Ville, & nostre-dit Procureur: (appellées plusieurs nobles personnes, Bourgeois, Marchands, & autres, de plusieurs & diuers estats, en grand nombre) ayent sur ce procedé à grande & meure deliberation. Et eu l'aduis des dessusdits, & aussi de la plus grande & saine partie des Officiers sur le fait de ladite marchandise, pour ce mandez pardeuant eux par plusieurs & diuerses fois, & par eux interrogez par serment sur lesdites choses, si comme il Nous ont relaté. Pourquoy elle doit estre maintenüe, gardée & obseruée en bon regime & bonne Police auant toutes autres. Et à ce que Nous & nos Predecesseurs Roys de France auons tousiours eu desir d'ainsi le faire à nostre pouuoir, & voulans ensuiure les bōnes œuures, Constitutions, Ordonnāces, & Statuts de nosdits Predecesseurs, & principalement au regard de la bonne Police de nostre-dite Ville, & à l'augmentation & conseruation du bien public d'icelle, & de toute la marchandise, & obuier ausdits abus, fraudes, & deceptions, procez & debats: & afin que ladite marchandise soit iustement & loyaument demenée, comme il appartient: Ouy sur ce que dit est, la relation de nostre-dit Conseiller, desdits Preuost des Marchands, & Escheuins, & de nostre-dit Procureur: Auons par grande & meure deliberation de plusieurs de nostre grand Conseil, & autres de nostre Parlement, en ensuiuant lesdites Constitutions, Ordonnances, & Statuts anciens, ordonné, & par ces presentes de nostre certaine sçience, pleine puissance & authorité Royale, ordonnons par maniere de Statuts, Constitutions, Edits & Ordonnances irreuocables, pour le bien public, Gouuernement, & bonne Police de ladite Ville & marchandise: Les choses, points, & articles qui s'ensuiuent.

LE PREMIER CHAPITRE CONTIENT LE FAICT DE LA MARCHANDISE DE BLEDS, FARINES, & autres grains, venans & affluans en la Ville de Paris, tant par eau que par terre.

De non faire séjourner Bleds, puis qu'ils seront chargez.

ARTICLE PREMIER.

PREMIEREMENT, quand aucuns Bleds, Farines, ou grains, seront chargez sur la Riuiere de Seine; ou sur l'vne des autres Riuieres descendans en icelle, pour estre amenez vendre en la Ville de Paris, on ne les fera séjourner sur le chemin, ny sur les Ports, là où ils auront esté chargez, que deux iours, qu'ils ne soient mis à chemin pour enuoyer en ladite Ville, si par fortune de temps, ou autre necessité, ils ne sont destourbez ou empeschez, sur peine de forfaicture.

ARTICLE I. Les Marchands ne doiuét séjourner en chemin, autrement ils chercheroient l'occasion d'estre seuls en la vente, ce qui formeroit le Monopole, & doit le Voicturier partir incótinent la charge de son Batteau parfaite, sans attendre deux iours, ainsi qu'il s'obserue à present.

De non vendre Bleds, ou Farines; en les amenant.

II. ITEM, Quand lesdits Bleds, Farines, ou grains, seront ainsi chargez pour estre amenez vendre en la Ville de Paris: on ne les vendra ne descendra en chemin: sinon que le Marchand, à qui ils seront, ait dit expressément en faisant son marché au Voicturier qui les amenera, qu'il auroit intention de les vendre à aucun Port ou Marché juré, qui sera entre le lieu où ils auront esté chargez, & ladite Ville de Paris: & non autrement, sur peine de forfaicture.

ARTICLE 2. Le Marchand est presumé trafficquer pour la prouision de Paris, s'il ne declare sõ intention par la Lettre de voicture, passée pardeuant persónes Publiques sur les lieux, & auant de partir, s'il ne prend permission de la Ville.

De la hanse & compagnie Françoise, au regard de ladite Marchandise.

III. ITEM, Tous Marchands pourront faire amener toutes manieres de grains & Farines aual l'eau, pour vendre en ladite Ville de Paris, au dessus des Ports d'icelle, sans congé, sans hanse, & sans compagnie Françoise, mais non pas ceux qui en ameneront, ou feront venir d'aual l'eau: car ils ne pourront mettre sur ladite Riuiere entre le Pont de Mante & ceux de Paris, pour rebourser l'eau contremont, ny autrement, que icelles denrées & marchandises ne soient forfaites & confisquées: sinon que celuy ou ceux, à qui elles seront, soient Bourgeois de Paris, & hansez de la marchandise de l'eau; Et s'ils ne sont Bourgeois de Paris, ils seront pareillement hansez, & auec ce, ils auront * compagnie Françoise, à eux baillée par lesdits Preuost, & Escheuins; sur ladite peine.

ARTICLE 3. Ceux qui trafficquent sur la riuiere pour Paris, & qui font arriuer leurs Marchandises au dessus des ponts de ladite Ville, en aualant, n'ont pas besoin de congé ny de permission; mesme d'auoir lettres de hanse, à la difference de ceux qui viennét du costé de Normandie, & qui passent par dessous le pont le Mante, pour remonter vers Paris, rebrousser l'eau, & arriuer au dessous des ponts de ladite Ville, lesquels doiuent estre hansez, & de plus auoir compagnie Françoise, s'ils sont forains. Ceste antiquité est remarquable, & vient de ce que la Normandie estoit en ce temps-là gouuernée par des Ducs, suspects aux François par leurs menées: Et afin que sous pretexte de Commerce il ne se fist rien de desaduantageux, par cabale, intelligence, ou autrement: ceux qui venoient de ce Pays, ou des enuirons pour negotier, mesme les Bourgeois de Paris, qui vouloient trafiquer de ce costé-là, deuoient auparauant se faire cognoistre, & demander aux Preuosts des Marchands, & Escheuins, lettres de hanse, pour leur seruir de permission, & comme d'vn priuilege particulier, pour faire le Commerce, & s'vnir au Corps des autres Marchands, à l'exemple de ces Villes maritimes d'Allemagne, que l'on appelle Hansiatiques, *Am See Staten, ad mare Vrbes*, qui sont jointes & vnies ensemble pour la conseruation du Commerce. Outre les lettres de Hanse, les Marchands Normands, & autres forains rebroussant l'eau, deuoient s'associer d'vn Marchand François; C'est ce que l'on appelle compagnie Françoise, qui a depuis esté ostée; mais le droict est demeuré, qui compose vne ancienne Ferme de la Ville, & est de trente-cinq sols quand la marchandise peut valoir cent liures; que si elle vaut moins, n'est payé que demy droict: Et est à notter, que tous Marchands indifferemment rebroussans l'eau, sont tenus prendre lettres de hanse, à la difference du droict de compagnie Françoise, au payement duquel les Forains sont seuls tenus; le droict de hanse est de quatre liures trois sols six deniers: La vefue d'vn Marchand doit prendre de nouuelles lettres de hanse, & ne doit que demy droict.

* *Est à noter qu'il y a plus de deux cens ans que cette seruitude & subjection de compagnie Françoise aux Marchands forains, a esté esteinte & abolie: mais au lieu d'icelle, ils sont tenus de payer trente-cinq sols pour chacun voyage qu'ils feront auec de la marchandise, & s'ils sont deux ou plusieurs à la marchandise, estans dans vn mesme Batteau, ils doiuent tous chacun pareille somme de trente-cinq sols, payables au Domaine de la Ville.*

Des Forains: qu'ils ne doiuent faire descendre Bleds, ny Farines, sur terre, ny faire greniers.

ARTICLE 4. Les Bleds, grains & Farines, ne se doiuent mettre en grenier, affin que le Marchand vende promptement & au prix courant.

IIII. ITEM, Nul Forain (soit Marchand ou autre) ne descendra aucuns Bleds, Farines, ou grains sur terre, en ladite Ville de Paris, ny mettra en grenier, sinon és Places & Marchez establis & ordonnez, pour iceux vendre & distribuer, sans le congé & licence desdits Preuost & Escheuins; sur peine de forfaicture.

De la descente desdits grains, quand ils sont aux Bourgeois de Paris.

ARTICLE 5. Le Bourgeois peut prendre Port par tout, à la difference du Marchand qui est obligé de descendre & vendre aux Ports & places à ce destinées.

V. ITEM, Quand aucuns grains ou Farines seront arriuez par ladite Riuiere de Seine, en ladite Ville de Paris, si c'est pour vn Bourgeois, ou Marchand de Paris, il prendra Port par tout, où il trouuera lieu & place vuide & conuenable; Et iceux grains descendra debout à terre, & les fera mener au Marché, ou en ses greniers, sans en prendre ny auoir congé: & s'il est déliberé d'iceux Bleds & Farines vendre, il mettra le tesmoing au Marché; & iceux* affeurera & mettra à prix, selon le cours dudit Marché pour la journée.

* *Ce mot est expliqué par le suiuant.*

De non encherir ledit grain.

ARTICLE 6. Le Marchand de grains ne peut vendre le dernier muid de son Batteau plus que le premier qui en a esté tiré, affin de l'obliger au débit de sa marchandise, & en cela soulager le Public.

VI. ITEM, Vn Bourgeois ou vn Marchand de Paris, n'encherira aucuns grains ou Farines en vn mesme iour de Marché, ny les mettra à plus haut prix qu'ils auront esté mis & affeurez: mais à vn autre iour de Marché, il pourra enuoyer le tesmoing de son grain ou Farine, estant en sa maison ou grenier, audit Marché, & non autrement; sur peine d'amende arbitraire.

De la descente des Forains: Et de mettre le tesmoing au Marché.

ARTICLE 7. Le Marchand est obligé de se ranger au Port ordinaire du grain: que s'il n'y a place, il ne se peut mettre ailleurs sans la permission des Preuost des Marchands, & Escheuins.

VII. ITEM, Et quand vn Marchand forain amenera Bleds, Farines, ou autres grains, par ladite Riuiere de Seine en ladite Ville de Paris, il peut prendre Port, s'il le trouue vuide: & s'il ne le trouue, il ira au Preuost des Marchands, & Escheuins, qui luy feront ordonner, par les Sergens, ou Commissaires de ladite Marchandise de l'Eau, d'auoir Port. Et si son Batel ou Batteaux chargez d'icelles marchandises arriuent à iour de Marché, (pource qu'il n'y a que deux Marchez en la sepmaine, c'est à sçauoir, le Mercredy, & le Samedy) ledit Marchand ira incontinent porter le tesmoing de son grain au Marché, & l'y tiendra iusques à ce que ledit Marché soit finy. Et si iceux grains, ou Farines arriuent à autre iour qu'à iour de Marché, ce nonobstant il ira porter * le tesmoing en la Place où se tiendra ledit Marché ; pour icelles Marchandises susdites de grains ou de farines, vendre & distribuer promptement, & les y tiendra continüellement iusques à ce qu'elles soient vendües, sur peine de soixante sols parisis d'amende.

* *C'est la monstre.*

De mettre le tesmoin au Marché ; d'y faire rabais, & le deliurer au quatriesme jour.

VIII. ITEM, Si lesdits Marchands ou autres forains ne peuuent icelles Marchandises vendre, ny en auoir deliurance suffisante ; & qu'en attendant icelle deliurance, leursdites Marchandises s'empirent sur la riuiere, ou soient à trop grand frais & despens, tant pour les coustemens des batteaux, ou battelées, comme autrement ; parquoy besoin leur soit d'auoir permission d'icelles descendre & mettre en Grenier : Es cas dessusdits, s'ils requierent permission ausdits Preuost & Escheuins, ils leurs pourront licitement donner congé d'icelles Marchandises descendre & mettre en Grenier ; parmy ce qu'ils n'encheriront point le prix à quoy le tesmoing aura esté mis à ladite Place : & qu'icelles ne demeureront à vendre que durant le temps de trois jours de Marché prochains ensuiuans : & que chacun jour d'iceux Marchez, ils iront porter le tesmoing, & vendront leursdites denrées par aucun de leur famille, & non par autre ; sinon par le congé desdits Preuost & Escheuins : & feront rabais à chacun d'iceux Marchez : Et au troisiesme Marché, se vendront & deliureront du tout selon le prix & cours d'iceluy. Et qui fera le contraire, il forfera lesdites Marchandises.

De non vendre ny deslier ladite Marchandise sur le chemin.

IX. ITEM, Les Bleds, Farines, & autres grains qu'on amenera par terre en la Ville de Paris, tant en chariot, charrettes, harnois, comme à sommes sur cheuaux & autres bestes, depuis qu'ils seront chargez pour amener vendre en ladite Ville, ne seront vendus ny desliez sur le chemin : ainçois seront amenez tout droit en l'vne des places ordonnées pour les vendre & distribuer à vn chacun pour son argent : c'est à sçauoir, en la place de Greue, en la place des Halles, & en la place de la Iuifrie en la Cité : sans les vendre, ny descendre ailleurs pour vendre ; sur peine de forfaicture.

ARTICLE 9. La raison de cét Article est affin de pouruoir à la nourriture de Paris qui manqueroit des choses necessaires, si les Marchands auoient la liberté de vendre en chemin ; ce qui se pratique pour toutes sortes de danrées necessaires à la vie.

De vendre ladite Marchandise aux Marchez, sans desplacer.

X. ITEM, Et apres ce qu'ils seront ainsi descendus esdites Places & Marchez, ils ne seront point transportez de la premiere place en l'autre ; & aussi ne seront leuez jusques à ce qu'ils seront vendus : & si ne demeureront que jusques à trois jours de Marché : c'est à sçauoir, de Mercredy, & de Samedy : & au troisiesme Marché seront vendus & deliurez, du tout au prix qu'ils pourront valoir pour le jour dudit Marché : & ne seront point mis en Greniers ; mais demeureront esdites Places, és sacs en quoy ils seront. Et si aucun les faisoit mettre en Greniers, en venant contre ce que dit est, les denrées seront forfaictes.

ARTICLE 10. Les Bleds & aucuns grains ne peuuent estre mis en grenier sans permission du Preuost des Marchands & Escheuins ; ce qui est iustement introduit pour empécher les magasins qui apportent ordinairement la necessité & cherté des viures.

De la distribution de ladite Marchandise.

ARTICLE II. En cas de cherté & necessité, la distribution se fait és Ports & Places par l'ordre des Magistrats.

XI. ITEM, Et quand lesdits Bleds, Farines & Grains seront esdits Marchez; ils seront vendus à tous ceux qui en voudront auoir pour leur argent. Et s'il aduient qu'il en soit cherté ou necessité, on en baillera & distribuëra esgalement à chacun selon son estat, par proportion, & par prouision de Iustice, si mestier est.

De non faire embouscheure en ladite Marchandise.

ARTICLE 12. Embouschenre, c'est à dire l'ouuerture du sac, le fõds duquel doit estre pareil au grain qui est au dessus.

XII. ITEM, Quiconque menera aucunes d'icelles Marchandises esdites Places & Marchez, où il y ait aucune embouscheure; c'est à sçauoir, qu'ils ne soient aussi bonnes dessous, comme en la monstre, il forfera icelles denrées.

De non aller au deuant de ladite Marchandise.

XIII. ITEM, Aucun Marchand, ny autre, n'ira au deuant desdites Marchandises, qu'on amenera esdites Places & Marchez, pour icelles Marchandises retenir, ny acheter par tesmoing, ny autrement, jusques à ce qu'elles seront descenduës, desliées, & exposées en vente és Places & Marchez dessusdits; sur peine au Marchand vendeur, de perdre icelles denrées; & au Marchand acheteur, le prix de l'achat qu'il aura fait.

Des heures que les Marchez doiuent commencer.

XIV. ITEM, Ceux qui ameneront Bleds ou Farines, tant à charroy, qu'à dos sur bestes; ne les deslieront ny vendront, fors esdites Places & Marchez, & aux heures qui sur ce sont déterminées & ordonnées. Qui sont telles, comme cy-apres est declaré: C'est à sçauoir, aux Halles, apres l'heure d'entre Prime & Tierce: en Greue, apres l'heure de Prime sonnée à Nostre-Dame: en la Iuifrie, apres ladite heure. Et qui fera le contraire auant les heures dessusdites, il perdra la Marchandise.

De non acheter Grains au Marché, pour les y reuendre.

XV. ITEM, Nul reuendeur, ny autre quel qu'il soit, qui aura acheté aucuns Grains ou Farines en aucunes desdites Places où se tiennent lesdits Marchez, ne les reuendra en icelles Places, ou aucunes d'icelle; sur peine de forfaicture.

Des Reuendeurs, qu'ils ne doiuent mesurer outre vn septier le iour.

XVI. ITEM, Nul Reuendeur de Bleds, Farines, ou autres Grains, ne pourra iceux mesurer, outre & par dessus vn septier le jour: Et si plus en reuend, il sera mesuré par vn Mesureur Iuré, autre que par iceluy Reuendeur. Et quiconque fera le contraire, il forfera lesdites denrées.

De l'heure aux Reuendeurs, Hosteliers, & autres.

XVII. ITEM, Pource que plusieurs Porteurs s'efforcent d'acheter esdits Marchez grande quantité de Grains, tant pour reuendre par eux, comme pour porter chez lesdits Reuendeurs; & afferment plusieurs fois, que c'est pour aucuns Bourgeois, ou autres de la Ville de Paris, au grand prejudice de la chose publique: Ordonnons qu'aucun Porteur n'achetera aucuns Grains en aucuns desdits Marchez, pour luy, aussi pour autre, si celuy pour qui il l'achetera n'est present, ou autre pour luy, qui ne soit Porteur ne Reuendeur, sur peine de soixante sols parisis d'amande.

Des Boulengers, Musniers, & Mesureurs.

XVIII. ITEM, Pour obvier aux fraudes que les Mesureurs font & peuuent faire chacun jour, quand ils sont Boulengers, en prenant la meilleure farine pour eux, & en encherissant le droict de mousture : Et aussi que les Mesureurs prennent, ou font prendre & retenir le meilleur grain pour eux, & autrement. Ordonnons qu'aucun ne sera Musnier & Boulenger ensemble; ny aussi Boulenger & Mesureur ensemble, sur peine de soixante liures parisis d'amende.

ITEM, Les Reuendeurs & les Hosteliers, Boulengers & Musniers de ladite Ville, n'acheteront, ne feront acheter pour eux aucuns Grains ne Farines en aucunes desdites Places & Marchez, jusques à ce que ledit Marché ait duré vne heure, à peine d'amende arbitraire.

De ceux qui ne doiuent mesurer aucuns grains sans Mesureur.

XIX. ITEM, Pource que plusieurs fraudes peuuent estre commises par les Marchands & Boulengers, qui tiennent mesures en leurs maisons, & y mesurent les grains & farines qu'ils vendent, achetent, & reçoiuent : Et pour empescher les debats qui en pourroient suruenir ; ordonons que lesdits Marchands & Boulengers ne mesureront les grains & farines qu'ils vendront, acheteront & receuront, sans appeller aucuns desdits Mesureurs Iurez; sur peine d'amende arbitraire.

De ne tenir aucunes mesures, qui ne soient signées & estalonnées.

XX. ITEM, Aucuns soient Marchands, Reuendeurs, Hosteliers, ou autres ayans mesures en leurs maisons, n'auront aucunes mesures si elles ne sont bonnes & loyales, signées & estalonnées à l'estalon du parloüer aux Bourgeois, au seing & à la lettre; à quoy icelles mesures seront signées pour l'année, ainsi qu'il appartient. Et mesmement ne tiendront lesdits Hosteliers en leurs Hosteleries aucunes mesures d'osier, soient picotins, ou autres, pour mesurer les grains qu'ils liureront, tant à leurs hostels, qu'autrement; ainçois seront de bois, signées & estalonnées par la maniere dessusdite, sur peine de soixante sols parisis d'amende, pour chacune fois qu'ils & chacun d'eux seront trouuez faisans le contraire de ceste presente Ordonnance.

ARTICLE 20. Les Mesures portées par l'Ordonnance sont estalonnées par les Mesureurs de Sel qui ont vne Chambre en l'Hostel de Ville pour y trauailler.

Des Marchands de grains & Mesureurs, qu'ils ne se doiuent accompagner en ladite Marchandise.

XXI. ITEM, Pource qu'on fait plusieurs fraudes au fait de ladite Marchandise, parce que plusieurs Marchands accompagnent auecques eux des Mesureurs de grains, au prejudice de la chose publique : Ordonnons que d'oresnauant aucuns Marchands n'accompagnent auec eux au fait de ladite Marchandise aucuns Mesureurs ; sur peine de perdre la Marchandise au regard desdits Marchands; & pareillement au regard desdits Mesureurs, & d'amende arbitraire.

ARTICLE 21. Le Mesureur est comme le Iuge entre le Vendeur & l'Achepteur; de maniere que s'il estoit associé auec le Vendeur, il y auroit sans doute monopole & tromperie.

LE DEVXIESME CHAPITRE CONTIENT L'EXERCICE DES MESVREVRS DE GRAINS DE la Ville de Paris.

Le nombre desdits Mesureurs.

ARTICLE PREMIER.

ARTICLE I. Le nõbre desdits Mesureurs est à present de lxviii. suiuãt l'Edict de Feurier 1633. qui a augmenté l'ancien nombre du parisis.

REMIEREMENT, en ladite Ville de Paris, aura par droit nombre cinquante & quatre Mesureurs de grains seulement, sans ce qu'aucun autre se puisse entremettre de faire ledit Office desdits Mesureurs ; sur peine d'amande arbitraire.

La donation & information de l'Office de Mesurage.

II. ITEM, Quand ledit Office de Mesurage sera vaquant, lesdits Preuost des Marchands & Escheuins le donneront à homme, qui par information deuëment faite, sera trouué estre de bonne vie, renommée, & honneste conuersation, sans aucun blasme ou reproche, habile, suffisant & idoine, pour iceluy Office exercer.

Le serment desdits Mesureurs.

III. ITEM, Quand aucun sera institué audit Office de Mesurage, il fera serment, que justement & loyaument il exercera iceluy Office, en sa personne; & gardera le droict du Vendeur & de l'Acheteur; & qu'il ne prendra ny demandera plus grand salaire, que celuy qui est ordonné pour ledit Office exercer: & aussi qu'il gardera les Ordonnances faites, tant sur ledit Office, comme sur ladite Marchandise de Grains: & que s'il sçait chose qui soit faite au prejudice des priuileges & franchises de ladite Ville, & contre les Ordonnances d'icelle, incontinent il le fera sçauoir audit Preuost & Escheuins, ou au Procureur de la Marchandise; & obeïra à leurs commandemens: & que de chose, dont la cognoissance appartienne à la Iurisdiction desdits Preuost & Escheuins, il ne mettra, ny fera mettre aucun en cause ailleurs que pardeuant eux.

De la presentation, & caution desdits Mesureurs.

ARTICLE 4. Les Mesureurs ne baillent caution, à cause que leur Office est assez suffisant pour respondre de leurs actions.

IV. ITEM, Et aprés qu'il sera institué, & aura fait le serment, il sera presenté & mis en possession dudit Office, par l'vn des Sergens de ladite Preuosté, que lesdits Preuost & Escheuins voudront à ce commettre, qui aura pour ce faire deux sols parisis seulement: Et ce fait, il baillera caution de la somme de dix liures parisis, auant qu'il puisse exercer ledit Office, sur peine de priuation d'iceluy.

Du past, & entrée desdits Mesureurs.

ARTICLE 5. Le past, c'est vn disner, pasta.

V. ITEM, Et pour son past, donnera à disner à ses compagnons, & pour son entrée: Et aussi pour auoir le run de la riuiere, il payera quarante sols parisis,

parisis, lesquels seront baillez aux maistres de leur Confrairie, pour employer és affaires d'icelle, & de leurs Offices.

Les lieux & places designez ausdits Mesureurs.

VI. ITEM, Lesdits cinquante quatre Mesureurs seront partis & proportionnez en trois parties; à ce que certaine quantité en soit, l'vne en Greve, aux Halles, & l'autre en la Iuifuerie en la Cité de Paris, afin que le commun peuple en soit seruy, ainsi qu'il appartient: c'est à sçauoir qu'en ladite place de Greve y aura dix-huit Mesureurs, & non plus.

Article VI. Il y a long temps que la place de la Iuifuerie, dont est fait mention en plusieurs endroits de cette Ordonnance, a esté ostée & abolie; de maniere qu'il n'y a que deux bandes de Mesureurs pour trauailler és Ports & places. Cette place de la Iuifuerie estoit en la Cité, depuis Nostre-Dame iusques à la Magdeleine, où se vendoient les bleds de Beausse, ainsi appellée à cause des Frippiers qui y auoient leur demeure. Proche de ladite place estoit le Marché Palus, ou l'Herberie, où l'on vendoit les herbages & legumes. Et est encores à remarquer, que lesdits Mesureurs trauaillent par tout, & successiuement esdits Ports & places, ainsi qu'il a esté reglé par Arrest du Conseil, du 4. Octobre 1629. dont voicy les termes. Sur le renuoy fait au Roy par les Preuost des Marchands & Escheuins de la Ville de Paris par eux fait, en ensuiuant les Lettres Patentes dudit Seigneur, obtenuës à la Requeste des Iurez Mesureurs de grains de la Iuifuerie à Paris; contre les Iurez Mesureurs de grains, aux ports, havres, & place de Greve: VEV par le Conseil ledit procez, informations & enquestes faites par lesdites parties: aduis desdits Preuost des Marchands & Escheuins, & du Procureur dudit Seigneur & de la Ville, auec le renuoy fait par lesdits sieurs audit Conseil. Le Conseil est d'aduis que le Roy, si c'est son plaisir, peut & doit pour le bien de la chose publique de ladite Ville, ordonner que les cinquante quatre Mesureurs ordonnez en ladite Ville, tant pour les Halles, Greve, & la Iuifuerie, auront d'oresnauant le faict & exercice de leurs Estats & Offices, en tous les ports, havres, & marchez de ladite Ville de Paris, en nombre & maniere qui ensuit. C'est à sçauoir, la moitié desdits cinquante-quatre, faisant en nombre de vingt-sept, pour le temps & espace de quinze iours, ausdits ports & places de Greve; Et les autres vingt-sept, faisant l'autre moitié par ladite quinzaine és Halles de Paris, & ports de l'Escolle S. Germain, & lieux qui en despendent: & que de quinzaine en quinzaine ils seront muez & changez à iour de Lundy, exerceront leursdits Offices, & de quinzaine en quinzaine, & par rang, le mesurage à faire aux Hostels & Greniers des Bourgeois demeurans en ceste Ville de Paris, délaissez & promis respectiuement en quelque lieu que ce soit, au premier desdits cinquante-quatre Mesureurs qui en sera requis, le tout au prix, statuts & declarez és Ordonnances de ladite Ville, & sans y contreuenir en autres choses, sur les peines en icelles contenuës. Fait audit Conseil, à Paris le 4. iour d'Octobre 1629. Signé, RIVIERE.

Comment ils doiuent proceder par run.

VII. ITEM, Lesdits Mesureurs feront continuelle residence, par especial és jours & heures des Marchez, esdites places de Greve, des Halles, & de ladite Iuifuerie, pour mesurer tout le grain qu'on y amenera & descendra. Et aussi exerceront leurs Offices en personne, & par run: c'est à sçauoir, que les besognes qui suruiendront tant sur l'eau és nefs, batteaux, ou vaisseaux, comme sur terre en chariots, charrettes, ou sur bestes à sommes, & autrement, vn chacun Mesureur aura vne besogne à faire, qui sera à vn Marchand, & non autrement: & s'il n'y a tant de besognes, comme ils seront de Mesureurs, & qu'aucuns d'eux soient oyseux; iceux non ayans aucunes besognes, auront & feront les besognes apres suruenans, sans ce que ceux qui auront besogne, les puissent ne doiuent empescher: & ne pourront retenir autre besogne, iusques à ce que celle qu'ils auront commencé soit parfaite. Et qui brisera le run, il payera cinq sols parisis d'amende pour chacune fois.

Que nul Clerc ne pourra exercer l'Office.

VIII. ITEM, Aucun qui se portera pour Clerc, ne pourra auoir ledit Office de Mesurage.

Article VIII. N'y ayant aucune cónexité d'exercice.

Que lesdits Mesureurs ne s'entremettront de ladite Marchandise, ny ne porteront clef de Grenier.

IX. ITEM, Vn Mesureur ne sera Marchand de bleds, farines, & autres grains, pour reuendre pour luy, ny pour autruy, ou autremét à son profit,

Article IX. Le Mesureur ne doit estre Marchand, Facteur, ou Commis en faict de grains, puis que sa charge l'oblige à dénoncer les desordres qui y sont.

en quelque maniere que ce soit. Et aussi ne portera clef du Grenier d'autruy, ny ne sera Facteur d'aucun Marchand, ny hebergera en son Grenier pour autruy aucuns grains; sur peine de priuation de son Office, & de perdre la marchandise, ou d'amende arbitraire, selon l'exigence du cas.

De non mesurer qu'à heure deüe.

X. ITEM, Nuls Mesureurs ou autres ne mesureront esdites Places & Marchez, iusques à tant que les signes establis & ordonnez en chacune place, seront sonnez: c'est à sçauoir aux Halles, apres l'heure d'entre Prime & Tierce: en Greve, apres Prime sonnée à Nostre-Dame: en la Iuifuerie,* apres ladite heure, & non autrement, sur peine de soixante sols parisis d'amende.

Voyez l'art. 6. du present Chapitre.

De non mesurer grains, où il y ait emboucheure.

XI. ITEM, Le Mesureur qui mesurera bleds, farines, ou grains, où il y ait * emboucheure: c'est à sçauoir qu'ils ne soiēt aussi bons & suffisans dessous, comme en la monstre: & qu'ils ne soient bons, loyaux, & marchāds: & ladite Male-façon ne dira à l'acheteur, & ausdits Preuost, Escheuins, ou au Procureur de la Marchandise, perdu sera son Office; & payera soixante sols parisis d'amende.

Ce mot est assez expliqué par la suitte du discours.

Salaire pour le mesurage desdits grains.

ARTICLE 12. Les Mesureurs ont à present douze deniers parisis pour Mesurer vn septier de grain, tant sur l'eau qu'au Grenier, qui est à raison de quinze sols du muid, suiuant la Declaration du Roy du mois de Iuin de l'année 1634. verifiée en la Cour des Aydes.

XII. ITEM, Lesdits Mesureurs auront pour leur salaire, & pour liurer place, corbeilles, & mesures, pour chacun septier de grain, qu'ils mesureront esdites Places & Marchez, deux deniers parisis, à prendre sur le Marchand vendeur: & pour chacun muy qu'ils mesureront sur l'eau, & en grenier, seize deniers parisis, à prendre sur le Marchand vendeur: & du septier au feur l'emplage, selon ledit prix.

Salaire pour le mesurage desdites farines.

ARTICLE 13. Les Mesureurs ont le double du prix cy-dessus declaré pour le mesurage des Farines, par la raison qu'en rend l'Article.

XIII. ITEM, Et pour mesurer farines, pource qu'il y à plus grand peine à les mesurer, qu'à mesurer les grains, & qu'il conuient qu'ils soient deux, ils auront le double dudit salaire, ordonné pour mesurer ledit grain: c'est à sçauoir, pour chacun septier mesuré esdites Places & Marchez, quatre deniers parisis: & pour chacun muy qu'ils mesureront sur l'eau, & en grenier, deux sols huit deniers parisis, à prendre tout sur le Marchand vendeur: & du septier au feur l'emplage, selon ledit prix.

De non mesurer à mesure qui ne soit signée & estalonnée.

ARTICLE 14. Les Mesures sōt estallonnées par les Mesureurs de sel, sur les estallons de cuivre qui sont à l'Hostel de Ville; comme il sera plus amplement expliqué au Chapitre 18. qui traite de l'exercice des Mesureurs de sel.

XIV. ITEM, Lesdits Mesureurs ne mesureront bleds n'autres grains à aucune mesure, qui ne soit estalōnée à l'estalon du parloüer aux Bourgeois estant en l'Hostel de ladite Ville, & signée au seing & à la lettre, à quoy elles seront signées pour l'année: sur peine de soixante sols parisis d'amende, pour chacune fois qu'ils le feront.

Comment ils doiuent apporter leurs mesures, si elles ne sont bonnes.

ARTICLE 15. Il est necessaire d'adjuster souuēt

XV. ITEM, Si lesdits Mesureurs ont aucune mesure qui soit egectée, hors ou ens, parquoy elle ne soit loyale & suffisante à mesurer; ils porteront icelle mesure pour adjuster, incontinent qu'ils l'apperceuront, en l'Hostel de ladite Ville, pardeuers lesdits Prevost & Escheuins, sur peine d'amende arbitraire. Et si ladite mesure ne peut plus estre adjustée, elle sera cassée, rompuë & despecée; & aura le Mesureur le fer.

Les mesures de bois par la raison qu'en tend le texte.

Comme ils ne doiuent acheter grain, ne porter le tesmoin.

XVI. ITEM, Lesdits Mesureurs n'acheteront aucuns grains ou farines, pour enuoyer en l'hostel d'vn Bourgeois, si le Bourgeois n'y est present, ou aucune personne pour luy: ny ne porteront le tesmoin du grain des Bourgeois au Marché sur peine de soixante sols parisis d'amende.

ARTICLE 16. Autrement le Mesureur sous pretexte de sa charge pourroit enleuer tous les grains du marché.

De non laisser mesurer és greniers, & ne briser leur run: ny ne mesureront grain mouillé ny meslé.

XVII. ITEM, Lesdits Mesureurs ne laisseront aucunes mesures és greniers; ny ne presteront leurs mains l'vn à l'autre, au prejudice des autres Mesureurs, au regard de leur run: & aussi ne mesureront aucunes auoines moüillées, ny grain meslé, iusques à ce qu'ils ayent fait sçauoir ausdits Prevost & Escheuins, ou au Procureur de la Marchandise, sur peine d'amende arbitraire.

Que lesdits Mesureurs sont tenus reueler les fraudes.

XVIII. ITEM, Et auec ce, seront tenus iceux Mesureurs, chacun endroit soy, s'ils sçauent aucuns qui commettent aucunes fraudes en ladite marchandise, ou qui trespassent les Ordonnances dessusdites, incontinent l'aller dire & dénoncer ausdits Prevost, Escheuins, ou au Procureur de la marchandise, sur la peine dessusdite.

ART. 17. & 18. Les Mesureurs doiuent dénoncer les desordres, & sont obligez d'en donner aduis au Procureur du Roy & de la Ville, ainsi que les autres Officiers de Police, chacun à leur esgard.

LA SECONDE PARTIE DV SECOND CHAPITRE, CONTIENT LE FAIT ET EXERCICE DES IVREZ PORTEVRS DE GRAINS ES PORTS & Places de Greve à Paris.

Le nombre desdits Porteurs.

ARTICLE PREMIER.

ARTICLE I. Le nombre des Porteurs est à present de soixante trois, au moyé de l'Edict du mois de Feurier 1633 qui les a augmentez du parisis.

PREMIEREMENT, sur lesdits Ports & Places y aura par nombre cinquante Porteurs de grains seulement, qui se partiront en trois bandes ; à sçauoir à deux d'icelles chacun dix-sept, & à l'autre seize ; & porteront, chargeront & déchargeront, soit en sacs, bannes, tonneaux, ou autrement, indifferemment toutes sortes de Marchandises de grains, sans qu'autres que lesdits Porteurs se puissent immiscer ny entremettre de faire ny exercer ledit Office, sur peine d'amende arbitraire.

De la donation & information de l'Office de Porteur.

II. ITEM, Quand ledit Office de Porteur sera vacquant, lesdits Preuost des Marchands & Escheuins le donneront à homme, qui par information deuëment faite de sa vie & mœurs, & honneste conuersation, sera troué capable & suffisant, pour iceluy Office exercer.

Du serment desdits Porteurs.

ARTICLE 3. Les Porteurs, ainsi que les autres Officiers de Police, font serment de ne plaider ailleurs pour leurs droicts, qu'à l'Hostel de Ville.

III. ITEM, Quand on instituëra aucun audit Office, il fera le serment, que fidelement & loyalement il exercera ledit Office, qu'il ne prendra plus grand salaire que celuy qui est ordonné ; qu'il gardera les Ordonnances faites, tant sur ledit Office, comme sur ladite Marchandise de grains : que s'il sçait chose qui soit faite au prejudice des priuileges & franchises de ladite Ville, & contre les Ordonnances d'icelle, incontinent il le fera sçauoir ausdits Preuost des Marchands & Escheuins, ou à nostre Procureur de la Marchandise, obeïra à leurs commandemens : Et que de chose dont la cognoissance leur appartienne, il ne mettra ou fera mettre aucun en cause, que pardeuant eux.

De la presentation desdits Porteurs.

IV. ITEM, Quand aucun Porteur sera institué, & aura fait le serment, il sera presenté & mis en possession dudit Office par l'vn des Sergens de ladite Ville, que lesdits Preuost des Marchands & Escheuins voudront à ce commettre; & sera payé de son salaire.

Du past & entrée desdits Porteurs.

ARTICLE 5. Ceux qui entrét dans ceste Communauté, ainsi qu'és autres, pa-

V. ITEM, Que pour son past & entrée, ledit Porteur baillera à disner aux Compagnons de la bande où il entrera, & quatre escus à la boiste de la

Confrairie, entre les mains des Maistres de ladite Communauté, & pour employer, tant à ce qui est necessaire pour leurdite Confrairie, que pour les affaires communes de leur Communauté.

Des lieux & places où les Porteurs doiuent besogner, & comment.

VI. ITEM, Afin que le public soit plus diligemment seruy, lesdits cinquante Porteurs seront partis & proportionnez en trois bandes, comme dit est, & de semaine en semaine; & chargeront, porteront & deschargeront lesdits grains és Ports & Places de ceste Ville qui ensuiuent: c'est à sçauoir, vne bande desdits Porteurs sera à la place de Gréve, Port S. Paul, Arche-Beau-fils, Celestins, Tornelle, Port S. Bernard, & S. Landry: Et les deux autres bandes demeurerõt au Port au bled, en Gréve, sans qu'ils puissent entreprendre l'vn sur l'autre, sinon de leur consentement: Et seront tenus tous lesdits Porteurs exercer leurs Offices en personne, & par run, sinon en cas de maladie, auquel cas ils y pourrõt commettre homme capable pour exercer ledit Office, ou bien feront iceux Porteurs à celuy qui sera malade, bourse comme à eux, en peine de l'amende.

VII. ITEM, Que la marchandise de Bled, & autres grains & Farines qui sera venduë en ladite place de Gréve, sera faite & labourée par les Porteurs qui seront de la semaine, & non par autres: deslieront lesdits Porteurs le sac, mettront ledit Bled & grains dans le minot, leueront ledit minot plein, estant préalablement couppé par le Mesureur, & mettront ledit Bled & grains y estans dedans le sac de l'acheteur: & pour ce faire, à la commodité du public, fourniront lesdits Porteurs de Ialles. Ensemble deschargeront lesdits Porteurs de Grains, tous les Bleds & grains qui arriueront en la place de Gréve, soit en chariot ou charrettes, & autres harnois; sans qu'autres que lesdits Porteurs se puissent immiscer ny entremettre de ce faire.

VIII. ITEM, Que les Porteurs qui sortiront de ladite place de Gréve, & entreront dessus l'eau, seront les premiers en run dessus l'eau, pourueu que ceux qui seront sortis de ladite place auparauant, ayent fait chacun vn run.

IX. ITEM, Que ceux de ladite place de Gréve ayant fait leur semaine, & entrans sur l'eau, le plus ancien de la bande qui sortira de ladite Place, fera son run le premier; & les autres Compagnons, chacun en leur run, comme d'ancienneté.

X. ITEM, Que ceux qui desireront entrer en run dessus l'eau, pour auoir iceluy run, seront tenus, quand ils retourneront de deuers la Gréve, passer le ruisseau, qui est proche du coing de la maison des Chats; & ceux qui retourneront de deuers le Port au Foin, passeront le coing de la ruelle, vis à vis de laquelle estoient les moulins du Temple: Et qui n'obseruera ce Reglement, sera descheu de son run, & ne luy sera baillé iusques à ce qu'il l'aye demandé.

XI. ITEM, Que dessus l'eau, il y aura de deux sortes de runs; c'est à sçauoir, run à faire équipage & porter sacs à terre; & l'autre à porter les voyes par la Ville, au logis des Bourgeois & Marchands.

XII. ITEM, Que celuy qui sera en run, & auparauant que de commen-

yent le past, & dõnent à disner aux Cõpagnons de la bande: & outre se paye le droict de Confrairie.

ARTICLE 6. Le contenu en cét article est en vsage: & outre sera remarqué, que les Porteurs font bourse cõmune, suiuant leurs statuts, omologuez par sentence du 13. Octobre 1628.

ARTICLE 7. Autres que les Porteurs ne peuuẽt s'immiscer à porter les grains, ainsi qu'il a esté souuent jugé, mesme par sentence du 4. Decembre 1641. qui porte deffences à peine du foüet & carcan.

ARTICLE 8. Run, c'est à dire, rang: & obseruẽt lesdits Porteurs le mesme ordre.

ARTICLE 10. A esté dérogé à cét article par Statuts de ceste Communauté, omologuée par la sentence dont a esté cy-deuant parlé.

ARTICLE 11. Est aussi dérogé à cét article par les statuts, comme aux suiuans.

cer, il sera tenu de crier trois fois à haute voix, haste, haste, haste, pour aduertir ceux qui seront deuant luy en run, en peine de l'amende.

XIII. ITEM, Que les Bleds & autres grains, que les Marchands ou Bourgeois voudrõt faire enleuer des batteaux estans sur l'eau, esdits Ports, pour les mettre en charrettes & harnois, & les enuoyer en leurs maisons & greniers, dont ils en ayent fait prix & marché: Si il y à trois septiers, & iusques à vnze, ce sera pour vn seul desdits Porteurs: Si il y vn muid, & iusques à vingt & trois septiers, ce sera pour deux desdits Porteurs: Si il y à deux muids, & iusques à cinq muids, vnze septiers, ce sera pour trois desdits Porteurs: Et si il à six muids, ce sera pour six desdits Porteurs: Et si il y à sept muids, & iusques à telle quantité que lesdits Marchands ou Bourgeois voudront faire descharger, ce sera pour sept desdits Porteurs: Et n'y aura qu'eux sept qui y puissent trauailler: Aussi ne pourront pretendre ny demander run, que ladite besogne ne soit faite; & ne pourront neantmoins seruir qu'vn Maistre.

XIV. ITEM, Si le Marchand ou Bourgeois a acheté des Bleds & grains sur l'eau, & qu'il vueille faire porter ses sacs à terre: Si il y à vn ou deux sacs, & iusques à cinq sacs, celuy des Porteurs qui aura commencé son run à autre besogne, portera lesdits sacs, iusques à ce qu'il ait son run, qui est de demy muid; & si il en laboure dauantage, il payera l'amende: & si il y à six sacs à vn seul Marchand, ou Bourgeois, ce sera pour le run du premier Porteur qui sera en run, & non pour le commençant; & ne pourra demeurer qu'vn Porteur commençant sur le Port, du Samedy au Lundy, qui parfera son run deuant ceux qui sortiront de la Place.

XV. ITEM, Que les Porteurs qui seront deuenus vieils, caducs, & malades, & seront allez en pelerinage, aux gardes des portes, enterremens de l'vn de leurs Compagnons, ou seront employez aux affaires de leur Communauté; Aussi ceux qui resigneront par maladie, en intention de r'entrer en leur Office, pourront mettre vn homme pour faire & garder leur run, duquel homme ils seront responsables.

De l'heure pour labourer & trauailler.

XVI. ITEM, N'entreront les Porteurs en besogne; à sçauoir depuis la saint Remy, iusques à Pasques, qu'il ne soit huit heures sonnées, & continüeront iusques à cinq heures du soir: Et depuis Pasques iusques à la S. Remy, qu'il ne soit huit heures du matin, & continüeront iusques à sept heures du soir: Et si vn desdits Porteurs besogne auparauant ou apres ladite heure, il ne pourra briser ny rompre le run de ses Compagnons.

N'est fait en ce Chapitre mention des droicts & salaires des Porteurs de grains, qui ont esté reglez par l'Arrest du Parlement du 3. Iuillet 1599. à raison de dix-huit deniers pour le portage des grains du batteau à terre, & du batteau à la place de Gréve deux sols tournois: Et par l'Edict du mois de Fevrier 1633. lesdits droicts ont esté augmentez du parisis.

LE TROISIESME CHAPITRE CONTIENT LE FAIT DE LA MARCHANDISE DE VINS, CHACVN IOVR venans & affluans en la Ville de Paris, tant par eau, que par terre.

De non vendre Vins en les amenant par eau.

Article Premier.

PREMIEREMENT, Quand aucuns Vins seront chargez sur la riuiere de Seine, ou sur l'vne des autres riuieres, descendans en icelle, pour estre amenez vendre en ladite Ville de Paris: ils ne pourront estre vendus ny descendus au chemin, sur peine de forfaicture: sinon que le Marchand à qui seroient iceux Vins, ait dit expressément en faisant son marché, au Voicturier qui iceux ameneroit, qu'il aura intention de les vendre à aucun Port ou Marché juré, qui sera entre le lieu où ils auront esté chargez, & ladite Ville de Paris, & non autrement, sur ladite peine de forfaicture.

Article 1. L'intention de l'article est expliquée au premier art. du chap. 1.

De non faire sejourner Vins en les amenant à Paris.

II. ITEM, Les Marchands forains, & autres quels qu'ils soient, depuis que leurs Vins seront chargez à aucuns Ports sur la riuiere dessusdite, pour estre amenez vendre à ladite Ville, ne les feront aucunement sejourner, demeurer ny arrester en aucuns lieux sur le chemin, si n'est en cas de necessité. Ainçois les feront venir tout droit au port de Greve, pour y estre vendus, sur la peine dessusdite.

Article 2. Ce qui est dit au texte pour le Vin s'obserue aussi pour les autres marchādises necessaires à la vie, afin que la Ville capitale ne manque point des choses, sans lesquelles elle ne pourroit subsister.

De non acheter, ny aller au deuant des Vins qu'on ameine à Paris.

III. ITEM, Nul, soit Marchand ou autre, n'ira au deuant des Vins qu'on amenera en ladite Ville de Paris, soit par eau ou par terre, pour iceux marchander, retenir, ny acheter, iusques à ce qu'ils seront arriuez & exposez en vente; sur peine de perdre, au Marchand vendeur, iceux Vins: & l'acheteur, le prix de l'achat.

Article 3. Autrement les Ports & Places seroient dégarnies de Marchādises, ce qui feroit la cherté.

D'amener Vins d'amont l'eau, sans aualler les Ponts de Paris.

IV. ITEM, Vn chacun pourra faire venir toutes manieres de Vins aual l'eau, pour vendre en ladite Ville de Paris, au dessus des Ponts d'icelle, sans congé, sans hanse & sans* compagnie Françoise. Mais qui voudra aualler lesdits Ponts, il faudra que celuy à qui seront iceux Vins, soit hanse & Bourgeois de Paris: & s'il n'est Bourgeois de Paris, auec la hanse, il aura compagnie Françoise: car autrement Vins seront forfaits, & acquis à nous, & à ladite Ville. Et pource quand aucuns Vins, quels qu'ils soient,

Article 4. Voyez le 3. art. du chap. 1.

seront amenez; si c'est pour aller aual l'eau au dessous desdits Ponts, ils seront guerrez en l'Isle Nostre-Dame: & iront ceux à qui ils seront, pardeuers les Preuost des Marchands & Escheuins, pour estre hansez, s'ils ne le sont; & aussi pour auoir * compagnie Françoise auecques ladite hanse, au cas qu'ils ne seront Bourgeois de Paris: car autrement ils n'aualleront lesdits Ponts, sur ladite peine de forfaicture.

* *Au lieu de ladite compagnie Françoise, se paye trente-cinq sols pour le droict d'icelle.*

De fermer les Vins aux palées, selon les lieux dont ils sont.

ARTICLE 5. Il n'y a plus qu'vn port au Vin, où se garrét & débitent tous les Vins arriuans en batteaux, de quelque lieu que ce soit, au dessus des Ponts de Paris: Et au dessous desdits Ponts, au Port du Guichet, se vendent les Vins François, estranges, & Cydres, venans d'aual l'eau: Ce qui se doit faire auec permission, n'y ayant ordinairement qu'vn Port au Vin, ainsi qu'il a esté remarqué.

V. ITEM, Et si iceux Vins amenez en ladite Ville aual l'eau, ayent esté amenez pour y estre vendus, ils seront amenez au Port de Greve: & si c'est Vin de Bourgogne, il sera fermé à la palée du Port de Bourgogne: si c'est Vin François, il sera fermé à la palée du Port François: & si c'est Vin de la riuiere de Loire, comme de Monstreüil, Belloy, d'Orleans, de Ris, & de S. Pourcain ou autres, il sera fermé aux palées des moulins du Temple, si faire se peut; sinon, à la premiere palée deuers terre du Port de Bourgogne; & non autrement, sur peine d'amende arbitraire.

De la difference des Vins, & des Jauges.

ARTICLE 6. Les Vins ont leur dénomination selon le lieu d'où ils viennent, & où ils sont creus, & les differentes jauges ont esté ostées & reduites à la jauge Françoise, qui est celle dont on vse à Paris, ainsi qu'il sera plus amplement remarqué au chap. 7. où il est traitté de l'exercice des Iaugeurs.

VI. ITEM, Et pour sçauoir la difference du Vin François & du Vin de Bourgogne, toutes manieres de Vins qui seront creus an dessus du Pont de Sens, tant ceux du Pays de l'Auxerrois, comme ceux du Pays de Beaunois, & d'ailleurs en icelles parties, & qui viendront par la riuiere d'Yonne, seront appellez Vins de Bourgogne, & se jaugeront à la jauge de Bourgogne: Et pareillement toutes manieres de Vins qui seront creus au dessous dudit pont de Sens, en venant aual l'eau; Et aussi les Vins des creus de Séure, de la Ville de Merne, & d'ailleurs és parties d'enuiron: Et pareillement du creu d'enuiron Paris, & au dessous, en allant aual l'eau, & de la riuiere d'Oyse, & des parties d'enuiron, seront appellez Vins François; & se jaugeront à la jauge Françoise, & non autrement, sur peine de dix liures parisis d'amende.

* *Les moulins du Temple estoient autresfois posez vis à vis la ruë des Barres.*

De la moison des Vins de la riuiere de Loyre.

ARTICLE 7. Il se pratique autrement; car tous les Vins vẽdus en gros, de quelque lieu qu'ils viennent, se jaugent à la jauge de Paris, ainsi qu'il est dit cy-dessus.

VII. ITEM, Les Vins à la riuiere de Loyre ne seront point vendus à la jauge, ainçois seront vendus ainsi qu'ils seront: & toutesfois chacune queuë tiendra de cinq à six septiers outre moison à la jauge Françoise.

Du temps que les Vins doiuent estre exposez en vente en Greve.

ARTICLE 8. N'est plus obserué de temps pour exposer les Vins en vente, ainsi le Marchand doit vendre aussi tost qu'il est au Port.

VIII. ITEM, Les Vins dessusdits, & tous autres, qui seront amenez par eau pour vendre en ladite Ville de Paris, si tost qu'ils seront amenez & fermez au Port de Greve és palées dessusdites; & aussi qu'ils serõt guerrez en l'Isle; seront briefuement mis & exposez en vente: c'est à sçauoir, les Vins de Bourgogne dedans quinze jours: & les Vins François dedans dix jours apres ensuiuans; compris en ce, le temps qu'ils auront esté en ladite Isle, si esté y ont, sur peine de perdre le quart desdits Vins.

De

De non faire mixtion, ny donner nom aux Vins: & des remplages d'iceux.

IX. ITEM, Que ceux qui vendront vin, tant en gros comme à détail, ne feront mixtion de deux Vins ensemble, comme de vin blanc & de vin vermeil, soit par remplage, ou autrement: Et si ne rempliront leurs vins d'aucun vin, s'il n'est sain, loyal & marchand. Et aussi ne donneront nom au vin d'autre pays, que de celuy dont il sera creu: Sur peine de perdre le vin, & d'amende arbitraire.

ARTICLE 9. La Loy condãne toujours ce qui va à la tromperie.

De non acheter vin pour reuendre en Gréue, ny à l'Estape.

X. ITEM, Aucun soit marchand ou autre, n'achetera aucuns vins au port de Gréue, ou à l'Estape, en gros pour iceux reuendre audit port où à ladite Estape: Sur peine de forfaicture. Et aussi ne vendra ou fera vendre lesdits vins, sinon par luy-mesme, ou par sa mesnie, ou par l'vn des vendeurs de vins: Sur peine d'amende arbitraire.

ARTICLE 10. Autrement ce seroit introduire le regrattage sur les Ports: Et le Marchand qui doit aller au loin, & negocier à ses risques, se rendroit paresseux, au détriment du commerce.

Des Marchands, qui ne doiuent accompagner aucuns vendeurs, ou courtiers.

XI. ITEM, Pource qu'on fait plusieurs fraudes au fait de ladite marchandise, parce que plusieurs marchands accompagnent auec eux aucuns vendeurs ou courtiers de vins, au preiudice de la chose publique: Ordonnons que doresnauant aucuns marchands n'accompagnent auecques eux au fait de ladite marchandise, aucuns vendeurs ou courtiers: Sur peine de forfaicture, au regard desdits marchands: & semblablement desdits vendeurs & courtiers, d'amende arbitraire.

ARTICLE 11. Les Vendeurs & Courtiers sont Officiers pour seruir le public: Et partant ne doiuent auoir societé ny intelligence auec les Marchands.

De non vendre vins, iusques à ce qu'ils soient exposez en vente.

XII. ITEM, Pource que plusieurs marchands & vendeurs se sont efforcez, quand ils ont aucuns vins à vendre d'aller aual la Ville deuers les tauerniers & autres secrettement, & leur vendre les meilleurs desdits vins, & tellement que quand ils commencent leurs ventes, on ne trouue que le refus: Ordonnons qu'aucun marchand ou vendeur de vins ne vendra aucuns vins au port de Gréue, si n'est à heure de vente, les hanaps dessus, & que les vins soient tous percez: & sera la batelée toute entiere au commencement de leur vente, sans ce qu'il y en ayt aucuns vendus: Sur peine de dix liures parisis d'amende.

ARTICLE 12. L'heure de vente est depuis neuf heures jusques à Midy sonné.

De non racheter, ne bouter vin de batel en autre.

XIII. ITEM, Aucun marchand ne rachetera, ny mettra aucuns vins sur l'eau de bateau en autre, de son refus, ou de plusieurs refus: Sur ladite peine d'amende arbitraire.

De non mettre vins les vns auec les autres.

XIV. ITEM, Et si aucun Marchand amene vins en plusieurs bateaux par maniere d'allegement, ou autrement, & tellement que quand ils seront au port de Gréue, ledit marchand ayt mestier de mettre les vns vins auecques les autres: il ne le fera sans le congé desdits Preuost & Escheuins: Sur la peine deuant dite.

ART. 13. & 14. Le Marchand ne doit changer son vin de batteau en autre sans necessité, qui doit estre exposée au Preuost des Marchands & Escheuins, affin d'en obtenir la permission en cognoissance de cause: de maniere que ce qui reste de vin dans vn batteau, qui est proprement le rebut & le refus, ne doit estre meslangé auec d'autre, affin que l'achepteur qui desire bien souuent auoir du vin nouuellement arriué ne soit surpris.

Des forains, qui ne doiuent descendre vins sur terre, ny faire tauerne.

ARTICLE 15. Le Forain doit vendre son vin dans le batteau, & non sur terre, affin de l'obliger à vendre plus promptement, & à vn prix raisonnable. Le Marchand, Bourgeois de Paris, a la faculté d'encauer les deux tiers de son vin; l'autre tiers doit estre mis sur la Place, & à l'Estappe, ainsi que les Reglemens l'ordonnent.

XV. ITEM, Nul forain, soit marchand ou autre, s'il n'est Bourgeois stationnaire, residant & demeurant à Paris, & qu'il y ait tenu son domicile par an & par iour, ne descendra aucuns vins sur la terre en ladite Ville de Paris, pour iceux vendre en gros, ou en detail, ou autrement en ordonner par quelque maniere que ce soit. Et si aucun * estranger achete vin en batel, il le prendra audit batel, & chargera en chariot ou charette, & menera hors la banlieuë, sans aucunement le descendre sur terre en icelle ville & banlieüe, sans ledit congé: Sur peine de forfaire iceux vins moitié à nous, & moitié à ladite Ville.

* *L'achepteur estranger, c'est à dire qui n'est Bourgeois de Paris, doit transporter le vin qu'il achepte hors la ban-lieüe, n'ayant la faculté de vendre son vin en gros, ou en détail.*

De non vendre vins sans cerceau.

XVI. ITEM, Nul ne fera tauerne, ne vendra vin à détail en ladite ville de Paris, sans mettre cerceau, à fin que ladite Ville ne puisse estre fraudée de ses droicts, tant d'iceluy dessusdit, & de criage, & cellerages, comme d'autre: Sur peine de soixante sols parisis d'amende.

De l'heure de la vente de Gréue.

XVII. ITEM, Nul, soit marchand ou autre, ne vendra son vin estant sur l'eau au port en Gréue, sinon à heure de vente, qui est depuis Prime sonnée à nostre-Dame, iusques à douze heures. Et s'il est forain, il ne vendra sur terre, mais le vendra sur ladite riuiere: Sur peine d'amende arbitraire.

Des bateaux qu'on ne doit deffermer pour gaigner port.

ARTICLE 18. Cét Article est en vsage.

XVIII. ITEM, Quand aucuns bateaux chargez de vin seront arriuez au port de Gréue, & seront fermez au port de Bourgongne, ou au port François, pour y estre exposez en vente, on ne les deffermera pour mener autour dudit port, ou ailleurs, au deuant des autres vins exposez ou à exposer en vente, pour prendre aduantage, ou gaigner lieu au port, au preiudice des autres qui seront premier venus: Sur peine de soixante sols parisis d'amende, & de restablir les bateaux és lieux dont ils auront esté ostez, aux despens de ceux à qui ils seront, ou qui ce auront fait ou fait faire: & mettront tellement leurs bateaux, qu'ils ne pourront empescher les passages des autres, qu'il conuient chacun iour mener par ladite riuiere, tant en montant & auallant, comme en faisant les descentes, qui chacun iour sont à faire audit port: Sur ladite peine. Et aussi ne fera aucun, quand les Sergens ou Commissaires feront faire la descharge dudit port, refusant de souffrir deffermer son batel ou bateaux, sans les tirer auant ou arriere, ny sans y faire ou donner aucun empeschement: Sur la peine dessusdite.

De la Hanse & compagnie Françoise.

ARTICLE 19. Voyez l'Art. 3. du Ch. premier.

XIX. ITEM, Quand aux vins venans des parties d'aual en reboursant contremont ladite riuiere de Seine, pour ce que par priuilege general il ne loist à nul quel qu'il soit, de faire venir aucunes denrées, Marchandises, ou biens quels qu'ils soient, depuis le pont de Mante contremont ladite riuiere, s'il n'est Hansé de ladite marchandise de l'eau de ladite ville de Paris, & qu'il ayt * compagnie Françoise, sinon qu'il soit Bourgeois de Paris, auquel cas il ne luy faut qu'estre hansé. Et qui fera le contraire, il forfera tout, moitié à nous, & moitié à ladite Ville. Et qu'à tous autres faut hanse & cõpagnie Françoise: c'est à sçauoir d'vn Bourgeois de Paris hansé de ladite marchandise. Et pource quiconque fera venir aucuns vins depuis ledit pont de Mante contremont ladite riuiere, il sera hansé: & s'il n'est Bourgeois de Paris, auec ce qu'il sera hansé, il aura compagnie * Françoise: Sur la peine dessusdite.

* *Laquelle compagnie Françoise a esté conuertie au payement de trente-cinq sols chacun voyage.*

Du varlet François.

XX. ITEM, Quand aucun Marchand du pays de Normandie yra acheter des vins en Bourgongne, ou ailleurs, au dessus des ponts de Paris, ou en ladite ville, pour mener aual, il yra pardeuers lesdits Preuost & Escheuins, pour prendre congé de ce faire: & aussi pour luy bailler * varlet François, qui soit personne honneste, & sçache lire & escrire, & soit hansé & demeurant à Paris, pour aller auec iceluy Marchand luy faire l'achapt desdits vins, auecques les frais sur ce faits: & iceux achapts & frais rapportera par escrit deuers lesdits Preuost & Escheuins. Lequel varlet il menera auecques luy, & luy querra cheual, & payera les despens de luy & de fondit cheual: & outre pour son salaire luy payera pour chacun iour cinq sols parisis seulement: & n'yra autrement acheter aucuns vins, pour les faire passer par dessous lesdits ponts de Paris, ny iceux enerrer, retenir, acheter, ny sur ce faire aucun traicté, ny bailler deniers à Dieu, que ledit varlet ne soit present: Sur peine de forfaicture, moitié à nous, & moitié à ladite ville de Paris. Et fera celuy qui sera baillé pour varlet, serment ausdits Preuost & Escheuins, quand ils le bailleront, que bien loyaument & diligemment il accompagnera ledit Marchand, & fera ledit rapport par la maniere dessusdite.

* *Ceste seruitude & subiection de compagnie Françoise, a esté reduite au payement de trente-cinq sols.*

ARTICLE 20. Marchand Normand deuoit prendre Compagnie Françoise quand il passoit sous les Ponts de Mante pour rebrousser l'eau & remonter vers Paris, ainsi qu'il a esté cy-deuant dit: Mais quand il alloit en Bourgongne faire achapt de vins, il deuoit s'adresser aux Preuost des Marchands & Escheuins, qui luy donnoient vn homme, appellé lors Varlet François, pour controller ses actions & en faire rapport, tant les Normands nous estoient suspects.

De non vendre vins en les amenant par terre.

XXI. ITEM, Et quand aucuns vins seront amenez par terre en ladite Ville, en chariots, charettes, & autres harnois, pour vendre à l'Estape, en Gréue, depuis ce qu'ils seront chargez pour estre amenez vendre en ladite Ville, pareillement ils ne seront vendus au chemin: mais seront amenez vendre à ladite Estape, & non ailleurs: Sur peine de forfaicture, moitié à nous, & moitié à ladite Ville. Et aussi ne seront descendus sur terre, mais seront vendus sur les voictures, esquelles ils seront amenez, sans mettre les limons à terre: Sur la peine dessusdite.

ARTICLE 21. Ce qui a esté dit à l'esgard du Marchand qui vient par les Riuieres, se prattique aussi à l'endroit du Marchand qui amene son vin par terre: de maniere que le vin doit estre vendu dans la Charrette, sans mettre les limons à terre.

Des remplages des vins amenez à l'Estape.

XXII. ITEM, Ladite marchandise de vin sera demenée iustement & loyaument à ladite Estape: & y seront gardées les ordonnances faites sur le fait de ladite marchandise, selon ce qui est accoustumé de faire audit lieu de Gréue: c'est à sçauoir, d'y amener vins bons, loyaux, & marchãds, sans estre mixtionnez, & d'y faire bons & loyaux emplages, ainsi qu'il appartient, sans y commettre aucunes fraudes ou deceptions: Sur peine de confiscation, & de forfaicture: ou d'amende arbitraire, selon l'exigence du cas.

De non rencherir vins, depuis qu'ils seront exposez en vente.

Article 23. Autrement les Marchands par intelligence ensẽble pourroient tous les jours encherir, & feroiẽt languir les achepteurs au prejudice du public.

XXIII. ITEM, Puis qu'aucuns vins seront exposez en vente & affeurez, tant à l'Estape, qu'en Gréue, ils ne seront rencheris, ny vendus plus cher que le prix, à quoy ils seront, ou auront esté mis: Sur peine d'amende arbitraire.

De non enleuer vins s'ils ne sont vendus.

XXIV. ITEM, Ne seront aucuns desdits vins, apres qu'ils auront esté amenez, pour vendre en ladite Ville, par aucuns marchands forains, soit par eau ou par terre, enleuez dudit port de Gréue, ny de ladite Estape, iusques à ce qu'ils seront vendus: Sur peine de forfaicture.

De non clore aucune vente encommencée.

Article 25. L'heure de vente est depuis neuf heures jusques à midy.

XXV. ITEM, Puis qu'aucuns vins seront mis & exposez en vente, on ne clorra ny cessera icelle vente, iusques à ce qu'elle soit faite & parfaite: ainçois se vendront continüellement lesdits vins aux iours & à l'heure de vente: Sur peine d'amende arbitraire.

Des moisons que les fustailles doiuent tenir.

Article 26. Moison ou jauge est la mesme chose, pour laquelle exercer il y a des Officiers establis, que l'on nõme Iaugeurs, qui marquent les muids aussitost qu'ils sont arriuez, & voyẽt s'ils tiennent la mesure ordonnée, affin qu'il n'y ait personne de surpris, & que chacun ait son compte, ainsi qu'il sera dit cy-apres au Chap. des Iaugeurs.

XXVI. ITEM, Pource qu'on ameine plusieurs pieces de vin, tant audit port de Gréue, cõme à ladite Estape, qui ne tiennent pas la moison qu'ils doiuent tenir: parquoy plusieurs simples gens sont souuentefois fraudez & deçeus en les achetant, cuydans qu'ils tiennent la moison qu'ils doiuent tenir: Ordonnons que doresnauant aucun, soit marchand vendeur, ou autre, ne vende aucune piece de vin pour queuë, si elle ne tient la moison que queuë doit tenir: ny aucune piece pour muy, si elle ne tient la moison des lieux & pays dont ils seront creus: & si moins tiennent, les marchands ou vendeurs seront tenus de les rabatre aux marchands achepteurs.

LE QVATRIESME CHAPITRE CONTIENT LE FAIT DE LA MARCHANDISE DE TOVTES MANIERES de Vins estranges, qu'on amene & fait venir pour vendre en ladite Ville de Paris.

De non vendre ny descendre Vins estranges au chemin en les amenant.

ARTICLE PREMIER.

ET PREMIEREMENT, Quand aucuns vins d'Osoye, Garnache, Maluoisie, Rosette, Muscadet, & autres vins estranges seront chargez, soit sur eau ou sur terre, pour estre amenez en ladite Ville de Paris: ils ne seront vendus ny descendus au chemin: Sur peine de forfaicture: Sinon que le Marchand à qui seront icelles marchandises, ayt dit expressément en faisant son marché au voicturier, qui icelles amenera, que il aura intention de les vendre à aucun port, ou marché iuré, qui sera entre le lieu, où icelle marchandise sera chargée, & ladite Ville de Paris: & non autrement: Sur peine de forfaicture.

ARTICLE I. Les Marchands qui trafiquent de vins estrãges, & pays esloignez, sont sujets aux mesmes loix que les autres qui font commerce de vins françois.

De non vendre lesdits vins sans affeurer.

II. ITEM, Quand aucuns d'iceux vins seront arriuez en ladite Ville de Paris, ceux à qui ils seront, ne les exposeront en vente pour estre vendus à détail, iusques à ce qu'ils seront affeurez, & mis à prix par lesdits Preuost des Marchands & Escheuins de la Ville: & ne seront vendus à plus haut prix, que le prix à quoy ils seront affeurez: Sur peine de forfaicture.

ARTICLE 2. Les vins qui viennent des pays estrangers sont mis à prix, affin que les Marchands par la rareté & excellence de leurs vins, ne fassent vn gain extraordinaire, dont la pluspart des Bourgeois qui se portent à boire de ses agréables liqueurs seroient incommodez.

Que les Marchands doiuent declarer le prix des Vins dessusdits.

III. ITEM, Que pour iceux vins affeurer, ceux à qui ils seront, diront & declareront au vray le lieu où ils aurõt esté achetez, auec le prix, & tous les frais qu'ils auront cousté, tant en achapt, comme autrement, sans autre chose dire que la verité: Sur peine de forfaicture, & de priuation de la hanse, & des priuileges, franchises, & libertez de ladite ville de Paris. Et à ce seront prins le Clerc & le Procureur de ladite Ville & marchãdise: C'est à sçauoir, le Clerc, pour enregistrer les achapts & frais que le marchand dira: & ledit Procureur, pour soy informer, si mestier est, si ledit marchand a donné à entendre la verité.

ARTICLE 3. Le prix se met auec cognoissance de cause, & sur la declaratiõ que le Marchãd doit faire des frais d'achapt & autres necessaires, dont le Procureur du Roy & de la Ville doit s'informer.

De non auoir autres vins és lieux où lesdits vins seront vendus.

IIII. ITEM, Que és lieux où seront iceux vins mis & descendus pour estre vendus à détail, s'ils sont blancs, n'aura aucuns autres vins blancs: &

si ce sont vins de rosette ou vermeils, n'aura aucuns vins, soient blancs ou vermeils, que les vins dessusdits: Sur peine de forfaicture.

Que lesdits vins doiuent estre scellez sur les bondons.

ARTICLE 5. Ces sortes de vins sont sujets à mixtion, c'est pourquoy ils doiuent estre sellez sur les bondons par les Sergents du parlouer au Bourgeois, en presence du Procureur du Roy, & de la Ville, & Greffier d'icelle, pour en dresser procez verbal, ainsi qu'il est dit au Chap. 33. Art. 16.

V. ITEM, Quand aucuns desdits vins seront affeurez & mis à prix, pour estre vendus ainsi qu'il appartient, ils seront scellez sur les bondons, afin qu'on n'y puisse aucune chose mettre: & qui les desscellera, ou y fera mixtion, iceux vins seront forfaicts, & acquis à nous, & à ladite Ville.

Du droict des Preuost, Escheuins & Greffier.

ARTICLE 6. Le droict de mettre à prix les vins estrangers, tant à l'esgard des Iuges que des Officiers, est assez expliqué par cét Art. & le suiuant.

VI. ITEM, Pour iceux vins affeurer, le Preuost des Marchands aura pour chacun tonneau, deux quartes: & les Escheuins, & le Clerc * de ladite Ville, chacun vne quarte.

* *Est à noter que le Clerc, c'est le Greffier de ladite Ville.*

Du droict des Sergens.

VII. ITEM, Et pareillement les Sergens du parlouër aux Bourgeois, auront pour estre presens pour iceux vins affeurer, & pour iceux seeller, & faire crier, pour chacun tonneau cinq sols parisis.

Du droict pour le tirage & collerage.

ARTICLE 8. Le contenu en cét Art. n'est plus en vsage.

VIII. ITEM, Chacun tonneau desdits vins payera pour le droict du tirage & collerage de ladite ville de Paris, huit sols parisis: & la queuë quatre sols parisis.

LE CINQVIESME CHAPITRE CONTIENT LE FAIT ET EXERCICE des Vendeurs de Vins de la Ville de Paris.

Le nombre desdits Vendeurs.

ARTICLE PREMIER.

ET PREMIEREMENT, En la Ville de Paris aura selon le nombre ancien, * soixante Vendeurs de vins seulement: Sans ce qu'aucun autre se puisse entremettre de faire l'Office desdits Vendeurs: Sur peine d'amende arbitraire. ARTICLE 1. Les Vendeurs ont esté depuis remis en l'ancien nombre de soixante, qui auoit esté reduit au nombre de trente quatre, & depuis à quarente-trois.

Est à noter qu'il y a plus de cent cinquante ans, que le nombre de soixante Vendeurs a esté reduit à trente-quatre, comme le portent les registres de la Ville.

La donation desdits Offices.

II. ITEM, Quand ledit Office de Vendage sera vacquant, lesdits Preuost des Marchands & Escheuins le donneront à homme, qui par information deuëment faite sera trouué estre de bonne vie, renommée, & honneste conuersation, sans aucun blasme ou reproche, habile, suffisant, & idoine pour iceluy Office exercer.

Du serment desdits Vendeurs.

III. ITEM, Quand aucun sera institué audit Office de Vendage, il fera serment en iugement, que bien, loyaument & diligemment, il exercera ledit Office en sa personne, & gardera le droict de son Marchand, & luy rendra bon & loyal compte & reliqua: & qu'il ne prendra ny demandera plus grand salaire que celuy qui est ordonné pour ledit Office faire & exercer: & aussi qu'il gardera les Ordonnances faites, tant sur ledit Office, que sur ladite Marchandise de vins: & que s'il sçait chose, qui soit faite au preiudice des priuileges & franchises de ladite Ville, ou contre les Ordonnances d'iceluy, incontinent il le fera sçauoir ausdits Preuost & Escheuins, ou au Procureur de la Marchandise, & obeyra à leurs commandemens: & que de chose, dont la cognoissance appartienne seulement ausdits Preuost & Escheuins, il ne mettra ne fera mettre aucun en cause ailleurs, que pardeuant eux. ARTICLE 3. La forme du serment fait assez veoir quelle est la fonction de cét Office.

Comment ils doiuent estre Aplegez & mis en possession.

IV. ITEM, Et apres ce qu'il sera institué & aura fait le serment, sera presenté & mis en possession dudit Office par l'vn des Serges de ladite Preuosté & Escheuinage, que lesdits Preuost & Escheuins voudront à ce cõmettre: qui aura pour ce faire deux sols parisis seulement. Et ce fait, il baillera pleiges, c'est à sçauoir, caution Bourgeoise de cent dix liures parisis, auant qu'il puisse exercer ledit Office: Sur peine de priuation d'iceluy. ARTICLE 4. La valeur de l'Office est suffisant pour respondre de leurs actions.

Ce que lesdits vendeurs doiuent pour leur entrée.

Article 5. Les droicts d'entrée & de Confrairie, introduits à bõne fin.

V. ITEM, Si-tost qu'aucun vendeur sera mis de nouuel en possession dudit Office de vendage, il payera d'entrée quarante sols parisis: & outre pour chacun mois de l'an, huit deniers parisis, à payer aux quatre termes à Paris accoustumez. Lesquels quarante sols & huit deniers parisis dessusdits seront baillez au Procureur de la communauté des vendeurs de vins, pour augmẽter les droits de leurs offices, & pour soustenir leur confrairie: & aussi pour ayder à viure aucuns desdits vendeurs, s'ils venoient ou chéoient en mendicité. Lequel Procureur deura & sera tenu d'en rendre compte & reliqua ausdits vendeurs, ou à ceux qui à ce seront commis de par eux, toutes & quantes fois qu'il en sera requis.

Qu'ils doiuent faire l'argent bon aux marchands pour qui ils vendent.

Article 6. Le vendeur doit faire l'argẽt bon au Marchand, quand il est accepté pour vendeur, estant en la liberté dudit marchand de vendre luy-mesme son vin sans le ministere de l'Officier, qui a esté justement estably, & principallemẽt pour soulager les forains qui ont besoin de vẽdre promptement, & reçeuoir aussitost leur argent pour retourner à leur traffic.

VI. ITEM, Lesdits vendeurs exerceront leursdits Offices en leurs propres personnes, tant au port de Gréue, comme à l'Estape: & y vaqueront, & feront bonne & suffisante residence, pour deüemẽt & raisonnablemẽt deliurer les marchands, tant vendeurs comme acheteurs. Et feront à ceux à qui seront les vins qu'ils vendront, leur argent bon: & les payeront prõptement leur vente, ainsi comme il appartient: & sans ce qu'aucuns d'eux puissent faire exercer leursdits Offices par leurs clercs, ny autres: Sur peine de quarante sols parisis d'amende.

Qu'ils ne doiuent auoir ny faire plusieurs besongnes à la fois.

VII. ITEM, Aucun vendeur n'aura à vne fois qu'vne Batelée ou Nasselle de vin pour vendre: car il ne peut auoir deux besongnes à vne fois, de plusieurs Marchands, ny faire traicté ou marché à eux d'auoir plusieurs besongnes pour vne fois: ainçois sera tenu d'acheuer celle qu'il aura encommencée, auant qu'il puisse l'autre entreprendre. Si ce n'estoit que le Marchand, pour qui il vendroit, eut plusieurs Batelées, auquel cas il en pourra auoir à vendre deux à vne fois tant seulement, & non autrement: Sur peine de dix liures parisis d'amende.

Q'ils ne presteront leurs Hanaps aux Marchands.

Article 8. Il n'est plus en vsage que les vendeurs ayent hanaps, ou pots.

VIII. ITEM, Pource que plusieurs desdits vẽdeurs se sont efforcez d'entreprendre couuertement à vendre plusieurs Batelées de vin à vne fois, en venant contre ce que dit est: & afin qu'on ne s'en apperçoiue, ils presentent leurs Hanaps aux Marchands pour mettre sur leurs vins, & d'iceux prennent secrettement le profit des ventes: Ordonnons que d'oresnauant ils ne prestent leursdits Hanaps, & n'entreprennent à faire lesdites ventes secrettes: Sur la peine dessusdite.

Salaire des vins de Bourgongne.

Article 9. Cét Article, iusques au 13. contient les salaires des Iurez vendeurs, qui de temps en temps ont esté augmentez; de maniere qu'à present pour droicts de vente quand ils sont acceptez pour vendeurs, & faire les deniers bons des marchands, il leur a esté attribué par plusieurs Edicts verifiez en la Cour des Aydes, & Registrez en l'Hostel de Ville, dix deniers pour liure pour le droict de vente; Et quand ils ne sont point acceptez pour vendeurs, il leur est attribué

IX. ITEM, Entant que touche le salaire desdits vendeurs, ils auront pour leur salaire des vins par eux vendus, tant sur l'eau, comme en celier, creus és pays de Beaunois, Masconnois, Tournus, Dijonnois, & és parties d'enuiron, au dessus de Crauent, & du pays d'Auxerrois, quatre sols parisis de chacune queuë, & deux sols parisis de chacun muy, ainsi que lesdites queuës & muys seront.

eſt attribué par les meſmes Edicts pour le droict de Regiſtre & Controlle, huit deniers pour liure ; & ne peuuent prendre que l'vn ou l'autre droict, lequel eſt payé par les proprietaires des Vins, ainſi que l'on peut voir par la Declaration du Roy, du mois de Mars 1639. verifiée en la Cour des Aydes, & regiſtrée en l'Hoſtel de Ville. Les Iurez vendeurs iouyſſent encores d'vn droict d'entrée, de vingt & vn pour vingt, en conſequence des aduances qu'ils font aux fermiers des droicts d'entrée, pour les deſintereſſer des ſommes de deniers qu'ils empruntent à intereſt, pour furnenir au payement deſdits droicts d'entrée : Ce qui eſt amplement ſpecifié par ladite Declaration.

Salaire des vins de l'Auxerrois.

x. ITEM, Des vins crus audit pays d'Auxerrois, & és parties d'enuiron, en venant iuſques au pont de Sens, eſquels on vſe de iauge de Bourgongne, leſdits vendeurs auront pour chacune queuë par eux véduë, tant ſur l'eau comme en celier, quatre ſols pariſis, & de chacun muy trois ſols pariſis, ainſi que leſdites queuës & muys ſeront.

Salaire des vins François.

xi. ITEM, Des vins crus depuis ledit pont de Sens en aual, qui ſe iaugent à iauge Françoiſe, leſdits vendeurs auront pour chacune queuë par eux venduë, tant ſur l'eau qu'en celier, deux ſols pariſis : & de chacun muy, ſeize deniers pariſis, ainſi que leſdites queuës & muys ſeront.

Salaire des vins de la riuiere de Loyre, & autres.

xii. ITEM, Des vins crus és pays de la riuiere de Loyre, comme Ris, Saint Pourcain, Soigny, Orleans, Monſtereuil, Bellay, & autres : & auſſi des vins crus à Bar ſur-Aube, & enuiron : leſdits vendeurs auront pour chacune queüe par eux vendüe, tant ſur l'eau comme en celier, trois ſols pariſis : & du muy, dix-huit deniers pariſis, ainſi que leſdites queües & muys ſeront.

Salaire des vins vendus à l'Eſtape.

xiii. ITEM, Des vins qu'on amenera vendre à l'Eſtape, leſdits vendeurs auront de chacune queüe par eux vendüe, de quelque part que ce ſoit, deux ſols pariſis : & de chacun muy, douze deniers pariſis, ainſi que leſdites queuës & muys ſeront

Comment ils ne doiuent prendre que leſdits ſalaires.

xiv. ITEM, Leſdits vendeurs ne prendront pour leurs ſalaires, fors le ſalaire deſſus declaré : Sur peine de dix liures pariſis d'amende. Et pareillement les Marchands vendeurs, ny autres, n'en payeront plus : Sur ladite peine.

De la limitation des heures qu'ils doiuent tenir vente.

xv. ITEM, Leſdits vendeurs n'iront en Gréue pour védre aucuns vins, ny mettre leurs hanaps ſur les vaiſſeaux, ou ſur les vins eſtás en iceux, pour cómencer véte, iuſques à ce que Prime ſoit toute ſonnée à Noſtre-Dame : & durera ladite vente depuis ladite heure iuſques à douze ſonnées ſeulement. Leſquelles douze heures ſonnées, leſdits vendeurs oſterót leurs hanaps, & fineront ladite vente : Sur peine de ſoixante ſols pariſis d'amédé.

Article 15. Cét Art. eſt en vſage, à la reſerue des hanaps, dont il eſt parlé, que les vendeurs ne fourniſſent plus.

Que les vins doiuent eſtre percez, & la Batelée doit eſtre entiere.

xvi. ITEM, Leſdits vendeurs ne commenceront à vendre aucuns vins audit port de Gréue, ſi la Batelée n'eſt toute entiere : tellement qu'il n'y ait eu aucuns vins vendus auant qu'ils les ayent expoſez en vente. Et ſi ſeront tous iceux vins percez, pour en donner à eſſayer à tous acheteurs : Sur peine de dix liures pariſis d'amende.

Article 16. Autrement l'on preſumeroit que le marchand en auroit vendu en chemin, ce qu'il luy eſt expreſſément deffendu.

De non vendre vin en Gréue à iour de Feste.

ARTICLE 17. La vente de toutes les denrées cesse ces iours-là, dédiez au repos & à la priere.

XVII. ITEM, Et n'iront iceux vendeurs en Gréue, pour vendre aucuns vins à iour de Feste d'Apostre, d'Euangeliste, ou autre solennelle Feste cōmādée à garder: ny aussi à autre heure qu'à l'heure que ladite vente est ordonnée: Sur peine de soixante sols parisis d'amende, pour chacune fois qu'ils le feront.

De non aller au deuant des vins, ny prendre plusieurs besongnes à vne fois.

ARTICLE 18. En ce temps ils n'auoient bourse commune, maintenant cét abus cesse, l'interest particulier estant osté.

XVIII. ITEM, N'iront au deuant des marchands pour auoir les besongnes, & si ne vendront, ny ne feront marché de vendre autres vins, iusques à ce que ceux, qu'ils auront commencez à vendre, seront vendus: Sur peine de dix liures parisis d'amende.

De non estre Tauerniers, ny Marchands de vins.

ARTICLE 19. Ils sont faits pour controller les Marchāds & autres, qui peuuent abuser des Reglemens; c'est pourquoy ils ne doiuent auoir l'vne & l'autre qualité.

XIX. ITEM, Ils ne seront Tauerniers, ny ne vendront vin à détail ny en gros, pour eux, ny à leur profit: & si n'acheteront, marchanderont, ny prendront en payement aucuns vins, des marchands dont ils seront vendeurs. Et si iceux vēdeurs ont des vins du cru de leurs heritages, ils les pourront vendre en gros, ou en détail, sans fraude, & non autrement: Sur ladite peine de dix liures parisis, & de perdre la marchandise.

Qu'ils ne prendront droict de Courretage.

ARTICLE 20. Ces Offices sont incompatibles, ayās des droicts tous differends, & des fonctions toutes diuerses.

XX. ITEM, Lesdits vendeurs ne seront vendeurs & Courretiers ensemble: c'est à sçauoir, qu'ils ne prendront point à leur profit droict de Courretage, soit en contant à leur marchand, ou autrement, en quelque maniere que ce soit: Sur peine de dix liures parisis d'amende.

De l'heure que la vente doit commencer à l'Estape.

ARTICLE 21. Cét Article a esté cy-deuant expliqué.

XXI. ITEM, Aucun vendeur ne commencera vente à l'Estape, iusques à ce que Prime soit sonnée à Nostre-Dame. Et aussi ne vēdra à ladite Estape, qu'vne charretée, ou chariotée de vin à vne fois, & n'entreprendra autre, iusques à ce qu'il ayt deliuré la premiere par luy entreprinse à faire: sinon que le marchand ait plusieurs chariotées: auquel cas vn vendeur en pourra auoir à vendre deux ou trois à vne fois, s'il plaist audit marchand, & non autrement: Sur peine de dix liures parisis d'amende.

Qu'il est loisible aux Marchands, vendre leur vin sans vendeur.

ARTICLE 22. Ne prend Vendeur qui ne veut.

XXII. ITEM, Aucun vendeur ne percera, ou essayera, ou s'entremettra de vendre aucuns vins amenez à ladite Estape, si ce n'est du consentement de celuy ou ceux à qui ils seront: Sur peine de dix liures parisis d'amende. Pource qu'il est loisible à vn marchand, de vendre son vin, si bon luy semble, sans aucun vendeur.

Des breuuages qu'on ne doit vendre sans le dire aux acheteurs.

ARTICLE 23. Affin que l'achepteur ne soit surpris.

XXIII. ITEM, Aucun vendeur ne vendra, tant audit lieu de Gréue, à ladite Estape, qu'ailleurs, aucuns breuuages, comme Prunelez, Cydres, Despence, ou autres, sans le dire premierement, & le faire sçauoir à celuy ou ceux, qui ledit breuuage voudront acheter: Sur ladite peine de dix liures parisis d'amende.

De non vendre vins s'ils ne sont bons.

ARTICLE 24. Cõme Officiers de Police, ils doi-

XXIV. ITEM, Aucun vendeur ne vendra vins, s'ils ne sont bons, sains, loyaux & marchands: & s'il sçait aucun qui face le contraire, il le fera sçauoir ausdits Preuost & Escheuins, ou audit Procureur de la marchandise: Sur peine de dix liures parisis d'amende.

uent dénoncer les maluersatiõ

De la moison de vins.

XXV. ITEM, Si aucun vendeur en vendant vins apperçoit qu'il y ayt aucunes queües ou muys qui ne tiennent pas la moison qu'ils doiuent tenir, il aduertira l'acheteur, afin qu'il n'en soit deceu: Sur ladite peine.

Comment lesdits vendeurs peuuent poursuiure les vins par eux vendus, & proceder sur les acheteurs par voye d'emprisonnement.

XXVI. ITEM, Lesdits vendeurs par priuilege pourront proceder sur tous ceux à qui ils vendront, bailleront, & déliureront aucuns vins dedans ladite ville de Paris, par voye d'arrest, & d'emprisonnement, iusques à ce qu'ils soient payez de leur deu: sans ce qu'iceux acheteurs puissent estre receus à abandonner la chose en aucune maniere.

ARTICLE 26. Cét Art. est en vsage, estãt bien raisonnable que les vendeurs qui aduancent l'argent aux Marchands ayent la voye d'Arrest & d'emprisonnement, pour le recouurement de ce qu'ils ont aduancé, sans que l'acheptceur puisse abandonner le vin a luy vendu.

L'Ordonnance faite au regard desdits vendeurs, sur le fait des vins par eux vendus à l'Estape.

XXVII. ITEM, Pour obuier aux debats & procez, qui par chacun iour peuuent suruenir entre lesdits vendeurs de vins, pour cause du vin par eux vendu à l'Estape: pour lequel aucuns desdits vendeurs se sont efforcez & efforcent chacun iour d'entreprendre les vns sur les autres, en brisant les rans: Et pour nourrir paix & amour entre iceux vendeurs: Ordonnons que tout le profit, qui viendra & escherra à ladite Estape ausdits vendeurs & à chacun d'eux, à cause de leur Office, sera distribué entr'eux par la maniere qui s'ensuit: C'est à sçauoir, qu'vn chacun vendeur, qui voudra aller gaigner à ladite Estape, sera tenu d'y estre dedans neuf heures sonnées, & d'y faire residence continüelle iusques à douze heures sonnées, s'il n'a fait la besongne qui luy aura esté ordonnée: Sur peine d'estre débouté de la gaigne de la iournée. Et seront escrits les vendeurs, qui y viendrõt dedans ladite heure, par run, ainsi qu'ils viendront, & seront mis en besongne selon ledit escrit, lequel sera fait par l'vn desdits vendeurs en la presence de l'vn de ses compagnons. Lesquels deux vendeurs pour ce faire serõt esleus pour seruir par sepmaine. Et ne pourront refuser à ainsi seruir: Sur peine de cinq sols parisis d'amende, à appliquer à leur communauté: s'ils n'ont excusation raisonnable: auquel cas ils pourront commettre de leurs compagnõs en lieu d'eux. Et à iceux ainsi esleus, ou à ceux qu'ils commettront en lieu d'eux, chacun desdits vendeurs, qui vendra vin en ladite Estape, sera tenu de bailler l'argent qu'il receura pour son salaire, auant qu'il se parte hors de ladite Estape. Et ils seront tenus de payer tous lesdits vendeurs, qui y auront esté, de leurs gages de la iournée, bien & loyaument, par égale portion: & ce qui demeurera chacun iour, outre & par dessus ce qui ne pourra venir à vn chacun desdits vendeurs en partage, iusques à quatre deniers parisis, sera mis en vne boiste, que l'vn desdits vendeurs gardera, fermant à deux clefs, que deux autres vendeurs garderont pour employer ledit argent au profit de leurdite communauté.

ARTICLE 27. & suiuans, ont esté assez expliquez cy-deuant.

Que les vendeurs ayans besongne au port en Gréue, ne doiuent aller à l'Estape.

XXVIII. ITEM, Que nul desdits vendeurs, qui aura aucune besongne au port en Gréue, ne pourra venir gaigner à ladite Estape, s'il n'est iour de feste : & si aucun d'eux auoit aucunement besongne audit port en Gréue au fait de son Office, il ne pourra venir gaigner à ladite Estape icelle iournée : Sur peine de restituer ce qu'il aura gaigné, au profit de ladite communauté, & chacun vendeur qui sera chargé d'aucune besongne à ladite Estape, si vendre se peut pour la iournée : Sur peine de perdre ce qu'il aura gaigné ladite iournée.

Comment ils doiuent dénoncer toutes les fraudes qu'ils sçauront.

XXIX. ITEM, Iceux vendeurs diront & dénonceront à Iustice, s'ils sçauent aucuns, qui trespassent lesdites ordonnances faites sur ladite marchandise, & les fautes qu'ils aduiseront audit port, & à ladite Estape : & de ce feront rapport diligemment, chacun d'eux en droit soy : Sur ladite peine de dix liures parisis d'amende.

LE SIXIESME CHAPITRE CONTIENT LE FAIT ET EXERCICE des Courretiers de Vins de la Ville de Paris.

Du nombre des Courretiers de Vin.

ARTICLE PREMIER.

PREMIEREMENT, En ladite ville de Paris aura, selon le nombre ancien, * soixante Courretiers de vin, & non plus: Sans ce qu'aucun autre se puisse entremettre de faire l'Office desdits Courretiers: Sur peine d'amende arbitraire.

ARTICLE I. Le nombre ancien des Courtiers, a esté reduit à 32. & depuis augmenté du parisis, par l'Edict de l'année 1633.

* *Est à noter qu'il y a plus de cent cinquante ans, que ledit nombre de soixante Courretiers a esté reduit au nombre de trente-deux.*

De la donation & information desdits offices.

II. ITEM, Quand ledit Office de Courretage sera vaquant, lesdits Preuost des Marchands & Escheuins le donneront à homme, qui par information deüemẽt faite, sera trouué estre de bonne vie, renommée, & honneste conuersation, sans aucun blasme, ou reproche, & habile, suffisant & idoine pour iceluy Office exercer.

Du serment desdits Courretiers.

III. ITEM, Quand aucun sera institué audit Office, il fera serment en jugement, que bien loyaument & diligemment il exercera ledit Office en sa personne, & conseillera tous ceux qui viendront à luy pour acheter ou vendre aucuns vins, le mieux & plus profitablement qu'il pourra & sçaura: & qu'il ne demandera ny prendra plus grand salaire, que celuy qui est ordonné pour ledit Office faire & exercer: & aussi qu'il gardera les ordonnances faites, tant sur ledit Office, que sur ladite Marchandise de vins: & que s'il sçait chose qui soit faite au preiudice des priuileges & franchises de ladite Ville, & contre les ordonnances d'icelle, incontinent il le fera sçauoir ausdits Preuost & Escheuins, ou au Procureur de la Marchandise: & obeyra à leurs commandemens. Et que de chose, dont la cognoissance appartienne à la iurisdiction desdits Preuost & Escheuins, il ne mettra ou fera mettre aucun en cause ailleurs, que par deuant eux.

ARTICLE 3. Forme du serment des Courtiers.

De leur presentation & Caution.

IV. ITEM, Et apres ce qu'il sera institué, & aura fait le serment, il sera presenté & mis en possession dudit Office par l'vn des Sergens de ladite Preuosté & Escheuinage, que lesdits Preuost & Escheuins voudront à ce commettre: qui aura pour ce faire deux sols parisis seulement: Et ce fait, il baillera caution de trente liures parisis, auant qu'il puisse exercer ledit

ARTICLE 4. N'est plus obserué de bailler caution, à cause de la valleur des Offices, qui peuuent respondre de leur administration.

Office: Sur peine de priuation d'iceluy. Et ne sera aucun, qui se porte pour Clerc, mis audit Office.

De l'entrée desdits Courretiers.

V. ITEM, Quand aucun desdits Courretiers sera ainsi institué de nouuel, & mis en possession dudit Office de Courretage, il payera vingt sols parisis d'entrée: & pour chacun an quatre sols parisis, à payer moitié à la Toussainćts, & moitié à Pasques. Lesquels vingt sols parisis, & quatre sols dessusdits, seront baillez au Procureur de la cõmunauté desdits Courretiers, pour soûtenir les droits de leurs Offices, & pour ayder à viure à aucuns desdits Courretiers, s'ils chéoient en mendicité. Lequel Procureur en rendra compte & reliqua ausdits Courretiers, ou à ceux qui seront cõmis à ce par leur communauté, toutes & quantesfois qu'il en sera requis.

ARTICLE 6. Les Courtiers sõt establis pour le soulagement desBourgeois, & pour dénoncer les desordres qui peuuent estre parmy les Marchands; de maniere que s'ils faisoient traffic & commerce de vins, il y auroit sans doute intelligence entr'eux.

Qu'ils ne s'entremettront de la marchandise de vins.

VI. ITEM, Ne vendront lesdits Courretiers aucuns vins en gros ny à détail, pour eux ny pour autre, par quelque maniere que ce soit. Ny ne s'entremettront de ladite Marchandise de vins, pour eux, ny à leur profit, sinon pour leur vser, & aussi du vin de leur cru: Sur peine de perdre la marchandise, & de dix liures parisis d'amende.

Qu'ils ne doiuent estre que deux ensemble.

ARTICLE 7. Le nombre de deux Courtiers est suffisant pour assister le Bourgeois, qui doit estre present lors de l'achapt des vins; que s'il se presentoit vn troisiesme Courtier, il doit se retirer, & ne point s'embaster, c'est à dire, s'entremettre auec les autres.

VII. ITEM, Ne seront lesdits Courretiers que deux, pour essayer, acheter ou traićter aucune marchandise de vins: & aussi n'acheteront aucuns vins sans le marchand acheteur, ou sans son congé. Et si par dessus les deux premiers Courretiers faisans icelle marchandise, suruenoient aucuns autres Courretiers: ils ne s'embasteront point sur les deux premiers: Sur peine de soixante sols parisis d'amende. Et appartiendra tout le salaire de ladite marchandise, seulement aux deux premiers.

De la residence qu'ils doiuent faire.

VIII. ITEM, Lesdits Courretiers exerceront leursdites Offices en personne, & feront continüelle residence aux iours de marchez, tant au port de Gréue, comme à l'Estape, ou ailleurs, pour l'exercice d'iceux Offices: afin que ceux qui viendront ausdits lieux pour acheter aucuns vins, puissent estre par eux conseillez, conduits, & menez ainsi qu'il appartient: Sur peine de suspension de leurs Offices, & d'amende arbitraire.

De non aller en Gréue à iour de feste, & qu'à heure de vente.

ARTICLE 9. Cét Article regle les heures de la vente, & ne doit le Courtier boire à autres heures, c'est à dire gouster les vins.

IX. ITEM, Lesdits Courretiers n'iront à la vente en Gréue pour acheter, percer, ny essayer aucuns vins, iusques à ce que Prime sera sonnée à Nostre-Dame, que la vente commẽcera: & durera iusques à heure de midy, à laquelle ils s'en iront. Et aussi n'iront point boire audit lieu de Gréue à iour de Feste qui soit à garder, ny à autre heure, qu'à ladite heure de vente. Et s'ils font le contraire, ils payeront soixante sols parisis d'amende.

Qu'ils ne doiuent aller au deuant des vins.

ARTICLE 10. Cét abus a cessé depuis qu'ils ont estably bourse commune.

X. ITEM, N'iront lesdits Courretiers au deuant des Bateaux ou vaisseaux qui amenerõt aucuns vins par eau en ladite Ville, au port en Gréue, ny aussi au deuant des chariots, charettes, ou autres voictures amenans vins par terre vendre en icelle ville de Paris à l'Estape, ny autrement: Sur peine de dix liures parisis d'amende, & de perdre les deniers, s'ils les achetoient.

Qu'on aura vins pour le prix qu'ils les auront achetez.

XI. ITEM, Si aucun Courretier achete pour aucun, vins audit port de Gréue, lequel ne soit present, ny autre pour luy auec ledit Courretier, & vn marchand ou Bourgeois de Paris y vient en sa persõne: il pourra auoir, s'il luy plaist, lesdits vins pour le prix que ledit Courretier les aura achetez: sans que ledit Courretier y puisse mettre empeschement.

Qu'ils ne doiuent estre vendeurs.

XII. ITEM, Ne feront lesdits Courretiers, ny aucuns d'eux, vendeurs & Courretiers ensemble: C'est à sçauoir, qu'ils ne prendront droict de vendage: Ny aussi ne porteront, ny garderont clef du Celier d'autruy, où il y ait du vin à vendre: Sur peine de dix liures parisis d'amende.

De non auoir Courretiers, s'il ne plaist aux acheteurs.

XIII. ITEM, Les Marchands, & autres qui voudront acheter vins, n'auront aucuns Courretiers, s'il ne leur plaist: & s'ils declarent qu'ils n'en veulent point, les Marchands vendeurs ne seront point tenus de les payer: & outre ne se bouteront aucuns desdits Courretiers és besongnes entre les Marchands acheteurs & vendeurs de vins, s'ils ne sont appellez, ou menez par iceux acheteurs: Sur peine de dix liures parisis d'amende.

Qu'ils doiuent faire l'argent bon aux Marchands.

XIV. ITEM, Si aucuns Courretiers menent aucuns acheteurs par deuers les Marchands & Vendeurs: & le marché fait, ils tesmoignent & afferment que les acheteurs sont suffisans & soluables, & que de leur Courretage ils se payent: & apres s'il aduient que les acheteurs soient trouuez moins suffisans & non soluables: iceux Courretiers en feront restitution, & en pourront estre poursuyuis par lesdits Marchands & Vendeurs: Et si payeront dix liures parisis d'amende.

Qu'ils doiuent garder la moison des vins.

XV. ITEM, Si aucun Courretier en marchandant ou faisant vendre aucuns vins en ladite Ville, apperçoit qu'il y ait aucunes queües ou muys, qui ne tiennent pas la moison qu'ils doiuent tenir: il en aduertira l'acheteur, afin qu'il n'y soit deceu: Sur peine d'amende arbitraire.

Qu'ils n'auront que quatre queües de vin, s'ils sont Hosteliers.

XVI. ITEM, Et si aucuns desdits Courretiers sont Hosteliers, ils n'auront que quatre queües de vin en leurs hostels à vne fois, & pour vendre à leurs Hostes seulement: sans ce qu'ils les puissent vendre hors leursdits hostels à pots ny autrement, fors seulement à leursdits hostes. Et si tost que deux desdites quatre queües de vin seront beuës, & ils en voudront acheter deux autres, ils en demanderont congé ausdits Preuost & Escheuins: Sur peine de dix liures parisis d'amende.

Salaire des vins de Bourgongne.

XVII. ITEM, Et en tant que touche le salaire desdits Courretiers, ils auront pour leur salaire de vins par eux achetez, ou qu'ils feront vendre, tant sur l'eau, comme en celier, cruz és pays de Beaunois, Masconnois, Tournus, Dijonnois, & des parties d'enuiron au dessus du Pays d'Auxer-

ARTICLE 11. Ce qui a esté introduit pour preuenir les abus, & empescher que le Courtier n'achepte seul les Vins, & sans Bourgeois.

ARTICLE 12. Les deux qualitez sont incompatibles.

ARTICLE 13. A present les Courtiers appellez ou non, iouyssent des cinq sols pour muid ou demy queuë de vin, vendu en gros par tous Marchands priuilegez ou non priuilegez, exempts ou non exempts, sur les ports & places publiques, & autres lieux, mesmes des vins que les Hostelliers & Cabaretiers vont achepter aux Champs, suiuant la Declaration du Roy de l'année 1637.

ARTICLE 14. Le Courtier est responsable enuers le vendeur, quand il a respondu de la soluabilité de l'achepteur.

ARTICLE 15. Si le Courtier recognoist que la piece de vin ne soit de jauge, il en doit aduertir l'achepteur.

ARTICLE 16. Il est dit au precedent, que le Courtier ne peut estre marchand de vins, mais il peut estre Hostellier, pour débiter à ses hostes seullement les vins qu'il acheptera, par la permission des Preuost des Marchands & Escheuins.

ARTICLE 17. Maintenant le salaire des Courtiers est esgal pour tous les vins de quelque cru qu'ils soient,

& en a esté parlé cy-dessus en l'Art. 13.

rois, deux sols parisis de chacune queüe: & douze deniers parisis de chacun muy, ainsi que lesdites queües & muys seront.

Salaire des vins d'Auxerrois.

XVIII. ITEM, Des vins crus audit pays d'Auxerrois, & és parties d'enuiron, en venant iusques au pont de Sens, esquels on vse de iauge de Bourgongne, lesdits Courretiers aurõt pour chacune queuë par eux achetée, ou qu'ils feront vendre, tant sur l'eau comme en Celier, deux sols parisis: & de chacun muy, dix-huit deniers parisis, ainsi que lesdites queuës & muys seront

Salaire des vins François.

XIX. ITEM, Des vins crus depuis ledit pont de Sens en aual, qui serõt iaugez à iauge Françoise, lesdits Courretiers auront pour chacune queuë par eux achetée, ou qu'ils feront vendre, tant sur l'eau, comme en Celier: douze deniers parisis: & de chacun muy, huit deniers parisis, ainsi que lesdites queuës & muys seront.

Salaire des vins de la riuiere de Loyre, & autres.

XX. ITEM, Des vins crus és pays de la riuiere de Loyre, comme Ris, Saint Pourcain, Soigny, Orleans, Monstereüil, Bellay, & autres: & aussi des vins crus à Bar sur-Aube, & enuiron, lesdits Courretiers aurõt pour chacune queüe par eux achetée, ou qu'ils feront vendre, dix-huit deniers parisis: & du muy, neuf deniers parisis, ainsi que lesdites queües & muys seront.

Salaire des vins vendus à l'Estape.

XXI. ITEM, Et des vins qu'on amene à vendre à l'Estape, lesdits Courretiers auront pour chacune queüe par eux achetée, ou qu'ils feront vendre, de quelque pays que ce soit, douze deniers parisis: & de chacun muy, six deniers parisis, ainsi que lesdites queües & muys seront.

Qu'ils ne prendront plus grands salaires.

XXII. ITEM, Et ne prendront lesdits Courretiers leursdits salaires, fors par la maniere dessus declarée, & sur les Marchands vendeurs, seulement: Sur peine de dix liures parisis d'amende. Et pareillement lesdits Marchands vendeurs, ny autres, n'en doiuent plus payer, sur ladite peine.

Qu'ils doiuent escrire les vins qu'ils achetent.

Article 23. Les Courtiers doiuent tenir Registre, & la raison en est dans l'Article.

XXIII. ITEM, Lesdits Courretiers retiendront par escrit, deuers eux, les noms des Marchands, & le prix des vins qu'ils acheteront, & les iournées, pour la conseruation du droict d'iceux marchands (pource que souuentesfois ils vendent leurs vins à créance.) Sur la peine dessusdite.

Des rapports qu'ils doiuent faire.

Article 24. Tous les Officiers de Police sont tenus de dénoncer au Procureur du Roy les desordres qui sont en la Police, pour ce qui regarde leurs fonctions.

XXIV. ITEM, Diront lesdits Courretiers, chacun en droit soy, s'ils sçauent aucuns qui trespassent lesdites Ordonnances faites sur ladite Marchandise, & les fautes que ils aduiseront & sçauront estre faites audit port, & à ladite Estape: & incontinent en feront rapport pardeuers lesdits Preuost & Escheuins, ou le Procureur de la Marchandise: Sur ladite peine de dix liures parisis d'amende.

LE SEPTIESME

LE SEPTIESME CHAPITRE CONTIENT LE FAIT ET EXERCICE des Iaugeurs * de Vins de ladite Ville de Paris.

Le nombre desdits Iaugeurs.

ARTICLE PREMIER.

ET PREMIEREMENT, En la ville de Paris aura douze Iaugeurs par nombre, pour les vins, & non plus: C'est à sçauoir, six Maistres, & six apprentifs. Et ne pourra aucun autre soy entremettre de faire l'Office desdits Iaugeurs : Sur peine d'amende arbitraire.

ARTICLE I. Le nombre des Maistres Iaugeurs est augmenté de deux: de maniere qu'il y en à maintenāt huit, suiuant l'Edict du mois de Ianvier 1633. & ces deux nouueaux ont la faculté de resigner leurs Offices a qui bon leur semble, suiuant les Edict de ladite année, & Arrests du Conseil du 19. Mars, 17. & 20. Decembre 1636. laquelle faculté n'est accordée aux six anciens, qui sont obligez d'auoir chacun vn apprentif qui leur succede, en cas de deceds, ou démission, en les remboursant, ou leur veufue, de la finance portée par lesdits Arrests, qui monte à six mil liures.

* *Les Iaugeurs ne sont pas seulement establis pour iauger les Vins, mais encores toutes autres liqueurs qui se vendent en gros, comme Bieres, Cidres, Vinaigres, Verjus, Huilles, Graisses, suiuant plusieurs Edicts & Declarations.*

La donation dudit Office.

II. ITEM, Quand ledit Office de Iaugeur vacquera, lesdits Preuost des Marchands & Escheuins le donneront à homme, qui par information deüement faite sera trouué estre de bonne vie, renommée, & honneste conuersation, sans aucun blasme, ou reproche, & habile, suffisant, & idoine, pour iceluy Office exercer.

ARTICLE 2. Par le deceds d'vn Iaugeur, vn des apprentifs succede à la charge, laquelle ne peut estre dōnée à autre, attendu les Lettres qu'ils ont de retenuë, qui portét qu'ils seront receus apprentifs sous vn des maistres, pour entrer en son ordre en la maistrise; auquel cas l'apprētif rapporte au Bureau de la Ville ses Lettres d'apprentissage, & est reçeu Maistre Iaugeur, en faisant le sermēt accoûtumé, & certiffié capable par les maistres dudit mestier.

Du serment desdits Iaugeurs.

III. ITEM, Et quand on instituera aucun audit Office, il fera serment, que bien, loyaument & diligemment, il exercera ledit Office en sa personne, tant à la cōseruation du droict du Marchand, ou aucun acheteur, comme du Marchand vendeur: & qu'il ne demandera ny prendra plus grand salaire, que celuy qui est ordonné pour ledit Office faire & exercer: & aussi qu'il gardera les Ordonnances faites tant sur ledit Office, que sur ladite Marchandise de vins, & autres dépendans du faict dudit Office: Et que s'il sçait chose faite contre les priuileges, franchises, & libertez de ladite Ville, ou contre les Ordonnances d'icelle, incontinent il le fera sçauoir ausdits Preuost & Escheuins, ou au Procureur de la marchandise: & obeyra à leurs commandemens: & que de chose, dont la connoissance appartienne à la iurisdiction desdits Preuost & Escheuins, il ne mettra ou fera mettre aucun en cause ailleurs, que par deuant eux.

De leur presentation.

IV. ITEM, Et apres ce qu'il sera institué, & aura fait ledit serment, il sera presenté & mis en possession dudit Office, par l'vn des Sergens de

ARTICLE 4. L'apprentif reçeu donné à disner aux Maistres.

ladite Preuosté & Escheuinage, que lesdits Preuost & Escheuins voudront à ce commettre, qui aura pour ce faire, deux sols parisis seulement. Et ce fait, il fera son past: C'est à sçauoir, qu'il donnera à disner aux autres Iaugeurs, & payera aux six principaux Maistres leurs salaires, de luy apprendre & monstrer la science & industrie de ladite iauge.

Du seruice des Aprentifs.

Article 5. Le temps & l'experience, font le Iaugeur.

V. ITEM, Seruira vn des Maistres Iaugeurs iusqu'à vn an, sans ce qu'il puisse faire ny exercer ledit Office, ny entreprendre à tirer ou iauger aucuns vins, ou autres choses necessaires à iauger, que ce ne soit en la presence de sondit Maistre: Ny aussi iusques à ce qu'il soit experimenté, & tesmoigné par lesdits Maistres suffisant & idoine, apres ce qu'il aura seruy par ledit an entier: & qu'il ayt vne iauge du vray patron en tel cas accoustumé: Sur peine de vingt liures parisis.

De non auoir Aprentifs, si l'Office ne leur est donné.

Article 6. Voyez ce qui a esté dit en l'explication de l'Art. 2. de ce Chap.

VI. ITEM, Que nul desdits Maistres n'aura qu'vn Aprentif seulement, lequel luy sera baillé par lesdits Preuost des Marchands & Escheuins. Et quand l'vn d'iceux Offices sera vacquãt, il sera donné à l'vn desdits Aprentifs, qui premier aura esté mis pour estre Aprentif à iceux Maistres, ou à l'vn d'eux. Et n'apprendront lesdits Maistres ledit mestier & science à aucun autre, fors à celuy ou ceux, à qui lesdits Offices seront donnez par lesdits Preuost des Marchãds & Escheuins: Sur peine de priuation d'Office, & d'amende arbitraire.

Du Patron des Iauges.

Article 7. Les Estalons des Iauges & Mesures sont à l'Hostel de Ville.

VII. ITEM, Iceux Maistres, chacun en droit soy, prendront & auront leurs Iauges iustes & de vray Patron, selon l'eschantillon ou estalon, qui est en l'Hostel de ladite Ville: Sur la peine dessusdite.

De la Marque desdits Iaugeurs.

Article 8. Le contenu en cét Art. a esté sagement & prudemment introduit, pour éuiter aux fraudes.

VIII. ITEM, Iceux Iaugeurs auroñt chacun sa Marque, & telle qu'il leur plaira, pourueu qu'elles seront differentes l'vne de l'autre, & qu'on les pourra & sçaura-l'on cognoistre: afin que s'ils commettent aucunes fraudes ou fautes en leursdites Iauges, l'on puisse clairement sçauoir celuy qui ce aura fait, pour en estre puny comme de raison. Et seront leurs Marques enregistrées & marquées en l'Hostel de ladite Ville.

Que nul autre ne doit tenir Iauge.

IX. ITEM, Nul, de quelque estat ou condition qu'il soit, n'aura ne tiendra Iauge en ladite ville de Paris, ny n'en vsera, ou aucunement ne s'entremettra du fait de Iaugeage: sinon lesdits douze Iaugeurs Iurez: Sur peine d'amende arbitraire.

Qu'ils doiuent estre deux.

X. ITEM, Lesdits Maistres Iaugeurs ne iaugeront aucuns vins estranges, Huyles, Miel, Graisses, ny Cuues à fouler vin, sans estre deux desdits Maistres ensemble: Sur peine de soixante sols parisis d'amende.

Qu'ils doiuent aller Iauger.

Article 11. Il semble par cét Article que les Iaugeurs ne

XI. ITEM, Lesdits Iaugeurs yront iauger dedans ladite ville de Paris, toutes & quantes-fois qu'ils en seront requis: pourueu qu'ils soient aysez d'aller, & qu'il soit heure competante: Sur ladite peine.

puissent faire aucune fonction, que quand ils en sont requis par les Marchāds: ce qui se pratique tout autrement, lesdits Iaugeurs ayans la pleine & libre faculté d'aller és Ports, Places, Celliers, & autres lieux, où les Vins se vendent en gros, sans en estre requis, ainsi qu'il est expressément porté par la Declaration du 20. Decembre 1553. qui interprete l'Ordonnance & les Edicts precedents, affin que le Marchand vendeur liure des muids de moison & de iauge, & que la Iustice soit obseruée entre le vendeur & l'achepteur.

Salaire desdits Iaugeurs.

XII. ITEM, Aucun desdits Iaugeurs n'aura pour son salaire pour chacune piece de vin qu'il iaugera, de quelque longueur ou grosseur qu'elle soit, que trois deniers parisis, à prendre sur le Marchand vendeur seulement. Et pour iauger vn caque de verjus, deux deniers parisis du vendeur. Et pour iauger vins estranges, huylles & graisses, il aura pour chacune piece, six deniers parisis: à prendre sur le Marchand vendeur.

ARTICLE 12. Les salaires sont à present de douze deniers parisis pour chacune piece de vin, de quelque grosseur ou longueur qu'elle soit, suiuant l'Edict de 1633. & Arrests donnez en consequence.

D'aller iauger par tout, sans demander plus grand salaire.

XIII. ITEM, Lesdits Iaugeurs yront iauger par toute la Preuosté & Viconté de Paris, toutes & quantes-fois qu'ils en seront requis par les Bourgeois de Paris, ou l'vn d'eux: pourueu que celuy qui le menera, luy deura liurer cheual & despens. Et aura pour chacun tonnel iauger, le prix dessusdit, & plus n'en demandera: Sur peine de dix liures parisis d'amende.

ARTICLE 13. Le Iaugeur estend son pouuoir iusques dās la Preuosté & Vicomté de Paris, & ne doit prendre que les droicts mentionnez au precedent Art. en défrayant.

Qu'on peut rappeller de la Iauge d'vn Iaugeur.

XIV. ITEM, Si aucun Iaugeur a iaugé aucun vaisseau, & celuy ou ceux qui vēdront ou acheteront, se doutent de la iauge, qu'elle ne soit pas iuste, rappeller la pourront pardeuant vn des autres Iaugeurs: & quand iceluy Iaugeur aura iaugé, & luy & le premier iaugeur s'accordent, on ne pourra plus rappeller, & s'ils ne s'accordent, on en pourra encores rappeller, & auoir vn tiers Iaugeur: & la iauge qui sera trouuée veritable par les deux d'iceux trois Iaugeurs, demeurera pour iuste & vraye: & aura chacun desdits Iaugeurs pour chacune fois, le prix deuant dit: c'est à sçauoir, pour chacune fois qu'il aura iaugé & reiaugé, quatre deniers parisis: jaçoit ce qu'on ait rappellé la iauge.

ARTICLE 15. C'est à dire, que si apres la jauge faite par vn des Maistres, le vendeur ou l'achepteur ne s'y veulent tenir, ils peuuent appeller vn autre Iaugeur, lequel ne doit effacer la marque qui y aura esté mise par son compagnon, pour y mettre la sienne, qu'en la presence d'vn des Maistres, autre que celuy qui aura premierement marqué.

Qu'ils doiuent estre deux pour iauger.

XV. ITEM, Nul Iaugeur ne iaugera seul aucun vin ou autres vaisseaux qui seront iaugez de l'vn des autres Iaugeurs: Sur peine de soixante sols parisis d'amende.

Qu'ils doiuent dénoncer les délinquans.

XVI. ITEM, Si aucun Iaugeur trouue qu'aucun face contre lesdites Ordonnances, il le doit incontinent aller dire & dénoncer ausdits Preuost des Marchands & Escheuins, ou au Procureur de la Marchandise: Sur peine de suspension de son Office, & d'amende arbitraire.

LE HVICTIESME CHAPITRE CONTIENT LE FAIT ET EXERCICE des Deschargeurs de Vins de la Ville de Paris.

Le nombre desdits Deschargeurs.

ARTICLE PREMIER.

Article I. Le nombre des Deschargeurs de Vins n'est point limité, & sont pris du corps des Tonnelliers, & presentez par les Procureurs Sindics & anciens de la Communauté.

PREMIEREMENT, En la ville de Paris aura grande quantité de Deschargeurs pour labourer les vins qui viennent chacun iour en grand nombre en ladite Ville, selon l'aduis & discretion desdits Preuost des Marchands & Escheuins d'icelle Ville. Sans ce qu'aucun se puisse entremettre de faire l'Office de Deschargeur, s'il ne luy est donné par lesdits Preuost & Escheuins : Sur peine d'amende arbitraire.

De l'information de l'Officier.

II. ITEM, Quand ledit Office de Deschargeur sera vacquant, lesdits Preuost des Marchands & Escheuins le donneront à homme, qui par information deuëment faite sera trouué estre de bonne vie, renommée, & honneste conuersation, sans aucun blasme ou reproche, & habile, suffisant, & idoine, pour iceluy Office exercer.

Du serment desdits Deschargeurs.

III. ITEM, Quand on instituera aucun audit Office, il fera serment, que bien loyaument, & diligemment il exercera ledit Office en sa personne, & fera residence continuëlle à iours ouurables sur le cay du port de Gréue, & aux autres lieux & places accoustumées pour ledit Office faire & exercer : & aussi en son ouurouër, afin que chacun qui en aura affaire en puisse promptement finer. Et qu'il ne prendra ny demandera plus grand salaire, que celuy qui est ordonné pour ledit Office faire & exercer : & aussi qu'il gardera les Ordonnances faites, tant sur ledit Office, que sur ladite Marchandise de vins : & que s'il sçait aucun estrange, qui face descendre vin sur terre en ladite Ville, ny autre chose qui soit faite au prejudice des priuileges & Ordõnances d'icelle, il le fera incontinent sçauoir ausdits Preuost & Escheuins, ou au Procureur de ladite Marchandise : & obeyra à leurs commandemens : & que de chose dont la cognoissance appartienne à la iurisdiction desdits Preuost & Escheuins, il ne mettra ne fera mettre aucun en cause que par deuant eux.

De leur presentation, & caution.

IIII. ITEM, Et apres qu'il sera institué, & aura fait ledit serment, il sera presenté & mis en possession dudit Office par l'vn des Sergens de ladite Preuosté & Escheuinage, que lesdits Preuost & Escheuins voudront à ce commettre : qui aura pour ce faire deux sols parisis seulement. Et ce fait il baillera caution Bourgeoise de la somme de trente liures parisis, auant qu'il puisse exercer ledit Office: Sur peine de priuation d'iceluy, pource qu'il est tenu, à cause de sondit Office, de faire le labourage des vins, qu'il labourera à ses perils & fortunes.

Qu'ils ne doiuent marchander de ladite Marchandise, ny faire Tauerne.

v. ITEM, Lesdits Deschargeurs ne marchanderont, ny feront marchander de ladite marchandise de vin pour eux, ny à leur profit, en gros, à détail, ny autrement: ny ne feront tauerne, tant comme ils exerceront ledit Office de Deschargeurs, si ce n'est du vin de leur creu tant seulement: Sur peine de perdre la Marchandise, & de dix liures parisis d'amende.

ARTICLE 5. Outre le vin de leur creu, ils peuuent encores vendre le vin qu'ils ont pris en payement de leurs débiteurs.

Qu'ils ne doiuent prendre droict de Courretage.

vi. ITEM, Ne prendront ny n'auront aucun Courretage de vins: Sur peine de dix liures parisis d'amende. Et s'ils sçauent aucun qui le face, autre que les Courretiers de ladite Marchandise, ils le diront & dénonceront à iustice: Sur ladite peine.

ARTICLE 6. Chacun se doit contenir en ce qui est de son exercice, & des droicts y attribuez.

De non aller, ny labourer és Bateaux à heure de vente.

vii. ITEM, N'yront lesdits Deschargeurs sur la vente en Gréue, tant comme ladite vente durera, qui ne les appellera pour leur bailler vins à labourer: & si tost que ils auront signé les vins qu'on leur baillera, ils s'en retourneront sur le cay, où ils se doiuent tenir. Et aussi ils ne prendront ny commenceront à labourer aucuns vins audit port de Gréue, iusques à ce que ladite vente soit faite & parfaite: Sur peine de soixante sols parisis d'amende: afin qu'ils n'empeschent ladite vente.

Qu'on doit souffrir deffermer les Bateaux pour labourer.

viii. ITEM, Si aucun Deschargeur a prins à labourer vins estans en vne nef ou Batel, & pour les oster luy conuienne mettre sa Nasselle par derriere le cul des nefs ou Bateaux estans pres de ladite nef ou Batel: celuy ou ceux à qui seront lesdites nefs ou Bateaux defermeront ou souffriront deffermer le cul de leursdites nefs ou Bateaux, pour laisser entrer la Nasselle pour oster lesdits vins: & le deschargeur labourera incontinent lesdits vins, & ostera ladite Nasselle si tost qu'il aura labouré, & aussi refermera lesdites nefs en l'estat qu'elles estoient parauant: & qui fera le contraire, le Marchand payera vingt sols parisis d'amende: & autant le deschargeur.

ARTICLE 8. Deffermer vn Bateau, c'est détacher la corde qui le tient attaché aux anneaux de fer, ou ailleurs; fermer, est le contraire.

De non mettre sur costez, sur bord, ny sur l'eau, qu'vn tonnel à la fois.

ix. ITEM, Nul deschargeur ne mettra sur costez, sur bord, ny sur l'eau de nef, ou batel, qu'vn tonnel de vin tant seulement à vne fois. Et s'il fait le contraire, il payera vingt sols parisis d'amende, auec les dommages qui s'ensuiuront.

ARTICLE 9. L'eauë de nef, est vn vuide entre deux bateaux, sur lesquels sont posez deux pieces de bois, par dessus lesquelles on descharge le vin.

De non laisser vins en Nasselle.

x. ITEM, Nul deschargeur ne laissera vins en Nasselle pour demeurer de nuict, qui soit, ou demeure fermée à terre ladite nuict: & s'il ne les peut tous labourer ladite iournée, & il en demeure en icelle Nasselle, il la fermera auec le vin au Batel dont il sera venu, ou autre part, si seurement hors de terre, qu'aucun n'y ayt dommage: & qui fera le contraire, il paye-

ARTICLE 10. Les Deschargeurs ne sont plus dans cette sujettion, au moyen des gardes-nuict qui doiuent veiller à ra vingt sols parisis d'amende, toutes fois qu'il le fera, & les dommages, qui par son défaut escherront.

la conseruation des marchandises qui sont sur les ports.

Salaire de vin labouré en Gréue.

XI. ITEM, Et entant qu'il touche le salaire desdits Deschargeurs, pour raison & à cause de leurs Offices, pour les vins par eux labourez en ladite ville de Paris: pource que par chacun iour leur suruient plusieurs vins à labourer en plusieurs & diuerses manieres, & que pour la diuersité d'iceux labourages ils ont prins au temps passé salaires moult excessifs sur plusieurs simples gens, tant sous ombre du charroy qu'ils liuroient, comme autrement: parquoy seroit besoin & necessité d'obuier à ce, & y ordonner salaire raisonnable pour le temps aduenir. Pour ces causes, ordonnons que nul Deschargeur pour la peine de luy & de ses varlets, & pour liurer filets, harnois, flette, & toutes choses necessaires, excepté le charroy seulement (pource qu'on n'y peut pas bõnement mettre limitation pour la distance des lieux où l'on meine lesdits vins) ne pourra d'oresnauant demander, prendre, ny auoir des vins qu'il laboürera, plus grand salaire que celuy qui s'ensuit: C'est à sçauoir, pour prẽdre vne queüe de vin, ou deux muys pour vne queüe en vne nef ou Batel, & de la nef ou Batel les mettre en vne flette, & charger en vn chariot, ou en charette, deux sols parisis, de quelque moison que ladite queüe ou muys seront.

ARTICLE II. Leur salaire est maintenant de dix-huit deniers, pour la descharge d'vn muid, ou demy queüe de vin, & deux demy muids, pour vn muid de vin, ainsi que le porte la taxe, confirmée par les Sentences du 5. Nouembre 1624. 3. Iuillet 1626. 10. Iuillet 1628. 11. Ianvier, 25. Iuin 1630. & 16. Feurier 1633.

Salaire de vin labouré en descente.

XII. ITEM, De labourer en descente, vin qui sera debout à terre, c'est à sçauoir, de prẽdre vne queuë ou deux muys en vne nef ou Batel, & du Batel charger en charette ou chariot, six deniers parisis pour queuë, & trois deniers parisis pour muy, de quelque moison que lesdites queües & muys seront.

Salaire de racher vins de Bateaux en autre.

XIII. ITEM, De racher vins de Batel en autre, bord à bord, si c'est d'vne Batelée fretée entiere, seize deniers parisis du tonneau, & huit deniers de la queüe: & des autres Batelées, qui ne seront pas entieres, vingt deniers parisis du tonneau, & dix deniers de la queüe: à prendre & compter quatre muys pour le tonnel, & deux muys pour la queüe, ainsi que lesdites queües & muys seront. Et s'il les faut cueillir parmy le port en plusieurs nefs ou Bateaux, ils auront deux sols parisis pour tonnel, par la maniere dessusdite.

Salaire de mettre vin de la ruë en vne salle.

XIV. ITEM, De mettre vin de la ruë en vne salle, ou en autre lieu semblable, où il ne faille point deualler, quatre deniers parisis pour queuë, & trois deniers parisis pour muy, ainsi que lesdites queües & muys seront.

Salaire de descendre vins en celier ou caue.

XV. ITEM, Pour descendre vin en celier ou caue, & mettre sur chantiers, pourueu qu'il n'y ayt qu'vn labourage, c'est à sçauoir, que les degrez soient tous à l'endroit l'vn de l'autre, huit deniers parisis pour queüe, & six deniers pour muy. Et s'il faut deux labourages, tellement qu'il conuienne auoir double filé, c'est à sçauoir, coupler son filé à deux fois, douze deniers pour queüe, & neuf deniers pour muy, ainsi que lesdites queües & muys seront.

Salaire de tirer vins de celier ou de caue.

XVI. ITEM, De tirer vins contremont les degrez d'vne caue ou d'vn celier, deux sols parisis pour queüe, & seize deniers pour muy, pourueu qu'il n'y ayt qu'vn labourage côme dessus, c'est à sçauoir, que les degrez soient tous droits, tellement qu'on puisse labourer du long du filé & à vne fois. Mais s'il y auoit deux paires de degrez, qui ne fussent à l'endroit l'vn de l'autre, parquoy il faillist reployer le filé, & faire double labourage: & qu'en iceux degrez eust plus de cinq marches, & que par tout faille labourer à filé: trois sols pour queüe, & deux sols pour muy, ainsi que lesdites queües & muys seront. Et sera tenu ledit deschargeur parmy ce, de charger le vin en la charette, ou chariot, s'il est prest.

Salaire de descharger vne chariotée de vin.

XVII. ITEM, Pour descendre vne chariotée de vin, d'vn chariot sur les carreaux, soit que le chariot ayt toute sa charge, ou non: seize deniers parisis: pourueu que ledit deschargeur sera tenu, parmy ledit prix de mettre le vin dessus lesdits carreaux en vne salle ou autre lieu sans deualer, s'il plaist à celuy à qui sera ledit vin: & aussi descendre iceluy vin en diuers lieux, si mestier est, sans deualer, comme dit est.

Salaire de soutraire vin.

XVIII. ITEM, Pour soutraire vin, qu'on appelle mettre vin de celier en caue, & de caue en celier sur chantiers, c'est à sçauoir, au regard de celuy qui sera mis de celier en caue, huit deniers pour queüe, & six deniers pour muy: & au regard de celuy qui sera tiré de caue & mis en celier aussi sur chantiers, s'il y a plus de cinq marches à monter, seize deniers pour queüe, & douze deniers pour muy, ainsi que lesdites queües & muys seront. Et n'est pas à entendre que si aucun peut faire labourer ses vins pour moindre salaire que celuy ou ceux dessus declarez en ce present article, ny autres precedens, ne le puissent prendre: mais lesdits deschargeurs n'en pourront plus demander: Sur peine d'amende arbitraire.

ARTICLE 18. Ce mot soutraire, est assez explicqué par les paroles suiuantes.

De non refuser à faire lesdits labourages.

XIX. ITEM, Quiconque refusera des Maistres dessusdits par fraude à faire les labourages pour les prix dessusdits au plus haut, puis qu'ils ou aucuns d'eux en sera requis, il perdra le mestier, & sera banny de la Vicomté de Paris, vn an.

ARTICLE 19. Ainsi que les autres Officiers de Police.

Qu'ils doiuent dénoncer les fautes qu'ils sçauront.

XX. ITEM, Lesdits Deschargeurs, chacun en droit soy, diront & dénonceront toutes fraudes, qu'ils aduiseront, ou sçauront estre faites au fait de ladite Marchandise, ou qu'ils trespasseront les Ordonnances dessusdites, incontinent qu'ils les sçauront, aux dessusdits Preuost des Marchands & Escheuins, ou au Procureur de la Marchandise: Sur peine d'amende arbitraire.

Qu'il y aura au port de Greue deux Commissaires ordonnez pour aduiser les infracteurs desdites Ordonnances.

XXI. ITEM, Et pour mieux faire tenir & garder les Ordonnances dessusdites en leurs termes, sans enfraindre, tant au regard de la Marchandise de vins, & des Offices des Vendeurs, Courretiers, Iaugeurs, & Dechargeurs, comme autrement: Audit port de Gréue y aura deux Commissaires ordonnez par lesdits Preuost & Escheuins, iurez & sermentez, pour diligemment aduiser, visiter, & rapporter ce que par eux sera trouué estre fait contre lesdites Ordonnances: & aussi pour faire arriuer les Bateaux venus audit port, & faire oster les vins, auec les autres choses necessaires à faire pour le bien public. Et auront puissance de faire toutes manieres d'Arrests, Adjournemens, & autres Exploits, touchant Iustice seulement: & d'adjourner les parties contre le Procureur de nous & de ladite Ville, sur le fait de la Marchandise de l'eau. Et pour ce faire auront le quint des amendes, ou forfaictures, qui par eux viendront à cognoissance, auec les autres droits & profits, pour ce faire appartenans.

LE NEVFIESME

LE NEVFVIESME CHAPITRE CONTIENT LE FAIT ET EXERCICE des Crieurs de Vins & de Corps de la Ville de Paris.

Le nombre desdits Crieurs.

ARTICLE PREMIER.

ET PREMIEREMENT, En ladite ville de Paris aura vingt-quatre Crieurs de vins, & de corps, par nombre. Et pource que de present en y a grande quantité outre ledit nombre : Ordonnons qu'apres le trespassement de ceux qui trespasseront doresnauant, leursdites Offices de criages seront non impetrables, iusques à ce qu'ils soient reduits audit nombre de vingt-quatre, sans ce qu'aucun autre se puisse entremettre de faire ledit Office : Sur peine d'amende arbitraire.

ARTICLE I. Le nombre des Crieurs est de trente, au moyen de l'augmentation faite par l'Edict de l'année 1633. dont cy-deuant a esté fait mention.

De la donation & information dudit Office.

II. ITEM, Quand ledit Office de Crieur vacquera, lesdits Preuost des Marchands & Escheuins le donneront à homme, qui par information deüement faite sera trouué estre de bonne vie, renommée, & honneste conuersation, sans aucun blasme, ou reproche, habile, suffisant, & idoine pour iceluy Office exercer.

Du serment desdits Crieurs.

III. ITEM, Quand on instituera aucun audit Office, il fera serment, que bien loyaument il exercera ledit office en sa personne, & qu'il ne prendra ny demandera plus grand salaire, que celuy qui est ordonné pour ledit office exercer : & qu'il gardera les Ordonnances faites, tant sur ledit office, que sur ladite Marchandise : Et que s'il sçait chose qui soit faite au preiudice des priuileges, franchises, & libertez de ladite Ville, ou contre les Ordonnances d'icelle, il le fera sçauoir ausdits Preuost & Escheuins, ou au Procureur de la marchandise : & obeyra à leurs commandemens : & que de chose, dont la cognoissance appartienne ausdits Preuost & Escheuins, il ne mettra aucun en cause ailleurs, que par deuant eux.

De leur presentation & caution.

IV. ITEM, Et apres ce qu'il sera institué, & aura fait ledit serment, il sera presenté & mis en possession dudit office par l'vn des Sergens de ladite Preuosté & Escheuinage, que lesdits Preuost & Escheuins voudront à ce commettre, qui aura deux sols parisis seulement : & ce fait il baillera caution de soixante sols, vn denier parisis, pour le pot, & pour le hanap qu'on leur baille pour crier les vins aual ladite Ville.

De ce qu'ils doiuent payer pour leur entrée.

V. ITEM, Payera pour son entrée la somme de trente-deux sols parisis, pour conuertir & employer és seruices & Messes celebrées pour leur confrairie: & outre payera pour chacune sepmaine, deux deniers parisis, pour mettre en la bourse de leurdite confrairie, pour estre employez & conuertis à ayder ceux d'iceux Crieurs, qui cherront en mendicité ou necessité de maladie, ou de vieillesse, parquoy ils ne puissent leursdits Offices exercer, ne gaigner leur vie.

ARTICLE 6. Les ceremonies se continuënt à pareil jour en l'Eglise des SS. Innocens en la Chappelle S. Martin, où tous les Maistres se doiuēt trouuer, à peine de l'amende: Et n'est plus en vsage de transporter le Baston de Confrairie hors ladite Eglise, par vn ordre estably entre toutes les Communautez.

Qu'ils doiuent accompagner le Baston de leur Confrairie, & des Chappeaux qu'ils doiuent donner.

VI. ITEM, Donnera les Chappeaux de Roses aux Maistres, qui iront querir leur Cōfrairie à la S. Martin le Bouïllant, & aussi tous iceux Crieurs accompagneront celuy qui portera le Baston de leurdite Confrairie, les iours & veille de leur feste dudit S. Martin: & celuy qui deffaudra payera demie liure de cire au profit de leur Confrairie, s'il n'a excusation legitime.

Du congé qu'ils doiuent prendre.

ARTICLE 7. Autrement la licence perdroit ceste Communauté, & le public en seroit incommodé.

VII. ITEM, Tous iceux Crieurs exerceront leurs Offices en leurs personnes: & quand aucuns d'eux ira en pelerinage, en aucun lieu loingtain, il en prendra congé ausdits Preuost & Escheuins: & iceluy congé donné sera enregistré par le Clerc de la Ville: Sur peine de soixante sols parisis d'amende.

De l'enterrement desdits Crieurs.

ARTICLE 8. Cét Art. est encores en vsage, & les absens mulctez.

VIII. ITEM, Tous lesdits Crieurs, quand l'vn d'eux sera trespassé, ou l'vne de leurs femmes, ils iront conduire le corps d'iceluy trespassé, depuis l'Hostel ou le lieu où le corps dudit trespassé sera prins, iusques au lieu de la sepulture, auec leurs cloches, en icelles sonnant au deuant du corps en le portant en terre: & seront vestus de leurs robbes de Confraire, si aucunes en ont: Sur peine de demie liure de cire, à appliquer à leurdite Confrairie, sur vn chacun defaillant.

ARTICLE 9. A l'entour du corps marchent trois Crieurs, l'vn d'iceux tiēt le pot, vn autre le hanap, ou la tasse, & le troisiesme le cierge de la Confrairie; le surplus dont parle l'Ordonnance n'est plus en vsage.

Qu'ils doiuent conduire les corps d'entre eux.

IX. ITEM, Et auec ce iront deux d'iceux Crieurs entour iceluy corps du Crieur trespassé, l'vn tenant vn pot de vin, & l'autre vn beau hanap, pour presenter & donner à boire à tous ceux qui porteront le corps, & à tous autres qui voudront boire: & mettront reposer ledit corps à chacun Carrefour sur des tresteaux, & en iceluy reposant, presenteront à boire à ceux qui là seront presens, aux despens de ladite Confrairie.

De non crier vin pour aucun, s'il n'est Bourgeois de Paris.

ARTICLE 10. Ils ne doiuent crier vin pour autres que pour les Bourgeois de Paris, s'il n'y a permission des Preuost des Marchands & Escheuins, & consentement du Procureur du Roy & de la Ville.

X. ITEM, Ne crieront iceux Crieurs aucune Tauerne pour quelque personne que ce soit, voulant faire crier vin en tauerne en ladite Ville, sinon qu'ils sçachent certainemēt qu'il soit & ait esté stationnaire, demeurant, residant, & tenant son domicile en ladite Ville, par an & par iour, en telle maniere qu'il puisse, & doiue iouyr des priuileges de ladite Ville: & autrement ils ne la crieront: mais s'ils trouuent ou sçauent le contraire, ils l'iront incontinent dire & denoncer ausdits Preuost & Escheuins, ou au Procureur de ladite Ville: Sur peine d'amende arbitraire, & de priuation d'Office.

De non crier tauerne sans cereau.

ARTICLE 11. La raison du

XI. ITEM, Et pource que nul ne doit vendre vin en ladite ville de Paris à detail sans cerceau, afin que ladite Ville ne soit fraudée de ses droicts, tant de criage & cellerage, comme d'autres : si lesdits Crieurs sçauent aucun, de quelque estat ou condition qu'il soit, qui vende ou face vendre aucun vin en ladite Ville sans cerceau, ils l'iront dire & denoncer ausdits Preuost & Escheuins, ou au Procureur de ladite Ville: Sur peine d'amende arbitraire, & de priuation d'Office.

cerceau, ou du bouschon, est assez exprimée.

De l'heure de crier vins.

XII. ITEM, Lesdits Crieurs ne crieront aucuns vins si ce n'est depuis Prime, c'est à sçauoir, depuis huit heures iusques à midy: Excepté aux cinq Vigiles, qui sont, à la Toussaincts, Saint Martin, Noël, le premier de l'An, & à l'Epiphanie: Esquelles Vigiles ils crieront vin Cleré, Saugé, Romarin, & toutes autres manieres de vins, tout le iour iusques à couurefeu, & non autrement: Sur peine de soixante sols parisis d'amende.

ARTICLE 12. A present les Vins ne se criét que le matin, en quelque saison de l'année que ce soit.

Qu'ils peuuent retenir le Hanap, s'ils ne sont payez.

XIII. ITEM, Quand ils auront crié aucuns vins par ladite Ville pour aucunes gens, soient Bourgeois ou autres, & on ne les veut payer de leur salaire, ils retiendront le Hanap, qu'ils auront, pour leur deu, & l'emporteront par deuers lesdits Preuost des Marchands & Escheuins, pour estre payez.

ARTICLE 13. Anciennement les Bourgeois fournissoient le hanap, lequel pouuoit estre saisi pour le salaire du Crieur; maintenant c'est le Crieur mesme qui le fournit; de maniere qu'il n'a que la voye d'action.

Que nul autre ne doit querir Robbes & Manteaux.

XIV. ITEM, Aucun ne s'entremettra en ladite ville de Paris de querre Robbes, Manteaux, & Chapperons, pour obseques & funerailles, que lesdits Crieurs: Sur peine d'amende arbitraire.

ARTICLE 14. Ils sont en cette possession, confirmé par Arrest.

De non crier qu'vn corps le iour.

XV. ITEM, Vn Crieur ne criera en ladite ville de Paris, fors vn corps seulement pour iour, afin qu'vn chacun d'eux ait des besongnes par égale portion, au mieux que faire se pourra: Sur peine de soixante sols parisis d'amende.

ARTICLE 15. La liberté est maintenant laissée aux Bourgeois de se seruir de qui bon luy semble.

Quand ils ont profit l'vn auec l'autre.

XVI. ITEM, Si vn Crieur va en aucun hostel pour marchander d'aucunes choses appartenans à son Office, & il en suruient vn autre: celuy qui suruiendra aura part au gain du premier. Et pareillement s'il en va deux en vn Hostel, & on marchande à l'vn, en delaissant l'autre: celuy qui sera delaissé aura part auecques celuy qui sera retenu.

ARTICLE 16. Par les Statuts de cette Communauté, enregistrez en l'Hostel de Ville, c'est l'ancien de ceux qui sont appellez qui demeure, & a le cinquiesme des droicts à son proffit particulier, outre la part qu'il a au reste.

Salaire de crier plusieurs vins.

XVII. ITEM, Lesdits Crieurs auront pour leur salaire de crier vne Tauerne de vins, autres qu'estranges, huit deniers parisis: & de crier autres vins composez & mixtionnez, comme Cleré, & autres semblables, pour lesquels crier ils auront vne belle touaille blanche, & vn beau pot, & vn hanap: pour chacun d'iceux, douze deniers parisis.

ARTICLE 17. Cet Article, & les suiuans, font mention des salaires des Crieurs, qui sont augmentez à present, & qui sont expliquez par la Declaration du Roy du mois de Septembre 1641. & par les Statuts de cette Communauté faits en consequence, omologuez & registrez au Greffe de l'Hostel de Ville, qui seront inserez en ce Volume, ainsi qu'il se verra à la Table.

Salaire des vins estranges.

XVIII. ITEM, Et en tant qu'il touche les autres Tauernes qu'il faut crier en ladite Ville, tant de Garnache, Maluoysie, vin de Lieppe, vin d'Oso ye, vin Bastard, vin de Rosette, vin de Muscadet, comme tous autres vins estranges: lesdits Crieurs auront pour les crier, quatre sols parisis, pource qu'ils les crieront par tous les Carrefours, & és Hostels Royaux de ladite ville de Paris.

Salaire de crier corps, Confrairie, & plusieurs autres choses.

XIX. ITEM, Auront lesdits Crieurs, pour crier corps, Confrairie, huyles, oygnons, pois, febues: choses estranges, comme enfans, mules, cheuaux, & toutes autres choses qui appartiendrốt à crier en ladite Ville, tant par nuit que par iour, reserué busche & foin, cinq sols parisis. Et pour crier vinaigre, & verjus, seize deniers parisis. Et si c'est aucune personne d'estat, qu'il faille crier deux fois, ils auront huit sols parisis. Et querront les Robbes & Manteaux, sarges, & chapperons, qui appartiendront à querir pour les obseques & funerailles. Et auront pour chacun Manteau & chapperon, pour chacun iour, deux sols parisis: & pour chacune sarge, pour iour, seize deniers parisis: & pour chacun iour, pour chacune Robbe, pour ceux qui porteront les torches, deux sols: par ainsi qu'ils payeront ceux qui porteront lesdites torches. Et n'auront aucunes desdites Robbes, Manteaux, chapperons, ny Sarges qui soient leurs propres, pour loüer à leur profit, plus grand prix que dessus est dit: Sur peine de soixante sols parisis d'amende.

De non crier, sans congé, les Enfans esgarez, qui ont plus de huit ans.

XX. ITEM, Ne crieront lesdits Crieurs aucuns Enfans esgarez, qui ayent plus de huit ans d'aage, sans le congé & licence desdits Preuost & Escheuins: Sur peine de vingts sols parisis d'amende.

Qu'ils ne s'entremettront de chose qui ne soit honeste.

XXI. ITEM, Pource que plusieurs personnes pourroient auoir abominatiố ou desplaisance au vin que lesdits Crieurs crieroient, s'ils ne se maintenoient honestement: Ordonnons que d'oresnauant aucun Crieur ne sera varlet d'Estuues, Fossoyeur, & aussi ne portera aucun corps au Montier, si ce n'est en cas de necessité: Sur peine d'amende arbitraire.

LE DIXIESME CHAPITRE CONTIENT LE FAIT ET EXERCICE des Pontonniers du Port de Bourgongne, & du Port François en Gréue.

Le nombre desdits Pontonniers.

ARTICLE PREMIER.

ET PREMIEREMENT, En la ville de Paris aura pour nombre, deux Pontonniers, pour le Port au vin en Gréue : dont l'vn sera appellé, le Pontonnier du port de Bourgongne : l'autre, le Pontonnier du port François. Et ne s'entremettra aucun autre de faire l'Office desdits Pontonniers : Sur peine d'amende arbitraire.

ARTICLE I. Les Pontonniers sont à present appellez Plancheurs, pource qu'ils fournissẽt de planches, & font comme vn Pont & passage pour entrer de terre dans les batteaux, & trauerser de batteau en autre par le moyen des planches, dites trauersines, qu'ils sõt aussi obligez de fournir. Et en chacun Port de Paris y a maintenant vn Plancheur en titre d'Office, suiuant la Declaration du Roy du mois d'Avril 1641.

De la donation dudit Office.

II. ITEM, Quand ledit Office de Pontonnage vacquera, lesdits Preuost des Marchands & Escheuins le donneront à homme, qui par information deuëment faite sera trouué estre de bonne vie, renommée, & honneste conuersation, sans aucun reproche ou blasme, & habile, suffisant, & idoine pour iceluy Office exercer : prins par l'eslection de bons Marchands, Vendeurs, Courretiers de vins, & par Marronniers, Voicturiers, & gens en ce cognoissans.

Du serment desdits Pontonniers.

III. ITEM, Quand aucun sera institué audit Office, il fera serment, que iustement & loyaument il fera & exercera iceluy Office en sa personne : & qu'il ne prendra ny demandera plus grand salaire, que celuy qui est ordonné pour ledit Office faire & exercer : & aussi qu'il gardera les Ordonnances faites tant sur ledit Office, comme sur la Marchandise : qui chacun iour sera audit port : & que s'il sçait chose qui soit faite au preiudice des franchises & libertez de ladite Ville, ny des Ordonnances d'icelle, incontinent il le fera sçauoir ausdits Preuost & Escheuins, ou au Procureur de la marchandise : & obeyra à leurs commandemens : & que des choses, dont la cognoissance appartienne à la iurisdiction desdits Preuost & Escheuins, il ne mettra ou fera mettre aucun en cause ailleurs, que par deuant eux.

De la presentation d'iceux Pontonniers.

IIII. ITEM, Et apres ce qu'il sera institué, & aura fait ledit serment, il sera presenté & mis en possession dudit Office, par l'vn des Sergens de ladite Preuosté & Escheuinage, que lesdits Preuost & Escheuins voudront à ce commettre : qui aura pour ce faire deux sols parisis seulement.

De la residence & passage qu'ils doiuent faire.

v. ITEM, Pour faire & exercer ledit Office, lesdits Pontonniers feront continüelle residence audit port de Gréue, c'est à sçauoir, le Pontonnier du port de Bourgõgne, & le Pontonnier du port François: & auront chacun certaine quantité de flettes, selon que la riuiere sera grande, ou petite, pour faire pont ou passage conuenable; pour passer, & repasser, aller, venir, Marchands, Vendeurs, Courretiers, Iaugeurs, & toutes autres manieres de gens, qui iront audit port, tant pour acheter aucuns vins à heure de vente, comme autrement: & en iceluy passage faisant, deffermeront leurs flettes, quand il faudra oster aucuns Bateaux vuides ou chargez, pour passer toute maniere de gens qui auront affaire audit port, les vns apres les autres: & ledit passage continueront par chacun iour, depuis Soleil leuant, iusques à ce qu'il soit nuict: & lors crieront hors & ens, afin que les valets ou Gourmets des Marchands, s'ils sont hors leurs Bateaux, sur le Cay, ou ailleurs, se retirent en leurs Bateaux, si bon leur semble: & aussi s'il y a aucuns Marchãds ou autres sur iceux Bateaux, qu'ils se trayent pareillement, pour aller hors ou ens: & ce faict osteront leurs flettes, & les fermeront à chesnes & ferrures, tellement qu'aucun ne s'en puisse ayder sur ledit port ny ailleurs: Sur peine d'amende arbitraire.

Qu'ils doiuent estre bons ouuriers.

vi. ITEM, Et auec ce seront lesdits Pontonniers bons ouuriers, c'est à sçauoir, Bateliers bien cognoissans au faict & industrie du labourage de la Riuiere, afin que s'il y a aucuns Bateaux estans ausdits ports, qui s'en aillent aual l'eau, qu'ils les sçachent & puissent mettre à sauueté: & aussi pour fermer les Hunes & les filets d'iceux Bateaux chacun iour venans ausdits ports. Car de ce faire seront tenus, à cause de leursdites Offices: Sur peine d'amende arbitraire, & de recouurer sur eux les dommages, qui par leur defaut s'en pourront ensuyuir.

De non eux entremettre du faict de ladite Marchandise.

vii. ITEM, Lesdits Pontonniers ne s'entremettront de ladite Marchandise de vins, ny n'en marchanderont pour eux, ny à leur profit, en gros, à detail, ny autrement, si n'est du vin de leur cru: Ny aussi ne s'entremettront de Vendage, ny de Courretage de Vins: Sur peine de dix liures parisis d'amende, & de perdre la marchandise.

Qu'ils ne seront Voicturiers, ny n'auront Bateaux à loüer.

viii. ITEM, Ne seront Voicturiers, ny auront Bateaux pour faire voictures, ou bailler à loüages, quels qu'ils soient, fors seulement les Bateaux ou flettes, qui leurs seront necessaires, pour faire les passages ausdits ports, par la maniere dessusdite: & sur ladite peine.

Du salaire desdits Pontonniers.

Article 9. Les Plancheurs ont pour salaires de chacun bateau, tant & si longuement qu'ils demeurent au Port; sçauoir

ix. ITEM, Et pour faire & exercer iceux Offices par la maniere que dit est, lesdits Pontonniers auront pour leur droict salaire, c'est à sçauoir, le Pontonnier du port de Bourgongne, pour chacune Batelée de vin qui sera fermée à la palée dudit port, appellée la palée de Bourgongne, & aussi dessous les moulins du Temple, pourueu qu'il sera tenu d'y faire & bailler passage, aussi bien qu'aux autres, deux sols parisis: & le Pontonnier du port

François aura pour chacune Batelée, qui sera amenée & fermée à la palée dudit port, douze deniers parisis. Et ne prendront lesdits Pontonniers aucune chose des vins, qui seront amenez & descendus debout à terre, s'ils n'ont esté fermez ou attachez ausdites palées pour vn iour & vne nuict: & si lesdits Bateaux arriuent le soir & sont deschargez au matin, & pource ne soient que la nuict à l'vn desdits ports: ils n'en auront que la moitié dudit salaire, & plus n'en prendront: Sur peine d'amende arbitraire.

le Plancheur du Port S Paul 7.s. 6. den. celuy du Port au Foing pareille somme; & pour couplage de deux bateaux, le double; celuy des Ports au Bled & Vin 5.s. celuy des Ports au Bois & Charbon en Greve 7.s. 6.den. celuy des Ports du Paué & Tournelle 5.s. auec le parisis desdits droicts; & celuy de l'Escolle S. Germain, & autres Ports en dépendans, pour taxe 15.s. suiuant ladite Declaration du mois d'Auril 1641.

Qu'ils doiuent prendre garde ès fraudes commises esdits ports.

x. ITEM, Lesdits Pontonniers se prendront garde des fraudes, qui pourront estre commises ausdits ports, tant sur le faict de la Marchandise, que contre lesdites Ordonnances, & aussi des priuileges & franchises de ladite Ville: & rapporteront incontinent, ce qu'ils, ou l'vn d'eux trouuera estre fait au contraire, par deuers lesdits Preuost & Escheuins, ou le Procureur de la marchandise: Sur peine de dix liures parisis d'amende.

LE VNZIESME CHAPITRE CONTIENT LE FAIT ET EXERCICE des Courretiers de Cheuaux, de la Marchandise de l'eau, de la Ville de Paris.

Le nombre desdits Courretiers.

ARTICLE PREMIER.

ARTICLE I. Le nombre des Courretiers n'a point esté augmenté, & ne fournissent à present de cheuaux aux Marchands & Voicturiers; mais seulement declarent le nombre de cheuaux, selon la charge des batteaux.

PREMIEREMENT, En la ville de Paris y aura seulement deux Courretiers pour loüer les cheuaux aux Marchands menans voictures par la riuiere de Seine, sans ce qu'aucun autre se puisse entremettre de faire l'Office desdits Courretiers: Sur peine d'amende arbitraire.

De la donation desdits Offices.

II. ITEM, Quand ledit Office de Courretage vacquera, lesdits Preuost des Marchands & Escheuins le donneront à homme, qui par information deuëment faite sera trouué estre de bonne vie, renommée, & honneste conuersation, sans aucun blasme ou reproche, & habile, suffisant, & idoine pour iceluy Office exercer: prins par l'eslection des gens Marchands, Marronniers, Voicturiers, & gens à ce cognoissans.

Du serment desdits Courretiers.

III. ITEM, Quand on instituëra aucun audit Office de Courretage, il fera serment, que bien loyaument, & diligemment il exercera iceluy Office en sa personne: & qu'il baillera bons & loyaux fardeaux aux Bateaux ou nefs, selon la charge des cheuaux, en gardant le droict tant des Marchands que des Voicturiers: & qu'il ne prendra ny demandera plus grand salaire, que celuy qui est ordonné pour ledit Office exercer: & aussi qu'il gardera les Ordonnances faites tant sur ledit Office, que sur le faict de la Marchandise: & que s'il sçait chose qui soit faite au preiudice des priuileges, franchises & libertez de ladite Ville, & contre les Ordonnances d'icelle, incontinent il le fera sçauoir ausdits Preuost & Escheuins, ou au Procureur de la marchandise: & obeyra à leurs commandemens: & que de chose, dont la cognoissance appartienne à la iurisdiction desdits Preuost & Escheuins, il ne mettra ny fera mettre aucun en cause ailleurs, que par deuant eux.

De leur presentation.

IV. ITEM, Et apres ce qu'il sera institué audit Office, & aura fait le serment, il sera presenté & mis en possession dudit Office, par l'vn des Sergens de ladite Preuosté & Escheuinage, que lesdits Preuost & Escheuins voudront à ce commettre: qui aura, pour ce faire, deux sols parisis seulement.

Du

Du salaire desdits Courretiers.

v. ITEM, Vn chacun desdits Courretiers, quand il aura quis & trouué cheuaux à aucun marchand, Voicturier, ou autre, selon ce qu'il appartient, aura pour son salaire pour auoir quis lesdits cheuaux, & pour les habiller seulement, douze deniers parisis, pour chacune courbe : c'est à sçauoir, six deniers du marchand, & six deniers du voicturier : au cas que lesdits Courretiers, ou l'vn d'eux, seront presens à habiller lesdits cheuaux, & aussi à reuisiter les fardeaux : C'est à sçauoir, si les Bateaux ont trop ou peu pour la charge desdits Bateaux.

ARTICLE 5. Les salaires des Courtiers sont payez par les Voicturiers, à raison de 8. s. parisis, suiuant la taxe confirmée par les Sẽtences des 5. Iuillet 1610. 27. Iuin, & 4. Septembre 1641.

Qu'ils doiuent aduiser si les Bateaux sont bons.

vi. ITEM, Si le voicturier, qui boutera les Bateaux hors, & aussi si les Bateaux, qui seront chargez pour lesdites marchandises mener, ne sont bons, conuenables, & suffisans : lesdits Courretiers le feront sçauoir à Iustice, pour y pouruoir par raison : & au cas que lesdits Courretiers le recelleront ou n'en feront leur deuoir, ils l'amenderont à Iustice, d'amende arbitraire.

ART. 6. & 7. Ces deux Articles monstrent clairemẽt quelle est la fonction desdits Courtiers, lesquels doiuent veiller pour la conseruation des Marchands & Voicturiers.

De l'expedition des Marchands, & prouision des Bateaux.

vii. ITEM, Lesdits Courretiers deliureront les Marchands, ou Voicturiers, qui viendront deuers eux, le plus diligemment qu'ils pourront : & prefereront sur toutes choses, les premiers, qui seront adressez à eux : & aussi aduiseront que les Bateaux qui meneront lesdites marchandises, seront bons, suffisans, & conuenables, afin qu'aucun inconuenient n'en puisse aduenir aux marchandises qu'ils meneront : & s'ils les trouuent autres, ils feront commandement à ceux à qui ils seront, ou aux voicturiers qui les conduiront, ou voudront charger, que dedans certain temps à eux prefix ils les ostent, & ne mettent plus en besongne, s'ils ne peuuent plus bonnement seruir : & s'ils peuuent seruir, iusques à ce qu'ils soient rappareillez & mis en bon & suffisant estat : Sur peine de les perdre : & au cas qu'ils s'efforceront de faire le contraire apres ledit commandement, lesdits Courretiers les feront mettre hors de l'eau sur terre, & en feront leur rapport ausdits Preuost & Escheuins, ou au Procureur de la Marchandise, pour les faire vendre au profit de nous, & de ladite Ville.

Qu'ils ne s'entremettront de plusieurs choses.

viii. ITEM, Lesdits Courretiers ne seront chartiers, ny Voicturiers, gardes de Bateaux, ny n'auront nefs ou Bateaux, qui soient à eux, pour mener aucunes Marchandises : & aussi ne tiendront pour eux, ny pour autres, aucuns cheuaux à loüages, ny autrement, sinon seulement vn cheual, pour leur cheuaucher en leurs besongnes & affaires : & auec ce ne marchanderont d'aucune marchandise sur ladite riuiere : ny ne seront Hosteliers de chartiers ou voicturiers par eau : Sur peine de perdre la marchandise, & d'amende arbitraire, selon l'exigence du cas.

ARTICLE 8. C'est affin de les obliger dauantage à leur exercice, & à residence.

LE DOVZIESME CHAPITRE CONTIENT LE FAIT ET EXERCICE de la Marchandise de Merrien, Busche, & autre bois, chacun iour venant & affluant en la Ville de Paris.

Que ledit Merrien ne sera deschargé ny vendu en chemin.

ARTICLE PREMIER.

Article 1. Toutes Marchandises chargées sur la Riuiere de Seine, sont reputées estre pour la prouision de Paris, si n'y à destination contraire par la lettre de voicture.

PREMIEREMENT, Quand aucune Marchandise de Merrien, ou Busche, sera chargée sur ladite riuiere de Seine, ou sur l'vne des autres riuieres descendans en icelle, pour estre amenée vendre en ladite ville de Paris: elle ne sera venduë ny descenduë au chemin: Sur peine de forfaicture: sinon que le Marchand, à qui sera icelle marchandise, ait dit expressément, en faisant son marché au voicturier, qu'icelle amenera, qu'il à intention de la vendre à aucun port, ou marché iuré, qui sera entre le lieu, où icelle marchandise sera chargée, & ladite ville de Paris: & non autrement: Sur peine de forfaicture.

De non faire seiourner ladite Marchandise de Busche en l'amenant.

Article 2. Ce qui est prudemment introduit, affin que les Ports soient suffisamment garnis des choses necessaires.

II. ITEM, Quand aucunes desdites Marchandises seront chargées sur ladite riuiere de Seine, ou sur l'vne des autres riuieres descendans en icelle, pour amener vendre en ladite ville de Paris, les Marchands Maronniers, Voicturiers, ou autres à qui elles seront, ne feront seiourner sur les ports où elles auront esté chargées, ny aussi sur le chemin, que deux iours, que ceux qui les deuront amener, ne les mettent à chemin, pour amener en ladite ville de Paris, si par fortune ou necessité de temps ils ne sont destourbez ou empeschez: Sur peine de forfaicture.

Où le gros Merrien doit descendre.

III. ITEM, Quand vn Marchand Forain amenera gros Merrien en ladite ville de Paris, il le mettra au dessus de la Bonde des Barres, & ne le mettra ny descendra en ladite ville de Paris sur terre, si ce n'est par le congé & licẽce desdits Preuost & Escheuins: Sur peine de cõfiscation & forfaicture.

Qu'on peut faire amener ladite Marchandise au dessus des ponts de Paris.

Article 4. Voyez ce qui a esté dit de la hanse & compagnie françoise, au Chapitre 1. Art. 3.

IIII. ITEM, Tous Marchands, quels qu'ils soient, faisans venir busche, quelle qu'elle soit, d'amont l'eau: c'est à sçauoir, de deuers Bourgongne, ou Champagne, ou d'autre lieu d'audessus des ponts de Paris: la peuuent amener ou faire venir au port de Gréue, ou à la Bucherie de petit-Pont, sans congé, sans hanse, & sans * compagnie Françoise: mais non pas ceux qui en amenerõt ou feront venir d'aual l'eau: car ils ne la pourront mettre sur ladite riuiere, ny aussi aucun Merrien entre le pont de Mente & ceux de Paris, pour rebourser contremont l'eau, ny autrement, qu'icelles denrées & marchandises ne soient forfaictes ou confisquées: Sinon que celuy ou ceux, à qui seront icelles marchandises, soient Bourgeois de Paris, & hansez de la marchandise de l'eau: & s'ils ne sont Bourgeois de Paris, ils seront tenus d'estre hansez, & auec ce auront*compagnie Françoise, à eux baillée par lesdits Preuost & Escheuins: Sur ladite peine.

* *Ladite compagnie Françoise a esté reduitte au payement de trente-cinq sols, comme il est dit cy-deuant.*

ARTICLE 5. Aussi-tost que les Marchands sont arriuez, ils doiuent demander le prix au Preuost des Marchands & Escheuins, en presence du Procureur du Roy & de la Ville, & apporter l'eschantillõ du bois qu'ils veulent exposer en vente, se faire assister d'vn Mosleur pour faire sur ce son rapport; c'est ce que l'on appelle ordinairement faire arriuage; le Run ou rang, & ordre de primauté est bien à obseruer entre les Marchands, affin que les derniers ne proffitent de leur retardement.

Que ladite Marchandise doit estre exposée en vente dedans trois iours, & du Run.

V. ITEM, Et apres ce qu'aucuns Marchands, soient de Paris, ou Forains, auront amené ou fait venir aucune busche, tant au port en Gréue comme à l'Eschole Saint Germain, & à la Bucherie de petit-Pont, elle sera mise à prix, & exposée en vente dedans le tiers iour apres ce qu'elle sera arriuée, si le Marchand peut auoir port pour y mettre planche, sans ce qu'il puisse plus attendre, s'il n'est iour de feste commãdée: & icelle busche vendra continuellement, à qui en voudra auoir, iusques à ce qu'elle soit toute venduë. Et aussi iceux marchands procederont par Run, sans mettre leurs Bateaux l'vn deuant l'autre, pour oster le Run à celuy qui le deura auoir: Sur peine de soixante sols parisis d'amende, pour chacune fois qu'ils feront le contraire: & de restablir les Bateaux és lieux, dont ils auront esté ostez, aux despens de ceux à qui ils seront, ou qui ce auront fait, ou fait faire. Et mettront tellement leurs nefs ou Bateaux, qu'ils ne puissent aucunement empescher le passage des autres nefs ou Bateaux qu'il conuiendra mener par ladite riuiere, tant en auallant qu'en montant: Sur la peine dessusdite.

Qu'on ne vendra Busche ailleurs qu'és ports ordonnez. Et de ne se bouter au deuant des autres Bateaux.

ARTICLE 6. Affin que les Ports soient distinguez selon les marchandises qui y arriuent: Il n'y a plus de palée du Port françois.

VI. ITEM, Aucuns Marchands ne tiendront, n'exposeront en vente aucuns Bateaux chargez de ladite marchandise au dessus du ruisseau qui vient de la ruelle S. Iean, pource que les descentes des autres marchandises s'y doiuent faire: ny aussi au dessus de la palée du port François: ny ne meneront leurs Bateaux chargez de ladite marchandise autour de ladite palée du port François, pour mettre deuant les autres Bateaux qui seront exposez ou à exposer en vente: Sur peine de soixante sols parisis d'amende.

De non faire allegement.

ARTICLE 7. Les bateaux doiuent estre amenez en l'estat qu'ils ont esté chargez, & ne doiuent estre allegez qu'en cas de necessité: Le batteau dont on se sert en ce rencontre est appellé Allege, qui doit estre derriere le grand que son soulage.

VII. ITEM, Nul marchand ayant busche à vendre en ladite ville de Paris à aucuns desdits ports, ne fera aucun allegement de son Bateau d'vne mesme Busche, sinon en cas de necessité, peril, ou fortune: auquel cas il tiendra son allegement derriere le Bateau dont il aura esté fait: & que tousiours sera ledit allegement derriere iceluy grand Batel: Sur peine de soixante sols parisis d'amende.

D'oster les gouuernaux des Bateaux.

VIII. ITEM, Tous Marchands, Voicturiers, Maronniers, & autres, à qui seront les Bateaux menans icelles marchandises, ou autres, pour vendre esdits ports & places, tantost que lesdits Bateaux seront mis à port, osteront les gouuernaux estans en iceux, & les mettront en l'eau, au long des bords, afin qu'ils ne nuysent, preiudicient, ou empeschent les places aux autres : Sur peine de vingt sols parisis d'amende.

Du rabbais de Busche.

IX. ITEM, Quand aucune busche sera arriuée en ladite ville de Paris, & qu'elle sera à port, & aura son Run pour estre mise & exposée en vente, incontinent que les trois premiers iours de sa premiere vente serõt passez, le Marchand & le Iuré Mouleur ou Conteur de busche, qui fera icelle besongne, iront en l'Hostel de la Ville pardeuers lesdits Preuost & Escheuins, pour y faire mettre rabais tel qu'il appartiendra par raison, selon la discretion desdits Preuost & Escheuins, en continuant icelluy rabais de trois iours en trois iours, cõme dit est dessus, iusques à ce qu'elle sera toute venduë : Sur peine de soixante sols parisis d'amende.

ARTICLE 10. Affin que les Marchands ne facent magasin de bois pour le vendre plus cher en temps de necessité, & que l'abondance puisse faire le bon marché.

De non mettre Busche exposée en vente, en chantier pour reuendre.

X. ITEM, Puis qu'aucun Marchand, quel qu'il soit, aura exposé aucune busche en vente, il ne la fera descendre ny mettre en chantiers pour icelle reuendre, sinon és places ordonnées, pour icelle marchandise vendre en plein marché à vn chacun : Sur peine de forfaicture, au regard des Marchands Forains : & d'amende arbitraire, au regard de ceux de Paris. Excepté seulemẽt, qu'vn Marchand Bourgeois de Paris pourra prẽdre de sa busche qu'il aura exposée & mise en vente pour son vser tant seulemẽt, par le congé desdits Preuost & Escheuins, & non autrement : Sur ladite peine.

Que les Forains ne doiuent faire chantier.

XI. ITEM, Nul Marchand Forain ne mettra ny descendra aucune Busche, Perche, Merrien à charrons, latte, essannes, ny autres semblables denrées ou Marchandises, en granches, ou chantiers sur terre : ainçois les vendra és places & marchez establis & ordonnez pour icelles marchandises vendre & distribuer : ou les vendra & distribuëra és Bateaux, où elles aurõt esté amenées, & non autrement : Sur peine de confiscation & forfaicture.

ARTICLE 11. Pour le regard du bois Merrien, perches, lattes & autres bois à ouurer, les Marchands de Paris peuuent mettre lesdites marchãdises en chãtiers; les forains n'ont cét aduantage, & doiuent vendre dãs leur batteau promptement, affin que le public soit secouru; & n'est permis ny à l'vn ny à l'autre de faire chantiers de bois à brusler.

Qu'on ne doit diminuër Busche.

XII. ITEM, Nul ne desliera busche, pour icelle relier, ou diminuër : ainçois toutes manieres de marchands, & autres vendãs busche, vendront icelle en la forme & maniere qu'elle aura esté faite, pourueu qu'elle soit bonne, loyale, & marchande, & de la fourniture dont elle doit estre : & non autrement : Sur peine de forfaicture.

ARTICLE 12. Le mot de busche est general, & se prend pour toutes sortes de bois, mesme sujet au liage, qui ne peut estre alteré, ny diminüé.

Des Moisons & fournitures de ladite Marchandise.

XIII. ITEM, La busche de costerets, & de moole, qu'on amenera pour vendre en ladite Ville de Paris, sera de Moison & fourniture qui s'ensuit : c'est à sçauoir, les costerets de la moindre Moison auront de gros hante & rondin, qui est à dire, tant qu'vn hõme peut tenir entre deux mains estenduës, auec vn poulce escaché entre les deux poulces, pour ledit rondin : & de long la moindre aura deux pieds entre deux tailles. Et la Busche de moule qu'on amenera d'amõt l'eau d'audessus des ponts de Paris, aura la moindre trois pieds & demy de long : & celle d'aual l'eau d'audessous desdits ponts, la moindre de deux pieds & demy, & deux doigts de long, & de plein poing, & deux doigts, selon l'estalon qui est en l'Hostel de la Ville.

ARTICLE 13. Le Costeret doit auoir 17. à 18. poulces de grosseur, & deux pieds de longueur; le bois de Molle & de Corde. doit estre de trois pieds & demy de longueur : & à l'esgard du Mosle, doit auoir vn dour de tour, pour estre de grosseur competante.

De non mesler Busche, ny faire parement.

XIV. ITEM, Nul ne meslera aucune busche, c'est à sçauoir, mettre grosse & menuë ensemble: ny aussi ne fera aucun parement en mettant belle busche par dessus & autre par dessous: ainçois sera la busche, qui sera en vn Batel, toute pareille, d'vne mesme lieûre, & aussi belle dessous comme dessus. Et qui fera le contraire par fraude ou deception, il forfera les denrées, & l'amendera d'amende arbitraire.

Qu'on doit mettre des hars, pour separation de la Busche.

XV. ITEM, Et si aucun Marchand ne peut faire la charge de son Batel d'vne pareille & semblable charge, & il vueille parfaire ladite charge d'autre busche & non pareille: il mettra des hars entre deux, ou il fera telle autre difference qu'on la pourra ou sçaura clairement cognoistre: à ce qu'aucun n'y puisse estre fraudé & deceu: & exposera l'vne auãt l'autre en vente, sans vendre l'vne, iusques à ce que la premiere exposée en vente sera venduë: ou au moins mettra chacune à son prix, sans fraude ou deception: Sur la peine dessusdite.

ARTICLE 15. Le meslange a tousiours esté deffendu.

De non acheter Busche ausdits ports pour l'y reuendre.

XVI. ITEM, Nul n'achetera aucunes desdites Marchandises exposées en vente en ladite Ville de Paris en aucuns des ports dessusdits, pour icelles reuendre en chantier, ny ausdits ports: Sur peine de forfaicture.

ARTICLE 16. Le regrattage n'a iamais esté permis.

De non conter ny mooler grande quantité de Busche sans Iuré.

XVII. ITEM, Nul Marchand, ny autres, qui s'entremettent de ladite marchandise de busche, soit acheteur ou autre, ne contera, ou moolera, ou fera conter ny mooler aucune busche en son chantier, ny ailleurs en ladite Ville, outre trois mooles le iour, de busche de moole. Ny aussi ne contera aucuns costerets, ou autre busche, qu'il vendra à conte, outre vn quarteron, & de gloe outre demy cent, sans auoir deux conteurs & mooleurs Iurez de ladite marchandise: Sur peine d'amende arbitraire.

ARTICLE 17. Les Iurez Mooleurs sont Iuges de la mesure & du compte, entre le vendeur & l'achepteur; c'est pourquoy ils doiuent estre presens.

Que le Marchand ne peut faire vendre Busche par autruy.

XVIII. ITEM, Quand aucune Busche sera exposée en vente en aucun des ports dessusdits, celuy à qui ladite Busche sera, ne la pourra faire vendre, sinon par luy, sa femme, ou mesgnie domestique: si n'est par le congé & licence desdits Preuost & Escheuins: Sur peine d'amende arbitraire.

ARTICLE 18. Mesgnie domestique, c'est le seruiteur.

Que la Busche mise à prix ne sera rencherie.

XIX. ITEM, Puis qu'aucune Busche sera vne fois asseurée & mise à prix, elle ne sera rencherie, ny mise à plus haut prix: Sur peine d'amende arbitraire.

Qu'on doit faire veuë pour cognoistre la difference de la Busche estant en chantier.

XX. ITEM, Pource qu'aucuns Marchands se sont efforcez au temps passé de faire d'vn chantier d'vne mesme Busche, diuers tas, ou monceaux de Busche, sans apparence d'aucune difference, afin qu'ils puissent rencherir leur Busche d'vn mesme chantier, quand bon leur semblera, en venant contre l'ordonnance dessusdite: Ordonnons que d'oresnauant aucun Marchand ne fera d'vn chantier plusieurs tas, ou monceaux, qu'il n'y ait veuë claire entre iceux tas de l'espace de deux doigts tout au long, telle-

ARTICLE 20. A present il est expressément deffendu aux Marchands de mettre leur bois en Chantier, ains doit estre vendu sur le port; ce qui se doit entendre du bois qui vient par batteau ; car celuy qui vient par trains, & qui est flotté, se met en Chantier, par vne necessité de ne pouuoir le vendre autrement.

ment qu'on puisse clairemẽt apperceuoir la difference d'iceux tas, comme si c'estoient diuers chantiers : Sur peine d'amende arbitraire.

De non laisser Busche és ruës, ny la vendre aux festes.

XXI. ITEM, Les Marchands vendeurs de Busche, tant en leurs maisons, qu'en leurs chantiers, & sur l'eau, n'ouuriront leursdites maisons ny chantiers à iour de feste d'Apostre, ou autre solennelle feste : ny ne mettront planche en leurs Bateaux, pour vendre leurdite Busche, si n'est en cas de necessité, ou pour Seigneurs. Et aussi ne mettront ou laisseront leur Busche à iour ouurable en ruë hors leursdites maisons, ou chantiers, afin que le chemin n'en soit empesché : si n'est en la chargeant ou deschargeant : Sur peine de soixante sols parisis d'amende.

Que la Busche ne sera mise ailleurs qu'és ports où elle doit estre mise.

XXII. ITEM, Puis qu'aucune Busche sera amenée d'aual l'eau pour vẽdre en ladite Ville de Paris, elle sera venduë au port, ou en la place de l'escole saint Germain, & nõ ailleurs. Et celle qui sera amenée d'amont l'eau sera vẽduë au port de Gréue, ou à la Bucherie de petit-Pont, sans ce qu'on mette ou vende ladite Busche venant d'amont l'eau audit port de l'Escole saint Germain, ny aussi celle qui vient d'aual l'eau audit port de Gréue, ny de la Bucherie. Et se vendra la Busche de costerets, qui sera amenée audit port de Gréue, dedans les Bateaux où elle sera amenée, & celle de moole sur terre. Et ne fera aucun mettre ny exposer en vente aucune Busche sur l'eau, sinon à l'vn des ports dessusdits : Sur peine d'amende arbitraire.

Que nul ne doit aller au deuant de la Busche qu'on ameine.

ARTICLE 23. La marchandise chargée pour Paris, doit estre amenée par le proprietaire d'icelle, affin que les Ports soient suffisamment fournis, & empescher les monopoles qui arriueroient entre les Marchands.

XXIII. ITEM, Depuis qu'aucune Busche sera chargée & mise à chemin pour estre amenée vendre à Paris, aucun n'yra au deuant pour icelle marchander, retenir, ny acheter : Sur peine que le Marchand vendeur perde la Marchandise : & l'acheteur, le prix de l'achapt.

De l'ordonnance du Merrien.

ARTICLE 24. Comme il y a beaucoup d'ouuriers, ces sortes de marchandises doiuent aussi estre distribuées entr'eux, affin qu'ils puissent tous gagner leur vie, & seruir les Bourgeois.

XXIV. ITEM, Quand aucun Merrien de fou, ou autre menu Merrien, que les Huchiers, Escriniers, & faiseurs de fourreaux d'espée, ont accoustumé de mettre en besongne, sera amenée par eau par aucuns Marchands Forains pour vendre en la ville de Paris, s'il est amené en flette, il sera trois iours sans defloter, apres ce qu'il sera arriué : & pendant ce les flotteurs qui l'auront amené, ou les Marchands qui l'auront fait venir, iront faire sçauoir aux Huchers, Escriniers, & faiseurs de fourreaux d'espée de ladite Ville, que la flette est venuë : afin qu'vn chacun qui en voudra auoir, si en ayt par egale portion, ou selon sa possibilité : & ce fait, lesdits Escriniers, Huchiers, & autres, qui dudit bois voudront auoir, iront deflotter & mettre sur terre ledit bois, pour le partir & distribüer entr'eux, & autres qui en voudront auoir. Et en auront les Bourgeois de Paris pour leur vser, auant tous autres. Et s'il est amené en Bateaux, il sera descendu sur terre : & le fera-lon pareillement sçauoir ausdits Huchiers, Escriniers,

& faiseurs de fourreaux d'espées : afin que chacun en ayt par la maniere dessusdite. Et si dedans lesdits trois iours, lesdits Huchiers, & autres qui en voudront auoir, ne font diligence : les Marchands pourront vendre leur bois où bon leur semblera : & ne vendront les Marchands amenans ladite Marchandise couuertement, ny autrement, que par la maniere que dit est : Sur peine d'amende arbitraire.

LE TREIZIESME CHAPITRE CONTIENT LE FAIT ET EXERCICE des Conteurs & Mooleurs Iurez de Busche, de la Ville de Paris.

Le nombre desdits Mooleurs Iurez.

ARTICLE PREMIER.

Article I. Il y a maintenant 51. Iurez Mooleurs, par le moyen de l'augmentation du parisis, fait en 1633.

PREMIEREMENT, En la ville de Paris aura par nombre, quarante Iurez Conteurs & Mooleurs de Busche, & non plus : sans ce qu'aucun autre se puisse entremettre d'exercer l'Office desdits Mooleurs & Conteurs : Sur peine d'amende arbitraire.

De la donation desdits Offices.

II. ITEM, Quand ledit Office de Conteurs & Mooleurs vacquera, lesdits Preuost des Marchands & Escheuins le donneront à homme, qui par information deüement faite sera trouué estre de bonne vie, renommée, & honneste conuersation, sans aucun blasme ou reproche, & habile, suffisant, & idoine pour iceluy Office exercer.

Du serment desdits Mooleurs.

Article 3. Par la forme du serment il se void, que ce Iuré Mooleur est comme le Iuge, entre le vendeur & l'achepteur, pour le compte & la mesure du bois.

III. ITEM, Quand on instituëra aucun audit Office de Moolage, il fera serment, que iustement & loyaument il exercera iceluy Office en sa persõne, & gardera le droict du vendeur, & de l'acheteur : & qu'il ne prendra ny demandera plus grand salaire, que celuy qui est ordonné pour ledit Office exercer : & aussi qu'il gardera les Ordonnances, tant sur ledit Office, comme sur ladite Marchandise : & que s'il sçait chose qui soit faite au preiudice des franchises & libertez de ladite Ville, ou des Ordonnances d'icelle, il le fera incontinent sçauoir ausdits Preuost & Escheuins, ou au Procureur de ladite Marchandise : & obeyra à leurs commandemens : & que de chose dont la cognoissance appartienne à la iurisdiction desdits Preuost & Escheuins, il ne mettra ou fera mettre aucun en cause ailleurs que par deuant eux.

Comment ils doiuent estre presentez.

IV. ITEM, Et apres ce qu'il sera institué, & aura fait ledit serment, il sera presenté & mis en possession dudit Office par l'vn des Sergens de ladite Preuosté & Escheuinage, que lesdits Preuost & Escheuins voudrōt à ce commettre : qui aura pour ce faire, deux sols parisis seulement : Et ce fait il baillera au Clerc de la Ville, pour sa lettre, cinq sols parisis, & quand il fera son past, deux pains, & vn mets de chair, & deux pots de vin.

Du past desdits Mooleurs.

Article 5. Outre le repas

V. ITEM, Vn chacun desdits Iurez, quand il fera son past, payera d'entrée

trée six liures parisis, pour mettre en la boëste de leur Confrairie, & pour conuertir & employér és besongnes & affaires d'icelle, & de leur communauté.

qu'il faut aux Iurez, il met quelque argent à la boëste.

De ce qu'ils doiuent auoir, s'ils sont malades.

VI. ITEM, Et si aucun d'eux chet en necessité de maladie, il prendra & aura sur les autres Mooleurs & Conteurs, par chacune sepmaine, quatre sols parisis.

ARTICLE 6. Les malades necessiteux doiuét estre secourus & assistez par forme d'ausmone, par la Communauté des Iurez.

De ce qu'ils doiuent mettre en leurs Boëstes.

VII. ITEM, Quand iceux Iurez auront trop grande charge pour payer lesdits malades, ou autrement: ils mettront chacun d'eux par chacune sepmaine, deux deniers parisis en leur Boëte: & ceux qui seront de ce faire refusans payeront cinq sols parisis d'amende, moitié au profit de nous & de ladite Ville, & l'autre moitié à leurdite Boëste.

ARTICLE 7. La contribution se praticque maintenant entr'eux d'autre maniere.

Qu'ils ne Mooleront à moole, s'il n'est bon & signé.

VIII. ITEM, Chacun desdits Iurez aura les Mooles de fer, pour mooler chacun iour la Busche és places à ce limitées selon l'estalon, qui est audit Hostel de la Ville, pardeuers lesdits Preuost & Escheuins: lesquels Mooles leur seront baillez & deliurez par les Marchands pour qui ils vendront, à leurs despens: & ne moolera à moole, ou anneau rompu, & aussi qui ne soit signé au seing de la Fleur-de-Lys: Sur peine de soixante sols parisis d'amende.

ARTICLE 8. Les Busches se moolent à l'anneau de fer, marqué à la Fleur-de-Lys; d'où viét que l'on appelle lesdites Busches bois de Molle, à la difference du bois de Corde qui se mesure à la manbrure, que le marchand doit fournir.

De non Mooler Busche, si elle n'est marchande.

IX. ITEM, Lesdits Iurez en moolant Busche ne mettront audit Moole ou Annel aucune Busche qui ne soit bonne, loyale, & marchande, de la fourniture & longueur qu'elle doit estre, & selon l'estalon qui est audit Hostel de la Ville: Sur peine de soixante sols parisis d'amende.

ARTICLE 9. Les Iurez Mosleurs sont Officiers de Police, pour faire obseruer les Ordonnances faites pour la qualité du bois.

Salaire de la Busche de moole.

X. ITEM, Lesdits Iurez auront pour leur droict & salaire de leursdites Offices exercer, ce qui s'ensuit: C'est à sçauoir, pour chacun quarteron de Busche de moole, mooler ou conter tant en l'eau comme à terre, trois sols parisis: dont le Vendeur payera la moitié, & l'acheteur, l'autre: ainsi est pour chacun moole, deux deniers tournois, vn denier pour l'acheteur, & autant pour le vendeur.

ARTICLE 10. Ils ont à present 6. s. qui sont payez moitié par le vendeur, & l'autre moitié par l'achepteur, suiuant la Declaration du mois d'Aoust 1637.

Salaire des Bourrées.

XI. ITEM, Pour le cent de Bourrées conter, deux deniers parisis: c'est à sçauoir, vn denier parisis pour l'acheteur, & vn denier pour le vendeur.

Salaire des Costerets, & plusieurs autres choses.

XII. ITEM, D'vn cent de Costerets conter, tant sur l'eau comme sur terre, deux deniers parisis: c'est à sçauoir, vn denier du vendeur, & vn autre de l'acheteur. Du cent de falourdes à deux hards, six deniers parisis, trois deniers du vendeur, & trois deniers de l'acheteur. Du cent de gloë, deux deniers, vn denier du vendeur, & vn denier de l'acheteur. Du millier de latte, quatre deniers du vendeur. De cent milliers d'essanne conter, dix sols parisis, à prendre sur le marchand vendeur. Et sont lesdits Conteurs tenus conter, & mooler, tant sur terre cóme sur eau, tout autre bois & merrien, qui se vend à cent & à milliers, de quelque longueur qu'il soit, selon l'esti-

ART. 11. & 12. Les Iurez Mosleurs sont payez pour les Costerets & Fagots, à raison de 3. s. de deux cens, par le vendeur seul, qui recouure la moitié sur l'achepteur, suiuant ladite Declaratió.

mation dessusdite. Et ne pourront lesdits Officiers prendre plus grand salaire: Sur peine d'amende arbitraire.

ARTICLE 13. Les droicts sont deubs aux Mosleurs de tout le bois qui arriue à Paris, à la reserue des bois qui arriuent aux Bourgeois de Paris de leur creu, dont ils doiuent faire apparoir par certifficats & lettres de voictures.

Des droicts appartenans ausdits Iurez.

XIII. ITEM, Lesdits Mooleurs & Conteurs auront droict de contage & moolage de toute maniere de Busche vendüe & liurée à Paris à conte & moole: Supposé qu'ils ne content ou moolent icelle Busche, puis qu'ils se seront offerts à ce faire. Mais si aucune Busche est vendüe en tasche, à batelées, ou autrement, ainsi qu'elle sera, sans ce qu'elle soit venduë à moole, ou à conte: lesdits Mooleurs n'y auront pour ce aucun droict de contage, ou moolage, si elle n'est par eux contée ou moolée du consentement de ceux à qui elle est, ou sera.

ARTICLE 14. La marchandise est affectée aux droicts des Officiers, en cas qu'ils ne soient payez de leurs droicts & salaires.

Qu'ils peuuent prendre vne Busche en l'annel.

XIV. ITEM, Lesdits Conteurs & Mooleurs auront de chacun moole de Busche qu'ils mooleront pour quelque personne que ce soit, vne Busche prinse en l'annel, sans ce que le Marchand, soit vendeur, ou acheteur, le puisse contredire, au cas qu'on ne les voudra payer de leurdit contage: c'est à sçauoir, d'vn denier. Et ne pourra ledit Marchand vendeur retenir la Busche qui sera prinse par defaut du payement de l'acheteur, ny aussi le Marchand acheteur par defaut du payement du Marchand vendeur de ladite Busche ainsi choisie audit annel, en payant ledit denier, sans le consentement desdits Mooleurs.

ARTICLE 15. Ils doiuent residence, comme Officiers necessaires au public.

Qu'ils doiuent exercer leurs Offices, & faire residence.

XV. ITEM, Lesdits Iurez exerceront leursdites Offices en personnes, & feront continüelle residence à iours ouuriers sur lesdits ports de Gréue, de l'Eschole S. Germain, & de la Buscherie de petit-Pont, afin que le peuple en soit diligemment seruy: Sur peine d'amende arbitraire.

De non auoir plusieurs besongnes, & du rabais.

XVI. ITEM, Feront lesdits Iurez les ventes de chacune besongne qu'ils auront, iustement & loyaument, & sans prendre autre besongne iusques à ce que celle qu'ils auront entre mains soit parfaite. Et aussi feront bons & loyaux rapports de trois iours en trois iours ausdits Preuost & Escheuins, pour faire rabais sur les ventes desdites besongnes, à la volonté & discretion desdits Preuost & Escheuins: Sur peine d'amende arbitraire.

ARTICLE 17. Le meslange des bois a esté perpetuellement deffendu, & les dénonciations en doiuent estre faites au Preuost des Marchands & Escheuins, & au Procureur du Roy & de la Ville.

Qu'ils denonceront le bois qui sera meslé.

XVII. ITEM, Quand lesdits Iurez trouueront, ou sçauront aucunes Busches, tant de moole que de costerets, fagots ou bourrées, qui soient entremeslées, & dont l'apparence sera plus belle dessus que dessous, ils le feront sçauoir diligemment ausdits Preuost & Escheuins, ou au Procureur de ladite marchandise, pour y pouruoir: Sur peine d'amende arbitraire.

Qu'ils ne refuseront à faire la besongne des Marchands.

XVIII. ITEM, Si aucun Marchand trouue l'vn desdits Iurez oyseux, & il en ait affaire, iceluy Conteur & Mooleur ira faire la besongne d'iceluy Marchand tantost & diligemment, s'il en est requis, soit sur terre ou sur l'eau: Sur peine de perdre son Office, & d'amende arbitraire.

ART. 19. & 20. Les Iurez se par-

Qu'ils seront deux ensemble à faire quelque besongne.

XIX. ITEM, Lesdits Iurez seront tousiours deux dudit Office ensemble, en tous lieux & en toutes places, là où ils auront à mooler ou conter aucune busche, ou autre Merrien : Sur peine d'amende arbitraire.

Qu'ils doiuent estre deux à la Bucherie de Petit-pont.

xx. ITEM, Lesdits Iurez se proportionneront également par run, & par sepmaines, à ce que les deux d'eux soient par chacun iour de vente au port de la Buscherie de petit-Pont, pour mooler & conter toute la Busche qui par chacun iour y sera venduë, & pour icelle porter par deuers celuy qui sera ordonné & estably audit lieu de par lesdits Preuost des Marchāds & Escheuins, pour faire les rabais d'icelle, ainsi qu'il appartient. Et le Samedy precedent la sepmaine qu'ils seruiront, ils iront au matin, ou apres disner en ladite Buscherie, par deuers les deux autres Iurez, qui auront seruy iceluy icelle sepmaine, pour sçauoir l'estat du port, & le prix à quoy la Busche aura esté mise, soit par rabais, ou autrement, icelle sepmaine, pour faire & continuer ledit rabais, ainsi qu'il est accoustumé : Sur peine de soixante sols parisis d'amende, à prendre tant sur chacun de ceux qui auront seruy, comme sur ceux qui seruiront à la sepmaine ensuyuant.

tagent & se diuisent par les Ports & Chantiers de bois flotté, estās en assez grand nombre pour satisfaire au seruice qu'ils doiuent au public.

Qu'ils ne marchanderont, ny iront au deuant de ladite marchandise.

xxi. ITEM, N'iront lesdits Iurez au deuant des Marchands, Bateaux, ou vaisseaux, qui ameneront ladite marchandise de Busche en ladite Ville : Ny aussi n'en marchāderont, ny n'en feront vendre ny achepter par eux ny par autre à leur profit, sinon pour leur vser tant seulement : Sur peine de perdre la marchandise, & d'amende arbitraire.

Article 21. Ils ne doiuent faire monopole, puis qu'ils sont instituez pour les corriger, ny faire marchandise de bois, puis qu'ils en sont les Controlleurs.

Qu'ils ne doiuent seruir les Fourriers des Princes.

xxii. ITEM, Entre la Toussaincts & Pasques, les Fourriers de nous & d'autre de nostre sang, prendront de tels Mooleurs qu'il leur plaira : Et seront tenus lesdits Mooleurs qu'ils prendront, de les seruir durant ledit temps, tant qu'il plaira ausdits Fourriers, & que le Seigneur à qui ils seront, sera à Paris ; (pource que c'est le temps que l'on liure Busche pour la Cour) & tant comme lesdits Mooleurs seruiront, ils n'auront aucun run auec leurs compagnons : & la Busche qu'ils gaigneront en ce faisant, ils ne la feront conter, ny mooler, par eux ny par autre, que par leurs compagnons, s'ils la reuendent. Mais entre Pasques & la Toussaincts, pource que ce n'est pas le temps ordinaire qu'on doit liurer la Busche à la Cour, aucun Fourrier ne prendra autres Mooleurs que les premiers qu'il trouuera, sans ce qu'il ayt aucun choix quant à ce : & ne prendront point les Mooleurs, qu'il prendra, leur run auec leurs compagnons, sinon tant qu'ils mooleront & conteront ladite Busche.

Article 22. Toutes ces distinctions ne sont plus obseruées.

Du droict qui appartient à ceux qui ont leur run.

xxiii. ITEM, Si lesdits Fourriers veulent auoir autre Busche, dont le run soit escheu à aucuns Mooleurs, les autres Mooleurs que lesdits Fourriers auront prins pour eux seruir, ils n'auront point le droict de moolage de ladite Busche, suppose qu'ils la moolent : mais appartiendra à ceux qui auront ledit run & besongne.

Article 23. Ils ne trauaillent plus par run.

Iusques où ils doiuent aller exercer leurs Offices.

xxiv. ITEM, Lesdits Iurez exerceront leursdites Offices iusques aux blancs murs, & ailleurs enuiron Paris, au cas qu'ils en seront requis par aucuns marchands, & qu'ils en auront congé & licence desdits Preuost & Escheuins, ou de leur Lieutenant, en leur payant le droict & salaire dessus declaré, auec leurs despens.

Des rapports qu'ils sont tenus faire.

ARTICLE XV. Ils doiuent donner aduis des desordres.

XXV. ITEM, Lesdits Iurez se prendront garde chacun en droit soy des fraudes qui seront commises ausdits Ports de Gréue, de l'Escole saint Germain, & de la Bucherie de petit-Pont, & ailleurs, tant sur le fait de la marchandise, que contre lesdites Ordonnances faites sur icelle, & rapporteront incontinent pardeuers lesdits Preuost & Escheuins, ou le Procureur de la marchandise, ce qu'ils ou l'vn d'eux trouuera estre fait au contraire: Sur les peines dessusdites, ou autres arbitraires, selon l'exigence du cas.

SECONDE PARTIE DV XIII. CHAPITRE CONTIENT LE FAIT ET Exercice des Chargeurs de bois és Ports de la Ville de Paris.

Du nombre desdits Chargeurs de bois.

ARTICLE PREMIER.

AFIN que les Bourgeois qui feront venir ou arriuer en ceste Ville de Paris par eauë, leurs prouisions de bois, ou achèteront leursdites prouisions de bois és Ports de cestedite Ville: & pour euiter à l'excez du prix immoderé, requis par Crocheteurs & autres personnes incogneuës, qui s'entremettent de trauailler sur lesdits Ports: y aura par nombre cinquante & sept Chargeurs: A sçauoir vingt sur le Port de l'Eschole saint Germain; douze sur le Port de Gréue; treize sur le Port saint Paul, & Arche-beaufils, & douze sur les Ports de la Tournelle, & Malaquest: qui chargeront dans les charettes & harnois és Ports, de cestedite Ville, & és chantiers des Marchands, les Fagots, Costerets, gros bois de moole, bois de corde & autres bois, où les Iurez ont droit.

ARTICLE I. Le nombre des Deschargeurs a esté augmenté par l'Edict du parisis, donné en 1633.

De la donation & information dudit Office.

II. ITEM, Quand ledit Office de Chargeur sera vacquant, les Preuost des Marchands & Escheuins le donneront à homme, qui par information deuëment faite de sa vie, mœurs, & honneste conuersation, sera trouué capable & suffisant, pour exercer ledit Office en personne, & non par autre, sinon au cas de maladie, auquel cas, pourra ledit Office estre, par vn personnage, commis par celuy qui sera malade, & lequel les autres Maistres Iurez trouueront estre capable de ce faire.

Du serment desdits Chargeurs de bois.

III. ITEM, Quand aucun Chargeur sera institué audit Office, il fera serment, que bien fidelement & loyalement il exercera ledit Office, qu'il n'exigera ne prendra plus grand salaire, que celuy qui sera ordonné par lesdits Preuost & Escheuins: qu'il gardera les Ordonnances faites sur la Marchandise de bois: & que s'il sçait chose qui soit au preiudice du public & contre les Ordonnances, franchises & libertez de la Ville, il le fera incontinent sçauoir ausdits Preuost des Marchands & Escheuins, aux commandemens desquels il obeïra, & ne fera mettre aucun en cause, concernant ledit Office, que pardeuãt lesdits Preuost des Marchãds & Escheuins.

ARTICLE 3. La forme du serment qu'ils prestent.

De la presentation desdits Chargeurs.

IIII. ITEM, Apres que le Chargeur aura esté receu & fait le serment, il sera institué & mis en possession dudit Office, par l'vn des Sergens de ladite Ville, qui sera pour cét effet commis par les Preuost des Marchands & Escheuins.

Du past & entrée desdits Chargeurs.

v. ITEM, Que pour son past & entrée, il baillera à disner aux Maistres Chargeurs de la bande du Port dont il sera, & où il entrera, & trois escus vn tiers à la Boëte de leur Confrairie, pour estre par les Maistres de ladite Confrairie, employez aux affaires & necessitez de ladite communauté, & Confrairie.

De l'heure que lesdits Chargeurs trauailleront.

vi. ITEM, Qu'ils n'entreront, & ne commenceront à trauailler & charger la Marchandise de bois, qu'il ne soit sept heures sonnées, & iusques à cinq heures du soir, & ce depuis la saint Remy, iusques à Pasques: & depuis Pasques iusques à la saint Remy, entreront en besongne à cinq heures du matin, & finiront à sept heures du soir: Sur peine de l'amende.

vii. ITEM, Que lesdits Chargeurs ne feront vendre, ny achepter aux Bourgeois de ceste Ville de Paris, aucune espece de Marchandise de bois, pour sous main, la faire reuendre par forme de regratterie: Sur peine de l'amende.

Des salaires desdits Chargeurs.

Article 8. Les salaires sont à present de 4. s. payables par l'achepteur pour voye, de toutes sortes de bois qui sera chargée & conduitte en charrette, ou portée à col par Gaigne-deniers, aux Ports où les Chargeurs sont establis.

viii. ITEM, Et pour le regard des salaires desdits Chargeurs de bois, seront lesdits Chargeurs tenus se contenter de ce qui leur est taxé, & ordonné par lesdits Preuost des Marchands & Escheuins.

LE QVATORZIESME CHAPITRE CONTIENT LE FAIT ET EXERCICE de la Marchandise de Charbon, chacun iour venant & affluant en la Ville de Paris, tant par eau que par terre.

Que le Charbon ne sera deschargé en l'amenant à Paris.

ARTICLE PREMIER.

ET PREMIEREMENT, Quand aucun Charbon sera chargé sur la riuiere de Seine, ou sur l'vne des autres riuieres descendans en icelle, pour estre amené vendre à Paris: il ne sera vendu ny descẽdu au chemin: Sur peine de forfaicture. Sinon que le Marchand à qui sera iceluy Charbon, ait dit expressément en faisant son marché au voicturier qui l'amenera, qu'il aura intention de le vendre à aucun port ou marché iuré, qui sera entre le lieu où ledit Charbon aura esté chargé, & ladite Ville de Paris: & non autrement: Sur ladite peine de forfaicture.

ARTICLE I. Il en est du Charbon comme des autres marchandises, dont a esté cy-deuant parlé.

De non faire sejourner Charbon en l'amenant.

II. ITEM, Quand aucun Charbon sera chargé sur ladite riuiere, ou sur l'vne desdites autres, pour amener en ladite Ville de Paris, nul ne le fera séjourner sur le chemin, ny sur le Port, où il aura esté chargé, que deux iours, que ceux qui le deuront amener, ne le mettent à chemin, pour venir à ladite Ville: si par fortune de temps, ou autre fortune ou necessité, ils ne sont destourbez, ou empeschez: Sur ladite peine.

ARTICLE 2. Les marchands doiuent venir à Paris aussi-tost que leur batteau est chargé, & ne tarder en chemin sans necessité; autrement il y a intelligence & monopole punissable.

De faire amener ladite Marchandise.

III. ITEM, Tous Marchands pourront faire amener Charbon d'amont l'eau, sans passer les ponts de ladite Ville, sans congé, sans hanse, ou compagnie Françoise. Mais si aucun en fait venir d'aual l'eau, en reboursant depuis le pont de Mente, iusques au pont de Paris, il sera hansé de la marchandise de l'eau, & aura compagnie Françoise, s'il n'est Bourgeois de Paris: auquel cas il ne luy faut que hanse: ou autrement ledit Charbon sera forfaict.

D'exposer le Charbon en vente: & du run.

IIII. ITEM, Et quand les Marchands feront venir Charbon à aucun des Ports de la Ville à ce ordonnez: ils procederont à la deliurance d'iceluy par run, s'ils le peuuent auoir: & si tost qu'ils pourront auoir Port, ils mettront planche en leurs Bateaux, & mettront ledit Charbon en vente le tiers iour aprés, s'il n'est feste: & si lesdits Bateaux ne peuuent auoir Port, ils feront diligence incontinent qu'ils l'auront, de mettre ledit Charbon en vente: Sur peine de soixante sols parisis d'amende.

ARTICLE 3. Cét Art. a esté expliqué cy-deuant, au premier Chap. Art. 3.

Du rabais du Charbon.

v. ITEM, Quand aucun Charbon sera mis en vente à aucun desdits Ports, si tost qu'il aura eu trois iours de vente, les Mesureurs qui feront icelle besongne, iront par deuers lesdits Preuost & Escheuins pour l'affeurer & mettre à prix, & pour de trois iours en trois iours ensuyuans y faire rabais, selon leur aduis & discretion, iusques à ce que tout soit vendu : Sur peine de soixante sols parisis d'amende.

De non descendre Charbon exposé en vente.

Article 6. Autrement le Marchand preuoyant vne necessité, mettroit son Charbon en magasin, au preiudice du public.

vi. ITEM, Puis qu'vn Marchand aura exposé Charbon en vente sur l'eau, il ne le descendra pour mettre en chantier pour le reuendre, ainçois sera tout vendu sur ladite riuiere: Sur peine de le perdre, & de soixante sols parisis d'amende.

Des Forains qui ne doiuent descendre Charbon sur terre.

Article 7. Necessité n'a point de Loy.

vii. ITEM, Les Marchands Forains ne descendront Charbon sur terre pour vendre en chantier ny autrement, ainçois le vendront és Bateaux sur ladite riuiere, sinon que le Batel, où sera ledit Charbon, soit en danger par fortune : auquel cas ils pourront mettre en chantier par le congé desdits Preuost & Escheuins: & non autrement: Sur peine de forfaicture.

De non mettre Charbon en greniers, entre Pasques & la Toussaincts.

Article 8. Le temps de Pasques iusques à la Toussaincts, est pour les prouisions des Bourgeois; & n'est plus en vsage que les Marchands puissent serrer en greniers leur Charbon, sans permission, qui ne s'accorde qu'auec cognoissance de cause.

viii. ITEM, Aucun Marchand, quel qu'il soit, n'acheptera entre Pasques & la Toussaincts aucun Charbon sur riuiere, ny en ladite Ville de Paris, pour iceluy mettre en grenier, pour reuendre en icelle Ville : Sur peine d'amende arbitraire.

De non exposer Charbon en vente, s'il n'est bon & marchand.

Article 9. Les deffauts du Charbon sont icy cottez.

ix. ITEM, Vn Marchand n'exposera en vente Charbon moüillé, & qui ne soit bon, loyal & marchand, ny aussi où il y ait plus de braise, que celle qui y pourra estre, de tant que le Charbon se pourra diminüer en l'amenant, sans y commettre aucune fraude : Sur ladite peine.

De non aller au deuant du Charbon pour l'achepter.

Article 10. Il a tousjours esté deffendu d'aller au deuant des denrées.

x. ITEM, Nul n'ira au deuant du Charbon, qu'on amenera en ladite Ville, pour l'achepter : & aussi le Marchand à qui il sera ne le vendra au chemin, ny iusques à ce qu'il soit en ladite Ville: Sur peine audit Marchand vendeur, de perdre le Charbon : & à l'achepteur, le prix de l'achapt.

De non achepter Charbon pour reuendre.

Article 11. Ce seroit regrattage, pernicieux au public.

xi. ITEM, Aucun n'acheptera Charbon exposé en vente en aucuns desdits ports, ny ailleurs, en ladite Ville, pour reuendre sur l'eau ny en chantier : Sur peine de perdre le Charbon, & d'amende arbitraire.

De non faire vendre Charbon par autruy.

Article 12. Affin de vendre plus promptement.

xii. ITEM, Quand aucun Charbon s'expose en vente en aucun desdits ports, celuy à qui il sera ne le fera vendre, sinon par luy, sa femme, ou mesgnie domestique, sans congé desdits Preuost & Escheuins : Sur peine d'amende arbitraire.

De n'encherir Charbon puis qu'il sera affeuré.

xiii. ITEM, Quand aucun Charbon sera affeuré & mis à prix, on ne l'encherira, ny mettra à plus haut prix, mais en aura chacun au prix qu'il aura esté mis : Sur peine d'amende arbitraire.

De non

De non mettre Charbon en chantier, ny le muer de sac en autre.

XIV. ITEM, Et quand le Charbon, venant par terre sur charettes, & cheuaux, sera arriué en ladite Ville: ceux qui l'ameneront ne le deschargeront ny descendront en chantiers ny ailleurs, qu'és places cy-apres declarées: ainçois le meneront vendre par ladite Ville, & ne le muëront de sac en autre: Sur ladite peine de forfaicture, & d'amende arbitraire.

Des places où le Charbon doit estre descendu.

XV. ITEM, Et quand ledit Charbon amené par terre ne pourra estre vendu, en le menant aual la Ville, la iournée qu'il aura esté amené, on le descendra en l'vne des places qui s'ensuyuent: c'est à sçauoir, en la place de Gréue, aux Halles, à la croix du Tiroir, à la Fontaine Gauchier, ou à la place Maubert, pour y estre vendu & distribué comme en plein marché, à qui en voudra auoir pour son argent: & non ailleurs: Sur ladite peine.

Article. A present les places establies pour la vente du Charbon, sont la Place Maubert, les petits Carreaux, & Closture sainte Catherine.

De non emmener Charbon tant qu'il soit vendu.

XVI. ITEM, Le Charbon qui sera amené pour vendre en ladite Ville, soit par eau ou par terre, ne sera mené ny transporté hors ladite Ville, mais y sera vendu & distribué: Sur peine de forfaicture.

De la moison des Sacs, & de combien les sommes doiuent estre.

XVII. ITEM, Pour obuier aux fraudes & deceptions qu'on a fait au temps passé, & peut-on faire chacun iour au Charbon amené par terre, sur chariots, charettes, cheuaux, & autres bestes, au tres-grand preiudice du bien public: Ordonnons que doresnauant les Sacs esquels sera amené ledit Charbon, seront de certaine moison: c'est à sçauoir, les vns de six minots chacun, les autres de trois minots chacun, & les autres d'vn minot seulement chacun, afin que l'on puisse faire grandes sommes & petites sommes: laquelle grand somme sera de treize minots en deux grands sacs de chacun six minots, & d'vn petit sac d'vn minot, appellé le quart sommeau: & la petite somme sera de neuf minots en moyens sacs de chacun trois minots: lesquels sacs seront estalonnez & adiustez par chacun an vne fois à l'estalō du parloüer aux Bourgeois, qui est en l'Hostel de la Ville. Et qui fera le contraire, il l'amendera d'amende arbitraire: & si sera le Charbon forfaict.

De la visitation du Charbon.

XVIII. ITEM, Si aucun fait doute que le Charbon qu'il achептera ne soit bon & conuenable: & qu'il y ait plus de braise que celle qui y deura estre raisonnablement, selon ce que le Charbon se peut ou pourra diminüer en l'amenant: ou qu'il n'y ait mesure suffisante: il le pourra faire visiter & mesurer par l'vn des Mesureurs Iurez: lequel sera tenu de faire son rapport sur ce, s'il y trouue aucune faute, par deuers lesdits Preuost & Escheuins, ou au Procureur de la marchandise: Sur peine de soixante sols parisis d'amende.

LE QVINZIESME CHAPITRE CONTIENT LE FAIT ET EXERCICE des Mesureurs * de Charbon de la Ville de Paris.

Le nombre desdits Mesureurs.

ARTICLE PREMIER.

ARTICLE I. Le nombre des Mesureurs a esté augmenté du parisis en 1633. ainsi que les autres Officiers; & sont à present seize mesureurs.

REMIEREMENT, En la Ville de Paris a esté accoustumé d'auoir par nombre ancien, douze Mesureurs de Charbon seulement: mais pource que depuis, & outre ledit nombre ancien, on y a mis vn autre Mesureur: & aussi pour escheuer les debats, noises, & procez estans entre lesdits Mesureurs & Porteurs de ladite Marchandise de Charbon, voulans entreprendre l'vn sur l'autre, pour lesquels le peuple en a esté tres-mal seruy: & qu'il est tres-expedient & necessaire, afin que le peuple soit mieux seruy, qu'il y ait plus de Porteurs & moins de Mesureurs qu'il n'a esté accoustumé: Ordonnons que le nombre de treize Mesureurs sera ramené à neuf: & celuy desdits Porteurs cru pareillement à neuf. Et les trois Mesureurs, qui sont en procez contre les six Porteurs, c'est à sçauoir Yuonnet le Bahardel, Iean le Bahardel, & Colin de Roüenne, pourront porter & mesurer, tant comme ils tiendront ledit Office: & les autres Mesureurs, qui ont renoncé au portage, ne pourront que mesurer seulement. Et pour ladite reduction & creuë faire, les quatre premiers Offices d'iceux mesurages vaquans, ou que lesdits Mesureurs laisseront, seront non impetrables quant au mesurage, & en seront les trois conuerties en portages: & deslors en auant n'aura en ladite Ville que neuf Mesureurs, & neuf Porteurs de ladite marchandise de Charbon, & ne s'entremettront aucunement sur l'Office l'vn de l'autre: c'est à sçauoir, que lesdits Mesureurs feront l'Office de mesurage seulement, & les Porteurs l'Office de portage pareillement. Pour laquelle Ordonnance entretenir pour le temps aduenir, ordonnons premierement, au regard desdits Mesureurs, qu'ils feront & exerceront iceux Offices de mesurage, sans ce qu'aucun s'en puisse entremettre: Sur peine d'amende arbitraire.

* *Est à noter qu'il y a fort long temps qu'ils sont douze qui exercent ledit Office de Iuré Mesureur de Charbon.*

De la donation dudit Office de Mesurage.

II. ITEM, Quand ledit Office de Mesurage vacquera, lesdits Preuost des Marchands & Escheuins le donneront à homme, qui par information deüement faite soit trouué estre de bonne vie, renommée, & honneste conuersation, sans aucun blasme ou reproche, & habile, suffisant,

& idoine pour iceluy Office exercer.

Du serment desdits Mesureurs.

III. ITEM, Quand on instituera aucun audit Office, il fera serment, que iustement & loyaument il exercera iceluy Office en sa personne : & gardera le droict du vendeur, & de l'achepteur, sans prendre ny demander plus grand salaire, que celuy qui est ordonné pour ledit Office exercer: & aussi qu'il gardera les Ordonnances faites tant sur ledit Office, comme sur ladite Marchandise de Charbon : & que s'il sçait chose qui soit faite au preiudice des priuileges, franchises de ladite Ville, & contre les Ordonnances d'icelle, incontinent il le fera sçauoir ausdits Preuost & Escheuins, ou au Procureur de la Marchandise: & obeyra à leurs commandemens: & que de chose, dont la cognoissance appartienne à la iurisdiction desdits Preuost & Escheuins, il ne mettra ou fera mettre aucun en cause ailleurs, que par deuant eux.

ARTICLE 3. Par là il se void que la fonction du Mesureur est de garder le droict du vendeur & de l'achepteur.

De la presentation & caution desdits Mesureurs.

IV. ITEM, Et apres ce qu'il sera institué, & aura fait ledit serment, il sera presenté & mis en possession dudit Office par l'vn des Sergens de ladite Preuosté & Escheuinage, que lesdits Preuost & Escheuins voudrōt à ce commettre : qui aura, pour ce faire, deux sols parisis seulement : Et ce fait il aura lettre d'iceluy Office, pour laquelle il payera au Clerc de ladite Ville, vn sac de Charbon : auec ce il baillera caution Bourgeoise de dix liures parisis, auant qu'il puisse exercer ledit Office : Sur peine de priuation d'iceluy.

De la residence desdits Mesureurs.

V. ITEM, Lesdits Mesureurs exerceront leurs Offices en leurs personnes, & feront continuelle residence és lieux & places où l'on a accoustumé de vendre & descendre Charbon, afin qu'vn chacun puisse estre seruy ainsi qu'il appartient : Sur peine de priuation d'iceluy.

Des minots & pelles, qu'ils doiuent auoir.

VI. ITEM, Pour iceux Offices exercer en leurs termes, quand il y aura aucune nef ou Batel chargé de Charbon, exposé en vente en aucun desdits Ports, ils auront vn minot, demy minot & deux pelles pour mesurer ledit Charbon à rez, à chacun qui en voudra auoir. Et pareillement quand il y aura aucun Charbon à vendre sur terre, esdites places sur ce limitées, ils auront vn minot, demy minot, & vne pelle : Sur peine de soixante sols parisis d'amende.

ARTICLE 6. Le Charbon se mesure à present comble dans le minot, & non point à rez.

Comment ils doiuent mesurer le Charbon qu'ils mesurent.

VII. ITEM, Lesdits Mesureurs ne mesureront aucun Charbon à la pelle, sinon en emplissant lesdits sacs estalonnez ; mais mesureront tout l'autre Charbon qui se vend autrement qu'au sac, au minot ou demy minot : & non autrement : Sur peine de soixante sols parisis d'amende, pour chacune fois qu'ils le feront.

De non mesurer en Sacs mouillez, & qui ne soient estalonnez.

VIII. ITEM, Lesdits Mesureurs auront chacun deux Sacs de bonne moison, estalonnez & adiustez par chacun an vne fois à l'estalon, qui est audit Hostel de ladite Ville: lesquels Sacs tiendront chacun six minots me-

ART. 7. & 8. N'est plus obserué d'estallonner les sacs, mais bien les minots, qui doiuent estre adjustez & estallonnez tous les ans, & marquez à la lettre courante.

surez à rez : & ne mettront ny mesureront Charbon à aucuns sacs qui soient moüillez : Sur peine de soixante sols parisis d'amende pour chacune fois.

De non mesurer Charbon s'il n'est loyal & marchand.

ARTICLE 9. Les Mesureurs sont obligez à dénoncer le defaut qui peut estre en la marchandise de Charbon.

IX. ITEM, Lesdits Mesureurs ne mesureront Charbon moüillé, & qui ne soit suffisant, bon, loyal & marchand : s'ils trouuent le contraire, ils le diront & dénonceront incontinent ausdits Preuost & Escheuins, ou audit Procureur de la marchandise : Sur ladite peine.

Des rapports qu'ils doiuent faire pour mettre le Charbon en vente, & y faire les rabais.

ARTICLE 10. Les Mesureurs doiuent faire rapport & arriuage du Charbon qui vient és Ports, pour estre mis à prix.

X. ITEM, Feront lesdits Mesureurs leurs rapports de trois iours en trois iours ausdits Preuost & Escheuins, de tous les Bateaux qui ameneront aucun Charbon en ladite Ville, pour les faire mettre en vente esdits Ports, tantost apres lesdits trois iours passez, qu'ils seront venus : & aussi pour faire rabais, ainsi qu'il est accoustumé : Sur peine de soixante sols parisis d'amende.

De non faire porter Charbon, sinon par les Porteurs Iurez.

ARTICLE 11. Les Porteurs sont Officiers de Police, dont sera parlé au Chap. suiuant.

XI. ITEM, Ne feront lesdits Mesureurs porter aucun Charbon en sacs, sinon aux Porteurs Iurez de ladite Ville de Paris : Sur ladite peine.

De non eux entremettre de ladite marchandise.

ARTICLE 12. Ils ne doiuent estre Marchãds, pource qu'ils en sont les Controlleurs.

XII. ITEM, Iceux Mesureurs ne marchanderont ny s'entremettront ny feront entremettre de ladite marchandise de Charbon, par eux ny par autres à leur profit : ny aussi n'acheteront ny feront acheter aucun soustref, par quelque maniere que ce soit: Sur peine de perdre la marchandise, & d'amende arbitraire.

Du run, & de non auoir plus d'vne besongne à la fois.

ARTICLE 13. Ils obseruent le run & le rang entr'eux, affin que le Bourgeois soit plus aisémẽt seruy, & que chacun responde de son trauail.

XIII. ITEM, Exerceront leurs Offices par run : c'est à sçauoir, que les besongnes qui suruiendront & suruiennent, tant sur l'eau és nefs & Bateaux, comme sur terre és chariots, charettes, sur bestes, & autrement, vn chacun d'eux aura vne besongne à faire, qu'il fera à vn marchand, sans en auoir autre iusques à ce qu'elle soit parfaite, & que son run vienne, & garderont leur run l'vn apres l'autre: Sur peine de cinq sols parisis d'amende, pour chacune fois qu'ils ou chacun d'eux le rompront.

Qu'ils doiuent desclorre les Bateaux.

XIIII. ITEM, Lesdits Mesureurs clorront, & desclorront les Bateaux & nefs dont ils seront Mesureurs, & auront la charge, c'est à sçauoir, qu'ils osteront les pieux & les cloisons estans dedans & enuiron iceux Bateaux ou vaisseaux, pour garder & retenir ledit Charbon: & seront tenus de faire parmy le salaire qu'ils ont pour icelles ventes faire: Sur peine de soixante sols parisis d'amende.

Salaire des Bastelées de Charbon.

ART. 15. 16. 17. Les salaires des Mesureurs de Charbon sont de 12. den. pour le mesurage de chacun minot

XV. ITEM, Chacun desdits Mesureurs aura pour son salaire de chacun Batel ou nef chargée de Charbon, qu'il mesurera, & dont il aura la besongne, douze gros, qui valent seize sols parisis, à prendre sur le Marchand vendeur.

Salaire du Charbon mesuré par menuës parties.

XVI. ITEM, Et pour mesurer le Charbon qui sera vendu & deliuré par menuës parties : c'est à sçauoir, à minots, chacun d'eux aura pour chacun minot, vn denier tournois : & de la mine, deux deniers tournois, à prendre sur les acheteurs.

Salaire du Charbon mesuré en sacs.

XVII. ITEM, Et pour chacun sac mesurer au Batel, lequel contient six minots, au prix d'vn gros le muy, qui fait pour le sac deux deniers parisis, à prendre sur les achepteurs: & de celuy qui viendra par terre, pour chacun sac, deux deniers de l'achepteur, & vn denier du vendeur.

de Charbon de bois & de terre, arriuant, vendu & liuré en la Ville & Fauxbourgs de Paris, en batteaux, charettes, sur cheuaux, ou autrement; lesdits 12. den. payables moitié par le vendeur, & l'autre moitié par l'achepteur; & outre iouyssent du droict de sachée, contenant 3. minots, pour leur chauffage, & de 20. s. parisis pour le droict de gros pour chacun batteau, payable par le Marchand vendeur, suiuant la Declaration du Roy, de l'année 1637. de maniere que le contenu ausdits Articles ne s'obserue plus.

Qu'ils doiuent dénoncer les fraudes qu'ils sçauront.

XVIII. ITEM, Si lesdits Mesureurs sçauent aucunes fautes ou mesprentures qui soient faites en ladite marchandise, ny contre lesdites Ordonnances, incontinent ils le diront & dénonceront chacun en droit soy ausdits Preuost des Marchands & Escheuins, ou au Procureur de la marchandise : Sur les peines dessusdites, ou autres arbitraires, selon l'exigence du cas.

ARTICLE 18. Comme ils sont faits pour l'obseruation de l'ordre, ils doiuent dénoncer les maluersations, & les desordres.

LE SEIZIESME CHAPITRE CONTIENT LE FAIT ET EXERCICE des Porteurs Iurez de Charbon de la Ville de Paris.

Le nombre desdits Porteurs.

ARTICLE PREMIER.

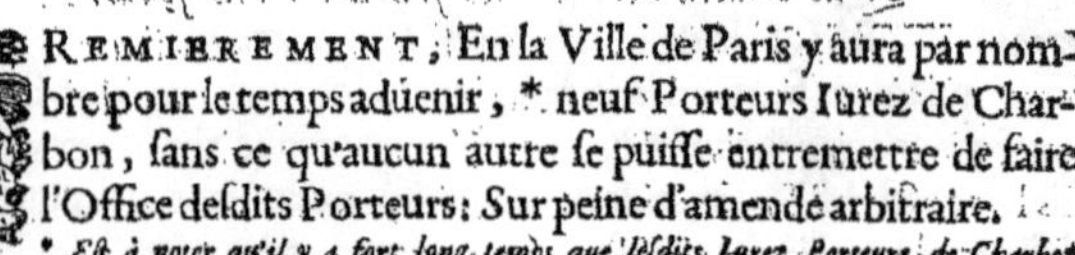

ARTICLE I. Le nombre est augmenté du parisis, ainsi que les Officiers dôt a esté cy-deuant parlé, suiuant ladite Declaration de 1633. & sont à present 23.

PREMIEREMENT, En la Ville de Paris y aura par nombre pour le temps aduenir, * neuf Porteurs Iurez de Charbon, sans ce qu'aucun autre se puisse entremettre de faire l'Office desdits Porteurs: Sur peine d'amende arbitraire.

* *Est à noter qu'il y a fort long temps que lesdits Iurez Porteurs de Charbon sont en nombre de dix-huit qui exercent à present.*

De la donation desdits Offices.

II. ITEM, Quand ledit Office vacquera, lesdits Preuost des Marchands & Escheuins le donneront à homme, qui par information deuëment faite sera trouué estre de bonne vie, renommée, & honneste conuersation, sans aucun blasme ou reproche, & habile, suffisant, & idoine pour iceluy Office exercer.

Du serment desdits Porteurs.

III. ITEM, Et quand on instituëra aucun audit Office de Portage, il fera serment, que iustement & loyaument il exercera iceluy Office, en sa personne: & gardera le droict du vendeur, & de l'achepteur, sans prendre ny demander plus grand salaire, que celuy qui est ordonné pour ledit Office exercer: & aussi qu'il gardera les Ordonnances, tant sur ledit Office, comme sur ladite Marchandise: & que s'il sçait chose qui soit faite au preiudice des franchises & libertez de ladite Ville, ou des Ordonnances d'icelle, incontinent il le fera sçauoir ausdits Preuost & Escheuins, ou au Procureur de la marchandise: & obeyra à leurs commandemens: & que de chose, dont la cognoissance appartienne à la iurisdiction desdits Preuost & Escheuins, il ne mettra ou fera mettre aucun en cause ailleurs, que par deuant eux.

De la presentation desdits Iurez.

ARTICLE 4. Apres la reception, il est mis en possession de son Office par vn des Sergens de la Ville; le surplus de l'Article n'est plus en vsage.

IV. ITEM, Et apres ce qu'il sera institué, & aura fait ledit serment, il sera presenté & mis en possessió dudit Office, par l'vn des Sergens de ladite Preuosté & Escheuinage, que lesdits Preuost & Escheuins voudront à ce commettre: qui aura, pour ce faire, deux sols parisis seulement: & ce fait il aura lettre d'iceluy Office, pour laquelle il baillera au Clerc de ladite Ville, demy sac de Charbon: & auec ce il baillera caution suffisante de la somme de cent sols parisis, auant qu'il puisse exercer ledit Office : Sur peine de priuation d'iceluy.

De la residence qu'ils doiuent faire, & des sacs qu'ils doiuent auoir.

V. ITEM, Lesdits Porteurs exerceront leurs Offices en leurs personnes, & feront continüelle residence és Ports & places sur ce limitées, tant de Gréue, de l'Eschole Saint Germain, comme autres establies, & ordonnées pour vendre ledit Charbon: & auront chacun deux sacs pour porter le Charbon par ladite Ville, és lieux où ils le deuront porter: afin que si l'vn de leurs sacs est moüillé, qu'ils portent en celuy qui sera sec: lesquels sacs seront de bonne & iuste moison, estalonnez & adiustez par chacun an vne fois à l'estalon du parloüer aux Bourgeois, qui est audit Hostel de ladite Ville: & tiendra chacun sac six minots mesurez à rez: & ne mettront ny porteront aucun Charbon en aucun sac, qui soit moüillé: Sur peine de vingt sols parisis d'amende.

ARTICLE 5. Les sacs des Porteurs ne sont à present estallonnez, attendu que le Charbon se mesure dans des minots, marquez & estallonnez sur l'estallon qui est à l'Hostel de Ville.

De non porter aucun Charbon, s'il n'est bon, loyal, & marchand.

VI. ITEM, Et ne porteront aucun Charbon moüillé, & qui ne soit bon, loyal, & marchand: & s'ils trouuent le contraire, ils le diront & dénonceront incontinent ausdits Preuost & Escheuins, ou audit Procureur de la marchandise: Sur peine de vingt sols parisis d'amende.

De non eux entremettre de ladite Marchandise.

VII. ITEM, Et ne s'entremettront de ladite Marchandise de Charbon, ny n'acheteront aucun sous tref, ny n'en marchanderont, ny feront marchander par autruy à leur profit, par quelque maniere que ce soit: Sur peine d'amende arbitraire, & de perdre la marchandise.

ARTICLE 7. Ils ne doiuent estre marchands de Charbon, non plus que les Mesureurs, affin qu'ils dénoncent plus volontiers les desordres de la Police.

Du run desdits Porteurs.

VIII. ITEM, Lesdits Porteurs exerceront lesdites Offices chacun à son tour: c'est à sçauoir, par run, afin que l'vn gaigne autant que l'autre par égal, au mieux, & le plus également que faire se pourra: Sur peine de cinq sols parisis, qui brisera ledit run.

ARTICLE 8. Ils gagnent esgallement, par le moyen de la bourse commune qu'ils font entr'eux.

Salaire premier.

IX. ITEM, Lesdits Porteurs auront pour leur salaire de porter ledit Charbon parmy ladite Ville de Paris: c'est à sçauoir, pour chacun sac qu'ils porteront depuis ladite place de Gréue, en allant par la ruë de la Tannerie, iusques à l'entrée du Pont nostre Dame, & en retournant au bout dudit Pont nostre Dame par la planche de Mybray, en allant tout aual la ruë de la Tixerandrie iusques à l'aport Baudet, & d'illec en tournant par la ruë Saint Geruais iusques au Port au foin, quatre deniers parisis.

Salaire second.

X. ITEM, Pour chacun sac, qu'ils porteront depuis ledit bout du pont nostre Dame, en allant contremont ladite ruë de la Tannerie iusques en Chastelet, & de Chastelet, en allant par la ruë Saint Denys iusques à Sainte Catherine: & en tournant audit lieu de Sainte Catherine par la ruë aux Lombards, en allant par les ruës de la Verrerie, Auquetin le Faucheur, & en retournant par la ruë de Tiron, & la ruë Fregier-Lasnier, en descendant au bout de ladite ruë à la riuiere de Seine, six deniers parisis.

Salaire troisiesme.

XI. ITEM, Pour chacun sac qu'ils porteront plus auant que les lieux

ART. 9. 10. 11. 12. & 13. Les droicts des Iurez Porteurs sont à present suiuant ladite Declaration de l'année 1637. à 6. s. pour le portage à col, par eux ou leurs Plumets, de chacune voye, composée de deux minots de Charbon de bois, tant prés que loing des Ports & Places: 5. den. pour pareil portage de chacun demy minot dudit Charbon de terre, depuis les batteaux iusques au bord de terre, ou desdits batteaux en autres; & 18. den pour mesme portage à col des batteaux audit bord de terre de chaque minot de Charbon de bois, enleué indifferemment par toutes sortes de personnes, le tout payable par ceux pour lesquels aura esté fait ledit portage.

dessus declarez, dedans les anciens murs de Paris, & en la Cité, huit deniers parisis.

Salaire quatriesme.

XII. ITEM, Pour chacun sac qu'ils porteront entre lesdits anciens Murs, & les Bastilles de ladite Ville, & aussi par tout outre les Ponts, vers sainte Geneuiefue, & les Iacobins, dedans les portes de ladite Ville, dix deniers parisis.

Salaire cinquiesme.

XIII. ITEM, Pour chacun sac qu'ils porteront és Faux-bourgs de ladite Ville, douze deniers parisis. Et seront tenus lesdits Porteurs, moyennant ledit salaire, de porter ledit Charbon en chacun Hostel des Bourgeois, & autres manans en ladite Ville, iusques à deux planchers & estages de haut au dessus de chaussée: & s'ils le portent plus haut, ils en seront payez outre & par dessus ce que dit est, d'vn denier pour chacune estage. Et aussi si lesdits Porteurs prennent ou chargent ledit Charbon en autres lieux ou places qu'audit Port en ladite place de Gréue, qu'à l'Escole Saint Germain, à la Buscherie de petit-Pont, ou ailleurs: & aussi s'ils portent moins de Charbon qu'vn desdits sacs, ils en seront payez au feur l'emplage, selon la distance des lieux.

ARTICLE 14. Ils sont obligez de dénoncer les fraudes & maluersations qui peuuent arriuer, tant par le faict des Marchands, qu'autrement.

Qu'ils doiuent dénoncer les fraudes qu'ils sçauront.

XIV. ITEM, Si lesdits Porteurs sçauent aucunes fraudes qui soient commises au fait de ladite marchandise, ny contre les Ordonnances dessusdites, incontinent ils le diront & dénonceront chacun en droit soy ausdits Preuost & Escheuins, ou au Procureur de la Marchandise: Sur les peines dessusdites, & autres arbitraires, selon l'exigence du cas.

LE DIX-SEPTIESME

LE DIXSEPTIESME CHAPITRE CONTIENT LE FAIT DE LA Marchandise de Sel chacun iour venant & affluant en la Ville de Paris, selon les Ordonnances anciennes, auant que la Gabelle fust mise sus.

De non vendre ny descendre Sel en l'amenant.

ARTICLE PREMIER.

ET PREMIEREMENT, Quand aucun Sel sera chargé sur ladite riuiere de Seine, ou sur l'vne des autres riuieres descendans en icelle pour estre amené vendre en la Ville de Paris: il ne sera vendu ny descendu au chemin: Sur peine de forfaicture. Sinon que le Marchand à qui sera iceluy Sel, ayt dit expressément en faisant son marché au Voicturier, qui celuy amenera, qu'il aura intention de le vendre à aucun Port ou marché iuré, qui sera entre le lieu où icelle marchandise sera chargée, & ladite Ville de Paris: & non autrement: Sur ladite peine.

ARTICLE I. En ce temps, le Sel se vendoit & debitoit sur les Ports, à la maniere des autres marchandises.

Des dangers de la riuiere, & de la hanse, & compagnie Françoise.

II. ITEM, Tous Marchands pourront faire amener ladite marchandise d'amont l'eau iusques au dessous desdits Ponts de Paris, sans icelle aualler par dessous lesdits Ponts sans congé, sans hanse, & sans * compagnie Françoise: mais ceux qui en feront venir d'aual l'eau en reboursant l'eau, & par especial depuis le Pont de Mente iusques à Paris, il faudra qu'ils soient hansez, & qu'ils ayent compagnie Françoise, s'ils ne sont Bourgeois de Paris: auquel cas, ils ne seront que hansez seulement. Et qui autrement le fera, la marchandise sera forfaicte, & acquise à nous & à ladite Ville.

ARTICLE 2. Pour le regard de la hanse & compagnie françoise, voyez l'Art. 3. du Chap. premier.

* *De tout temps & ancienneté ceste subiection de compagnie Françoise, a esté reduite au payement de trente-cinq sols, qui se payent iournellement au domaine de la Ville.*

Du Sel amené pour vendre.

III. ITEM, Quand aucun Sel sera amené par eau en ladite Ville de Paris, pour y estre vendu: il sera mené au Port de la Saulnerie, pour y estre vendu, ou descendu, pour mettre en grenier.

Où le Sel doit estre mis.

IV. ITEM, Le Sel qui sera amené par terre pour vendre en ladite Ville de Paris, sera mené en la place de la Saulnerie, pour illec estre vendu, ou descendu pour mettre en grenier, si ce n'est pour vn Marchand ou Bourgeois de Paris.

ARTICLE 4. Le Sel se vendoit lors par le Marchand, en vne Place que l'on appelloit Saulnerie.

Que le Sel ne sera enchery, puis qu'il sera mis à prix.

V. ITEM, Tous Marchands, quels qu'ils soient, depuis qu'ils auront

ARTICLE 5. Ainsi que les autres marchandises dont a esté cy-deuant parlé, ce qui fait assez voir la maniere ancienne de débiter cette marchandise, qui n'est plus en vsage par le moyen de l'introductiõ de la Gabelle, & Officiers d'icelle.

amené, ou fait venir aucun Sel en ladite Ville, & il est vne fois asseuré ou mis à prix, soit sur l'eau, ou en grenier, ou en la place de la Saulnerie : ils ne l'encheriront, ny mettront à plus haut prix : Sur peine de perdre le Sel & de l'amender.

Qu'on ne tiendra Sel en grenier, que quarante iours sans estre exposé en vente.

VI. ITEM, Tous Marchands qui auront Sel en grenier en ladite Ville de Paris, ne le tiendront en grenier que quarante iours, sans ce que ledit grenier ne soit ouuert, & que le Sel estant en iceluy ne soit mis & exposé en vente. Et à ce seront contraints lesdits quarante iours passez apres ce qu'iceluy Sel aura esté mis en greniers : & s'ils font le contraire, ils s'amenderont, & perdront la marchandise.

Que le Sel doit estre mis à prix raisonnable.

VII. ITEM, Et auecques ce, quand aucun Sel aura esté en grenier par quarante iours, & il sera exposé en vente, ainsi que dit est : si les Marchands ne le mettent à prix raisonnable, ils y seront cõtraints, & y mettra-lon prix raisonnable : eu regard au temps qu'ils l'auront acheté : à quoy ils seront estrains par serment : & aussi au temps qu'il sera vendu, & à la monnoye qui courra : sans ce qu'ils puissent encherir, ny mettre à plus haut prix que celuy où il aura esté mis : Sur ladite peine.

De non vendre ny acheter Sel en l'amenant.

VIII. ITEM, Puis qu'aucun Sel sera party & mis en chemin, soit par eau, ou par terre pour estre amené vendre en ladite Ville de Paris, nul ne l'achetera, & aussi ne sera vendu au chemin, mais sera amené au Port ou en la place de la Saulnerie : Sur ladite peine.

De non acheter Sel pour reuendre.

IX. ITEM, Nul n'achetera Sel exposé en vente sur la riuiere, pour iceluy reuendre en ladite Ville, sinon les Marchands reuendeurs, lesquels en pourront acheter iusques à vn muy seulement pour vne fois, & non autrement : Sur peine de perdre la marchandise, & de l'amender.

Des Reuendeurs, qu'ils ne peuuent acheter qu'vn muy de Sel à la fois.

X. ITEM, Vn Marchand reuendeur, qui achetera Sel sur la riuiere ou en grenier, pour reuendre & debiter en menuës parties, n'en pourra acheter à vne fois, ny tenir en son Hostel, ny ailleurs, qu'vn muy seulement : Sur ladite peine. Lesquelles Ordonnances de present ne peuuent pas estre gardées en leurs greniers, pour cause de la Gabelle : mais nous voulons que neantmoins lesdites Ordonnances soient incorporées auec les Ordonnances des autres marchandises, pour en vser quand il appartiendra.

LE DIXHVICTIESME CHAPITRE CONTIENT LE FAIT ET EXERCICE des Mesureurs de Sel, * de la Ville de Paris.

* Les Mesureurs de Sel sont aussi compteurs de Saline sur la Riuiere, Estallonneurs & Visiteurs de mesures.

Le nombre desdits Mesureurs.

ARTICLE PREMIER.

PREMIEREMENT, En la Ville de Paris aura par nombre vingt-quatre Mesureurs de Sel seulement: sans ce qu'aucun autre se puisse entremettre de faire l'Office desdits Mesureurs: Sur peine d'amende arbitraire.

ARTICLE I. Les Mesureurs de Sel sont maintenant au nombre de trente, par le moyen de l'augmentation du parisis des Officiers, suiuãt l'Edict de 1633.

De la donation des Offices desdits Mesureurs.

II. ITEM, Quand ledit Office de Mesurage vacquera, lesdits Preuost & Escheuins le donneront à homme, qui par information deuëment faite, sera trouué estre de bonne vie, renommée, & honneste conuersation, sans aucun blasme ou reproche, & habile, suffisant, & idoine pour iceluy Office exercer.

Du serment desdits Mesureurs.

III. ITEM, Et quand on instituëra aucun audit Office de Mesurage, il fera serment, que iustement & loyaument il exercera iceluy Office, en sa personne: & gardera le droict du vendeur, & de l'achepteur, sans prendre ny demander plus grand salaire, que celuy qui est ordonné pour ledit Office exercer: & aussi qu'il gardera les Ordonnances faites tant sur ledit Office, comme sur ladite Marchandise: & que s'il sçait chose qui soit faite au preiudice des priuileges & franchises de ladite Ville, ou contre les Ordonnances d'icelle, incontinent il le fera sçauoir ausdits Preuost & Escheuins, ou au Procureur de la Marchandise: & obeyra à leurs commandemens: & que de chose, dont la cognoissance appartienne à la iurisdiction desdits Preuost & Escheuins, il ne mettra ou fera mettre aucun en cause ailleurs, que par deuant eux.

ARTICLE 3. L'adjudicataire des Gabelles est maintenant au lieu du marchãd vendeur.

De la presentation & entrée desdits Mesureurs.

IV. ITEM, Et apres ce qu'il sera institué, & aura fait ledit serment, il sera presenté & mis en possessiõ dudit Office, par l'vn des Sergens de ladite Preuosté & Escheuinage, que lesdits Preuost & Escheuins voudront à ce commettre: qui aura, pour ce faire, deux sols parisis seulement. Et ce fait, il payera à son entrée aux autres Mesureurs anciens six liures quatre sols parisis pour son past: lesquels le receuront & tiendront pour leur compagnon, & luy bailleront deslors en auant telle part & portion qu'il luy competera & appartiendra des salaires & profits à eux appartenans. Et si feront à luy & à tous autres nouueaux Mesureurs loyauté de ce qu'ils gaigneront : Sur peine de priuation d'Office.

Salaire du Sel mesuré sur l'eau.

Article 5. Les Mesureurs de Sel sont payez par l'adjudicataire des Gabelles qui represente le vendeur, à raison de seize sols parisis pour chacun muid de sel qui se mesure sur l'eau, pour estre porté au Grenier, ou qui se mesure, & qui se met de bord en autre, c'est à dire de batteau en autre pour passer debout ; que si ledit adjudicataire pour sa commodité particuliere fait passer debout le sel sans estre mesuré, lesdits Mesureurs sont payez seullement à raison de huit sols parisis, qui est la moitié dudit droict ; & lors que le sel se distribuë au peuple dans le Grenier, lesdits Mesureurs sont payez pour le mesurage de chaque muid, à raison de trente-six sols trois deniers par les Greneticrs qui le reçoiuent de l'achepteur, auec le prix du sel, & outre leur est payé par le vendeur qui est l'adjudicataire, huit sols parisis.

v. ITEM, Lesdits Mesureurs auront pour leurs salaires pour chacun muy de Sel qu'ils mesureront en eau, & de bord en autre, c'est à sçauoir, en deux Bateaux l'vn joignant à l'autre, & mesurer en l'vn le Sel, & le mettre en l'autre, douze deniers parisis, quand il sera à vn Marchand qui ne l'ayt point vendu, & qui le vueille faire mener contremont l'eau : & s'il est vendu, ils auront deux sols parisis, douze deniers du Vendeur, & douze de l'acheteur.

Salaire du Sel mis en grenier en descente.

vi. ITEM, Et pour chacun muy de Sel mesuré, qui sera descendu sur terre, & mis en greniers, douze deniers parisis.

Salaire du Sel debité en grenier.

vii. ITEM, Auront de tout le Sel, qui sera vendu & distribué à detail és greniers de ladite Ville de Paris, en Gabelle, lequel ils seront tenus de mesurer, de chacun minot vn denier : de la mine deux deniers, & au dessus, au feur l'emplage : à prendre sur les Marchands, & tous autres acheteurs, qui par chacun iour iront ou enuoyeront querir le Sel esdits greniers, pour leur garnison & vser. Et quand la vente du Marchand à qui sera le Sel, sera finée pour celle fois, ledit Marchand leur payera pour chacun muy, douze deniers : & non autrement.

Que lesdits Mesureurs ne doiuent liurer que leur peine seulement.

Article 8. Les Mesureurs ne sont obligez à dauantage, & sera parlé cy apres de la fonction & exercice des Courretiers, Briseurs & Fournisseurs de sel.

viii. ITEM, Pour exercer iceluy Office de mesurage, lesdits Mesureurs ne bailleront ny liureront, fors leur peine seulement : Car les Courretiers de Sel leur bailleront & liureront les minots & les greniers, c'est à sçauoir, grands Draps pour mettre sous la mine, pour garder le Sel qui sera mesuré : les Briseurs de Sel leur liureront pelle : & les Fournisseurs, les ratoüeres à rere ledit Sel : pource que lesdits Briseurs, Courretiers, & Fournisseurs, ont certains autres droicts, tant pour ce bailler & liurer, comme pour leurs Offices exercer.

Qu'ils doiuent estalonner les Mesures à Sel & à Grains.

ix. ITEM, Lesdits Mesureurs ne mesureront, adjusteront, estalonneront, & signeront les mesures des Greniers à Sel, & aussi les mesures à Grain de la Ville, Banlieuë, Preuosté, & Vicomté de Paris, de tous les lieux où lesdits Preuost & Escheuins ont droict de bailler lesdites mesures pour nous & ladite Ville : & les adjusteront aux estalons de Cuyure, qui sont à l'Hostel de ladite Ville.

Des visitations qu'ils doiuent faire.

Article 10. Ils ont droict de visiter les mesures à grain des Regrattiers, Hosteliers, Tauer-

x. ITEM, Lesdits Mesureurs feront visitation desdites mesures, en la Ville, Preuosté & Vicomté de Paris, és lieux dessusdits, & en especial sur les Marchands Regrattiers, Hosteliers, Tauerniers, & autres, qui vendront & retiendront aucuns grains, & tiendront aucunes mesures, tant grandes, moyennes, comme petites, & les leur feront adjuster chacun an. Et au cas, qu'ils trouueront aucunes desdites mesures non estalonnées, ny signées à la lettre de l'année, & qui ne soient bonnes: ils les mettront en la main de nous, & desdits Preuost & Escheuins: Sur peine de soixante sols parisis d'amende. Et de ce auront commission, si mestier est, tant pour faire ladite visitation, comme pour adjourner les delinquans qu'ils trouueront, pardeuant iceux Preuost & Escheuins, contre le Procureur de nous, & de nostredite Ville.

niers, & donner eux-mesmes les assignations à la Requeste du Procureur du Roy, & de la Ville.

De la garde des Clefs des Estalons, & d'eux proportionner.

XI. ITEM, Vn des anciens Mesureurs aura vne Clef du lieu où seront les Estalons d'icelles mesures: & l'vn des nouueaux, l'autre. Et auecques ce, toutesfois qu'ils adjusteront aucunes mesures, ils seront trois des plus anciens Mesureurs, & trois des plus nouueaux, afin d'apprendre tousiours l'Office: C'est à sçauoir, vn ancien & vn nouuel à adjuster la mesure, vn ancien & nouuel à signer & raboter, vn ancien & vn nouuel à aller querir les mesures par ladite Ville de Paris, & par tout ailleurs où il appartiendra. Et ceux qui feront vn iour iceluy Office, ne le feront pas le lendemain, ainçois le feront les autres auant que ceux qui auront ce fait, en facent plus: & prendront leurs despens audit Office faisant, tels comme ils regarderont & aduiseront ensemble.

Salaire des Iasles à guesde.

XII. ITEM, Pour adjuster les Mesures qu'on apportera chacun iour audit Hostel de ladite Ville, ils auront pour leurs salaires, c'est à sçauoir, de chacune Iasle à guesde, où il faut plusieurs estalons, pource qu'elles sont de grand' peine, quand elles seront neufues & de douues, six sols parisis: & quand elles seront vieilles, trois sols parisis.

Article 12. 13. 14. 15. 16. 17. Les Mesureurs ont huit sols parisis pour adjuster, estallonner, & marquer vn minot à Sel, & ainsi à proportion du demy minot, & quart de minot; & à l'esgard du minot à bled, sont payez à raison de trois sols parisis, & quatre sols parisis pour le minot à auoine; pour le boisseau douze deniers parisis; & pour le demy boisseau & autres mesures au dessous, six deniers parisis.

Salaire des minots à Grains & à Sel.

XIII. ITEM, De chacun minot tant à Grain comme à Sel, quand il sera neuf, seize deniers parisis, tant pour la peine de l'adjuster, jecter, & raboter, comme pource que s'ils le despecent, ils seront tenus de le rendre: & quand il sera vieil, huit deniers parisis.

Salaire des demy minots.

XIV. ITEM, Pour demy minot à Sel adjuster, quand il sera tout neuf, huit deniers parisis: & quand il sera vieil, en reuisitation, ou autrement, vne fois l'an, quatre deniers parisis.

Salaire des Boisseaux à Bled, à Sel & Auoine.

XV. ITEM, Pour boisseau tant à Bled comme à Sel, quand il sera neuf, huit deniers parisis: & quand il sera vieil, pour reuisitation ou autrement, quatre deniers parisis. Et pour Boisseau à auoine, lequel est plus grand que celuy à Bled, quand il sera neuf, huit deniers parisis: & quand il sera vieil, quatre deniers parisis.

Salaire des Picotins à Auoine.

XVI. ITEM, Pour le Picotin à Auoine autre que d'osier, quand il sera neuf, huit deniers parisis: & quand il sera vieil, quatre deniers parisis. Et n'aura aucun Hostelier Picotin d'osier, ainçois l'aura de bois, signé au sein & à la lettre de ladite Ville: Sur peine de soixãte sols parisis d'amende.

Salaires des demus Boisseaux, & autres moindres Mesures.

XVII. ITEM, Pour demy Boisseau tant à Bled comme à Sel, quand il sera neuf, pour chacun quatre deniers parisis: & quand il sera vieil, pour chacun deux deniers parisis: & pour le quart d'vn quart, literon, & demy literon, pour piece, quand il sera neuf, quatre deniers parisis: & quand il sera vieil, deux deniers parisis.

ARTICLE 18. Par la Declaration de 1578. a esté attribué vn denier de plus, auec le parisis qui depuis y a esté adjoûté en 1633. qui fait 2. s. 6. den. pour le Haran, composé de 12. barils; pour les Moruës, suiuant ladite Declaratiõ & Edict de 1633. ils jouïssent de 15. den. parisis du cent, pour les compter & manier; le Macquereau s'aporte à present en barils, & sont lesdits Mesureurs payez pour le comptage & taillage à raison de 3. s. 9. den. parisis pour lé; pour le comptage de cét liures de beurre, ils ont 5. deniers parisis: le surplus de cét Article s'obserue, à la reserue du parisis, qui a esté augmenté; à l'esgard des Moruës qui viennent en demy tonnes, se paye auxdits Mesureurs 2. s. 6. d. parisis.

Salaire du contage de plusieurs menues Marchandises.

XVIII. ITEM, Auront de conter & tailler les Caques de Harenc, quand on les descendra du Batel, ou de bord à autre, pour chacun caque vn denier: & pour cause du contage du cent de Moruës, huit deniers parisis: & pour contage du millier de Macquereaux, huit deniers parisis: & pour le contage du cent de Beurre salé, quatre deniers parisis: & pour le contage d'vn cent d'Aigrefins, quatre deniers parisis: & pour le contage du cent d'Anoncelles, quatre deniers: & pour le contage du cent de Seiches, quatre deniers: à prendre lesdites sommes, sur les Marchands vendeurs.

Comment ils doiuent apprendre les nouueaux Mesureurs.

XIX. ITEM, Lesdits Mesureurs, quand il viendra aucun Officier nouueau audit Office de Mesurage, luy monstreront & apprendront à faire ce qu'il appartient, pour iceluy faire & exercer.

Qu'ils se doiuent proportionner par moitié.

XX. ITEM, Lesdits Mesureurs se partiront & proportionneront par moitié, afin que l'vne moitié, c'est à sçauoir, les douze d'eux labourent & besongnent vn iour, & les autres labourent & besongnent l'autre iour ensuyuant, afin qu'il n'y ait faute: Sur peine de soixante sols parisis d'amende.

Qu'vn desdits Mesureurs peut mesurer pour l'autre.

XXI. ITEM, S'il y a aucun desdits Mesureurs ouurans en vn iour, qui ayt affaire en aucun lieu, pour aucune certaine cause, & il prie vn de ses compagnons qu'il vueille ouurer pour luy en icelle journée: ledit compagnon, supposé qu'il soit pour ouurer à autre journée, faire le pourra, au profit de celuy qui le priera, iusques à trois muys seulement, parmy ce que celuy qui priera, sera tenu de certifier son affaire, au soir ou au matin: Sur peine de vingt sols parisis d'amende.

Qu'ils doiuent labourer sans estre deffaillans.

ARTICLE 22. La Saulnerie estoit autresfois le marché où le sel se vendoit au peuple, situé à la ruë de la Megisserie.

XXII. ITEM, Si aucuns desdits Mesureurs ne sont aussi matin en la Saulnerie le iour qu'ils deuront ouurer, comme les autres, & que les premiers n'ayent labouré que deux muys de Sel, ou trois au plus, auant que les autres soient venus: ils ne seront point mis en defaut de labourage, pourueu qu'iceux derniers Mesureurs en mesureront autant que les premiers.

De l'heure qu'ils doiuent commencer à labourer.

XXIII. ITEM, Lesdits Mesureurs ne se pourront excuser du iour qu'ils deuront ouurer, qu'ils ne soient au matin à la Saulnerie à Soleil-leuant, afin que les Marchands puissent auoir Mesureurs, pour mesurer leur Sel, sans attendre ou delayer, s'il n'y a cause raisonnable, parquoy ils, ou l'vn d'eux n'y puissent estre, ou qu'aucuns de leurs compagnons vueillent ouurer pour eux, comme dit est : Sur peine d'amende arbitraire.

Qu'ils doiuent eslire & auoir vn Boursier.

XXIV. ITEM, Lesdits Mesureurs esliront vn Boursier, lequel gardera les droicts d'vn chacun, aussi bien le droict des malades, comme de ceux qui seront en santé, & payera chacun d'eux au bout de la sepmaine. Et quand ils seront releuez de leur maladie, ils seront tenus d'aller tout droict en la Saulnerie, afin que si on demande leurs compagnons, qu'ils les enseignent. Et si aucun d'eux fait le contraire, il n'aura rien pour sa sepmaine.

Qu'ils doiuent estre communs au profit des Poissons salez.

XXV. ITEM, S'il y a aucun d'eux qui prenne congé de descharger Poissons salez ou autres marchandises, il apportera tout le profit qui en istra, pardeuers les autres, afin qu'vn chacun d'eux y ayt tel profit comme luy : Sur peine de soixante sols parisis d'amende.

De non marchander desdites Marchandises.

XXVI. ITEM, Lesdits Mesureurs ne marchanderont ny feront marchander, par eux, ny par autre, de ladite Marchandise de Sel, ny des autres Marchandises, dont ils se entremettront à cause de leurs Offices : Sur peine d'amende arbitraire, & de perdre la marchandise.

ARTICLE 26. Ils ne doiuent se mesler de marchandises, estans establis pour controller les Marchands.

Qu'ils doiuent dénoncer les fraudes qu'ils sçauront.

XXVII. ITEM, Si lesdits Mesureurs sçauent aucunes fautes, qui soient commises au fait de ladite Marchandise, ny contre lesdites Ordonnances : ils le diront, & dénonceront chacun en droit soy, ausdits Preuost & Escheuins, ou au Procureur de la Marchandise : Sur peine d'amende arbitraire.

ARTICLE 27. Comme Officiers de Police, ils doiuent faire les dénonciations.

LE DIXNEVFIESME CHAPITRE CONTIENT LE FAIT ET EXERCICE des Henoüars Porteurs de Sel, de la Ville de Paris.

L'Ordonnance leur donne aussi qualité de Fournisseurs à cause qu'ils mettent, fournissent & renuersent la mesure dans le sac.

Le nombre desdits Officiers.

ARTICLE PREMIER.

ARTICLE I. Il y a maintenant trente Porteurs de Sel, au moyen de l'augmentation du parisis.

PREMIEREMENT, En la Ville de Paris y aura par nombre vingt-quatre Henoüars Porteurs de Sel, seulement: sans ce qu'aucun autre se puisse entremettre de faire l'Office desdits Henoüars: Sur peine d'amende arbitraire.

De la donation desdits Offices.

II. ITEM, Quand ledit Office de Henoüart vacquera, lesdits Preuost & Escheuins le donneront à homme, qui par information deüement faite sera trouué estre de bonne vie, renommée, & honneste conuersation, sans aucun blasme ou reproche, & habile, suffisant, & idoine pour iceluy Office exercer.

Du serment desdits Henoüars.

III. ITEM, Quand on instituëra aucun audit Office de Henoüart, il fera serment, que iustement & loyaument il fera & exercera ledit Office, en sa personne, tant au profit des Marchands vendeurs, comme des Marchands achepteurs, sans prendre ny demander plus grand salaire, que celuy qui est ordonné pour ledit Office exercer: & aussi qu'il gardera les Ordonnances faites tant sur ledit Office, comme sur ladite Marchandise: & que s'il sçait chose qui soit faite au preiudice des priuileges & franchises de ladite Ville, & contre les Ordonnances d'icelle, incontinent il le fera sçauoir ausdits Preuost & Escheuins, ou au Procureur de la Marchandise: & obeyra à leurs commandemens: & que de chose, dont la cognoissance appartienne à la iurisdiction desdits Preuost & Escheuins, il ne mettra ou fera mettre aucun en cause ailleurs, que par deuant eux.

Comment ils doiuent estre presentez.

IV. ITEM, Et apres ce qu'il sera institué, & qu'il aura fait ledit serment, il sera presenté & mis en possession dudit Office, par l'vn des Sergens de ladite Preuosté & Escheuinage, que lesdits Preuost & Escheuins voudront à ce commettre: qui aura, pour ce faire, deux sols parisis.

Comment ils doiuent faire residence.

V. ITEM, Lesdits Henoüars feront residence continuellement chacun iour ouurable, en la place de la Saulnerie, & aussi sur les nefs, bateaux & greniers, & par tout ailleurs, où il appartiendra, pour ledit Office exercer: afin que par leur defaut les Marchands, ny autres, ne demeurent

à estre

à estre seruis ainsi qu'il appartiendra : & aussi feront & desseruiront iceux Offices, en leurs propres personnes.

Du past & entrée desdits Henoüars.

VI. ITEM, Quand aucun Henoüart sera ainsi institué audit Office, il fera son past à tous les autres Henoüars, auant qu'il puisse exercer sondit Office auecques eux : c'est à sçauoir, qu'il leur donnera à disner à eux tous ensemble, & payera pour son entrée soixante-cinq sols parisis, pour mettre en leur Boëtte, qui est ordonnée pour mettre certain argent, pour faire celebrer par chacune sepmaine certaines Messes, qu'ils ont accoustumé de faire celebrer.

Salaire des plus prochaines ruës de la riuiere.

VII. ITEM, Entant qu'il touche le salaire desdits Henoüars, ils auront pour porter Sel des nefs attachées aux degrez de la Saulnerie, au port qui y est, & le descendre & mettre és greniers des Saulniers, reuendeurs en la Saulnerie, & aussi és greniers des Marchands, estans en icelle Saulnerie, depuis la porte de Paris, & tant que ladite Saulnerie se comporte, en venant par la ruë Saint Germain l'Auxerrois, & retournant sur la riuiere, iusques aux Estuues, qui furent à Iean Oreur, seans sur la riuiere, au lieu que l'on dit l'Abreuuoir Popin, & tout du long de la riuiere, depuis lesdits degrez iusques audit Abreuuoir, trois sols six deniers parisis pour muy.

ARTICLE 7. A present & depuis l'establissement de la Gabelle, les droicts des Porteurs se payent, tant par l'adjudicataire que par les Bourgeois ; sçauoir, pour le portage du Batteau au Grenier trente sols pour chacun muid, à partager entre lesdits Porteurs ; deux sols six deniers pour le fournissage d'iceluy ; c'est à dire pour le verser dans les sacs, apres qu'il est mesuré ; & quarante sols par jour pour vacations, que l'on appelle ordinairement boissons, ce qui est fait par l'adjudicataire ; les Bourgeois qui acheptent le Sel au Grenier, sont obligez de payer ausdits Porteurs trois sols neuf deniers pour le fournissage de chacun muid, & quinze deniers pour la sortie de chacun minot de Sel hors du Grenier.

Salaire des autres ruës apres ensuyuans plus prochaines.

VIII. ITEM, Et semblablement par toute la ruë Saint Germain, en venant iusques à la porte du Louure, auront tel prix de porter : pourueu que les Marchands, à qui sera le Sel, seront tenus de faire aualler leurs nefs à l'endroit des ruës qui chéent sur ladite ruë saint Germain, en allant depuis ledit Abreuuoir iusques à ladite porte du Louure, au plus prés du grenier, que l'on pourra bonnement : & aussi le feront par toute ladite ruë de la Saulnerie, & de saint Germain, d'vn costé & d'autre des ruës qui descendent sur la riuiere, & tout du long de ladite riuiere. Et si les Marchands veulent faire porter leur Sel outre ladite riuiere saint Germain : c'est à sçauoir, en la ruë de Perrin Gasselin, en la ruë aux Lauandieres, iusques en la Barre Pidoë, en la ruë aux deux Portes, iusques en la ruë Iean Lointier, où demeure maistre Michel Mignon, & tout du long de celle ruë Iean Lointier : & aussi en venant en la ruë Thibault aux dez, iusques au coing de ladite ruë, & de ladite ruë Guillaume Porée en la fosse aux chiens, & en venant par la ruë du Cerf, où est la Monnoye, iusques au carre-four de la caue de Pontis, à la maison où est le gros Tournois, & en venant par la ruë du Noyer, iusques à la maison Iean Selle, faisant le coing de la ruë des Poulies, & en venant par la ruë d'Austeriche prés du Louure, iusques à l'Hostel du seigneur de la Roche-Guyon, & és maisons & ruës qui sont dedans lesdites metes, auront quatre sols six deniers parisis pour muy. Et s'il conuient porter le Sel plus loing des lieux dessusdits, iceux Henoüars en seront payez au feur l'emplage, selon la distance des lieux.

Salaire pour porter le muy de Sel iusques au Palais, & autres lieux prochains.

IX. ITEM, Lesdits Henoüars auront, de porter le muy de Sel du port de la Saulnerie, en venant pardeuant la grand'boucherie de Paris, iusques à la maison Pierre Chappelu, quatre sols six deniers parisis: & au dessus, en allant en la ruë saint Iacques, & iusques aux planches de Mibray, & en l'Escorcherie, & dessus la riuiere, iusques ausdites planches de Mibray, cinq sols six deniers. Et s'ils portent plus auant, en venant en Gréue, & outre, ou ailleurs de ce costé, ils en seront payez de plus grand salaire, eu regard à la distance du lieu. Et s'ils portent Sel au Palais, ils en auront dix sols du muy. Et s'ils vont plus auant en la Cité, ils en auront plus grand prix, selon la distance du lieu. Et s'il aduient qu'aucuns marchands facent porter leur Sel de leur grenier en la riuiere, au port de la Saulnerie; les Henoüars auront prix pareil de rapporter le Sel en l'eau, du grenier, comme il a esté ordonné cy-dessus de l'apporter de l'eau au grenier. Et en outre, pource qu'aucunes-fois les Marchands de Sel, & Regratiers de Paris vendent de leur Sel estant en grenier, & le liurent aux Marchands de dehors, ou à aucuns regratiers pour reuendre à Paris, ou à aucuns Bourgeois ou habitans de Paris: iceux Henoüars auront vn denier pour mine, ou minot, de l'apporter du grenier en haut sur le seüil de l'huys: & pareil prix d'apporter le Sel des nefs de la Saulnerie, & le mettre en la place d'icelle Saulnerie. Et en tant que touche le labourage de Sel, que l'on fait vendre, d'vne nef en l'autre, bord à bord, iceux Henoüars auront vingt deniers pour muy. Et seront ces choses payées au prix de seize sols le franc, nonobstant mutation de monnoyes. Et est à sçauoir, que quand lesdits Henoüars apporteront aucun Sel d'aucuns greniers aux regratiers en la Saulnerie, iceux Henoüars en seront payez desdits regratiers, en la maniere qui s'ensuit: C'est à sçauoir, des greniers estans sur la riuiere iusques à l'Abreuuoir Popin, & en venant par la ruë saint Germain, d'vn costé & d'autre: ils auront quatre sols pour muy.

Salaire depuis la rüe Perrin Gasselin, iusques à la Barre Pizdöe.

X. ITEM, Des greniers estans en la ruë de Perrin Gasselin, en venant iusques à la Barre Pizdoë, & de là par la ruë aux Lauandieres, en venant sur la riuiere, ils auront six sols.

Salaire depuis la ruë aux Lauandieres iusques en la ruë Berthin Porée.

XI. ITEM, Depuis la ruë aux Lauandieres iusques en la ruë Berthin Porée, en comprenant la ruë aux deux Portes, la ruë Iean Lointier, & la ruë Guillaume Porée, & sur la riuiere, tant comme lesdites rües se comportent, auront six sols.

Salaire depuis la ruë Berthin Porée iusques à la ruë Thibault aux Dez.

XII. ITEM, Depuis la ruë Berthin Porée, iusques à la ruë Thibault aux Dez, en allant iusques à l'Hostel de la Trimoüille, qui fait le coing de la ruë aux Bourdonnois, & sur la riuiere, tant comme lesdites rües se comportent, auront huit sols parisis.

Salaire depuis la ruë Thibault aux Dez iusques à la ruë du Cerf.

XIII. ITEM, Depuis la ruë Thibault aux Dez iusques à la rüe du Cerf, où est la Monnoye, en allant iusques au coing de la maison de maistre

Pierre Beriguy, en comprenant la rüe de la Fosse aux chiens, depuis ledit Hostel de la Trimoüille, en venant iusques au bout de ladite rüe du Cerf, & tant comme la riuiere se comporte, entre lesdites rües, huit sols parisis.

Salaire depuis la rüe du Cerf, iusques à la place aux Marchands.

XIV. ITEM, Depuis ladite rüe du Cerf iusques à la place aux Marchands, en venant iusques à la caue de Pontis, en comprenant les rües qui en dependent, tant par en hault iusques à ladite caue, comme par en bas sur la riuiere & Cloistre Saint Germain, dix sols.

Salaire depuis la place aux Marchands iusques à la rüe du Noyer.

XV. ITEM, Depuis ladite place iusques en la rüe du Noyer, en comprenant le fossé Saint Germain, & en venant iusques à la riuiere, douze sols parisis.

Salaire depuis la rüe du Noyer iusques à la rüe d'Austeriche.

XVI. ITEM, Depuis ladite rüe du Noyer, en allant iusques en la rüe d'Austeriche, & iusques à l'Hostel de la Roche, & sur la riuiere, tant comme lesdites rües se comportent, quatorze sols. Et des greniers qui sont ou seront en la Saulnerie, en la rüe de la Boucherie, en la rüe Saint Iacques de la Boucherie, iusques au porche Saint Iacques, lesdits Henoüars auront lesdits regrattiers pour apporter le Sel en la Saulnerie, quatre sols. Et depuis ledit porche Saint Iacques, en allant aux planches de Mibray & en la rüe de l'Escorcherie, ou en la Tannerie, depuis lesdites planches, six sols parisis.

Salaire de porter le Sel des Bourgeois.

XVII. ITEM, Lesdits Henoüars, pour porter vne mine de Sel à vn Bourgeois ou habitant de Paris en sa maison, auröt douze deniers, du plus loing qu'ils iront dedans l'ancienne closture de Paris: & s'ils vont prés, quatre deniers: au milieu, huit deniers: & dehors les portes, seize deniers.

Qu'ils ne refuseront à labourer pour les prix dessusdits; Et comment les Bourgeois peuuent faire porter leur Sel.

XVIII. ITEM, Quiconque voudra aller ou enuoyer au grenier, ou en la nef, querir du Sel pour son viure ou sa garnison: il y pourra aller ou enuoyer, & prendre du Sel, & le voir mesurer, & l'apporter, ou faire apporter par qui luy plaira, sans ce que lesdits Henoüars y puissent mettre empeschement, ny reclamer aucun droict, de portage. Et s'il aduient que lesdits Henoüars soient refusans ou en demeure d'ouurer pour le prix dessusdit, & qu'aucune complainte en vienne à iustice: elle y pouruoira, & sera donné congé aux Marchands de prendre autres personnes telles qu'ils voudront, en deffaut desdits Henoüars: & en seront lesdits Henoüars punis, à l'ordonnance de Iustice.

Article 18. Sentence a esté renduë à la Ville le 13. Octobre 1592. par laquelle deffenses ont esté faites aux Regrattiers, Gaigne-deniers, Crocheteurs, & autres persōnes, de s'entremettre & ingerer de porter aucun Sel, ny mesme empescher les Porteurs en l'exercice de leurs charges, à peine d'amende. Et par autre Sentence du 27. Octobre ensuiuant, deffences ont esté faites aux Regrattiers de faire porter le Sel par autres personnes que par les Porteurs.

Salaire de charger Sel en charette.

XIX. ITEM, S'aucuns Marchands de Sel, Regratiers, ou Forains, veulent faire charger leur Sel en charettes hors les termes dessusdits, pour porter plus loing desdites metes: faire le pourront, & seront tenus les Henoüars de le mettre dedans ladite charette, en prenant vn denier pour mine, soit de nef, ou de grenier. Et s'ils font le contraire, ils seront priuez de leurs Offices, & l'amenderont d'amende arbitraire.

Qu'ils ne seront marchands de ladite marchandise.

xx. ITEM, Lesdits Henoüars, ne seront Marchands, ny ne s'entremettront de ladite marchandise de Sel pour eux ny pour autre: Sur peine de perdre la marchandise, & d'amende arbitraire.

Qu'ils doiuent eslire les fournisseurs, & liurer les ratoüeres.

xxi. ITEM, Et à cause de leur Office de Henoüars, & fournisseurs, ils liureront les ratoüeres à rere le Sel, qui sera mesuré par lesdits Mesureurs de Sel, & porté par lesdits Henoüars: & pour garder le droict tant du védeur comme de l'achepteur, esliront quatre des plus suffisans d'entr'eux pour l'office de fournisseur.

Qu'ils doiuent denoncer les fraudes qu'ils sçauront.

xxii. ITEM, Si lesdits Henoüars sçauent aucunes fautes, qui soient commises au fait de ladite Marchandise, ou contre les Ordonnances: incontinent ils le diront, & denonceront chacun en droit soy ausdits Preuost des Marchands & Escheuins, ou au Procureur de la Marchandise: Sur peine d'amende arbitraire.

LE VINGTIESME CHAPITRE CONTIENT LE FAIT ET EXERCICE des Briseurs de Sel, de la Ville de Paris.

Le nombre desdits Officiers.

ARTICLE PREMIER.

ET PREMIEREMENT, En la ville de Paris y aura par nombre de quatre Briseurs de Sel, seulement: sans ce qu'aucun autre se puisse entremettre de faire l'Office desdits Briseurs: Sur peine d'amende arbitraire.

ARTICLE I. Il y en a à present cinq, par le moyen du parisis des Officiers, créez en 1633. lesquels sont establis pour briser le Sel dur & en masse, affin de le mieux mesurer.

De la donation desdits Offices.

II. ITEM, Quand ledit Office de Briseur vacquera, lesdits Preuost & Escheuins le donneront à homme, qui par information deuëment faite sera trouué estre de bonne vie, renommée, & honneste conuersation, sans aucun blasme ou reproche, & habile, suffisant, & idoine pour iceluy Office exercer.

Du serment desdits Briseurs.

III. ITEM, Quand on instituëra aucun audit Office, il fera serment, que iustement & loyaument il fera & exercera ledit Office en sa personne, le plus profitablement qu'il pourra, au profit des Marchands pour qui on laboureraं: sans prendre ny demander pour salaire, fors le droict tel qu'il est ordonné pour ledit Office exercer: Et aussi qu'il gardera les Ordonnances faites tant sur ledit Office, comme sur ladite Marchandise: & que s'il sçait chose qui soit faite au preiudice des priuileges & franchises de ladite Ville, ou contre les Ordonnances d'icelle, incontinent il le fera sçauoir ausdits Preuost & Escheuins, ou au Procureur de la marchandise: & obeyra à leurs commandemens: & que de chose, dont la cognoissance appartienne à la iurisdiction desdits Preuost & Escheuins, il ne mettra ny ne fera mettre aucun en cause ailleurs, que par deuant eux.

De leur presentation.

IV. ITEM, Et apres ce qu'il sera institué, & qu'il aura fait ledit serment, il sera presenté & mis en possession dudit Office, par l'vn des Sergens de ladite Preuosté & Escheuinage, que lesdits Preuost & Escheuins voudront à ce commettre: qui aura pour ce faire, deux sols parisis.

De la residence qu'ils doiuent faire.

V. ITEM, Lesdits Briseurs exerceront leurs Offices en leurs personnes, & feront residence continuelle aux iours ouurables, tant en la place de la Saulnerie sur les Bateaux, & és greniers sur terre, comme ailleurs, où il appartiendra, pour leurs Offices exercer: à fin que les Marchands & tous autres qui en auront affaire, ne puissent estre retardez pour leur defaux: Sur peine de priuation d'Office.

Qu'ils doiuent descouurir le Sel, & faire les tailles.

ARTICLE 6. Faire les tailles, rebourser le Sel, & faire le chemin, sont en ce rencontre synonimes; & pour l'intelligence de ces termes, faut s'imaginer que le batteau estant plein de Sel, il le faut tailler & couper pour donner passage aux Mesureurs & autres Officiers; ce qui ne se peut bien faire qu'en rebroussant & releuant le Sel.

VI. ITEM, Quand il y aura aucun Batel, ou nef chargée de Sel à mesurer, lesdits Briseurs descouureront ledit Sel deuant & derriere, & feront les tailles, c'est à sçauoir, rebourser ledit Sel. Et aussi feront voye & chemin aux Mesureurs qui le mesureront, & aux Porteurs qui le porteront & laboureront, tellement que lesdits Porteurs & Henoüars, & chacun d'eux, pourront faire ce qu'il appartient à faire à leursdites Offices, ainsi qu'il est accoustumé.

Qu'ils doiuent briser le Sel deuant les Mesureurs.

VII. ITEM, Iceux Briseurs briseront tout le Sel mesuré, tant sur l'eau és Bateaux, ou nefs, comme sur terre és greniers, & ailleurs: qui est à entendre, qu'ils seront tousiours deuant lesdits Mesureurs, & leur briseront & mettront deuant eux le Sel, qu'ils mesureront ou pourront mesurer.

Qu'ils doiuent liurer les pelles.

VIII. ITEM, Liureront pelles, tant à eux comme aux Mesureurs, & à ceux qui mettront en minot: pour briser & mesurer tout le Sel qui sera mesuré, vendu, ou distribué, tant sur l'eau, comme sur terre, és Bateaux ou nefs: Et aussi és greniers, quant ils seront en vente.

Comment ils doiuent partir leur gain en commun.

ARTICLE 9. Ils font encores bourse commune.

IX. ITEM, Tout ce qu'ils gaigneront sera baillé & distribué en comun à eux quatre par égale portion: tellement qu'autant en aura celuy qui sera absent, comme le present: si ainsi n'est que l'absent laisse à aller labourer malicieusement par fraude, pour laisser la peine à ses compagnons, ou qu'il n'ait iuste excusation, & raisonnable.

Qu'ils ne seront marchands de ladite marchandise.

ARTICLE 10. Il leur est deffendu d'estre Marchands, ainsi qu'aux autres Officiers.

X. ITEM, Lesdits Briseurs ne s'entremettront, ny seront Marchands de ladite marchandise de Sel, par quelque voye ou maniere que ce soit, ou puisse estre: Sur peine de perdre la marchandise, & d'amende arbitraire.

Qu'ils doiuent auoir vn minot de Sel des Bateaux & greniers.

ARTICLE 11. Les Briseurs prennent encores leur droict en nature, à raison de l'Ordonnance, auec le parisis sur chacun batteau mere ou principal, & non sur les batteaux alleges; & outre ont six deniers parisis pour chacun muid de Sel, auec le parisis dudit droict; ce qui seruira aussi pour les Articles suiuans.

XI. ITEM, Lesdits Briseurs auront pour leur salaire pour chacune nef, ou Bateau de Sel, qui sera mesuré, & pour chacun grenier qui sera mis en vente, vn minot de Sel des espouties, c'est à sçauoir, du fond & nettoyeures desdites nefs, Bateaux, ou greniers: Lequel minot de Sel leur est ordonné pour liurer les pelles pour briser, & mesurer le Sel qui sera vendu, mesuré, & distribué esdites nefs, Bateaux & greniers.

Salaire du Sel qu'ils briseront.

XII. ITEM, Auront pour chacun muy de Sel, pour le briser, qui sera és nefs & Bateaux, & pour iceluy descouurir esdits Bateaux, deuant & derriere, & aussi pour faire les tailles, & chemin aux Henoüars pour ledit Sel porter, pour chacun muy, quatre deniers parisis.

Salaire pour receuoir Sel en greniers & en queuës.

XIII. ITEM, Auront pour receuoir Sel és greniers, pour chacun muy, quatre deniers: & pour le receuoir en queuë, (pource qu'il y a plus de peine à le receuoir, & mettre en queuës, qu'en grenier) pour chacun muy, six deniers parisis.

Salaire de briser Sel en grenier.

XIV. ITEM, Auront pour briser chacun muy de Sel, qu'ils briseront en grenier, six deniers, pource qu'il y a plus de peine à briser ledit Sel és greniers, qu'aux nefs ou Bateaux. Car le Sel qui est mesuré sur l'eau, est nouuellement mis és Bateaux, & est moitte, & bien aisé à manier : mais celuy qui est és greniers, il y est aucunes-fois de quatre, cinq, six, sept, ou huit ans : & tellement qu'il est si dur & entassé, qu'il le faut coupper & briser à haches de fer, ou autres ferremens. Parquoy il leur est de plus grand peine & coustemens.

ARTICLE 14. La maniere de briser le sel est assez expliquée.

Qu'ils doiuent dénoncer les fraudes qu'ils sçauront.

XV. ITEM, Si lesdits Briseurs sçauent aucunes fautes, qui soient commises au fait de ladite Marchandise, ou contre les Ordonnances : ils le diront, & dénonceront incontinent, chacun en droit soy, ausdits Preuost & Escheuins, ou au Procureur de la Marchandise : Sur peine d'amende arbitraire.

ARTICLE 15. Ils sont aussi Officiers de Police, & par consequét obligez à découurir les fautes qui se commettent.

LE VINGT-VN CHAPITRE CONTIENT LE FAIT ET EXERCICE des Courretiers de Sel, de la Ville de Paris.

Le nombre desdits Officiers.

ARTICLE PREMIER.

ARTICLE I. Il y en a cinq, au moyen du parisis des Officiers.

REMIEREMENT, En la Ville de Paris y aura par nombre quatre Courretiers de Sel seulement; sans ce qu'aucun autre se puisse entremettre de faire l'Office desdits Courretiers: Sur peine d'amende arbitraire.

De la donation & information desdits Offices.

II. ITEM, Quand ledit Office de Courretier vacquera, lesdits Preuost des Marchands & Escheuins le donneront à homme, qui par information deuëment faite sera trouué estre de bonne vie, renommée, & honneste conuersation, sans aucun blasme ou reproche, & habile, suffisant, & idoine pour tel Office exercer.

Du serment desdits Courretiers.

ARTICLE 3. La fonction des Courtiers est bien expliquée, eu esgard au téps de leur institution, qui estoit pour faire vendre le Sel & conseiller les Bourgeois; ce qui n'est plus ainsi, par le moyen de l'introduction de la Gabelle & Officiers d'icelle.

III. ITEM, Quand on instituëra aucun audit Office de Courretage, il fera serment, que iustement & loyaument il fera & exercera ledit Office, en sa personne, & conseillera le mieux & plus profitablement qu'il pourra, tous ceux qui viendront à luy pour achepter, ou vendre aucun Sel: & ne prendra ny demandera plus grand salaire, que celuy qui est ordonné pour ledit Office exercer: & aussi qu'il gardera les Ordonnances faites tant sur ledit Office, que sur ladite Marchandise: & que s'il sçait chose qui soit au preiudice des priuileges & franchises de ladite Ville, ou contre les Ordonnances d'icelle, incontinent il le fera sçauoir ausdits Preuost & Escheuins, ou au Procureur de la Marchandise: & obeyra à leurs commandemens: & que de chose, dont la cognoissance appartienne à la iurisdiction desdits Preuost & Escheuins, il ne mettra ou fera mettre aucun en cause ailleurs, que par deuant eux.

Comment ils doiuent estre presentez, & faire residence.

IV. ITEM, Et apres ce qu'il sera institué, & aura fait ledit serment, il sera presenté & mis en possession dudit Office, par l'vn des Sergens de ladite Preuosté & Escheuinage que lesdits Preuost & Escheuins voudront à ce commettre: qui aura pour ce faire deux sols parisis seulement. Et ce fait, il vaquera diligemment en la place de la Saulnerie sur le quay de la riuiere, & aussi sur les Bateaux, & en toutes les places de ladite Ville de Paris, où il cuidera qu'il y aura, & repairera Marchands, ou autres voulans faire marchandise de Sel: afin qu'ils puissent, & sçachent enseigner, conseiller,

seiller, conduire, & mener les suruenans, & toutes manieres de gens, qui de ladite marchandise auront à faire, tant pour vendre, comme pour achepter, eschanger contre autres Marchands, ou autrement.

De non eux marchander de ladite marchandise.

v. ITEM, Lesdits Courretiers ne marchanderont ny feront marchander pour eux, ny à leur profit, de ladite marchandise de Sel: Sur peine de perdre la marchandise, & de dix liures parisis d'amende.

ARTICLE 5. Par là il se veoid la façon ancienne de vendre & debiter le Sel, qui est à present bien changée.

De non aller au deuant d'icelle marchandise.

vi. ITEM, N'iront hors de ladite ville de Paris au deuant des nefs, Bateaux, vaisseaux, ou autres choses amenans Sel en ladite Ville: sur ladite peine. Pource qu'ils, & chacun d'eux, pourroient cōmettre grandes fraudes en la faueur d'aucun Marchand, qui auroit aucune grosse finance, pour employer audit fait. Parquoy ils pourroient prendre & retenir tout, ou la plus grande partie du Sel qui viendroit en ladite Ville, au preiudice des autres Marchands, & du bien de la chose publique. Mesmement que si la Gabelle n'auoit cours, plusieurs Marchands Forains, & autres, pourroient vendre & debiter leur Sel sur la riuiere, & en la place de la Saulnerie, sans ce qu'il fust mis en grenier: parquoy le commun en pourroit auoir plus grand marché.

Qu'ils doiuent deliurer les minots, & les greniers.

vii. ITEM, Lesdits Courretiers liureront les minots, à quoy il sera mesuré, tant és nefs ou Bateaux, comme és greniers: & en fourniront les mesureurs de Sel: & aussi les greniers, de toile qu'on a accoustumé de mettre sous les minots, en mesurant.

Salaire du Sel qu'ils feront vendre.

viii. ITEM, Lesdits Courretiers auront pour leur salaire, pour chacun muy de Sel qu'ils feront vendre, & dont ils pourchasseront, poursuyuront, traicteront, ou feront le marché, quatre sols parisis, à prendre deux sols du Marchand vendeur, & deux sols du Marchand acheteur.

Salaire d'vne mine de Sel des Bateaux en greniers.

ix. ITEM, Auront pour chacune nauée ou Batelée de Sel mesuré sur la riuiere, vne mine de Sel: & pour chacun iour de grenier, quand ledit Sel sera mesuré, vne mine de Sel seulement, comme de nefs ou Bateaux. Lequel droict de Sel ils prendront, pour liurer lesdits minots & greniers, ou bannes de toile pour mettre sous iceux minots, ainsi que dit est.

Autre droict d'vn minot de Sel leué des greniers.

x. ITEM, Si aucun Sel, apres ce qu'il aura esté mis en grenier en ladite Ville, est leué pour mener en autre grenier, soit dedās ladite Ville ou hors: lesdits Courretiers en auront vne mine, pour liurer lesdits minots & greniers parcillement, comme dit est.

Qu'ils doiuent denoncer les fraudes qu'ils sçauront.

xi. ITEM, Si lesdits Courretiers sçauent aucunes fautes, qui soient commises au fait de ladite Marchandise, ou contre les Ordonnances dessusdites: incontinent ils le diront, & denonceront ausdits Preuost & Escheuins, ou au Procureur de la Marchandise: Sur peine d'amende arbitraire.

LE VINGT-DEVX CHAPITRE CONTIENT LE FAIT DE LA Marchandise de Foin, chacun iour venant & affluant à Paris.

De non vendre ny descendre ladite marchandise en l'amenant.

ARTICLE PREMIER.

ARTICLE I. La marchandise de Foin se gouuerne par les mesmes reigles que les autres marchandises.

REMIEREMENT, Quand aucun Foin sera chargé sur la riuiere de Seine, ou sur l'vne des autres descendans en icelle, pour estre amené vendre à Paris, il ne sera vendu ny descendu au chemin: Sur peine de forfaicture. Sinon que le Marchand, à qui sera ledit Foin, ait dit expressément en faisant son marché au voicturier qui iceluy amenera, qu'il aura intention de le vendre à aucun port ou marché iuré, qui sera entre le lieu où icelle marchandise sera chargée, & ladite ville de Paris: & non autrement: Sur ladite peine.

De non aller au deuant.

II. ITEM, Puis qu'aucun Foin sera chargé & mis à chemin pour amener en ladite Ville, il ne sera vendu sur le chemin: & n'ira aucun à l'encontre pour le payer ou achepter: iusques à ce qu'il sera venu en ladite Ville, & mis & exposé en vente à l'vn des ports establis pour vendre ladite marchandise: Sur peine au Marchand vendeur, de perdre la marchandise: & à l'achepteur, le prix de l'achapt.

De la Hanse & compagnie Françoise.

ARTICLE 3. Voyez ce qui a esté dit au Chap. premier.

III. ITEM, Tous ceux qui feront amener Foin d'amont-l'eau d'au dessus des ponts de la ville de Paris, le pourront faire venir sans congé, sans Hanse, & * sans compagnie Françoise, sans aualler lesdits ponts: mais ceux qui en feront venir d'aual ladite riuiere, par especial depuis le pont de Mente en venant contremont par les destroits d'icelle riuiere iusques à ladite Ville, ne le pourront faire venir sans estre Hansez, ou sans auoir compagnie Françoise, sinon qu'ils soient Bourgeois stationnaires, residans, & demeurans à Paris: auquel cas il ne leur faudra qu'estre Hansez seulement. Et qui fera le contraire, il forfera les denrées, & seront acquises à nous & à ladite Ville.

* *La subiection de ladite Compagnie Françoise a esté depuis vn fort long-temps reduite à trente-cinq sols pour chacun voyage.*

Qu'on doit mettre le Foin en vente le plustost que faire se pourra.

IV. ITEM, Quand aucuns feront venir Foin pour vendre en ladite Ville, à l'vn des ports d'icelle à ce ordonnez: ils le mettront en vente, & procederont à la distribution d'iceluy, le plustost que bonnement se pourra faire, sans empescher longuement le port: Sur peine de dix liures parisis d'amende.

De non encherir Foin puis qu'il sera mis en vente.

v. ITEM, Depuis qu'il sera exposé en vente, & affeuré, & mis à prix, on ne l'encherira ny mettra à plus haut prix: Sur peine d'amende arbitraire.

ARTICLE 5. Cette marchandise aussi bien que le bois, se met à prix, autrement le prix en seroit excessif s'il dépendoit du Marchand.

De non descendre Foin exposé en vente.

vi. ITEM, Aussi depuis qu'aucun Foin sera exposé en vente à l'vn desdits ports, il ne sera descendu sur terre, ny mis en granche, si n'est en cas de necessité: Sur ladite peine.

ARTICLE 6. Autrement l'on en feroit magazin.

De non mesler ladite marchandise.

vii. ITEM, Ceux qui ameneront ou feront amener aucun Foin pour vendre en ladite Ville, ne le mesleront, ainçois sera la marchandise semblable, & toute vne. Et qui fera le contraire par fraude, il perdra la marchandise, & l'amendera selon l'exigence du cas.

ARTICLE 7. Le meslange est pure tromperie, punissable par l'Ordonnance.

De non appetisser le Foin botelé.

viii. ITEM, Le Foin qui sera amené pour vendre botelé en ladite Ville, soit de boteleure d'ouurage de Rouën, ou autrement, ne sera deschargé, deslié, ny pigné, esraché, ny appetissé: ainçois sera vendu tel, comme il aura esté chargé & amené: Sur peine de perdre la marchandise, & d'amende arbitraire.

ARTICLE 8. Le tout doit estre vendu comme il vient, sans fard ny desguisemét.

De non porter Foin botelé aual la Ville.

ix. ITEM, Nul Marchand de Foin ne portera ny fera porter aucun Foin botelé aual ladite Ville, s'il n'est vendu: fors seulement vn botteau pour monstrer le tesmoin pour le faire crier: Sur peine de soixante sols parisis d'amende.

De non estre Marchand & Courretier ensemble de ladite Marchandise.

x. ITEM, Aucun ne sera Marchand de Foin & Courretier ensemble de celle mesme marchandise: Sur peine, au regard du Marchand, de perdre la marchandise: & semblablement du Courretier, d'amende arbitraire.

De non estre Comporteur, & Marchand ensemble.

xi. ITEM, Et semblablement aucun ne sera Comporteur de Foin, & Marchand ensemble: Sur peine de soixante sols parisis d'amende.

ART. 10. & 11. Le Courretier est Officier de Police, qui doit rapporter les abus qui se commettent, & partant ne doit estre interessé en son particulier.

De non faire vendre Foin par Courretier.

xii. ITEM, Nul Marchand de Foin n'aura Courretier pour vendre son Foin à détail, ny pour en donner ou payer: mais s'il a vendu sa nauée ou Batelée en granche, il pourra bien auoir Courretier, & donner Courretage: & non autrement: Sur peine de soixante sols parisis d'amende.

ARTICLE 12. Cét Article n'est plus en vsage.

Comment les Marchands peuuent faire boteler leur Foin en granche, pourueu que l'œuure soit bonne.

xiii. ITEM, Les Marchands qui auront Foin en granche en ladite Ville ou dehors, pourront bien faire boteler leur Foin, & le faire lier à trois liens, pourueu qu'ils feront ou feront faire leur œuure aussi bonne dedans comme dehors, sans fourture, sans fraude, & sans le faire porter aual ladite Ville, fors vn Bateau seulement pour monstrer le tesmoin, en iceluy faisant crier, comme dit est cy-dessus. Et qui fera le contraire par fraude, il perdra les denrées, & l'amendera selon l'exigence du cas.

De non vendre Foin à vn Porteur, si celuy pour qui il l'achetera, n'est present.

XIV. ITEM, Aucun Marchand ne vendra Foin en ladite Ville à vn Porteur de Foin, si iceluy pour qui ce sera, ou autre pour luy, n'y est present: Sur peine de soixante sols parisis d'amende.

De non vendre Foin en vn Bateau, à deux prix.

Article 15. Le prix estant vne fois mis, ne peut estre augmenté.

XV. ITEM, Aucun Marchand ne vendra Foin à deux prix en nefz ou Bateaux sur la riuiere en ladite Ville de Paris: Sur peine de soixante sols parisis d'amende, à chacune fois qu'ils le feront.

De non vendre Foin sur les ports, sinon dedans les Bateaux.

XVI. ITEM, Nul ne tiendra Foin à estal, c'est à sçauoir, pour vendre sur la riuiere, sinon dedans les nefs, Bateaux, ou vaisseaux esquels sera ladite Marchandise de Foin: pource qu'il empescheroit le port, & ladite Marchandise: Sur ladite peine.

De non vendre ny porter Foin d'vne granche sur la riuiere.

XVII. ITEM, Depuis qu'aucun Foin sera descendu sur terre, & mis en granche en ladite Ville, nul Marchand ne le fera porter (soit botelé ou à boteler) de sa maison ou de sa granche, sur les ports de ladite riuiere, pour l'y vendre, ny autrement: Sur ladite peine de soixante sols parisis d'amende.

LE VINGT-TROIS CHAPITRE CONTIENT LE FAIT DE LA MARCHANDISE des Eschallas, Merrien à treilles, Osier & ployon.

De non vendre ny descendre Eschallas en les amenant.

ARTICLE PREMIER.

ET PREMIEREMENT, Quand aucuns Eschallas, Merrien à treilles, Osier ou ployon, seront chargez sur la riuiere de Seine, ou sur l'vne des autres, descendans en icelle, pour estre amenez vendre en la Ville de Paris: ils ne seront vendus ny descendus au chemin: Sur peine de forfaicture: sinon que le Marchand à qui seront icelles Marchandises, ayt dit expressément en faisant son marché au Voicturier qui icelles amenera, qu'il aura intention de les vendre à aucun Port ou marché iuré, qui sera entre le lieu où icelle marchandise sera chargée, & ladite Ville de Paris: & non autrement: Sur ladite peine.

ARTICLE I. Merrien à treilles, ce sont perches seruans aux Iardinages.

Qu'on ne doit faire séjourner ladite marchandise en l'amenant.

II. ITEM, Quand lesdites marchandises ou aucunes d'icelles seront chargées sur ladite riuiere, ou sur l'vne des autres riuieres, pour amener à Paris vendre: les Marchands, Marronniers, Voicturiers, & autres, à qui elles seront, ne les feront séjourner sur les ports où elles auront esté chargées, ou sur le chemin, que deux iours, que ceux qui les deuront amener ne les mettent à chemin pour les amener és ports, lieux & places ordonnez pour les vendre: si par fortune de temps, ou necessité, ils ne sont empeschez. Et qui fera le contraire par fraude, les denrées seront forfaictes.

De la moison des Quatraines.

III. ITEM, Les Quatraines auront chacune perche depuis le gros bout iusques à six pieds de hault, plein poing de gros, à tout le moins.

ARTICLE 3. Quatraines, c'est qu'il y en doit auoir quatre à la botte, de la longueur & grosseur portée par l'Ordonnance.

De la moison des Sixaines.

IV. ITEM, Les Sixaines auront chacune depuis le gros bout iusques à trois pieds & demy de hault, plein poing de gros, à tout le moins.

ARTICLE 4. Sixaines, ce sont bottes de perches, composées de six.

De la moison des Douzaines.

V. ITEM, Les Perches à treilles, qui seront en douzaines, auront au bout de huit pieds de hault, la moindre vn gros poulce fourny largement: & les quarterons, depuis le gros bout iusques à cinq pieds de hault, vn poulce fourny.

De la moison des Cinquantaines.

VI. ITEM, Les Cinquantaines seront de competente fourniture selon lesdits quarterons, fors ce qui y sera de menu pour faire les lozanges des jardins: & n'y en pourra auoir en ladite cinquantaine, que demy quar-

ARTICLE 6. Il doit y auoir cinquante perches à la botte, pource qu'elles sont menües.

teron dudit menu. Et pource que les poignées de tous ne sont pas pareilles, mais ont les vns plus grandes poignées que les autres, & plus grands poulces: aussi la mesure, & la grosseur de la poignée, & du poulce, à quoy elles seront mesurées, sera faite en mooles de fer, pour plus iustement esprouuer.

De la moison des gerbes de l'osier de saint Marcel.

Article 7. L'Osier S. Marcel est celuy qui croist és enuirõs du Fauxbourg S. Marcel.

VII. ITEM, Quant à l'osier rond & rouge de saint Marcel, qui est le meilleur, on en fera gerbes bonnes, loyales, & marchandes: dont les vnes seront de quatre pieds de lien, & les autres de deux pieds de lien, pour ceux qui ne les voudront pas auoir si grandes. Et n'y aura point d'autre osier meslé en fourreure par dedans lesdites gerbes ny autrement. Et aussi n'y seront point mises les esmondures des osiers surannez.

De la moison de l'osier & ployon.

Art. 8. & 9. Ces Articles sõt assez expliquez par le texte.

VIII. ITEM, L'osier de riuiere aura chacune gerbe trois pieds & demy de lien, sans point de sec osier, ny fourreures aucunes de saulx surannez. Et aussi le ployon sera tout verd osier cueilly en saison, sans aucune fourniture de sec, ny de houdry: & du lien dessusdit. Et auecques ce les esmondeures des saulx surannez seront venduës d'vne part, sans les messer auecques l'autre osier.

De la moison des Eschallas.

IX. ITEM, Les Eschallas amenez à Paris pour vendre, seront bons, loyaux & marchands, & de la moison chacun de cinq pieds & demy de long: & les plus cours, de quatre pieds & demy, fournis à la valeur des autres bons: & sera chacune iauelle cinquantaine: & n'y aura en chacune, que dix de ladite petite moison, pour les prouuains.

De non transgresser lesdites Ordonnances.

Article 10. L'exemple remet l'ordre, & establit la regle.

X. ITEM, Quiconque transgressera les choses dessusdites, ou aucunes d'icelles: il l'amendera d'amende arbitraire. Et les denrées qui ne seront trouuées bonnes & loyales, seront arses, en signe de iustice.

De non vendre Eschallas, s'ils n'ont esté visitez.

Article 11. Les Sergens sont Visiteurs d'eschalas, les Mooleurs de bois sõt appellez à la visite, si le Procureur du Roy & de la Ville le trouue à propos; & sont lesdits Sergents payez de leur droict de visite, à raison de soixante sols pour le milier de bottes, pour le dehors de la Ville, & la moitié dudit droict pour le dedans, suiuant plusieurs Sentences & reglemens sur ce faits.

XI. ITEM, Pour garder les choses dessusdites ainsi qu'il appartient, & pour obuier aux fraudes & abus que on y peut commettre: Ordonnons qu'aucuns Eschallas ne seront mis ny exposez en vente, iusques à ce qu'ils soient visitez par deux des Sergens de ladite Preuosté & Escheuinage, en la presence du Procureur de la marchandise, appellez deux Iurez Mooleurs, & Conteurs de busche, s'il semble expedient audit Procureur. Et auront lesdits Sergens pour chacune visitation qu'ils feront en ladite Ville, de chacun millier, deux sols parisis: & dehors ladite Ville, quatre sols parisis.

LE VINGT-QVATRE CHAPITRE CONTIENT LE FAIT ET EXERCICE de la Marchandise du Plastre cru, * Pierre, & Moiron, chacun iour venant & affluant en la Ville de Paris.

* Plastre cru, à la difference de celuy qui est cuit, & prest à estre employé.

De non vendre ny descendre ladite Marchandise en l'amenant.

ARTICLE PREMIER.

Article I. Ces marchandises sont necessaires pour les bastimens de la Ville de Paris & lieux circonuoisins; c'est pourquoy elles doiuent y estre conduittes, sans les descharger ny vendre en chemin, ainsi qu'il a esté dit cy-deuāt pour les autres marchandises.

ET PREMIEREMENT, Quand aucune Marchandise de Pierre, Plastre cru, ou Moiron, sera chargée sur la riuiere de Seine, ou sur l'vne des autres riuieres descendans en icelle, pour estre amenée vendre en la Ville de Paris: elle ne sera venduë ny descenduë au chemin: Sur peine de forfaicture. Sinon que le Marchand à qui sera icelle Marchandise, ayt dit expressément en faisant son marché au Voicturier qui icelle amenera, qu'il aura intention de la vendre en aucun Port ou marché iuré, entre le lieu où icelle marchandise aura esté chargée, & ladite Ville de Paris: & non autrement: Sur ladite peine.

Des Ports où se doit vendre & descendre ladite marchandise.

Article 2. Cette marchandise se deschargeoit autresfois és Ports des Barrez & de la Tour de Billy, par delà les fossez de la Ville; le Port des Barres estoit vers les Celestins, en la maison desquels estoient lors les Carmes, que l'on appelloit barrez, ou bigarrez, à cause de l'habit qu'ils portoient bigarré de blanc & de noir; les autres disent blanc & jaune; il y auoit mesme en cét endroit vne Porte de Ville, appellée des barrez; & à present, proche de l'Aue-Maria, il y a vne ruë des barrez, qui tesmoigne assez cette antiquité: la Tour de Billy seruoit d'Arsenal pour mettre les poudres, proche de laquelle y auoit vn Port qui en prenoit la dénomination; à present il y a le Port au Plastre hors la Ville, & derriere l'Arsenal, destiné pour descharger le Plastre cru, pierre & moiron.

II. ITEM, Pource qu'en ladite Ville de Paris vient par chacun iour grande quantité de ladite Marchandise, tant par eau comme par terre: ordonnons deux ports principaux pour descendre & vendre ladite Marchandise, c'est à sçauoir, le port des Barres, & vn autre port qui est au dessus, à la tour de l'Escluse, appellée la Tour de Billy, outre les fossez. Et ne sera ailleurs descendu, sans congé & licence desdits Preuost & Escheuins: Sur peine d'amende arbitraire.

De non leuer ladite Marchandise, si elle n'est venduë.

III. ITEM, Quand ladite Marchandise sera arriuée ausdits Ports pour y estre venduë, elle ne sera leuée, pour mener vendre ailleurs, iusques à ce qu'elle soit venduë: Sur peine de forfaicture.

De la Hanse & compagnie Françoise.

Article 4. Voyez le troisiesme Article du Chapitre premier.

IV. ITEM, Aucun ne fera icelle Marchandise, soit venduë, ou à vendre, ny autrement, en quelque maniere que ce soit, passer les ponts de Paris: soit qu'elle soit chargée au dessus ou au dessous d'iceux: ny aussi ne la fera mener par les destroits de la riuiere, tant en montant comme en auallant: sinon que celuy à qui sera icelle marchandise, soit Hansé & Bourgeois de

Paris : & s'il n'est Bourgeois de Paris, auecques ce qu'il sera Hansé, il aura *compagnie Françoise: & non autrement : Sur peine de forfaicture.

* *Au lieu de ladite compagnie Françoise, il se paye par le Marchand Forain xxxv. sols.*

Comment le Plastre cru doit estre vendu : & du poix.

Article 5. Le Plastre ne se vend à present au poids, mais à la toise; & pour ce faire, il y a des Officiers establis appellez toiseurs de Plastre : le mesme se practique pour le Moiron.

v. ITEM, Pource que plusieurs fraudes & deceptions ont esté commises au temps passé esdites marchandises, par especial audit Plastre, ou parce que ledit Plastre creu doit estre vendu à cens, & à demy cens, à quarterons & à demy quarterons de charretées, qui doiuent peser certain poix : lequel poix n'estoit point baillé : Pour ces causes ordonnons que, quand iceluy Plastre sera vendu à quarterons, il y aura audit quarteron vingt & six charretées de ladite Marchandise, chacune charretée pesant le poix de deux queuës, ou d'vn tonneau de vin. Et s'il est vendu à charretée, en chacune charretée y aura pareillement le poix dessusdit.

Du prix du Moiron, & des Bateaux qui doiuent estre iaugez.

vi. ITEM, Quand aucun Moiron sera vendu à charretées, en chacune charretée y aura le poix de deux queuës, ou vn tonneau de vin : & s'il est vendu à batelées, en chacune batelée y aura le poix de dix-huit tonneaux de ladite matiere franchement. Et seront iaugez les Bateaux à cloux, par les Maistres des Ponts de Paris, à ce que les acheteurs ne puissent estre fraudez. Et auront iceux Maistres pour chacun desdits Bateaux qu'ils iaugeront, huit sols parisis : & parmy ce seront tenus de mettre leur marque au milieu de la tendure du batel, prés du clou qui sera mis pour iauger ledit batel : afin que l'on puisse apperceuoir, si les cloux estoient ostez, ou mis plus haut, ou plus bas, la fraude qui y seroit faite. Et seront visitez par chacun an lesdits Bateaux par lesdits Maistres des ponts : & auront pour chacune visitation deux sols deux deniers parisis.

De la visitation desdites Marchandises.

Article 7. Le sujet de la visitation du Moiron est, qu'il y a parmy de la pierre appellée Bouzin, molle & tendre, & nullement propre à bastir, laquelle doit estre separée.

vii. ITEM, S'il y a aucune doute entre les vendeurs & acheteurs, que lesdites Marchandises ne soient loyales & marchandes, & du poix dessusdit, icelles marchandises seront veuës & visitées par deux des Sergens de ladite Preuosté & Escheuinage, qui premierement en seront requis, appellez (si mestier est) auecques eux gens en ce cognoissans, lesquels seront tenus de faire leur rapport sur ce, s'ils y trouuent aucune fraude. Et auront pour visiter ceste Batelée dudit Moiron, douze deniers parisis, à prendre six deniers sur le vendeur, & six deniers sur l'acheteur : & semblablement pour chacun quarteron de charretées, douze deniers parisis, à prendre par la maniere dessusdite.

LE VINGT-CINQ CHAPITRE CONTIENT LE FAIT DE LA MARCHANDISE des Quarreaux de Grez pour pauer aual la Ville de Paris, & ailleurs.

De non vendre ny descendre ladite Marchandise en l'amenant.

ARTICLE PREMIER.

PREMIEREMENT, Quand aucune Marchandise de Quarreaux ou Pierre sera chargée sur ladite riuiere, ou sur l'vne des autres riuieres descendans en icelle, pour estre amenée vendre en ladite Ville de Paris, elle ne sera venduë ny descenduë au chemin: Sur peine de forfaicture. Sinon que le Marchand à qui sera icelle Marchandise, ayt expressément mis à son marché au Voicturier qui icelle amenera, qu'il auroit intention de la vendre à aucun Port ou marché iuré, qui sera entre le lieu où icelle marchandise aura esté chargée, & ladite Ville de Paris: & non autrement: Sur ladite peine.

ARTICLE I. Toutes marchandises chargées pour Paris doiuent y estre conduites, ainsi qu'il a esté remarqué cy-deuant.

De non faire sejourner icelle marchandise.

II. ITEM, Depuis qu'icelle marchandise sera chargée sur riuiere, pour estre amenée vendre en ladite Ville, on ne la fera seiourner que deux iours au port où elle sera chargée, qu'elle ne soit mise à chemin pour estre amenée en ladite ville de Paris: & aussi que depuis que le gouuernail du batel où sera ladite marchandise chargée, sera tourné pour icelle amener en ladite Ville, on ne le fera sejourner, si par fortune de temps ou autre necessité raisonnable elle n'est destourbée ou empeschée: ainçois sera amené tout droit à l'vn des ports de ladite Ville à ce establis & ordonnez, pour illecques estre exposée, & mise en vente: Sur peine de forfaicture, moitié à nous, & moitié à ladite Ville.

ARTICLE 2. Il n'y a que la necessité qui peut causer le sejour.

De la Hanse & compagnie Françoise.

III. ITEM, Tous Marchands, & autres qui feront amener ladite marchandise d'amont-l'eau d'au-dessus des ponts de ladite ville de Paris, la pourrót faire venir sans congé, sans Hanse, & sans* compagnie Françoise, sans auaaller lesdits ponts: mais non pas ceux qui en feront venir d'aual: car ils ne pourront passer le pont de Mente, ny venir contremont par les destroicts d'icelle riuiere, sans estre Hansez, & sans auoir * compagnie Françoise, sinon qu'ils soient Bourgeois stationnaires & demeurans à Paris: auquel cas il ne leur faudra qu'estre Hansez seulement. Et qui fera le contraire, il forfera les denrées, & seront acquises à nous & à ladite Ville.

ARTICLE 3. Voyez l'Article 3. du Chapitre premier.

* *Au lieu de ladite compagnie Françoise, l'on paye à ladite Ville xxxv. sols tournois.*

De non encherir ladite marchandise, apres qu'elle sera mise à prix.

IV. ITEM, Depuis que ladite Marchandise sera exposée en vente, & affeurée & mise à prix, elle ne sera encherie ny mise à plus haut prix: Sur peine d'amende arbitraire.

Que ladite marchandise ne sera leuée, si elle n'est venduë.

V. ITEM, Et apres ce que ladite marchandise sera amenée à Paris par aucuns Marchands Forains, pour y estre venduë, elle ne sera leuée pour mener vendre ailleurs, iusques à ce qu'elle sera venduë: Sur peine de forfaicture.

De non fendre les Quarreaux.

ARTICLE 6. Il y a maintenãt des Quarreaux de deux sortes, l'vn pour pauer les Rües, & l'autre pour pauer les Cours des maisons.

VI. ITEM, Ladite marchandise sera amenée vendre, & distribuée bonne, loyale, & marchande, de la fourniture dont les Quarreaux doiuent estre, sans les fendre, ou diminuer, en faisant d'vn Quarreau deux, ou plusieurs Quarreaux, ou sans autrement y commettre aucune fraude ou deception: Sur peine de forfaicture.

De la moison desdits Quarreaux des ports, & du triage.

ARTICLE 7. La moison, c'est à dire la grosseur & longueur des Quarreaux de grez doit estre suiuant ce qui est dit en cét Art.

VII. ITEM, Pour escheuer icelles fraudes, & autres que on pourroit commettre chacun iour en icelle marchandise: ordonnons que doresnauant les Quarreaux qui seront amenez pour vendre en ladite Ville, auront de six à sept poulces de haut, de lé, & en tous sens. Et au cas qu'ils ne seront du lé dessusdit, en tous leurs paremens, & ils seront plus longs à la valuë, ils seront tenus pour bons & suffisans. Et pource que lesdits Quarreaux ont esté diminüez de plus du tiers de la fourniture qu'ils auoiẽt au temps passé: ordonnons que doresnauant n'y aura aucun triage: & s'aucuns en y a qui soient de moindre fourniture, ils seront mis à part, & ne pourront estre vendus sans le congé desdits Preuost & Escheuins: Sur peine de forfaicture, & d'amende arbitraire. Et seront tenus les Marchands desdits Quarreaux les mettre en chantier: c'est à sçauoir, ceux qui seront amenez d'amont-l'eau, d'au dessus du port au Foin, ceux qui seront menez d'aual l'eau, au long des murs de ladite Ville, qui sont sur la riuiere deuant le Louure: & ceux qui seront amenez par terre, à la porte Saint Iacques.

De non exposer Quarreaux en vente, s'ils ne sont visitez.

ARTICLE 8. Le deffaut ne se peut cognoistre que par la visitation.

VIII. ITEM, Et aussi pource que plusieurs fraudes & deceptions y ont esté, & pourroient estre commises par defaut de bonne visitation, parce que plusieurs Manans & habitans de ladite Ville, & de plusieurs, & diuers Estats, en ont souuentesfois à faire, & que c'est vne marchandise où peu de gens se cognoissent: ordonnons que quand aucuns desdits Quarreaux seront amenez en ladite Ville, auant qu'ils soient mis ny exposez en vente, qu'ils seront veus & visitez par le maistre Visiteur des pauemens de ladite Ville, & autres en ce cognoissans, que lesdits Preuost & Escheuins voudront à ce commettre, appellé le Procureur de la Marchandise: & ne pourront autrement estre vendus: Sur peine de forfaicture.

LE VINGT-SIX CHAPITRE CONTIENT LE FAIT DE LA Marchandise du Poisson d'eau douce, chacun iour venant & affluant en la ville de Paris.

De non vendre Poisson en l'amenant.

ARTICLE PREMIER.

PREMIEREMENT, Quand aucun Poisson d'eau douce sera chargé en Bouticles ou autres vaisseaux en ladite riuiere de Seine, ou és autres riuieres descendans en icelle, pour estre mené vendre en ladite ville de Paris, on ne le vendra ny descendra en chemin: Sur peine de forfaicture: Sinon que le Marchand à qui sera icelle marchandise, ait dit expressément en faisant son marché au Voiturier qui les amenera, qu'il aura intention de les mener à aucun port ou marché, qui sera entre le lieu où elle aura esté chargée, & ladite ville de Paris: & non autrement: Sur ladite peine.

Article 1. Ainsi qu'il a esté dit pour les autres marchandises.

Qu'on ne doit aller au deuant du Poisson qu'on ameine.

II. ITEM, Nul n'ira au deuant du Poisson d'eau douce, qu'on apportera ou amenera à Paris (pour l'acheter) pour reuendre à Paris ny ailleurs, de deux lieuës en tous sens à l'enuiron d'icelle: mais il sera porté ou mené aux Bouticles, & és pierres à poisson d'entour Chastelet, & le petit-Pont. Et qui fera le contraire, il perdra la marchandise, & l'amendera de soixante sols parisis.

Article 2. L'on a toûjours trauaillé à la nourriture de Paris.

De non se musser pour vendre Poisson.

III. ITEM, Si aucun est trouué mussé pour vendre son Poisson en repost, ou autrement, il perdra le Poisson, & l'amendera à volonté. Et aussi l'amendera celuy chez lequel il sera mussé, luy le sçachant, ou ses gens.

De non musser, ny acheter Poisson pour reuendre, deuant neuf heures.

IV. ITEM, Nul ne mussera son Poisson, ny remportera, ny ne donnera eau, depuis qu'il sera meu de son hostel, pour l'apporter vendre à Paris: mais l'apportera tout droit ausdites pierres, & non ailleurs: pour le vendre à tous ceux qui en voudront auoir: Sur peine de forfaicture, & d'amende arbitraire. Et ne pourra aucun marchand, ny autre, acheter aucun Poisson pour reuendre en la ville de Paris, ny ailleurs, iusques apres l'heure de neuf heures sonnées: Sur ladite peine.

Art. 3. & 4. Le Poisson deuoit autresfois estre vendu & exposé publiquement, & les regrattiers n'y estoient receus qu'apres l'heure de neuf heures, affin que les Bourgeois eussent meilleur marché.

De non aller au deuant du Poisson.

V. ITEM, Aucun, soit Marchand de Lamproyes, ou autre, n'ira au deuant des Marchands qui ameneront Lamproyes à Paris, pour icelles marchander, retenir ou acheter pour reuendre, ny autrement. Et aussi les Marchands qui les ameneront, ou feront amener, ne les feront sejourner ou re-

Article 5. L'on ne doit aller au deuant des denrées.

poser en chemin, en aucun lieu ou reposoir, plus haut d'vn iour naturel, depuis la riuiere d'Eure, qui passe par Chartres, iusques à Paris: Sur peine d'amende arbitraire.

Des Marchands de Lamproyes: Et de l'heure qu'ils doiuent entrer à Paris.

Article 6. Ils doiuent entrer de plein iour, affin de ne point serrer & cacher leurs marchandises.

VI. ITEM, Toutes manieres de Marchands de Lamproyes, dés ce qu'ils seront partis de leurs hostels pour venir à Paris, apporteront leurs denrées, & les descendront aux Bouticles, & n'entreront en ladite ville de Paris, si ce n'est de plein iour: Sur peine de perdre le poisson, & d'amẽde arbitraire.

Des Poissonniers de saint Denys, qui ne doiuent acheter le Poisson qu'on amene à Paris.

Article 7. Pource que le regrattage cause la cherté.

VII. ITEM, Nul poissonnier de Saint Denys n'achetera aucun Poisson d'eau douce, venant en ladite ville de Paris, pour reuendre en ladite ville de Paris: Sur peine de forfaicture: & d'amende arbitraire.

Des Iurez ordonnez pour garder lesdites Ordonnances.

VIII. ITEM, Et pour garder lesquelles Ordonnances, seront establis deux preud'hommes, qui seront esleus par le commun du mestier, & d'autres bonnes gens autres que du mestier, si mestier est: lesquels iureront de bien & iustement garder lesdites Ordonnances, sans enfraindre: Sur peine de soixante sols parisis d'amende: & auront la moitié des amendes, pour leurs salaires.

LE VINGT-SEPT CHAPITRE CONTIENT LE FAIT ET EXERCICE des Mesureurs & Reuisiteurs d'Aulx & d'Oignons, chacun iour venans & affluans en la Ville de Paris, tant par eau que par terre.

Il n'y a rien à expliquer en ce Chapitre, estant assez intelligible de luy-mesme.

Le nombre desdits Mesureurs.

ARTICLE PREMIER.

ET PREMIEREMENT, En la Ville de Paris y aura deux Mesureurs & Reuisiteurs d'Aulx & d'Oignons, sans ce qu'aucun autre se puisse entremettre de faire l'Office desdits Mesureurs: Sur peine d'amende arbitraire.

De la donation & information desdits Offices.

II. ITEM, Quand ledit Office de Mesureurs vacquera, lesdits Preuost & Escheuins le donneront à homme, qui par information deuëment faite sera trouué estre de bonne vie, renommée, & honneste conuersation, sans aucun blasme, ou reproche, & habile, suffisant, & idoine pour ledit Office exercer.

Le serment desdits Mesureurs.

III. ITEM, Quand on instituëra aucun audit Office de Mesurage, il fera serment, que iustement & loyaument il fera & exercera iceluy Office en sa personne, & gardera le droict du vendeur & de l'achepteur, sans prendre ny demander plus grand salaire, que celuy qui est ordonné pour ledit Office exercer: Et aussi qu'il gardera les Ordonnances faites, tant sur ledit Office, comme sur ladite Marchandise: & s'il sçait chose qui soit faite au prejudice des priuileges & franchises de ladite Ville, ou contre les Ordonnances d'icelle, incontinent il le fera sçauoir ausdits Preuost & Escheuins, ou au Procureur de la Marchandise: & obeyra à leurs commandemens: & que de chose, dont la cognoissance appartienne à la iurisdiction desdits Preuost & Escheuins, il ne mettra aucun en cause ailleurs, que par deuant eux.

De la presentation & caution desdits Mesureurs.

IV. ITEM, Apres ce qu'il sera institué, & aura fait ledit serment, il sera presenté & mis en possession dudit Office, par l'vn des Sergens de ladite Preuosté & Escheuinage, que lesdits Preuost & Escheuins voudront à ce commettre: qui aura pour ce faire, deux sols parisis seulement: Et ce fait, il baillera caution de dix liures parisis auant qu'il puisse exercer ledit Office: Sur peine de priuation d'iceluy.

Qu'ils doiuent faire residence, & estallonner leur mesure.

V. ITEM, Lesdits Mesureurs feront continuëlle residence és lieux

& places limitées & ordonnées, pour mesurer ou conter les denrées & Marchandises qui y seront à mesurer & conter: à fin que le peuple en soit seruy: & auront chacun pour exercer leurdit Office, vn minot, lequel ils feront signer & estallonner chacun an, en l'Hostel de ladite Ville. Et auront les Mesureurs de Sel pour iceluy adjuster & signer, deux sols parisis. Et ne sera pas ledit minot de la faço des autres minots ou mesures à grain: car celles à grains sont plattes: & celles à Oignons seront greslles, longues, & estroictes par le fond, & larges par dessus: pource que lesdits Oignons ne se pourroient bonnement mesurer autrement. Et s'ils font le contraire, ils payeront pour chacune fois, soixante sols parisis d'amende.

Comment ils doiuent mesurer ladite Marchandise.

VI. ITEM, Quand iceux Mesureurs mesureront Oignons, ils seront deux ensemble, dont l'vn sera à genoux, & embrassera le minot par les bords de dessus: & l'autre mettra les Oignons dedans le minot, & l'emplira tant que les bras de l'autre seront tous combles. Et quand il sera ainsi plein, ledit Mesureur ostera ses bras: & adonc les Oignons du comble, qui cherront à terre, appartiendront au Marchand vendeur: & ceux qui demeureront au minot, seront à l'achepteur.

Salaire du muy, & du septier d'Oignons.

VII. ITEM, Lesdits Mesureurs auront pour chacun muy d'Oignons mesurer, du Marchand vendeur, six sols parisis: & pour chacun septier, six deniers parisis.

Comment les Marchands & Reuendeurs doiuent mesurer.

VIII. ITEM, Tous Marchands, Reuendeurs, & Regratteurs de ladite Marchandise d'Oignons pourront vendre, & debiter leurs Oignons à boisseaux, quarts, & demy quarts: mais s'ils en vendent telle quantité qu'il conuienne mesurer au minot, lesdits Mesureurs les mesureront, & en auront au feur l'emplage, selon le prix dessusdit.

De la visitation d'Aulx & d'Oignons.

IX. ITEM, Lesdits Mesureurs, à cause de leur Office, feront la visitation sur les Aulx & Oignons, qui chacun iour seront amenez en ladite Ville de Paris, tant par eau comme par terre: & s'ils en trouuent aucuns qui ne soient bons, loyaux, & marchands, ils seront ars, & jettez en tel lieu que iamais personne ne s'en puisse ayder: pource que si on les jettoit aux champs, aucunes simples gens les pourroient recueillir & en vser, ou par aduenture les pourroient reuendre en aucuns lieux: parquoy plusieurs inconueniens s'en pourroient ensuyuir. Et pource lesdits Mesureurs seront soigneux de les reuisiter: Sur peine d'amende arbitraire.

Salaire de compter & visiter lesdits Aulx.

X. ITEM, Lesdits Mesureurs auront d'vn Marchand vendant ladite marchandise d'Aulx, pour compter & visiter lesdits Aulx, pour chacune glenne, qui contient ou doit contenir douze botes, quatre deniers parisis.

Salaire de compter & visiter lesdits Oignons.

XI. ITEM, Auront de chacun Marchand vendant ladite marchandise d'Oignons, pour iceux compter & visiter, c'est à sçauoir, des Oignons, qui se vendront à compter & par bottes, du cent de botes compter & visiter, quatre deniers parisis.

Qu'ils ne doiuent marchander de ladite marchandise d'Aulx, & Oignons.

XII. ITEM, Lesdits Mesureurs ne marchanderont de ladite Marchandise, ny n'en feront marchander par autruy, pour eux, ny à leur profit. Ny aussi n'iront au deuant d'icelles, soit par eau ou par terre: mais les laisseront amener au marché: Sur peine de perdre la marchandise, & d'amende arbitraire.

Ce Chapitre n'a besoin de plus grand esclaircissement, non plus que le suiuant.

LE VINGT-HVICT CHAPITRE CONTIENT LE FAIT ET EXERCICE des Mesureurs de Noix, Pommes, Nefles & Chastaignes, chacun iour venans & affluans en la Ville de Paris, tant par eau que par terre.

Le nombre desdits Mesureurs.

ARTICLE PREMIER.

PREMIEREMENT, En ladite Ville de Paris y aura seulement deux Mesureurs de Noix, Pommes, Nefles, & Chastaignes, sans ce qu'aucun autre se puisse entremettre de faire l'Office desdits Mesureurs : Sur peine d'amende arbitraire.

De la donation & information desdits Offices.

II. ITEM, Quand ledit Office de Mesurage vacquera, lesdits Preuost & Escheuins le donneront à homme, qui par information deuëment faite sera trouué estre de bonne vie, renommée, & honneste conuersation, & habile, suffisant, & idoine pour tel Office exercer.

Du serment desdits Mesureurs.

III. ITEM, Quand on instituëra aucun audit Office de Mesurage, il fera serment, que iustement & loyaument il exercera ledit Office, en sa personne : & gardera le droict du Marchand vendeur & de l'achepteur, sans prendre ny demander plus grand salaire que celuy qui est ordonné pour ledit Office exercer : & aussi qu'il gardera les Ordonnances faites tant sur ledit Office, comme sur ladite marchandise : & que s'il sçait chose qui soit faite au preiudice des priuileges & franchises de ladite Ville, ou contre les Ordonnances d'icelle, incontinent il le fera sçauoir ausdits Preuost & Escheuins, ou au Procureur de la marchandise : & obeyra à leurs commandemens : & que de chose, dont la cognoissance appartienne à la iurisdiction desdits Preuost & Escheuins, il ne mettra ou fera mettre aucun en cause ailleurs que pardeuant eux, & leur donnera obeyssance.

De la presentation & caution desdits Mesureurs.

IV. ITEM, Et apres ce qu'il sera institué, & aura fait ledit serment, il sera presenté & mis en possession dudit Office, par l'vn des Sergens de ladite Preuosté & Escheuinage, que lesdits Preuost & Escheuins voudront à ce commettre : qui aura pour ce faire, deux sols parisis, & non plus. Et ce fait, il baillera caution suffisante de vingt liures parisis, auant qu'il puisse exercer ledit Office : Sur peine de priuation d'iceluy.

Comment

Comment ils doiuent faire residence.

v. ITEM, Lesdits Mesureurs exerceront leursdits Offices en leurs personnes : & feront residence és Halles de ladite Ville, & és autres lieux & places, où l'on a accoustumé de vendre icelles marchandises : en especial à iours de marchez, pour mesurer ce qui sera à mesurer desdites marchandises : Sur peine d'amende arbitraire.

Qu'ils doiuent auoir vn minot signé & estallonné.

vi. ITEM, Lesdits Mesureurs auront vn minot, lequel minot ils feront signer & estallõner chacun an audit Hostel de ladite Ville: & payeront pour iceluy estallonner, visiter, & adjuster, aux Mesureurs de Sel, deux sols parisis. Et ne sera pas ledit minot de la façon des autres minots ou mesures à grains: car les mesures à grains sont plattes & basses: & le minot, pour lesdites Noix & autres choses dessusdites mesurer, sera gresle, long & estroit par deuers le fond, & large par dessus: pource que lesdites denrées ne se pourroient pas bonnement ny profitablement mesurer autrement. Et s'ils font le contraire, ils payeront pour chacune fois, soixante sols parisis d'amende.

Comment ils doiuent mesurer ladite marchandise.

vii. ITEM, Et quand ils voudront mesurer aucunes desdites marchandises, ils seront deux, dont l'vn acolera le minot par en haut, & l'autre jettera à la pelle dedans, tant que les bras de celuy qui acollera seront couuerts desdites marchandises. Et quand il sera ainsi plein, ledit Mesureur ostera ses bras: & ce qui demeurera au minot, sera à l'achepteur, & le surplus au vendeur.

Salaire du Muy, du Septier, & du Minot desdites marchandises.

viii. ITEM, Auront pour leur salaire pour mesurer chacun muy desdites marchandises, du Marchand vendeur, quatre sols parisis: & pour chacun Septier, quatre deniers : pour chacun Minot, vn denier parisis.

Comment les Marchands & Regratiers doiuent mesurer.

ix. ITEM, Tous Marchands, Reuendeurs & Regratiers pourront mesurer, & debiter lesdites denrées ou marchandises à boisseaux, & quarts & demy quarts. Et s'ils vendent si grande quantité, qu'il conuienne mesurer audit minot, lesdits Mesureurs le mesureront, & en auront ledit salaire.

Salaire des Noix & Chastaignes.

x. ITEM, Auront lesdits Mesureurs pour mesurer Noisettes & Chastaignes (qui se mesurent à vne petite mesure, appellée le comble, dont les trois font le boisseau) pour chacun comble, vn denier parisis. Et pource que souuentesfois ils se mesurent à sommes, ils auront pour chacune somme, quatre deniers parisis : à prendre tout sur le marchand vendeur.

Comment ils doiuent auoir de chacun comble, vne Noisette, ou Chastaigne.

xi. ITEM, Auront, outre ce que dit est, pour chacun comble, vne Noisette ou Chastaigne, à prendre sur le Marchand vendeur & ses sacs, & non pas sur l'achepteur : lesquelles Noisettes ou Chastaignes seront mises à part, pour trouuer & sçauoir ce qui aura esté mesuré, tant pour le droict du Marchand ou autre achepteur, comme dudit Marchand vendeur.

De non eux entremettre de ladite marchandise.

XII. ITEM, Lesdits Mesureurs ne s'entremettront desdites marchandises, par eux ny par autruy, à leur profit, & n'iront au deuant quand on les amenera, soit par eau ou par terre : mais les laisseront descendre esdites places, & marchez ordonnez pour estre venduës, & distribuées au bien de la chose publique : Sur peine de perdre la marchandise, & d'amende arbitraire.

LE VINGT-NEVF CHAPITRE CONTIENT LE FAIT ET EXERCICE des Mesureurs de Guesdes, chacun iour venans & affluans en la Ville de Paris.

Le nombre desdits Mesureurs.

ARTICLE PREMIER.

ET PREMIEREMENT, En la Ville de Paris y aura trois Mesureurs de Guesdes seulement, sans ce qu'aucun autre se puisse entremettre de faire l'Office desdits Mesureurs: Sur peine d'amende arbitraire.

ARTICLE I. Cette Marchandise sert aux Tainturiers.

De la donation & information desdits Offices.

II. ITEM, Quand ledit Office de Mesurage vacquera, lesdits Preuost des Marchands & Escheuins le donneront à homme, qui par information deuëment faite sera trouué estre de bonne vie, renommée, & honneste conuersation, sans aucun blasme ou reproche, & habile, suffisant & idoine pour tel Office exercer.

Du serment desdits Mesureurs.

III. ITEM, Quand on instituëra aucun audit Office de Mesurage, il fera serment, que iustement & loyaument il exercera ledit Office, en sa personne: & gardera le droict du vendeur, & celuy de l'achepteur, sans prendre ny demander plus grand salaire que celuy qui est ordonné pour ledit Office exercer: & aussi qu'il gardera les Ordonnances faites, tant sur ledit Office, que sur ladite marchandise: & que s'il sçait chose qui soit faite au preiudice des priuileges de ladite Ville, ou contre les Ordonnances d'icelle, incontinent il le fera sçauoir ausdits Preuost & Escheuins, ou au Procureur de la Marchandise: & obeyra à leurs commandemens: & que de chose, dont la cognoissance appartienne à la iurisdiction desdits Preuost & Escheuins, il ne mettra ou fera mettre aucun en cause ailleurs que pardeuant eux.

De la presentation & caution desdits Mesureurs.

IV. ITEM, Et apres ce qu'il sera institué, & qu'il aura fait ledit serment, il sera presenté & mis en possession dudit Office, par l'vn des Sergens de ladite Preuosté & Escheuinage, que lesdits Preuost & Escheuins voudront à ce commettre: qui aura pour ce faire, deux sols parisis, & non plus. Et ce fait, baillera caution Bourgeoise de dix liures parisis, auant qu'il puisse exercer ledit Office: Sur peine de priuation d'iceluy.

Qu'ils doiuent auoir mesures, pelles, & ratoüeres.

V. ITEM, Lesdits Mesureurs auront chacun vne mesure, & vne pelle, & ratoüere, pour iceluy Office exercer, ainsi qu'il appartient: car ils seront tenus, parmy le salaire qu'ils ont pour ledit mesurage, faire liurer mesure & ratoüere, comme dit est.

Qu'ils doiuent faire estallonner leurs mesures.

VI. ITEM, Et auecques ce, lesdits Mesureurs porteront chacun an vne fois audit Hostel de ladite Ville, leurdite mesure, pour la faire estallonner aux Mesureurs de Sel à ce ordonnez, & la faire signer au sein & à la lettre, à quoy ils signeront icelles mesures pour l'année : Sur peine de soixante sols parisis d'amende.

Le salaire desdits Mesureurs.

VII. ITEM, Et pour exercer lesdits Offices, lesdits Mesureurs pour leur salaire auront, tant du Marchand vendeur, comme du Marchand achepteur, chacun par moitié, pour chacun muy de Guesde qu'ils mesureront, vingt-quatre sols parisis : & pour chacun septier, deux sols parisis.

Qu'ils ne seront Marchands de ladite marchandise.

VIII. ITEM, Lesdits Mesureurs ne s'entremettront de ladite marchandise de Guesde : C'est à sçauoir, n'en marchanderont, ny feront marchander par eau, pour eux, ny à leur profit : Sur peine de dix liures parisis d'amende, & de perdre la marchandise.

LE TRENTIESME CHAPITRE CONTIENT LE FAIT ET EXERCICE des Mesureurs de Chaulx, chacun iour venans & affluans en la Ville de Paris, tant par eau que par terre.

Le nombre desdits Mesureurs.

ARTICLE PREMIER.

PREMIEREMENT, En ladite Ville de Paris aura deux Mesureurs de Chaulx seulement, sans ce qu'aucun autre s'entremette de faire l'Office desdits Mesureurs : Sur peine d'amende arbitraire.

ARTICLE I. Le nombre desdits Officiers n'est point augmenté.

De la donation & information desdits Offices.

II. ITEM, Quand ledit Office de Mesureurs vacquera, lesdits Preuost & Escheuins le donneront à homme, qui par information deuëment faite sera trouué estre de bonne vie, renommée, & honneste conuersation, sans aucun blasme ou reproche, & habile, suffisant, & idoine pour iceluy Office exercer.

Du serment desdits Mesureurs.

III. ITEM, Quand il sera institué audit Office, il fera serment, que iustement & loyaument il exercera iceluy Office, en sa personne : & gardera le droict du vendeur, & de l'achepteur, sans prendre ny demander plus grand salaire que celuy qui est ordonné pour ledit Office exercer. Et aussi qu'il gardera les Ordonnances faites, tant sur ledit Office, comme sur ladite marchandise : & que s'il sçait chose qui soit faite au prejudice des priuileges & franchises de ladite Ville, ou contre les Ordonnances d'icelle, incontinent il le fera sçauoir ausdits Preuost & Escheuins, ou au Procureur de la marchandise : & obeyra à leurs commandemens : & que de chose, dont la cognoissance appartienne à la iurisdiction desdits Preuost & Escheuins, il ne mettra ou fera mettre aucun en cause ailleurs que pardeuant eux.

Comment lesdits Officiers doiuent estre presentez.

IV. ITEM, Apres ce qu'il sera institué, & aura fait ledit serment, il sera presenté & mis en possession dudit Office, par l'vn des Sergens de ladite Preuosté & Escheuinage, que lesdits Preuost & Escheuins voudront à ce commettre : qui aura pour ce faire, deux sols parisis seulement.

Qu'ils doiuent faire residence, & auoir pelles & mesures.

V. ITEM, Lesdits Mesureurs exerceront leursdits Offices en leurs personnes : & feront residence és lieux & places, où l'on a accoustumé de vendre ladite marchandise de Chaulx. Et en ce faisant auront mesures &

ARTICLE 5. La fonction des Mesureurs est bien exprimée par ces Articles.

pelles, pour ladite Chaulx mesurer: lesquelles mesures seront pareilles à celles à Blé: & les feront par chacun an estallonner à l'estalon dudit Hostel de la Ville: & seront signées au sein & à la lettre, à quoy elles seront signées pour l'année: & ne mesureront à autres mesures ladite marchandise: Sur peine de soixante sols parisis d'amende, pour chacune fois qu'ils le feront.

Comment ils doiuent mesurer ladite marchandise.

VI. ITEM, Quand lesdits Mesureurs mesureront aucune Chaulx, si elle est esteinte, tellement qu'elle soit en poudre, ils la mesureront à comble: & si elle n'est esteinte, c'est à sçauoir, qu'elle soit en pierre sans esteindre, elle sera mesurée à rez. Car ladite marchandise se mesure pareillement que le blé, qui est mesuré à rez, & la farine à comble.

Qu'ils ne doiuent mesurer Chaulx, si elle n'est loyale & marchande.

Article 7. Il y a maintenant des Contrôlleurs de Chaulx: les Mesureurs ne sont deschargez pour cela de ce à quoy l'Ordonnance les oblige.

VII. ITEM, Lesdits Mesureurs ne mesureront Chaulx, qui ne soit bonne, loyale, & marchande: & si elle n'est telle, ils en aduiseront le marchand achepteur. Et s'ils y trouuent aucunes pierres, qui ne soient pas bien cuictes (qu'on appelle becuict.) ils les osteront: Sur peine de soixante sols parisis d'amende.

Qu'ils ne seront Marchands de ladite marchandise.

Article 8. Autrement ils seroient Iuges & parties.

VIII. ITEM, Lesdits Mesureurs ne marchanderont, ny feront marchander de ladite marchandise de Chaulx, pour eux, ny à leur profit, en quelque maniere que ce soit: Sur peine de dix liures parisis d'amende, & de perdre la marchandise.

Le salaire desdits Mesureurs.

Article 9. Le salaire des Mesureurs a esté augmenté, & est de vingt-quatre sols parisis, moitié payable par le vendeur, & l'autre par l'achepteur.

IX. ITEM, Lesdits Mesureurs auront pour leur salaire, pour mesurer vn muy de Chaulx, six sols six deniers parisis: C'est à sçauoir à prendre sur le marchand vendeur les deux sols six deniers parisis: & quatre sols à prendre sur le marchand achepteur: sans comprendre le portage. Et si moins en mesurent, ils auront pour chacun septier, au prix dessusdit: & n'en prendront plus: Sur peine d'amende arbitraire.

De non liurer Chaulx, si elle n'est mesurée par lesdits Mesureurs.

Article 10. Les Mesureurs, sont Officiers necessaires.

X. ITEM, Aucun Marchand de ladite marchandise ne doit liurer aucune Chaulx par luy venduë, s'elle n'est mesurée par l'vn desdits Mesureurs: Sur ladite peine.

LE TRENTE-VN CHAPITRE CONTIENT LE FAIT ET EXERCICE des Courretiers de Gresses en la Ville de Paris.

Le nombre desdits Courretiers.

ARTICLE PREMIER.

PREMIEREMENT, En ladite Ville de Paris y aura par nombre deux Courretiers de Gresses seulement, sans ce qu'aucun se puisse entremettre de faire l'Office desdits Courretiers : Sur peine d'amende arbitraire.

ARTICLE I. La fonction & exercice des Courtiers de Gresse est nettement expliquée par ce Chapitre: & partant n'est besoin de plus grande explication.

De la donation desdits Offices.

II. ITEM, Quand ledit Office de Courretier vacquera, lesdits Preuost & Escheuins le donneront à homme, qui par information deuëment faite sera trouué estre de bonne vie, renommée, & honneste conuersation, sans aucun blasme, ou reproche, & habile, suffisant, & idoine pour iceluy Office exercer.

Du serment desdits Courretiers.

III. ITEM, Quand il sera institué audit Office de Courretage, il fera serment, que iustement & loyaument il fera & exercera ledit Office en sa personne : & conseillera le mieux & plus profitablement qu'il pourra, tous ceux qui viendront à luy pour acheptet ou vendre aucunes gresses : & ne prendra ny demandera plus grand salaire, que celuy qui est ordonné pour ledit Office exercer : Et aussi qu'il gardera les Ordonnances faites, tant sur ledit Office, que sur ladite Marchandise : & que s'il sçait chose qui soit faite au preiudice des priuileges & franchises de ladite Ville, ou contre les Ordonnances d'icelle, incontinent il le fera sçauoir ausdits Preuost & Escheuins, ou au Procureur de la Marchandise : & obeyra à leurs commandemens : & que de chose, dont la cognoissance appartienne à la iurisdiction desdits Preuost & Escheuins, il ne mettra ou fera mettre aucun en cause ailleurs, que par deuant eux.

De leur presentation & caution.

IV. ITEM, Apres ce qu'il sera institué, & aura fait ledit serment, il sera presenté & mis en possession dudit Office, par l'vn des Sergens de ladite Preuosté & Escheuinage, que lesdits Preuost & Escheuins voudrót à ce commettre : qui pour ce faire aura deux sols parisis seulement : Et ce fait, il baillera caution suffisante de la somme de vingt-quatre liures parisis, auant qu'il puisse exercer ledit Office : Sur peine de priuation d'iceluy. Et fera continuelle residence és Halles de Paris, en la Halle où l'on a accoustumé de vendre icelles marchandises : & en especial à iours de marchez, pour y estre trouué, quand les Bourgeois ou Marchands en auront affaire : Sur peine d'amende arbitraire.

Comment ils se doiuent tenir en la Halle.

v. ITEM, Lesdits Courretiers se tiendront en ladite Halle, tant pour faire ce que dit est, comme pour visiter la marchandise de Lards & autres Gresses, ainsi qu'elles seront amenées : & aussi pour icelles descharger, empiler, & mettre à point ainsi qu'il appartient : Sur ladite peine.

Comment ils doiuent visiter icelles marchandises.

vi. ITEM, Si lesdits Courretiers trouuent aucunes d'icelles marchandises, qui ne soient bonnes, loyales, & marchandes : ils les mettront à part, pour estre arses & condamnees, ou pour en autrement ordonner, comme de raison sera. Et auecques ce, s'ils trouuẽt aucuns Lards qui ne soient bons, ils en osteront le mauuais, à fin que le meilleur demeure au Marchand.

De reprendre les marchandises, s'elles ne sont bonnes.

vii. ITEM, Si par leur defaut, ou negligence, aucun Lard est vendu, qui soit sursemé, mal salé, ou ait autre vice, parquoy il ne soit pas conuenable à vendre raisonnablement, & pareillement aucunes des autres marchandises de Gresses : lesdits Courretiers feront icelles marchandises bonnes, à quelsconques personnes, qui icelles auront acheptées, & les reprendront à leurs despens, & desdommageront ceux qui icelles auront euës par leur coulpe & deffaut : Et si l'amenderont d'amende arbitraire, selon l'exigence du cas.

Comment ils doiuent faire l'argent bon.

viii. ITEM, Si lesdits Courretiers vendent, baillent, & deliurent aucunes d'icelles marchandises à aucunes personnes, ils seront tenus de faire l'argent bon aux Marchands à qui seront icelles denrées & marchandises.

Le salaire desdits Courretiers.

ix. ITEM, Auront pour leur salaire pour chacun Lard, du Marchand vendeur, douze deniers parisis : & du cent de Gresse, douze deniers parisis : & pour chacun caque de sain, du Marchand vendeur, deux sols parisis : & pour muy, quatre sols : & pour queuë, huit sols parisis.

Qu'ils ne seront Marchands de ladite marchandise.

x. ITEM, Lesdits Courretiers ne s'entremettront de ladite marchandise, c'est à sçauoir, qu'ils n'en marchanderont, ny feront marchander par autre, ny aussi n'iront au deuant d'icelles denrées & marchandises : ainçois les laisseront descendre & vendre en ladite Ville : Sur peine de perdre la marchandise, & de dix liures parisis d'amende.

LE TRENTE-DEVX

LE TRENTE-DEVX CHAPITRE CONTIENT LE FAIT DES ORDONNANCES

Generales, faites, constituées, & ordonnées generalement, sur toutes manieres de denrées & Marchandises, venans & affluans en la Ville de Paris.

De non vendre ny descendre aucunes Marchandises, en les amenant à Paris.

ARTICLE PREMIER.

ET PREMIEREMENT, Pour ce qu'on amene & peut-on amener en ladite ville de Paris, plusieurs denrées & marchandises, autres que celles qui sont cy dessus declarées, desquelles on ne pourroit faire bonnement Ordonnances particulieres: Ordonnons generalement, que puis qu'aucunes denrées ou marchandises, quelles qu'elles soient, & desquelles la cognoissance appartiendra ausdits Preuost & Escheuins, seront chargées pour estre amenées vendre en ladite Ville: elles ne seront venduës ny descenduës sur le chemin, si par fortune ou necessité de temps elles ne sont empeschées, ainçois seront arriuées & amenées à ladite Ville, & seront mises aux ports, places & marchez, establis & ordonnez pour icelle vendre & distribuer à vn chacun qui en voudra auoir pour son argent: Sur peine de forfaicture, icelles denrées, moitié à nous, & moitié à ladite Ville: sinon que celuy ou ceux à qui seront icelles denrées ou marchandises, en faisant le marché de la voicture, ayent dit expressément au voicturier, ou voicturiers qui icelles ameneront, qu'ils auront intention d'icelle vendre ou descendre en aucun lieu sur le chemin, où il y aura port & marché iuré, qui sera entre le lieu où icelles auront esté chargées, & ladite ville de Paris, non autrement: Sur ladite peine.

ARTICLE I. & II. Le contenu en cét Article a esté cy-deuant assez expliqué lors qu'il a esté parlé des Marchandises en particulier: maintenant cette Ordonnance est generalle pour toutes sortes de denrées qui doiuent estre conduittes & amenées à Paris, quand vne fois elles y sont destinées, sans aucun séjour, s'il n'est bien necessaire.

De non faire sejourner les Marchandises qui seront chargées pour amener à Paris.

II. ITEM, Pour ce que plusieurs Marchands, apres ce qu'ils auront fait charger leurs denrées & marchandises pour les amener vendre en ladite ville de Paris, les font sejourner sur les ports ou lieux où elles ont esté chargées, & en autres lieux sur le chemin, en intention de les vendre en venant à aucun Marchand, qui icelles mesmes denrées pourra amener vendre en ladite Ville, ou en intention qu'elles encherissent de leurs volontez, ou autrement: Ordonnons, pour obuier à ce que dit est, que deux iours apres ce qu'icelles denrées & marchandises seront chargées, elles feront incontinent mifes à chemin & amenées en la Ville, fans les faire fejourner aux ports où elles auront efté chargées, ny auffi fur le chemin, que deux iours: & fi par neceffité, fortune de temps, ou autrement, il n'y a raifonnable & iufte caufe, parquoy ils ayent occafion de faire plus longue demeure. Et quiconque fera le contraire par fraude, lefdites denrées & marchandifes feront forfaictes, & acquifes à nous & à ladite Ville.

Des deftroicts & dangers de la riuiere: Et de la hanfe, & compagnie Françoife.

Article 3. Voyez l'Art. 3. du Chapitre premier.

III. ITEM, Pour ce que ladite riuiere de Seine, & toutes les autres riuieres defcendans en icelle, au deffus des Ponts de Paris, font franches: C'eft à fçauoir, qu'il n'y a point de danger pour marchander, & faire amener toutes manieres de marchandifes & denrées, ainfi qu'il y a entre lefdits ports de Paris & celuy de Mente: ordonnons que tous Marchands ou autres, quels qu'ils foient, pourront faire venir toutes manieres de denrées & marchandifes d'amont l'eau, iufques au deffus defdits ponts de Paris, & fans iceux aualler, fans congé, fans hanfe, & fans compagnie Françoife: Mais non pas ceux qui en ameneront, ou feront amener, ou venir d'aual l'eau: Car felon le priuilege general de *Nemini licet*, & les vfages & communes obferuances, qui font & ont efté vfitées & acouftumées d'ancienneté, il ne loift à aucun de faire mener, ramener, mettre, ny embatre à aucunes denrées, marchandifes ou biens, quels qu'ils foient, par la riuiere de Seine, entre lefdits Ponts de Paris & celuy de Mente, fans eftre hanfé de ladite marchandife de l'eau de la ville de Paris: & auffi fans auoir compagnie Françoife. Sinon que celuy, ou ceux à qui feront icelles denrées & marchandifes, ou biens, foient Bourgeois, ftationnaires, refidens, & demeurans en ladite ville de Paris. Auquel cas il fuffift qu'ils foient hanfez. Mais au regard de tous autres qui ne font Bourgeois de ladite Ville, ils feront hanfez & auront compagnie Françoife, quand ils feront mener, ramener, ou mettre aucunes denrées, Marchandifes ou biens, par les deftroits deffufdits d'entre lefdits Ponts de Mente & de Paris: Sur peine de forfaicture, moitié à nous, & moitié à ladite Ville. Et auffi ceux qui viendrõt d'amont l'eau, ne pourrõt paffer ny faire paffer leurs denrées & marchãdifes par deffous les arches defdits Ponts de Paris, fi ce n'eft par la maniere deffufdite: Sur la dite peine.

* *Eft à noter qu'au lieu de la fubiection et feruitude de ladite Compagnie Françoife; Il y a vn fi fort long-temps qu'il n'eft memoire du contraire; Que chacun Marchand forain paye à ladite Ville, trente-cinq fols pour chacun voyage qu'il fait auec fa marchandife par la riuiere dans les limites füfdites; Et s'il y à plufieurs Marchands qui ayent des marchandifes dans vn mefme bateau, il conuient qu'ils foient tous hanfez, & qu'ils payent chacun lefdits trente-cinq fols pour ladite Compagnie Françoife; Si ce n'eft que où il n'y auroit que pour cent liures de marchandife & au deffous, en ce cas l'on ne doit que demie compagnie Françoife.*

Des Nefs & Bateaux qui doiuent eftre mis en compagnie Françoife: Et des Marchands de Roüen, qui peuuent monter leurs Nefs vuides iufques au port au Pec.

IIII. ITEM, Et femblablement quand aucun amenera aucune nef, batel, ou vaiffel, foit vieil ou neuf, ou foit vuide ou chargé, la premiere fois d'amont l'eau ; pour aualler & faire passer par dessous lesdits Ponts: auãt ce qu'il puisse passer ny aualler, celuy à qui il sera, sera hansé & Bourgeois de Paris: & s'il n'est Bourgeois de Paris auec ce qu'il sera hansé, il mettra son Batel en compagnie Françoise: & semblablement ceux qui viendront d'aual l'eau contremont ladite riuiere, auant ce qu'ils puissent entrer dedans les metes, dangers & destroits d'entre lesdits Ponts de Paris & de Mente: Sur peine de perdre le Batel, ou Bateaux, & d'estre confisquez à nous & à ladite Ville. Excepté seulement au regard des Marchãds de Roüen, ausquels, selon la teneur dudit priuilege, il loist d'amener leurs nefs vuides au dessus dudit Pont de Mente, iusques au riuage du port au Pec & non autre: & les y charger, & icelles chargées en ramener aual l'eau, sans compagnie Françoise.

Le serment que les bourgeois de Paris font, quand ils sont hansez.

V. ITEM, Quand aucun Bourgeois de Paris sera hansé, il fera serment que iustement & loyaument il fera & exercera le fait de sa marchandise; & qu'il n'accompagnera en ladite marchandise nul s'il n'est hansé comme luy: & ne fera aucun faux adueu en quelque maniere que ce soit: & que s'il sçait chose qui soit faite au prejudice dudit priuilege, ny des autres priuileges & Ordonnances de ladite Ville & marchandise, incontinent il le fera sçauoir ausdits Preuost & Escheuins, ou au Procureur de la Marchandise: & que de choses dont la cognoissance leur appartienne, il ne mettra ou fera mettre aucun en cause ailleurs, que pardeuant eux: & leur donnera obeissance.

Le serment que les Marchands & autres Forains font, quand ils sont hansez.

VI. ITEM, Quand aucun Forain sera hansé, il iurera que iustement & loyaument il fera & exercera le fait de sa marchandise: & qu'il n'accompagnera en sadite marchandise nul qui ne soit hansé comme luy: sans faire aucun faux adueu en quelque maniere que ce soit: & que toutes les denrées & marchandises qu'il voudra faire mener par les destroits de ladite marchandise, il les mettra en compagnie Françoise, auant qu'elles y entrent, & au prix iustement qu'elles cousteront rendües à Paris: & que s'il sçait chose qui soit faite au prejudice dudit priuilege & Ordonnances de ladite Ville & marchandises, incontinent il le fera sçauoir ausdits Preuost & Escheuins, ou au Procureur de la marchandise: & que de chose, dont la cognoissance leur appartienne, il ne mettra ou fera mettre aucun en cause ailleurs, que pardeuant eux: & leur donnera obeissance.

De non accompagner aucun, s'il n'est hansé, ny auoüer la part de son compagnon.

VII. ITEM, Nul apres qu'il sera hansé, & aura fait ledit serment, n'accompagnera aucun en sa marchandise, qui ne soit pareillement hansé comme luy. Et s'il est Bourgeois de Paris: il ne souffrira entrer la part de son compagnon sous vmbre ou adueu de sa compagnie, dedans les destroits de la marchandise, iusques à ce qu'elle soit mise en compagnie Françoise: ny aussi la descendre sur terre en ladite Ville, ailleurs qu'és lieux ordonnez, qu'incontinent il ne l'aille dire & denoncer ausdits Preuost & Escheuins, ou au Procureur de la marchandise: Sur peine de perdre la marchandise, & d'estre priué de ladite hanse, & des priuileges, franchises, & libertez de ladite Ville.

Des Marchands & autres forains, qu'ils doiuent mettre leurs denrées en compagnie Françoise, auant qu'elles entrent aux destroicts: & en declarer le prix iustement.

VIII. ITEM, Quand aucun Marchand ou autre Forain, hansé ainsi que dit est, aura intention de faire amener par ladite riuiere en ladite ville de Paris, aucunes denrées ou marchandises: auant qu'elles soient mises ny embatuës dedans les destroicts de ladite Marchandise & d'icelle riuiere, il ira pardeuant lesdits Preuost & Escheuins, pour les mettre en compagnie Françoise: & dira & declarera iustement & loyaument, & par serment, le prix qu'elles cousteront en toutes choses, renduës en ladite Ville, sans y faillir: Sur ladite peine. Et lesdits Preuost & Escheuins donneront la compagnie à vn Bourgeois de Paris hansé, & non à autre: Lequel, s'il luy plaist, aura la moitié d'icelle denrée & marchandise, ainsi mise en ladite compagnie, pour le prix qu'elle coustera renduë en ladite Ville.

Comment les Forains doiuent dire, quand leurs denrées sont arriuées.

IX. ITEM, Et apres ce que lesdites denrées ou marchandises seront arriuées en ladite Ville, iceluy Forain ira pardeuers celuy à qui aura esté donné ladite compagnie, pour luy faire sçauoir qu'icelles denrées & marchandises seront arriuées, à fin qu'il les aille voir, pour en prendre la moitié, si bon luy semble: ou pour s'en deporter, & luy dire qu'il en face son profit. Et ne se deschargera, mussera, transportera, ny mettra iceluy Forain hors de la nef ou batel aucune chose, qui ayt esté mise en ladite compagnie: iusques à ce que celuy qui luy aura esté baillé compagnon, ayt pris sa moitié, ou se soit desisté de ladite compagnie: Sur la peine dessusdite.

De non aller au deuant d'aucunes marchandises, ny les achepter en les amenant à Paris.

ARTICLE 10. Les Marchandises destinées pour Paris, ne doiuent estre diuerties.

X. ITEM, Pour ce que souuentesfois aucuns Marchands, quand ils sçauent qu'aucunes des marchandises, dont ils s'entremettent, sont chargées & mises à chemin pour estre amenées en ladite ville de Paris, vont au deuant pour icelles achepter, pour les reuendre en ladite Ville, au prejudice du bien public: pour ces causes ordonnons qu'aucuns Marchands ny autres, n'aillent au deuant des denrées & marchandises venans & affluans en ladite Ville, soit par eau ou par terre, pour icelles marchander, retenir, ny achepter: Sur peine au Marchand vendeur, de perdre la Marchandise: & au Marchand achepteur, le prix de l'achapt: moitié à nous, & moitié à ladite Ville.

Que les Marchands forains ne doiuent mettre leurs marchandises, sinon és places ordonnées pour les vendre publiquement.

XI. ITEM, Pour ce que plusieurs fraudes ont esté souuentesfois commises en plusieurs denrées & marchandises qui ont esté amenées pour vendre en ladite ville de Paris, tant par eau que par terre: par ce que plusieurs Marchands forains les ont descendues sur terre & mises en granches, maisons & chantiers, & les ont recelez, & fait receler, sans les mener tout droict au lieu, places & marchez establis & ordonnez, pour icelles vendre plus cher, & en venant contre le priuilege de ladite Ville, par lequel nul forain ne doit descendre sur terre aucunes denrées ou marchandises, sinon esdites places & marchez, pour les y vendre publiquement à vn chacun qui en veut auoir: Pour ces causes ordonnons, qu'incontinent qu'aucunes denrées ou marchandises seront amenées par aucuns Marchands forains, pour estre vendues, & debitées en ladite Ville, qu'elles seront mises & descendues és lieux, ports, places, & marchez ordonnez pour icelles descendre & debiter, sans les descendre ailleurs qu'esdites places: Sur peine de forfaire lesdites denrées, moitié à nous, & moitié à ladite Ville. Si ce n'estoit par le congé & licence desdits Preuost des Marchands & Escheuins, en cas de necessité: lesquels audit cas pourront licitement donner ledit congé.

ARTICLE 11. Les Marchandises doiuent estre amenées és Ports, Places & Marchez, s'ils n'en sont dispensez par les Preuost des Marchands & Escheuins.

De non exposer aucunes marchandises en vente, sinon és places, marchez & heures ordonnées.

XII. ITEM, Pource aussi que plusieurs desdits Marchands, apres ce qu'ils ont amené leurs denrées & Marchandises pour vendre en ladite ville de Paris, les monstrent & vendent secretement à Marchands reuendeurs & autres, & n'exposent point en vente que les refus d'icelles denrées & marchandises, au prejudice du bien commun: Ordonnons que doresnauant aucuns Marchands ou autres, amenans aucunes denrées ou marchandises pour vendre en ladite Ville, ne les exposeront en vente, fors aux heures & aux lieux, & aux places establies & ordónées pour icelles marchandises vendre & distribuër: & que d'icelles n'aura aucune chose esté venduë, quand la vente commencera: Sur peine d'amende arbitraire.

ARTICLE 12. Les Reuendeurs ne sont point fauorables.

Comment les Bourgeois de Paris ne doiuent souffrir descendre sur terre les parts de leurs compagnons, s'ils sont Forains, fors és places sur ce ordonnées.

XIII. ITEM, Pource aussi qu'aucuns Marchands & autres manans & habitans en la Ville de Paris, accompagnent souuentesfois auec eux plusieurs Marchands Forains au fait de leurs marchandises, & aussi leur louënt Maisons, Granches, Greniers, Celiers, & Chantiers: & sous vmbre de ce, iceux Marchands Forains, en venant contre ledit priuilege de ladite Ville, font descendre leurs denrées & marchandises sur terre, & mettre esdites Granches, Maisons, Greniers, Celiers & Chantiers, pour les vendre plus cheres, feignans que lesdites Marchandises soient toutes à ceux qui les accompagnent, ou à ceux qui leur louënt les Greniers & lieux dessusdits, au grand prejudice du bien public de ladite Ville de Pa-

ARTICLE 13. Le Marchand Bourgeois de Paris, ne peut non plus que le Forain, mettre ses denrées & marchandises en Chantier, pour esuiter aux abus, desordres & monopoles qui en arriueroient, & affin que le public soit soulagé par la quantité des marchandises qui sōt moins cheres, lors que elles sont exposées dans les Places & Marchez.

ris : Ordonnons que doresnauant aucun de ladite Ville, qui accompagnera aucun Marchand Forain, ne fera ny souffrira descendre ny mettre sur terre ladite marchandise, entant qu'il touchera la part dudit Marchand Forain, ailleurs qu'és lieux, ports, places, & marchez ordonnez pour icelles marchandises vendre : Sur peine de forfaicture, & d'estre priué de la hanse, & des priuileges, franchises & libertez de ladite Ville. Et aussi aucun qui aura loüé à aucun Marchand Forain aucune Maison, Granche, Grenier, Celier, ou Chantier, pour mettre ses denrées & Marchandises, n'aduoüera icelles denrées ou marchandises estre siennes : Sur peine d'amende arbitraire, & d'estre priué desdits priuileges, franchises, & libertez de ladite Ville.

De non encherir aucunes marchandises, puis qu'elles auront esté mises à prix, & exposées en vente.

Article 14. Le prix vne fois mis, ne doit estre augmenté.

XIV. ITEM, Pource aussi que plusieurs Marchands ont souuentesfois enchery leurs denrées & Marchandises depuis ce qu'elles ont esté amenées & exposées en vente, & mises & affeurées à prix és lieux, ports, places, & marchez establis & ordonnez pour icelles vendre, & les ont vendües à plus grand prix, au prejudice du bien commun : pour ces causes ordonnons, qu'aucun Marchand, depuis ce qu'il aura amené & exposé aucunes denrées ou marchandises en vente és lieux dessusdits, & qu'icelles auront esté affeurées vne fois, il ne les encherira ny mettra à plus haut prix qu'elles auront esté affeurées : Sur peine d'amende arbitraire.

De non mixtionner, trier, ou mesler aucunes denrées ou marchandises : ny y mettre plus belle apparence par dessus que par dessous.

Article 15. Les Marchands doiuent auoir quelque sincerité, & s'esloigner des fraudes & tromperies.

XV. ITEM, Pource qu'aucuns meus de conuoitise ont fait & commis plusieurs fraudes & deceptions en leurs denrées & marchandises, tant en faisant en aucunes d'icelles mixtions, comme en mettant plus belle apparence par dessus que par dessous, & autrement, au prejudice du bien public, & de ladite Ville : Pour ces causes ordonnons qu'aucun Marchand ny autre, depuis ce qu'il aura amené aucunes denrées ou marchandises à vendre en ladite Ville de Paris, ne les triera ny mixtionnera, ny aussi ne mettra plus belle apparence par dessus que par dessous, & ne fera chose, par quoy aucun puisse estre deceu aucunement : ainçois les vendra ainsi qu'elles seront & auront esté chargées & menées sans y faire aucune nouuelleté en fraude des achepteurs : Sur peine de forfaicture.

De non achepter aucunes denrées ou marchandises, en vn marché pour les y reuendre.

Article 16. Les Marchandises se vendent plus cherement par les Regrattiers ; & arriueroit que le commerce ne seroit en effet que regrattage.

XVI. ITEM, Pource que plusieurs Marchands, reuendeurs, & autres qui s'entremettent du fait de marchandise, ont par plusieurs fois achepté les denrées & marchandises venans, affluans, & estans en ladite Ville, tant aux Ports qui sont sur ladite riuiere de Seine, comme ailleurs aux places & marchez establis & ordonnez pour icelle vendre & distribuer, pour apres icelles denrées & marchandises reuendre en iceux mesme lieux, au prejudice du bien public de ladite ville de Paris : pour ces causes ordonnons que nul Marchand, reuendeur, ny autre, n'acheptera aucunes denrées ou marchandises, puis qu'elles auront esté mises & exposées en vente en aucuns des Ports, places & marchez dessusdits pour les y reuendre: Sur peine de perdre les denrées & Marchandises, & d'amende arbitraire.

Que les Courretiers ne doiuent marchander des marchandises dont ils sont Courretiers.

XVII. ITEM, Pource que souuentesfois aucuns Courretiers se sont entremis de marchander à leur profit des denrées & marchandises dont ils estoient Courretiers, en y commettant plusieurs fraudes & deceptions, au prejudice du bien commun de ladite Ville: Pour ces causes ordonnons generalement, que nul Courretier, de quelque marchandise que ce soit, ne marchandera de la marchandise dont il sera Courretier, à son profit: Sur peine de perdre la marchandise, & d'amende arbitraire, selon l'exigence du cas.

ART. 17. & 18. Les Courretiers sont Officiers, obligez de controller les Marchands, & donner aduis aux Bourgeois; & par consequent ils ne doiuent estre interessez dans la marchandise.

De non enleuer aucunes marchandises des marchez, si elles ne sont venduës.

XVIII. ITEM, Pource que plusieurs Forains, tant Marchands qu'autres, apres ce qu'ils ont amené ou fait amener leurs denrées & marchandises pour vendre en ladite Ville, & qu'elles ont esté mises & exposées en vente, les font leuer & transporter ailleurs pour les vendre plus cheres, au prejudice du bien public: Ordonnons que quand aucunes denrées ou marchandises, quelles qu'elles soient, seront amenées pour vendre en ladite Ville, & qu'elles auront esté mises & exposées en vente aux Ports, places & marchez establis & ordonnez pour icelles vendre & debiter, ainsi qu'il est accoustumé de faire: elles ne seront leuées ny transportées lors d'icelles places où elles auront esté exposées en vente, pour mener vendre ailleurs, iusques à ce qu'elles y seront vendües, si n'est par le congé desdits Preuost & Escheuins: Sur peine de forfaicture.

Des Marchands qui ne doiuent accompagner en leurs marchandises aucuns, qui soient Officiers sur icelles marchandises.

XIX. ITEM, Pource que plusieurs Marchands accompagnent en leurs marchandises aucuns des Officiers, qui sont commis, establis, & ordonnez pour icelles marchandises vendre & debiter: & par la compagnie qu'ils ont ensemble, & aussi pour le profit que l'Officier qui est compagnon, y prend, lesdites marchandises sont souuentesfois tenuës & venduës plus cheres, au prejudice du bien public. Pour ces causes, ordonnons qu'aucun Marchãd n'accompagnera auec luy, ny en sa compagnie & marchandise, aucun qui soit Officier de la marchandise, dont il s'entremettra: & auec ce qu'aucun Officier ne s'accompagnera auec aucun marchand, ny ne fera faire, pour luy ny à son profit, fait de la marchandise, dont il sera Officier: Sur peine au marchand de perdre la marchandise: & de l'Officier pareillement, d'amende arbitraire.

De non exposer aucunes denrées en vente, si elles ne sont loyales & marchandes.

XX. ITEM, Pource qu'en ladite Ville de Paris on amene chacun iour pour vendre plusieurs & diuerses denrées & marchandises: de chacune desquelles on ne pourroit pas bonnement faire Ordonnances particulieres: & qu'en plusieurs d'icelles on y commet plusieurs fraudes, au grand prejudice & dommage de la chose publique: Ordonnons generallement qu'aucun Forain ny autre, n'exposera ny fera exposer en vente en quelque lieu que ce soit, aucunes denrées ou marchandises, qui ne soient bonnes, loyales & conuenables: Sur peine de forfaicture.

Du quint denier, que les accuseurs doiuent auoir.

ARTICLE XI. C'est affin que l'on se porte plus volontiers à denoncer les desordres par la recompense.

XXI. ITEM, Les accuseurs, ou ceux, par le moyen desquels aucunes des mesprentures, faites tant esdites denrées & marchandises, comme par les Officiers de la Preuosté & Escheuinage, ou autres, viendront à cognoissance, auront le quint denier des amendes ou forfaictures qui en viendront, ou istront.

LE TRENTE-TROIS

LE TRENTE-TROIS CHAPITRE CONTIENT LE FAIT ET EXERCICE des dix Sergens de la Marchandise, & du Parloüer aux Bourgeois de la Ville de Paris.

Le nombre desdits Sergens.

ARTICLE PREMIER.

Premierement, En la Preuosté des Marchands & Escheuinage de la ville de Paris, y aura par nombre dix Sergens: c'est à sçauoir, quatre de la marchandise, & six du Parloüer aux Bourgeois: sans ce qu'aucun se puisse entremettre de faire l'Office desdits Sergens: Sur peine d'amende arbitraire.

Article I. Cét Article est encores obserué en la forme qu'il est; & ne peuuét les Sergens des autres Iurisdictions exploicter en l'Hostel de Ville, qui estoit autresfois le Parlouër aux Bourgeois, ainsi qu'il a esté souuent jugé; & quant cela arriue par la faute des parties, ou de leur Procureur, les Exploicts se reïterent, & sont lesdits Sergens de la Ville payez de leurs salaires.

De la donation desdits Offices.

II. ITEM, Quand ledit Office de Sergenterie vacquera, lesdits Preuost des Marchands & Escheuins le donneront à homme, qui par information deüement faite, sera trouué estre de bonne vie, renommée, & honneste conuersation, sans aucun blasme ou reproche, & habile, suffisant, & idoine pour iceluy Office exercer, & qui sçaura lire & escrire.

Du serment desdits Sergens.

III. ITEM, Quand on instituera aucun audit Office de Sergenteries, il fera serment en iugement, & à heure de plaids, en l'Auditoire de ladite Preuosté & Escheuinage, que iustement, loyalement, & diligemment il exercera ledit Office de Sergenterie en sa personne: & fera bons & loyaux rapports de tous les Arrests, Adjournemens, Executions, Contraintes, & autres Exploicts qu'il fera à cause dudit Office, tant pour Iustice, comme de partie à partie, & autrement, sans faueur ny haine d'aucune personne, sans prendre don ny promesse pour son salaire, fors le droict tel qu'il est ordonné pour ledit Office faire & exercer: & aussi qu'il gardera de tout son pouuoir les Ordõnances faites & ordonnées sur le faict de ladite marchandise de l'eau, & autres appartenances à la iurisdiction de la Preuosté & Escheuinage: & que toutes les offences, mesprentures, & quelsconques autres choses, qu'il trouuera & sçaura estre faites au prejudice desdites Ordonnances, & des priuileges & franchises de ladite Ville, incontinent il les fera sçauoir ausdits Preuost & Escheuins, ou au Procureur de ladite Ville: & que de chose, dont la cognoissance appartienne à la iurisdiction de ladite Preuosté & Escheuinage: il ne mettra ny fera mettre aucun en cause ailleurs, que par deuant lesdits Preuost & Escheuins: & obeyra aux commandement d'eux & dudit Procureur de ladite Ville, & des autres Officiers où il appartiendra.

De leur institution & entrée.

IV. ITEM, Et apres ledit serment fait, le Iuge tenant le siege le fera seoir és sieges dudit Auditoire prés le guichet d'iceluy, au lieu & en la place où lesdits Sergens ont accoustumé d'eux seoir quand on tient lesdits plaids. Et pour le mettre en possession & saisine dudit Office, luy fera appeller les personnes, ou aucunes d'icelles qui seront à appeller, & qui auront esté adjournées par deuant lesdits Preuost & Escheuins. Et pour le premier Appel qu'il fera, il donnera à disner à tous les compagnons Sergens, pour sa bien-venuë.

Comment ils doiuent auoir robbes de liurées.

Article 5. Depuis le droict de robbe a esté reglé à la somme de seize liures cinq sols pour chacun desdits Sergens.

V. ITEM, Tous lesdits Sergens, tant dudit Parloüer aux Bourgeois, comme de la marchandise de l'eau, de leur droict ordinaire auront vne fois l'an chacun vne robbe de liurée, ou la somme de cent sols parisis, pour chacune d'icelles, prinse sur le reuenu du Parloüer aux Bourgeois: lesquelles robbes & liurées ils auront, pour estre plus honnestement en la compagnie desdits Preuost & Escheuins, deuant lesquels ils iront vestus de leursdites robbes, toutes & quantesfois que le cas y eschерra.

Gages ordinaires.

Article 6. Les Sergens de la Marchandise sont ainsi appelez, pource qu'ils doiuent veiller particulierement aux empeschemens qui sont formez, & monter souuét à cheual pour visiter les Riuieres, faire arracher les arbres, démolir les bastimens construits sur le riuage desdites Riuieres, & dans les 24. pieds destinez pour le passage des hommes & cheuaux; faire en sorte que les Moulins qui sont sujets à la nauigation soient bien entretenus, & n'apportent aucun prejudice aux Marchands: Et pource qu'ils sont obligez à plus grandes coruées que les autres, ils ont aussi plus grands gages, sans les gratifications qui leur sont faites par Messieurs de la Ville, selon le trauail qu'ils font: Et ont lesdits Sergens des Commis sur les Riuieres, pour leur donner aduis de ce que dessus, que l'on appelle Buissonniers, lesquels doiuent donner les assignations aux particuliers qui contreuiennent aux Ordonnances, à la requeste du Procureur du Roy & de la Ville: & ont pour cela vn droict reglé sur les batteaux montans & aualans, suiuant les Reglemens de ladite Ville.

VI. ITEM, Lesdits six Sergens du Parloüer aux Bourgeois auront pour leurs Gages ordinaires, vn denier tournois pour chacun iour, qui est en somme pour an trente sols tournois: & lesdits quatre Sergens de ladite marchandise, auront pareillement pour leurs Gages ordinaires, pour chacun iour, six deniers tournois, qui font en somme par an neuf liures tournois. Lesquels Gages lesdits quatre Sergens de ladite marchandise auront plus grands que les autres six dudit Parloüer aux Bourgeois: pource qu'ils cheuaucheront pour aller voir, & visiter les empeschemens sur les riuieres qui sont nuisables, & prejudiciables à la marchandise, & iceux faire oster, démolir, & abbatre, aux despens de qui il appartiendra.

De adjuster les Mesures.

Article 7. Les Sergens du Parloüer aux Bourgeois, sont pour estallonner & adjuster les mesures de tous breuuages & liqueurs: Et pource sont payez à raison de cinq sols dans la Ville, & sept sols six deniers aux Faux-bourgs; & doiuent estre deux aux visitations.

VII. ITEM, Lesdits six Sergens du parloüer aux Bourgeois adjusteront les Mesures à vin de toutes les Tauernes & autres, quels qu'ils soient, vendans Vin en tauernes en ladite Ville & banlieuë de Paris: & aussi sur ceux qui vendront Ceruoises, Sidres, & autres breuuages: c'est à sçauoir, sur nostre terre, & en plusieurs autres lieux, où nous & ladite Ville auons droict de bailler lesdites mesures: & porteront ou enuoyeront toutes manieres de gens vendans Vin à destail ou tauerne, & aussi lesdits breuuages sur nostredite terre, & ailleurs, comme dit est, quand ils voudront faire tauerne, & ils n'ont aucunes mesures signées à la fleur de Lis, & estalonnées ainsi que dit est, & comme il appartient, des mesures de bois, en l'Hostel de ladite Ville, par deuers les Sergens dudit Parloüer aux Bourgeois, ou l'vn d'eux, lesquels ont les estalons sur ce ordonnez. Et lors iceux Sergens les estalonneront, & signeront au seing de la fleur de Lis: & auront pour ce faire, c'est à sçauoir, de la pinte, quatre deniers parisis; de la chopine, quatre deniers parisis; & du demysetier, quatre deniers parisis.

De la visitation des Mesures.

VIII. ITEM, Lesdits six Sergens du parlouër aux Bourgeois, feront, toutes & quantesfois que bon leur semblera, & qu'il sera expedient, & en especial vne fois par chacun an, visitation en ladite ville de Paris, & en la banlieuë d'icelle, sur tous ceux qui seront Tauerniers, Hosteliers, & sur tous autres qui distribuëront Vins ou autres breuuages à detail sur nostre-dite terre, & ailleurs és lieux dessusdits.

De prendre les mesures : & des amendes qui y eschéent.

IX. ITEM, Et si en icelles visitations faisant, lesdits Sergens trouuent aucunes Mesures qui ne soient estalonnées audit estalon, & signées au seing de la Fleur de Lis : & aussi aucunes quartes, pintes, ou chopines, qui ne soient bonnes, iustes, & raisonnables : ils les prendront, saisiront, arresteront, & apporteront au Procureur de nous & de ladite Ville, lequel poursuiura ceux à qui seront ou auront esté icelles mesures, par deuant lesdits Preuost & Escheuins, pour icelles mesures faire declarer estre forfaictes, & condamnées à estre rompües & confisquées : & payeront en outre soixante sols parisis d'amende, ou telle autre amende que le cas le requerra, selon l'exigence du meffaict.

De l'estalonnage, & salaire des mesures à miel.

X. ITEM, Lesdits Sergens dudit Parlouër aux Bourgeois estalonneront, & signeront les Mesures à Miel aux Espiciers, & autres qui s'entremettront de vendre Miel à detail en ladite ville de Paris & banlieuë d'icelle, & y feront visitation, pareillement que dit est cy-deuant. Et auront pour adjuster, & signer la pinte, chopine, & demy-setier, douze deniers parisis.

ARTICLE 10. Les Sergens estallonnét aussi les mesures à Miel, pour faire voir que les mesures des liqueurs doiuent estre estallonnées aussi bien que celles des breuuages.

De l'estalonnage, & salaire des barils.

XI. ITEM, Lesdits Sergens estalonneront les barils de nostre Hostel, & autres qui seront à estalonner en la dite Ville : & aussi autres vaisseaux, qui les voudra auoir tenant vn setier justement, à l'estalon qu'ils ont deuers eux tenant vn setier de huit pintes. Et auront, pour chacun d'iceux barils, ou autres vaisseaux tenans vn setier estalonner, vn gros tournois vieil du temps saint Louys, ainsi qu'anciennement a esté accoustumé, ou seize deniers tournois pour ledit gros tournois.

Salaire des Adjournemens.

XII. ITEM, Vn chacun desdits Sergens, tant dudit parlouër, comme de ladite marchandise de l'eau, toutes & quantesfois qu'il sera requis de faire aucun Adjournement, & le fera, aura pour ledit Adjournement faire dedans ladite Ville de Paris, quatre deniers parisis.

ARTICLE 12. Les droicts & salaires pour les Adjournemens, Saisies, Arrests, Executions, & autres procedures qui sont du fait des Sergens, ont esté augmentez par le temps.

Salaire de plusieurs Exploicts.

XIII. ITEM, Feront lesdits Sergens, chacun en droit soy, toutes manieres d'Arrests & Executions, quand ils en seront requis, & on leur baillera sentence, condemnations, ou autres lettres suffisantes, faites & passées sous le scel de la iurisdiction de ladite Preuosté & Escheuinage. Et auront pour vne Execution ou Arrest faire dedans ladite Ville, douze deniers parisis.

Salaire d'Executions, & vente de biens.

XIV. ITEM, S'il aduient qu'en aucune execution faisant, soit tant procedé qu'il faille vendre les biens sur les quarreaux, de celuy ou ceux qui auront esté executez, ils auront de tant plus par taxation, desdits Preuost & Escheuins, ou l'vn deux, ou leur Lieutenant, selon la peine qu'ils auront euë à ce faire.

Salaire pour aller hors de la banlieuë.

ARTICLE 16. Voyez le Chapitre precedent des Vins estranges, où il est aussi parlé de ces sortes de Vins qui doiuent estre mis à prix, apres qu'inuentaire & description aura esté faite de la quantité desdits Vins, & qu'ils auront esté scellez sur les bondons, pour empescher le meslange & mixtiõ d'iceux: ce qui se doit faire en presence du Procureur du Roy & de la Ville, & Greffier d'icelle.

XV. ITEM, Quand aucun desdits Sergens ira dehors outre la banlieuë de ladite Ville faire aucuns Adjournemens, Arrests, Executions, ou autres Exploicts, tant par Commission, Sentences, condamnations, comme autrement deuëment: il aura pour chacun iour pour son salaire & despens, dix sols parisis.

Salaire pour estre à visiter, & faire crier Vins estranges.

XVI. ITEM, Quand on exposera en vente aucuns Vins estranges en ladite Ville de Paris, à detail ou tauerne, comme Granache, Maluoisie, Vin d'Osoye, Vin de Lieppe, vin Bastard, Muscadet, ou autres semblables Vins: deux desdits Sergens dudit parlouër aux Bourgeois iront en la compagnie du Clerc, & du Procureur de ladite Ville, pour iceux Vins inuentorier, voir le lieu où ils seront, & les sceller sur les bondons. Et aussi quand iceux Vins seront affeurez, que lesdits Sergens les facent crier par les Crieurs iurez de ladite Ville, ainsi qu'il appartient, solennellement, la toüaille au col, le beau Pot doré en vne main, & le Hanap en l'autre: & seront deuant ledit Crieur, & auront pour ce faire, cinq sols parisis.

Du quint denier qui leur appartient.

ART. 17. & 18. Les Sergens doiuent trauailler au faict de Police à la Requeste du Procureur du Roy & de la Ville, sans aucuns salaires: neantmoins pour leur donner courage de bien faire, & d'agir soigneusement aux affaires publiques, l'Ordonnance leur attribuë le quint des amendes qui viennent à leur diligence.

XVII. ITEM, Lesdits Sergens, tant dudit parlouër, comme de ladite marchandise, auront le quint denier des amendes ou forfaictures, qui pour leurs pourchas viendront à cognoissance, & qu'eux-mesmes denonceront à Iustice.

Comment ils doiuent faire tous Exploicts touchant Iustice.

XVIII. ITEM, Et parmy les droicts, salaires, & profits dessusdits, lesdits Sergens & chacun d'eux feront tous Adjournemens, Arrests, Emprisonnemens, Contraintes, Inuentaires, Executions, & autres Exploicts qui seront, & escherront à faire en la Iurisdiction de ladite Preuosté & Escheuinage, à la requeste du Procureur de nous & de ladite Ville: & en feront leurs rapports diligemment, sans aucune chose en demander: Sur peine de priuation d'Office, ou d'amende arbitraire.

Comment ils doiuent seruir, & faire residence: & des peines sur ce ordonnées.

ARTICLE 19. Ils doiuent se départir entr'eux, en sorte qu'il y en ayt à toutes heures à l'Hostel de la Ville, pour vacquer aux affaires publiques & particulieres.

XIX. ITEM, Lesdits Sergens feront residence en l'Hostel de ladite Ville, tant pour faire toutes manieres d'Exploicts qui escherront chacun iour à faire à cause de leursdits Offices, & aussi pour faire les appeaux qui seront à faire à heure de plaids ordinaires, & à toutes autres heures, comme pour bailler les estalons chacun en droit soy, qui seront à bailler, & pour faire toutes choses necessaires à faire touchant la Iurisdiction de ladite Preuosté & Escheuinage, esquelles on les voudra employer. Et pource que puis aucun temps en ça ils ont fait tres-petite residence audit Hostel de ladite

Ville, parquoy Iustice & le peuple en a esté tres-mal seruy, & s'en sont ensuiuis & peuuent ensuiuir plusieurs inconueniens, si remede n'y est mis: Ordonnons que doresnauant tous iceux Sergens seruiront, & feront residence audit Hostel, & se proportionneront par mois ou par sepmaines, tellement que chacun iour deux desdits Sergens dudit parlouër aux Bourgeois, & vn desdits quatre Sergens de ladite marchandise, seront audit Hostel, depuis le matin iusques au disner, & depuis disner iusques au soir, pour soy employer où il appartiendra. Et seront tenus ceux qui deuront seruir, au commencement du mois, ou de la sepmaine, d'eux aller faire enregistrer par deuers le Clerc de ladite Ville, à fin qu'on sçache ceux qui deuront seruir. Et iceluy d'eux qui defaudra à seruir à son tour, payera pour chacun iour vingt sols parisis d'amende, & autant, s'il ne se fait enregistrer. Et s'il aduient qu'aucuns d'eux seruent durant les mois ou sepmaines de leurs compagnons, pourtant ils ne seront pas excusez de seruir quand leur mois ou sepmaine escherra, & si iceux Sergens sont negligens d'eux ainsi proportionner, parquoy il y ait faute de seruir par la maniere dessusdite: ils payeront conjoinctement dix liures parisis d'amende pour chacune fois: & en seront executez & poursuiuis, & chacun pour le tout.

LE TRENTEQVATRE CHAPITRE CONTIENT LE FAIT ET EXERCICE des Maistres des Ponts de Paris.

Le nombre & charge desdits Maistres.

ARTICLE PREMIER.

Article I. Il en est encores ainsi.

ET PREMIEREMENT, En la Ville de Paris y aura deux Maistres des Ponts de ladite Ville, pour monter & aualer les nefs, Bateaux & vaisseaux, tant montans que deualans par dessus lesdits Ponts de Paris: sans ce qu'aucun autre se puisse entremettre de faire l'Office desdits Maistres: Sur peine d'amende arbitraire.

De la donation & information desdits Offices.

Article 2. Ceux qui se presétent pour faire la charge de Maistres des Ponts, doiuent estre plus habiles que les autres Voicturiers.

II. ITEM, Quand ledit Office vacquera, lesdits Preuost des Marchands & Escheuins le donneront à homme, qui par information deüement faite sera trouué estre de bonne vie, renommée, & honneste conuersation, sans aucun blasme ou reproche, & habile, suffisant, & idoine pour iceluy Office exercer: prins par l'eslection de bons Marchands, Voicturiers, Marõniers & preudebacheliers, tant des riuieres de Seine la vieille, d'Yonne, de Marne, comme d'Oyse, de la Ville de Rouën, & de toutes les riuieres, & pays d'aual, & d'amont l'eau, lesquels seront examinez particulierement sur ce. Et sera l'vn desdits Maistres, du pays d'amont: & l'autre, du pays d'aual ladite riuiere.

Le serment desdits Maistres.

III. ITEM, Quand on instituëra aucun audit Office de Maistrise, il fera serment, que bien loyaument & diligemment il exercera iceluy Office, en sa personne: & gardera les Ordonnances faites, tant sur ledit Office, que sur la marchandise de l'eau: & que s'il sçait chose qui soit faite au prejudice des priuileges, franchises & libertez de ladite Ville, & marchandise, ny aussi contre les Ordonnances d'icelle, incontinent il le fera sçauoir ausdits Preuost & Escheuins, ou au Procureur de la marchandise: & que de chose, dont la cognoissance leur appartienne, il ne mettra ou fera mettre aucun en cause ailleurs, que pardeuant eux: & obeyra à leurs commandemens: & ne prendra ny demandera plus grand salaire que celuy qui est ordonné pour ledit Office exercer.

Comment ils doiuent estre presentez.

IIII. ITEM, Et apres ce qu'il sera institué, ou aura fait ledit serment, il sera presenté & mis en possession dudit Office, par l'vn des Sergens de ladite Preuosté & Escheuinage, que lesdits Preuost & Escheuins voudront à ce commettre: qui aura pour ce faire, deux sols parisis seulement. Et ce fait, il fera continuëlle residence, & prendra garde soigneusement quand il viendra aucunes nefs ou Bateaux, tant pour monter, comme pour aualler: à fin que les Marchands ne musent, & qu'ils soient diligemment expediez & passez.

Salaire de quarante Tonneaux, & au dessus.

v. ITEM, Lesdits Maistres auront pour leur salaire pour chacune nef ou Batel chargé de denrées & Marchandises qui aualleront, portant le poix ou pesant de quarante Tonneaux de Vin, & au dessus, iusques à soixante Tonneaux, trente cinq sols parisis.

Salaire de quarante Tonneaux, & au dessous.

vi. ITEM, D'vn Batel portant le poix ou pesant de quarante Tonneaux de Vin, & au dessous, trente sols parisis.

Salaire de soixante Tonneaux iusques à quatre-vingts.

vii. ITEM, D'vn Batel portant le poix ou pesant de soixante Tonneaux de Vin, iusques à quatre-vingts, quarante sols parisis.

Salaire de quatre vingts Tonneaux, iusques à cent.

viii. ITEM, D'vn Batel portant le poix ou pesant de quatre-vingts Tonneaux iusques à cent, cinquante sols parisis.

Salaire de cent Tonneaux, iusques à six vingts.

ix. ITEM, De chacune nef ou Batel chargé portant le poix ou pesant de cent Tonneaux de Vin, iusques à six vingts, qui monteront contremont la riuiere de Seine, par dessous lesdits ponts de Paris, quatre liures dix sols parisis.

Article 5. iusques au 9. Les salaires des Maistres des Ponts ont esté augmentez par le temps, & sont à present payez à raison de douze liures dix sols pour cent muids de Vin passant dessous les Pōts; & sont obligez à tous les frais, mesmes de trauailler à leurs risques.

Salaire du Sel.

x. ITEM, Lesdits Maistres auront pour chacun muy de Sel és nefs ou Bateaux qui monteront, moyennant ce qu'ils auront vn bon fort Batel pour faire les montages qu'ils feront, & qui sera leur propre, pour chacun muy deux sols parisis.

Article 10. Ce sont à present les Adjudicataires du Sel qui payent les Maistres des Ponts, à raison de 23. sols pour le montage de chacun muid de Sel, suiuant l'accord par escrit qu'ils ont fait ensemble le 6. May 1642.

De la Flette qu'ils doiuent auoir.

xi. ITEM, Et auec ce auront vne bonne Flette, bien equippée, qui sera leur propre, & bien garnie de huit auirons, bons & suffisans pour faire lesdites besongnes aualans, & aussi pour porter les filets appellez la Thonée, * pour lesdits labourages faire, tant en montant & aualant lesdites nefs, bateaux & vaisseaux, comme autrement.

* Thonée est vne corde, à present appellée Hunne, qui sert au montage des batteaux.

Comment ils sont tenus de payer leurs aydes.

xii. ITEM, Parmy ledit salaire ils payeront du leur tous ceux qu'il conuiendra auoir auecques eux, pour faire lesdits montages, & aualages.

Comment ils doiuent remonter les Bateaux vuides.

xiii. ITEM, Quand ils auront aualé aucunes nefs ou Bateaux par dessous lesdits Ponts, pour Marchands ou autres Forains, & apres ce qu'ils auront esté deschargez, lesdits Marchands les ameneront à Paris pour estre remontez au dessus desdits Ponts: iceux Forains les ameneront & fermeront au pel le Roy, & là lesdits Maistres les prendront, & remonteront parmy lesdits prix au dessus desdits Ponts iusques en l'Isle aux iaueaux, ou ailleurs au dessous de ladite Isle. Et quand lesdits Maistres aualeront aucunes nefs ou Bateaux pour marchands & Bourgeois de Pa-

Article 13. La maniere de remonter les batteaux vuides est icy representée; l'Isle aux Iaueaux, à present nommée l'Isle Nostre Dame.

ris, & ils seront deschargez, soit à l'Escole saint Germain, aux Tuilleries, au port de Nesle, ou ailleurs enuiron, ils seront tenus de les prendre où ils seront, pour remonter au dessus desdits Ponts, & les mener iusques à ladite Isle, ou és lieux esquels ils les auront prins pour les aualer, parmy les prix dessusdits, pourueu qu'ils seront vuides: s'ils sont chargez, ils en auront au feur l'emplage des prix dessusdits & declarez.

De non eux marchander, ny estre voicturiers.

Article 14. Les Offices de Maistre des Ponts requierent residence, & partant ne doiuent faire marchandise, ny voicturer.

XIIII. ITEM, Lesdits Maistres ne seront voicturiers, ny marchanderont, ny feront marchander, pour eux ny à leur profit, de marchandise ny de voictures esdites riuieres. Et si ne seront Tauerniers, sinon du vin cru en leurs heritages: Sur peine de perdre la marchandise, & d'amende arbitraire.

De non labourer s'ils ne sont deux ensemble.

XV. ITEM, Ils seront tousiours deux ensemble és montages & aualages qui seront à faire, si ce n'est par necessité de maladie: auquel cas celuy qui sera malade, querra vne autre personne aussi suffisant comme luy, ou au moins le plus suffisant Voicturier qu'il pourra trouuer, pour faire iceux montages & aualages auec son compagnon: Sur peine de dix liures parisis d'amende.

LE TRENTE-CINQ CHAPITRE CONTIENT LE FAIT ET EXERCICE de l'Office de Maistrise du Pont de Poissy.

De l'Office & Charge desdits Maistres.

ARTICLE PREMIER.

PREMIEREMENT, Au pont de Poissy aura vn Maistre de Pont, pour monter les bateaux vuides & chargez, passans par ledit pont : sans ce que autre se puisse entremettre de faire l'Office dudit Maistre : Sur peine d'amende arbitraire.

De la donation dudit Office.

II. ITEM, Quand ledit Office sera vacquant, lesdits Preuost & Escheuins le donneront à homme, qui par information sera trouué estre de bonne vie, renommée, & honneste conuersation, sans aucun blasme ou reproche, & habile, suffisant & idoine pour ledit Office exercer : prins par l'eslection des bons marchands, Voicturiers, Maronniers, & preude-bacheliers du pays d'aual l'eau.

Du serment d'iceluy Maistre.

III. ITEM, Quand on instituera aucun audit Office, il fera serment que bien loyalement, & diligemment il exercera ledit Office en sa personne : & gardera les Ordonnances faites, tant sur ledit Office, que sur la marchandise de l'eau : & que s'il sçait chose qui soit faite contre, ny au prejudice des priuileges, libertez, & franchises de ladite Ville, & Marchandise, & aussi contre les Ordonnances d'icelle, incontinent il le fera sçauoir ausdits Preuost & Escheuins, ou au Procureur de la marchandise : & que de chose, dont la cognoissance appartienne ausdits Preuost & Escheuins, il ne mettra ou fera mettre aucun en cause ailleurs, que par deuant eux : & obeyra à leurs commandemens : & ne prendra ny demandera plus grand salaire, que celuy qui est ordonné.

Comment il doit estre presenté.

IV. ITEM, Et apres qu'il sera institué, & qu'il aura fait ledit serment, il sera presenté sur ledit lieu, & mis en possession dudit Office, par l'vn des Sergens de ladite Preuosté & Escheuinage, que lesdits Preuost & Escheuins voudront à ce commettre : qui aura pour ce faire, pour chacun iour qu'il y vacquera, pour son salaire & despens, dix sols parisis.

Comment il doit faire residence : Et du salaire qu'il doit auoir.

V. ITEM, Et fera continuelle residence sur ledit lieu, & aura pour son salaire pour chacun batel monter contremont l'arche du port dudit lieu de Poissy, sans rien bailler, fors sa peine, seize deniers parisis. Et des

ARTICLE 5. Le Maistre du Pont de Poissi à pour salaire cinq

sols parisis pour courbe de cheuaux montans.

bateaux aualans, il ne les aualera point, s'il ne plaist aux Maronniers. Et au cas que les eaux seront trop grandes, & que le Maronnier ne sera pas seur pour mener la nef ou batel, ledit Maistre le conduira : c'est à sçauoir, les aualant iusques au pont de Mente, & les montant iusques où ils verront qu'il en sera necessité: parmy luy payant prix raisonnable.

LE TRENTE-SIX CHAPITRE CONTIENT LE FAIT ET EXERCICE de l'Office de Maistrise du Pont de Mente.

De l'Office & Charge dudit Maistre.

ARTICLE PREMIER.

ET PREMIEREMENT, A Mente y aura vn Maistre de pont pour monter les nefs & Bateaux vuides & chargez, passans par dessous le pont dudit lieu: sans ce qu'aucun autre se puisse entremettre de faire l'Office dudit Maistre: Sur peine d'amende arbitraire.

De la donation & information dudit Office.

II. ITEM, Quand ledit Office sera vacquant, lesdits Preuost des Marchands & Escheuins le donneront à homme, qui par information deuëment faite sera trouué estre de bonne vie, renommée, & honneste conuersation, sans aucun blasme ou reproche, habile, suffisant, & idoine pour ledit Office exercer: prins par l'essection de bons Marchands, Voicturiers, Maronniers, & preudebacheliers, du pays d'aual l'eau.

Le serment d'iceluy Maistre.

III. ITEM, Quand on instituëra aucun audit Office, il fera serment, que bien, loyaument & diligemment il exercera ledit Office, en sa personne: & gardera les Ordonnances faites, tant sur ledit Office, comme sur le fait de la marchandise de l'eau: & que s'il sçait chose, qui soit faite au prejudice des priuileges, libertez, & franchises de ladite Ville, & aussi contre les Ordonnances d'icelle, incontinent il le fera sçauoir ausdits Preuost & Escheuins, ou au Procureur de la marchandise: & que de chose, dont la cognoissance appartienne ausdits Preuost & Escheuins, il ne mettra ou fera mettre aucun en cause ailleurs, que pardeuant eux: & obeyra à leurs commandemens: & ne prendra ny demandera plus grand salaire que celuy qui est ordonné.

Comment il doit estre presenté.

IIII. ITEM, Et apres qu'il sera institué audit Office, & qu'il aura fait ledit serment, il sera presenté sur ledit lieu, & mis en possession d'iceluy Office, presens Marchands & Voicturiers, par l'vn des Sergens de ladite Preuosté & Escheuinage, que lesdits Preuost & Escheuins voudront à ce commettre: qui aura pour ce faire, pour chacun iour qu'il y vacquera, pour son salaire & despens, dix sols parisis.

Comment il doit faire residence: & du salaire qu'il doit auoir.

V. ITEM, Fera continüelle residence sur ledit lieu, & aura pour chacun batel monter contremont l'arche dudit pont de Mente, soit vuide ARTICLE 5. Le Maistre du Pont de Mente à pour droict de chacune courbe de cheuaux cinq sols.

ou chargé, sans rien bailler, fors sa peine seulement, seize deniers parisis: & des bateaux aualans, il ne les aualera point, s'il ne plaist aux Maronniers. Et au cas que les eaux seront trop grandes, & que les Maronniers ne seront pas assez seurs pour mener les nefs ou bateaux, ledit Maistre les conduira: c'est à sçauoir, les aualant iusques au pont de Vernon, & les montant iusques où ils verront qu'il en sera necessité: parmy luy payant prix raisonnable.

LE TRENTE-SEPT CHAPITRE CONTIENT LE FAIT ET EXERCICE de l'Office de Maistrise du Pont de Vernon.

De l'Office & Charge desdits Maistres.

ARTICLE PREMIER.

ET PREMIEREMENT, A Vernon y aura vn Maistre de pont, pour monter les nefs & Bateaux vuides & chargez, passans par dessous le pont dudit lieu: sans ce qu'aucun autre se puisse entremettre de faire l'Office dudit Maistre: Sur peine d'amende arbitraire.

De la donation dudit Office.

II. ITEM, Quand ledit Office sera vacquant, lesdits Preuost & Escheuins le donneront à homme, qui par information deuëment faite sera trouué estre homme de bonne vie, renommée, & honneste conuersation, sans aucun blasme ou reproche, habile, suffisant, & idoine pour iceluy Office exercer: prins par l'eslection de bons Marchands, Maronniers, Voicturiers, & preudebacheliers, du pays d'aual l'eau.

Le serment d'iceluy Maistre.

III. ITEM, Quand on instituera aucun audit Office, il fera serment, que bien, loyaument & diligemment il exercera ledit Office, en sa personne: & gardera les Ordonnances faites, tant sur ledit Office, comme sur le fait de la marchandise de l'eau: & que s'il sçait chose, qui soit faite au prejudice des priuileges, libertez, & franchises de ladite Ville, & Marchandise, & aussi contre les Ordonnances d'icelle, incontinent il le fera sçauoir ausdits Preuost & Escheuins, ou au Procureur de la marchandise: & que de chose, dont la cognoissance leur appartienne, il ne mettra ou fera mettre aucun en cause ailleurs, que pardeuant eux: & obeyra à leurs commandemens: & ne prendra ny demandera plus grand salaire que celuy qui est ordonné pour ledit Office faire & exercer.

Comment il doit estre presenté.

IIII. ITEM, Et apres ce qu'il sera institué audit Office, & qu'il aura fait ledit serment, il sera presenté sur ledit lieu, & mis en possession dudit Office, par l'vn des Sergens de ladite Preuosté & Escheuinage, que lesdits Preuost & Escheuins voudront à ce commettre: qui aura pour ce faire, pour chacun iour qu'il y vacquera, pour son salaire & despens, dix sols parisis.

De la residence qu'il doit faire: & du salaire qu'il doit auoir.

V. ITEM, Il fera continuelle residence sur ledit lieu, pour monter les bateaux qui seront à monter: & prendra pour son salaire pour chacun batel monter, seize deniers parisis, sans rien mettre, fors seulement sa peine.

Des lieux où il doit conduire les Bateaux, tant montans comme aualans.

ARTICLE 6. Le Maistre des Ponts de Vernon à droict de cinq sols pour chacune courbe de cheuaux.

VI. ITEM, Quand aucuns bateaux aualeront par dessous ledit pont, ceux à qui ils seront, ne les feront point aualler par ledit Maistre, s'il ne leur plaist. Et s'il y à aucuns bateaux, tant montans comme auallans, passans par ledit pont, où il y ayt aucun Maronnier qui ne soit pas assez seur, ou que par grandes eaux on se doute qu'incontinent s'en puisse ensuiuir, iceluy Maistre les conduira; c'est à sçauoir, les auallant iusques au pertuis de Combarbe,* si mestier en est: & les montant iusques au pont de Mente, ou iusques en tel lieu qu'ils verront qu'il en sera necessité: en luy payant salaire competant selon le fardeau.

* Le Pertuis de Combarbe est à deux lieuës de Vernon.

LE TRENTE-HVIT CHAPITRE CONTIENT LE FAIT ET EXERCICE DE l'Office de Maistrise du pertuis de Combarbe.

De l'Ofice & Charge dudit Maistre.

ARTICLE PREMIER.

T PREMIEREMENT, A Combarbe y aura vn Maistre qui sera appellé le Maistre du pertuis de Combarbe, lequel pertuis est au dessous du chastel du Goulet, par où passent les bateaux, tant chargez comme vuides, en especial quand les eaux sont basses: & ne s'entremettra aucun de faire l'Office dudit Maistre: Sur peine d'amende arbitraire.

De la donation dudit Office.

II. ITEM, Quand ledit Office sera vacquant, lesdits Preuost & Escheuins le donneront à homme, qui par information deuëment faite sera trouué estre de bonne vie, renommée, & honneste conuersation, sans aucun blasme ou reproche, habile, suffisant & idoine pour ledit Office exercer: prins par l'eslection des bons Marchands, Voicturiers, Maronniers, & preudebacheliers du païs d'aual l'eau.

Du serment d'iceluy Maistre.

III. ITEM, Quand on instituëra aucun audit Office, il fera serment que bien loyalement, & diligemment il exercera ledit Office en sa personne: & gardera les Ordonnances faites, tant sur ledit Office, comme sur le fait de la marchandise de l'eau: & que s'il sçait chose qui soit faite au prejudice des priuileges, libertez, & franchises de ladite Ville, & Marchandise, & aussi contre les Ordonnances d'icelle, incontinent il le fera sçauoir ausdits Preuost & Escheuins, ou au Procureur de la marchandise: & que de chose, dont la cognoissance appartienne à iceux Preuost & Escheuins, il ne mettra aucun en cause ailleurs, que pardeuant eux: & obeyra à leurs commandemens: & ne prendra ny demandera plus grand salaire, que celuy qui est ordonné pour ledit Office exercer.

Comment il doit estre presenté.

IV. ITEM, Et apres ce qu'il sera institué, & aura fait ledit serment, il sera presenté & mis en possession dudit Office, par l'vn des Sergens de ladite Preuosté & Escheuinage, que lesdits Preuost & Escheuins voudront à ce commettre: qui aura pour ce faire, pour chacun iour qu'il y vacquera, pour son salaire & despens, dix sols parisis.

De la residence & salaire dudit Maistre.

V. ITEM, Celuy Maistre fera residence continuelle sur ledit lieu: & aura pour son salaire, sans rien querir ny bailler fors sa peine seulement, pour chacun batel montant par iceluy pertuis, & pour le conduire iusques à ladite tour du Goulet, douze deniers parisis.

ARTICLE 5. Le Maistre du Pertuis de Combarbe est payé à raison de cinq sols pour courbe de cheuaux.

LE TRENTE-NEVF CHAPITRE

CONTIENT LE FAIT ET EXERCICE de l'Office de Maistrise du pertuis de Poses.

De l'Office & charge dudit Maistre.

ARTICLE PREMIER.

Poses, est au dessus du Pont de l'Arche.

ET PREMIEREMENT, A Poses y aura vn Maistre du pertuis dudit lieu, par lequel pertuis passent & repassent les bateaux tant chargez comme vuides, & tant montans comme aualans: & ne s'entremettra aucun de faire l'Office d'iceluy Maistre: Sur peine d'amende arbitraire.

De la donation dudit Office.

II. ITEM, Quand ledit Office sera vacquant, lesdits Preuost & Escheuins le donneront à homme, qui par information deüement faite sera trouué estre de bonne vie, renommeé, & honneste conuersation, sans aucun blasme, ou reproche, habile, suffisant, & idoine pour ledit Office exercer: prins par l'eslection des bons Marchands, Voicturiers, Maronniers, & prudebacheliers, du pays d'aual l'eau.

Du serment d'iceluy Maistre.

III. ITEM, Quand on instituëra aucun audit Office, il fera serment que bien loyaument & diligement il exercera ledit Office en sa personne: & gardera les Ordonnances faites tant sur ledit Office, comme sur le fait de la marchandise de l'eau: & que s'il sçait chose qui soit faite au prejudice des priuileges, libertez, & franchises de ladite Ville & marchandise, & aussi contre les Ordonnances d'icelle, incontinent il le fera sçauoir ausdits Preuost & Escheuins, ou au Procureur de la Marchandise: & que de chose dont la cognoissance appartienne à iceux Preuost & Escheuins, il ne mettra ny fera mettre aucun en cause ailleurs, que pardeuant eux: & obeyra à leurs commandemens: & ne prendra ny demandera plus grand salaire, que celuy qui est ordonné pour ledit Office exercer.

Comment il doit estre presenté.

IV. ITEM, Et apres ce qu'il sera institué audit Office, & qu'il aura fait ledit serment, il sera presenté sur ledit lieu, & mis en possession dudit Office, par l'vn des Sergens de ladite Preuosté & Escheuinage, que lesdits Preuost & Escheuins voudront à ce commettre: qui aura pour ce faire, pour chacun iour qu'il y vacquera, pour son salaire & despens, dix sols parisis.

De la residence, & salaire dudit Maistre.

ARTICLE 5. Le Maistre du Pertuis de Poses est payé à raison de cinq sols tournois pour courbe de cheuaux.

V. ITEM, Fera continüelle residence: & aura pour son salaire, pour chacun bateau montant, pour sa peine seulement, seize deniers parisis: & parmy ce querra des cheuaux, s'aucuns en faut de secours, aux despens des Marchands ou Voicturiers passans par ledit lieu: & si mestier est, aydera aux montans à chasser les cheuaux: & les conduira si mestier est, jusques au Bras Agnes, qui est au bout de ladite Ville, si mestier en ont.

LE QVARANTE

LE QVARANTE CHAPITRE CONTIENT LE FAIT ET EXERCICE l'Office de Maistrise du Pont de l'Arche.

De l'Office & Charge dudit Maistre.

ARTICLE PREMIER.

PREMIEREMENT, Au pont de l'Arche y aura vn Maistre, qui sera nommé le Maistre du Pont de l'Arche, lequel portera les cordes & filets aux vaisseaux montans par ledit lieu. Et ne s'entremettra aucun de faire l'Office d'iceluy Maistre: Sur peine d'amende arbitraire.

De la donation dudit Office.

II. ITEM, Quand ledit Office sera vacquant, lesdits Preuost & Escheuins le donneront à homme, qui par information deuëment faite sera trouué estre de bonne vie, renommée, & honneste conuersation, sans aucun blasme, ou reproche, habile, suffisant, & idoine pour ledit Office exercer: prins par l'Eslection de bons Marchands, Voicturiers, Maronniers, & prudebacheliers du pays d'aual l'eau.

Du serment d'iceluy Maistre.

III. ITEM, Quand on instituëra aucun audit Office, il fera serment, que bien loyaument & diligemment il exercera ledit Office, en sa personne: & gardera les Ordonnances faites, tant sur ledit Office, comme sur le fait de la marchandise de l'eau: & que s'il sçait chose qui soit faite au prejudice des priuileges, libertez, & franchises de ladite Ville, & Marchandise, & aussi contre les Ordonnances d'icelle, incontinent il le fera sçauoir ausdits Preuost & Escheuins, ou au Procureur de la marchandise: & que de chose, dont la cognoissance appartienne ausdits Preuost & Eschevins, il ne mettra aucun en cause ailleurs, que pardeuant eux: & obeyra à leurs commandemens: & ne prendra ny demandera plus grand salaire, que celuy qui est ordonné pour ledit Office exercer.

Comment il doit estre presenté.

IV. ITEM, Et apres ce qu'il sera institué audit Office, & qu'il aura fait ledit serment, il sera presenté sur ledit lieu, & mis en possession dudit Office, par l'vn des Sergens de ladite Preuosté & Escheuinage, que lesdits Preuost & Escheuins voudront à ce commettre: qui aura pour ce faire, pour chacun iour qu'il y vacquera, pour son salaire & despens, dix sols parisis.

De la residence qu'il doit faire: Et de la flette qu'il doit auoir.

V. ITEM, Iceluy Maistre fera continuelle residence sur ledit lieu: & pour faire & exercer sondit Office, aura à ses propres cousts & despens vne bonne flette pour porter les chables & autres filets necessaires, pour les bateaux montans par ledit lieu: & aura trois bons compagnons, bien cognoissans au faict, à ses despens.

Le salaire d'iceluy Maistre.

Article 6. Le Maistre du Pont de l'Arche est payé à raison de cinq sols tournois pour courbe.

VI. ITEM, Aura pour son salaire, pour chacune nef ou batel montant du costé de deuers la Ville, pource qu'il n'y a point si grand labourage que deuers le chastel, trente-deux deniers tournois, pour luy & pour sesdits valets & flette: Et du costé deuers le chastel, quarante deniers tournois, pource qu'on y a plus de peine, & y faut plus de cheuaux & de gens, qu'il ne fait deuers ladite Ville. Et au cas que les eaux seront si fortes qu'il y faudra plus de gens que ledit Maistre ne doit bailler, iceluy Maistre les querra, & les Voicturiers payeront le pardessus.

LE QVARANTE-VN CHAPITRE CONTIENT LE FAIT ET EXERCICE de l'Office de Maistrise du Pont de Pontoyse.

De l'Office & Charge dudit Maistre.

ARTICLE PREMIER.

ET PREMIEREMENT, A Pontoyse y aura vn Maistre, qui sera appellé le Maistre du Pont de Pontoyse, lequel portera les hunes, cordes & filets des bateaux ou vaisseaux montans par ledit lieu. Et ne s'entremettra aucun de faire l'Office dudit Maistre: Sur peine d'amende arbitraire.

De la donation dudit Office.

II. ITEM, Quand ledit Office sera vacquant, lesdits Preuost & Escheuins le donneront à homme, qui par information sera trouué estre de bonne vie, renommée, & honneste conuersation, sans aucun blasme ou reproche, habile, suffisant & idoine pour ledit Office exercer: prins par l'eslection des bons Marchands, Voicturiers, Maronniers, & preudebacheliers du païs d'aual l'eau.

Le serment d'iceluy Maistre.

III. ITEM, Quand on instituera aucun audit Office, il fera serment que bien loyaument, & diligemment il exercera ledit Office en sa personne: & gardera les Ordonnances faites, tant sur ledit Office, comme sur le faict de la marchandise de l'eau: & que s'il sçait chose qui soit faite au prejudice des priuileges, libertez & franchises de ladite Ville & marchandise, & aussi contre les Ordonnances d'icelle, incontinent il le fera sçauoir ausdits Preuost & Escheuins, ou au Procureur de la marchandise: & que de chose, dont la cognoissance appartienne ausdits Preuost & Escheuins, il ne mettra ou fera mettre aucun en cause ailleurs, que par deuant eux: & obeyra à leurs commandemens: & ne prendra ny demandera plus grand salaire que celuy qui est ordonné pour ledit Office exercer.

Comment il doit estre presenté.

IV. ITEM, Et apres ce qu'il sera institué audit Office, & qu'il aura fait le serment, il sera presenté & mis en possession dudit Office, sur ledit lieu, par l'vn des Sergens de ladite Preuosté & Escheuinage, que lesdits Preuost & Escheuins voudront à ce commettre: qui aura pour ce faire, pour chacun iour qu'il y vacquera, pour son salaire & despens, dix sols parisis.

De la residence, & salaire dudit Maistre.

V. ITEM, Iceluy Maistre fera continuelle residence sur ledit lieu, & aura vne bonne flette ou nasselle suffisante pour porter les chables, cordes

& filets pour monter lesdites nefs ou bateaux. Et quand les eaux seront trop grandes, & il y faudra auoir aydes, il les querra aux despens des Voicturiers: & aussi il fera finance de cheuaux, pour iceux bateaux monter: & aura pour sadite peine, de chacun bateau monter par ledit lieu, deux sols parisis.

Autre salaire des bateaux auallans.

Article 6. Le Maistre du Pont de Pontoise est payé à raison de cinq sols parisis pour courbe de cheuaux.

VI. ITEM, Iceluy Maistre, toutesfois qu'il viendra aucuns bateaux ou vaisseaux pour aualler ledit pont, ira au deuant iusques à la haye de Madré, qui est au dessus du Ponceau de la Royne, & entrera dedans pour aualler par dessous l'arche dudit pont: où se tiendra sur terre pour ayder à les serrer, c'est à sçauoir, les dresser, quand ils seront pendans: & quand ils seront passez ladite arche, il les conduira iusques au dessous du port saint Martin par sur terre: & aura pour sa peine & salaire, pour batel deux sols parisis.

LE QVARANTE-DEVX CHAP.

CONTIENT LE FAIT ET EXERCICE de l'Office de Maistrise du Pont de l'Isle-Adam.

De l'Office & Charge dudit Maistre.

ARTICLE PREMIER.

ET PREMIEREMENT, A l'Isle-Adam y aura vn Maistre, appellé le Maistre du Pont de l'Isle-Adam : pour aller au deuant des bateaux montans, lesquels on voudra passer par dessous iceluy pont, & pour porter les cordes & filets necessaires pour iceux bateaux monter par l'arche d'iceluy pont, & ne s'entremettra aucun autre de faire l'Office d'iceluy Maistre: Sur peine d'amende arbitraire.

De la donation dudit Office.

II. ITEM, Quand ledit Office sera vacquant, lesdits Preuost & Escheuins le donneront à homme, qui par information deuëment faite sera trouué estre de bonne vie, renommée, & honneste conuersation, sans aucun blasme ou reproche, habile, suffisant, & idoine pour iceluy Office exercer : prins par l'eslection des bons Marchands, Voicturiers, Maronniers, & preudebacheliers, du pays d'aual l'eau.

Le serment d'iceluy Maistre.

III. ITEM, Quand on instituëra aucun audit Office, il fera serment, que bien, loyaument & diligemment il exercera ledit Office, en sa personne : & gardera les Ordonnances faites, tant sur ledit Office, comme sur le fait de la marchandise de l'eau : & que s'il sçait chose, qui soit faite au preiudice des priuileges, libertez, & franchises de ladite Ville, & Marchandise, & aussi contre les Ordonnances d'icelle, incontinent il le fera sçauoir ausdits Preuost & Escheuins, ou au Procureur de la marchandise : & que de chose, dont la cognoissance appartienne ausdits Preuost & Escheuins, il ne mettra ou fera mettre aucun en cause ailleurs, que pardeuant eux : & obeyra à leurs commandemens : & ne prendra ny demandera plus grand salaire que celuy qui est ordonné.

Comment il doit estre presenté.

IV. ITEM, Et apres qu'il sera institué audit Office, & qu'il aura fait ledit serment, il sera mis en possession & presenté sur ledit lieu, par l'vn des Sergens de ladite Preuosté & Escheuinage, que lesdits Preuost & Escheuins voudront à ce commettre : qui pour ce faire aura, pour chacun iour qu'il y vacquera, pour son salaire & despens, dix sols parisis.

De la residence qu'il doit faire : & de l'exercice d'iceluy Office.

V. ITEM, Ledit Maistre fera residence audit lieu de l'Isle-Adam : &

quand il viendra aucuns bateaux montans, il ira au deuant iusques à vn fossé qui est au dessous dudit pont, & demandera aux Voicturiers vne bonne corde & forte, ou deux, si mestier est, selon que les eaux seront hautes & fortes, pour emboucher les bateaux dedans l'arche dudit Pont: & iceux liera en icelle: & ce fait il passera les bateaux tout outre, au dessus dudit Pont, iusques où besoing en sera: & auecques ce habillera ou fera habiller les cheuaux tirans iceux: & s'il a mestier d'ayde, il en querra aux despens desdits Voicturiers, ausquels appartiendront iceux bateaux montans. Et quant aux bateaux auallans, il n'y fera aucun exploict, & n'y aura aucun droict, pource qu'il n'en est point de necessité.

ARTICLE 6. Le Maistre du Pont de l'Isle-Adam à pour salaire cinq sols parisis.

Le salaire dudit Maistre.

VI. ITEM, Ledit Maistre aura pour son salaire pour chacun bateau montant, qui passera par dessous iceluy Pont, vn gros, ou seize deniers parisis.

LE QVARANTE-TROIS CHAP.

CONTIENT LE FAIT ET EXERCICE de l'Office de Maistrise du Pont de Beaumont sur Oyse.

De l'Office & charge dudit Maistre.

ARTICLE PREMIER.

PREMIEREMENT, A Beaumont sur Oyse y aura vn Maistre appellé le Maistre du Pont d'iceluy lieu: lequel ira au deuant des bateaux montans & aualans, qui voudront passer par dessous iceluy Pont: & portera certaines cordes appellées festes, & autres à ce necessaires, s'aucunes en y faut, pour lesdits bateaux monter & aualler: & ne s'entremettra aucun autre de faire l'Office d'iceluy Maistre: Sur peine d'amende arbitraire.

De la donation dudit Office.

II. ITEM, Quand ledit Office sera vacquant, lesdits Preuost & Escheuins le donneront à homme, qui par information deüement faite sera trouué estre de bonne vie, renommeé, & honneste conuersation, sans aucun blasme, ou reproche, habile, suffisant, & idoine pour ledit Office exercer: prins par l'eslection des bons Marchands, Voicturiers, Maronniers, & prudebacheliers, du pays d'aual l'eau.

Du serment d'iceluy Maistre.

III. ITEM, Quand on instituëra aucun audit Office, il fera serment que bien loyaument & diligément il exercera ledit Office en sa personne: & gardera les Ordonnances faites, tant sur ledit Office, comme sur le fait de la marchandise de l'eau: & que s'il sçait chose qui soit faite au prejudice des priuileges, libertez, & franchises de ladite Ville & marchandise, & aussi contre les Ordonnances d'icelle, incontinent il le fera sçauoir ausdits Preuost & Escheuins, ou au Procureur de la Marchandise: & que de chose, dont la cognoissance appartienne ausdits Preuost & Escheuins, il ne mettra ou fera mettre aucun en cause ailleurs, que par deuant eux: & obeyra à leurs commandemens: & ne prendra ny demandera plus grand salaire, que celuy qui est ordonné pour ledit Office exercer.

Comment il doit estre presenté.

IV. ITEM, Et apres ce qu'il sera institué audit Office, & aura fait ledit serment, il sera presenté sur ledit lieu, & mis en possession par l'vn des Sergens de ladite Preuosté & Escheuinage, que lesdits Preuost & Escheuins voudront à ce commettre: qui aura pour ce faire, pour chacun iour qu'il y vacquera, pour son salaire & despens, dix sols parisis.

De la residence: & de ce qu'il doit faire aux bateaux montans.

V. ITEM, Et ce fait, il fera residence audit lieu de Beaumont: & quand il suruiendra aucuns bateaux montans, il ira au deuant, iusques au dessous dudit pont: & demandera certaines cordes nommées festes, pour monter lesdits bateaux: & les embouchera dedans l'arche du Pont, & iceux fermera & liera à certains anneaux de fer estans en ladite arche. Et ce fait, il passera les hunes & filets à vn chableau au dessous dudit Pont, pour monter & passer lesdits bateaux tout outre iceluy Pont, iusques au lieu où besoin en sera: & auec ce habillera, ou fera habiller les cheuaux tirans iceux bateaux: & s'il a mestier d'aide, il en querra aux despens des Voicturiers, ausquels seront lesdits bateaux.

ARTICLE 6. Le Maistre du Pont de Beaumont sur Oyse, à pour salaire cinq sols parisis.

Salaire des bateaux montans.

VI. ITEM, Ledit Maistre aura pour chacun bateau ou vaisseau montant, & passant par dessous iceluy Pont (pource qu'il y a plus grande peine qu'au Pont precedant) deux sols parisis.

LE QVARANTE

LE QVARANTE-QVATRE CHAP. CONTIENT LE FAIT ET EXERCICE de l'Office de Maistrise du Pont de Créel.

De l'Office & Charge dudit Maistre.

ARTICLE PREMIER.

PREMIEREMENT, A Créel y aura vn Maistre, appellé le Maistre du Pont de Créel, pour monter & auallet les bateaux, tant montans comme auallans par dessous ledit Pont: sans ce qu'aucun autre se puisse entremettre de faire l'Office dudit Maistre: Sur peine d'amende arbitraire.

De la donation dudit Office.

II. ITEM, Quand ledit Office sera vacquant, lesdits Preuost & Escheuins le donneront à homme, qui par information deüement faite, sera trouué estre de bonne vie, renommée, & honneste conuersation, sans aucun blasme ou reproche, habile, suffisant, & idoine pour ledit Office exercer: prins par l'eslection des bons Marchands, Voicturiers, Maronniers, & preudebacheliers du païs d'aual l'eau.

Le serment d'iceluy Maistre.

III. ITEM, Quand on instituera aucun audit Office, il fera serment que bien loyaument, & diligemment il exercera ledit Office en sa personne: & gardera les Ordonnances faites, tant sur ledit Office, comme sur le faict de la marchandise de l'eau: & que s'il sçait chose qui soit faite au preiudice des priuileges, libertez & franchises de ladite Ville & marchandise, & aussi contre les Ordonnances d'icelle, incontinent il le fera sçauoir ausdits Preuost & Escheuins, ou au Procureur de la marchandise: & que de chose, dont la cognoissance appartienne à iceux Preuost & Escheuins, il ne mettra ou fera mettre aucun en cause ailleurs, que par deuant eux: & obeyra à leurs commandemens: & ne prendra ny demandera plus grand salaire que celuy qui est ordonné pour ledit Office exercer.

Comment il doit estre presenté.

IV. ITEM, Et apres ce qu'il sera institué audit Office, & qu'il aura fait ledit serment, il sera presenté sur le lieu, & mis en possession par l'vn des Sergens de ladite Preuosté & Escheuinage, que lesdits Preuost & Escheuins voudront à ce commettre: qui aura pour ce faire, pour chacun iour qu'il y vacquera, pour son salaire & despens, dix sols parisis.

De la residence, & exercice d'iceluy Office.

V. ITEM, Et ce fait, il sera continüelle residence audit lieu, pour iceluy Office exercer ainsi qu'il appartient. Et quand il suruiendra aucuns bateaux montans, il ira au deuant, & demandera deux cordes, appellées festes, pour les mettre & fermer dedans l'arche du Pont: & en iceux bateaux labourant pour les mener fermer en icelle arche, iceluy Maistre criera ou fera crier, c'est à sçauoir fermer vne hune au cul du batel pour le tenir, si mestier est, à ce qu'il n'aille trop fort, quand il entrera dans ladite arche, pour escheuer peril, ou dommage, ou autres inconueniens.

De l'exercice d'iceluy Office.

VI. ITEM, Et apres ce que lesdits bateaux montans, seront ainsi mis & fermez en ladite arche, iceluy Maistre ira passer les cordes ou filets necessaires, pour iceux bateaux monter & mettre tout contremont & au dessus dudit Pont: & les passera à vn chableau: & ce fait, habillera ou fera habiller les cheuaux tirans iceux bateaux contremont ladite riuiere: & si pour ce faire il a mestier d'aydes, il en prendra aux despens des Voicturiers, ausquels iceux bateaux seront.

Salaire des bateaux montans.

VII. ITEM, Aura & prendra pour son salaire, de chacun vaissel ou batel montant, & passant par ledit lieu & arche, deux sols parisis.

Salaire des bateaux auallans.

ARTICLE 8. Le Maistre du Pont de Créel à pour salaire cinq sols parisis pour courbe de cheuaux.

VIII. ITEM, Ira iceluy Maistre au deuant des bateaux venans aual ladite riuiere d'Oyse, pour passer par dessous ladite arche dudit Pont de Créel: c'est à sçauoir, iusques à la Bosse de Vaulx: & s'offrira d'entrer dedans iceux bateaux, pour les passer & mettre dessous ladite arche: ou se tiendra sur terre, & se fera bailler vne corde, pour iceux bateaux auallans serrer & les tenir droits, tellement qu'ils puissent passer ledit Pont seurement. Et pour ce faire aura pour son salaire, supposé qu'il n'y face rien que soy offrir, pour chacun batel auallant par dessous ledit Pont, deux sols parisis.

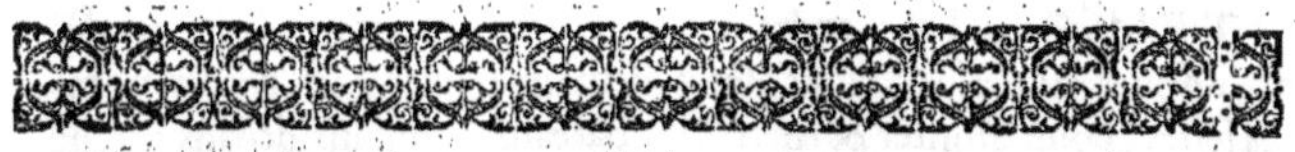

LE QVARANTE-CINQ CHAP.

CONTIENT LE FAIT ET EXERCICE de l'Office de Maistrise du Pont de Pons sainƈte-Messance.

De l'Office & charge dudit Maistre.

ARTICLE PREMIER.

ET PREMIEREMENT, Au Pont sainƈte-Messance aura vn Maistre, appellé le Maistre du Pont d'iceluy lieu, lequel ira au deuant des bateaux montans & aualans par dessous iceluy Pont: & portera certaines cordes appellées festes, & autres si aucunes en faut, pour monter & aualer les bateaux passans par l'arche dudit Pont: sans ce qu'aucun autre se puisse entremettre de faire l'Office d'iceluy Maistre: Sur peine d'amende arbitraire.

De la donation dudit Office.

II. ITEM, Quand ledit Office sera vacquant, lesdits Preuost & Escheuins le donneront à homme, qui par information deüement faite sera trouué estre de bonne vie, renommée, & honneste conuersation, sans aucun blasme, ou reproche, habile, suffisant, & idoine pour ledit Office exercer: prins par l'eslection de bons Marchands, Voicturiers, Maronniers, & prudebacheliers, du pays d'aual l'eau.

Du serment d'iceluy Maistre.

III. ITEM, Quand on instituera aucun audit Office, il fera serment que bien loyaument & diligemment il fera & exercera ledit Office en sa personne: & gardera les Ordonnances faites, tant sur ledit Office, comme sur le faiƈt de la marchandise de l'eau: & que s'il sçait chose qui soit faite au prejudice des priuileges, libertez, & franchises de ladite Ville & marchandise, & aussi contre les Ordonnances d'icelle, incontinent il le fera sçauoir ausdits Preuost & Escheuins, ou au Procureur de la Marchandise: & que de chose, dont la cognoissance appartienne ausdits Preuost & Escheuins, il ne mettra ou fera mettre aucun en cause ailleurs, que pardeuant eux: & obeyra à leurs commandemens: & ne prendra ny demandera plus grand salaire, que celuy qui est ordonné pour ledit Office exercer.

Comment il doit estre presenté.

IV. ITEM, Et apres ce qu'il sera institué, & aura fait ledit serment, il sera presenté sur le lieu, & mis en possession par l'vn des Sergens de ladite Preuosté & Escheuinage, que lesdits Preuost & Escheuins voudront à ce commettre: qui aura pour ce faire, pour chacun iour qu'il y vacquera, pour son salaire & despens, dix sols parisis.

Salaire des bateaux montans : & de ce qu'il y doit faire.

v. ITEM, Quand il viendra aucuns bateaux montans, il ira au deuant, iusques au dessous dudit Pont, demander certaines cordes nommées festes, pour monter & mettre les bateaux montans dedans l'arche d'iceluy Pont, & iceux liera & fermera à certains anneaux de fer estans dedans ladite arche : Et ce fait, il passera les hunes & filets, & vn chableau au dessus dudit Pont, pour monter & passer lesdits bateaux tout outre au dessus d'iceluy, iusques là où besoin & necessité en est : & auecques ce habillera, ou fera habiller les cheuaux tirans iceux bateaux : & s'il a mestier d'aide, il en prendra & querra aux despens des Voicturiers, ausquels seront iceux bateaux montans. Et pour faire ce que dit est, aura pour son salaire, pour chacun bateau ou vaisseau montant, qui passera par dessous iceluy Pont, seize deniers parisis.

Salaire des bateaux auallans : & du labourage qu'il y doit faire.

Article 6. Le Maistre du Pont de Sainte-Messance, à pour salaire cinq sols parisis pour chacune courbe de cheuaux.

vi. ITEM, Iceluy Maistre, toutesfois qu'il suruiendra aucuns bateaux ou vaisseaux aualans, pour passer par dessous ledit Pont, ira au deuant d'eux, & s'offrira d'entrer dedans pour les passer l'arche d'iceluy Pont : ou se tiendra sur terre, pour se faire bailler vne corde, pour iceux bateaux auallans serrer : c'est à sçauoir, les tenir droits, à ce qu'ils puissent passer seurement par icelle arche du Pont dessus dit. Toutesfois ne seront point les Voicturiers astrains, que ledit Maistre y face aucun labourage, s'il ne leur plaist, & au cas qu'ils soient d'accord : & quand il les aualera au dessous dudit Pont, il en aura seize deniers parisis : & s'il ne les fait que serrer au long de terre, il n'aura que huit deniers parisis.

LE QVARANTE-SIX CHAP.

CONTIENT LE FAIT ET EXERCICE de l'Office de Maiſtriſe du Pont de Compiegne.

De l'Office & Charge dudit Maiſtre.

ARTICLE PREMIER.

ET PREMIEREMENT, A Compiegne y aura vn Maiſtre de Pōt, appellé le Maiſtre du Pont de Compiegne, lequel fera certains labourages aux bateaux ou vaiſſeaux qui paſſeront par l'arche d'iceluy Pont, en montant contremont la riuiere d'Oyſe: ſans ce qu'aucun autre ſe puiſſe entremettre d'exercer l'Office d'iceluy Maiſtre: Sur peine d'amende arbitraire.

De la donation dudit Office.

II. ITEM, Quand ledit Office ſera vacquant, leſdits Preuoſt & Eſcheuins le donneront à homme, qui par information deuëment faite ſera trouué eſtre de bonne vie, renommée, & honneſte conuerſation, ſans aucun blaſme ou reproche, habile, ſuffiſant, & idoine pour ledit Office exercer: prins par l'eſlection de bons Marchands, Voicturiers, Maronniers, & preudebacheliers, du pays d'aual l'eau.

Le ſerment d'iceluy Maiſtre.

III. ITEM, Quand on inſtituëra aucun audit Office, il fera ſerment, que bien, & loyaument & diligēment il exercera ledit Office, en ſa perſonne: & gardera les Ordonnances faites, tant ſur ledit Office, comme ſur le fait de la marchandiſe de l'eau: & que s'il ſçait choſe, qui ſoit faite au prejudice des priuileges, libertez, & franchiſes de ladite Ville, & Marchandiſe, & auſſi contre les Ordonnances d'icelle, incontinent il le fera ſçauoir auſdits Preuoſt & Eſcheuins, ou au Procureur de la marchandiſe: & que de choſe, dont la cognoiſſance appartienne auſdits Preuoſt & Eſcheuins, il ne mettra ou fera mettre aucun en cauſe ailleurs, que pardeuant eux: & obeyra à leurs commandemens: & ne prendra ny demandera plus grand ſalaire que celuy qui eſt ordonné pour ledit Office exercer.

Comment il doit eſtre preſenté.

IV. ITEM, Quand il ſera inſtitué audit Office, & qu'il aura fait ledit ſerment, il ſera preſenté & mis en poſſeſſion audit lieu, par l'vn des Sergens de ladite Preuoſté & Eſcheuinage, que leſdits Preuoſt & Eſcheuins voudront à ce commettre: qui aura pour ce faire, pour chacun iour qu'il y vacquera, pour ſon ſalaire & deſpens, dix ſols pariſis.

De la reſidence qu'il doit faire: & du ſalaire qu'il doit auoir.

V. ITEM, Et ce fait, il fera continuelle reſidence ſur ledit lieu: &

Pont de Compiegne, à pour salaire cinq sols parisis pour chacune courbe de cheuaux.

quand il suruiendra aucuns bateaux montans, il ira au deuant, & demandera vne hune ou deux, selon ce que l'eau est forte, & icelles passera l'arche pour tirer les bateaux contremont, & aussi habillera les cheuaux: & s'il a mestier d'aydes, il en querra aux despens des Voicturiers, ausquels seront iceux bateaux. Et aura pour chacun batel ou vaissel montant, passant par dessous l'arche en montant contremont ladite riuiere d'Oyse, huit deniers parisis.

LE QVARANTE-SEPT CHAP. CONTIENT LE FAIT ET EXERCICE de l'Office de Chableur du Pont de Corbeil.

De l'Office & charge dudit Maistre.

ARTICLE PREMIER.

ET PREMIEREMENT, A Corbeil y aura vn Chableur du Pont d'iceluy lieu, lequel ira au deuant des bateaux montans ledit lieu, querir les hunes, cordes & filets necessaires, pour iceux bateaux monter & passer par dessous ledit Pont, selon ce que cy-apres sera declaré. Et ne s'entremettra aucun autre d'exercer l'Office d'iceluy Maistre : Sur peine d'amende arbitraire.

ARTICLE I. Ceux qui trauaillent au dessus des Ponts de Paris pour le montage des bateaux, sont appellez Chableurs, à cause des chables, cordes, hunes, & filets necessaires à leur exercice.

De la donation dudit Office.

II. ITEM, Quand ledit Office sera vacquant, lesdits Preuost & Escheuins le donneront à homme, qui par information deüement faite sera trouué estre de bonne vie, renommée, & honneste conuersation, sans aucun blasme, ou reproche, habile, suffisant, & idoine pour ledit Office exercer : prins par l'eslection des bons Marchands, Voicturiers, Maronniers, & prudebacheliers, du pays d'amont l'eau.

Du serment d'iceluy Maistre.

III. ITEM, Quand on instituëra aucun audit Office, il fera serment que bien loyalement & diligément il exercera ledit Office en sa personne: & gardera les Ordonnances faites, tant sur ledit Office, comme sur le fait de la marchandise de l'eau : & que s'il sçait chose qui soit faite au prejudice des priuileges, libertez, & franchises de ladite Ville & marchandise, & aussi contre les Ordonnances d'icelle, incontinent il le fera sçauoir ausdits Preuost & Escheuins, ou au Procureur de la Marchandise : & que de chose, dont la cognoissance leur appartienne, il ne mettra ou fera mettre aucun en cause ailleurs, que pardeuant eux : & obeyra à leurs commandemens: & ne prendra ny demandera plus grand salaire, que celuy qui est ordonné pour ledit Office exercer.

Comment il doit estre presenté.

IV. ITEM, Quand il sera institué audit Office, & qu'il aura fait ledit serment, il sera presenté sur ledit lieu, & mis en possession par l'vn des Sergens de ladite Preuosté & Escheuinage, que lesdits Preuost & Escheuins voudront à ce commettre : qui aura pour ce faire, pour chacun iour qu'il y vacquera, pour son salaire & despens, dix sols parisis.

Comment il doit faire residence.

V. ITEM, Ledit Chableur fera continüelle residence audit lieu, pour faire l'exercice d'iceluy Office à toutes heures competentes, & tellement que par sa negligence ou coulpe, aucun dommage ou autre inconuenient ne s'en puisse ensuiuir.

Comment il doit exercer sondit Office : Et de la flette qu'il doit auoir.

VI. ITEM, Iceluy Chableur aura vne bonne flette, ou nasselle à luy appartenant : & icelle soustiendra à ses propres cousts & despens, portant le poix ou pesant de quatre queües de vin, ou enuiron : pource que quand les eaux sont grandes & grosses, il faut mettre grands cordages. Et quand il viendra aucuns bateaux contremont, il ira au deuant iusques au droit du Pont à la Chaulx, en sadite flette, & auecques luy vn varlet, lequel il tiendra auecques luy, pour sondit Office exercer. Et quand il sera à iceux bateaux montans, il prendra & aura en ladite flette les hunes & filets necessaires, tant pour fermer iceux bateaux montans audit Pont, comme pour iceux monter tout outre contremont l'arche d'iceluy. Et quand iceux bateaux seront fermez, il menera lesdites hunes en sadite flette tout outre contremont ladite arche, & les baillera aux chartiers pour bailler les cheuaux tirans iceux bateaux. Et ce fait, s'en retournera en sadite flette, & rapportera icelles hunes & filets, pour les fermer ausdits bateaux, pour iceux monter ou tirer contremont ladite arche.

Salaire dudit Chableur.

Article 7. Les salaires sont à la discretion des Marchands, & à proportion de leur trauail, sans qu'ils puissent exiger au delà de ce qui est raisonnable: Ce qui seruira pour l'interpretation des Articles suiuans, qui concernent les droicts des Chableurs.

VII. ITEM, Ledit Chableur pour son salaire aura, pour chacun bateau montant par ledit lieu, pourueu qu'il s'offre à faire son deuoir ainsi qu'il appartient, trois deniers parisis.

LE QVARANTE

LE QVARANTE-HVIT CHAP. CONTIENT LE FAIT ET EXERCICE de l'Office de Chableur du Pont de Meleun.

De l'Office & charge dudit Chableur.

ARTICLE PREMIER.

PREMIEREMENT, A Melun y aura vn Chableur, appellé le Chableur du Pont de Melun, lequel ira au deuant des bateaux montans par ledit lieu, querir les festes, hunes, cordes & filets necessaires, pour lesdits bateaux monter contremont l'arche du Pont d'iceluy lieu, selon ce que cy-apres sera declaré: sans ce qu'aucun autre se puisse entremettre d'exercer l'Office d'iceluy Maistre: Sur peine d'amende arbitraire.

De la donation dudit Office.

II. ITEM, Quand ledit Office sera vacquant, lesdits Preuost & Escheuins le donneront à homme, qui par information deüement faite, sera trouué estre de bonne vie, renommée, & honneste conuersation, sans aucun blasme ou reproche, habile, suffisant, & idoine pour ledit Office exercer: prins par l'eslection des bons Marchands, Voicturiers, Maronniers, & preudebacheliers du païs d'amont l'eau.

Du serment dudit Maistre.

III. ITEM, Quand on instituëra aucun audit Office, il fera serment que bien loyalement, & diligemment il exercera ledit Office en sa personne: & gardera les Ordonnances faites, tant sur ledit Office, que sur ladite marchandise de l'eau: & que s'il sçait chose qui soit faite au prejudice des priuileges, libertez & franchises de ladite Ville & marchandise, & aussi contre les Ordonnances d'icelle, incontinent il le fera sçauoir ausdits Preuost & Escheuins, ou au Procureur de la marchandise: & que de chose, dont la cognoissance appartienne ausdits Preuost & Escheuins, il ne mettra ny fera mettre aucun en cause ailleurs, que par deuant eux: & obeyra à leurs commandemens: & ne prendra ny demandera plus grand salaire que celuy qui est ordonné pour ledit Office exercer.

Comment il doit estre presenté.

IV. ITEM, Et apres ce qu'il sera institué audit Office, & aura fait le serment, il sera presenté sur ledit lieu, & mis en possession dudit Office, par l'vn des Sergens de ladite Preuosté & Escheuinage, que lesdits Preuost & Escheuins voudront à ce commettre: qui aura pour ce faire, pour chacun iour qu'il y vacquera, pour son salaire & despens, dix sols parisis.

Comment il doit faire residence.

V. ITEM, Et ce fait, iceluy Chableur fera continüelle residence audit lieu, pour exercer iceluy Office à toutes heures competentes: tellement que par sa negligence ou coulpe aucun dommage ne s'en puisse ensuiuir.

Comment il doit exercer sondit Office: Et de la flette qu'il doit auoir.

VI. ITEM, Iceluy Chableur aura vne bonne flette, ou nasselle à luy appartenant: & icelle soustiendra à ses propres cousts & despens, portant le poix ou pesant de quatre queües de vin, ou enuiron: pource que quãd les eaux seront grandes & grosses, il y faudra mettre grand cordage. Et quand il suruiendra aucuns bateaux montans, il ira au deuant, iusques à la Tournelle Mauger, qui est au dessous dudit Pont, en sadite flette, & auecques luy vn varlet, lequel il aura & tiendra auecques luy, pour sondit Office exercer. Et quand il sera à iceux bateaux montans, il prendra en sadite flette, les hunes & filets necessaires, tant pour fermer iceux bateaux montans audit Pont, comme pour iceux monter tout outre contremont l'arche d'iceluy. Et apres qu'iceux bateaux seront fermez, il menera les hunes en sadite flette tout outre contremont ladite arche, & icelle baillera aux chartiers pour habiller les cheuaux tirans iceux bateaux. Et ce fait, s'en retournera en sadite flette, & rapportera icelles hunes ou filets, pour les fermer ausdits bateaux, pour iceux monter ou tirer contremont ladite arche.

Salaire dudit Chableur.

VII. ITEM, Ledit Chableur pour son salaire aura, pour chacun bateau montant par ledit Pont, pourueu qu'il s'offre à faire son deuoir ainsi qu'il appartient, trois deniers parisis.

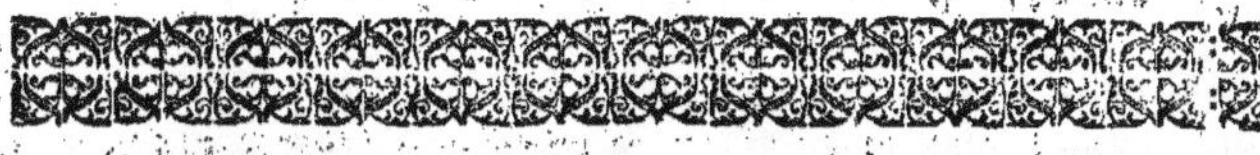

LE QVARANTE-NEVF CHAP.

CONTIENT LE FAIT ET EXERCICE de l'Office de Chableur du Pont de Montereau, ou Fault-Yonne.

De l'Office & charge dudit Chableur.

ARTICLE PREMIER.

ET PREMIEREMENT, A Montereau, ou Fault-Yonne, aura vn Chableur, nommé le Chableur du Pont de Montereau: Lequel sera estably & ordonné pour aller au deuant des bateaux montans par ledit lieu, querir les festes, cordes, & filets necessaires, pour iceux bateaux monter & passer par dessous ledit Pont: selon ce que cy-apres sera declaré: Sans ce qu'aucun autre se puisse entremettre de faire ledit Office: Sur peine d'amende arbitraire.

De la donation dudit Office.

II. ITEM, Quand ledit Office sera vacquant, lesdits Preuost & Escheuins le donneront à homme, qui par information deüement faite sera trouué estre de bonne vie, renommée, & honneste conuersation, sans aucun blasme, ou reproche, habile, suffisant, & idoine pour ledit Office exercer: prins par l'eslection de bons Marchands, Voicturiers, Maronniers, & prudebacheliers, du pays d'amont l'eau.

Le serment dudit Maistre.

III. ITEM, Quand on instituëra aucun audit Office, il fera serment que bien loyalement, & diligemment il exercera ledit Office en sa personne: & gardera les Ordonnances faites, tant sur ledit Office, comme sur le faict de la marchandise de l'eau: & que s'il sçait chose qui soit faite au prejudice des priuileges, libertez, & franchises de ladite Ville & marchandise, & aussi contre les Ordonnances d'icelle, incontinent il le fera sçauoir ausdits Preuost & Escheuins, ou au Procureur de la Marchandise: & que de chose, dont la cognoissance leur appartienne, il ne mettra ou fera mettre aucun en cause ailleurs, que pardeuant eux: & obeyra à leurs commandemens: & ne prendra ny demandera plus grand salaire, que celuy qui est ordonné pour ledit Office exercer.

Comment il doit estre presenté.

IV. ITEM, Quand il sera institué audit Office, & qu'il aura fait ledit serment, il sera presenté sur ledit lieu, & mis en possession par l'vn des Sergens de ladite Preuosté & Escheuinage, que lesdits Preuost & Escheuins voudront à ce commettre: qui aura pour ce faire, pour chacun iour qu'il y vacquera, pour son salaire & despens, dix sols parisis.

Comment il doit faire residence.

v. ITEM, Et ce faict, il fera continüelle residence audit lieu, pour exercer ledit Office, à toutes heures competentes, & tellement que par sa negligence ou coulpe, aucun dommage ou inconuenient ne s'en puisse ensuiuir.

Comment il doit exercer ledit Office.

vi. ITEM, Iceluy Chableur aura vne bonne flette, ou nasselle à luy appartenant : & icelle soustiendra à ses propres cousts & despens, portant le poix ou pesant de quatre queües de vin, ou enuiron: à fin que quand les eaux seront grandes & grosses, on y mette les cordages necessaires pour labourer lesdits bateaux. Et quand il viendra aucuns contremont, il ira au deuant en sadite flette, & auecques luy vn varlet, lequel il tiendra & aura auecques luy, pour sondit Office faire & exercer. Et quand il sera à iceux bateaux montans, il prendra & aura en sadite flette les hunes & filets necessaires, tant pour fermer iceux bateaux montans audit Pont, comme pour iceux bateaux monter tout outre contremont l'arche d'iceluy. Et apres ce qu'iceux bateaux seront fermez audit Pont, il menera les hunes en sadite flette tout outre contremont l'arche, & icelles baillera aux chartiers pour habiller les cheuaux tirans iceux bateaux. Et ce fait, s'en retournera en sadite flette rapporter icelles hunes ou filets, pour les fermer ausdits bateaux, pour iceux monter ou tirer contremont l'arche dessusdite.

Le salaire dudit Chableur.

vii. ITEM, Ledit Chableur, pour son salaire, aura pour chacun bateau montant par ledit Pont, pourueu qu'il s'offre à faire son deuoir ainsi qu'il appartient, trois deniers parisis.

LE CINQVANTE CHAPITRE CONTIENT LE FAIT ET EXERCICE de l'Office de Chableur du pertuis Auferne.

De l'Office & charge dudit Chableur.

ARTICLE PREMIER.

PREMIEREMENT, Au pertuis d'Auferne aura vn Chableur, appellé le Chableur du pertuis Auferne, pour faire & exercer l'Office de Chablage : & ne s'entremettra aucun de faire l'exercice d'iceluy Chableur : *Sur peine* d'amende arbitraire.

De la donation dudit Office.

II. ITEM, Quand ledit Office sera vacquant, lesdits Preuost & Escheuins le donneront à homme, qui par information deuëment faite sera trouué estre de bonne vie, renommée, & honneste conuersation, sans aucun blasme, ou reproche, habile, suffisant, & idoine pour ledit Office exercer : prins par l'Eslection de bons Marchands, Maronniers, & Voicturiers, frequentans les pays d'amont l'eau.

Le serment d'iceluy Chableur.

III. ITEM, Quand on instituëra aucun audit Office, il fera serment, que bien loyaument, & diligemment il exercera ledit Office en sa personne : & gardera les Ordonnances faites, tant sur ledit Office, comme sur le faict de la marchandise de l'eau : & que s'il sçait chose qui soit faite au prejudice des priuileges, libertez, & franchises de ladite Ville, & Marchandise, & aussi contre les Ordonnances d'icelle, incontinent il le fera sçauoir ausdits Preuost & Escheuins, ou au Procureur de la marchandise : & que de chose, dont la cognoissance appartienne ausdits Preuost & Escheuins, il ne mettra ou fera mettre aucun en cause ailleurs, que pardeuant eux : & obeyra à leurs commandemens : & ne prendra ny demandera plus grand salaire, que celuy qui est ordonné pour ledit Office exercer.

Comment il doit estre presenté.

IV. ITEM, Et apres qu'il sera institué audit Office, & qu'il aura fait ledit serment, il sera presenté sur le lieu, & mis en possession par l'vn des Sergens de ladite Preuosté & Escheuinage, que lesdits Preuost & Escheuins voudront à ce commettre : qui pour ce faire, aura pour chacun iour qu'il y vacquera, pour son salaire & despens, dix sols parisis.

De la residence, & exercice dudit Chableur.

V. ITEM, Et ce fait, il fera continuelle residence sur ledit lieu, pour faire & exercer iceluy Office, & aura vne bonne nasselle pour aller querir les filets des bateaux montans : & iceux filets portera, & passera ledit pertuis aux Prez : appellez les Prez de Seraine, pour habiller les cheuaux, s'ils sont assez loing : & s'ils ne sont assez loing, iusques à la grosse Tour saint Morice.

Le salaire dudit Chableur.

VI. ITEM, Iceluy Chableur aura pour son salaire, pour chacun traict de bateau passant par ledit lieu, depuis Pasques iusques à la saint Remy, quatre deniers tournois : & depuis la saint Remy iusques à Pasques, huit deniers tournois.

LE CINQVANTE-VN CHAP. CONTIENT LE FAIT ET EXERCICE de l'Office de Chableur de Pons sur Yonne.

De l'Office & charge dudit Maistre.

ARTICLE PREMIER.

PREMIEREMENT, A Pons sur Yonne aura vn Chableur, appellé le Chableur d'iceluy lieu : lequel sera estably & ordonné pour aller au deuant des bateaux montans par ledit lieu, querir les festes, hunes, cordes, & filets necessaires pour iceux bateaux montans passer par dessous ledit Pont, selon ce que cy-apres sera declaré : sans ce qu'aucun autre se puisse entremettre de faire ledit Office : Sur peine d'amende arbitraire.

De la donation dudit Office.

II. ITEM, Quand ledit Office sera vacquant, lesdits Preuost & Escheuins le donneront à homme, qui par information deuëment faite sera trouué estre de bonne vie, renommée, & honneste conuersation: sans aucun blasme ou reproche, habile, suffisant, & idoine pour iceluy Office exercer : prins par l'eslection de bons Marchands, Voicturiers, Maronniers, & preudebacheliers, du pays d'amont l'eau.

Le serment d'iceluy Chableur.

III. ITEM, Quand on instituëra aucun audit Office, il fera serment, que bien loyalement, & diligemment il exercera ledit Office en sa personne : & gardera les Ordonnances faites, tant sur ledit Office, comme sur le faict de la marchandise de l'eau : & que s'il sçait chose, qui soit faite au prejudice des priuileges, libertez, & franchises de ladite Ville, & Marchandise, & aussi contre les Ordonnances d'icelle, incontinent il le fera sçauoir ausdits Preuost & Escheuins, ou au Procureur de la marchandise : & que de chose, dont la cognoissance appartienne à iceux Preuost & Escheuins, il ne mettra ou fera mettre aucun en cause ailleurs, que pardeuant eux : & obeyra à leurs commandemens : & ne prendra ny demandera plus grand salaire que celuy qui est ordonné pour ledit Office exercer.

Comment il doit estre presenté.

IV. ITEM, Et apres qu'il sera institué audit Office, & qu'il aura fait le serment, il sera presenté & mis en possession sur ledit lieu, par l'vn des Sergens de ladite Preuosté & Escheuinage, que lesdits Preuost & Escheuins voudront à ce commettre : qui aura pour ce faire, pour chacun iour qu'il y vacquera, pour son salaire & despens, dix sols parisis.

Comment il doit faire residence.

V. ITEM, Et ce fait, iceluy Chableur fera continüelle residence audit lieu, pour exercer ledit Office, à toutes heures competentes, & tellement que par sa negligence ou coulpe, aucun dommage ou autre inconuenient ne s'en puisse ensuiuir.

De ce qu'il appartient pour exercer ledit Office.

VI. ITEM, Iceluy Chableur aura vne bonne flette, ou nasselle à luy appartenant, & icelle soustiendra à ses propres cousts & despens, portant le poix, ou pesant de quatre queües de vin ou enuiron, pource que quand les eaux seront grandes & grosses, il y faudra mettre grands cordages: & quand il viendra aucuns bateaux contremont, il ira au deuant iusques au droict de la pescherie dudit lieu, & plus si mestier est, en sadite flette, & auecques luy vn varlet, lequel il aura & tiendra auecques luy pour sondit Office exercer. Et quand il sera à iceux bateaux montans, il prendra & aura en sadite flette, les hunes & filets necessaires, tant pour fermer iceux bateaux montans audit Pont, comme pour iceux monter tout outre contremont l'arche d'iceluy: & apres qu'iceux bateaux seront fermez audit Pont, il menera les hunes en sadite flette tout contremont l'arche, & icelle baillera aux chartiers pour habiller les cheuaux tirans iceux bateaux. Et ce fait, s'en retournera en sadite flette, rapporter icelles hunes ou filets pour les fermer ausdits bateaux pour iceux monter, ou tirer contremont ladite arche.

Salaire dudit Chableur.

VII. ITEM, Ledit Maistre pour son salaire aura pour chacun bateau montant par ledit lieu, pourueu qu'il s'offre à faire son deuoir ainsi qu'il appartient, trois deniers tournois.

LE CINQVANTE-

LE CINQVANTE-DEVX CHAP.

CONTIENT LE FAIT ET EXERCICE de l'Office de Chableur du Pont de Sens.

De l'Office & charge dudit Maistre.

ARTICLE PREMIER.

PREMIEREMENT, A Sens aura vn Chableur, appellé le Chableur dudit lieu : estably & ordonné pour aller au deuant des bateaux montans par ledit lieu, querir les festes, hunes, cordes, & filets necessaires, pour iceux bateaux montans passer par dessous ledit Pont, selon ce que cy-apres sera declaré : sans ce qu'aucun se puisse entremettre de faire ledit Office : Sur peine d'amende arbitraire.

De la donation dudit Office.

II. ITEM, Quand ledit Office sera vacquant, lesdits Preuost & Escheuins le donneront à homme, qui par information deuëment faite, sera trouué estre de bonne vie, renommée, & honneste conuersation, sans aucun blasme, ou reproche, habile, suffisant, & idoine pour ledit Office exercer : prins par l'eslection de bons Marchands, Voicturiers, Maronniers, & preudebacheliers, du pays d'amont l'eau.

Le serment d'iceluy Chableur.

III. ITEM, Quand on instituëra aucun audit Office, il fera serment, que bien loyalement, & diligemment il exercera ledit Office en sa personne : & gardera les Ordonnances faites, tant sur ledit Office, comme sur le faict de la marchandise de l'eau : & que s'il sçait chose, qui soit faite au prejudice des priuileges, libertez, & franchises de ladite Ville, & Marchandise, & aussi contre les Ordonnances d'icelle, incontinent il le fera sçauoir ausdits Preuost & Escheuins, ou au Procureur de la marchandise : & que de chose, dont la cognoissance appartienne ausdits Preuost & Escheuins, il ne mettra ou fera mettre aucun en cause ailleurs, que pardeuant eux : & obeyra à leurs commandemens : & ne prendra ny demandera plus grand salaire, que celuy qui est ordonné pour ledit Office exercer.

Comment il doit estre presenté.

IV. ITEM, Quand il sera institué audit Office, & qu'il aura fait ledit serment, il sera presenté sur ledit lieu, & mis en possession par l'vn des Sergens de ladite Preuosté & Escheuinage, que lesdits Preuost & Escheuins voudront à ce commettre : qui aura pour ce faire, pour chacun iour qu'il y vacquera, pour son salaire & despens, dix sols parisis.

Comment il doit faire residence.

V. ITEM, Et ce fait, iceluy Chableur fera residence audit lieu, pour faire l'exercice d'iceluy Office à toutes heures competentes, & tellement que par sa negligence ou coulpe aucun dommage ou inconuenient ne s'en puisse ensuiuir.

De ce qu'il appartient pour exercer ledit Office.

VI. ITEM, Iceluy Chableur aura vne bonne flette, ou nasselle à luy appartenant, & icelle soustiendra à ses propres cousts & despens, portant le poix, ou pesant de quatre queües de vin ou enuiron: pource que quand les eaux sont grandes & grosses, il faut mettre grands cordages: & quand il viendra aucuns bateaux contremont, il ira au deuant iusques à l'endroict de S. Morice, ou du clos le Roy en sadite flette, & auecques luy vn varlet, lequel il tiendra & aura auecques luy, pour sondit Office faire & exercer. Et quand il sera à iceux bateaux montans, il prendra & aura en sadite flette, les hunes & filets necessaires, tant pour fermer iceux bateaux montans audit Pont, comme pour iceux monter tout outre contremont l'arche d'iceluy. Et apres ce qu'iceux bateaux seront fermez, audit Pont, il menera lesdites hunes en sadite flette tout outre contremont l'arche, & icelles baillera aux chartiers pour habiller les cheuaux tirans iceux bateaux. Et ce fait, s'en retournera en sadite flette, rapportant icelles hunes & filets, pour les fermer ausdits bateaux, pour iceux monter ou tirer contremont ladite arche.

Le salaire dudit Chableur.

VII. ITEM, Le Chableur pour son salaire aura, pour chacun bateau montant par ledit lieu, pourueu qu'il s'offre à faire son deuoir ainsi qu'il appartient, trois deniers tournois.

LE CINQVANTE-TROIS CHAP. CONTIENT LE FAIT ET EXERCICE de l'Office de Chableur du Pont de Ville-neufue le Roy.

De l'Office & charge dudit Chableur.

ARTICLE PREMIER.

T PREMIEREMENT, A Ville-neufue le Roy aura vn Chableur, appellé le Chableur d'iceluy lieu de Ville-neufue, & du pertuis qui est prés du Pont estant illecques, appellé le pertuis le Roy : lequel Chableur sera estably & ordonné pour aller au deuant des bateaux montans, par ledit lieu, querir les festes, hunes, cordes, & filets necessaires, pour iceux bateaux montans passer dessous ledit Pont, selon ce que cy-apres sera declaré, sans ce qu'aucun autre se puisse entremettre de faire ledit Office: Sur peine d'amende arbitraire.

De la donation dudit Office.

II. ITEM, Quand ledit Office sera vacquant, lesdits Preuost & Escheuins le donneront à homme, qui par information deüement faite sera trouué estre de bonne vie, renommée, & honneste conuersation, sans aucun blasme, ou reproche, habile, suffisant, & idoine pour ledit Office exercer: prins par l'eslection de bons Marchands, Voicturiers, Maronniers, & prudebacheliers, du pays d'amont l'eau.

Le serment d'iceluy Maistre.

III. ITEM, Quand on instituëra aucun audit Office, il fera serment que bien loyaument, & diligemment il fera & exercera ledit Office en sa personne: & gardera les Ordonnances faites, tant sur ledit Office, comme sur le faict de la marchandise de l'eau : & que s'il sçait chose qui soit faite au prejudice des priuileges, libertez, & franchises de ladite Ville & marchandise, & aussi contre les Ordonnances d'icelle, incontinent il le fera sçauoir ausdits Preuost & Escheuins, ou au Procureur de la Marchandise: & que de chose, dont la cognoissance leur appartienne, il ne mettra ou fera mettre aucun en cause ailleurs, que pardeuant eux: & obeyra à leurs commandemens: & ne prendra ny demandera plus grand salaire, que celuy qui est ordonné pour ledit Office exercer.

Comment il doit estre presenté.

IV. ITEM, Et apres qu'il sera institué audit Office, & qu'il aura fait le serment, il sera presenté & mis en possession dudit Office sur ledit lieu, par l'vn des Sergens de ladite Preuosté & Escheuinage, que lesdits Preuost & Escheuins voudront à ce commettre: qui aura pour ce faire, pour chacun iour qu'il y vacquera, pour son salaire & despens, dix sols parisis.

Comment il doit faire residence.

v. ITEM, Et ce fait, iceluy Chableur fera residence sur ledit lieu, pour faire l'exercice d'iceluy Office, à toutes heures competentes, & tellement que par sa negligence & coulpe, aucun dommage ou inconuenient ne s'en puisse ensuiuir.

De ce qu'il appartient pour iceluy Office faire & exercer.

vi. ITEM, Iceluy Chableur aura vne bonne flette, ou nasselle à luy appartenant: & icelle soustiendra à ses propres cousts & despens, portant le poix ou pesant de quatre queües de vin, ou enuiron: & auecques ce aura vn vindal assis sur la monte de l'Isle d'iceluy lieu: & iceluy vindal soustiendra en estat, pour y attacher les filets, & tournans à force de gens, quand les eaux seront si fortes, qu'il en sera necessité pour iceux bateaux passer outre: & ira au deuant iusques à l'endroit de la poterne dudit lieu, ou du Pel aux Cordes, qui est endroit le cay, estant illec en sadite flette, & auec luy vn varlet, lequel il aura, & tiendra auec luy pour sondit Office faire & exercer: & quand il sera à iceux bateaux montans, il prendra & aura en ladite flette, les hunes & filets necessaires, tant pour iceux bateaux montans audit Pont, comme pour iceux monter tout outre contremont l'arche d'iceluy. Et apres ce qu'ils seront fermez audit Pont, il menera les hunes en sadite flette tout outre contremont l'arche, & icelles mettra audit vindal, pour iceux bateaux tirer contremont. Et ce fait, s'en retournera en sadite flette rapporter icelles hunes ou filets, pour les fermer ausdits bateaux, pour iceux tirer contremont ledit Pont.

Le salaire dudit Chableur.

vii. ITEM, Ledit Chableur pour son salaire, aura pour chacun bateau montant par ledit lieu, pourueu qu'il s'offre à faire son deuoir ainsi qu'il appartient, huit deniers tournois.

LE CINQVANTE-QVATRE CHA.
CONTIENT L'EXERCICE DES BATELIERS passans l'eau à Paris, & autres, chacun iour venans & affluans en ladite Ville.

Que les Bateliers, passans l'eau és Ports de Paris, y feront residence.

ARTICLE PREMIER.

ET PREMIEREMENT, Pource qu'en ladite Ville de Paris, a certains Ports ordonnez & establis pour passer la riuiere : c'est à sçauoir, le Louure, S. Geruais, S. Landry, Nostre-Dame, S.Bernard, & les Barrieres : Et qu'en iceux Ports sont certains Bateliers pour passer ceux qui y veulent passer & repasser pour chacun iour aux heures sur ce ordonnées : desquels Bateliers les aucuns sont souuentesfois mal sçachans de labourer par ladite riuiere, & aussi ont mauuais bateaux, & non garnis de tels appareils qu'ils doiuent auoir : dont plusieurs inconueniens & perils se peuuent ensuiuir : Pour lesquels escheuer, ordonnons qu'iceux Bateliers n'auront aucuns bateaux, s'ils ne sont bons, suffisans, & de bonne & conuenable grãdeur : & qu'ils feront residence ausdits Ports, tellement qu'on y en trouue tousiours aucun, pour passer & repasser vn chacun pour son argent : Sur peine, qui fera le contraire, de payer cinq sols parisis d'amende.

ARTICLE 1. Il y a maintenant des Ponts construits en plusieurs endroits de la Riuiere.

Que les Bateliers ne s'entremettront de passer l'eau, s'ils ne sont suffisans.

II. ITEM, Tous Forains, ou autres qui seront trouuez menans bateaux par ladite riuiere de Seine, soit en passage ou autrement, & ne seront bons ouuriers & suffisans de faire ledit Office ou mestier, payeront vingt sols parisis d'amende : & demeureront lesdits bateaux en main de Iustice, iusques à ce que ladite amende sera payée.

Des apprentifs, qui doiuent seruir certains temps : & comment ils doiuent estre experimentez.

III. ITEM, Lesdits Bateliers ne prendront apprentifs à moindre années que de sept ans, dont ledit apprenty seruira trois ans, sans ce qu'il doiue entreprendre à conduire, ou mener batel de soy à passer gens, ou autrement, si son maistre n'est auec luy, ou autre personne suffisant & conuenable à ce. Et les autres quatre ans apres ensuiuans, il seruira sondit Maistre comme apprenty, & pourra mener batel à part luy, pourueu qu'il ait esté experimenté au pel le Roy, ainsi qu'il est accoustumé : & sans ce que les autres ouuriers luy tiennent run durant le temps de son seruice. Et qui sera troué faisant le contraire, il payera vingt sols parisis d'amende.

ARTICLE 3. Le public a grãd interest que les Bateliers soient adroits & bien entẽdus au faict de leur exercice.

Du run desdits Bateliers.

IV. ITEM, Lesdits Bateliers garderont run l'vn enuers l'autre, sans en-

ARTICLE 4. Ils doiuent trauailler par run, ou rang; c'est à dire, l'vn apres l'autre, sans entreprendre les vns sur les autres; ce que l'Ordonnance appelle tremater.

treprendre, ny tremater le run l'vn de l'autre: Sur peine de payer cinq sols parisis d'amende, & de rendre à celuy, qui aura esté trematé, l'argent qui en aura esté receu.

De non tenir Flette, si elle n'est fermant à chesne & à serrure.

ARTICLE 5. Autrement il en arriueroit des inconueniens, & l'on pourroit s'en seruir à mal faire.

V. ITEM, Aucun Batelier, ny autre, ne tiendra aucune Flette, ou Nasselle, aux Ports dessusdits ny ailleurs dedans ladite Ville de Paris, s'il n'y a chesne & serrure suffisante pour la fermer chacune nuict: Sur peine d'amender de l'amende de vingt sols parisis.

De non passer gens, sinon à heure deüe.

VI. ITEM, Depuis qu'il sera anuicté, & qu'on ne verra à cognoistre vn tournois d'vn parisis, nul ne passera aucunes personnes par ladite riuiere: ny aussi au matin, qu'il ne soit suffisant iour: Sur peine de dix sols parisis d'amende.

De non passer l'eau, sans auoir harnois suffisant.

VII. ITEM, Aucun Batelier ne passera, ny menera batel depuis la S. Remy iusques à Pasques ensuiuant, s'il n'a deux auirons ferrez, bons & suffisans, & aussi vn croc ferré: Sur peine de cinq sols parisis d'amende.

De non ioncher son batel d'herbe verde.

VIII. ITEM, Aucun Batelier ne ionchera en aucune saison de l'an son batel d'herbe verde: Sur peine de cinq sols parisis d'amende.

Du salaire desdits Bateliers.

ARTICLE 9. A present les Bateliers sont payez à raison de six deniers pour chacune personne, & vn sol pour homme & cheual.

IX. ITEM, Lesdits Bateliers auront pour leur salaire, pour faire les passages aux Ports dessusdits, c'est à sçauoir, pour chacune personne qu'ils passeront aux Ports des Barrieres, & du Louure, pource qu'ils passent toute la riuiere à vne fois, vn denier parisis: & autant de chacun cheual, ou autre beste. Et pour passer du Port S. Geruais pardeuers le Cloistre Nostre-Dame tout outre, iusques au Port S. Bernard, pour chacune personne, deux deniers tournois: & autant de chacun cheual, ou autre beste. Et aux autres Ports où ils ne passent pas toute la riuiere à vne fois, ils auront vn denier tournois: & autant de chacun cheual, ou autre beste. Et n'en exigeront point plus: Sur peine de cinq sols parisis d'amende.

Des heures que les bateaux doiuent estre mis hors ou ens en la Ville de Paris, & sans complage.

X. ITEM, Quand aucuns Maronniers ou Voituriers de Melun, de Corbeil, ou autres, quels qu'ils soient, voudront mettre leurs bateaux à chemin, pour yssir, ou entrer hors ou ens ladite Ville de Paris: ils n'y entreront ny istront, si n'est entre Soleil leuant & Soleil couchant: & ne seront point leurs bateaux accouplez ensemble à entrer en ladite Ville, pour cause des perils qui souuent s'en ensuiuent, tant parce qu'ils rompent les palées de ladite Ville, en effondrant les bateaux & marchandises estans en iceux, comme par ce qu'ils mettent en autre aduenture les personnes qui sont dedans d'estre perdus & noyez. Et celuy qui fera le contraire, payera pour ce soixante sols parisis d'amende: & auec ce restituëra les pertes, dommages, despens, & interests qui pourroient ensuiuir.

De l'heure que les Bateliers doiuent entrer, & partir de Paris.

XI. ITEM, Lesdits Bateliers, quand ils s'en voudront aller hors de ladite Ville, partiront dedans le Soleil reconsant : & aussi n'y entreront, ny arriueront au matin parauant Soleil leuant : Sur peine de soixante sols parisis d'amende.

Comment ils doiuent oster les Gouuernaux de leurs Bateaux, & auoir vn Batelet pour porter la Thoüée.

XII. ITEM, Lesdits Bateliers ou Maronniers, tantost qu'ils seront arriuez dedans ladite Ville, auront vne petite nasselle ou batelet pescheret, pour porter vne file appellée la Thoüée, deuant le grand batel, pour le fermer à la Palée : & apres ce qu'ils seront fermez, ils osteront les Gouuernaux de dessus les culs de leurs bâteaux, & les mettront dedans lesdits bateaux, ou en l'eau au long des bords d'iceux, à fin qu'ils ne puissent empescher la venuë & port aux autres bateaux : Sur peine de vingt sols parisis d'amende.

Des Pescheurs : qu'ils ne doiuent pescher ny aller la nuict par la riuiere, dedans Paris.

XIII. ITEM, Aucun Pescheur ne peschera entre les quatre Tours de ladite Ville de Paris, si ce n'est entre deux Soleils, leuant & couchaut : Sur peine de vingt sols parisis d'amende. Et aussi n'ira ny viendra par ladite riuiere, par nuict, ny au soir, ou au matin, soit à nasselle ou autrement, s'il n'est telle heure de iour qu'on puisse bien cognoistre vn tournois d'vn parisis : Sur ladite peine.

Des Bateliers, qui ne se doiuent accompagner les vns auec les autres.

XIV. ITEM, Pource que plusieurs Voituriers & Bateliers de Corbeil, de Melun, & d'ailleurs, s'accompagnent souuentesfois ensemble, pour auoir plus grand salaire pour leurs voitures qu'ils ne doiuent, ny n'ont accoustumé d'auoir, au prejudice des Marchands & de la chose publique : Ordonnons que d'oresnauant aucuns Bateliers ou Voituriers n'accompagneront les vns les autres, & n'vseront de telles compagnies, au moins de plus de deux ensemble : Sur peine de dix liures parisis d'amende.

Des Débacleurs, qui doiuent débacler les bateaux.

XV. ITEM, Pource que plusieurs Bateliers, ou les Débacleurs qui doiuent débacler toutes manieres de bateaux, apres ce qu'ils sont vuidez & deschargez des denrées & marchandises qui ont esté amenées, laissent ou mettent iceux bateaux en plusieurs & diuers lieux nuysables & préjudiciables aux autres bateaux & marchandises, chacun iour venans & affluans en ladite Ville, & mesmement au fil & cours de ladite riuiere, tellement que les montans & aualans n'y peuuent souuentesfois bonnement passer ny repasser, & en sont les Marchands & marchandises moult retardées & empeschées au préjudice du bien public : Ordonnons que d'oresnauant aucuns, quels qu'ils soient, ne laisseront, ny feront mettre ou laisser aucunes nefs ou bateaux en aucuns desdits lieux, ou autres préjudiciables : & que tantost qu'iceux bateaux seront vuidez, ils seront ostez des Ports, où ils auront esté vuidez & deschargez, sans les y laisser séjourner plus haut d'vn iour & d'vne nuict : & seront menez hors de la voye & chemin des autres bateaux montans & aualans : Sur peine de vingt sols parisis d'amende, pour chacun iour, & de payer la despense pour faire oster iceux ba-

ARTICLE 15. Il y a des Officiers commis à cét effet, qui doiuent incessamment débacler les bateaux vuides.

teaux par les Sergens & Commissaires de ladite Marchandise : & demeureront iceux bateaux & apparaux estans en iceux, en main de Iustice, & seront vendus par faute de payer les amendes, au plus offrant & dernier encherissant, iusques à pleine satisfaction, & payement de ce que dit est, sans en signifier aucune vente, ou déliurance, ne y garder autre solennité.

Des Commissaires ordonnez pour garder lesdites Ordonnances.

Article 16. Toutes personnes sont bien reçeües à dénoncer les desordres qui arriuent sur les Riuieres & Ports d'icelles ; & se donnent l'assignation à la Requeste du Procureur du Roy & de la Ville.

XVI. ITEM, Pour soy donner garde desdits Ports, & pour faire oster les bateaux qui seront trop petits & non suffisans, & aussi pour faire tenir & garder les Ordonnances dessusdites de poinct en poinct : seront ordonnez certains Commissaires de par lesdits Preuost & Escheuins, lesquels auront puissance d'arrester & mettre en main de Iustice les bateaux des personnes qui mesprendront (tant en ce, qu'autrement) & d'adjourner tous ceux qui s'opposeront contre leurs Arrests, pardeuant lesdits Preuost & Escheuins, ou qu'autrement feront à adjourner contre le Procureur de la Marchandise.

LE CINQVANTE-

LE CINQVANTE-CINQ CHAP.

CONTIENT LES STATVTS, COVSTVMES, Conſtitutions, & Ordonnances de la riuiere de Seine, & des autres deſcendans en icelle.

De non mettre aucun empeſchement dedans les Riuieres.

Article Premier.

ET PREMIEREMENT, Pour ce que chacun iour vient & affluë par ladite riuiere de Seine, & par les autres riuieres deſcendans en icelle, grande quantité de denrées & Marchandiſes, qu'on amene en ladite Ville de Paris, tant pour la prouiſion, garniſon, & alimentation du peuple eſtant en icelle, comme autrement: & qu'il eſt choſe neceſſaire & accouſtumée de tout temps de garder & maintenir icelles riuieres, tellement qu'aucun, de quelque eſtat ou condition qu'il ſoit, ne doit en icelles faire, ou faire faire, ou mettre aucuns empeſchemens: & que ce nonobſtant pluſieurs gens de pluſieurs & diuers eſtats y ont fait de faict, & font faire ſouuentesfois pluſieurs édifices & empeſchemens, comme de vennes, gors, pieux, moulins, & peſcheries, arbres, plantes, iſles, hayes, buiſſons, & pluſieurs autres empeſchemens nuyſables & prejudiciables aux fils & cours deſdites riuieres, & aux nefs, Bateaux, vaiſſeaux, & Marchandiſes eſtans en iceux, montans & aualans, paſſans & repaſſans par leſdites riuieres, au grand grief, prejudice, & dommage de tout le bien public: Ordonnons que nul, quel qu'il ſoit, ne face, ou mette, ou face mettre eſdites riuieres aucuns deſdits empeſchemens, ny autres quelsconques: Sur peine d'amende arbitraire, & de rendre & reſtituer toutes les pertes, deſpens, dommages, & intereſts, qui pour raiſon deſdits empeſchemens pourroient enſuyuir. Et auſſi ſur peine de payer tous tels frais & deſpens, qu'il conuiendra faire pour iceux empeſchemens oſter, ou faire démolir, & abatre realement & de fait par les Sergens ou Commiſſaires ſur ce ordonnez par leſdits Preuoſt & Eſcheuins: apres ce qu'iceux Sergens, ou Commiſſaires, ou l'vn d'eux aura fait commandement à ceux, à qu'il appartiendra, d'oſter leſdits empeſchemens dedans certain temps à eux prefigé, ainſi que de raiſon ſera.

> Article I. C'eſt vn des principaux ſoings des Preuoſt des Marchands & Eſcheuins, de faire en ſorte que les danrées neceſſaires à la vie ſoient commodément voicturées par les riuieres, & que les empeſchemens qui ſe peuuent mettre dedans, & ſur les riuages d'icelles, ſoient promptement oſtez; les baſtimens, moulins, plante d'arbres, & autres incommoditez doiuent ceſſer; & l'imprudence & auarice de ceux qui vſurpent ce qui appartient au public, doit auſſi eſtre ſeuerement reprimée.

Comment ſur & au long des bords deſdites Riuieres, doit auoir chemin de vingt quatre pieds de lé.

II. ITEM, Pour ce que de toute ancienneté ſur & au long des bords & riuages deſdites riuieres, tant comme elles s'eſtendent & comportent de toutes parts, en quelque eſtat que les eauës ſoient hautes, moyennes, ou baſſes, doit auoir chemin de vingt-quatre pieds de lé, pour le trait des

> Article 2. Les bords & riuages des riuieres doiuét auoir vingt-quatre pieds de large

cheuaux tirans les nefs, Bateaux & vaisseaux, tant montans comme aualans par icelles, & les Marchandises estans en iceux. Et pour ce qu'en ce, sont faits & mis en plusieurs desdits empeschemens: parquoy les Marchands, Maronniers, Voituriers, & autres frequentans les Marchandises sur icelles riuieres, sont souuentesfois destourbez, empeschez, & grandement dommagez, & les Marchandises retardées d'estre amenées en ladite ville de Paris, au prejudice du bien public: Ordonnons qu'aucun ne mette ou face mettre sur lesdits riuages aucuns empeschemens quelsconques, & que chacun sur son heritage souffre, face, & maintienne conuenablement ledit chemin de vingt-quatre pieds de lé, pour le trait desdits cheuaux: Sur peines contenuës en l'article precedant.

en toutes eaües pour le tirage des batteaux; autrement & sans cette Police il seroit impossible de fournir Paris des choses necessaires; à quoy il faut bien prendre garde, & s'opposer à l'entreprise ordinaire des Bourgeois, Ecclesiastiques, Gentilshommes, & autres, qui voudroient enclorre la riuiere mesme dans leurs maisons, s'ils pouuoient, tant qu'ils sont insatiables & peu affectionnez au public.

Des Arches, gors, & pertuis, qui doiuent auoir vingt-quatre pieds de lé.

ARTICLE 3. Tous passages sur les riuieres doiuent estre de vingt-quatre pieds de large.

III. ITEM, Et combien que semblablement les Arches, gors, bords, pertuis, & tous autres passages estans sur lesdites riuieres, de toute ancienneté doiuent auoir vingt-quatre pieds de lé, pour passer & repasser lesdites nefs, Bateaux, vaisseaux & Marchandises: Toutesfois pour ce qu'ils sont souuent mis & faits plusieurs empeschemens, tant en les estroississant, comme autrement, au grand retardement, prejudice, & dommage de ladite Marchandise, & bien public: Ordonnons qu'aucun n'empesche lesdites Arches, voyes, gors, pertuis, ou autres passages, soit en les estroississant, ou autrement comment que ce soit, & que chacun sur son heritage souffre, face, & maintienne conuenablement le chemin d'iceux, dudit lé de vingt-quatre pieds: Sur lesdites peines.

De non mettre ny laisser aucuns empeschemens dedans la Riuiere, ny sur les bords & riues appendans sur icelle.

ARTICLE 4. En matiere de Police, la Iustice en doit estre fort prompte, & sans obseruer les formalitez ordinaires en autres rencontres.

IV. ITEM, Pour ce que dedans ladite ville de Paris plusieurs Marchands de Merrien, Maronniers, Voituriers, & autres mettent & laissent leurs Bateaux effondrez, & aussi leurs gouuernaux, bois Merrien, & autres empeschemens, tant dedans ladite riuiere de Seine, comme sur les riuages, Cays, & és ruës appendans sur icelle: & mesmement sur le chemin par où doiuent passer les charrettes, gens, voitures, qui vont querir les denrées & marchandises chacun iour venans & affluans en ladite Ville, pour icelles charger: & ne sçait-on souuentefois à qui sont iceux Bateaux, Gouuernaux, Merrien, ou autres choses qui empeschent, ny ceux contre qui on se doit adresser pour les contraindre à les faire oster: & par ainsi demeurent iceux empeschemens longuement sur les lieux dessusdits, au grand grief, prejudice, & dommage de tout le bien public de ladite Ville: Pour ces causes, ordonnons que d'oresnauant aucun ne mette ou face mettre ou laisser aucunes choses dessusdites, ny autres, quelles qu'elles soient, és lieux dessusdits: Sur peine de soixante sols parisis d'amende. Pour execution de laquelle seront prinses les choses qui ainsi empescheront: incontinant lesdits empeschemens trouuez esdits lieux realement & de fait, seront mis en main de Iustice pour estre vẽdus iusques à pleine satisfaction & payement de ladite somme. Et pour obuier à ce que lesdits empeschemens n'y demeurent longuement, sera fait vn martel au seing de nous & de ladite Ville, dont le demeurant desdits Bateaux, gouuernaux, merriens, & autres choses empeschans seront signez & marquez par les Sergens ou Commissaires à ce ordonnez par lesdits Preuost & Escheuins : & si huit iours apres ce qu'iceluy seing ou marque y sera mis, ils ne sont ostez, ils seront transportez ailleurs, & vendus par lesdits Sergens ou Commissaires au plus offrant, au proffit de nous & de ladite Ville, sans en signifier la vente ou deliurance, ne y garder autre solennité.

De non mettre ny jetter aucunes ordures ou immondices dedans la Riuiere.

v. ITEM, Pour ce que plusieurs personnes mettent, ou font mettre, porter & jetter dedans ladite Riuiere, & sur les cays & riuages d'icelle, plusieurs fiens, grauois, nettoyeures, & autres ordures & immondices, tellement que ladite Riuiere en est si aterrie en aucuns lieux, & le fil & cours d'icelle si empesché, que les Bateaux ne peuuent bonnement arriuer, ny prendre port, pour vendre ny descendre les Marchandises estans en iceux: & auec ce en est l'eau de la Riuiere, par especial au temps d'Esté, infectée & corrompuë, tellemēt qu'elle n'est pas proffitable à vser: & aussi en sont les murs desdits cays estans sur ladite Riuiere par les fiens, feurres, & nettoyeures (qui se pourrissent au long desdits murs) & par le feu (qui souuentesfois y est mis) empirez & cheuz en ruïne: dont plusieurs inconueniens s'en ensuyuent, tant aux corps humains, comme à la chose publique: Pour ces causes, ordōnons que d'oresnauant nul, de quelque estat ou condition qu'il soit, ne mette, jette, porte, ny face mettre, jetter, porter dedans ladite Riuiere, ny és lieux dessusdits, aucunes desdites ordures, ou immondices, ou autres, quelles qu'elles soient: Sur peine d'amende arbitraire, & de les faire oster à leurs propres cousts & despens, & d'estre mis en prison fermée, quant à ceux qui les jetteront, & porteront. Et pour ce aussi que plusieurs font mettre, porter, jetter souuentesfois lesdites ordures, fiens, & immondices par nuit & autrement secrettement, à fin qu'on ne les puisse bonnement sçauoir: Ordonnons que tous ceux, qui trouueront aucuns ainsi mettans, portans, ou jettans icelles ordures & immondices, les puissent prendre & mener en prison: & auront pour ce faire, & aussi tous autres qui iceux accuseront, la tierce partie des amendes qui viendront & escherront, pour raison de ce que dit est.

Article 5. Il est permis à vn chacun d'emprisonner ceux qui sont surpris jettans des ordures & immondices dans la Riuiere, qui doit estre conseruée pure, pour les raisons nettement expliquées en cét Article.

De non mettre aucunes nouuelles charges sur les Bateaux & Marchandises passans par lesdites Riuieres.

vi. ITEM, Tous Marchands, Maronniers, Voituriers, & autres passans & repassans par lesdites Riuieres pourront conduire & mener, ou faire conduire & mener, par eux, leurs gens, fauteurs, conducteurs, leurs nefs, Bateaux, ou vaisseaux, & Marchandises estans en iceux, en payant seulemēt les deuoirs anciens. Et ne pourra aucun de son autorité, ou autrement indeüement, mettre, leuer, ny imposer sur eux ny sur leursdits Bateaux, ou Marchandises, aucunes nouuelles charges ou exactions, comme de peages, trauers, coustumes, pontages, ou autres charges quelsconques, que celles qui ont esté & sont de toute ancienneté accoustumées d'estre leuées: Sur peine d'amende arbitraire, moitié à nous & moitié à ladite Ville: & d'encourir és pertes, despens, dommages, & interests, qui pour

Article 6. Affin d'obliger les Marchands & Voicturiers de venir à Paris plus volontiers, il les faut soulager d'imposts, & ne pas permettre qu'il s'en leue, que par l'authorité expresse du Roy, & punir l'audace des particuliers, qui exigent par violence des droicts & sommes d'argent qui ne leur sont pas deües.

cause & occasion de ce, que dit est, se pourroient ensuyuir.

De faire amener les Marchandises par main de Iustice, si elles sont empeschées en les amenant.

Article 7. Les Saisies & Arrests faits sur les marchandises n'en doiuent pas empescher la conduitte à Paris, où elles demeurent arrestées, à la conseruation du droict de qui il appartient.

VII. ITEM, Et si pour raison de ce, que dit est, ou autrement, lesdites nefs, Bateaux, vaisseaux, ou Marchandises sont prises, saisies, arrestées, ou empeschées sur les riuieres dessusdites : lesdits Preuost & Escheuins les feront amener en ladite ville de Paris, par main de Iustice, comme toutes arrestées à la conseruation du droit de qui il appartiendra : ou sur ce bailleront telle autre prouision que de raison sera.

Comment les Voituriers doiuent amener les Marchandises, sans les faire seiourner. Et comment on peut proceder par Arrests sur les Bateaux & Marchandises.

Art. 8. & 9. Le batteau est obligé à la marchandise, & la marchandise au batteau; c'est à dire, que le Voicturier n'estant payé de sa voicture, peut saisir la marchandise qu'il a conduitte : & si au contraire il se trouue que par le faict du Voicturier il y ait à redire à la marchandise; en ce cas le Marchand peut saisir le batteau pour ses dommages & interests.

VIII. ITEM, Toutes manieres de voitures ou autres amenans aucunes denrées ou Marchandises à voitures par les riuieres dessusdites en ladite ville de Paris, mettront icelles à chemin, & les feront venir diligemment dedans le temps qu'ils les deuront amener, sans les faire sejourner, si par fortune de temps, ou autre necessité ils ne sont empeschez : & les conduiront, & ameneront diligemment & seurement sans ce que par defaut de bon labourage elles soient dommagées ny empirées. Et aussi les Marchands, ou autres à qui seront icelles denrées ou marchandises, quand elles seront arriuées, les prédront & receuront, & payeront lesdits Voituriers, de ce qu'il leur sera deu à cause d'icelles voitures. Et s'il aduient qu'il y ait faute en icelles marchandises, de non auoir esté amenées deüement, ou qu'elles ayent esté empirées par faute du Maronnier : le Marchand pourra faire arrester le Batel dudit Voiturier, pour estre restitué de son interest. Et semblablement si la besongne est bien faite, & ledit Voiturier n'est payé de sa voiture, il pourra proceder par voye d'Arrest, sur les denrées qu'il aura amenées : car par la coustume de la Marchandise, le Batel est obligé à la Marchandise, & la Marchandise au Batel.

Comment les Voituriers doiuent estre restituez de leurs interests, s'ils ne sont payez de leurs voitures.

IX. ITEM, Si celuy, à qui seront icelles denrées ou Marchandises ne veut ou ait dequoy payer le Maronnier qui les aura amenées, & il conuienne que ledit Voiturier, son Batel & gens sejournent par la faute d'iceluy qui l'aura mis en besongne, ou de son payement, celuy, à qui seront lesdites denrées payera tous les despens, dommages & interests dudit Voiturier, par luy faits & encourus à cause de ce : & seront venduës d'icelles denrées ou Marchandises par Iustice, en telle maniere que le Voiturier sera payé entierement de sa voiture.

Comment les Compagnons d'eau peuuent proceder par Arrests sur les Marchandises qu'ils amenent.

Article 10. La Marchandise est affectée à la voicture, & au salaire des compagnons de riuiere, bien que

X. ITEM, Si ledit Voiturier n'a dequoy payer les compagnons d'eau qui auront fait la voiture par luy entreprinse, & qui seront venus sur icelle, lesdits Compagnons pourront proceder par voye de fait d'Arrest sur les Marchandises qu'ils auront amenées, & en feront vendre par Iustice de celles dequoy on pourra plus promptement auoir argent, iusques à pleine satisfaction & payement desdits compagnons : & s'il aduient que ledit Voiturier ne soit present, si ne laissera l'on pas à proceder par la maniere que dit est, pourueu que lesdits Compagnons bailleront caution Bourgeoise de rendre & restituer tout, ou partie de ce qui baillé leur sera, si deu ne leur est : & le Marchand, à qui seront les denrées, pour son interest, & pour estre restitué de ce qui aura esté prins & vendu du sien, aura recours contre le Voiturier à qui il aura marchandé, & sur le Batel, auquel aura esté amenée sa marchandise.

le marchand n'ait eu conuention auec eux, le tout pour la facilité du commerce.

Du temps de la Charge & descharge que les Voituriers doiuent à ceux pour qui ils feront aucunes voitures : & combien les Bateaux doiuent tenir port en Gréue.

XI. ITEM, Quand aucun Voiturier aura pris à amener aucunes denrées ou Marchandises en ladite ville de Paris, pour quelque personne que ce soit, Marchand, ou autre, il deura à celuy, à qui il marchandera, trois iours de charge & trois iours de descharge, sans ce que pour raison de ce il puisse demander aucun proffit, desdommagement, ou interest pour sa nef, Batel, gens, apparaux, ou pour quelconque autre cause que ce soit. Et est ceste coustume generale pour toutes manieres de denrées & Marchandises qu'on amenera en ladite ville de Paris, s'il n'y a autre couenance faite expressément ausdits Voituriers : excepté au regard du vin qui sera amené vendre en Gréue : car les Bateliers tiendront port vn mois, s'ils ont amené vin de Bourgongne : & si c'est vin François, trois sepmaines. Et si le Marchand ou autre à qui sera le vin, tient le Batel, auquel son vin sera amené, plus que le temps dessusdit, il payera au Voiturier, pour chacun iour vn gros, ou seize deniers parisis, pourueu que ledit Batel ne porte plus de vingt-cinq tonneaux de vin à la moison dont les vins estans audit Batel seront : & s'il porte plus dudit poix, il aura pour chacun iour, deux sols parisis : & parmy luy payant ledit gros, ou deux sols, ledit Marchand ou autre, à qui sera iceluy vin pourra tenir iceluy Batel iusques à ce que son vin sera vendu ; pourueu aussi qu'auecques ledit salaire il fera garder, & espuiser ledit Batel bien & conuenablement depuis ce qu'il sera fermé à l'Isle, ou à la palée dudit lieu de Gréue, & que l'escope luy sera baillée, iusques à ce que sa vente sera faite & parfaite, & qu'il aura renduë ladite escope, & non autrement, s'il n'y a autre conuenance expresse, faite auec ledit Batelier.

ARTICLE II. Cét Article est encores obserué, à la reserue des salaires mentionnez en iceluy, qui maintenant se payent par estimation ; & est à remarquer que le Marchand reçeuant du Voicturier l'escoppe, qui est vn outil seruant à jetter l'eau du batteau, il est entierement garend du dommage qui pourroit arriuer audit batteau.

Comment les Voituriers doiuent rendre les Marchandises par compte, s'ils les ont receües à compte.

XII. ITEM, Si en chargeant aucunes denrées ou Marchandises, elles sont baillées par compte ou mesure au Batelier qui les chargera & deura mener, iceluy Batelier les rendra par compte ou mesure, ainsi qu'ils luy auront esté baillées & liurées, à celuy ou ceux, à qui elles seront, sans aucune fraude ou deception : Sur peine d'amende arbitraire. Mais si le Marchand met garde de par luy au Batel pour garder la marchandise, le Voiturier ne sera point tenu d'en rendre compte.

ARTICLE 12. Le Marchand preposant vn homme pour la garde de sa marchandise, l'on presume qu'il en est contant, & auoir deschargé le Voicturier.

Comment on doit enleuer aucunes Marchandises qui sont en Arrest.

Article 13. L'on doit cerespect à Iustice, de ne pas transporter au prejudice d'vne Saisie & Arrest ; & l'on doit auparauant en demander la main-leuée.

XIII. ITEM, Si pour raison d'icelles voitures, ou autrement, aucun Arrest est fait sur les Marchandises dessusdites, ou sur les nefs, Bateaux, & vaisseaux, qui icelles ameneront ou auront amenées, soit à requeste de partie, ou autrement, aucun ne pourra apres ledit Arrest leuer ou transporter icelles nefs, Bateaux, vaisseaux & Marchandises: Sur peine de soixante sols parisis d'amende, & de tenir prison fermée pour la raison dudit Arrest brisé, iusques à ce qu'il aura restably tout ce qui aura esté arresté, au lieu & en place ou l'Arrest aura esté fait, & qu'il aura payé ladite amende.

La coustume des Conroys.

Article 14. La marchandise venüe à bon port, le marchád donne de plus que la voicture vne piece d'argent, à sa discretion, que l'on appelle d'ancienneté le droict de Conroys, ou esguillettes.

XIV. ITEM, Apres ce qu'aucunes denrées ou Marchandises seront chargées sur l'vne desdites riuieres pour estre amenées en ladite ville de Paris, les Voituriers, Maronniers, preudebacheliers, qui icelles conduisent & amenent, auront droit de prendre & auoir quand elles seront amenées seurement & sauuement, depuis le lieu où elles auront esté chargées iusques à ladite ville de Paris, & mises à port de salut, dix-neuf deniers parisis, pour chacune nauée ou batelée: lequel droit est appellé d'ancienneté les Conroys. Et parmy ce, iceux Voituriers, Maronniers, & preudebacheliers seront tenus en icelles denrées ou marchez amenant (si la garde du Batel où elles seront les va querir à quelque heure que ce soit, en leur disant qu'il y ait aucun peril esdites Marchandises, qu'ils aillent audit Batel pour y pouruoir) d'y aller tantost, & sans aucun delay: Sur peine de rendre, & payer toutes les pertes, dommages & interests, qui par leur defaut ou negligence s'en ensuyuent.

La coustume du Retour.

Article 15. Pource que les Voicturiers sont obligez d'aller, venir, & retourner, pour le soulagement des vns & des autres, aux passages dangereux; cette façon & maniere est appellée, Coustume du Retour.

XV. ITEM, Quand on menera deux Bateaux accouplez ensemble, soit en montant ou aualant lesdites riuieres, & ils seront tous à vn maistre, les Bateliers qui les meneront & conduiront, aideront l'vn à l'autre. Et si pour passer aucun pont, pertuis, ou autres dangereux passages, il faut descoupler lesdits Bateaux, & passer l'vn apres l'autre, lesdits Bateliers qui laboureront au Batel qui premier sera passé, iront aider à ceux du derriere, s'ils en sont requis: Sur peine de payer les despens, dommages & interests, qui par leur deffaut s'en ensuyuront. Et est ceste coustume d'ancienneté appellée Retour.

La coustume des Douzaines.

Article 16. Cette Coustume des Douzaines n'est plus en vsage.

XVI. ITEM, En ensuyuant la coustume appellée les Douzaines, de toute ancienneté vsitée en Seine la vieille, entre les Marchands Maronniers & compagnons d'eau frequentans icelle riuiere: quand aucun Marchand ou Voiturier loüera aucuns compagnons d'eau, pour conduire ou mener aucunes denrées ou marchandises par ladite riuiere, il payera à chacun des compagnons, outre & par dessus leur salaire, dont ils auront marchandé pour faire la besongne, douze deniers parisis pour iour, pour leurs despens, selon les lieux où ils seront: qui est à entendre, sur les lieux où l'on compte à parisis douze deniers parisis: & sur les lieux où l'on compte à tournois, douze deniers tournois.

Comment les Voituriers & Marchands doiuent proceder l'vn auec l'autre, si les Bateaux & Marchandises se perissent par fortune de temps ou autrement.

XVII. ITEM, S'aucun Voiturier prend à conduire & mener aucunes denrées ou Marchandises à voiture par lesdites riuieres, & en faisant ladite voiture par fortune de temps, comme de vent qui suruient soudainement, ou autrement, si le Batel se brise, effondre, ou perisse, & ladite voiture ne soit dedans ledit Batel, ayant l'administration du gouuernail d'iceluy, si dedans trois iours apres iceluy Voiturier renonce, en la presence dudit Marchand à qui seront les denrées & Marchandises, ou de son facteur ou commis, à la garde d'icelles: ou en leur absence, pardeuant Iustice, à son Batel, & aux habillemens & apparaux qui y seront, il demeurera quitte des denrées & Marchandises, des pertes & dommages & interests, qui pour raison de ce seront ensuyuis: & pourra le Marchand à qui seront icelles denrées, prendre ledit Batel & apparaux, & les appliquer à son proffit. Et aussi si ledit Voiturier dedans lesdits trois iours, ny apres, fait leuer son Batel, ou fait prendre ou cueillir aucuns habillemens ou apparaux pour appliquer à son proffit, il payera lesdites pertes, dommages & interests qui seront ensuyuis, audit Marchand à qui sera la Marchandise. Et ordonnons audit Voiturier lesdits trois iours d'auis, pour renoncer, ou pour prendre sondit Batel, si bon luy semble. Et pendant ce, la Marchandise sera cueillie par autorité de Iustice, si mestier est, tant pour l'absence de ceux à qui la chose pourra toucher, comme autrement à la conseruation du droit à qui il appartiendra, & aux cousts d'icelle Marchandise: mais toutefois si ledit Voiturier mene ou conduit son Batel en sa personne, en ayant ladite ministration & gouuernement du gouuernail d'iceluy, comme dit est, il n'y pourra renoncer, & payera toutes les pertes, dommages & interests dessusdits.

ARTICLE 17. Les cas de renonciation au batteau par le Voicturier lors de naufrage, sont nettement expliquez en cét Article.

Du temps & heures que les Voituriers & Maronniers doiuent labourer par Riuiere.

XVIII. ITEM, Les Maronniers ou Voituriers frequentans lesdites riuieres ne partiront ny bouteront hors leurs nefs, Bateaux, ou vaisseaux chargez de Marchandises, s'il fait broüillats, ou vent contraire, ny aussi à iours de Dimanche, de feste d'Apostre, ou d'autre feste solennelle, qui soit à garder. Et aussi ne laboureront par riuieres, si n'est à heure deuë, c'est à sçauoir, entre Soleil leuant, & Soleil reconsant: Sur peine de payer les pertes, dommages, & interests qui par occasion de leursdits labourages se pourroient ensuyuir. Et mesmement les Marchands, pour qui on amenera lesdites Marchandises, ne feront ny admonesteront aucunement lesdits Voituriers ou Maronniers à labourer par lesdites riuieres sinon à iours conuenables & à heure deuë, & qu'il ne face broüillats, ny vent contraire. Et si à leur instigation, pourchats, ou commandement, lesdits Voituriers ou Maronniers labourent par lesdites riuieres autrement que dit est, & il en aduient aucun inconuenient, ce sera aux perils & fortunes du Marchand qui fera labourer, au regard de sa Marchandise.

ARTICLE 18. Les Voicturiers doiuent prendre le temps commode pour la nauigation, mais peuuent aller sur les Riuieres, & conduire les marchandises Festes & Dimanches, & autres iours de l'année, excepté les quatre Festes solemnelles, ainsi qu'il a esté iugé par Sentence de la Ville, confirmée par Arrest rendu au rapport de M. Portail en la 3. des Enquestes, le 14. Decembre 1641. en consequence de plusieurs autres Iugemens & Arrests donnez au precedent, qui ont desrogé à l'Ordonnance.

La coustume des veües des Arches & pertuis.

Article 19. L'aualant doit faire veüe des Arches & Pertuis auant de passer, estant sujet en ce rencontre au montant, par les raisons de l'Article.

XIX. ITEM, Toutes manieres de Ponts & pertuis doiuent veuë, c'est à dire, que quand on amenera aucuns Bateaux aual lesdites riuieres, soient vuides ou chargez, les Maronniers qui les meneront ou conduiront, iront voir deuant eux aux Arches des ponts & pertuis par où ils deuront passer en aualant, qu'il n'y ait aucun Batel montant qui soit embouché, ou qu'on ait porté les filets pour les emboucher & monter contremōt ladite Arche ou pertuis, à fin que lesdits Bateaux, tant montans comme aualans, ne puissent blesser l'vn l'autre. Et si l'aualant trouue aucun Batel embouché, ou que les filets soient portez pour monter, il guerrera iusques à ce qu'iceluy montant sera passé outre: & s'il ne fait ce que dit est, & il s'en ensuit aucun inconuenient, iceluy aualant sera tenu de restituer les pertes, dommages, & interests, qui par defaut de ce faire s'en ensuiuront. Et aussi feront pareillement tous aualans, quand ils voudront guerrer aucuns Bateaux aux ports de Gréue, & de l'Escole saint Germain, ou de la Bucherie de petit-Pont: Sur peine d'encourir és pertes & dommages, qui par leur defaut en pourroient ensuiuir, par la maniere dessusdite.

La coustume de Lay gesir lay.

Article 20. En ce rencontre le montant est sujet à l'aualant, lequel bien souuent ne se peut garrer, à cause de l'impetuosité de la Riuiere: mais aussi il est obligé d'aduertir le montant de s'arrester, ou se garrer, par ces paroles & jargon que les Voicturiers entendent entr'eux, Lay gesir lay.

XX. ITEM, Quand aucuns Bateaux aualeront par lesdites riuieres, & en aualant ils voyent aller contremont aucuns montans, c'est à sçauoir, en pleine riuiere, ailleurs qu'esdites Arches & pertuis, l'aualant criera au montant de tant loing comme il appartient, Lay gesir lay, qui est à dire va vers terre. Et adonc le montant prendra sa hune, & la mettra au boleten, & s'accouchera à terre iusques à ce que l'aualant soit passé: car le montant se peut trop mieux arrester, que ne fait l'aualant. Et au cas qu'iceluy montant ne fera ce que dit est, & il ensuit aucun inconuenient, pourueu que ledit aualant luy ait crié Lay gesir, il payera les pertes, dommages & interests qui à l'occasion de ce s'en ensuiuront. Et au cas aussi que ledit aualant ne fera son deuoir de luy crier par la maniere que dit est, le montant ne sera tenu d'aucune restitution ou desdommagement, qui se puisse ensuiuir à l'occasion de son montage.

Du droit des Amendes & Forfaitures.

XXI. ITEM, Ordonnons qu'en toutes les Amendes, confiscations, & forfaitures, qui escherront à cause & par raison de ce que dit est, nous aurons la moitié franchement, & nostredite Ville l'autre, comme de tout temps auons accoustumé d'auoir: deduit toutesfois & rabatu ce qui est cy dessus ordonné pour lesdits Officiers, & autres accuseurs.

Comment les Preuost des Marchands & les Escheuins doiuent faire serment de tenir & garder les Ordonnances dessus declarées.

XXII. ITEM, Afin que ces presentes Ordonnances, Edits, & statuts soient tenus & gardez en leurs termes, les Preuost des Marchands & Escheuins de nostredite Ville, qui seront pour le temps aduenir, iureront à leur creation solennellement en nos mains, icelles entretenir & garder, & faire entretenir & garder par ceux qu'il appartiendra: & qu'à leur pouuoir ne souffriront icelles enfraindre, ny à leur poursuite, ou faire au contraire par quelque voye ou maniere que ce soit. Et semblablement le iureront és

mains

mains de nostredit Chancelier, ceux qui y sont de present, pource qu'à eux en appartient principalement le regard.

SI DONNONS en mandement à nostredit Chancelier, & à ceux qui seront au temps auenir, à nos amez & feaux Conseillers les gens tenans & qui tiendront nostre Parlement, aux gens de nos comptes & Tresoriers à Paris, ausdits Preuost des Marchands & Escheuins, & à tous nos autres Iusticiers & Officiers, ou à leurs Lieutenans presens & auenir, & à chacun d'eux si comme luy appartiendra, que nos presentes Ordonnances, Edits, Statuts & Articles, ils tiennent & gardent, & facent tenir & garder de point en point, selon leur forme & teneur, sans enfraindre: & icelles facent publier, & enregistrer és registres de ladite Preuosté & Escheuinage, & ailleurs où il appartiendra, à fin qu'aucun n'en puisse pretendre ignorance. Et à fin que ce soit chose ferme & stable à tousioursmais, Nous auons fait mettre à ces presentes nostre seel. Sauf en autres choses nostre droit, & l'autruy en toutes. Donné à Paris au mois de Fevrier, l'an de grace mil quatre cens quinze: Et de nostre regne le trente-sixiesme.

Ainsi signé, Par le Roy. X. CAMUS.

Et à l'antique impression estoit signé, G. TRIGNAC.

LE CINQVANTE-SIX CHAPITRE CONTIENT LES ORDONNANCES DES Musniers, Boulengers, Fariniers, & Blatriers: Et aussi le poix du pain, à tousiours: Auec l'Arrest donné l'an 1523.

ARTICLE PREMIER.

CHARLES, par la grâce de Dieu, Roy de France, au Preuost de Paris, ou à son Lieutenant, Salut. Comme pour escheuer plusieurs clameurs, murmures, complaintes, qui de iour en iour suruiennent des habitans de nostredite Ville de Paris, & mesmement du menu peuple d'icelle: & pouruoir à plusieurs grandes fautes & abus qui chacun iour se font & commettent par plusieurs Boulengers de nostredite ville de Paris, tant en la façon du pain, comme au poix d'iceluy, & autrement en plusieurs & diuerses manieres, au grand prejudice de la police, charge, foule, & oppression de nos sujets d'icelle nostredite Ville: Apres l'auis des gens de nostre grand Conseil, & autres estans en nostredite ville de Paris, auons fait prouision & ordonnances sur ce que dit est, en la maniere qui s'ensuit.

Du poix à peser les Grains.

II. ITEM, C'est à sçauoir, Que le poix ordonné pour peser les Blez & Farines en ladite Ville, sera entretenu au lieu où il est, ou ailleurs, si mestier est, ou par nos Officiers & les Escheuins de ladite Ville auisé sera.

Que les Boulengers feront peser les grains qu'ils feront moudre.

III. ITEM, Que tous les Boulengers & Fariniers d'icelle Ville seront tenus & contraints de faire peser audit poix les grains qu'ils feront moudre, & aussi iceux faire cribler auant la mouture d'iceux: Sur peine d'amende arbitraire.

Que les Bourgeois feront peser leur blé, si bon leur semble.

IIII. ITEM, Et au regard des Bourgeois, & autres, qui voudront faire moudre grains pour leur despense, les pourront faire peser, si bon leur semble.

Que les Musniers feront moudre diligemment pour les Bourgeois: Et du salaire qui leur appartient.

V. ITEM, Aussi, Que tous Musniers feront moudre diligemment, tant pour les Bourgeois, mesnagers, & autres, comme pour les Boulengers. Et ne pourront prēdre salaire excessif, outre ny au dessus du prix à eux autresfois ordonné: c'est à sçauoir, de ceux qui leur porteront, meneront, feront porter, & mener blez ou autres grains à leurs moulins, & eux mesmes emporteront, ou feront emporter leurs farines, & non pas les Musniers, seize deniers parisis pour le septier: & du blé ou grain, qu'iceux Musniers iront, ou enuoyeront querir pour moudre, & quand il sera moulu reporteront la farine és hostels de ceux à qui seront les blez moulus, deux sols parisis pour septier: & au dessous audit prix, selon ce qu'il y aura du blé: A & sur peine d'estre mis au pilory, ou autremẽt estre puny à la volonté de iustice.

Que les Musniers prendront du blé en payement.

VI. ITEM, Et au cas que ceux qui ainsi feront moudre leurs blez, seront plus contens de payer en blé qu'en argent, pourront bailler pour chacun septier pour moudre, vn boisseau de blé rez: lequel lesdits Musniers seront tenus de prendre sans refus, ou ce qu'il plaira à ceux qui feront moudre: Sur peine d'amende arbitraire.

Que lesdits Musniers ne prendront plus grand salaire, que celuy qui leur est ordonné.

VII. ITEM, Sera enjoint à tous ceux à qui lesdits Musniers demanderont ou s'efforceront de prendre ou demander salaires de leursdites moutures outre les prix & taux dessusdits, & à tous autres qui sçauront les fautes que feront lesdits Musniers en prenant outre ledit prix, & autrement, de rapporter à iustice les fautes qu'ils sçauront estre faites par lesdits Musniers: & des amendes, en quoy iceux Musniers seront condemnez, ils auront le quart.

Que les grains pesez seront mouluz les premiers.

VIII. ITEM, Et seront moulus & deliurez au moulin par les Musniers les grains pesez, parauant les grains non pesez.

Du poix que les Musniers seront tenus rendre.

IX. ITEM, Et seront tenus les Musniers rendre les farines au pareil poix que seront trouuez les grains, excepté deux liures ordonnées pour le dechet sur le septier: Sur peine d'amende arbitraire.

De faire cribler le blé.

X. ITEM, S'aucuns veulent faire cribler leurs grains, faire le pourront, & seront les cribleures deduites du poix outre ledit dechet, de deux liures sur le septier.

Que les Musniers sont tenus payer ou rendre la farine, s'il y a faute aux poix.

XI. ITEM, Et si en la mouture est trouuée faute, les Musniers seront tenus rendre la farine, s'elle est en nature: & si non, seront tenus de payer pour chacune liure de farine, quatre deniers parisis, si le pain vaut quatre deniers tournois: & de plus, plus: & de moins, moins: selon le prix que vaudra la liure de pain le iour.

Salaire de peser le Blé.

XII. ITEM, Et auront les gardes & commis audit poix, pour le poix d'vn chacun septier de grain peser, vn denier tournois: & autant, pour peser la farine: de plus, plus: de moins, moins: au prix dessusdit.

Du poix que le Pain doit peser.

XIII. ITEM, Et que d'oresnauant sera fait pain faictis, cuict, & bien essuyé, de demie liure, d'vne liure, & de deux liures: lequel poix demeurera tousiours ferme & stable, à quelque prix que le blé soit.

Du poix que le Pain blanc doit peser.

XIV. ITEM, Au regard du pain blanc, quand permis sera aux Boulengers de le faire, sera fait & estably de certain poix, ferme & stable, qui ne sera changé ny mué, à quelque prix que le blé soit: C'est à sçauoir, pain blanc de la blancheur de pain de Chailly, pesant six onces, bien cuict, froid & essuyé, qui sera vendu au prix du pain faictis pesant demie liure: Et pain blanc de douze onces, qui sera vendu au prix du pain faictis pesant vne liure: Et pain blanc de vingt-quatre onces, qui sera vendu au prix du pain faictis pesant deux liures: A peine de perdre le pain, & d'amende arbitraire.

Que les Tauerniers doiuent vendre le pain du poix dessusdit.

XV. ITEM, Et que tous Tauerniers, Hosteliers, & autres vendans pain à tauerne, ou autrement en leurs maisons, seront tenus de vendre ledit pain, soit blanc ou bis, dudit poix, & du prix qui sera ordonné, selon ce que le Blé vaudra: Sur peine de perdre le pain, & d'amende arbitraire.

Des Balances que les Boulengers doiuent auoir.

XVI. ITEM, Et que tous les Boulengers, & chacun d'eux, seront tenus d'auoir en leur fenestre, balances, & poix pour peser ledit pain: Sur peine d'amende arbitraire.

Que les Mesureurs doiuent rapporter chacun Samedy ce que le Blé aura valu.

XVII. ITEM, Et pour sçauoir que vaudra le Blé chacun Samedy és marchez, tant des Halles que de Gréue, comme du Martray en la Cité, les Mesureurs de grain seront tenus chacun Samedy de rapporter par deux d'iceux Mesureurs de chacun desdits trois marchez, le prix qu'en vn chacun d'iceux marchez, blé, froment, seigle, & orge auront valu: Sur peine d'amende arbitraire.

Que le Clerc des Boulengers doit venir sçauoir chacun Mercredy au Chastelet de Paris, à quel prix le Pain sera mis.

XVIII. ITEM, Sera tenu le Clerc des Boulengers de ladite Ville de Paris, venir chacun iour de Mercredy pardeuers le Clerc de la Preuosté de Paris, pour veoir & sçauoir à quel prix le pain sera mis: & incontinent le fera sçauoir aux douze Iurez Boulengers dudit mestier. Et aussi seront tenus les autres Boulengers de ladite Ville, d'aller chacun iour de Mercredy deuers aucuns desdits Iurez, sçauoir d'eux le prix du pain tel qu'il sera ordonné. Et à ce que chacun soit acertené dudit prix, se fera cry public és Halles, en Gréue, au Martray, en la Iuifrie: seront auec ce cedules attachées à chacun desdits marchez, à quel prix sera le pain.

Que les Boulengers ne doiuent acheter Blé auant douze heures.

XIX. ITEM, Sera defendu à tous Boulengers, qu'ils n'acheteront ny feront acheter par autres, pour eux, Blé és marchez de Paris, ny en Bateaux en Gréue, ny à l'Escole saint Germain, auant douze heures apres midy: A peine de perdre le Blé, & d'amende arbitraire.

Qu'on ne doit acheter Blé pour reuendre en farine.

XX. ITEM, Que nuls blatiers, regratiers de grains, & vendeurs de farines, ny autres personnes, de quelque estat ou condition qu'ils soient, n'acheteront ou feront acheter pour eux par personnes estranges, grains à Paris, soit en greniers, en granches, ny en marchez public, pour & en intention d'iceux grains vendre & conuertir en farines, pour reuēdre en destail: soit en marché public ou ailleurs: Sur peine de perdre lesdits grains & farines, & d'amende arbitraire.

De punir les infracteurs de ces presentes.

XXI. ITEM, Nous vous mandons & commettons par ces presentes, qu'icelle prouision & Ordonnance, & tous les Points & Articles contenus en icelle, vous faites publier en nostredite ville de Paris, & icelle garder & entretenir, & faites entretenir & garder de point en point, sans enfraindre, en contraingnant ou faisant contraindre à ce faire & tenir, lesdits Boulengers, & tous autres qui pour ce feront à contraindre, par toutes voyes deües & raisonnables, & en tel cas requises: en punissant les infracteurs & venans au contraire d'icelle, ainsi qu'il appartient, & que verrez estre à faire par raison. Et s'aucun debat naissoit à l'occasion de ce, entre aucuns de nos sujets, faites, ou faites faire aux parties en ce bon & brief droit: Car ainsi nous plaist-il estre fait: Nonobstant quelsconques autres Ordonnances, ou defenses, & lettres surreptices à ce contraires. Donné à Paris, le dixneufiesme iour de Septembre, l'an de grace mil quatre cens trente-neuf. Et de nostre regne le dixseptiesme.

Ainsi signé, Par le Roy, en son Conseil.

D. BVDE.

ARREST CONTENANT LA BLANCHEVR ET POIX DV PAIN, QVE LES MAISTRES Boulengers de Paris doiuent faire : & des Balances qu'ils doiuent auoir à leurs fenestres. Lequel a esté prins & extraict en vn Tableau estant au Greffe de l'Hostel de la Ville.

Extraict des Registres de Parlement.

ENTRE Messire Iacques de Crussol, Cheualier, grand Pannetier de France, demandeur en matiere d'execution d'Arrest, & requerant l'enterinement de certaine requeste du vingtiesme Mars, mil cinq cens dixneuf : & en ce faisant inhibitions & defenses fussent faites à Maistre Iacques Chambert, Procureur du Roy au Chastelet de Paris defendeur, sur peine de cent marcs d'argent d'amende, à appliquer au Roy, de ne troubler ny empescher ledit demandeur ny ses Officiers és droits de visitation & iurisdiction, le tout selon le contenu en, & en ensuiuant l'Arrest donné en ladite Cour le deuxiesme Mars cinq cens dixneuf : Et que d'oresnauant iceluy demandeur, ses Officiers & commis, fussent tenus faire leurs rapports de leurs visitations qu'ils feront sur les Maistres Boulengers de la ville de Paris, des fautes en poix, & blancheurs qu'ils trouueront aux pains blancs, bourgeois, & de brode (qui sont les pains que doiuent faire lesdits Boulengers de Paris, & non autres,) au gref Ciuil, pour proceder par le Lieutenant Ciuil, ou le premier des Conseillers dudit Chastelet, à la condemnation ou absolution desdits Boulengers, presens, ou appellez le Procureur dudit demandeur ou ses Officiers, dedans le iour que les rapports seront faits, attendu le refus fait par iceluy defendeur, de receuoir & enregistrer lesdits rapports. Et demande les despens de certains defauts, & les despens, dommages & interests desdites instances. Et encores ledit de Crussol demandeur, & requerant l'enterinement de certaine requeste par luy presentée à la Cour, le quatriesme Decembre cinq cens vingt : Et en ce faisant, qu'il luy fut permis poursuiuir Iean Maillart, Iean Mallot, Iean Terlin, Adam de Montiuillier, Iosse Mossart, Iean Rigault, & Pierre Regnault, defendeurs à l'enterinement de ladite requeste, en sa Iurisdiction de la grande Panneterie de France, à ce que le mestier de la grande Boulengerie leur soit defenduë, en ensuiuant les ordonnances dudit mestier, & le serment par eux fait audit demandeur. Et où ne luy seroit permis de ce faire, que ledit mestier leur fut defendu. Et aussi demandant despens, dommages & interests. Et encores ledit de Crussol demandeur & requerant l'enterinement de certaine autre requeste par luy presentée en la Cour de Parlement le dernier iour de Decembre, & dernier Mars mil cinq cens dixneuf;

& en ce faisant qu'inhibitions & defenses fussent faites ausdits Iean Mallot, Iean Maillart, Iean Terlin, Iosse Morant, Adam de Montiuillier, Pierre Rigault, & Iean Regnault defendeurs, & autres Boulengers de ceste Ville de Paris, de n'auoir ny tenir bourse commune, Clerc de mestier, ny eux assembler, sinon par authorité de Iustice. Pareillement commandement leur fut fait de mettre & porter en l'Hostel de la Ville, la piece d'Artillerie faite de l'ordonnance du feu Roy Loys (que Dieu absolue) pour la conseruation de ladite Ville. Aussi qu'ils fussent condamnez & contraints à rendre compte & reliqua des deniers qu'ils ont prins & mis en bourse commune, pardeuant aucuns des Conseillers qui seroient à ce commis par ladite Cour de Parlement. Et encores iceluy demandeur, defendeur, à l'enterinement de certaine Requeste presentée à la Cour le vingt-cinquiesme iour de Septembre, cinq cens vingt, d'vne part, & Iean Bouteuillain, Regnault du Gué, Iean Musnier, & Thierry Valet, compagnons Boulengers, demandeurs & requerans l'enterinement de ladite Requeste dudit vingt-cinquiesme de Septembre, cinq cens vingt: & en ce faisant, que commandement fust fait aux maistres Boulengers de la ville de Paris, & autres qu'il appartiendroit, de comparoir pardeuant vn des Conseillers de ladite Cour de Parlement, qui fust par elle commis & deputé pour eslire aucuns desdits Maistres Boulengers à voir faire le chef d'œuure d'iceux demandeurs, & faire leurs raports ausdits Conseillers commis, de la suffisance ou insuffisance d'iceux: pour iceluy raport ouy, estre receus à Maistre audit mestier, & en iouyr comme les autres, s'ils sont trouuez suffisans & experts, en consignant les droits & deuoirs accoustumez & raisonnables: & sans preiudice des droits des procez dudit de Crussol, & Maistres Boulengers, Procureur du Roy au Chastelet de Paris, defendeurs à l'enterinement de ladite Requeste: & demandans despens. Et ledit Maistre Chambret, Procureur du Roy au Chastelet de Paris, defendeur à ladite matiere d'execution d'Arrest & enterinements de ladite Requeste dudit vingtiesme Mars, cinq cens dix-neuf, & demandeur, & requerant l'enterinement de certaine Requeste par luy presentée à la Cour le quinziesme de May, mil cinq cens vingt, & en ce faisant estre receu à opposition contre l'execution de certaine prouision ou pretendu Arrest obtenu par ledit de Crussol, par surprinse, le deuxiesme Mars, cinq cens dix-neuf: sans refonder les despens obtenus par ledit de Crussol. Et encores iceluy Chambret, Procureur du Roy au Chastelet de Paris, Iean Maillart, Iean Mallot, Iean Terlin, Iean Riguault, Adam de Montiuillier, Pierre Regnault, & Iosse Mossart, defendeurs à l'enterinement de ladite Requeste dudit ving-cinquiesme Septembre, cinq cens vingt. Et encores lesdits Maillart, Mallot, Terlin, Montiuillier, Mossart, Regnault & Riguault, defendeurs à l'enterinement desdites Requestes du dernier iour de Decembre cinq cens dix-neuf, & quatriesme iour de Decembre, cinq cens vingt, & demandans despens, d'autre. Veu par la Cour ledit Arrest, dudit deuxiesme Mars, mil cinq cens dix-neuf, lesdites Requestes desdits quinziesme May, mil cinq cens vingt, quatriesme Decembre, mil cinq cens vingt, dernier iour de Decembre, dernier Mars, mil cinq cens dix-neuf, vingt-cinquiesme Septembre, mil cinq cens vingt : les Ordonnances dudit mestier de Boulenger, certains Arrests des septiesme Iuin, mil quatre cens quatre vingts & trois, deuxiesme May, mil quatre cens quatre vingts & trois, deuxiesme May, mil quatre cens quatre vingts & cinq, & deux cens quatre vingts vn : les aduertissemens & productions desdites parties (sauf & reserué desdits Mallot, Maillart, Terlin, Montiuillier, Mossart, Riguault, & Regnault, qui n'ont aucune chose produit en l'incident de l'enterinement de ladite Requeste dudit quatriesme de Decembre, mil cinq cens vingt, ains en ont esté forclos) certain Arrest du premier iour de Iuillet, mil cinq cens vingt & vn, contenant que les aduertissemens & productions desdites parties leurs seroient communiquées, pour y respondre & produire plus amplement dedans huitaine, & que le tout seroit communiqué au Procureur general du Roy, pour bailler ses conclusions telles qu'il verroit estre à faire : les conclusions dudit Procureur general du Roy, responses dudit de Crussol : Apres ce que toutes les autres parties ont esté forcloses de bailler responses, & de produire, auec les appointemens à ouyr droit. Ouy le raport du Commissaire à ce commis, & tout consideré, Dit a esté, qu'entant que touche ladite instance d'execution d'Arrest & enterinement des Requestes d'entre lesdits de Crussol & Chambret : Que ladite Cour a permis & permet audit de Crussol, grand Pannetier de France, de faire ou faire faire la visitation qu'il conuiendra faire sur le Pain vendu par les Boulengers de Paris, en ceste ville de Paris, par gens à ce cognoissans, par luy ou ses Officiers, à chacune fois qu'il en sera besoin de visiter : & que de toutes les fautes qu'ils trouueront sur ledit pain en faisant ladite visitation, tant en qualité, poix & blancheur, qu'autrement, feront leur raport au Chastelet de Paris, pour en faire la punition par le Preuost de Paris, ou ses Lieutenans, selon l'exigence desdites fautes, & ainsi qu'il verra estre à faire par raison. Et auec ce, que lesdits Preuost & autres Officiers du Roy audit Chastelet pourront, toutes & quantesfois que bon leur semblera, faire visiter le pain, sans ce que ledit grand Pannetier, ses Officiers, ou autres le puissent empescher : & sans despens tant desdits defauts que instances. Et en faisant droict sur les autres Requestes & incidens, ladite Cour a permis & permet audit grand Pannetier d'auoir sa petite Iustice, pour en iouyr par luy, ou ses Officiers, *iustè & ritè*, ainsi que d'ancienneté en ont iouy : & pour l'exercice d'icelle petite Iustice, d'auoir vn Greffier, vn Procureur en son lieu, & parquet estably dedans la closture du Palais, ainsi que luy & ses predecesseurs ont accoustumé auoir. Et que le ressort d'icelle petite Iustice viendra par appel ou il a accoustumé de ressortir. Et luy permet la Cour prendre pour son amende, six deniers, & trois deniers, ainsi qu'il a accoustumé faire. Luy a aussi ladite Cour permis & permet de receuoir ceux qui voudront de nouuel estre receus à la Maistrise, & exercice dudit mestier de Boulenger. Et pour ce faire commettre à chacun nouueau Maistre deux ou trois personnes à ce cognoissans, pour receuoir le chef-d'œuure, & en faire raport audit Pannetier, ou à ses Officiers : & ce sans aucune chose en prendre ny exiger d'eux. Et si iceluy Pannetier pretend aucuns droits pour ce faire, les baillera par declaration par le menu par deuant l'executeur de ce

present

present Arrest, pour parties ouyes en ordonner par ladite Cour ainsi que de raison. Et à ladite Cour priué lesdits Boulengers d'auoir d'oresnauant corps ny communauté ensemble de leurs Iurez, Clerc, ny Confrairie de bourse commune. Et leur fait inhibitions & defenses, qu'ils ne s'assemblent : sur peine de confiscation de corps & de biens. Et leur enjoint, que d'oresnauant ils facent continüellement pain de trois sortes de blancheurs, bontez & poix, qu'ils sont tenus faire selon les Ordonnances : c'est à sçauoir, pain blanc de Chailly, de douze onces : pain bourgeois de deux liures : & pain de brode de six liures : sans faire pain d'autre poix, sorte, ny prix : Sur les peines contenuës és Ordonnances, & autres telles peines, amendes corporelles, criminelles, publiques & ciuiles, que Iustice verra estre à faire par raison. Enjoint aussi ladite Cour ausdits Boulengers, qu'ils cuisent lesdits pains à heure competente, tellement qu'iceux chacun en leur qualité soient frais & rassis à heure raisonnable, selon lesdites Ordonnances : & que chacun d'iceux Boulengers tiennent à leurs fenestres, balances & poix marquez de douze onces, de deux liures, & de six liures, à fin que chacun achepteur desdits pains puisse, si bon luy semble, peser le pain qu'il voudra acheter : & ce sur peine de confiscation de corps & de biens. Et a ordonné & ordonne ladite Cour, que les informations faites sur certains abus & maluersations qu'on dit auoir esté commises par lesdits Boulengers, du treiziesme de Ianvier mil cinq cens vingt, seront communiquées aux gens du Roy, pour prendre leurs conclusions, & pour plus amplement informer, si bon leur semble, pour ce fait, & eux ouys, proceder à l'encontre des delinquans, ainsi que de raison : & ordonner de la reddition des contes de l'argent, que l'on dit auoir esté prins par lesdits Boulengers en leur confrairie, & de maistres nouueaux : & qu'à ceste fin iceux Boulengers & tous autres seront contraints d'apporter leurs Registres, Papiers, Enseignemens, & autres choses qui pourroient seruir pour l'instruction de ce. Et outre, a ladite Cour condamné, & condamne lesdits Maistres Boulengers à mettre & faire porter en l'Hostel de ceste Ville de Paris, la piece d'Artillerie par eux faite par Ordonnance du feu Roy Louys dernier decedé, si aucune en ont : & à rendre conte & reliqua des deniers par eux leuez pour ce faire, & sans despens desdites instances, & pour cause. Et outre enjoint ladite Cour au Preuost de Paris, ses Lieutenans, & grand Pannetier, chacun en son regard, de faire garder & entretenir ce present Arrest, selon sa forme & teneur : Sur peine de s'en prendre à eux. Et pourront neantmoins les Boulengers forains & estrangers vendre pain de toutes sortes en ceste ville de Paris, ainsi qu'ils ont accoustumé d'ancienneté. Et au surplus ordonne la Cour, que le pain qui sera trouué n'estre des qualitez dessusdites, sera aumosné & distribué aux pauures. Et outre la Cour a ordonné qu'outre les amendes ordinaires, ceux qui contreuiendront à ce present Arrest, & ausdites ordonnances, seront punis de l'amende de trente sols parisis, moitié au Roy, & l'autre moitié au denonçant. Et a enjoint & enjoint audit Preuost de Paris &

ses Lieutenans, de faire derechef publier lesdites Ordonnances, & ce present Arrest à son de trompe: & d'iceux Arrest & Ordonnances faire faire trois Tableaux, & les mettre, à sçauoir, l'vn en l'Auditoire de Chastelet, l'autre en l'Hostel de la Ville, & le tiers en la Halle au bled, és lieux apparens. Dit aux parties, le treziesme iour de Feurier, l'an mil cinq cens vingt-trois.

Ainsi signé, DV TILLET.

Et ledit Tableau est signé, L'ORMIER.

LE CINQVANTE-SEPT CHAP.

CONTIENT LES ORDONNANCES TOVCHANT les estalonnages des mesures du Roy, & de la Ville de Paris, c'est à sçauoir, à Grain, Sel & Fruits.

L'An mil quatre cens cinquante-huit, Le Ieudy quinziesme iour de Feurier: A ce temps honorables hommes & sages, maistre Matthieu de Nanterre, Conseiller du Roy nostre sire, & President en ses Requestes du Palais, estant Preuost des Marchands, & maistre Pierre Galye, sire Michel Laisie, Guillaume le Macon, Iacques Derpy, Escheuins de la ville de Paris: Pource que les Mesureurs de Sel establis de par lesdits Preuost & Escheuins (qui à cause de leurs Offices ont la garde & administration des estalons du Roy & de ladite Ville, sur lesquels sont & doiuent estre adjustées toutes mesures à Grains, Sel, & Fruits, sujettes ausdits estalons) n'auoient aucunes instructions, ou Ordonnances sur la forme & maniere d'estalonner & adjuster. Et que ceste chose estoit tres-confuse & difficile: parquoy au temps aduenir l'industrie pourroit estre mal entenduë ou mise en oubly, & parce mal pratiquée par aucuns ignorans, au grand dommage & inconuenient de la chose publique. Iceux Preuost & Escheuins firent assembler la plus grande & saine partie desdits Mesureurs, & principalement les plus anciens & experts en icelle industrie: Et en leur presence firent par iceux Mesureurs pratiquer la forme & maniere d'estalonner & adjuster toutes manieres de Mesures, qui se doiuent prendre sur les estalons de cuyure à ce ordonnez estans en l'Hostel commun de ladite Ville, pardeuers & en la Chambre & lieu à ce estably ausdits Mesureurs, à fin d'en faire registre & Ordonnance pour memoire perpetuelle. Ce qui fut fait en la maniere qui s'ensuit.

PREMIEREMENT, est à sçauoir qu'en ladite Chambre sont les originaux estalons en cuyure, cy-apres declarez.

LES ESTALONS QVI SONT en l'Hostel de la Ville.

Encores que la forme d'estalonner les mesures soit fort bien expliquée en ce Chapitre, il est neantmoins tres-malaisé d'en bien conceuoir l'vsage que par la veuë, qui fera cognoistre aux cu-

ARTICLE PREMIER.

VN minot, vn boisseau, demy boisseau, vn quart, demy quart, vn licteron: & tout à blé, & vn minot à Sel, qui est seul.

Que les Mesureurs doiuent querir du Seigle sec pour estalonner.

II. ITEM, Est à sçauoir aussi, que pour faire tous estalonnages sur

rieux l'Art & l'inuention dont l'on se sert en ce rencontre.

iceux estalons, & pour adjuster toutes mesures de bois, est requis ausdits Mesureurs auoir, querir, & liurer grains de Seigle sec en quantité suffisante.

Des deux Escuelles que lesdits Mesureurs doiuent auoir.

III. ITEM, Auec ce sont requises ausdits Mesureurs auoir deux larges & plates Escuelles de bois, esbrechées à plusieurs bresches aux costez, ausquelles se doit jetter ledit grain de Seigles, tant és estalons qu'és mesures de bois Et se doit jetter le grain és estalons, & aussi és mesures par deux desdits Mesureurs en tournant auant la main. Et quant aux estalons, doiuent iceux Mesureurs faire leur ject du plus haut qu'ils peuuent estendre les bras. Et quant aux mesures de bois, doiuent faire leur ject de la hauteur & pres du bord de la mesure de bois.

Forme de jetter Estalons à Blé. Et premierement, le Minot.

IIII. ITEM, Minot estalon à blé doit estre emply à comble, en luy donnant fais par longuement jetter depuis qu'il est plein. Et apres doit estre rez à la ratouëre, grain sur bord. Et la mesure faite y doit estre adjousté demy quart de blé sur l'estalon, pour le vent.

Le Boisseau.

V. ITEM, Boisseau estalon à blé, dont les trois feront le minot, doit estre emply & rez par la maniere qu'est dit du minot, sans y adjouster aucune chose.

Le demy boisseau, & autres petites Mesures.

VI. ITEM, Demy boisseau, quart, & demy quart, & licteron, estalons à blé, doiuent estre emplis à comble sur l'estalon, sans rere & sans y adjouster. Et au regard du demy, il se doit fonder sur le licteron party en deux.

Des mesures de Chaulx.

VII. ITEM, Est à sçauoir, que sur lesdits estalons à blé sont faits les Mesures à Chaulx, sans adjoûter ou diminüer.

Forme d'adjuster Mesures de bois à blé. Et premierement, le Minot.

VIII. ITEM, Minot de bois à blé, doit estre emply de son grain estalonné, & apres doit estre rez à la ratoüere iusques au fust, sans adjouster quelque chose pour le vent: mais pour la potence de fer, qui est à mettre, doit estre adjousté le huitiesme d'vn licteron à blé.

Le Boisseau, & autres petites mesures.

IX. ITEM, Boisseau, demy boisseau, quart, demy quart, & licteron de bois à blé, doiuent estre emplis de leurs grains estalonnez, chacun en droit soy, sans y adjouster. Et doiuent tous reuenir à comble sur le bois. Et au regard du demy licteron, il se doit fonder sur le licteron party en deux.

Comment les Mesureurs de blé doiuent mesurer.

X. ITEM, Et est à sçauoir, combien que le minot à blé soit adjusté rez au fust, toutesfois les Mesureurs de blé doiuent mesurer grain sur bord: pource qu'ils baillent plus grand vent à la pelle, que ne font les Mesureurs de Sel en adjustant à l'escuelle.

Des mesures à Chaulx.

XI. ITEM, Et est à sçauoir, que les mesures à Chaulx ensuiuent celles à blé.

Forme de jetter Estalons à Sel. Et premierement, le Minot.

XII. ITEM, Minot estalon à Sel doit estre emply à comble, en luy donnant fais par longuement jetter depuis qu'il est plein. Et apres doit estre rez à la ratouëre, grain sur bord, sans y adjouster aucune chose.

Le Boisseau.

XIII. ITEM, Boisseau estalon à Sel, dont les quatre font le minot, doit estre composé du boisseau, estalon à blé, mis à rez, grain sur bord, sans y adjouster aucune chose.

Le demy boisseau, & autres petites Mesures.

XIV. ITEM, Demy boisseau, quart, demy quart, & licteron estalons à Sel, doiuent estre faits sur mesures à blé chacun en droit soy. Et se doiuent adjuster à comble sans y adjuster. Et au regard du demy licteron, il se doit fonder sur le licteron party en deux.

Forme d'adjuster Mesures de bois à Sel. Et premierement, le Minot.

XV. ITEM, Minot de bois à Sel, doit estre emply de son grain estalonné, & apres doit estre rez à la ratoüere iusques au fust, sans y adjouster aucune chose.

Le Boisseau, & demy boisseau.

XVI. ITEM, Boisseau, & demy boisseau de bois doiuent estre emplis chacun en droit soy de son grain estalonné. Et apres doiuent estre rez comme le Minot, sans y adjouster.

Les petites Mesures.

XVII. ITEM, Demy quart, & licteron de bois à Sel, doiuent estre emplis chacun en droit soy de leur grain estalonné: & doiuent reuenir à comble sur le bois. Et au regard du demy licteron, il se doit fonder sur le licteron party en deux. Et est à sçauoir que l'on doit mesurer Sel en grenier, & chez les Marchands & Reuendeurs, grains sur bord, quant au Minot, Boisseau, & demy boisseau, pour pareille cause que dit est au blé.

Forme de jetter estalon à Auoine. Et premierement, le Minot.

XVIII. ITEM, Minot estalon à Auoine doit estre composé d'vn minot à Sel estalonné d'vn boisseau à blé rez, & demy boisseau à blé comble, sur son estalon. Et de ce, doit l'on oster vn licteron rez: & pour le vent, l'on doit apres adjouster sur le tout, demy quart: & pour la potence qui y est à mettre, y doit encores estre adjousté le quart d'vn licteron rez.

Le Boisseau.

XIX. ITEM, Boisseau estalon à Auoine, dont les quatre font le minot, doit estre composé d'vn boisseau à blé rez sur son estalon, & du quart d'vn boisseau à blé comble sur son estalon. Et pour le vent, adjouster demy licteron.

Le demy Boisseau.

XX. ITEM, Demy Boisseau estalon à Auoine doit estre composé de demy boisseau à blé, & demy quart à blé comble sur leurs estalons: & pour le vent, adjouster le quart d'vn licteron.

Du Picotin.

XXI. ITEM, Picotin estalon à Auoine doit estre composé d'vn quart, & d'vn licteron à blé comble sur l'estalon: & pour le vent, y adjouster le huitiesme d'vn licteron.

Forme d'adjuster Mesures à Auoine. Et premierement, le Minot.

XXII. ITEM, Minot de bois à Auoine doit estre estalonné de son grain estalonné, & apres doit estre rez à la ratoüere iusques au fust, sans y adjouster aucune chose pour le vent. Mais pour la potence de fer, qui y est à mettre, y doit estre adjousté le quart d'vn licteron.

Le Boisseau, & autres petites mesures.

XXIII. ITEM, Boisseau, demy boisseau, & Picotin doiuent estre emplis chacun de son grain estalonné, & apres doiuent estre rez à la ratoüere iusques au fust, sans y adjouster. Toutesfois l'on doit mesurer au marché, grain sur bord.

Forme de jetter estalons à Noix. Et premierement, le Minot.

XXIV. ITEM, Minot estalon à Noix doit estre composé d'vn minot à Sel, prins sur son estalon, d'vn boisseau à blé rez sur son estalon grain sur bord, & de demy boisseau, quart, demy quart, tout à blé, combles sur leurs estalons: & pour le vent, y adjouster demy licteron.

Forme d'adjuster mesures à Noix. Et premierement, le Minot.

XXV. ITEM, Minot de bois à Noix doit estre emply de son grain estalonné, & apres doit estre rez iusques au fust, sans y adjouster. Et doit l'on mesurer Noix à comble au marché.

Forme de jetter mesures à Oignons. Et premierement, le Minot.

XXVI. ITEM, Minot estalon à Oignons doit estre composé par semblable, que celuy à Noix, sans y oster ou adjouster autre chose.

Le Boisseau.

XXVII. ITEM, Boisseau estalon à Oignons, dont les trois font le minot, doit estre composé de trois demy boisseaux à blé comblez sur leur estalon, & de demy boisseau à blé rez sur son estalon, grain sur bord: & doit reuenir rez sur le fust.

Le demy Boisseau.

XXVIII. ITEM, Demy boisseau estalon à Oignons doit estre composé demy boisseau à blé rez sur son estalon, grain sur bord, & de demy licteron comblé sur son estalon, sans y adjouster.

Le quart.

XXIX. ITEM, Quart estalon à Oignons doit estre composé de demy boisseau, & vn quart de licteron à blé, comblez sur leur estalon, sans y adjouster.

Demy quart.

XXX. ITEM, Demy quart estalon à Oignons doit estre composé d'vn quart, & de la huitiesme partie d'vn licteron à blé comblé sur leur estalon, sans adjouster.

Forme d'adjuster mesures à Oignons. Et premierement, le Minot.

XXXI. ITEM, Minot de bois à Oignons doit estre emply de son grain, estalonné, & apres doit estre rez iusques au fust, sans y adjouster.

Le Boisseau.

XXXII. ITEM, Boisseau de bois à Oignõs doit estre emply de son grain, & apres rez iusques au fust: & y doit l'on adjouster demy quart, pour le vent.

Le demy Boisseau, & autres petites Mesures.

XXXIII. ITEM, Demy boisseau, quart, & demy quart de bois à Oignons doiuent estre de leur grain, & apres rez iusques au fust, sans y adjouster: & doit l'on mesurer Oignons à comble és marchez.

Forme d'adjuster mesures à Guesde.

XXXIV. ITEM, Mesure de bois à Guesde, doit estre composé de quatre minots à blé rez sur leur estalon, grain sur bord, & de demy boisseau, & de demy licteron à blé comblez sur leur estalon. Et doit l'estalon deuenir rez à fust sur la mesure de bois, sans adjouster.

Forme d'adjuster mesure à Charbon. Et premierement, le Minot.

XXXV. ITEM, Minot de bois à Charbon, doit estre composé de deux minots à blé rez sur l'estalon, grain sur bord. Et doit ledit estalon reuenir rez à fust sur le bois, & y adjouster pour le vent, vn quart de blé comblé, sur son estalon.

Le demy Minot.

XXXVI. ITEM, Demy minot de bois à Charbon, doit estre composé de la moitié dudit minot, en y adjoustant au feur l'emplage d'iceluy minot: & se doit mesurer Charbon au marché, Charbon sur bord.

LE CINQVANTE-HVIT CHAP.

CONTIENT LES ORDONNANCES SVR LA forme de l'eslection des Preuost des Marchands & Escheuins de la Ville de Paris, & des Conseillers d'icelle. Et à la fin est narré la forme de l'eslection d'vn Quartenier, Cinquantenier, & Dixenier: Auec le serment des Archers, Arbalestriers, & Arquebutiers de ladite Ville.

RDONNANCES faites sur la forme & maniere de l'eslection des Preuost des Marchands & Escheuins de la Ville de Paris: & des Conseillers ordinaires d'icelle en ladite Preuosté. Icelles Ordonnances faites en l'Hostel de ladite Ville, le Samedy vingt-cinquiesme iour de Iuillet, l'an mil quatre cens cinquante, en ensuiuant l'ordre & forme anciennement vsitée, & en corrigeant certaines autres Ordonnances, qui du temps des guerres & diuisions de ce Royaume, c'est à sçauoir, en l'an mil quatre cens trente & vn, auoient esté faites sur la forme de ladite eslection: icelles Ordonnances faites par l'aduis & opinion de honorables hommes & sages, Maistre Iean Baillet, Conseiller du Roy nostre Sire en sa Cour de Parlement, en ce temps Preuost des Marchands, Sire Guillaume Nicolas, Enguerrand de Thumery, Nicolas de Louuiers, & Iean de Merle, Escheuins de ladite Ville, & des Conseillers & Bourgeois d'icelle, qui dés le vingt-troisiesme iour dudit Iuillet auoient esté assemblez, pour faire eslection, ainsi qu'il estoit accoustumé sur ce chacun an. Pour lesquelles Ordonnances faire & cõposer, auoient esté prins & esleus par les assistans en icelle assemblée, lesdits Preuost & Escheuins, les autres personnes cy-apres nommées: c'est à sçauoir, honnorables hommes & sages, Maistre Arnoult de Merle, Conseiller du Roy nostre Sire, & President en sa Cour de Parlement, Maistre Bureau Bouchier, Conseiller & Maistre des Requestes de l'Hostel du Roy nostre Sire, Maistre Thibault de Vitry, Conseiller du Roy nostre Sire en sa Cour de Parlement, Maistre Iean Dauuet, Procureur general du Roy nostre Sire, Maistre Iean de Longueil, Lieutenant Ciuil de la Preuosté de Paris, Maistre Iean Barbin, Maistre Henry Boileauë, Maistre Pierre de Breban, Maistre Iean Longue Ioë l'aisné, Maistre Iean Pied de fer, Maistre Nicaise de Bailly, Sire Pierre de Landes, Sire Pierre de Vaudetar, Guillaume de Paris, François Famiche, Iean de Liures, Nicolas Laurens, Iean Gaudete, Nicolas du Bois, Iean de la Forge, & autres.

Lesquels Preuost & Escheuins, & autres dessus nommez, veus par eux, & diligemment visitez & examinez les anciens registres de l'Hostel de la

Ville,

Ville, auoient faites & composées icelles Ordonnances, en la maniere qui s'ensuit.

DV TEMPS QVE LES PREVOST ET ESCHEVINS doiuent estre audit Office.

ARTICLE PREMIER.

PREMIEREMENT, Que lesdits Preuost & Escheuins seront esdits Offices chacun par l'espace de deux ans continüels, ainsi qu'il est accoustumé. Et se fera la mutation desdits Offices en ceste maniere : C'est à sçauoir, de deux ans en deux ans, & de deux Escheuins nouueaux chacun an, à l'eslection de vingt-quatre Conseillers de ladite Ville, & des Quarteniers & Bourgeois d'icelle, iusques au nombre cy-apres declaré. Et sera faite d'oresnauant l'eslection desdits Offices le lendemain de la Nostre-Dame de la my-Aoust.

Que deux prochains parents ne doiuent estre ensemble ausdits Offices.

II. ITEM, Et ne pourront estre pourueus ny esleus esdits Offices de Preuost & Escheuins ensemble en vn mesme temps, le pere & le fils, deux freres, l'oncle & le neueu, soit qu'ils soient conjoints esdits degrez par consanguinité ou affinité: ny aussi les deux cousins germains conjoints en iceluy degré par consanguinité.

Comment on doit proceder en ladite Eslection.

III. ITEM, Sera procedé à ladite eslection en ceste maniere : C'est à sçauoir, que les Preuost des Marchands & Escheuins, qui en ce temps seront, manderont aux Quarteniers de ladite Ville, qu'ils assemblent chacun en droit soy leurs Cinquanteniers & Dixeniers, auec six hommes notables de leur quartier : & iceux assemblez, lesdits Quarteniers leur enjoindront par serment, qu'ils eslisent quatre personnes notables les plus conuenables qu'ils sçauront, pour estre à ladite eslection.

Du raport que les Quarteniers doiuent faire.

IV. ITEM, Et ladite eslection faite desdites quatre personnes, lesdits Quarteniers le raporteront par escrit deuers lesdits Preuost & Escheuins : ensemble les noms de leurs Cinquanteniers, Dixeniers, & six hommes notables. Lequel raport sera clos, signé, & scellé par lesdits Quarteniers.

Que lesdits Seigneurs prendront de chacun quartier deux personnages.

V. ITEM, Et ces choses ainsi faites, lesdits Preuost & Escheuins, & lesdits vingt-quatre Conseillers prendront & esliront deux personnes de chacun nombre desdites quatre personnes esleües en chacun quartier: c'est à sçauoir, les deux plus conuenables : lesquels seront en nombre trente deux personnes, qui seront auec lesdits Preuost & Escheuins, pour faire ladite eslection.

Le iour que se doit faire ladite eslection.

VI. ITEM, Et au iour de ladite eslection, c'est à sçauoir, le lendemain de la Nostre-Dame de my-Aoust, lesdits Preuost & Escheuins, ensemble lesdits Conseillers, Quarteniers, & trente deux personnes esleus, qui sont en nombre total soixante & dix-sept personnes, procederont à ladite eslection de Preuost & Escheuins, ainsi qu'il sera expedient: le serment premierement prins de tous les dessusdits, de bien & iustement faire ladite eslection, au bien du Roy, & de la chose publique.

Que ladite eslection se doit faire par voix.

VII. ITEM, Laquelle eslection sera faite par voix de scrutine, ainsi qu'il est accoustumé.

Des quatre personnes esleus pour receuoir les voix, & les tenir secrettes.

VIII. ITEM, Et pour tenir ledit scrutine, & receuoir la voix des singuliers, tous les dessus nommez esliront préalablement quatre personnes, qui feront serment de tenir secrettes lesdites voix & nominations.

Que le scrutine doit estre porté par deuers le Roy.

IX. ITEM, Ledit scrutine fait & parfait, sera clos & signé des seings desdits Preuost & Escheuins: & ce fait, remis és mains desdits scrutateurs. Lesquels porteront ledit scrutine en la compagnie desdits Preuost & Escheuins, & de ceux qui auront esté à ladite eslection, par deuers le Roy nostre sire, Monsieur le Chancelier, ou Messieurs du Conseil du Roy: pour requerir la confirmation de ladite eslection, & prendre le serment des esleus en la maniere accoustumée.

Quand les Offices vacqueront auant le temps inspiré.

X. ITEM, Et si aucun desdits Offices estoit vacquant auant lesdits deux ans reuolus: c'est à sçauoir, vn an & demy auant la reuolution desdits deux ans: En ce cas sera pourueu audit Office vacquant d'autre personne, qui parfera le temps de celuy ou ceux, au lieu de qui il sera pourueu. Semblablement & y pouruoira l'on par maniere d'eslection: ainsi que l'on a accoustumé eslire lesdits Preuost & Escheuins.

Le nombre des Conseillers de l'Hostel de la Ville.

XI. ITEM, Et pour conseiller les faits & affaires de ladite Ville, y aura d'oresnauant vingt-quatre Conseillers, & non plus, qui feront serment de loyaument conseiller les faits & affaires de ladite Ville: & seront tenus de venir & comparoir au Conseil de ladite Ville toutesfois qu'ils y seront appellez. Lesquels vingt-quatre Conseillers seront enregistrez au Greffe & registre de ladite Ville.

L'eslection d'vn Conseiller.

XII. ITEM, Et quand le lieu d'aucun desdits Conseillers sera vacquant, l'on y pouruoira d'autre personne notable selon l'estat de la personne de celuy au lieu de qui conuiendra faire ladite prouision, à l'eslection desdits Preuost & des autres Conseillers seulement.

Le serment que les Preuost des Marchands & Escheuins de la ville de Paris font, quand ils sont creez.

XIII. Premierement, ils iurent és mains du Roy nostre sire, ou de son Chancelier, ou de Messieurs du Conseil, que bien & loyaument ils seruiront le Roy en ses droicts de ladite Preuosté & Escheuinage, en faisant droict & iustice au petit comme au grand, & au grand comme au petit : & feront faire bon guet & garde par ceux qui le doiuent faire en la Ville és lieu où faire le faudra. Et garderont les droicts, franchises, iurisdiction & libertez de ladite Preuosté, & les priuileges & Ordonnances, de tout leur pouuoir.

La forme qui a esté tenuë à l'eslection du Quartenier de la Cité de Paris.

XIV. L'an mil cinq cens vingt-huit, le Ieudy premier iour d'Octobre, fut enuoyé par nos Seigneurs les Preuost des Marchands & Escheuins de la ville de Paris, le mandement adressant aux deux Cinquanteniers de la Cité de Paris, pour proceder à l'eslection d'vn Quartenier, au lieu de feu Guillaume Perdier. Et contenoit ledit mandement ; Que chacun desdits deux Cinquanteniers mandast ses quatre Dixeniers, & que chacun Dixeniers print en sa dixaine quatre hommes bien famez & renommez, & desquels nosdits Seigneurs en esliront deux, & qu'ils ne fussent gens mécaniques ny de bas estat, & que lesdits Cinquanteniers raportassent lendemain matin par deuers eux en l'Hostel de la Ville ce que fait en auroient, clos & signé. Ce que lesdits Cinquanteniers firent en la forme & maniere qui s'ensuit.

Le Vendredy matin chacun desdits deux Cinquanteniers enuoya querir ses quatre Dixeniers: ausquels fut monstré & exhibé ledit mandement, à fin qu'il fust accomply par eux selon sa forme & teneur : Ce qu'ils firent bien & deüement: & prindrent chacun desdits Dixeniers en leurs dixaines quatre honnestes personnes, & des plus suffisans : dont ils en baillerent à leur Cinquantenier de chacun les noms par escrit, signé de leurs mains. Lesquels Cinquanteniers porterent lesdits noms clos & signez à l'Hostel de la Ville, ainsi qu'il leur estoit mandé, par deuers nosdits Seigneurs les Preuost des Marchands & Escheuins, à heure de dix heures, auquel lieu & heures furent lesdits Dixeniers. Et alors fut procedé, en gardant les solennitez accoustumées par nosdits Seigneurs, à prendre deux desdites quatre personnes que chacun Dixenier auoit prins, & dont les noms auoient esté escrits & portez par deuers nosdits Seigneurs, lesquels furẽt leus l'vn apres l'autre deuant lesdits Dixeniers. Et fut procedé à l'eslection des mandez ainsi qu'il s'ensuit : C'est à sçauoir, qu'il fut fait pour chacun desdits Dixeniers quatre petits billets, à chacun desquels fut escrit l'vn des noms desdits quatre mandez, que les Dixeniers auoient prins : & furent ployez lesdits billets chacun à part soy, & mis en vn chapeau que mondit Seigneur le Preuost des Marchands tenoit en sa main : & appella ledit Seigneur le Dixenier, sous lequel estoient les quatre nommez, & luy dist, qu'il print deux desdits billets dedans ledit chappeau : & apres qu'il en eut prins deux, ils furent enregistrez, & les deux autres furent rompus : & ainsi chacun Dixenier fist l'vn apres l'autre. Et ceux, dont les noms furent prins audit chappeau, furent mandez de l'ordonnance desdits Seigneurs par vn Sergent de l'Hostel de ladite Ville : à ce qu'ils eussent à eux trouuer cedit iour à heure de cinq heures, pour proceder à ladite Eslection. Et fut ordonné par lesdits Preuost & Escheuins ausdits Cinquanteniers & Dixeniers presens, qu'ils eussent à y comparoir, sans leur enuoyer autre mandement. A laquelle heure furent & comparurent les Cinquanteniers, Dixeniers, & mandez.

Et alors qu'ils furent tous assemblez, mõdit Seigneur le Preuost des Marchands leur fist en general plusieurs belles remonstrances, à ce qu'ils eussent à eslire vn notable personnage, qui sçache bien faire & soy gouuerner en l'Office de Quartenier, & qu'il soit de bonne vie & renommée, idoine & suffisant pour ledit Office exercer. Et ce fait, nosdits Seigneurs se retirerent au petit bureau, firent appeller les Cinquanteniers & Dixeniers l'vn apres l'autre, & apres les mandez selon l'ordre desdits Dixeniers. Et firent faire à tous les dessusdits serment, qu'ils esliroient en leurs consciences vn homme qui fust bien expert & suffisant pour ledit Office exercer.

Le serment dudit Quartenier.

XV. Vous jurez, &c. Que bien & loyaument vous exercerez cét estat & charge de Quartenier: que vous obeyrez aux commandemens des Preuost des Marchands & Escheuins, presens & aduenir: & que ferez mettre à execution promptement les mãdemens qui vous seront de par eux enuoyez: & ferez faire bon guet & garde és portes, & sur les murs de ladite Ville, toutes les fois que besoin sera. Et si sçauez chose qui soit contre, ny au prejudice du Roy, de la Ville, & de la chose publique: vous en viendrez incontinent aduertir lesdits Preuost & Escheuins, ou le Procureur de ladite Ville. Et ainsi le promettez, & iurez.

L'eslection d'vn Cinquantenier.

XVI. ITEM, La forme & maniere de l'eslection du Quartenier, se doit faire celle d'vn Cinquantenier: nonobstant que communément nos Seigneurs les Preuost & Escheuins ne font pas appeller si gros nombre de gens, auec les Dixeniers.

L'eslection d'vn Dixenier.

XVII. Il est mandé au Quartenier, qu'il regarde en la dixaine vacquante quelque honneste personne pour ledit Office exercer, sans nul blasme, ou reproche: & faut qu'il se face certifier suffisant & idoine par ledit Quartenier, Cinquantenier, & cinq ou six des voisins sous ladite Dixaine.

Le serment d'vn Cinquantenier, & d'vn Dixenier.

XVIII. Vous jurez, &c. Que bien & loyaument vous exercerez cét estat & charge de Cinquantenier, ou Dixenier: que vous obeyrez aux commandemens des Preuost des Marchands, presens & aduenir, & de vostre Quartenier: & qu'en executant les mandemens qui vous seront enuoyez, vous ne chargerez les habitans de vostre Dixaine non plus l'vn que l'autre. Et si vous sçauez chose qui soit contre, ny au prejudice du Roy & de la Ville, vous en viendrez incontinent aduertir lesdits Preuost & Escheuins, ou le Procureur de ladite Ville. Et ainsi le iurez.

Le serment d'vn Archer, Arbalestier, & Hacquebutier.

XIX. Vous jurez, &c. Que bien & loyaument vous exercerez & gouuernerez en cét estat d'Archer, Arbalestier, ou Hacquebutier: & que de chose dont serez aduerty contre & au prejudice de la Ville, vous viendrez aduertir les Preuost des Marchands & Escheuins d'icelle, presens & aduenir: & que vous seruirez audit estat le Roy & ladite Ville, toutes les fois qu'il vous sera commandé: & obeyrez ausdits Preuost des Marchands & Escheuins, & à vostre Capitaine. Et aussi promettez vous entretenir d'habillemens de gens de guerre, & autres tels qu'il appartient pour seruir audit estat: Lesquels habillemens vous prometez & jurez ne vendre ny engager. Et ne partirez de ceste Ville de Paris plus d'vne nuict, sans congé & licence desdits Preuost des Marchands & Escheuins, ou de vostre Capitaine. Et ainsi le promettez & jurez.

ORDONNANCES POVR LES OFFICIERS DE L'HOSTEL DE LA VILLE DE PARIS, DONNEES le Ieudy dix-huitiesme iour de May, mil trois cens septante quatre: Auec vn dictum d'vn Arrest donné contre les Maire & Escheuins de la Ville d'Arras.

Ordonnances pour les Officiers de l'Hostel de la Ville.

ARTICLE PREMIER.

CE IOVR fut ordonné, que si tost qu'vn Officier de la Ville sera semonds & adjourné pardeuant les Preuost des Marchands & Escheuins au parloüer, par aucun Sergent de la Ville contre aucune personne, ou fait semondre aucun, & il ne vient & compare pardeuant lesdits Preuost & Escheuins à heure deüe, & il est mis en defaut s'il n'a suffisant essoine, il payera & sera executé pour cinq sols parisis d'amende.

Ordonnance pour les Sergens de la Ville.

II. ITEM, Il a esté enjoint & ordonné aux dix Sergens de ceans, tant du parloüer que sur le fait de la marchandise de l'eau, que d'oresnauant ils raportent au bureau de l'Hostel de ceans à Messieurs, en la fin de chacun mois, tous les exploicts, executions, & adjournemens qu'ils auront faits, signez de leurs mains, durant iceluy mois & à la requeste de qui, & contre qui, & la cause pourquoy ils auront faits lesdits exploits, executions, & adjournemens, où il n'y aura partie. Et aussi a esté enjoint ausdits Sergens de la marchandise, qu'ils enjoignent à leurs Commis touchant les décombremens des riuieres, qu'ils leur rapportent aussi en la fin de chacun mois tous exploicts qu'ils auront faits durant ledit mois, & la cause pourquoy: pour iceux par eux veus les raporter au bureau de ladite Ville: Sur peine d'amende arbitraire.

Dictum d'vn Arrest de Parlement contre les Maire & Escheuins de la Ville d'Arras, touchant la compagnie Françoise.

III. ENTRE les Maire & Escheuins de la Ville d'Arras, demandeurs & complaignans en cas de nouuelleté, d'vne part: Et les Preuost des Marchands & Escheuins de la Ville de Paris, deffendeurs & opposans, d'autre part: Dit a esté, que lesdites parties sont contraires: si feront leurs faicts: & l'enqueste faite, parfaite, rapportée pardeuers la Cour, & receuë pour iuger, la Cour fera droict. Et adjuge la Cour la récreance le temps aduenir ausdits opposans & deffendeurs: C'est à sçauoir, que les Marchāds d'Arras ne pourront passer ou repasser marchandises ou denrées quelconques par dessous les ponts de Paris, par eau aual la riuiere de Seine en la riuiere d'Oyse, & de la riuiere d'Oyse en la riuiere de Seine, par dessous les ponts de Paris, pour aller à mont la riuiere: sinon qu'ils ayent compagnie Françoise, laquelle compagnie Françoise, lesdits Preuost des Marchands & Escheuins de Paris seront tenus de leur bailler dedãs vn iour naturel, apres ce que lesdits d'Arras l'auront requise d'vn Bourgeois resident à Paris, hansé & iuré de la marchandise de l'eau: lequel compagnon François, apres ce qu'il sera acertené du iuste prix qu'aura cousté ladite marchandise, en aura la moitié d'icelle, en payant la moitié du sort & frais qu'elle aura cousté, renduë ausdits ponts de Paris. Et si autrement lesdits d'Arras passent lesdits ponts de Paris sans ladite compagnie Françoise, leursdites marchandises seront confisquées, moitié au Roy, & moitié à ladite Ville. Et ordonne la Cour, que ledit compagnon François, ayant ainsi ladite moitié d'icelle marchandise, sera tenu de la faire descendre realement & de fait, & adenerer en ladite Ville de Paris, sans la mener ou faire mener, ou descendre ailleurs: Sur peine de confiscation au Roy, de ce qui aura esté transporté ailleurs. Prononcé le treiziesme iour de Septembre, l'an mil quatre cens cinquante-sept.

LE SOIXANTE CHAPITRE CONTIENT LES ORDONNANCES FAITES PAR le Roy François, premier de ce Nom, sur le fait de la marchandise, conduite à Paris par la riuiere de Seine, & autres riuieres: Publiées le vingt-quatriesme iour de Ianvier, mil cinq cens vingt.

RANÇOIS par la grace de Dieu, Roy de France; A tous presens & aduenir : Salut. De la partie du Procureur de Nous & de nostre bonne Ville de Paris, sur le fait de la marchandise de l'eau, Nous à esté exposé que dés l'an mil quatre cens & quinze, au mois de Fevrier, furent faites par le feu Roy Charles sixiesme nostre predecesseur, que Dieu absolue, plusieurs Ordonnances, Constitutions, & Statuts pour le fait, cours & entretenement de ladite Marchandise de l'eau : à ce mesmement que nostredite Ville de Paris, qui est premiere & capitale de nostre Royaume de France, fust deüement fournie de viures pour le bien, entretenement & sustentation des habitans, & suruenans en icelle. Lesquelles Constitutions & Ordonnances furent deslors publiées, & verifiées en nostre Cour de Parlement, & ailleurs, & ont esté obseruées & entretenües. Mais depuis plusieurs se sont efforcez, & efforcent chacun iour les enfraindre, & contreuenir à aucuns points & Articles d'icelles, & mesmement à ceux qui prohibent mettre & faire mettre en la riuiere de Seine, & és autres riuieres descendans en icelle, aucuns empeschemens: & que le chemin au long des bords & riuages desdites riuieres, en quelque estat que les eaux soient, doit estre de vingt-quatre pieds de lé : & les Arches, gardes, pertuis, & tous les autres passages estant sur lesdites riuieres, doiuent pareillement auoir vingt-quatre pieds de lé: & aussi autre Article, par lequel est inhibé mettre, leuer, ny imposer, soit sur Voituriers, ou sur leurs Bateaux, ou marchandises venans par ladite riuiere de Seine, & fleuues descendans en icelle, aucunes nouuelles charges & exactions, autres que celles qu'on auoit accoustumé prendre & leuer de toute ancienneté, auparauant ledit an mil quatre cens quinze. Semblablement que plusieurs contrées de nostre Royaume ont esté depuis lesdites Ordonnances mises en nature, & en icelles plusieurs se sont habituez & mis, & conuerty les lieux qui estoient en grands bois, en terres labourables, vignes & prez. Et ce qui a esté entreprins & fait au prejudice desdites Ordonnances, est cause de retarder & encherir lesdites marchandises: Et par ce moyen, & autrement nostredite ville de Paris n'a esté, & n'est fournie desdites marchandises, & mesmes de bois de chauffage ainsi qu'elle souloit, & a besoing d'estre : Et tellement que ceste presente année & autres precedentes, les manans & habitans de nostre-dite Ville, qui s'augmentent & multiplient de iour en iour, & les suruenans en icelle

Cette Ordonnance a esté faite sur la remonstrance du Procureur du Roy & de la Ville qui representa la necessité de bois de chauffage qui estoit lors, & le besoin que l'on auoit d'y pouruoir par vn bon Reglement, & faire en sorte que les passages fussent libres sur les Riuieres, & tous empeschemens ostez.

Comme les prouisions & fournitures de bois dans Paris, regardent & concernent tous les Citoyens & Habitans d'icelle: aussi les Ordonnances de Police se faisoient lors par l'aduis des principaux Bourgeois, qui composent les Compagnies Souueraines, & autres; & les assemblées se faisoient aussi par l'ordre des Preuost des Marchands & Escheuins en l'Hostel de Ville.

en ont eu par aucun temps grande faute & indigence: dont sont aduenus plusieurs inconueniens. Pour ausquels obuier & pouruoir à l'aduenir, nos chers & bien amez les Preuost des Marchands, Escheuins, Bourgeois & habitans de nostre-dite ville de Paris, ont és mois de Feurier & Mars derniers passez, fait assembler en l'Hostel d'icelle Ville par diuerses iournées, esquelles estoient plusieurs grands & nobles personnages, tant de nos Officiers en nos Cours de Parlement, Chambre de nos Comptes, Chastelet de Paris, députez par le Chapitre de l'Eglise, aussi Vniuersité, Abbayes, & autres Colleges de nostre-dite ville de Paris, Conseillers, Quarteniers, & autres Officiers & notables Bourgeois dicelle Ville. Et en icelles assemblées ont esté veus & déliberez plusieurs Articles necessaires & vtiles pour le bien de nostre-dite bonne Ville, recouurer, & faire venir cy-apres en icelle bois de chauffage, d'iceluy la fournir & d'autres marchandises, & qu'il conuenoit nous supplier & requerir de conseruer, renouueller & reïterer lesdites Ordonnances, mesmement les points & Articles cy-dessus recitez, & d'abondant faire entretenir par Ordonnance, Statut & Edit Royal, les points & Articles de nouuel mis par escrit, & arrestez esdites assemblées. Et à ceste cause le Procureur de nous & de nostre bonne Ville: nous a tres-instamment supplié & fait requerir, luy estre sur ce par nous pourueu. Sçauoir faisons, que nous, ce que dit est consideré, & le grand vouloir, desir & affection que nous auons tousiours eu en nostre bonne Ville de Paris, manans & habitans d'icelle, & qu'elle soit maintenuë & gardée en bon regime & police: Et apres qu'auons veu & fait voir par les gens de nostre Conseil les déliberations & choses faites esdites assemblées de ladite Ville, & qu'auons esté & sommes deüement informez de ce que dit est, & des choses qui en despendent: Auons par grande & meure déliberation de conseil, confirmé, approuué & ordonné, & par la teneur de ces presentes, de nostre grace especial, pleine puissance, & authorité Royal confermons, approuuons & ordonnons de nouuel, par Edit perpetuel & irreuocable, les Articles & choses qui s'ensuyuent.

QV'ON NE DOIT METTRE AVCVN empeschement sur les bords des Riuieres.

Article Premier.

Article I. Les Marchands doiuent auoir les passages libres, affin de les obliger de venir plus volontiers à Paris.

T Premierement, En ensuyuant lesdites Ordonnances faites par ledit Roy Charles sixiesme, & en icelles continüant; Ordonnons, prohibons & defendons à tous, de ne mettre ny faire mettre en ladite riuiere de Seine, ny és autres riuieres descendans en icelle, tant d'amont que d'aual, empeschemens, édifices, ny autres choses quelsconques empeschans le nauigage: Sur peine d'amende arbitraire. Et ce qui auroit esté fait au contraire de noueau depuis lesdites Ordonnances, soit démoly & abbatu realement & de fait, nonobstant oppositions ou appellations quelsconques,

ques, & sans prejudice d'icelles : Apres la signification de commandement à eux fait par les Sergens de ladite Ville & Commissaires, ou l'vn d'eux, de démolir & abbatre.

Qu'on ne doit faire aucun Edifice, ny autre chose sur les Riuieres.

II. ITEM, Pource que par chacun iour vient & afflüe par ladite Riuiere de Seine, & par lesdites autres Riuieres descendans en icelle, grande quantité de denrées & Marchandises, que l'on amene en ladite Ville de Paris, tant pour la prouision, garnison, & alimentation du peuple estant en icelle, comme autrement : & qu'il est chose necessaire & accoustumée de tout temps, de garder ou maintenir icelles Riuieres, tellement qu'aucun, de quelque estat ou condition qu'il soit, ne doit en icelles faire ou faire faire, ny mettre aucuns empeschemens : & que ce nonobstant, plusieurs gens de diuers estats y ont fait, & de fait souuentesfois font plusieurs édifices & empeschemens, comme de Vennes, gros Pieux, Moulins & Pescheries, Arbres, Plantas, Isles, Hayes, Buissons, Saulsoyes, & plusieurs autres empeschemens nuysables & prejudiciables aux filets & cours desdites Riuieres, & aux nefs, Bateaux, Vaisseaux, & Marchandises estans en iceux, montans & auallans, passans & repassans par lesdites Riuieres, empeschans ou retardans la nauigation, au grief, prejudice, & dommage de tout le bien public : Ordonnons que nul, quel qu'il soit, ne face, ou mette, ou face faire, ou mettre esdites Riuieres, aucuns desdits empeschemens, ny autres quelsconques : Sur peine d'amende arbitraire, & de rendre & restituer toutes les pertes, despés, domages & interests, qui pour raison desdits empeschemés pourroient ensuiuir. Et aussi sur peine de payer tous les frais & despens qu'il conuiendra faire pour iceux empeschemens oster, ou faire oster, desmolir & abbatre realement & de faict par les Sergens, ou Commissaires sur ce ordonnez par lesdits Preuost & Escheuins : Apres ce qu'iceux Sergens ou Commissaires, ou l'vn d'eux, aura fait commandement à ceux à qui il appartiendra, d'oster les empeschemens dedans certain temps à eux prefix, & ainsi que de raison sera.

ARTICLE 2. Les particuliers cherchent & desirent leurs commoditez, mais ils ne veulent rien donner au public ; au contraire, ils entreprennent fort hardiment sur les Riuieres, construisant des bâtimens & édifices, plantent des arbres sur les riuages d'icelles ; ce qui doit estre reprimé fort seuerement.

Que le chemin desdites Riuieres doit auoir vingt-quatre pieds de lé.

III. ITEM, Et pource que de toute ancienneté, sur & au long des bords & riuages desdites Riuieres, tant comme elles se comportent & estendent de toutes parts, en quelque estat que les eaux soient, hautes, moyennes, ou basses, doit auoir chemin de vingt-quatre pieds de lé, pour le trait des cheuaux tirans les nefs, Bateaux & vaisseaux, tant montans qu'auallans par icelles, & les marchandises estans en iceux : & qu'en sont faits & mis plusieurs desdits empeschemens : Parquoy les Marchands, Mariniers, Voituriers, & autres frequentans les marchandises sur icelles riuieres, sont souuentesfois destourbez, empeschez & grandement dommagez : & les marchandises retardées à estre amenées en ladite Ville de Paris au prejudice du bien public. Ordonnons qu'aucun ne mette ou face mettre sur lesdites Riuieres aucuns empeschemens quelsconques : & que chacun sur son heritage souffre, face & maintienne conuenablement ledit chemin de vingt-quatre pieds de lé, pour le traict desdits cheuaux : Sur les peines contenües en l'Article precedant.

ARTICLE 3. En toutes eaües, hautes ou basses, les riuages & bords des Riuieres doiuent auoir vingt-quatre pieds de lé.

Des voyes, gors, pertuis, & autres passages.

Article 4. Chacun doit maintenir, souffrir & entretenir sur son heritage, le chemin de vingt-quatre pieds de lé.

IIII. ITEM, Et combien que semblablement les Arches, voyes, gors, bois, pertuis, & tous autres passages estans sur lesdites Riuieres de toute ancienneté doiuent auoir vingt-quatre pieds de lé, pour passer & repasser les nefs, Bateaux, vaisseaux, & Marchandises : toutesfois pour ce que souuent y sont mis & faits plusieurs empeschemens, tant en les estroississant, comme autrement, au grand retardement, prejudice, & dommage de ladite nauigation & du bien public. Ordonnons qu'aucun n'empesche lesdites Arches, voyes, gors, pertuis, & autres passages : soit en les estroississant, ou autrement comment que ce soit : & que chacun sur son heritage souffre, face & maintienne conuenablement le chemin d'iceux lieux dudit lé de vingt-quatre pieds : Sur ladite peine.

Qu'on ne doit mettre imposts nouueaux sur lesdites Riuieres.

Article 5. Affin d'obliger les Marchands au commerce de Paris, l'Ordonnance les a voulu descharger de toutes redeuances, fors des anciennes, qu'elle appelle debuoirs.

V. ITEM, Que tous Marchands, Mariniers, Voicturiers ou autres passans ou repassans par lesdites Riuieres, pourrôt conduire & mener, ou faire conduire, ou mener leurs nefs, Bateaux, ou Vaisseaux, & les Marchandises estans en iceux, en payant seulement les deuoirs anciens. Et ne pourra aucun de son authorité autrement indeüement mettre, leuer, & imposer sur eux, ne sur leursdits Bateaux, ou Marchandises, aucunes nouuelles charges & exactions, comme de peages, trauers, coustumes, pontages, & autres charges quelsconques, que celles qui ont esté & sont de toute ancienneté accoustumées d'estre leuées : Sur peine d'amende arbitraire, & d'encourir és pertes, despens, dommages & interests, qui pour cause & occasion de ce que dit est ensuyuront.

Qu'on ne doit deserter les Bois.

Article 6. Le public a quelquesfois interest de regler les biens des particuliers.

VI. ITEM, Auons par Edit, Statut & Ordonnance, fait & faisons defenses à tous Prelats, Seigneurs, & autres proprietaires ayans bois à six lieuës prés de la riuiere de Seine, & de tous autres fleuues descendans en icelle, tant amont qu'aual, de ne les faire deserter, deffricher, ny mettre en autre estat & nature que de bois. Et leur auons commandé & enjoint, commandons & enjoignons, qu'apres qu'ils auront vêdu la coupe desdits bois, qu'ils les mettent & entretiennent en estat de disposition de bois taillis & reuenans, & qu'ils en vsent par coupes ordinaires & raisonnables.

De non faire Cendres és Forests.

Article 7. Il y a eu en suitte de cette Ordonnance plusieurs Reglemens, qui ont reïteré les deffenses de faire cendres dans les bois, & de prendre arbres à cét effet, affin de pouuoir fournir aux prouisions necessaires.

VII. ITEM, Auons prohibé & defendu, prohibons & defendons à toutes gens, de faire ou faire faire Cendres dedans lesdits bois, & de prendre arbres pour les consommer entierement en Cendres.

De faire amener Bois de chauffage és ports : & de la vente.

VIII. ITEM, Auons enjoint & enjoignons à tous Marchands ayans prins ou qui prendront cy-apres ventes de bois de nous, ou d'aucuns Prelats, Seigneurs & autres proprietaires desdits bois, de les vser, & faire amener le bois de chauffage qui y sera desdites ventes, aux ports prochains d'icelles, le plus diligemment que faire se pourra. En leur defendant sur grosses peines, & perdition dudit bois, de ne faire association ny transport à autres, depuis le premier achapt dudit bois par eux fait.

Du temps que les Marchands doiuent auoir pour oster leurs bois des Forests.

IX. ITEM, Ordonnons que tous Marchands & autres qui prendront ventes & feront faire couper du bois, soit de nous, gens d'Eglise, Seigneurs, ou autres proprietaires, auront deux ans tant seulement pour ce faire: C'est à sçauoir, le premier an pour la premiere coupe; l'autre & le second pour la vuidange, & le rendre ou faire rendre ou arriuer és ports. Et auons enjoint & enjoignons à nos Officiers & à tous autres, de mettre ledit temps & delay, & non à autre, aux contracts qu'ils feront cy-apres desdites ventes: & ledit temps de deux ans passé, lesdits Marchands & tous autres seront priuez, & les priuons dés à present du bois qui restera, lequel nous auons confisqué & cófisquons à nous, ou aux seigneurs hauts-Iusticiers des lieux où seront lesdits bois, chacun en son regard: en adjugeant préalablement le tiers du prix au dénonciateur.

De faire amener le Bois auant les deux ans.

X. ITEM, Et si auant ledit delay & terme de deux ans, & pendant iceluy, les ports de ladite riuiere de Seine, & autres riuieres descendans en icelle, tant amont qu'aual, estoient trouuez mal fournis, & qu'il conuenoit recouurer bois pour les fournir, & consequemment nostre Ville de Paris: en ce cas, & sans attendre ledit delay, les Marchands, & ceux ausquels appartient le bois de chauffage fait ou à faire és ventes, seront contraints l'amener. Et en leur refus, sera amené ausdits ports realement & de fait, & les frais de l'amenage prins préalablement sur les deniers qui istront de la vente dudit bois.

ARTICLE 10. En cas de negligence des Marchands de fournir les Ports, les bois seront amenez à leurs despens en cette Ville.

De faire executer ces presentes Ordonnances.

XI. ITEM, Et pour ce que le contenu esdites precedentes Articles, & des autres Ordonnances faites sur le fait de la marchandise de l'eau, sont à faire & executer en plusieurs Iurisdictions & Bailliages de nostre Royaume, & qui requierent prompte cognoissance & execution: Et à ce que les empeschemés qui se font & seront faits en ladite marchandise, soient sommairement & sans delay ostez; & nostre-dite Ville & le peuple d'icelle fourny de viures: & que ce sont actes qui ne requierent delay, ny surseance: aussi que les Iuges des lieux & autres n'ayent matiere, & ne prennent couleur de les faire differer & retarder, sous vmbre de voir préalablement les mandemens & commissions, & contraindre lesdits Preuost des Marchands & Escheuins, & autres Officiers de nostre-dite ville de Paris, à leur demander assistance & pareatis: & pour ce faire les aller querir & chercher en lieux distans de ceux ausquels sont à faire les executions & choses dessusdites. Nous voulons, ordonnons, & permettons ausdits Preuost des Marchands & Escheuins, leur Lieutenant, Sergens & autres leurs Officiers, de pouuoir à tousiours cy-apres exploicter & proceder és executions & contraintes dessusdites, & és choses qui en despendent, sans demander à nos Baillifs, Preuosts, ny autres Iuges & justiciers, assistance ny pareatis. Et en outre prohibons & defendons à tous, ne leur faire, ou faire faire par défaut desdites assistance ou pareatis non requis & demandez, destourbier ny empeschement quelconque, à la charge toutesfois, quand ils seront requis exhiber leurs pouuoirs, Mandemens, & Commissions qu'ils les monstrent, & d'iceux bailleront copies, és cas esquels copies se doiuent bailler par droict & raison.

Le mandement de ces presentes Ordonnances.

XII. Si donnons en mandement par ces mesmes presentes, à nos amez & feaux Conseillers, les gens tenans & qui tiendront nostre-dite Cour de Parlement à Paris, aux susdits Preuost des Marchands & Escheuins, & à tous nos autres Iusticiers ou Officiers, ou à leurs Lieutenans presens & à venir, à chacun d'eux si comme à luy appartiendra, que nos presentes Ordonnances, Edits, Statuts, & Articles, ils tiennent, gardent, & obseruent, & les facent tenir, obseruer & garder de poinct en poinct selon leur forme & teneur. Mandons & commandõs à tous nos Iusticiers, Officiers, & subjets, qu'ausdits Preuost des Marchands & Escheuins, leurs Lieutenans, commis & deputez, & à nos Officiers & tous autres, en ce que dit est, ils obeyssent, & leur prestent, & donnent confort, ayde, & assistence, si mestier est, & requis en sont. Sans leur faire, mettre, ou donner, ne souffrir estre fait, mis, ou donné aucun trouble, ou empeschement au contraire.

Et pource que de ces presentes l'on pourra auoir à besongner en plusieurs & diuers lieux, Nous voulons qu'au vidimus d'icelles, faits sous séel Royal, foy soit adjoustée comme au propre original. Auquel, à fin que ce soit chose ferme & stable à toûjours, Nous auons fait mettre nostre séel. Sauf en autres choses nostre droict, & l'autruy en toutes. Donné à Monstruëil, au mois de May, l'an de grace mil cinq cens & vingt. Et de nostre regne le sixiesme. Ainsi signé, sur le reply. Par le Roy. De Neufville. Visa. Et séellé du grand seau du Roy, en cire verde, sur lacqs de soye.

Lecta, publicata, & registrata, audito Procuratore generale Regis, absque præiudicio oppositionis illorum, qui ædificia in riparia Sequanæ & alijs fluminibus in illam descendentibus ante huiusmodi publicationem facta habent, qui pro exinde eis ius faciendo audientur, præposito mercatorum & scabinis Villæ Parisius pro ipsis, ordinationes & edictum in albo contentas, secundum earum formam & tenorem de puncto ad punctum cum dicta modificatione interteneri & obseruari faciant. In M. Actum in Parlamento, die Ianvarij, anno domini millesimo quingentesimo vicesimo.

Ainsi signé, DV-TILLET.

Leuës, publiées, & enregistrées en l'Auditoire de l'Hostel de ladite Ville, à heures de plais, le vingt-quatriesme iour dudit mois de Ianvier, audit an, mil cinq cens & vingt.

I. IESSELIN.

LE SOIXANTE-VN CHAPITRE CONTIENT LES ORDONNANCES

nouuellement faites & ordonnées par Messieurs de la Cour de Parlement, sur le fait de la marchandise de bois à brusler, aux Marchands, chartiers, desbardeurs, crocheteurs, porteurs, & autres gaigne-deniers: Publiez à son de trompe, le troisiesme iour d'Aoust, l'an mil cinq cens vingt-sept, és ports de la Ville de Paris.

A COVR aduertie de la grande indigence & necessité de bois, que de present est, & pourroit encores plus estre en apres en ceste Ville de Paris: & que les Marchands & autres, ayans bois coupé és Forests, ventes & autres lieux, n'ont fait & ne font diligence de faire charroyer & amener ledit bois és ports de la riuiere de Seine, & aussi aux autres riuieres & fleuues descendans en icelle: mais par fraude & malice l'ont laissé longuement séjourner esdites forests & ventes, cuydans par telles fraudes & secours encherir ledit bois, & augmenter le prix d'iceluy, à la grande foule & charge de la chose publique: Et pareillement que les voituriers ne font diligence d'aller esdits ports, ny aussi d'amener d'iceux en ceste-dite ville de Paris bois de chauffage: mais different & retardent malicieusement d'en amener & fournir les ports de ceste ville de Paris. Et que les dessusdits & plusieurs autres personnes font refus, contemnemens & desobeïssances contre les Ordonnances faites sur le fait de la Marchandise par eau, jugemens & Arrests d'icelle Cour, & different indeuëment y fournir & obeyr: dont pourroient aduenir plusieurs inconueniens, si sur ce n'y estoit promptement pourueu.

QVE LES MARCHANDS AMENERONT les bois aux ports de Paris.

ARTICLE PREMIER.

TEM, Et pour y obeïr, ladite Cour a ordonné & ordonne par prouision, iusques à ce qu'autrement y soit pourueu, que commandement sera fait, sur peine de cinq cens liures parisis d'amende, & de prouision à tous Marchands de bois, tant Forains que de ceste ville de Paris, & autres eux entremettãs de ladite Marchandise de bois, & qui ont societé & communauté auec lesdits Marchands, ayans bois de chauffage fait, couppé & abbatu, soit bois de moule, conte, bourrées, trauerse, foüées, fallourdes, &

costerets, de les faire charger & charier à toutes diligences és ports desdites riuieres, soit d'amont ou d'aual, & iceux incontinent & sans delay, amener ou faire amener és ports de ceste-dite ville de Paris, pour en icelle estre vendu & distribué à prix cõpetent, & raisonnable, en la maniere accoustumée.

Que les Marchands seront contraints vendre & bailler leurs bois aux Voicturiers.

II. ITEM, Et où ils seront de ce faire refusans ou delayans, seront contraints vendre ledit bois, & iceluy bailler & déliurer promptement aux Marchands voicturiers, & autres de ce les requerans, pour ladite marchandise mener desdits ports en ceste ville de Paris, à toute diligence, à prix competent & raisonnable, non excedant le prix que ledit bois de chauffage a esté vendu esdits ports durant le mois de Iuin dernier passé. Ausquels Marchands Forains & tous autres, qui de present ont bois esdits ports: La Cour defend d'augmenter ledit prix que ledit bois de chauffage a esté vendu, pendant ledit mois de Iuin dernier passé, és ports esquels ils font & feront ventes, & de non vendre outre ledit prix, directement ou indirectement: Sur peine de confiscation de tous les deniers qu'ils receuront de ladite vente desdits bois, d'amende arbitraire, & de prison. Et sauf à rembourser lesdits Marchands baillans & déliurans ledit bois au prix qu'il estoit audit mois de Iuin dernier passé, sur les deniers de la recepte de ladite ville de Paris, du surplus que ledit bois sera trouué deuoir estre plus vendu: inquisition, & information préalablement faite és ventes, & achapts desdits bois,

Qu'on procedera contre les Marchands qui ne veulent amener du bois.

Article 3. Il ne faut pas que le public souffre, par la faute des particuliers.

III. ITEM, Et si lesdits Marchands n'ont fait dedans huit iours apres la signification a eux faite, ou à leur domicile, de ceste presente Ordonnance ou publication, faite d'icelle és lieux publics & accoustumez, & iurisdictions de leurs demeurances, d'amener bois esdits ports, en maniere que lesdits voicturiers en puissent sans séjour estre chargez & fournis, le tout sans fraude: sera ladite huitaine passée procedé contr'eux, & chacun d'eux, à la declaration d'icelle peine de cinq cens liures parisis, emprisonnement de leurs personnes, & saisissement de tous leurs biens, si mestier est, & iusques à ce que ledit bois à eux appartenant soit charié, & mené esdits ports.

Que le bois sera mené és ports realement & de faict.

IV. ITEM, Et neantmoins au cas dessusdit, ledit bois sera promptement saisi, amené & charié realement & de faict esdits ports. Et seront les deniers qu'on leur baillera pour ce faire, aux chartiers, & autres, auancez par le Receueur d'icelle ville: & lesdits bois vendus par iustice ausdits ports d'icelle ville, au prix qu'il a esté vendu en iceux ports ledit mois de Iuin, sur ce pris les deniers qui auront esté aduancez par ledit Receueur préallablement prins & remboursez. Et feront à ce faire & obeyr contraints lesdits chartiers, & autres qu'il appartiendra, par toutes voyes & manieres deües & raisonnables.

Des Voicturiers & Maronniers, qu'ils doiuent amener leurs bois.

V. ITEM, Sera aussi fait commandement, sur les peines que dessus, aux Voicturiers demeurans, tant en ceste ville de Paris qu'ailleurs, ayans bois tant de ventes qu'ils ont prinses, soit en particulier ou en commun, que des marchez par eux faits auec les Seigneurs des bois, Marchands Forains, & autres, de leur liurer bois fait, à prendre és ventes ou esdits ports, & amener, ou faire amener d'iceux ports en ceste-dite ville de Paris tout ledit bois, & à ce faire entendre & vaquer continuellement à toute diligence: sans employer leurs Bateaux, harnois & voictures à autres choses.

Qu'ils vendront le bois, s'ils ne le peuuent amener.

VI. ITEM, Et où ils auront Bateaux à suffisance pour amener promptement ledit bois d'iceux ports en ceste-dite Ville, seront tenus & contraints vendre & déliurer ledit bois en iceux ports à autres voicturiers, les querans en auoir pour amener en ceste-dite Ville, audit prix que ledit bois a esté vendu en iceux ports ledit mois de Iuin dernier.

Que les Voicturiers & Marchands feront diligence d'amener le bois.

VII. ITEM, Outre sera fait commandement aux voicturiers, tant de ceste-dite ville de Paris que Forains, qui ont accoustumé amener & vendre ausdits ports bois de chauffage, de vacquer & entendre diligemment auec leurs voictures ausdits ports, tant prés que loing, & en iceux charger leursdits Bateaux dudit bois de chauffage, & incontinent les amener és ports de ceste-dite Ville, sans aucun sejour. Lesquels, & tous autres, seront tenus de le vendre en ceste-dite Ville, à prix competent & raisonnable.

Que les Marchands viendront au Greffe de la Ville, declarer le iour de la vente, & déliurance dudit bois.

VIII. ITEM, Pareillement seront tenus les Marchands, leurs facteurs, & deputez, qui auront chargé & chargeront cy-apres lesdites voictures esdits ports de ladite riuiere de Seine, & autres fleuues descendans en icelle, mettre ou faire mettre vn papier, qu'ils garderont pardeuers eux, le iour & heure que ladite charge aura par eux esté parfaite, & le prix qu'ils en auront receu. Et si tost que lesdits voicturiers, tant de ceste-dite ville de Paris que Forains, auront arriué és ports de ceste-dite ville de Paris, leurs Bateaux chargez de bois, seront tenus venir au Greffe de ceste-dite Ville, declarer au vray, par eux, ou ceux qu'ils auront commis en leur lieu pour amener leursdits Bateaux, le prix que leur aura cousté le bois par eux amené, le nom du Marchand qui leur aura vendu ou fait vendre, le Port auquel ils l'auront chargé, & le iour & temps qu'ils auront prins chemin, & seront partis d'iceluy port: Le tout sur peine d'amende arbitraire.

Des autres Voicturiers, qui doiuent declarer le lieu & le temps de l'achapt.

IX. ITEM, Et les autres voicturiers, qui ameneront bois de leurs ventes, seront pareillement tenus de ladite peine, eux arriuez en ceste-dite ville, de venir, par eux ou ceux ausquels ils auront baillé charge de mener leursdits Bateaux, declarer audit Greffe au vray, en quel port ils auront chargé, & le iour & le temps de leur partement dudit port, & de quelle vente aura procedé iceluy bois.

Des Crocheteurs & gaigne-deniers.

X. ITEM, Et defend la Cour aux crocheteurs & autres gaigne-deniers, sur peine de prison & punition corporelle, de n'entrer és Bateaux chargez de bois de chauffage, qu'ameneront lesdits Marchands és ports de ceste-dite ville de Paris, pendant que ledit bois se deschargera sur le paué, s'ils ne sont de ceux que les Marchands dudit bois auront prins pour iceluy bois décharger, desquels iceux Marchands respondront: & de n'approcher plus prés desdits Bateaux, sçauoir est, au port de Gréue, de la croix dudit lieu, & des autres ports de ceste-dite ville de Paris, de pareille distance que ladite croix de Gréue, à fin que ceux & celles qui auront affaire d'eux, les trouuent pour mettre en besongne.

Des Chartiers.

XI. ITEM, Aussi defend icelle Cour aux chartiers, de n'entrer auec leurs charettes dedans l'eau pour charger au cul desdits Bateaux: mais se tiennent à dix toises loing desdits ports, à ce qu'on y puisse descharger le bois qui sera amené: & auec ce, de n'exiger plus grand salaire de leur voicture, que le salaire qui leur sera taxé & ordonné par le Preuost des Marchands & Escheuins de ceste-dite Ville.

ARTICLE 12. Les Desbardeurs sont ceux qui mettent le bois du batteau à terre pour estre vendu; & ne doiuent faire societé ensemble, pour éuiter aux monopoles; & doit estre en la liberté du Marchand de se seruir de qui bon luy semblera.

Que les Crocheteurs ne tiendront Confrairie.

XII. ITEM, Ausdits crocheteurs & gaigne-deniers, sur ladite peine, d'eux plus intituler ny nommer desbardeurs, ne tenir Confrairie: Laquelle icelle Cour a supprimé & supprime, comme de nouuel par eux, & de leur auctorité erigée, contre l'Arrest de ladite Cour, donné le premier iour d'Avril, mil cinq cens cinq, auant Pasques: & qu'ils ne s'assemblent ensemble sous ombre de seruice diuin, ny autrement: & ne facent aucuns monopoles.

Du bois qui sera trouué sur les regratiers.

XIII. ITEM, Et pour l'vrgente necessité de bois, qui de present est en ceste Ville, la Cour permet audit Preuost des Marchands & Escheuins d'icelle Ville, de pouuoir faire prendre realement & de fait le bois de chauffage, qui sera trouué és maisons des gaigne-deniers & regratiers de ladite Ville, outre leur prouision competente: & iceluy faire vendre & bailler, & distribüer au prix qu'il aura cousté ausdits gaigne-deniers & regratiers: appellé vn mooleur juré pour iceluy bois mooler & conter.

ARTICLE 13. La jurisdiction sur les Regrattiers appartient aux Preuost des Marchands & Escheuins, ainsi qu'il a esté souuent jugé & ordonné, tant par le Parlement que Conseil du Roy.

De faire garder & obseruer ceste presente Ordonnance.

XIV. ITEM, Et a ordonné & ordonne icelle Cour, qu'icelle presente ordõnance sera publiée à son de trompe & cry public par les carrefours & lieux accoustumez de ceste ville de Paris, & autres lieux & iurisdictions où besoin sera, à ce qu'aucun n'en puisse pretendre cause d'ignorance. Et enjoint icelle Cour audit Preuost des Marchands & Escheuins de ceste Ville, de faire mettre ceste presente ordonnance à execution, selon sa forme & teneur, & icelle faire garder & obseruer, nonobstant oppositions ou appellations quelsconques, & sans prejudice d'icelles.

Publié à son de trompe & cry public à Paris és ports de Gréue, place Maubert, & de l'Escole Saint Germain, le Samedy neufiesme iour de Nouembre, l'an mil cinq cens dix-neuf.

Salaire

Salaire aux Chartiers du port de Gréue.

XV. POVR pouruoir aux prix excessifs, que les chartiers prennent & exigent au preiudice du bien de la chose publique de ceste-dite Ville, pour leur salaire de mener bois de chauffage à leurs charrettes, voictures, harnois, des ports & places de Paris, és maisons & autres lieux en ceste-dite Ville & fauxbourgs d'icelles, aux manans & habitans desdits lieux, pour leurs prouisions: A esté aduisé par déliberation de Conseil tenu en l'Hostel de ladite Ville, le Ieudy premier iour de Decembre, l'an mil cinq cens dix-neuf, taxé & ordonné ausdits chartiers pour leursdits salaires, eu esgard à l'abondance de viures, le prix cy-apres declaré, selon la distance des lieux qui s'ensuyuent: en ensuyuant l'Arrest de la Cour de Parlement, donné sur le faict du bois de chauffage, publié à son de trompe & cry public aux ports de Paris, le Samedy dix-neufiesme iour de Nouembre dernier passé.

Le premier Salaire.

XVI. ET PREMIEREMENT, Du port de Gréue, pour mener vne voye de bois de chauffage depuis ledit port & place de Gréue, en allant par la rüë de la Tannerie iusques à l'entrée du pont Nostre-Dame, & en tournant dudit pont en allant tout aual la ruë de la Tixerranderie iusques à l'apport Baudoyer, & d'icelle tournant par la ruë du chef saint Geruais, iusques au port au foin: A esté taxé & ordonné ausdits chartiers, pour leur salaire, douze deniers tournois.

Le second Salaire.

XVII. ITEM, Depuis ledit bout du pont Nostre-Dame, en allant contremont ladite rüe de la Tannerie iusques au Chastelet de Paris, & du Chastelet en allant par la rüe Saint Denys iusques à l'hospital Sainte Catherine, en tournant au coing dudit hospital en la rüe des Lombars, en allant par les rües de la Verrie, Anquetin, le Faucheur, iusques à la rüe de Thiron & à la rüe Froger Lasnier, en descendant au bout de ladite rüe, à la riuiere de Seine: six deniers tournois.

Le tiers Salaire.

XVIII. ITEM, Outre lesdits lieux iusques en Gréue, à la fausse porte saint Martin, saint Auoye, à la porte aux Peintres, & fausse porte prés saint Eustache, les petits Champs, iusques à la porte saint Honoré, & à la Cité: seize deniers tournois.

Le quart Salaire.

XIX. ITEM, Outre lesdits lieux, iusques aux portes saint Anthoine, du Temple, saint Martin, saint Denys, de là les ponts & fauxbourgs saint Honoré: deux sols tournois.

Salaire des Fauxbourgs.

XX. ITEM, En tous les autres Fauxbourgs: deux sols six deniers tournois.

Du port & place Maubert.

XXI. ITEM, Depuis ladite place Maubert iusques à la porte saint Victor au long des Carmes, la rüe des Noyers & la rüe des Mathurins, iusques à la rüe de la Harpe, & de ladite rüe de la Harpe iusques au bout du pont saint Michel: douze deniers tournois.

Autre Salaire.

XXII. ITEM, Entre les anciens murs, & les bastides, aussi par tout outre lesdits ponts de Paris vers Sainte Geneuiefue & les Iacobins, dedans les portes de ladite Ville : deux sols tournois.

Salaire des Fauxbourgs.

XXIII. ITEM, Esdits Fauxbourgs, de tous costez, outre lesdites portes : deux sols six deniers tournois.

Du port saint Germain l'Auxerrois.

XXIV. ITEM, Depuis ledit port & place de l'Escole saint Germain iusques à la fausse porte, qui est encontre l'Hostel de Bourbon & le Louure, en allant iusques à la rüe saint Honoré, tout au long d'icelle iusques à la place aux Chats, & delà par la rüe de la Ferronnerie, iusques à la rüe saint Denys, au coing saint Innocent & audit Chastelet : douze deniers.

Autre Salaire.

XXV. ITEM, Depuis lesdits lieux iusques aux portes de la Ville, du costé de l'Vniuersité, & en la Cité : douze deniers tournois.

Autre Salaire.

XXVI. ITEM, Tant deçà lesdits ponts & és Fauxbourgs, comme de là iceux ponts : deux sols tournois.

Autre Salaire.

XXVII. ITEM, Ausdits Fauxbourgs de delà les ponts, deux sols six deniers tournois.

Que les Chartiers ne demanderont plus grand salaire, que celuy qui leur est ordonné.

XXVIII. ITEM, Et que defenses seront faites ausdits chartiers, que d'oresnauant ne soient si osez ny hardis de prendre, exiger, ny demander pour voye de bois mener comme dessus, que le prix susdit, selon la distance desdits ports & lieux : Sur peine de prison, & punition corporelle, en ensuiuant ledit Arrest. Et sera fait à sçauoir ausdits manans & habitans de n'en payer plus grand salaire.

Leu & publié par les Carrefours de ladite Ville, esdits ports de Gréue, place Maubert, & de l'Escole saint Germain de l'Auxerrois, le Samedy tiers iour dudit mois de Decembre, audit an, cinq cens dix-neuf.

Que les Marchands metteront seize gaigne-deniers en leurs Bateaux.

XXIX. SVR les Articles presentez à la Cour par les Preuost des Marchands & Escheuins de la Ville de Paris, & dont le Procureur general du Roy, auquel ils ont esté communiquez, a requis l'auctorisation estre faite par la Cour : desquels la teneur s'ensuit. Pource, par la malice & trop grande cupidité de leur profit, que par aucuns Marchands de bois, plusieurs gaigne-deniers mettans le bois à terre, le baillans à chartées, & les chartiers, ont esté faits & se font plusieurs larrecins, rançonnemens & exactions sur le peuple, en prenant plus grand salaire qu'il ne leur a esté ordonné. Pour obuier à iceux, la Cour a ordonné & enjoint aux Marchands de bois, que d'oresnauant, si-tost que leur bois sera arriué aux ports, ils mettent en chacun Bateau seize gaigne-deniers, ou tel nombre suffisant qui sera ordonné par les Preuost des Marchands & Escheuins, selon la grandeur des Bateaux ; pour descharger leurdit bois à terre. Et feront mettre la monstre de chacune Batelée à terre préallablement qu'elle soit mise en vente, ny distribuée au peuple : & ne discontinüeront les gaigne-deniers la descharger, que toute la Batelée ne soit vuide. Et respondront les Marchands de leurs gaigne-deniers, pour en faire la punition, s'ils y font aucune faute, selon les Ordonnances.

De l'heure de descharger le Bois.

XXX. ITEM, Et pource que lesdits Marchands se pourroient plaindre des larrecins qu'on leur pourroit faire en mettant ledit bois à terre, ainsi que dit est: La Cour fait defenses à tous gaigne-deniers & chartiers chargeans le bois en charrettes, ne commencer à charger esdites charrettes, que depuis le premier iour de Mars iusques au dernier iour de Septembre, auãt l'heure de cinq heures du matin, & fineront à sept heures du soir. Et depuis le premier iour d'Octobre, iusques au dernier de Fevrier, auant sept heures du matin : & fineront à cinq heures du soir, ou plustost, si mestier est, si la nuit les surprend. Et de mettre le bois d'vn Bateau en plus de six ou huit charrettes au coup. Et qu'il n'y ait en chacune desdites charretées, qu'vn Iuré Mooleur.

Des Mooleurs de bois.

XXXI. ITEM, Et defend ausdits Mooleurs n'aller conter à autres charretées, que celles qui auront esté par eux encõmencées à conter ne soient acheuées : Sur peine de punition corporelle. Et icelles acheuées, ils continüeront aux autres charretées prochaines, suiuant par ordre, sans aller conter aux loingtaines, ny entremesler. Et pareillement ausdits chartiers & gaigne-deniers, ne charger que selon ledit ordre.

Que le Chartier ne doit partir que le bois ne soit payé.

XXXII. ITEM, Defend à tous chartiers ne partir la place là où ils auront chargé, sans sçauoir préallablement au Marchand s'il sera payé, & qu'il se soit tenu pour contant. Et pareillement à l'achepteur, ne faire partir ledit chartier qu'il n'ait payé, ou que ledit Marchand ne soit contant.

Que lesdits Chartiers ne chargeront s'ils n'ont maistre.

XXXIII. ITEM, Defend ausdits chartiers charger, ny permettre charger bois esdites charrettes, s'ils n'ont maistre present, ou autre pour luy, à la charge qu'il vueille auoir ledit bois, ausquels ils le meneront apres qu'ils seront chargez, & non autrement. Et pareillement ausdits gaigne-deniers, ne le mettre esdites charrettes. Et aussi leur defend ne prendre ny exiger plus grand salaire, que celuy qui leur est & sera ordonné par lesdits Preuost des Marchands & Escheuins.

Que les gaigne deniers ne doiuent approcher du bois, s'ils ne sont appellez.

XXXIV. ITEM, Defend à tous gaigne-deniers n'approcher ledit bois mis à terre, plus prés que la croix de Gréue, & des autres à l'équipollent : s'ils ne sont appellez par personne qui en vueille : & n'approcher ledit bois plus de quatre gaigne-deniers à la fois, à ce que le Marchand puisse mieux entendre à receuoir son argent, & à la distribution de son bois : Sur peine de punition corporelle.

Que les Crocheteurs ne prendront bois sans payer.

XXXV. ITEM, Defend ausdits Crocheteurs, gaigne-deniers, & tous autres manieres de gens, ne prendre vne seule busche dudit bois, ny de partir la place, sans payer: Sur peine de punition corporelle.

De non faire amas ny chantier de Buches pour reuendre.

XXXVI. ITEM, Et pource que plusieurs manieres de gens, tant de labeur, de mestier, que gaigne-deniers, ont delaissé leur maniere de viure, & se sont mis à estre regratiers & reuendeurs de gros bois, & en font amas en leurs maisons pour le reuendre: qui est cause de la presse, rançonnement & exactions qui se font esdits ports: qui est contre les Ordonnances anciennes de la Ville, & au grand dommage de la chose publique. La Cour defend à toutes manieres de gens, de ne faire amas ny chantiers de bois, mais en prennent seulement pour leur prouision, s'ils ne sont Marchands de bois, l'amenans ordinairement par la riuiere, & qu'ils ayent congé & prouision des Preuost des Marchands & Escheuins en la maniere accoustumée: & ce sur peine de forfaicture dudit bois, & d'amende arbitraire. Et defend la Cour ausdits Preuost des Marchands & Escheuins, ne donner ledit congé & prouision ausdits Marchands, sinon que ledit bois ait esté exposé en vente par trois iours, & que le peuple n'en ait point voulu. Et ne pourront lesdits Marchands vendre ledit bois mis en chantier, plus haut prix, qu'il vaudra au port de Paris, lors qu'il sera mis en chantier, sinon de ce qu'il leur aura cousté dauantage à le charier au chantier, & loüage d'iceluy chantier, qui leur sera taxé par lesdits Preuost des Marchands & Escheuins: Sur peine d'amende arbitraire.

VEVS par ladite Cour lesdits Articles, & eu sur ce meure deliberation: La Cour a ordonné & ordonne, que le contenu en iceux Articles sera gardé, obserué & entretenu de poinct en poinct. Et à ce faire & souffrir seront contraints tous ceux, qui pour ce seront à contraindre, par toutes voyes deües & raisonnables, & nonobstant oppositions ou appellations quelsconques faites ou à faire, & sans prejudice d'icelles. Et si seront lesdits Articles & ce present Arrest publiez à son de trompe, és lieux & places de Gréue, l'Escole Saint Germain, & autres lieux où besoin sera, à ce qu'aucun n'en puisse pretendre ignorance. Fait en Parlement le dernier iour de Iuillet, l'an mil cinq cens vingt-sept. Ainsi signé, Du-Tillet, & publié sur les ports de Greve, l'Escole Saint Germain l'Auxerrois, & place Maubert, le Samedy troisiesme iour d'Aoust, l'an mil cinq cens vingt-sept.

LE SOIXANTE-DEVX CHAP.

CONTIENT LES ORDONNANCES SVR LE faict de la Iauge des Queües, Muys, & autres Tonneaux, faites & constituées par le Roy nostre Sire, François premier de ce nom.

RANÇOIS par la grace de Dieu, Roy de France, A tous presens & à venir, Salut. Receüe auons l'humble supplication du Procureur de nous, & de nostre bonne Ville & Cité de Paris, contenant que par nos predecesseurs Roys ont esté faites & ordonnées plusieurs belles & notables Ordonnances sur le faict des Marchandises qui journellement sont amenées en nostre-dite Ville & Cité de Paris : pour obuier aux déceptions, tromperies & abus, qui journellement s'y commettoient. Et entre lesquelles Ordonnances y a deux articles sur le faict de la Marchandise des Vins : qui sont tels.

LA DIFFERENCE DES VINS FRANCOIS, & des Vins de Bourgongne.

ARTICLE PREMIER.

TEM, Et pour sçauoir la difference du vin François & du vin de Bourgongne : Toutes manieres de Vins, qui seront creus au dessus du pont de Sens, tant ceux du pays de l'Auxerrois, comme ceux du pays de Beaulne, & d'ailleurs en icelles parties, & qui viendront par la riuiere d'Yonne, seront appellez vins de Bourgongne : & se jaugeront à la jauge de Bourgongne. Et pareillement toutes manieres de Vins qui seront crus au dessous dudit pont de Sens, en venant aual l'eau : aussi les Vins des crus de Seine, la vieille Marne, & d'ailleurs és parties d'enuiron, & pareillement du cru d'enuiron Paris, & au dessous en allant aual l'eau, & de la riuiere d'Oyse, & les parties d'enuiron, seront appellez vins François : & se jaugeront à la jauge Françoise, & non autrement : Sur peine de dix liures parisis d'amende.

Des Vins de la Riuiere de Loyre.

II. ITEM, Les Vins de la riuiere de Loyre ne seront point vendus à la jauge, ains seront vendus ainsi qu'ils seront. Et toutesfois chacune queüe tiendra de cinq à six septiers outre moison, à la jauge Françoise.

De la mesure & jauge Françoise.

III. LESQUELS deux articles, auec les autres contenus esdites Ordonnances estans en nostre Hostel de Ville à Paris, auons par cy-deuant confermez. Et neantmoins ne sont aucunement entretenus ny gardez, mais totalement corrompus & discontinüez : tellement que la plus grande partie des Fustailles, où sont mis les Vins, Vinaigres, & autres breuuages pour vser à corps humain, qui sont amenez par la riuiere, tant à la Gréve, Estappe, & autres ports, que par terre : & ceux qui sont amenez contremont l'eau d'au dessous des Ponts de Paris, ne tiennent à beaucoup prés la mesure ou jauge sur ce ordonnée par lesdits articles : qui est la queüe à la mesure & jauge de Paris, est de cinquante & quatre septiers : & le muy à ladite mesure ou jauge de Paris, trente six septiers & les demy muys, caques, ou autres menus Tonneaux, à l'équipollent.

La mesure & jauge de Bourgongne. Et comment on jaugera les Tonneaux de Vins.

XV. ET a ladite jauge ou mesure de Bourgongne, la queüe cinquante-quatre septiers : & le muy, trente-six septiers. Mais par fraude & malice, les Laboureurs, Bourgeois, & autres gens ayans vignes, tant és enuirons de nostre-dite Ville & Cité de Paris, qu'és autres pays, desquels se transportent & sont amenez Vins en nostre-dite Ville de Paris, font faire la Fustaille par les Tonneliers demeurans és Villages d'entour eux, de moindre jauge qu'ils ne doiuent estre, en fraudant nos sujets, chose publique, & retardant par leurdite fraude le cours de vraye & loyale marchandise en nostre-dit Royaume, à la foule d'iceluy & diminution des droicts à nous appartenans sur lesdits Vins vendus, soit en gros ou en destail. Pour ces causes, & que plusieurs Marchands estrangers & autres, pensans acheter vn muy de Vin, ou autre Bruuage de la jauge de trente-six septiers, n'ont & ne reçoiuent par leursdites fraudes, que muy ou vaisseau de trente, ou trente-deux septiers au plus : Et à quoy de tout nostre pouuoir desirons pouruoir. Pourquoy, nous ces choses considerées, & à ce que nostre-dite Ville de Paris, les demeurans & affluans en icelle soient fournis deüement, & par jauge & vraye mesure : & que toutes fraudes cessent en nostre-dite Ville de Paris, premiere & capitale de nostre Royaume : & que tous Marchands, tant estrangers qu'autres, puissent venir marchander & auoir en nostre-dite Ville de Paris, les Vins qui y sont amenez de iour en iour : & que d'iceux ils ne soient trompez & deçeus au moyen de la jauge : Et en augmentation du bien vniuersel de nostre-dite Ville, & des Citoyens d'icelle, & de tout nostre Royaume : Auons voulu, statué, ordonné, voulons, statuons, & ordonnons par Edict irreuocable ; Que lesdits deux articles cy-dessus inserez seront entretenus, gardez & obseruez de poinct en poinct, selon leur forme & teneur. Et à ce que lesdits deux articles, & chacun d'iceux ayent effet & vraye exécution, & qu'ils soient entretenus sans fraudes, & deuëment. Auons par Edict, Statuts & Ordonnances, voulu, statué & ordonné, voulons, statuons & ordonnons par la Loy & Edict perpetuel, que defenses seront faites, & les faisons par cesdites presentes à toutes personnes, tant Tonneliers, qu'autres, de ne faire ou faire faire aucunes Fustailles pour estre vendües & distribuées en gros, ou autrement, si elles ne contiennent les mesures ou jauge dessusdits: Qui sont, comme dit est, pour queuë Françoise, mesure & jauge de Paris, de cinquante-quatre septiers; & le muy à ladite mesure, trente-six septiers: & les demy muys, caques, & autres menus tonneaux à l'équipollent: & à ladite mesure ou jauge de Bourgongne, la queüe de cinquante-quatre septiers: & le muy trente-six septiers. Pareillement auons par cesdites presentes prohibé, & defendu, prohibons & defendons à toutes personnes, de quelque estat ou condition qu'ils soient, de ne mettre ou faire mettre, & exposer aucun vin, vinaigres, ou autres breuuages pour vser à corps humain, en vente en gros, que la Fustaille ou sera ledit vin & breuuage ne soit de ladite jauge, & mesure de cinquante-quatre septiers la queüe, & trente-six septiers le muy: les demy muys, cacques, & autres menus tonneaux à l'équipollent, comme dit est. Laquelle fustaille les Maistres Tonneliers, Iaugeurs de nostre-dite ville de Paris, pourront auec commission desdits Preuost des Marchands & Escheuins, aller voir & visiter par tout où bon leur semblera, & requis en sont, selon les Ordonnances sur ce faites, & le tout sur peines: c'est à sçauoir, ausdits Tonneliers & autres faisans ou faisans faire lesdits tonneaux, non estans de jauge ou mesure, ou qui les exposeront vuides en vente, de confiscation desdits tonneaux, & du double de la valeur d'iceux: & aux vendeurs & exposans en ladite Gréue, Estape, Ports, & autres Marchez publics, ou autres lieux, tonneaux pleins de vin, vinaigres, ou autres breuuages, de la confiscation desdits tonneaux & vins estans en iceux, pour la premiere fois: & apres contre ceux qui continuëront outre ladite confiscation pour la seconde fois & contrauentions subsequentes, de l'amende arbitraire, & telle qu'apartiendra à imposer & ordonner contre infracteurs de nos Loix, Statuts & Ordonnances: à appliquer (c'est à sçauoir, ce qu'en sera prins, saisi, & apprehendé, en la riuiere de Seine, fleuues descendans en icelle pour amener à nostre-dite ville de Paris, & autres Ports, Estappes, & place de Gréue, & autres ports d'icelle ville de Paris) à nous & nostre-dite ville de Paris, & selon les Ordonnances d'icelle: & quant à ce qui en sera apprehendé, prins, & saisi ailleurs, & en autres lieux & Iurisdictions, tant à nous, qu'à ceux en la Iurisdiction ou Iustice desquels les délinquans ou contreuenans à ceste presente nostre Ordonnance, seront respectiuement apprehendez, arrestez, saisis, ou poursuiuis. Et outre auons ordonné, voulons & ordonnons, qu'il soit permis à toutes personnes qui auront achepté vin, vinaigres, ou autre breuuage, déduire & rabatre au vendeur ce qu'il s'en faudra que le vaisseau ne tienne ladite jauge: eu esgard au prix que ledit vin aura esté vendu: nonobstant qu'il ait esté autrement conuenu par le vendeur en faisant icelle vendition.

SI DONNONS en mandement à nos amez & feaux, les gens tenans & qui tiendront nostre Parlement, Generaux de la Iustice de nos Aydes, Preuost des Marchands & Escheuins de nostre-dite ville & Cité de Paris, & à tous nos autres Officiers, Iusticiers, Sujets, & autres qu'il appartiendra, que ceste presente nostre Ordonnance, ils respectiuement & chacun en son pouuoir, iurisdiction, & esgard, facent maintenir, garder & entretenir de poinct en poinct selon sa forme & teneur, sans aucunement y contreuenir en aucune maniere. Car ainsi l'auons voulu, declaré, & ordonné, voulons, declarons, & ordonnons, & tel est nostre plaisir: Nonobstant quelconques autres Ordonnances, Restrinctions, Mandemens, & Defenses au contraire: ausquels voulons pour ceste fois estre dérogé. Et à fin que ce soit chose ferme & stable à tousiours-mais, nous auons fait mettre nostre scel à cesdites presentes: sauf en autres choses nostre droict, & l'autruy en toutes. Donné à Amiens au mois d'Aoust, l'an de grace, mil cinq cens vingt-sept. Et de nostre regne le treiziesme. Ainsi signé sur le reply. Par le Roy, ROBERTET. Et au bas, Visa. Et scellé en cire verde sur lacs de soye.

LE SOIXANTE-TROIS CHAP.

CONTIENT PLVSIEVRS BEAVX Priuileges, donnez par les feus Roys aux Bourgeois de Paris, & confirmez par le Roy nostre Sire, François premier de ce nom. Et premierement.

Que les Marchands acquiterent la Foraine à Paris, si bon leur semble, à six deniers pour liure : & ne seront tenus pour ce bailler caution.

ARTICLE PREMIER.

LOVYS par la grace de Dieu, Roy de France, A tous ceux qui ces presentes lettres verront, Salut. Comme pour releuer les Marchands & aucuns frequentans nostre Royaume, menans & transportans leurs biens, denrées & Marchandises hors d'iceluy, des trauaux & vexations en quoy ils estoient, à cause des differẽds & difficultez qui souuentesfois estoient meuës entre eux, & les Receueurs, Fermiers ou Commis, à leuer l'imposition Foraine de douze deniers pour liure, que nous & nos predecesseurs auons accoustumé prendre & leuer sur les denrées, biens, & Marchandises transportez hors d'iceluy nostre Royaume, & és lieux où nos Aydes n'ont aucun cours. Pour lesquelles differences & difficultez decider & determiner, conuenoit souuentesfois lesdits Marchands & autres retourner des extremitez de nostre-dit Royaume, & venir au remede de Iustice par deuers nos amez & feaux, les generaux, Conseillers sur le fait de la Iustice des Aydes en nostre bonne ville de Paris. Aucuns de nos predecesseurs eussent ordõné & commis vn Receueur de ladite imposition Foraine en nostre-dite ville de Paris, à ce que lesdits Marchands & autres, menans & transportans leurs biens, denrées & Marchandises hors d'iceluy Royaume, peussent & leur fust loisible d'y acquiter ladite imposition, si bon leur sembloit, en payant six deniers pour liure seulement : sous l'acquit desquels six deniers lesdits Marchands & autres transportans lesdits biens & marchandises hors d'iceluy nostre Royaume, ou és lieux où nosdites Aydes n'ont aucun cours, estoient tenus quittes, & paisibles desdits douze deniers esdites extremitez. Mais nonobstant nos Receueurs, Fermiers, ou Commis à leuer ladite imposition en nostre-dite ville de Paris, ont depuis par vertu de certaines Ordonnances, que l'on dit auoir esté de par aucuns de nosdits predecesseurs ou nosdits Conseillers, faites sur le fait de ladite imposition ou autrement, contraints lesdits Marchands ou aucuns transportans leursdits biens, denrées & marchandises hors de nostre-dite Ville, ou de la Preuosté & Vicomté d'icelle, à payer ladite imposition de six deniers pour liure audit lieu de Paris, ou à bailler caution de la rapporter audit Receueur, Fermier, ou Commis à leuer icelle imposition audit lieu de Paris, certification que lesdits biens, denrées & marchandises auoient esté venduës & distribuées és lieux où nosdites Aydes n'ont cours en nostredit Royaume, & non ailleurs. Parquoy lesdits Marchands & aucuns transportans leursdits biens, denrées & marchandises hors de nostre-dite Ville, ou de ladite Preuosté & Vicomté de Paris, ont esté & sont souuentesfois trauaillez & interessez: & à ceste cause plusieurs biens, denrées & marchandises retardées & delaissées estre amenées en nostre-dite Ville, au grand prejudice, dommage & interest du bien public d'icelle: Sçauoir faisons, que nous, pour ces causes & aucuns à ce nous mouuans, auons voulu & ordonné, voulons & ordonnons par ces presentes, que d'oresnauant lesdits Marchands & autres leuans marchandises ou autres biens en nosdites Ville, Preuosté & Vicomté de Paris, ou passans par illec pour les mener és lieux où nosdites Aydes n'ont aucun cours, ou hors d'iceluy nostre Royaume, puissent & leur loise acquiter ladite imposition foraine, en payant six deniers pour liure, audit lieu de Paris, si bon leur semble: & en ce faisant qu'ils soient tenus quittes & paisibles de ladite imposition de douze deniers pour liure esdites extremitez. Et au cas que lesdits Marchands & autres n'auront acquitée & payée audit lieu de Paris ladite imposition de six deniers pour liure, ils seront tenus de payer esdites extremitez lesdits douze deniers pour liure: sans ce toutesfois que lesdits Marchands, ny autres pour eux, puissent estre contraints à bailler audit lieu de Paris aucune caution de rapporter certification de la vente & distribution desdits biens, denrées, & marchandises, en quelque lieu ou lieu qu'ils soiẽt menez, vendus & distribuez, ny payer ladite imposition audit lieu de Paris, si bon ne leur semble, ne qu'ils, ny aucuns d'eux, soient ou puissent estre à l'occasion dessusdite mis en procez, ny autrement trauaillez ny empeschez en corps ny en biens, en quelque maniere, ny pour quelque cause que ce soit. Et sur ce imposons silence à nostre Procureur, & tous autres.

SI DONNONS en mandement à nos amez & feaux, les Generaux Conseillers sur ledit fait de la Iustice des Aydes aux Esleus de Paris, & à tous nos autres Iusticiers & Officiers, ou à leurs Lieutenans, & à chacun d'eux, si comme à luy appartiendra, que nostre presẽte volonté & Ordonnance ils gardent & entretiennent, & facent garder & entretenir de poinct en poinct, en contraignant à ce faire & souffrir tous ceux qu'il appartiendra, par toutes voyes deües: nonobstant oppositions ou appellations, & quelsconques Ordonnances, Mandemens, ou Defences à ce contraire. En tesmoing de ce, Nous auons fait mettre nostre seel à cesdites presentes. Donné à Rasilly prés Chinon, le septiesme iour de Fevrier, l'an de grace, mil quatre cens soixante & quatre. Et de nostre regne le quatriesme. Ainsi signé, Par le Roy, Monseigneur le Duc de Berry, Les sire du Lau & Baron de Landes, Maistre Estienne Cheualier, Messire Pierre Bureau, Guillaume de Varye general, & autres presens, DE LALOVETTE.

Lecta, publicata, & registrata in camera iustitiæ iuvantium, die xiij. Martij, mil cccc. lxiiij. duplicata.

Et au dos de la lettre: *Leües & publiées en iugement, en l'Auditoire des Esleuz à Paris, sur le faict des Aydes ordonnées pour la guerre, le Samedy septiesme iour de Mars, l'an mil quatre cens soixante & quatre. Et signé,* LANDRY.

Que les Bourgeois de Paris ne doiuent estre contraints à loger par Fourrier.

II. LOVYS par la grace de Dieu, Roy de France: Sçauoir faisons à tous presens & à venir, Que comme nostre bône Ville & Cité de Paris, laquelle est la principale Ville de nostre Royaume, ait esté par nos predecesseurs Roys de France doüée de plusieurs beaux droits, priuileges, vsages, coustumes, prérogatiues, & préeminences sur toutes les autres villes de nostre-dit Royaume: Et entre autres choses ayent droict & vsage nos Bourgeois & habitans de nostre-dite Ville, de tel & si long-temps qu'il n'est memoire du contraire, estre gardez & conseruez en telle franchise, qu'ils n'ont esté ny doiuent estre contraints à loger en ladite Ville nos Officiers, gens de guerre, ou autres quelsconques, par Fourrier ny autrement, si bon ne leur semble. Et pour ce que depuis nostre ioyeux aduenement & premiere entrée en nostre-dite Ville, lesdits Bourgeois & habitans, à nostre faueur & requeste, par plusieurs fois, tant pour la seureté de nostre personne, comme pour la defense de nostre-dite Ville en temps de guerre & autrement, ayent souffert & toleré par l'Ordonnance de nos bien amez Preuost des Marchands & Escheuins de nostre-dite Ville, & non pas par retenuë de nos Fourriers, plusieurs de nos Officiers, gens de guerre, & autres, loger en leurs Hostels & habitations en ladite Ville: iceux Bourgeois & habitans doutans que lesdites choses l'on vueille tirer à consequéce le temps aduenir, si par nous ne leur estoit pourueu, ainsi qu'il nous ont fait humblement remonstrer. SÇAVOIR faisons, que nous, qui ne voulons ladite tolerance desdits logis esdits Hostels, & habitatiós de nosdits Bourgeois & habitans, déroger & preiudicier aucunement ausdits droicts, vsages & franchises, en quoy ils ont esté de tout temps gardez & conseruez, auons confermé à nosdits Bourgeois & habitans leursdits droicts, vsages & franchises: & de nostre plus ample grace, pleine puissance & auctorité Royale, en tant que mestier seroit, leur auons donné & donnons de nouuel ladite franchise de pouuoir vser & disposer de leursdits Hostels, & habitations en nostre-dite Ville, en telle franchise, qu'ores pour le temps aduenir ils ne puissent estre contraints à loger ou souffrir loger iceux nos Officiers, gens de guerre, ny autres quelsconques, par Fourrier, ny autrement comment que ce soit, si bon ne leur semble.

SI DONNONS en mandement par ces presentes, à nos amez & feaux Conseillers les gens de nostre Parlement, au Preuost de Paris, & à tous nos autres Iusticiers & Officiers, ou à leurs Lieutenans, & à chacun d'eux, si comme à luy appartiendra, que de nos presente confirmation, don & octroy, facent, souffrent, & laissent iouyr & vser plainement & paisiblement nosdits Bourgeois & habitans, sans leur faire mettre ou donner, ny souffrir estre mis ou donné aucun destourbier ou empeschement au contraire: lequel si fait, mis ou donné leur estoit, le reparent ou facent reparer,

& mettre sans delay au premier estat & deu:car ainsi nous plaist-il,& voulons estre fait. Et à fin que ce soit chose ferme & stable à tousiours, nous auons fait mettre nostre scel à cesdites presentes. Sauf en autres choses nostre droict, & l'autruy en toutes. Donné à Paris au mois d'Octobre, l'an de grace, mil quatre cens soixante-cinq. Et de nostre regne le cinquiesme. Ainsi signé, Par le Roy. Le Preuost, & Cheneteau. Et scellé en cire verde à pendans de soye. Et au dos de la lettre.

Lecta, publicata & registrata Parisiis, in Parlamento, xxj. die Nouembris, anno mil cccc. lxv.

Que nul ne peut empescher ny retarder les viures & marchandises qu'on ameine à Paris, ny mettre subsides nouuelles.

III. LOVYS par la grace de Dieu, Roy de France: Sçauoir faisons, à tous presens & aduenir, Comme nous ayons esté aduertis par nostre amé & feal Conseiller & Chambelian, le sire de Gaucourt, nostre Lieutenant general, & Gouuerneur de nostre bõne Ville & Cité de Paris, & de l'Isle de France, & nos chers & bien amez les Preuost des Marchands, Escheuins, Bourgeois, & habitans de nostre-dite Ville: Nos predecesseurs Roys de France de grande ancienneté auoir icelle doüée de plusieurs droicts, priuileges, prérogatiues, & prééminences, tant pour le faict de la prouision de viures & autres necessitez de noldits Bourgeois, manans, & habitans, comme autrement: & tellement priuilegée entre autres choses, que tous viures & Marchandises leuées, acheptées, ou meuës à chemin pour estre amenées en icelle par eau ou par terre, n'ont peû & ne peuuent estre par aucun retardez ny, empeschez pour quelque cause que ce soit: mais sont tenus tous Marchands, & autres, de les amener sans delay en nostre-dite ville de Paris: Sur certaines grandes peines contenuës és Edits & Ordonnances sur ce faites. Par lesquels aussi lesdites Marchandises, & autres biens, n'ont esté & ne sont redeuables d'aucuns treheuz, aydes, subsides, nouuelles hanses, ny autres peages ou subuentions quelsconques, fors seulement des peages & coustumes anciens. Et neantmoins puis n'agueres plusieurs nos Officiers, Capitaines, & autres, ont fait crier, publier, & defendre en plusieurs lieux & Villes de nostre Royaume, qu'aucun ne transportast hors de leurs metes aucuns blez. Pourquoy les blez, grains, & vins acheptez en intẽtion d'estre amenez en nostre-dite ville de Paris, & dont les aucuns estoient meuz à chemin, ont esté arrestez, leuez, prins, vẽdus & débitez en plusieurs de nos autres Villes, outre le gré & volonté des Marchands, & autres à qui appartenoient lesdits blez, grains & vins: au tres-grand prejudice & dommage de nostre-dite ville de Paris, & des Bourgeois, manans & habitans d'icelle. Et qui plus est, s'efforçent leuer de iour en iour plusieurs grands & excessifs aydes, treuages, subsides, hanses, nouuelles Coustumes, & Subuentiõs sur lesdits blez, grains, vins, & toutes autres denrées, Marchandises, & biens venans, tant par eau que par terre en icelle nostre bonne Ville & Cité de Paris. Et tellement qu'à ces causes le cours de la Marchandise est du tout delaissé & discontinüé. Et par ce n'y a de present en nostre-dite ville de Paris aucune garnison de blez, grains, ny vins, qui peust fournir pour vn mois. Et y pourroit encourir grande cherté de viures, s'aucun affaire de guerre y suruenoit. Parquoy ne pourroit estre auitaillée, n'y secourir à nos autres Villes, ainsi que par cy-deuant elle a tousiours fait: dont pourrions auoir plusieurs inconueniēs, au tres-grand prejudice & dommage de nous & de nostre-dite bonne ville & Cité de Paris, & de toute la chose publique de nostre Royaume. Parquoy nous ces choses dessusdites considerées, voulans & desirans les droicts, Priuileges, Edits & Ordonnances de nostre-dite ville de Paris estre entierement gardez, entretenus & obseruez de poinct en poinct, sans aucunement les enfraindre: & icelle, comme Ville capitale de nostre Royaume de France, estre preferée deuant toutes autres, en priuileges, prérogatiues, & préeminences: bien records & memoratifs, qu'en nos plus grands & principaux affaires de guerre suruenus en nostre-dit Royaume, tant pour la damnée entreprise de plusieurs à nous rebelles & desobeyssans, comme pour occasion des sieges mis & assis par le Duc de Bourgongne deuant les villes d'Amiens, Beauuais, & autres Villes & places de nostre-dit Royaume, lesdits Bourgeois, Marchands & habitans de nostre-dite ville de Paris, en gardant leur loyauté enuers nous, employerēt & exposerent leurs corps, biens, & artillerie, tant à la conseruation de nostre personne, nous estant en nostre-dite ville de Paris, durant la diuision d'entre nous & lesdits Princes, nos rebelles & des-obeïssans, comme de nostre armée, lors estant illec. Et tant à ceste cause, comme au moyen de la bonne prouision de viures, que pour occasion de leurs priuileges & bonne police y estoit n'y fut trouuée aucune cherté, mais tres-grande abondance de viures: tellement que la renommée estoit, que prouision de blez & vins estoit en ladite Ville pour deux ans. Parquoy nostre armée y fut entretenüe, au bien & conseruation de nostre persōne & de nostre-dit Royaume, & à la confusion de l'entreprinse de nosdits rebelles & des-obeïssans. Voulans aussi obuier aux inconueniens irreparables, en quoy pourroit cheoir & encourir nostre-dite ville de Paris par faute de viures. A ce aussi qu'elle puisse mieux supporter les charges de fortifications & Artillerie d'icelle. Eu sur ce l'aduis & grande & meure déliberations des gens de nostre Conseil: Auons de nostre certaine science, pleine puissance, & auctorité Royal, ordonné, decerné & declaré, & par la teneur de ces presentes, ordonnons, decernons, & declarons par Edit perpetuel & irreuocable, tous lesdits cris, defenses, & publications faites & à faire en quelconque lieu de nostre Royaume que ce soit, de non laisser leuer, achepter, transporter, & mener aucuns blez, grains, vins, viures, & autres prouisions en nostre-dite bonne ville de Paris, cesser & estre nuls, & de nulle valeur & effet. Et les auons abolis, reuocquez, cassez, & annullez, abolissons, reuocquons, cassons, annullons, & mettons, ores, & pour le temps aduenir, du tout au neant par cesdites presentes: ensemble tous Aydes, treuages, subsides, hanses nouuelles, & autres subuentions quelsconques, que puis trente ans en çà ont esté mis, imposez, ou accreus, tant pour nous que pour quelsconques autres personnes ou Villes, & sous quelque couleur ou occasion que ce soit, sur les biens, denrées, & Marchandises qui seront prinses & leuées pour estre amenées en nostre-dite ville de Paris, soit par eau ou par terre: & tant du cru de noſdits Bourgeois, Marchands, & habitans, cõme de leur achapt, & autrement. Et defendons bien expreſſément par ces meſmes preſentes à tous, de quelque auctorité ou condition qu'ils ſoient, que d'oreſnauant ils ne mettent ou impoſent, facent ou ſouffrent mettre ou impoſer aucuns nouueaux aydes, treuages, hanſes, ſubſides, peages, trauers, couſtumes, ou autres quelsconques ſubuentions en noſtre Royaume, fors les anciens ſeulement, ſur les biens, denrées, marchandiſes, vaiſſeaux, charrois, & cheuaux venans en noſtre-dite ville de Paris: & ſans ce que noſdits Bourgeois, Marchands, manans & habitans d'icelle, ſoient pour ce tenus ny contraints à bailler aucune caution: mais voulons iceux, ou leurs facteurs eſtre creus par leurs ſermens de ce qu'ils affermeront eſtre pour eux, & pour les amener en icelle noſtre ville de Paris: Sur peines de perdition des terres & droicts des infracteurs de noſtre preſent Edit & Ordonnance, & de telle autre punition qu'il appartiendra par raiſon. Et s'il aduenoit qu'aucun deſdits habitans ou autre voulſiſt faire aucune traite de blez de noſtre-dite ville de Paris, que par vertu de quelques lettres de congé de ce faire par importance, inaduertance, ou autrement, il pourroit auoir obtenu de nous, ou d'autres, ſoy diſans auoir puiſſance de les donner: faire ne le pourra, ſi ce n'eſt du conſentement de noſtre-dit Lieutenant general, s'il eſt en ladite Ville, ou deſdits Preuoſt des Marchands & Eſcheuins. Et leſquelles lettres de congé, entant que meſtier ſeroit, nous dés maintenant pour lors entendons eſtre nulles, & de nul valeur & effet.

SI DONNONS en mandement par ces meſmes preſentes à nos amez & feaux Conſeillers les gens de noſtre Parlement, les Maiſtres des Requeſtes de noſtre Hoſtel, & à tous nos autres Iuſticiers & Officiers, ou à leurs Lieutenans, preſens & à venir, & à chacun d'eux, ſi comme à luy appartiendra, que ceſte noſtre preſente Ordonnance, Edit, & conſtitution, ils facent entretenir, obſeruer, garder, & accomplir de poinct en poinct, ſelon ſa forme & teneur: en contraignant, ou faiſant à ce contraindre realement & de faict tous ceux qu'il appartiendra, & ſommairement & de plein, ſans long procez ou figures de jugement: & en puniſſant par noſdites gens de Parlement, ſelon l'exigẽce du cas, tous les tranſgreſſeurs d'icelle noſtre preſente Ordonnance, Edit, & conſtitution: en faiſant auſſi ces preſentes, ou le vidimus d'icelles (auquel nous voulons pleine foy eſtre adjouſtée comme à ce preſent original) crier & publier à ſon de trompe & cry public, és lieux & places où ils verront eſtre expedient, en telle maniere qu'aucun n'en puiſſe pretendre cauſe d'ignorance. Et à fin que ce ſoit choſe ferme & ſtable à touſiours, nous auons fait mettre noſtre ſcel à ces preſentes. Sauf en autres choſes noſtre droict, & l'autruy en toutes. Donné à Dampmartin au mois de Septembre, l'an de grace, mil quatre cens ſoixante & quatorze. Et de noſtre regne le quatorzieſme. Ainſi ſigné, Par le Roy. Meſſieurs l'Archeueſque de Lyon, & le Comte de Beaujeu, les Comtes auſſi de Dampmartin & de Pallas, les ſires de Genly, d'Argenton, & autres preſens: A. Diſome, G. Brunat. Viſa.

Lecta, publicata & regiſtrata Pariſiis, in Parlamento, xxix. die Decembris, Anno Domini milleſimo cccc. lxxiiij.

Et au dos de la lettre : *Leües & publiées à son de Trompe, & cry public, en chacun des Carrefours de la Ville de Paris, accoustumez à faire cris & publications, par moy Anthoine Geruais Sergent à verge, Crieur Iuré du Roy nostre Sire au Chastelet de Paris : Appellé auec moy Gilles le Maçon aussi Sergent à verge, & Trompette dudit Seigneur, le Ieudy vingt-neufiesme Decembre, l'an mil quatre cens soixante & quatorze.*

Ainsi signé, A. GERVAIS.

Que les Bourgeois de Paris ayans Fiefs ou arrierefiefs sont exempts d'aller, enuoyer, ny contribuer au ban & arriere-ban.

IIII. LOVYS par la grace de Dieu, Roy de France ; A nos amez & feaux, les Commissaires, qui sont & seront par nous ordonnez & commis à faire les monstres & reueües de nostre Ban & arriere-ban, au Preuost de Paris, & à tous nos autres Iusticiers & Officiers ou à leurs Lieutenans, Salut & dilection. Nos tres-chers & bien amez les Preuost des Marchands & Escheuins, Bourgeois & habitans de nostre bonne ville & Cité de Paris : nous ont fait exposer, que combien que par priuileges ja piéça à eux & leurs successeurs octroyez par nos predecesseurs Roys de France, & depuis par nous confermez, ils ayent esté, soient quittes & exemps d'aller ou enuoyer en nos guerres & armées, & d'eux trouuer & enuoyer aux monstres & reueües, qui seront faites desdites gens de nostre Ban & arriere-ban, pour raison des Fiefs, arrierefiefs, & autres choses Nobles par eux tenuës & possedées en nostre Royaume : Neantmoins ils doutent que sous ombre ou couleur de ce que nous auons puis n'agueres mandé, & fait crier, publier, en termes generaux, & sans nulle exclusion & restrinction, que toutes manieres de gens, tenans en Fiefs ou arrierefiefs de nous, ou autrement Noblement, fussent prests & se missent sus, & en poinct pour nous seruir en nosdites guerres & armées, soient priuilegez, ou non priuilegez : ou de payer & bailler par ceux, qui ne seroient suffisans & idoines pour nous aller seruir en personne, la moitié de la reuenüe de toutes leurs choses Nobles & feodales, pour estre distribuée à ceux qui seroient ou pourroient estre choisis & esleus pour nous y seruir en leurs personnes : on les vousist contraindre ou autrement trauailler à nous aller seruir en nosdites guerres & armées, & pour raison de ce & de ladite moitié d'icelles leurs reuenuës feodales, proceder à l'encontre d'eux & de leurs biens & heritages, mesmement de ceux tenus en Fiefs, au autrement noblement, à aucuns Arrests ou empeschemens : qui seroit directement venir contre la teneur de leursdits priuileges, dont ils ont iouy paisiblement, & par longtemps : & en leur grand prejudice & dommage, comme ils nous ont fait remonstrer. Requerans humblement sur ce nostre prouision. Pourquoy nous ces choses considerées, & les grands & bons seruices à nous par longtemps faits par lesdits exposans en maintes manieres, voulans à ceste cause leurs droicts & priuileges leur estre gardez, obseruez, & entretenus : considerans aussi qu'il est bien requis & conuenable que lesdits exposans facent residence en nostre-dite ville de Paris, qui est la Ville capitale de nostre Royaume, pour la garde, tuition, & defense d'icelle, en nostre obeyssance. Pour ces causes & considerations, & autres iustes & raisonnables, à ce nous mouuans, auons voulu & declaré, voulons & declarons par ces presentes que lesdits exposans, & chacun d'eux, soient & demeurent, en ensuyuant leursdits priuileges, droits & libertez, quittes & exempts d'aller ou enuoyer ores, ny pour le temps aduenir, en nosdites guerres & armées, ny d'eux comparoir ny presenter, ny autres pour eux, esdites monstres & reueües qui seroient ou seront d'oresnauant faites desdites gens de nostre Ban, & arriere-ban, ny pour ce payer ny bailler aucune chose de la reuenüe de leursdits Fiefs & choses nobles, ou feodales, pour quelque cause, occasion, ou en quelque maniere que ce soit : Sans ce qu'au moyen, & par vertu desdits cris, & proclamations, & des lettres qui ont esté & seront par nous dõnées & commandées pour mettre sur nosdits gens de nosdits Ban, & arriere-ban, soient priuilegez & non priuilegez, lesdits exposans ny aucun d'eux, soient ny puissent estre tenus ny contraints aller ou enuoyer esdites armées, ny eux presenter, ny comparoir, ny autres pour eux, esdites monstres & reueües, en maniere quelconque, quelque part que soient situez & assis leursdits Fiefs, terres & seigneuries, & choses nobles en nostredit Royaume. Et desquelles choses, & chacune d'icelles, nous les auons & chacun d'eux, pour plus grande approbation de nostre vouloir, sur ce de nouuel & d'abondant, en tant que mestier seroit, quittez & exemptez, quittons & exemptons, de grace especiale, pleine puissance & auctorité Royal, par cesdites presentes. SI VOVS mandons & enjoignons, & à chacun de vous sur ce requis, que lesdits exposans & chacun d'eux vous faites, souffrez, & laissez iouyr & vser pleinement & paisiblement de nos presentes graces, volonté, declaration, quittance, & exemption. Et s'aucuns de leurs biens, Fiefs, terres, seigneuries, & choses Nobles & feodales auoient esté ou estoient pour ce prinses, saisies, arrestées, ou aucunement empeschées, mettez les leur, ou faites mettre, chacun de vous sur ce premier requis, à pleine deliurance : Car tel est nostre plaisir. Nonobstant que par nos lettres qui ont esté & seront cy-apres par nous données, commandées, ou enuoyées, pour faire crier, & publier nostre-dit Ban, & arriere ban, & mettre sus & en poinct les gens d'icelle, soit mandé en termes generaux, & sans nulle reseruation & exclusion, que toutes manieres de gens Nobles & autres, tenans noblement, priuilegez & non priuilegez, se mettent sus & en poinct, & soient presens pour comparoir & eux presenter ou enuoyer de par eux esdites monstres & reueües, & nous aller seruir en nosdites guerres & armées. Enquoy n'entẽdons lesdits exposans, ny aucuns d'eux, estre comprins en aucune maniere, ne qu'ils soient tenus par faute de non y aller ny enuoyer, de payer aucune chose de la reuenuë de leursdits Fiefs, & choses Nobles ou feodales, en aucune maniere : Ordonnances, Restrinctions, Mandemens, ou defenses à ce contraires : pourueu qu'ils feront la monstre que puis n'agueres nous leur auons ordonné faire, & qu'ils seront armez & accoustrez pour la garde & defense de ladite Ville : voulans qu'au vidimus de ces presentes, fait sous seel Royal, foy soit adjoustée, comme à l'original. Donné à Bloys, le douziesme iour de Iuin, l'an de grace, mil cinq cens & douze. Et de nostre regne le quinziesme.

ziesme. Ainsi signé, Par le Roy, Robertet. Et scellées en cire jaune à simple queuë.

Lettres de Confirmation données par le Roy nostre Sire, François premier de ce nom, par laquelle appert que ledit seigneur a confermé le contenu de ces presentes Ordonnances & priuileges : & que les Sentences données par les Preuost des Marchands & Escheuins seront executées, nonobstant oppositions ou appellations, & qu'ils ne pourront estre prins à partie, à cause de leursdites Sentences.

v. FRANÇOIS par la grace de Dieu, Roy de France : Sçauoir faisons à tous presens & à venir : Nous auoir receu la supplication & requeste de nos tres-chers & bien amez les Preuost des Marchands, Escheuins, Bourgeois, manans & habitans de nostre bonne Ville & Cité de Paris : Contenant que nos predecesseurs considerans que ladite Ville de Paris est capitale & principale Ville de nostre Royaume, & qu'en icelle sied nostre principale Cour de Parlement, nos Chambres des Comptes, Aydes, Thresors, & autres nos iurisdictions : A cause desquelles, & de l'Vniuersité, plusieurs grands & notables personnages resident en nostre-dite Ville, & plusieurs Princes & grands Seigneurs & autres, y affluent & viennent chacun iour : Ont donné & octroyé à nostre-dite Ville plusieurs priuileges, desquels a esté vsé par cy-deuant : & lesquels ont esté confermez par feus nos tres-chers Seigneurs les Roys Charles nostre cousin, & Louys aussi nostre cousin, & beau-pere, nos predecesseurs & derniers decedez, que Dieu absolue : ainsi qu'il est plus à plein contenu és deux lettres de confirmation sur ce par eux octroyées à iceux supplians : Nous requerans leur confirmer leursdits priuileges, & les entretenir en iceux, & en leurs droicts, franchises & libertez, desquelles ils ont vsé par cy-deuãt. Et outre nous ont fait remonstrer que les iurisdiction, contrainte, & cognoissance qu'iceux Preuost des Marchands & Escheuins ont mesmement au fleuue de Seine & riuieres descendans en iceluy, & des Marchandises venans, & qui sont chargées esdites riuieres, & és choses qui en dépendent, sont tres-vtiles & necessaires pour les viures, nourriture, & fourniture de nostre-dite Ville de Paris, & des demeurans & affluans en icelle ; & que les Iugemens, & Sentences qui sont sur ce donnez par lesdits Preuost des Marchands, Escheuins, ou leurs Lieutenans, sont ordinairement fondez en choses requerãt prompte prouision & execution : Neantmoins ceux contre lesquels elles sont données, en appellent ; au moyen de ce lesdites prouisions, qui sont le plus souuent de petites sommes, demeurent inexecutées : Et en ce faisant plusieurs roturiers, gaigne-deniers, sont frustrez, au moins par bien long-temps, de leurs salaires, & plusieurs Marchands du prix de leurs Marchandises : qui les retardent & pourroient pour l'aduenir fort retarder, & démouuoir d'amener leurs marchandises en ladite Ville. Aussi ceux qui transgressent les anciennes coustumes gardées esdites riuieres, & Ordonnances sur ce faites par nos predecesseurs, & qui sont condamnez en amendes, qui sont à appliquer par lesdites Ordõnances, moitié à nous, & moitié à la recepte d'icelle Ville, en appellant : au moyen dequoy ils demeurent impunis, & sans payer lesdites amendes. Et que si elles estoient executées, au moins celles qui sont au dessous de vingt-cinq liures, pendans lesdites appellations, sans préjudice d'icelles, & par prouision ainsi que sont celles à nous adjugées entierement selon le dernier Article des nouuelles Ordonnances, faites par nostre-dit feu seigneur & beau-pere, lesdites anciennes coustumes & Ordonnances seroient mieux entretenuës, & lesdits Marchands, voicturiers, & tous autres, se garderoient & démouueroient de les contraindre, & y contreuenir. Pareillement que quand iceux Preuost des Marchands & Escheuins, ou leurs Lieutenans, encommencent quelque procez contre ceux qui transgressent & fraudent lesdites Ordonnances, & délinquent contre icelles, ils ne les peuuent parfaire, mais demeurent les délicts souuentesfois impunis, tant parce que ceux qui sont accusez & chargez appellent, qu'aussi parce qu'en l'Hostel d'icelle Ville, en laquelle est l'Auditoire & s'exerce ladite iurisdiction, n'y a aucunes prisons, & que par cy-deuant ceux emprisonnez par ordonnances desdits Preuost & Escheuins, ou leurs Lieutenans, ont esté menez d'iceluy Hostel de Ville és prisons de nostre Conciergerie, qui sont grands frais. Et aussi ceux qu'ils ordónent estre emprisonnez par irreuerences faites en jugement, rebellions, & autres délicts, s'éuadent & eschappent en plus grande irreuerence & contemnement: ce qu'ils ne feroient, si audit Hostel de Ville y auoit quelques prisons. Nous requerans à ces causes: & aussi que, comme dit est, les Amendes, Confiscations, & forfaictures qui eschéent & s'adjugent en icelle Preuosté & Escheuinage, sont communes à nous & à ladite Ville, & qu'à ceste cause le Procureur d'icelle Ville prend, & de toute ancienneté a accoustumé prendre de nostre Procureur general, substitution: au moyen de laquelle ledit Procureur postule, requiert & conclud és procez & affaires suruenans en l'Auditoire d'icelle Ville, & és dependáces pour nous & icelle Ville: & aussi que lesdits Preuost & Escheuins, apres leurs Eslections, sont par nous ou nos Officiers confirmez, receus, & instituez, & font à leur création & institution à nous, nostre Chancelier, ou l'vn des Presidens de nostre Cour de Parlement, le serment accoustumé en tel cas, & que les appellations qui s'interjettent desdits Preuost, Escheuins, ou leurs Lieutenans, sont ressortissans en nostre Cour de Parlement, & que partant y a matiere de priuileger & fauoriser eux, & leurs Sentences & Iugemens, és poincts & choses dessusdites pour l'aduancement de Iustice, & de la Police & gouuernement de nostre-dite Ville: Que nostre plaisir soit donner & octroyer à ladite Ville, & en tant que besoin est, statuer & ordonner en la faueur d'icelle Ville, que lesdits Preuost des Marchands & Escheuins, qui de present sont, & seront pour l'aduenir, & leurs Lieutenans, ne puissent cy-apres estre intimez, ny prins à partie, ny aussi condamnez par leurs Iuges en amédes enuers nous, sinon és cas esquels par les Ordonnances de nos predecesseurs, nos Iuges peuuent estre intimez, prins à partie, mulctez & condamnez. Et lesdites Sentences, qui se donneront par eux en petites causes & matieres pures, ciuiles & personnelles, & qui n'excederont la somme de vingt-cinq liures tournois pour vne fois payer, seront mises à execution, ensemble la condamnation entiere des despens: nonobstant oppositions ou appellations quelsconques. Et aussi les Sentences & condamnations d'amendes non excedans vingt-cinq liures tournois, aux charges, & ainsi qu'il est contenu audit dernier Article d'icelles dernieres Ordonnances de nostre feu seigneur & beau-pere. Et qu'és matieres de délict, fraudes & transgressions desdites nos Ordonnances, & és confections d'enquestes & autres interlocutoires, ils puissent, nonobstant les appellations qui seront d'eux interjectées, & sans préjudice d'icelles, passer outre, tout ainsi & en la forme que nos Iuges peuuent faire par nosdites Ordonnances. Et aussi leur octroyer droict de faculté d'auoir en l'Hostel de ladite Ville prisons pour la garde desdits transgresseurs, & délinquans. Et sur le tout leur impartir nos lettres conuenables. Parquoy nous desirans l'entretenement des priuileges de ladite Ville & Cité, & le bien & augmentation d'icelle, pour la singuliere amour & affection que luy portons, comme à celle qui est chef & capitale de nostre Royaume: Pour ces causes & autres à ce nous mouuans, auons loüé, confermé, ratifié, & approuué, & par la teneur de ces presentes, de nostre certaine science, grace speciale, pleine puissance, & auctorité Royal, loüons, confermons, ratifions, & approuuons tous les priuileges, exemptions, dons, & octrois faits par nosdits predecesseurs Roys de France à ladite Ville: & voulons qu'elle en vse & soit entretenuë en tous sesdits droicts, franchises, & libertez, desquels elle a vsé, & joüist encores deüement. Et en outre, à fin que les manans & habitans d'icelle soient plus enclins à nous seruir & obeyr, comme à leur Roy & souuerain seigneur, & qu'elle puisse estre mieux fournie & pourueüe de viures & Marchandises, & que la Iustice d'icelle Ville puisse estre mieux exercée, entretenuë & obeye: Nous de nosdites puissance & auctorité Royal, donnons & octroyons de nouuel à nostre-dite Ville de Paris, à l'vtilité & faueur d'icelle, voulons & declarons, & entant que mestier est, ordonnons & statuons par cesdites presentes, ce qui ensuit: c'est à sçauoir, que lesdits Preuost des Marchands & Escheuins de nostre-dite ville de Paris, qui à present sont, & seront pour l'aduenir, & leurs Lieutenans, ne pourront cy-apres estre intimez ny prins à partie: ny aussi estre mulctez, ny condamnez par leurs Iuges, sinon és cas esquels par nos Ordonnances nos Iuges le peuuent estre. Et outre, que nostre-dite Ville pourra auoir en l'Hostel d'icelle, prison pour l'exercice de ladite Iustice, aux charges d'y garder, nourrir, & entretenir ceux qui seront emprisonnez, ainsi qu'il appartient, & qu'il se fait par les geoliers & gardes de nos prisons.

Si donnons en mandement par cesdites presentes, à nos amez & féaux les gens de nostre Cour de Parlement, de nos Comptes, & Thresoriers à Paris, Generaux, Conseillers par nous ordonnez sur le fait & gouuernement de nos Finances, & de la Iustice de nos Aydes & Esleus à Paris, au Preuost de Paris, & à leurs Lieutenãs presens & à venir, & à chacun d'eux, si comme à luy appartiendra, que de nos presens octroy, confirmation, ratification, approbation, & de tout l'effet & contenu esdites lettres cy-attachées, ils facent, souffrent & laissent lesdits supplians & autres Officiers de ladite Preuosté & Escheuinage, dont en icelles est faite mention, ioüir & vser pleinement & paisiblement, quand mestier sera, & requis seront: Sans en ce leur faire, mettre ou donner, ny souffrir estre fait, mis ou donné, ores ny pour le temps aduenir aucun Arrest, destourbier, ou empeschement au contraire: lequel si fait, mis ou donné leur estoit, l'ostent & mettent, ou facent oster & mettre incontinent & sans delay à pleine déliurance, & au premier estat & deu. Et pource que desdites presentes lettres de nostre-dit feu seigneur & cousin cy-attachées, ou d'aucuns Articles contenus en icelles, on pourra auoir à besongner en plusieurs lieux: Nous voulons qu'au vidimus d'icelles, ou des extraicts desdits articles, & de chacun d'iceux, fait sous séel Royal, foy soit adjoustée comme à ce present original. Et à fin que ce soit chose ferme & stable à tousiours, Nous auons fait mettre nostre séel à cesdites presentes. Sauf en autres choses nostre droict, & l'autruy en toutes. Dóné à Paris, au mois d'Avril, l'an de grace mil cinq cens & quinze. Et de nostre regne le premier. Ainsi signé, Par le Roy, DENEVFVILLE.

Et au dos de ladite lettre: *Lecta, publicata & registrata, inquantum factum carceres in domo villæ per impetrantes habendi tangit, Parisiis, in Parlamento, decima die Februarij, anno domini millesimo quingentesimo quinto. Sic signatum, Pichon. Lecta, publicata & registrata, inquantum priuilegia ab antiquo ipsis impetrantibus per Reges domini nostri Regis prædecessores concessa tangit, quatenus illis ijdem impetrantes ritè & iustè vsi fuerint Parisiis in Parlamento, decima tertia die Augusti, anno domini millesimo quingentesimo quinto decimo. Sic signatum, Pichon. Visa. Contentor. Paillart.*

ADDITIONS AVX ORDONNANCES DE LA Preuosté des Marchands & Escheuinage de la Ville de Paris.

Que les Bourgeois de Paris peuuent tenir Fiefs & Arrierefiefs, & iouyr du fait de Noblesse.

CHARLES par la grace de Dieu, Roy de France: Sçauoir faisons à tous presens & à venir, que nous, à la supplication de nos bien-amez les Preuost des Marchands de nostre Ville de Paris, Bourgeois, & autres habitans d'icelle, faisons extraire des originaux estans en Trésor, des Chartres, registres, & de nos priuileges, aucunes lettres contenans la forme qui s'ensuit. CHARLES par la grace de Dieu, Roy de France, à tous ceux qui ces presentes lettres verront, Salut: Il appartient à la Royale dignité esleuer de plus grande & ample faueur & préeminence ceux, vers lesquels elle a institué & mis principalement le siege de sa Majesté. Doncques puis qu'ainsi est que nos Citoyés de Paris sont venus à nostre bonté & clemence, desquels la supplication à nous baillée contenoit, que Paris nostre Royale Cité est le chef de tout nostre Royaume: pour lequel cas aux temps passez de nos antecesseurs & des nostres, elle a resplendy deuant toutes autres en prérogatiue des dignitez & honneurs, & doit à present resplendir: & que tous les Citoyens d'icelle francs & en leur liberté, ayent iouy & ont accoustumé de iouyr de garde & bailles de leurs enfans & prochains parens, semblablement de l'acquisition des Fiefs & Arriefiefs, & terres en Fiefs baillées en nos Fiefs, & Arrierefiefs en chacune partie de nostre Royaume: & iceux Fiefs, & Arrierefiefs & termes en Fiefs baillées, leurs predecesseurs ont tenu & possedé pacifiquement & sans inquietation, & ont vsé semblablement selon les merites & les facultez des personnes, de brides d'or, & autres accoustremens appartenans à l'estat de cheualerie : & aussi ont eu droict de prendre les armes de cheualier, comme Nobles *de gente & origine* de nostre Royaume: & leur a esté permis, ou au moins à la maniere deuãt dite vsitée de si longtemps qu'il n'est memoire du contraire. Neantmoins sous couleur d'aucune Ordonnances par nous ou par nos gens nouuellement faites, nostre Preuost de Paris a fait publier & crier par ladite Cité, que tous ceux qui depuis l'an mil trois cens vingt-quatre, ou en outre, ont acquis aucuns Nobles Fiefs, le facent à sçauoir à nostre Receueur de Paris dedans le mois apres ladite proclamation, & baillent par escrit : Sur peine d'estre mis hors des choses acquises : & aussi que tous ceux qui auoient obtenu de nous lettres de noblesse, les apportent audit Receueur dedans le temps dessus nommé : autrement nous les declarons de nulle valeur & effet : & que ledit Receueur mette en nostre main réalement & de fait les Fiefs Nobles par gens non nobles acquis, & les face regir & gouuerner par personnes idoines, sans aucune retardance, iusques à ce que ceux qui les ont acquis ayent solu & payé la finance esdites Ordonnances contenuë. Lesquelles choses seront au grief, préjudice & dommage desdits supplians, s'ils sont esdites Ordonnances comprins, comme ils disoient : humblement supplians que nous eussions de nostre liberalité & grace fauorablement sur cecy à pouruoir. Doncques comme ainsi soit, que nostre noble Cité & Ville de Paris, chef de nostre Royaume, & mere en congregation & pasture, soit cogneuë estre à nostre empire subjete, rememorans les agréables & loüables seruices que lesdits supplians és temps passez nous ont fait & font à present : nous estendons la force de nostre consideration à icelle Cité, & regime d'icelle, gloire & sustentation, à fin qu'elle soit bien & heureusement regie & honorée, & d'honneur & prerogatiue munie, soit de toutes choses nuisantes preseruée, & tousiours puisse profiter és accroissances appetées. Pour lesquelles causes ne voulons és commandemens desdites Ordonnances, ladite Ville, & les dessusdits Citoyens molester, ou en quelque maniere que ce soit inquieter : Commandant par la teneur de ces presentes aux Maistres de nos Comtes, à nos Tresoriers, aussi à nostre Preuost, & Receueur de Paris, & à tous autres Commissaires dessusdits, deputez, ou à estre deputez, qu'ils ne molestent ou inquietent contre la teneur de ces presentes iceux supplians, ou aucun d'iceux : Mais si aucun empeschement leur est opposé, ils l'ayent à oster ou faire oster sans delayer. En tesmoignage de laquelle chose auons commandé nostre seau aux lettres presentes apposer. Donné en nostre Hostel prés Saint Paul, le neufiesme iour d'Aoust, en l'an mil trois cens septante & vn. Et de nostre regne le huitiesme. Et séellé de rechef du séau de Charles Roy de France, le cinquiesme iour du mois d'Aoust, en l'an mil trois cens quatre-vingts & dix. Et de nostre regne le dixiesme.

Ainsi signé, Par le Roy. DE REMIS.

NOVS voulons ce present extraict auoir la force d'original, & que foy luy soit adjoustée comme à original. En tesmoignage dequoy, nous auons fait mettre nostre seau à ces presentes. Sauf és autres nostre droict & l'autruy. Donné à Paris, au mois de Septembre, en l'an de nostre Seigneur, mil quatre cens & neuf. Et de nostre regne le vingt-neufiesme. Extraict par vostre commandement : & est faite collation auec lettres originales dessus inserées. I. Chanteprime. Contentor. Visa.

Que les Bourgeois de Paris ne sont tenus respondre, ny ne peuuent estre tirez hors des murs & closture de Paris.

LOVYS par la grace de Dieu, Roy de France : Sçauoir faisons à tous presens & à venir, que comme nostre bonne Ville & Cité de Paris, soit la principale & capitale Ville de nostre Royaume de France, digne de préferer toutes autres Villes en priuileges, prérogatiues & préeminences, tant pour les merites de nos sujets, Bourgeois, Citoyens & habitans, comme pour l'augmentation & entretenement d'icelle, au bien de nous & de nostre Couronne. Et il soit ainsi que nosdits Bourgeois, Citoyens & habitans, ayent esté par cy-deuant de nous & nos predecesseurs gardez & tenus à tel vsage & coustume qu'ils n'ont peû estre tirez hors des murs & closture de Paris, pour quelsconques citations, adjournemens, délicts, ou autres causes que ce soient : ny tenus de sortir aucune iurisdiction hors desdits murs & closture, & de plaider ailleurs qu'en ladite Ville. Ny aussi les Nobles & autres habitans de nostre-dite Ville, tenans Fiefs & arrierefiefs en nostre Royaume, ne soient tenus d'aller en quelque armée hors ladite Ville, pour quelque mandement de Ban, ou arriereban : & nous recognoissans la grande loyauté que nosdits Bourgeois ont eu enuers nous, en laquelle auõs singuliere confiance, à fin de tousiours rendre nosdits Bourgeois & habitans plus enclins à garder leur loyauté enuers nous & nostre-dite Couronne, auons confermé leursdits vsages & coustumes : Et d'abondant de nostre plus ample grace, pleine puissance, & auctorité Royale, leur auons de nouuel, entant que mestier seroit, octroyé par priuilege, qu'ils, ny leurs successeurs, ne puissent pour quelque cause que ce soit estre tirez hors des murs & closture de Paris, ny tenus de plaider ailleurs qu'en ladite Ville de Paris, s'il ne leur plaist. Et lesdits Nobles & autres Bourgeois & habitans en nostre-dite Ville, tenans Fiefs & arrierefiefs ne soient tenus d'aller en quelque armée, ny partir hors d'icelle par mandement de Ban ou arriereban en quelque maniere que ce soit : pourueu toutesfois qu'iceux tenans Fiefs & arrierefiefs soient tenus d'eux tenir en habillemens defensables, & suffisans selon la valeur de leurs Fiefs & arrierefiefs, pour la garde & defense de nostre-dite Ville de Paris.

SI DONNONS en mandement à nos amez & féaux Conseillers les gens tenans & qui tiendront nostre Parlement, au Preuost de Paris, & à tous nos autres Iusticiers ou à leurs Lieutenans presens & à venir, & à chacun d'eux, si comme à luy appartiendra, que lesdits Bourgeois, Citoyens & habitans de Paris, & leurs successeurs habitans & demeurans en icelle, ils facent, souffrent & laissent iouyr & vser paisiblement de nos presens, grace & octroy, sans leur faire, ny souffrir estre fait aucun empeschement au contraire : ainçois si fait ou donné leur estoit, ou à aucun d'eux, ores ou pour le temps aduenir, ils l'ostent ou facent oster & mettre sans delay au premier estat & deu. Et à fin que ce soit chose ferme & stable à tousiours, Nous auons fait mettre nostre séel à cesdites presentes. Sauf en autres choses nostre droict, & l'autruy en toutes. Donné en nostre-dite Ville de Paris, le neufiesme iour de Nouembre, l'an de grace mil quatre cens soixante cinq. Et de nostre regne le cinquiesme. Signé, sur le reply. Par le Roy, en son Conseil.

Lecta, publicata & registrata Parisijs, in Parlamento, xxj. die Nouembris, anno Domini cccc. lxv. declarauit tamen & declarat Curia, quòd respectu articuli continentis, quòd manentes & habitantes villæ Parisiensis non extra possunt trahi nec alibi litigare nisi velint, ipsa Curia intelligit dicta verba, nec alibi litigare nisi velint, videlicet quòd dicti manentes & habitantes non possint, defendendo tantummodò, alibi litigare quàm infra muros dictæ villæ. Actum & datum vt supra.

Ainsi signé, Cheneteau, Visa, Contentor. Signé. Dochée. Et séellé en lacs de soye de cire verde.

PRIVILEGE DONNE' AVX PREVOST DES Marchands & Escheuins de la Ville de Paris, & aux Officiers de ladite Preuosté.

LOVYS par la grace de Dieu, Roy de France, A nos amez & féaux les Generaux, Conseillers par nous ordonnez sur le fait & gouuernement de toutes nos Finances, Salut & dilection. Nos chers & bien amez les Preuost des Marchands & Escheuins: Les Clerc & Procureur de nostre bonne Ville de Paris, nous ont fait exposer, qu'au mois de Decembre, l'an mil quatre cens soixante, feu nostre tres-cher Seigneur & pere, que Dieu absolue, considerant que lesdits exposans estoient continuëllement occupez, tant à la defense & garde de nostre Ville, qu'à l'auitaillement & police publique d'icelle: pour laquelle cause ils, & chacun d'eux, auoient accoustumé prendre & auoir par chacun an pour la prouision & despense de leurs hostels en nostre grenier à sel à Paris, vn septier de sel, & de ce prenoient mandement particulier de vous nosdits Generaux: lequel septier de sel leur auoit puis n'agueres esté moderé & diminüé à vne mine: leur octroya ses lettres, ausquelles ces presentes sont attachées sous nostre contreseel, par lesquelles il voulut & ordonna, que de là en auant par le grenetier dudit grenier à sel de Paris, qui lors estoit, ou autre qui le seroit pour le temps aduenir, on fist bailler & déliurer ausdits supplians, & chacun d'eux par chacun an, vn septier de sel pour la prouision & despense de leur hostel, en payant le droict du marchand seulement. Du contenu desquelles lettres lesdits exposans ont jouy durant la vie de nostredit feu Seigneur & pere: & doutent que obstant son trespas les Grenetiers & Controlleurs de noſtre-dit grenier, facent difficulté de leur bailler & déliurer ledit ſel le temps aduenir, ſans auoir de nous nouuelle prouiſion : requerans humblement icelle : Pourquoy nous, les choſes deſſuſdites conſiderées, vous mandons & expreſſément enjoignons, qu'en faiſant leſdits expoſans jouyr & vſer de l'octroy a eux fait par noſtre-dit feu ſeigneur & pere, vous par les Grenetier & Controlleur de noſtre-dit grenier à ſel de Paris, qui à preſent eſt, & autre qui le ſera au temps aduenir, leur faites bailler & déliurer, & à chacun d'eux, par chacun an, la quantité d'vn ſeptier de ſel, pour la prouiſion & deſpenſe de leur hoſtel, en payant le droict du marchand ſeulement : le tout ainſi que noſtredit feu Seigneur & pere le veut & mande par ſeſdites lettres. Car ainſi le voulons, & nous plaiſt eſtre fait, & auſdits expoſans l'auons octroyé & octroyons, par ceſdites preſentes. Donné à Paris le ſeiziéſme iour de Septembre, l'an de grace, mil quatre cens ſoixante & vn. Et de noſtre regne le premier. Ainſi ſigné, Par le Roy, Vous les Archeueſques de Reims, & de Bourges, le ſeigneur du Lau, & autres preſens, Rolant.

ITEM, A tous ceux qui ces preſentes lettres verront, Iacques Deſtouteville, ſeigneur de Beyne, Baron d'Iury & S. Andry en la Marche, Conſeiller, Chambellan du Roy noſtre Sire, & garde de la Preuoſté de Paris, Salut. Sçauoir faiſons, que nous l'an de grace mil quatre cens quatre-vingts quatre, le Vẽdredy ſeptieſme iour du moys de Nouembre, veiſmes & leuſmes mot à mot vne lettre en forme de chartre, de Louys Roy de France, ſeellées de ſon grand ſeel en lacs de ſoye & cire verde : deſquelles la teneur s'enſuit.

LOVYS par la grace de Dieu, Roy de France: Sçauoir faiſons à tous preſens & à venir, Nous auoir receu humble ſupplication de dix Sergens, tant du parloüer aux Bourgeois, que de la marchandiſe de noſtre bonne Ville de Paris, contenãt qu'à cauſe de leurſdits Offices, ils ſont tenus & aſtraints par les Ordonnances & Statuts faire reſidence en l'Hoſtel commun de noſtre-dite Ville, pour faire & accomplir les Exploicts, Commandemens, & Executions à eux ordonnez & enjoints par nos chers & bien-amez les Preuoſt des Marchands & Eſcheuins de noſtre Ville de Paris, touchant les faits de la garde, & autres affaires de la police & choſe publique d'icelle noſtre bonne Ville. Enquoy leſdits Sergens ſont continüellement occupez, & dont ils ont tres-petits gages: C'eſt à ſçauoir, leſdits Sergens du parloüer, vn denier tournois : & leſdits Sergens de la Marchandiſe, ſix deniers tournois par iour : auec chacun vne robbe de cent ſols: qui eſt tres-petite prouiſion, dont bonnement ne ſe pourroient entretenir ny continüer les frais de leurs charges, comme ils dient. En nous requerant, qu'attendu ce que dit eſt, & qu'ils ſont occupez pour le bien public de la Ville, & les grandes charges par eux portées durant ces diuiſions dernieres, il nous plaiſe les affranchir & faire tenir francs, comme ſont les Archers, & Arbaleſtriers de ladite Ville : & ſur ce leur impartir noſtre grace. Pourquoy nous ce conſideré, & à fin qu'ils puiſſent entendre au fait du bien public & police d'icelle noſtre bonne Ville, à iceux dix Sergens, pour ces cauſes & autres à ce nous mouuans, auons octroyé & octroyons, que d'oreſnauant eux & leurs

leurs successeurs esdits Offices, soient & demeurent francs, quittes & exempts, & jouyssent & vsent de tels & semblables priuileges, exemptiõs, & franchises que sont les Archers & Arbalestriers de nostre Ville de Paris, fors seulement pour les Fortifications & reparations de nostre-dite Ville, pour l'arriereban, & pour la rançon de nous & de nos successeurs, s'occupez estions de nos ennemis, que Dieu ne vueille, tant seulement, & de semblables exemptions & franchises dont sont exemptez & affranchis lesdits Archers & Arbalestriers. Nous auons lesdits supplians exemptez & affranchis, exemptons & affranchissons, & leursdits successeurs esdits Offices, de grace especial, pleine puissance & auctorité Royal, par ces presentes.

Si donnons en mandement à nos amez & feaux Conseillers, les gens tenans & qui tiendront nostre Parlement, les gens de nos Comtes, & aux Thresoriers Generaux, Conseillers par nous ordonnez sur le fait de la Iustice des Aydes de Paris, aux Preuost de Paris & des Marchands, & Escheuins, & à tous nos autres Iusticers, ou à leurs Lieutenans, & à chacun, comme à luy appartiendra, que lesdits dix Sergens, & leursdits successeurs esdits Offices, facent, souffrent, & laissent iouyr & vser pleinement & paisiblement de nosdits affranchissement, exemption & octroy, sans leur faire, mettre ou donner, ny souffrir estre fait, mis ou donné aucun destourbier ou empeschement: ainçois, si fait, mis, ou donné leur auoit esté, ou estoit, si l'ostent & mettent, ou facent oster & mettre incontinent, & sans delay, à pleine déliurance. Car ainsi nous plaist-il estre fait, nonobstant quelsconques Ordonnances, Mandemens ou Defenses à ce contraires. Et à fin que ce soit chose ferme & stable à tousiours, nous auons fait mettre nostre seel à cesdites presentes. Sauf en autre chose nostre droict, & l'autruy en toutes. Donné à Paris, au mois de Nouembre, l'an de grace, mil quatre cens soixante-cinq. Et de nostre regne le cinquiesme. Ainsi signé sur le reply, Par le Roy, Monseigneur le Duc de Calabre, le Comte de Ponthieure, Henry Deliure, & autres presens, I. de Reilhac. Et au bas du reply estoit escrit, *Visa*, *Contentor*.

Signé, DORCHERE.

Lecta, publicata, & registrata Parisiis in Parlamento, die xxvij. Iulij, Anno Domini, millesimo, cccc. lxvij.

Ainsi signé, CHENECTEAV.

Leües & publiées en iugement en l'auditoire Ciuil du Chastelet de Paris, le Samedy deuxiesme iour de Iuillet, mil quatre cens soixante & quatorze. Ainsi signé, I. de Calais. Et au dos est escrit, *Registrata*, & ce qui ensuit.

Leües & publiées en iugement en l'auditoire des Esleus à Paris, sur le fait des Aydes ordonnez pour la guerre, le Vendredy premier iour de Iuillet, mil quatre cens septante-quatre. Signé, P. Andri. Et nous en tesmoin de ce, à ce present transcrit, ou vidimus, auons mis le séel de ladite

Preuosté de Paris, l'an & iour dessus premier dits. Signé, Gueroult. Lesquelles lettres dessus transcrites & incorporées, & tout le contenu en icelles, à la supplication & requeste desdits Preuost, Escheuins, Bourgeois, Manans & Habitans de nostre bonne Ville & Cité de Paris : & generalement tous autres droicts, priuileges, franchises, libertez, Ordonnances, coustumes, vsages, ampliations, & confirmations quelsconques, donnez & octroyez par nos predecesseurs ausdits supplians, & dont ils en ont par cy-deuant jouy & vsé, jouyssent & vsent à present en ladite Preuosté & Escheuinage, jaçoit ce qu'ils ne soient cy autrement specifiez ny declarez, auons loüez, aggréez, ratifiez, approuuez, & confermez, & par ces presentes par l'aduis & déliberation de plusieurs Princes & Seigneurs de nostre Sang & lignage, & gens de nostre Conseil, de nostre grace especial, pleine puissance & auctorité Royal, loüons, aggréons, ratifions, approuuons, & confermons : Pour par lesdits supplians & leurs successeurs, en jouyr & vser d'oresnauant, & perpetuellement & à tousiours, en tant & si auant qu'ils en ont le temps passé deüement jouy & vsé. SI DONNONS en mandement par ces mesmes presentes, à nos amez & féaux Conseillers, les gens de nostre Cour de Parlement, de nos Comptes, & Thresoriers à Paris, Generaux, Conseillers par nous ordonnez sur le faict & gouuernement de nos finances, & de la Iustice des Aydes & Esleus audit Paris, au Preuost de Paris, & à tous nos autres Iusticiers, ou à leurs Lieutenans presens & à venir, & à chacun d'eux, si comme à luy appartiendra : que de nos presentes grace, ratification, approbation, & de tout le contenu en cesdites presentes, ils facent, souffrent & laissent lesdits supplians, & autres Officiers dudit Preuosté & Escheuinage dessus declarez, & leurs successeurs, jouyr & vser plainement & paisiblement, quand mestier sera & requis en seront : sans leur faire, mettre, ou donner, ny souffrir estre fait, mis ou donné, ores ny pour le temps aduenir, aucun Arrest, destourbier, ou empeschement au contraire : lequel si fait, mis ou donné leur auroit esté, ou estoit, l'ostent & mettent, ou facent oster & mettre incontinent, & sans delay, à pleine déliurance, au neant, & premier estat & deu. Et pource que de cesdites presentes, ou d'aucuns Articles contenus en icelles, l'on pourra auoir à besongner en plusieurs & diuers lieux : Nous voulons qu'au vidimus d'icelles, ou des extraicts desdits articles, & de chacun d'iceux, faits sous séel Royal, foy soit adjoustée, comme à ce present original. Et à fin que ce soit chose ferme & stable à tousiours, Nous auons fait mettre nostre séel à cesdites presentes. Sauf en autres choses nostre droict, & l'autruy en toutes. Donné à Baugency, au mois de Nouembre, l'an de grace, mil quatre cens quatre-vingts trois. Et de nostre regne le premier. Visa. Signé sur le reply, Par le Roy, en son Conseil, Messeigneurs les Ducs d'Orleans & de Bourbon, les Comtes de Clermont & de Dunois, vous l'Euesque d'Alby, les Seigneurs de Baudricourt, de Vaten, & autres presens. I. Mesme.

Edict du Roy, perpetuel : Par lequel les Sentences des Preuost des Marchands & Escheuins seront executées, nonobstant l'appel.

RANÇOIS par la grace de Dieu, Roy de France, A tous ceux qui ces presentes lettres verront, Salut. Nos tres-chers bien-amez, les Preuost des Marchands & Escheuins de nostre bonne Ville & Cité de Paris, nous ont fait dire & remonstrer, que de tout temps & d'ancienneté ils ont cognoissance & jurisdiction sur les Marchands & marchandises qui viennent le long de la riuiere dudit Paris, tant d'amont que d'aual : Pour raison desquelles & des voictures d'icelle, & autres dépendances, se meinent journellement plusieurs procez & differends, où le plus souuent il n'est question que de petites sommes, de salaires pretendus par les Voicturiers, & semblablement choses de peu d'effet & valeur. Et pource que souuentesfois les parties qui succombent esdits procez, qui sont riches & opulentes, pour trauailler leurs parties aduerses, la pluspart pauures personnes gaignans leurs vies au iour la iournée, appellent des Iugemens & Sentences qui sont données à l'encontre d'eux par lesdits Preuost des Marchands & Escheuins, en nostre Cour de Parlement à Paris, où lesdites appellations ont accoustumé ressortir : de sorte que lesdites pauures personnes, n'ayans moyen de fournir aux frais qu'il leur conuiendroit faire pour la poursuitte desdits procez en nostre-dite Cour, sont contraints tout quitter & delaisser, quelque bon droict qu'ils ayent : en quoy ne se trouue que le pauure foulé & interessé : chose à quoy desirons bien pouruoir pour l'aduenir. Nous à ces causes auons dit, declaré, statué, & ordonné, disons, declarons, statuons, & ordonnons, voulons & nous plaist, que d'oresnauant les Iugemens & Sentences qui seront donnez par lesdits Preuost des Marchands & Escheuins de nostre-dite Ville de Paris, sur les differents desdits Marchands & marchandises venans le long de ladite riuiere, d'amont & d'aual, voictures & autres dépendances d'icelles, dont ils ont accoustumé cognoistre, comme dit est, n'excedans en principal la somme de seize liures parisis, seront executées, tant en principal que despenses (nonobstant oppositions ou appellations quelsconques, & sans préjudice d'icelles) en baillant caution de rendre & restituer le tout en diffinitiue, s'il est dit que faire se doit.

SI DONNONS en mandement par ces mesmes presentes, aux gens tenans nostre-dite Cour de Parlement, que ceste nostre presente declaration, Edit, Statut, & Ordonnance, ils facent lire, publier, & enregistrer, entretenir, garder, obseruer, & du contenu cy-dessus lesdits Preuost des Marchãds & Escheuins, jouyr & vser plainement & paisiblement : cessans & faisans cesser tous troubles & empeschemens au contraire. Car tel est nostre plaisir : nonobstant quelsconques Ordonnances, Restrinctions, Mandemens, ou Defenses à ce contraires. En tesmoing de ce nous auons fait mettre nostre seel à cesdites presentes. Donné à Compiegne, le vingt-septiesme iour de Decembre, l'an de grace mil cinq cens quarante-six. Et de nostre regne le trente-deuxiesme. Signé sur le reply, Par le Roy, en son Conseil, De l'Aubespine. Et seellées sur double queuë en cire jaune, du grand seel dudit Seigneur.

Lecta, publicata & registrata, secundum consensum Procuratoris generalis Regis, & per prouisionem, videlicet respectu earum sententiarum duntaxat, quæ concernunt politiam, & alimenta victualiáque pro prouisione vrbis necessaria. Actum Parisiis in Parlamento, duodecima die Iulij, Anno Domini millesimo, quingentesimo, quadragesimo octauo. Sic signatum, Du Tillet.

Autre Edit sur lesdites Sentences, fait par le Roy nostre Sire, Henry second de ce nom.

HENRY par la grace de Dieu, Roy de France, A nos amez & féaux Conseillers les gens tenans nostre Cour de Parlement à Paris, Salut & dilection : Nos tres-chers & bien-amez les Preuost des Marchands & Escheuins de nostre bonne Ville & Cité de Paris, nous ont fait dire & remonstrer, comme dés le dix-septiesme iour de Decembre dernier passé, le feu Roy, nostre tres-cher sieur & pere, que Dieu absolue, leur eust octroyé ses lettres patentes en forme d'Edit perpetuel, par lesquelles, & pour les causes y contenües, auroit voulu, statué & ordonné, que les iugemens & sentences qui seroient cy-apres données par ledit Preuost des Marchands & Escheuins, iusques à la somme de seize liures parisis, & au dessous, pour le fait de la marchandise de l'eau, Marchands, Voicturiers & Officiers, sur le fait de ladite marchandise, seroient executées, nonobstant oppositions ou appellatiõs quelsconques : en baillant par ceux, au profit desquelles seroient données lesdites sentences, & qui voudront icelles faire executer, bonne & suffisante caution de rendre & restitüer ce qu'ils auroient eu, & leur auroit esté baillé & payé en vertu desdites sentences : ainsi qu'il est plus à plein contenu & declaré esdites lettres cy-attachées sous le contreseel de nostre Chancellerie. Lesquelles vous auroient esté deslors presentées par lesdits Preuost des Marchands & Escheuins, pour icelles faire lire, publier, & enregistrer, & du contenu en icelles les faire jouyr & vser, le tout selon leur forme & teneur : Ce qu'auez differé faire, obstant que voulez dire la iurisdiction desdits Preuost des Marchands & Escheuins n'estre Royale, ains subalterne. A ce moyen iceux Preuost des Marchands & Escheuins demeurent frustrez desdites lettres d'Edit, vouloir & intention de nostredit feu sieur & pere. Nous requerans tres-humblement sur ce leur pouruoir. Parquoy nous, ce consideré, voulons icelles lettres sortir leur plein & entier effet : attendu que ladite iurisdiction a esté par nos predecesseurs donnée & octroyée, & par nous n'agueres confermée ausdits Preuost des Marchands & Escheuins, pour le bien, profit & vtilité de nostre-dite Ville de Paris, qui est la principale & capitale de nostre Royaume, & principalement

Il se void clairement par cét Edict, que la Iurisdiction des Preuost des Marchands & Escheuins est Royalle, & confirmée de temps en temps par les Roys.

pour donner ordre & police sur le fait des viures, marchandises & denrées amenées par la riuiere en nostre-dite Ville, pour la fourniture & alimentation des manans & habitans d'icelle: pour faire raison & Iustice aux Marchands forains, & autres, selon l'exigence des cas: dont les procez & differents qui y suruiennent, sont de petite consequence: & laquelle Iustice & jurisdiction, nous entendons & declarons estre introduite pour la police de nostre-dite Ville, & du fait de ladite Marchandise de l'eau; Vous mandons, & commettons, & tres-expressément enjoignons, pour derniere jussion, ceste fois pour toutes, sans attendre aucune autre jussion ny mandement, que, combien que ladite Iurisdiction desdits Preuost des Marchands & Escheuins ne soit Royale, & nonobstant ce qu'a voulu ou voudroit sur ce dire ou empescher nostre Procureur general, pour les causes que dessus, vous ayez à lire, publier, & enregistrer, les dessusdites lettres d'Edit cy-attachées comme dit est, & du contenu en icelles, faire joüir & vser iceux Preuost des Marchands & Escheuins, tout ainsi que le contiennent lesdites lettres, sans y faire aucune restrinction ny modification. Car tel est nostre plaisir: nonobstant aussi tous Edits & Ordonnances, qui porroient auoir esté cy-deuāt faits au contraire du contenu esdites lettres, & quelsconques Restrinctions, Mandemens, ou Defenses à ce contraires. Donné à Fontaine-bleau le quinziesme iour d'Octobre, l'an de grace mil cinq cens quarante-sept. Et de nostre regne le premier.

Signé, Par le Roy en son Conseil. BOCHETEL.

Et séellées sur simple queuë, du grand séel audit seigneur, en cire jaune. Et attachées en contreséel aux lettres patentes precedentes.

Lecta, publicata & registrata, secundum consensum Procuratoris generalis Regis, & per prouisionem, videlicet respectu earum sententiarum duntaxat, quæ concernunt politiam, & alimenta victualiáque pro prouisione vrbis necessaria. Actum Parisiis in Parlamento, duodecima die Iulij, Anno Domini millesimo quingentesimo, quadragesimo octauo. Sic signatum, Du Tillet.

L'ORDONNANCE POVR LA BOVRGEOISIE.

C'est l'Ordonnance faite de la Cour nostre Sire le Roy de France, de son commandement, sur la maniere de faire, & de tenir les Bourgeois de son Royaume, pour oster les fraudes & malices qui se faisoient pour occasion d'icelles Bourgeoisies, dont les subjets estoient durement greuez & durement plaignans.

PREMIEREMENT.

IL est ordonné, que si aucun veut entrer en aucune Bourgeoisie, il doit aller au lieu dont il requiert estre Bourgeois : & doit venir au Preuost du lieu, ou à son Lieutenant, ou au majeur des lieux, qui reçoiuent les Bourgeoisies sans Preuost, & dire en telle maniere : Sire, ie vous requiers la Bourgeoisie de ceste Ville, & suis appareillé de faire ce que ie dois faire. Adonc le Preuost ou le Maire, si comme dessus est deuisé, ou leur Lieutenant, en la presence de deux ou de trois Bourgeois de la Ville, receura sur ce de l'entrée de la Bourgeoisie. Et qu'il fera ou acheptera par raison de la Bourgeoisie maison dedans l'an & iour de la valuë de soixante sols parisis, au moins. Et ce fait & enregistré, le Preuost ou le Maire luy doit bailler vn Sergent pour aller auec luy au Seigneur de sous qui il s'est party, ou à son Lieutenant, luy faire sçauoir qu'il est entré en Bourgeoisie de celle Ville, en tel iour, en tel an, si comme il est contenu en la lettre de Bourgeoisie, en laquelle sont contenus les noms des Bourgeois qui furent presens, quand il entra en la Bourgeoisie dessusdite. Et est ordõné qu'il ne sera tenu ny defendu comme Bourgeois, deuant ce que les choses dessus declarées seront faites, & sur ce donné d'accomplir, si comme il est dessus deuisé, & auoüé comme Bourgeois deuant le Seigneur de sous qui il sera party.

ITEM, Il est ordonné que si aucun Bourgeois ainsi receu & auoüé, si comme dessus est dit, en quelsconques temps que ce soit deuant la Saint Iean, ou apres, il doit continüer sa Bourgeoisie en ceste maniere : c'est à sçauoir, que s'il a femme espousée, il ou sa femme doit continüer tenir leur Bourgeoisie au lieu, de la veille de la Toussaincts iusques à la veille de la S. Iean, si ce n'estoit par cas de maladie à perte de son corps, de sa femme, ou de ses amis prochains charnels, ou de mariage, ou de pelerinage, ou de cas semblable, sans fraude : par ainsi encores qu'il ne demeureroit apres le département du lieu de sa Bourgeoisie outre trois mois ou quatre au plus, l'empeschement cessant sans fraude. Mais il est à sçauoir, que chacun Bourgeois & sa femme peuuent aller ensemble, ou en partie là où il leur plaist pour leur moissons, fenoissons & vendanges, & pour leurs autres besongnes faire, de la veille de la S. Iean iusques à la veille de la Toussaincts, sans plus : Et tout temps, fors le temps cy-dessus deuisé, le mary & la femme doiuent estre au lieu de leur Bourgeoisie, ou mandez ensemble à toutes les festes, au moins s'ils sont au pays.

ITEM, Il est à sçauoir, que cil qui n'a femme, ou celle qui n'a mary qui voudra entrer en la Bourgeoisie en la maniere dessus declarée, doit auoir continüellement au lieu de la Bourgeoisie, propre varlet ou chambriere à la veille de la Saint Iean, & ainsi faisant il pourra aller toute l'année là où il luy plaira, pour ses besongnes faire : en maniere toutesfois qu'il soit en propre personne au lieu de sa Bourgeoisie, à toutes les festes, au moins s'ils sont au pays.

ITEM, Il est ordonné, que si aucun ou aucune receu en la Bourgeoisie, ou à reçeuoir en la forme dessus declarée, s'estoit party ou partoit de cy en auant d'aucun lieu, ou d'aucune commune, il payera les tailles, les frais de la Ville, de tant comme il fust taillé ou iecté sur luy, auant qu'il fust receu & auoüé comme Bourgeois à l'autre Ville, dont il aura requis la Bourgeoisie : ou sa partie de debte pour issuë de Ville d'autre part. D'autre-part, il payera aussi toutes les tailles, les mises, & les frais de la Ville où il sera receu Bourgeois, ou a esté dés le iour en auant qu'il fut ou aura esté receu à la Bourgeoisie iusques à tant qu'il se departe publiquemẽt de la Bourgeoisie. Et est ordonné que nul Bourgeois ne nulle Bourgeoise ne sera receu en aucune Bourgeoisie, ne gardé ny defendu tandis comme la premiere, à laquelle il aura esté receu & auoüé du terá.

ITEM, Il est ordonné que le Seigneur dessous qui telle maniere de Bourgeois ou de Bourgeoises se partiront pour entrer en Bourgeoisie, si comme il est dessus dit, aura la recognoissance & execution de toutes les querelles meües contre luy, & pour achoison de luy, & de tous les mesfaits, aduenus trois mois auant ce qu'il fust receu comme Bourgeois & adüoüé, si comme il est dessus dit : C'est à sçauoir, des querelles ou des mesfaits qui seront notoires ou cogneus, que le sire premier prouuera par ses tesmoings suffisans deuant la Iustice de la Bourgeoisie, dedans trois mois apres ce qu'il sera receu & auoüé comme Bourgeois ou Bourgeoise.

ITEM, Il est ordonné que nul Bourgeois ne nulle Bourgeoise ne sera soustenu ny defendu contre ce qu'ils ne facent droict de leur heritage, & prennent droict par les Seigneurs sous qui ils ont leurs heritages. Et ce mesmes des debtes que leurs sujets doiuent ou deuront ausdits Bourgeois & Bourgeoises.

ITEM, Il est à sçauoir que par ceste Ordonnance le Roy nostre Sire, ou son Conseil, n'entend de rien à changer ny müer les priuileges ny les points de chartres, qu'il & ses antecesseurs ont dōné : dont on a bonnement vsé sans malice & sans fraude. Ny n'est aussi son intention que ses sujets ne puissent poursuyure à retraire des Bourgeoisies leurs hommes, de corps, ou d'autre condition, en la maniere que l'on a accoustumé. Et sera publié ceste Ordonnance en chacune Baillie, en la premiere assise qui sera : & sera dit en telle maniere, que ceux, qui voudront jouyr desdites Bourgeoisies, viennent dedans sept mois du temps partis publiquement, pour renoueller les Bourgeoisies en la maniere dessus declarée. Et s'ils ne viennent dedans tel terme, ils ne seront pas defendus de ceste Bourgeoisie. Et entend la Cour, que ceste Ordonnance soit tenuë, non contestant saisine, ne vsage contraire, s'ils ne sont par poinct de chartre, ou de priuilege, dont ils ayent bien vsé. Ceste Ordonnance fut faite au Parlement de Pentecouste.

PRIVILEGE OCTROYE' PAR LE ROY HENRY troisiesme, pour les Preuost des Marchands & Escheuins qui seront, & ont esté depuis vingt ans.

HENRY par la grace de Dieu, Roy de France & de Pologne, A tous presens & à venir, Salut. Par ce qu'il n'y a rien qui plus excite les hommes à vertu, que la gloire & loüange des biens-faits, le prix & la recognoissance des merites & laborieuses actions d'vn chacun : Nos predecesseurs d'heureuse memoire ont par ces considerations cy-deuant donné & octroyé aux Citoyens & Bourgeois de nostre bonne Ville & Cité de Paris, plusieurs grands Priuileges: comme de tenir Fiefs, arrierefiefs, jouyr & vser des faits & honneurs de Noblesse, & à eux permis de porter selon les merites & facultez d'vn chacun, les brides d'or & autres accoustremens appartenans à l'Estat de Cheualerie, de prendre & porter les armes de Cheualier, comme les Nobles de genre & origine de nostre Royaume : Lesquels hõneurs & preeminences ont tousiours de beaucoup seruy & aidé à contenir vn chacun de nosdits Citoyens en office & au deuoir de fidelité, qu'ils nous doiuent. Mais ayant esté par ces concessions & octroys de priuileges, pourueu seulemẽt au bien & honneur de la Ville & des Bourgeois d'icelle en general, sans faire aucune distinction du Citoyen qui a esté appellé au maniemẽt des affaires de nostredite Ville, en la charge de Preuost ou Escheuin, & nous y auroit tres-fidelement seruy auec peine & trauail, d'auec le moindre des autres habitans, qui seroit tousiours demeuré inutil au publicq, & se trouueroit auoir seulement trauaillé pour luy & ses cõmoditez particulieres : Cela a tousiours apporté, apres le temps du Magistrat populaire, quelque contemnement & mespris desdits Preuost & Escheuins : parce qu'ils ne tenoient non plus de rang au degré d'honneur entre le peuple, ou en l'administration des affaires de ladite Ville, que le moindre des autres Bourgeois qui n'auroit jamais esté appellé aux assemblées d'icelle, ains seroit du tout ignorant de la police & gouuernement publicq de ladite Ville : combien qu'en toutes les bonnes actes de nostre Royaume, ceux qui y ont eu vne fois telles & semblables charges, comme bien-voulus & meritans du publicq, y soient tousiours mandez & appellez les premiers. A quoy desirans pouruoir, Sçauoir faisons, Que nous pour tesmoignage perpetuel à la posterité, de la deuotion & zele que nostre-dite bonne Ville de Paris, & les habitans d'icelle ont tousiours eu au seul bien de nostre seruice, Auons par Edit perpetuel & irreuocable, aduis de la Royne, nostre tres-honorée Dame & Mere, de nostre tres-cher & tres-amé le Duc d'Anjou, des Princes de nostre Sang, & gens de nostre Conseil Priué, & de nostre pleine puissance & auctorité Royal, accordé & octroyé, accordons & octroyons ausdits Preuost des Marchands & Escheuins : C'est à sçauoir, que lesdits Preuost des Marchãds & Escheuins qui ont esté dés & depuis l'aduenement à la Couronne de nostre feu tres-honoré Seigneur & Pere le Roy Henry, depuis lequel temps ils ont ils ont beaucoup trauaillé pour le public, & fait preuue de leur zele & affe-ction és occurrances interuenües: Ceux qui sont presens, & entreront cy-apres esdites charges & dignitez, ensemble leurs enfans, naiz & à naistre en loyal mariage, seront annoblis & décorez du titre, honneurs, droits, & priuileges de Noblesse, soit que eux ou leursdits enfans soient residens en ladite Ville, ou hors d'icelle, en quelques lieux ou endroits de nostre Royaume que ce soit, & sans qu'ils soient tenus faire autre preuue de leur-dite Noblesse, si elle estoit à eux ou leurs successeurs controuersée, que de monstrer qu'ils ont esté, ou leurs peres, appellez en l'vne desdites charges publiques: pourueu que eux ou leursdits enfans ne facent aucun acte dérogeant audit titre de Noblesse, duquel les auons & leursdits enfans décorez & les décorons par ces presentes. Voulons d'abondant que lesdits Preuost des Marchands qui ont esté dés & depuis ledit aduenement à la Couronne de nostre-dit feu Seigneur & Pere, celuy qui est de present, & ceux qui entreront cy-apres en ladite charge & dignité, outre les anciennes vertueuses marques de leurs predecesseurs, soient décorez du titre particulier, dignité & qualité de Cheualier, auec tout droit de manteau, armes, timbre, autres priuileges & prérogatiues appartenans audit degré de Cheualier: & que lesdits Preuost & Escheuins susdits seront mandez & appellez en toutes les assemblées generales, mesmes és eslections des Preuost des Marchands & Escheuins d'icelle, tout ainsi & en la mesme forme & maniere que ont esté & sont à present les vingt-six Conseillers de ladite Ville, pour auoir & tenir toutesfois rang & séance apres eux, & sur vn ou plusieurs bancs à part, sur peine de nullité desdites assemblées: & aussi qu'ils jouyront de pareils & semblables priuileges de leurs causes pardeuāt nos gens tenans les Requestes de nostre Palais à Paris, ou pardeuāt nostre Preuost dudit lieu, ses Lieutenant Ciuil, ou Conseruateur, en toutes actions, tant en demandant qu'en defendant, à leur choix & option, comme les Conseillers de nostre-dite Ville & Officiers domestiques. Et afin aussi de donner quelque occasion à nos Procureurs de ladite Ville, de faire longuement seruice au public; Auons ausdits Procureurs qui sont, ont esté depuis ledit aduenement à la Couronne de nostre-dit feu Seigneur & Pere, & seront cy-apres, pourueu qu'ils ayent seruy, ou facent cy-apres, dix ans entiers seruice à Nous, & à ladite Ville, accordé & accordons, tant pour eux que pour leurs enfans, naiz & à naistre, pareils droicts & priuileges de Noblesse que ausdits anciens Escheuins: & qu'en toutes les assemblées generales où lesdits anciens Escheuins seront mandez, ils ayent auec eux rang & séance, selon l'ordre de la reception d'vn chacun: & iouyssent aussi de pareils droicts de Committimus, que lesdits Conseillers & anciēs: & lequel present Priuilege nous auons donné & octroyé à nostre-dite Ville: outre & par dessus les anciens droicts, franchises, immunitez, priuileges, & coustume d'icelle, & dont lesdits Preuost & Escheuins, & tous les habitans de nostre-dite Ville, ont cy-deuāt tousiours accoustumé de iouyr & vser, suyuant la chartre de nos predecesseurs, de l'an mil quatre cens neuf, du dixiesme iour du mois de Mars, enregistré aux Registres de nostre Cour de Parlement audit an: & lesquels droicts, priuileges de nostre-dite

Ville, nous auons aussi par ceste presente concession, confirmez, ratifiez, & approuuez, confirmons, ratifions & approuuons. Voulons que ces presentes seruent de confirmation pour l'aduenement à nostre Couronne, nonobstant que l'on peust dire lesdits priuileges susdits n'estre assez particulierement specifiez, dont nous auons releué & releuons lesdits Preuost & Escheuins par cesdites presentes.

SI DONNONS en mandement par icelle à nos amez & féaux Conseillers les gens tenans nos Cours de Parlement, Chambre des Comptes, & Cour des Aydes de nostre-dite Ville de Paris, Preuost dudit lieu, ou ses Lieutenans, & à tous nos autres Iusticiers & Officiers qu'il appartiendra, que cesdites presentes ils facent lire, publier, & enregistrer, entretenir, garder & obseruer: Et du cótenu lesdits Preuost & Escheuins de nostre-dite Ville de Paris, qui ont esté, sont à present, & seront cy-apres esleus & appellez esdites dignitez, ensemble lesdits Procureur d'icelle Ville, iouyr & vser plainement & paisiblement: cessans & faisans cesser tous troubles & empeschemens au contraire. Et pour ce que de cesdites presentes on pourra auoir affaire en plusieurs & diuers lieux: Nous voulons que au vidimus d'icelles, collationné par l'vn de nos amez & féaux Notaires & Secretaires, ou fait sous séel Royal, foy soit adjoustée, comme à ce present original: Car tel est nostre plaisir. Et à fin que ce soit chose ferme & stable à tousiours, nous auons fait mettre nostre séel à cesdites presentes, sauf en autres choses nostre droict, & l'autruy en toutes. Donné à Blois au mois de Ianvier, l'an de grace, mil cinq cens soixante dix-sept. Et de nostre regne le troisiesme.

Ainsi signé, HENRY.

Et sur le reply, Par le Roy, PINART. *Visa. Contentor. gratis.* Signé, REMY. Et scellé de cire verte en lacs de soye.

ORDONNANCE DV ROY HENRY IIII. Roy de France & de Nauarre, portant defenses à tous gens de guerre, de quelque nation qu'ils soient, de loger à sept lieües prés de Paris.

LE ROY voulant auoir soing du restablissement de sa bonne Ville de Paris, & voyant qu'il n'y a point de meilleur moyen de la ramener à sa premier splendeur, que d'en esloigner, le plus loin que faire se pourra, les gens de guerre, la licence desquels attire apres soy en peu de temps, la ruïne totale des lieux où ils font quelque séjour: de sorte que puis apres on n'en peut tirer les commoditez accoustumées & necessaires pour la nourriture d'vn si grand nombre de personnes qui abordent journellement de tous costez en ladite Ville. Sa Majesté a fait tres-expresses inhibitions & defenses à tous gens de guerre, de quelque nation, qualité & condition qu'ils soient, mesme à ceux qui sont ordonnez pour estre prés la personne des Princes du Sang, & autres Princes, Gouuerneurs & Mareschaux de France, de loger aux Villes, Bourgs, & Villages, estans entre ladite Ville de Paris, Pontoise, Luzarches, Dampmartin, Lagny, Brie contre-Robert, Essaune, Mont-lehery, saint Cler de Gomets, Trappes & Poissy: lesdits lieux y compris: Ayant sadite Majesté prins lesdites Villes, Bourgs, & Villages, ensemble ceux qui sont entre lesdits lieux, & ledit Paris, en sa protection & sauue-garde: voulant que ceux qui seront si temeraires d'entreprendre d'y loger, soient punis & chastiez, comme infracteurs de ses Ordonnances. Et à fin que personne n'en pretende cause d'ignorance, Sadite Majesté veut & ordonne ces defenses estre publiées & affichées aux poteaux qui seront plantez sur les grands chemins. Enjoignant tres-expressément au sieur d'O Gouuerneur, & son Lieutenant general à Paris, & l'Isle de France, faire entretenir, garder & obseruer inuiolablement le contenu cy-dessus, & empescher de tout son pouuoir qu'il n'y soit contreuenu en quelque sorte ou maniere que ce soit. Fait à Paris, le vingt-huitiesme iour de Septembre, mil cinq cens quatre-vingts quatorze.

Signé, HENRY. Et au dessous, RVZE'.

ORDONNANCE DV ROY LOVYS XIII. portant defenses à tous gens de Guerre de loger à sept lieües prés de Paris.

LOVYS par la grace de Dieu, Roy de France & de Nauarre, A tous nos Lieutenans Generaux, Gouuerneurs de nos Prouinces, Mareschaux & Maistre de Camp, Colonnels, Capitaines, Chefs & Conducteurs de nos gens de guerre, tant de cheual, que de pied, de quelque langue & nation qu'ils soient, Mareschaux des logis, Fourriers, Commissaires, commis & à cómettre, & à faire establir les logis & Garnisons de nosdits gens de guerre, & à tous autres qu'il appartiendra, & ausquels ces presentes ou coppie d'icelles seront monstrées, Salut. Ne voulans auoir moins de soin que les Roys nos predecesseurs, du maintien & conseruation de nostre bonne Ville de Paris, en sa splendeur: Et considerans qu'il est impossible à la grande multitude du peuple qui y demeure & affluë de toutes parts d'y viure & subsister, si elle n'est secouruë des viures & commoditez qui y sont necessaires, menez & conduits des pays circonuoisins, & particulierement des Villes, Bourgs, & Villages des enuirons, NOVS defendons tres-expressément, sur peine de punition exéplaire, & d'encourir nostre indignation, de loger, souffrir loger, ny fourrager aucuns de nosdits gés de guerre, à sept lieües à la ronde de nostre-dite bonne Ville, enclauez és limites cy-apres declarez: A sçauoir, Pontoise, Poissy, Chevreuse, Mont-lehery & Linas, Corbeil, Chelles, & Louure en Parisis; lesdits lieux comprins, ausquels à ceste fin, & pour marque de ceste nostre volonté, NOVS permettons nos Pannonceaux Royaux, auec extrait de ces presentes, estre mis &

apposez aux endroits plus éminens, à ce qu'elle soit notoire à vn chacun, & que nul n'en pretende cause d'ignorance : Et où il s'en trouueroit de si osez & temeraires d'enfraindre ces presentes, NOVS voulons que par le premier de nos Iuges ou Preuosts, de nos tres-chers & féaux Cousins les Mareschaux de France, il en soit promptement informé, & fait si rigoureuse punition, qu'elle soit exemplaire à tous autres. Voulons en outre qu'au vidimus de cesdites presentes, deüement collationnées par l'vn de nos amez & féaux Conseillers, Notaires & Secretaires, foy soit adjoustée comme au present original : Car tel est nostre plaisir. Donné à saint Germain en Laye le quatriesme iour de May, l'an de grace mil six cens dix-neuf. Et de nostre regne le neufiesme. Ainsi signé, LOVYS. Et au dessous, par le Roy, DE LOMENIE. Et scellé du grand scel de cire jaune.

PRIVILEGE OCTROYE' PAR LE ROY AVX Preuost des Marchands, Escheuins, Colonnels, Capitaines, Lieutenans & Enseignes de ceste Ville, pour ne loger en leurs Maisons aux Champs, ou à la Ville, & Faux-bourgs, aucuns gens de guerre.

LOVYS par la grace de Dieu, Roy de France & de Nauarre. A tous ceux qui ces presentes lettres verront, Salut. Le bon & fidel deuoir que nos tres-chers & bien-amez le Preuost des Marchands, Escheuins, Colonnels, Capitaines, Lieutenans & Enseignes de nostre bonne Ville & Faux-bourgs de Paris, ont rendu en leurs charges pour nostre seruice : Ayans par leur soing, vigilance, & bonne conduite, tellement maintenu le repos & tranquillité de nostre-dite Ville de Paris, qu'à leur exemple plusieurs autres Villes de cestuy nostre Royaume, se sont doucement comportées sous nostre obeïssance, pendant nos voyages de Bretagne & Guyenne, & depuis continüans, comme ils font, en ce mesme deuoir, Nous conuie à leur tesmoigner le contentement que nous en auons, & à les en recognoistre aucunement. Ce que nous auons estimé ne pouuoir mieux faire pour le present, qu'en continüant & confirmant ausdits Colonnels, Capitaines, Lieutenans & Enseignes, les priuileges d'exemptions à eux cy-deuant concedez : Mesmes par le Roy Henry III. nostre tres-honoré Seigneur & Oncle (que Dieu absolue) par ses lettres Patentes données à Paris le douziesme Ianvier mil cinq cens soixante & seize, dont la coppie collationnée est cy attachée sous nostre contré-séel. Et accordant ausdits Preuost des Marchands & Escheuins, pareil priuilege & exemption. Pour ces causes & autres bonnes considerations à ce nous mouuans, AVONS dit & declaré, disons & declarons, Voulons & nous plaist, Que lesdits Preuost des Marchands, Escheuins, Colonnels, Capitaines, Lieutenans & Enseignes de nostre-dite bône Ville & Faux-bourgs de Paris, soient & demeurent perpetuellement francs & exempts de loger en leurs maisons, scises tant en ladite Ville, qu'aux Faux-bourgs, & par tout ailleurs, aucuns Princes, Prelats, Gentils-hommes, Officiers, Ambassadeurs, & autres personnes estãs de present, & qui seront cy-apres à la suitte de nostre Cour, de quelque qualité & condition qu'ils soient. Mesmes aucuns de nos Gardes, tant de cheual, que de pied, & lesquels & chacun d'eux, tant en general qu'en particulier, Nous auons de nostre grace speciale, plaine puissance & authorité Royale, exemptez & exemptons à tousiours, par ces presentes signées de nostre main. Defendant tres-expressément aux Mareschaux & Fourriers de nos logis, & de toutes les Compagnies, tant de cheual, que de pied, & à chacun d'eux presens & à venir, Que d'oresnauant ils n'ayent à marquer & loger, ne souffrir marquer ne loger aucunes personnes, de quelque qualité qu'ils soient, comme dit est, és maisons desdits Preuost des Marchãds, Escheuins, Colonnels, Capitaines, Lieutenans & Enseignes, soient aux champs, ou en la Ville, & Faux-bourgs. Et quand aucunes desdites maisons se trouueroient assises és rües & quartiers qui ont esté & seront cy-apres départis & distribuez, tant pour nos Officiers, ceux de nostre tres-chere Espouse & Compagne, de la Royne nostre tres-honorée Dame & Mere, de nos tres-chers & bien-amez Freres & Sœurs, que desdits Princes, Gentils-hommes & Archers de nos Gardes, ils ayent à iceux exempter & reseruer, en baillant & asséant lesdits quartiers à leurs Mareschaux des logis & Fourriers: Ausquels nous faisons semblables inhibitions & defenses: Et pareillement à tous autres Mareschaux & Fourriers des Compagnies de nos Ordonnances, Cheuaux-legers, Ban, & Arriere-ban, Compagnies de nos Gardes, tant de cheual, que de pied, de ne loger esdites maisons, que lesdits Preuost des Marchands, Escheuins, Colonnels, Capitaines, Lieutenans & Enseignes, & chacun d'eux ont, & pourront auoir, en la Ville, Faux-bourgs, & aux champs, sur peine d'estre cassez de nostre seruice, solde, estats, & gages, & punis comme infracteurs de nos Ordonnances. Et à ceste fin auons permis & permettons ausdits Preuost des Marchands & Escheuins, estans en charge, ou hors charge, Colonnels, Capitaines, Lieutenans & Enseignes, de faire mettre & apposer és portes de leurs fermes & censes, nos Panonceaux, Armoiries, & bastons Royaux, ausquels Panonceaux nous defendons à toutes personnes, quelles qu'elles soient, toucher ne transgresser en aucune maniere, sur peine de la vie. Defendons tres-expressément à tous nos sujets d'vser desdits Panonceaux, & d'eux en ayder, s'ils ne sont priuilegez. Et d'autant que la plus grande partie de toutes sortes de viures les plus necessaires & vtiles au grãd nombre de personnes qui abordent de toutes parts en ceste nostre-dite bonne Ville, y sont journellement apportez des petites Villes, Bourgs & Villages circonuoisins, ce qu'est ordinairement discontinüé à cause du logement de nos gens de guerre esdits lieux, Nous auons aussi, suiuant & conformément à ce qui en a esté bien & saintement ordonné par le feu Roy nostre tres-honoré Seigneur & Pere, (que Dieu absolue) fait & faisons tres-expresses inhibitions & defenses à tous gens de guerre, tant de cheual, que de pied, de quelque langue & nation qu'ils soient, mesmes à ceux qui sont ordonnez pour estre prés la personne des Princes du Sang, & autres Princes, Gouuerneurs de Prouinces, & Mareschaux de France;

De loger aux Villes, Bourgs & Villages estant en nostre-dite bonne Ville de Paris, & celles de Pontoise, Luzarches, Dampmartin, Lagny, Brie contre-Robert, Essaune, Mont-lehery, saint Cler de Gomets, Trappes & Poissy, lesdits lieux y comprins. Lesquelles Villes, Bourgs & Villages, ensemble ceux qui sont entre lesdits lieux & nostre-dite bonne Ville, Nous auons pour les mesmes considerations de nostre-dit feu Seigneur & Pere, pris & mis, prenons & mettõs par cesdites presentes, en nostre protection & sauue-garde speciale. Defendons aussi à tous Mareschaux de Camp, & des logis de nos armées, de dõner aucuns départemens ausdits gens de guerre és susdits lieux. Voulans que si aucuns sont si temeraires d'entreprendre d'y loger, ils soient pareillement punis & chastiez comme infracteurs de nosdites Ordonnances. Et afin que personne n'en pretende cause d'ignorance, Nous ordonnons cesdites presentes estre publiées, & affichées aux poteaux qui seront plantez sur les grands chemins & aduenües desdits lieux.

SI DONNONS en mandement à nostre tres-cher & bien-amé Cousin, le Duc de Mayenne Gouuerneur, & nostre Lieutenant general en l'Isle de France, au sieur de Liancourt, Cheualier de uos Ordres, Conseiller en nostre Conseil d'Estat, & Gouuerneur de nostre-dite bonne Ville de Paris, & à nos tres-chers & féaux Cousins les Mareschaux de France, ou leurs Lieutenans à la table de Marbre de nostre Palais à Paris, Grand Mareschal de nos logis, Preuost de nostre Hostel, & grand Preuost de France, present & à venir, & à chacun d'eux, si comme à luy appartiendra: Que nos presentes lettres de Declaration, Statut, Protection, Ordonnances & defenses, ils facent lire, publier & registrer, garder & obseruer, sans souffrir y estre contreuenu en aucune maniere: Car tel est nostre plaisir. Et pour ce que de cesdites presentes l'on pourra auoir affaire en plusieurs & diuers lieux, Nous voulons qu'au vidimus d'icelles deüement collationné par l'vn de nos amez & féaux Conseiller, Notaire & Secretaire, foy soit adjoustée comme au present original: auquel en tesmoin de ce, nous auons fait mettre nostre scel. Donné à Paris le 20. de Decembre, l'an de grace 1616. Et de nostre regne le septiesme. Ainsi signé, LOVYS. Et sur le reply, de par le Roy, DE LOMENIE. Et scellée du grand scel sur double queüe de cire jaune.

LES ORDONNANCES DV ROY SAINT LOVYS,

sur les abus qui se commettent à Paris : faites l'an mil deux cens cinquante-quatre, au mois de Decembre. Et ont esté extraites d'vn Liure de Parchemin, estant en la Librairie du College de Nauarre à Paris, Intitulé le Liure des Coustumes de diuers pays, & des Ordonnances de Monseigneur Saint Louys.

NOVS establissons, que tous nos sujets, Seneschaux, Baillifs, & tous autres en quelques offices qu'ils soient, facent sermẽt que tant comme ils seront esdits offices, ils feront droit à chacun, sans acception de personne, aussi-tost au pauure comme au riche, à l'estrange comme au priué. Et garderont les coustumes des lieux bonnes & approuuées. Et s'il aduient qu'ils facent contre leurs sermens, & ils en sont attains, nous voulons qu'ils en soient punis en leurs biens & en leurs personnes, si le meffait le requiert.

NOVS voulons de rechef & establissons, que tous nos Seneschaux, Baillifs & tous nos Officiers, de quelque estat qu'ils soient, se tiennent de dire parole qui tourne en contumelie ou contemnement de Dieu, de nostre Dame, & tous les Saints & Saintes : & se gardent des jeux de dez, & de cartes, de tables, de fornication, & de tauernes.

ITEM, Nous defendons à tous, de joüer aux dez, aux cartes, n'y d'en vendre ou achepter, ny totalement en tenir en sa maison. Et qui fera le contraire, nous voulons qu'il soit estroittement puny.

ITEM, Que la forge des dez, & cartes, soit defendüe, & les danses par tout nostre Royaume : & tout homme qui sera troué joüant aux dez ou aux cartes, ou autres jeux, de sort ou de hazard, ou frequentant tauernes ou bordeaux, soit estroittement puny, & reputé pour infame.

ITEM, Que toutes folles femmes publiques soient boutées, & mises hors des murs, & loing de tous lieux saincts, comme Eglises, & Cemetieres. Et si depuis les prohibitions à elles faites, elles estoient si hardies de retourner, qu'elles soient punies par les Iusticiers des lieux, & despoüillées jusques à la cotte, ou plisson. Et quiconques trouuera maison nulle esdites Citez, ou bonne Villes à folles femmes publiques, ou les receura en sa maison, il rendra & payera aux establis de par nous, le loyer de la maison d'vn an.

ITEM, Nul ne soit receu à boire à la tauerne, s'il n'est passant, ou tel qu'il n'ait point de maison ou demeure en la Ville.

ITEM, Nous defendons, que nul Seneschal, ny Baillif, ny autre Officier, ou autre, quel qu'il soit, qui sera mis ou estably en nostre serment, griefue nos sujets contre droicture, & que nos sujets ne soient mis en prison pour debte nulle qu'ils doiuent, que pour la nostre.

AVTRES ORDONNANCES SVR LESDITS ABVS, Larcins, & Pilleries que l'on commet à Paris.

Defenses de non porter en habits, Draps d'Or, d'Argent, Veloux, ou Satin Cramoisy.

ITEM, Il est à noter qu'apres que le Roy Charles septiesme de ce nom, eust glorieuses victoires contre les anciens ennemis de son Royaume, & en voulut loüer, glorifier, & regracier Dieu le Createur, cognoissant que c'estoit par l'influence de sa diuine pitié & misericorde, délibera d'oresnauant se gouuerner par bon conseil, de gens sages & experimentez, craignans & aymans Dieu le Createur, & le bien de la chose publique. Et lors fut remonstré audit Seigneur, que de toutes les nations de la terre habitable, n'y auoit point de si difformée, variable, outrageuse, excessiue, n'inconstante en vestemens & habits, que la nation Françoise: & que par le moyen des habits on ne cognoist l'estat & vacation des gens, soient Princes, Nobles hommes, Bourgeois, Marchands, ou gens de mestier, par ce que l'on toleroit à vn chacun se vestir, & habiller à son plaisir, fust homme ou femme, soit de Drap, ou d'Or, ou d'Argent, de Soye ou de laine, sans auoir esgard à son extraction, ny à son estat & vacation. Et à ceste cause plusieurs bonnes maisons en ont esté mises à destruction & pauureté, par les boubans outrageux desdits François, qui est grandement au dommage de la chose publique: à laquelle il appartient selon droict, que les sujets d'icelle demeurent & soient riches. Pour y pouruoir, ledit Seigneur fut en plusieurs lieux conseillé faire defenses sur certaines & grandes peines, de ne vendre Draps d'Or, d'Argent, ny de Soye, comme Veloux, Satin Cramoisy, à personne quelsconque, sinon aux Princes & gens du sang Royal, & aussi aux gens d'Eglise pour faire aornemens: Et à toutes manieres de gens demeurans en Frãce, autres que les dessusdits, est defendu de porter lesdits Draps d'Or, d'Argent, Veloux, ou Satin Cramoisy, en vestemens ou habits: Sur peine de confiscation desdits habits, & de soixante liures parisis d'amende. Et au surplus seroit ordonné, que de par ledit Seigneur seroient pourtraits & baillez certains patrons & formes de vestemens & habits, que l'on porteroit, chacun selon son estat, auecques defences de non exceder lesdites formes & patrons: Sur lesdites peines, & de quelle maison il soit, il faut porter le patron de son estat, *aliàs* il y auroit confusion, & rien certain.

Des Maladeries, & de leurs rentes.

ITEM, Fut aussi audit Seigneur remonstré, que de toute ancienneté y auoit parmy son Royaume, en chacune Ville, ou Paroisse champestre, vne Maladerie pour recueillir & receuoir les malades de lepre de ladite Ville ou Paroisse: & que plusieurs Seigneurs, Bourgeois, & autres notables gens auoient donné aucunes rentes, heritages ou autres biens pour l'entretenement desdites Maladeries & malades: mais que ce neantmoins

les

les Prelats & autres fondateurs conferoient lesdites Maladeries, les vnes à gens d'Eglises, les autres à gens lais, non residens sur les lieux, qui en prennent le reuenu, & laissent tomber les édifices en ruïnes, & les malades n'ont dequoy repaistre : au moyen dequoy lesdites Maladeries estoient inhabitées, & les malades desdits lieux estoient contraints eux retirer és Maladeries des autres lieux aucunesfois en telle abondance, que le danger estoit bien grand en tels Hospitaux & maisons Dieu.

ITEM, Fut ordonné que tous ceux à qu'il appartenoit conferer lesdites Maladeries, seroient tenus de les conferer à deux personnes pour le moins, gens de mesnage, manans & habitans en la Ville ou Paroisse d'icelle, les plus notables gens & mieux renommez de ladite Ville ou Paroisse, qui aduiseront aux reparations qu'il faudra faire enuiron lesdites Maladeries, des fruits, reuenus & aumosnes qui y appartiennent, à ce que lesdits malades n'aillent plus vaguer ny ça ny là.

Que les Dixeniers doiuent faire visitation chacun Lundy en leurs dixaines, pour la multitude des vagabonds qui habitent à Paris.

SEMBLABLEMENT fut remonstré audit Seigneur, qu'en sa bonne Ville de Paris y auoit plusieurs fautes & abus sujets à reformation: c'est à sçauoir, que plusieurs gens oysifs, non habituez à bien viure, mais vsitez à setilles, à embler de iour, de nuict, à battre, frapper, & faire plusieurs autres maux, estoient residens en ladite Ville, & si n'en estoient reprins ny punition faite : à ceste cause fut conseillé ledit Seigneur, Ordonner que les seize examinateurs de toute ancienneté au Chastelet de Paris, que l'on appelle Commissaires, seroient residans & demeurans ordinairement és seize quartiers de Paris, anciennement partis & diuisez, c'est à sçauoir, chacun en l'vn desdits seize quartiers, sans faire ailleurs sa continüelle residence, ny demeurance: Sur peine de priuation de leurs offices. Et les Cinquanteniers & Dixeniers, chacun d'eux en son destroit, feront chacun Lundy, & sur les iours de la sepmaine, visitation parmy toutes les maisons de sa dixaine, pour sçauoir quelles gens y habitent. Et s'ils trouuent quelques gens qui n'ayent vacation ny mestier, ou autre occupation, ils seroient tenus celuy iour de le reueler au Commissaire, qui en fera son rapport à la Iustice, pour y pouruoir. Et fut ledit Seigneur conseillé permettre que lesdits Cinquanteniers & Dixeniers seroient, durant l'exercice de leur estat, francs & quittes de tous huitiesmes, subsides de vins de leur creu vendu à détail, pour remuneration de leur peine & vacation.

Des Larrons, & Receleurs.

ITEM, Fut remonstré audit Seigneur, que les Larrons qui de nuict & de iour vont rober & piller les maisons, & sans crainte d'estre pendus, persistent en crimes & délicts, lesquels se retirent en aucunes maisons par deuers gens qui les recelent & soustiennent à ce faire : si lesdits larrons estoient attaints & conuaincus d'auoir par trois fois commis les délicts & malefices, (*nisi malitia suppleat ætatem & vices*) ensemble lesdits larrons & les receleurs, & recelceresses seront bruslez tous vifs.

Des Macquereaux, & Macquerelles.

ITEM, Et de pareille punition seront punis les Macquereaux & Macquerelles, qui viuent de tels mestiers, & qui sont accoustumez à marchander & vendre Filles & femmes, & icelles prostituer.

Des Ribleurs.

ITEM, Et pour ce qu'en l'Vniuersité sous vmbre d'estude se font beaucoup de maux par mauuais garçons qui se disent estre escoliers, & sont ribleurs, & ne font que battre & ribler: Pour y pouruoir fut defendu à tous Escoliers de porter espées, ny autres bastons, de iour ny de nuit. Et si autrement ils sont trouuez, ils seront punis comme lays.

ITEM, Pour ce que plusieurs se disent Escoliers, qui ne le sont pas, fut aduisé que tous Escoliers auroient signet du Principal du College où ils estudient. Et quand ils en partiront pour aller en autre, faudra qu'ils prennent dudit Principal vn testificat, comment il a esté son Escolier, & combien de temps, autrement ne jouyra il point du priuilege d'Escolier. Et s'il y est trouué reprins de quelque cas, il sera puny comme lay.

Ordonnance contre les Caymans & Belistres.

ITEM, Mandons à tous nos Iuges, qu'ils aduisent & facent aduiser les Caymans & Caymandes qui ne sont point impotens, mais ont puissance de gaigner leur vie & aussi gens vagabons, & oyseux, qu'ils les facent labourer, & ne les souffrent point caymander, ny aller & venir par les Eglises, empescher le seruice diuin, & aussi les bonnes gens à leurs deuotions: & à ce les contraignent par prinse & détention de leurs personnes en prison au pain & à l'eau.

ITEM, Aussi qu'ils facent punir ces Belistres, & Belistresses, qui feignent estre débiles de leurs membres, portans bastons sans necessité, & contrefont maladies caducques, playes sanglantes, rongnes, galles, enfleures d'enfans par application de drapeaux, emplastres, peintures de saffran, de farines, de sang, & autres couleurs fausses, portans aussi fer en leurs mains, drappeaux en leurs testes, & autres habillemens boüeux, ords, sales, puants, & abominables, iusques dedans les Eglises: Et se laissent tomber en la plus grand ruë passant, ou en la plus grande compagnie & assemblée qu'ils pourront aduiser, comme vne procession generale, jettant par la bouche & narines sang fait de meures, de vermillon, ou autres couleurs, le tout pour extorquer injustement les aumosnes qui sont deües aux vrays pauures de Dieu: & en ce faisant commettent larcin. Et pourtant faut qu'il y ayt gens députez pour les visiter. Et s'il en est trouué d'abuseurs, qu'ils soient punis, en sorte que les autres prennent exemple, & que la façon cesse.

ARREST DONNÉ CONTRE LES FILLES ET FEMMES DISSOLVES.

Extraict des Registres de Parlement.

EVE par la Cour la requeste à elle baillée par Maistre Helie Decosdun, & Iean Bourgoing, Conseillers du Roy en la Cour de ceans, Simon Moreau, & Iean Lebloy Prestres, Maistre Mathieu Dolet, Docteur en Medecine, Iean le Maistre, Aduocat, Mathurin de la Barre, Procureur en ladite Cour, Martin Quignon, Iean Manne, Notaires au Chastelet de Paris, Laurens le Blanc, & Iean Charroux, Procureur audit Chastelet, & le Procureur general du Roy joint auec eux: A l'encontre de Iacquette de la Mare, & son fils, & autres femmes viuans de vie dissoluë, demeurans és maisons prés desdits supplians, & és rües des Cannettes, de la Pomme rouge, & Champrousy, & autres rües circonuoisines: auec les informations faites, tant par ordonnance du Preuost de Paris, qu'aussi de ladite Cour. Veües aussi les sentences autresfois données par ledit Preuost ou son Lieutenant, à l'encontre de Thomasse la courtoise, & autres femmes viuans de vie deshonneste & dissoluë, lors demeurans esdites rües, par lesquelles elles ont esté condamnées à vuider hors d'icelles, & aller demeurer és anciens bordeaux & rües à ce ordonnées d'ancienneté: & defenses à elles, & autres de semblable estat, de ne se loger & demeurer esdites rües: Sur peine de bannissement de ceste Ville de Paris, & de mettre leurs biens sur les carreaux: auec l'Ordonnance & Edict fait & publié par les carrefours de ceste-dite Ville de Paris, par lequel est enjoint à toutes femmes dissolües, & de mauuaise vie, de vuider, eux, & leurs biens, hors de toutes les bonnes rües de Paris, & aller demeurer és anciens bordeaux, & és rües à ce ordonnées: Sur peine de prison, d'amende arbitraire, & de mettre leurs biens sur les carreaux. Aussi est defendu aux proprietaires desdites maisons d'icelles bonnes rües, de ne leur loüer, faire ny souffrir loüer lesdites maisons ausdites telles femmes: Sur peine de perdre lesdites maisons, & icelles appliquer au Roy. Et tout consideré: LA COVR a ordonné & ordonne, que ladite Iacquette de la Mare, sondit fils, & autres femmes viuans de vie dissoluë, demeurans en la Cité de Paris, & prés desdits supplians, en la rüe desdites Cannettes, de la Pomme rouge, & autres bonnes rües circonuoisines, en ensuiuant lesdites Sentences & Edict, seront contraintes réalement & de faict, nonobstant les oppositions par elles faites & ja interjectées, ou autres quelsconques à faire, ou interjecter, & sans préjudice d'icelles, à vuider incontinent, & sans delay, des hostels où de present elles sont demeurans. Et à ce seront contraintes par emprisonnement de leurs personnes, & de leurs biens mis en la rüe sur les carreaux, & par toutes autres voyes deües & raisonnables. Et auec ce, sera faite defenses aux proprietaires desdites maisons des Cannettes, la Pomme rouge, & Champrousy, & des autres bonnes ruës circonuoisines, de ne loüer, faire ny souffrir estre loüé lesdites maisons ausdites telles femmes: Sur peine de confiscation des maisons & loyers d'icelles: ausdites telles femmes de vie dissoluë & deshonneste, enjoint de n'elles loger esdites ruës des Canettes, la Pomme rouge, & Champrousy, & autres telles bonnes ruës: Sur peine de bannissement de ceste Ville, & mettre leurs biens sur les carreaux. Fait en Parlement le quatorziesme iour de Iuillet, l'an mil quatre cens quatre-vingts. A. Robert. Collation est faite.

LA FORME DE FAIRE ET PAYER LE GVET DE la Ville de Paris: & ceux qui sont sujets à ce.

LES manans & habitans de la Ville de Paris, pour la seureté de leurs corps, biens & marchandises, & à fin de pouruoir & remedier aux perils, inconueniens, & maux qui toutes les nuicts suruiennent en icelle Ville, tant par fortune de feu, qui d'aduenture ou autrement se pourroit prendre ou estre mis par aucuns mal-faicteurs en aucune partie d'icelle Ville, de roberies, larcins, efforcemens, & rauissemens de femmes, & aussi des hostes & hostesses, qui de nuict vuidoient leurs maisons & hostels qu'ils tenoient à loyer, pour frauder leurs hostes, & autrement en plusieurs & maintes manieres. Considerans en eux les choses dessusdites, se retirerent par deuers le Roy nostre Sire, & luy requirent Guet estre fait chacune nuict en icelle Ville.

ITEM, Et pour faire ledit Guet, les gens d'aucuns mestiers de la Ville se chargent de ce faire à leurs despens, les vns apres les autres, de trois sepmaines en trois sepmaines, par tour de roolle. Ce qui leur fut permis & accordé.

ITEM, Pour lequel guet receuoir, escrire & enregistrer, furent créez & ordonnez par le Roy nostre Sire audit Chastelet, deux Notaires, qui seroient appellez clercs du guet, prenans gages chacun de douze deniers parisis pour iour. Lesquels clercs seroient & sont tenus d'enuoyer dire & faire sçauoir chacun iour, dedans heure competante, par deux Sergens à verge, qui ont chacun douze deniers parisis pour iour, aux gens de mestier ou mestiers, qui pour la nuict doiuent le guet, qu'ils soient au guet en leurs personnes, & comparent pardeuant lesdits clercs audit Chastelet à neuf heures de soir, pour estre escrits és liures s'ils sont en nombre competant, és places & lieux qui s'ensuiuent: c'est à sçauoir, sur les carreaux, qui est à la geole du Chastelet, autour dudit Chastelet, au Palais, & és carrefours de la Ville. Et si lesdites gens de mestier ne viennent & comparent, lesdits clercs du guet y commettent & enuoyent aux despens desdits mestiers le nombre des personnes, & és lieux cy-apres declarez: C'est à sçauoir, deux sur lesdits carreaux outre le guichet des prisons dudit Chastelet, pour la garde des prisonniers estans en iceluy, à fin qu'ils ne s'en puissent aller ny eschapper par les huis ny autrement: L'autre au lieu appellé la pierre dudit Chastelet, qui toute la nuict sont tenus d'aller & venir à l'entour dudit Chastelet: à fin que nul prisonnier ne puisse descendre par cordes, ny autrement: ny qu'aucun ne leur puisse donner confort ny aide, qu'il ne soit apperceu: L'autre en la Court du Palais, allans & venans toute nuict par icelle, tant pour la garde des saintes reliques, comme du lieu: Et six en quelque carrefour de la Ville de Paris alternatiuement, pour subuenir aux Bourgeois de Paris, & au Guet du Roy nostre-dit Seigneur, allant & venant.

ITEM, Que chacune personne qui est redeuable à iceluy guet, s'il ne vient veiller & seruir quand son tour eschet, est tenu payer pour son deffaut douze deniers, & l'on peut faire executer & gager lesdits clercs du guet le lendemain de son iour. Et desdits deffauts sont payez de trois sepmaines en trois sepmaines les gens & commis par lesdits clercs, qui s'appellent gens à gages. Et soit ledit payement fait par les mains desdits clercs du guet dont ils ont quittance pardeuant deux Notaires. Et semblablement lesdits clercs du guet sont payez de leurs gages, & aussi lesdits Sergens, qui commandent iceluy guet, sur lesdits deniers. Et si se prend sur iceux deniers la chandelle dont sont conduits lesdits clercs de leurs Hostels iusques au Chastelet, & reconduits en leursdits hostels: & aussi celle qui ard audit Chastelet, pendant le temps que lesdits clercs asseent ledit guet. Et aussi s'en paye iceluy qui porte la lanterne deuant lesdits clercs: & auec ce tout le papier qu'il conuient pour escrire lesdits gens de mestier parmy la Ville de Paris, en leur commandant ledit guet: pour escrire la recepte qu'on fait d'eux: & aussi pour les enregistrer audit Chastelet.

ITEM, Et lesquelles gens de mestier doiuent & sont tenus estre excusez de faire & venir veiller audit guet, quand ils sont exoignez des exoignes qui s'ensuiuent: C'est à sçauoir, celuy qui a passé soixante ans: si sa femme gist d'enfant: Celuy qui pour la iournée deura ledit guet sera seigné: & qui sera hors de la Ville de Paris pour ses necessitez: ou exoigné de maladie: ou s'il a aucun autre accidét sur luy: & plusieurs autres excusations qui y sont.

ITEM, Qu'à la recepte desdits douze deniers sur lesdites gens de mestier, & aussi des payemens qui se font ausdits gens à gages & autres mises qui se font pour ledit guet par lesdits clercs du guet: iceux clercs en font compte, & le rendent chacun an au Receueur de Paris, qui au compte de sa recepte le couche, & le rend en la Chambre des Comptes. Et pour faire lesdits comptes par lesdits clercs, iceux clercs ont quatre liures dix sols parisis, outre & par dessus leursdits gages.

ITEM, Que depuis long-temps, pour plus grande garde & seureté auoir, & estre en icelle Ville, fut par le Roy ordonné à ses gages & despés, outre & par dessus ledit guet des mestiers, chacune nuict estre fait en icelle Ville certain autre guet durant toute la nuict, de vingt Sergens à cheual, & quarante Sergens de pied tous armez, en la compagnie d'vn Cheualier, dit le Cheualier du guet, gouuerneur & meneur d'iceux gens, pour aller & cheuaucher toute la nuict par toute la Ville de Paris, & visiter & conforter lesdites gens de mestier, & gens à gages, & sçauoir leur estat, si rien leur est aduenu, ou ont rien eu affaire.

ITEM, Et lesquels Sergens à cheual & de pied dudit guet, lesdits clercs du guet escriuent & enregistrent chacune nuict audit Chastelet en vn grand papier, qui se paye des deniers qui viennent & issent des deffaillans d'iceux gens de mestier dessus mentionnez.

ITEM, Depuis laquelle création du guet desdites gens de mestier, les aucuns d'iceux ont depuis esté affranchis par lesdits Roys de France, comme Maçons, Charpentiers, Orfevres, Barbiers, tous Iurez de mestier, & les Tuilliers, depuis la Magdelaine iusques à la Saint Martin d'Hyuer: & plusieurs autres, comme femmes veufues, Officiers, & Sergens du Roy, & les Sergens des Eueschez & Iurisdictions de Paris, les six vingts Archers, soixante Arbalestriers, cent Hacquebutiers, Messeigneurs les habitans des terres saint Eloy, sainte Geneuiefue, saint Martin, saint Magloire, du Temple, & plusieurs autres en grand nombre.

ITEM, Et tellement que de present de cent personnes de mestier, l'vn n'est receuable à iceluy guet, & n'y sont de present receuables, que les personnes cy-apres declarées, qui seruent ou payent vne fois douze deniers esdites trois sepmaines, pour les nuicts qui s'ensuiuent.

C'est à sçauoir, pour le premier Dimanche, Tauerniers, Hosteliers, & Chappeliers de feustre.

Le Lundy ensuiuant, les Selliers.

Le Mardy ensuiuant n'a aucunes gens de mestier, sinon gens commis par lesdits clercs du guet, gaignans argent. Et en icelle nuict s'escrit le guet de cinq mestiers de ladite Ville, que l'on appelle guet de chauffeure, dont feu Pierre Morilet, dit Marescot, jadis chauffecire du Roy nostre Sire, auoit la Iurisdiction & cognoissance, en payant par an, de trois sepmaines en trois sepmaines, cinq sols parisis, en liurant par lesdits clercs dix hommes pour faire guet és carrefours de Paris, en la maniere accoustumée. La franchise desquels mestiers ledit Marescot vendit ja piéça, au Roy nostre Sire, à icelle charge. Lesquels cinq mestiers se baillent de par le Roy à ferme: & quiconques est fermier de ladite ferme, est tenu de se payer. Et se baillent à icelle charge, de trois sepmaines en trois sepmaines, quinze sols.

Le Mercredy, Ieudy, & le Vendredy ensuiuant, ces trois iours, Cousturiers, Chaussetiers, & Regratiers.

Le Samedy ensuiuant, Tonneliers, Huchiers, Charrons, Tourneurs de blanc-bois.

Le Dimanche ensuiuant huitiesme, Poullailliers.

Le Lundy ensuiuant, Feures, Mareschaux, Serruriers, Cloustiers, Coustelliers, & Fourbisseurs d'espées.

Le Mardy ensuiuant, Boulengers & Pasticiers.

Le Mercredy ensuiuant n'a nulles gens de mestier. Et font le guet lesdites gens à gages, pource que c'est la nuict du guet de l'Escuyer d'escuirie: lequel Escuyer pour l'affranchissement dudit guet de certains mestiers de ladite Ville, dont iceluy Escuyer a la Iurisdiction & cognoissance, doit, ou le fermier qui tient à ferme lesdits mestiers, vne fois en trois sepmaines, à ce iour, cinq sols six deniers. Et sous ceste condition fut fait ledit affranchissement par le Roy nostre Sire, ou ses predecesseurs.

Le Ieudy ensuiuant, Courroyers, & Tassetiers.

Le Vendredy ensuiuant, Potiers d'estain, de terre, & Chauderonniers.

Le Samedy ensuiuant, les gens commis par lesdits clercs seulement: pource qu'en icelle nuict souloit estre le guet des Maçons & Charpentiers, que le Roy nostre-dit Seigneur a affranchis.

Le Dimanche ensuiuant quinziesme, Chandeliers de suif, & Fondeurs.

Le Lundy ensuiuant, Bourreliers, Loriniers, Mailletiers, & Lanciers.

Le Mardy ensuiuant, Pelletiers & Gantiers.

Le Mercredy ensuiuant, Frippiers.

Le Ieudy ensuiuant, les dix Moulins estans sur le grand pont prés du Chastelet, la grande Boucherie de Paris, Soufletiers, & Lanterniers. Et doiuent lesdits dix Moulins, de trois sepmaines en trois sepmaines, vne fois, dix sols parisis: & ladite grande Boucherie par semblable maniere, trente sols.

Le Vendredy ensuiuant, Serruriers. Il n'y en a de present aucuns dudit estat: & pour ceste nuict n'est seulement le guet fait que desdites gens commis.

Le Samedy ensuiuant, Tixerrans de lange & de linge: qui de present ne veulent payer ny seruir, & disent estre affranchis. Et ce fait, faut recommencer par tout, comme dessus. Et s'il n'y a assez argent receu pour payer les gens commis, faut que lesdits clercs aduancent les deniers. Et faut noter, que comme dit est, lesdits clercs rendent compte par chacun an au Receueur de Paris.

Les dix-sept Mestiers de la Ville de Paris, sujets au guet.

TAuerniers & Hosteliers, qui n'est qu'vne mesme chose, Selliers, Loriniers, Bourreliers, Cordonniers, Chaussecires, qui sont Tenneurs, Sueurs, Baudroyeurs, Megissiers, Boursiers, qui doiuent ensemble, treize liures onze sols quatre deniers par an: & dont y a procez pour les faire payer. Et font tous ces cinq mestiers le guet ensemble en vne nuict, Cousturiers & Chaussetiers, Charpentiers de doulouere, qui sont huchers, Poullaillers, Feures, Mareschaux, & Serruriers, Boulengers, Pasticiers. Le guet de l'escuirie, qui sont les Sauetiers, doiuent ensemble quatre liures dix sols par an. Tassetiers, Courroyers, Potiers d'estain, & de terre, Chauderonniers, Chandeliers de suif, & Fondeurs, Pelletiers, & Gantiers, Fripiers, Lanterniers, Bouchers de la grande boucherie, qui doit pour chacun guet, trente sols.

Et desquels dix-sept Mestiers cy-dessus declarez, les personnes cy-apres declarées, sont francs, & exempts dudit guet.

ET PREMIEREMENT.

TOus les Quarteniers, Cinquateniers, & Dixeniers de la Ville de Paris.

Les six vingts Archers de Paris.

Les soixante Arbalestriers de ladite Ville.

Les cent Acquebutiers.

Les Messagers, & Bedeaux de l'Vniuersité de Paris, qui sont plus de cinq cens.

Les dix-huit Messagers de la Chambre des Comptes.

Toutes les personnes estans de la lignée Charlot saint Mas, dont la femme affranchist le mary : qui sont plus de trois mil.

Tous les Ouuriers, & Monnoyers de la Monnoye d'icelle Ville : dont la femme affranchist le mary : & sont plus de deux cens.

Les onze vingts Sergens à cheual du Roy nostre Sire.

Les onze vingts Sergens à verge aussi du Roy nostre Sire.

Les douze Sergens de Monsieur le Preuost de Paris.

Tous ceux du grand guet à cheual du Roy.

Tous ceux du grand guet à pied du Roy nostre Sire.

Les douze Sergens de Monsieur de Bourbon, dit de la grande chambrerie de France.

Les Sergens & Bedeaux de l'Eglise nostre-Dame de Paris.

La terre saint Eloy, estant autour de la ceincture.

La terre du Temple.

Les gardes des clefs des portes.

Les gardes des clefs des chesnes de ladite Ville de Paris : C'est à sçauoir, ceux qui ont les roüets en leurs maisons : dont en chacun coing de rüe ou ruelle de la Ville, y en a vn.

Tous ceux qui ont soixante ans passez.

Tous ceux qui sont exoinez & meshaignez.

Toutes les fẽmes veufues tenans ouuroüers, qui sont en grãd nombre.

Tous les Iaugeurs, qui jaugent les muids de vins de ladite Ville.

Tous les Apprentis Iaugeurs de ladite Ville.

Tous les Iurez & gardes desdits dix-sept Mestiers d'icelle Ville de Paris. Et y en a chacun Mestier quatre.

Tixerrans en linge & lange, Serruriers, Regratiers, Esteuuiers.

LES MESTIERS DE LA VILLE DE PARIS, qui ne sont point sujets au guet de nuict de ladite Ville.

ARTICLE PREMIER.

Sguilletiers
Bonnetiers
Chapeliers
Armuriers
Fourbisseurs d'espées
Peintre
Saulniers
Oublieurs
Escorcheurs
Esteuuiers

Faiseurs de cardes à carder laine
Batteurs d'or & d'argent
Tireurs de fil de fer
Espingliers
Parcheminiers
Barbiers
Enlumineurs
Historieurs
Imprimeurs
Libraires

Imagers

Imagers
Escriuains
Tondeurs
Brodeurs
Chercutiers
Rotisseurs
Orfeures
Tapissiers de haute lice
Faiseurs de Lourdiers, & Coustepoinctiers
Plumassiers
Chasubliers
Espiciers
Apothicaires
Faiseurs de verrieres
Fourreurs de robes
Cordiers
Pourpoinctiers
Charpentiers
Maçons
Tixutiers
Rubenniers
Merciers
Vanniers
Porteurs de sel
Henoüars
Porteurs de grain
Porteurs de charbon
Bimbelotiers
Tous teincturiers
Pigniers & Bossetiers
Drappiers
Grossiers de soyes
Faiseurs de verges à nettoyer robes
Guisniers
Iardiniers
Esmoleurs
Coustelliers
Mesureurs de grain
Mesureurs de charbon
Chartiers
Mariniers
Vinaigriers
Laboureurs
Crocheteurs
Manouuriers
Pigneurs
Cardeurs
Orbateurs
Reuendeurs de fruit & esgrun
Faiseurs de gibecieres
Marchands de cheuaux
Tailleurs de pierre
Natiers
Deschargeurs de vins
Et plusieurs autres.

Du dix-huitiesme Fevrier, mil quatre cens quatre-vingts quatre, sur la requeste baillée par le Procureur du Roy au Chastelet de Paris: La Cour a ordonné, que le guet assis sera fait, continüé, & entretenu par les gens des mestiers à ce sujets, s'ils ne sont du nombre des six vingts Archers, & soixante Arbalestriers, & autres dessus nommez.

ENSVIT LA SVBSTANCE DE PLVSIEVRS EDITS,
Arrests, & Constitutions escrits és Liures, qui sont en la chambre du Procureur du Roy au Chastelet de Paris, touchant la Police de ladite Ville de Paris.

Au liure Rouge.

INIONCTION au Lieutenant criminel, de contraindre les seize examinateurs de Chastelet, à faire nettoyer les ruës & refaire les pauez, chacun en leur quartier : du vingt-septiesme Avril, mil cinq cens & trois. (*Alibi*) second May (*eodem anno Idus*) vingt-huitiesme Iuillet, mil cinq cens. (*Alibi*) du dixiesme Ianvier, mil cinq cens quinze.

Audit liure rouge.

Lettres données par le Roy Iean, à Paris, l'an mil trois cens quarante-huit, addressantes aux Preuost de Paris, ou à son Lieutenant, contenant plusieurs articles, touchant la netteté de la Ville de Paris : en la maniere qui s'ensuit.

PREMIEREMENT, Que nul, de quelque estat qu'il soit, ne soit si hardy de mettre, ou faire mettre, feurres, fiens, boües, ny autres ordures sur les carreaux du Roy : mais incontinent & si-tost qu'aucun sera trouué faisant le contraire : il payera & sera tenu de payer au Roy, soixante sols d'amende.

ITEM, Quiconques voudra maçonner ou faire aucuns édifices en ladite Ville de Paris, parquoy il luy soit besoin de mettre aucuns terraux, pierres, merrien, grauois, & autres choses sur la voirie, il ait les tumbereaux, hotteurs ou porteurs, tous prests pour porter lesdits grauois, pierres, merrien, & autres choses, aux lieux accoustumez : Sur la peine dessusdite soixante sols.

ITEM, Que nul ne soit si hardy d'auoir, tenir, nourrir, ny soustenir dedans les murs de ladite Ville de Paris, aucuns pourceaux : Sur ladite peine. Et seront les pourceaux tuez par les Sergens ou autres, qui les trouueront dedans ladite Ville : dont le tuant aura la teste, & sera le corps porté aux Hostels-Dieu de la Ville de Paris, qui payeront les porteurs d'iceux.

ITEM, Pour quelconque pluye, ou autres choses descendans des Cieux, nul ne soit si hardy de curer, baloyer, bouter, ou nettoyer deuant son huis, iusques à ce que la pluye soit passée & esgouttée : mais laissera l'eau auoir son cours, si comme elle peut auoir de raison. Sur ladite peine.

ITEM, Que toutes manieres de gens, qui meinent ou portent boües, terreaux, grauois, ou autres choses de iour & de nuict, ne soient si hardis de les faire espandre, laisser choir, ny mettre és ruës : mais les portent & meinent entierement aux lieux accoustumez : & si aucuns sont trouuez faisans le contraire, qu'ils soient arrestez, & contraints à les oster à leurs despens, & outre pour raison de ce, payer l'amende.

ITEM, Que les chartiers, tumberiers, & portans lesdites immondices & ordures, & leurs charettes & tumbereaux, mesmement és parties de derriere, les aiz soient de pareille & semblable hauteur & largeur, que le deuant dudit tumbereau, bien joint & serré, en maniere que lesdites imṁodices & ordures estans esdits tumbereaux, en les menant aux champs, ne chéent parmy les ruës : mais que le tout, sans faire aucun dégast, soit porté au lieu destiné & ordonné.

ITEM, Que chacun en droit soy, face refaire les chaussées tantost & sans delay, en la maniere, & selon ce qui est accoustumé de faire d'ancienneté.

ORDONNANCES FAITES PAR LE ROY IEAN, *le penultiesme iour de Januier, mil trois cens cinquante, & publiées à Paris au mois de Feurier ensuiuant, le premier an de son regne: faisans mention de plusieurs estats & mestiers, viures & marchandises de la Ville de Paris.*

ET PREMIEREMENT.

Au Liure Noir.

DE non donner pour Dieu à gens puissans de gaigner: de non les heberger.

Du pain de Paris, & des faux-bourgs.

Qui fera pain de moindre poix qu'il ne deura, sera donné, & si payera soixante sols d'amende.

De faire l'essay du pain deux fois l'an.

Touchant les talmeliers forains.

Touchant les matieres du poix & blancheur de la paste & du pain cuict, qui doit estre selon le prix & cours du marché du blé.

Des taimeliers, fourniers, & autres cuisans pour autruy.

Que les pasticiers ne peuuent garder leurs pastez qu'vn iour, ny la chair dequoy ils sont faits.

ITEM, Pour mesurer le blé arriué és Halles pour vendre, sont ordonnez vingt-quatre mesureurs.

ITEM, En la place en Gréue sont ordonnez dix-huit mesureurs.

ITEM, En la place & au marché où l'on a accoustumé vendre bleds, farines, & autres grains, en la Iuifrie, sont ordonnez douze mesureurs.

Des heures de vendre
De non aller au deuant des denrées
De non acheter hors place
Des heures de vendre
Des baudrieurs, cordonniers & sauetiers
Des marchands forains, & des marchands de Paris
Des vignerons

Des marchãds de vins & tauerniers
Des vendeurs de vins
Des courretiers de vins
Des chargeurs de vins
Touchant la ceruoise
Touchant le poisson de mer
Touchant la marchandise du poisson d'eau douce
Des bouchers, & chandeliers de suif
Drappiers, & Marchands d'auoir de poix
Des courretiers de drap
Des courroyeurs de cordoüen
Des marchands de foin
De non vendre denrées à plus haut prix qu'elles sont affeurées
Du charbõ, & des mesureurs de busche
Des tueurs de pourceaux, & boudinieres
Des porteurs de charbon
Des tonneliers & charpentiers
Des laboureurs
Des chartiers & batteurs en granchẽ
Des chambrieres, nourrices, & recommanderesses
Des charrons, ferrons, feures, & mareschaux
Des bourreliers & cousturiers
Des pelletiers, chaussetiers & tondeurs
Des plastriers
Des marchands de sel
Touchant les henoüars, dits porteurs de sel
Touchant l'espicerie, autrement dit Maistre fisy
Des hosteliers, & lauandieres
D'oster les grauois
Des pourceaux
Des pluyes, & refaire les chaussées.

AVDIT LIVRE NOIR.

ORDONNANCES FAITES PAR LE ROY CHARLES, au mois de Fevrier, l'an mil quatre cens dix-neuf, sur le fait des viures & marchandises, ainsi que s'ensuit.

ET PREMIEREMENT.

QVE toutes denrées descendent en place publique.
Qu'on ne voise au deuant.
Que Marchands puissent vendre leurs denrées.
Qu'on n'achepte blé ny farine, pour reuendre.
Qu'on n'achepte que pour sa prouision.
Qu'on n'achepte pain pour reuendre.
Que les Mesureurs de grain ne vendent ny acheptent.
Des Commissaires pour faire la distribution des grains és marchez.
Des Musniers, & de leur salaire.
Des poix à peser au Moulin, & du prix.
Des Boulengers, pour les contraindre à cuire.

AVDIT LIVRE NOIR.

Ordonnance & prouision sur le fait des rentes, dont sont chargées les maisons & heritages de la Ville & faux-bourgs de Paris.

ET PREMIEREMENT.

QV'on ne charge sa maison de rentes, que du tiers qu'elle vaudra.

Que les proprietaires des heritages puissent r'auoir les rentes venduës sur leurs heritages, en payant ensemble tout à vne fois le tiers prix qu'elles auront cousté sans fraude, auecques tous les coustemens & autres, pourueu que ledit prix n'excede le denier seize deniers.

Que l'on puisse racheter toutes rentes non amorties, venduës depuis Pasques, quatre cens dix.

Que les proprietaires puissent poursuiure les Eglises à vuider leurs mains des Rentes non amorties.

Que l'on puisse poursuiure rentes, & arrester, nonobstant la confusion d'icelles rentes, que l'on pourroit dire & alleguer à l'encontre des proprietaires des heritages chargez d'icelles rentes.

ORDONNANCE ET ADDITION FAITE AV priuilege des Bourgeois, sur le fait des Maisons vuides & vagues, & pour abreger les procez des heritages criez par vertu dudit priuilege, en la forme qui s'ensuit.

ET PREMIEREMENT.

VE les maisons criées par le priuilege, soient leuées par iustice pendant lesdites criées.

Que maisons habitées où n'y aura point de proprietaires, se pourront crier.

ITEM, De pouuoir continuër les criées, posé que celuy qui les fait faire soit payé. Et aussi de mettre la banniere és maisons, qui se crient, à ce qu'vn chacun ayant interest, puisse auoir cognoissance des lieux criez.

Que le Procureur du Roy puisse bailler par les prinses maisons vuides.

ITEM, Que pour abreger les procez des oppositions à cause desdites criées faites, incontinent icelles commencées l'on puisse poursuiure l'vn l'autre à garnir ou quitter: & que les adjournemens qui seront faits au domicile par les opposans, vallent comme si faits estoient aux personnes.

AV LIVRE VERD.

Premierement les Ordonnances des Apothicaires de la Ville & faux-bourgs de Paris, & des herbiers, faites par le Roy Iean, & enregistrées en Parlement au Liure des Ordonnances, au quarante-vniesme feüillet, faisant mention des choses qui s'ensuiuent.

PREMIEREMENT.

DE non vendre Medecines venimeuses sans congé de medecin.

De non faire deux fois vne recepte.

D'escrire l'an & le mois sur les pots & medecines.

De non souffrir vendre medecines corrompuës aux Marchands Forains.

ITEM, Que les herbiers doiuent administrer bien & loyaument, & faire leur clysteres, emplastres, jus, ou herbes, selon l'ordonnance du Physicien qui l'escrira.

AV LIVRE ROVGE.

ORDONNANCE SVR LE FAIT DES TAVERNIERS, Hosteliers, & Ceruoisiers de la Ville de Paris.

PREMIEREMENT, Que les Tauerniers & Hosteliers de la Ville de Paris ne peuuent vendre tout le meilleur vin vermeil creu au Royaume, que dix deniers la pinte, & non plus: & la pinte de tout le meilleur vin blanc, six deniers parisis, & non plus: & les autres au dessous. Et s'ils font le contraire, ils perdront le vin, & l'amenderont.

ITEM, Les Tauerniers & Hosteliers ne peuuent bailler nom à vin d'autre pays, que celuy dont il sera creu: Sur peine de perdre le vin, & de l'amende.

ITEM, Lesdits Tauerniers & Hosteliers ne peuuent faire aucunes mixtions de vins à autres pour vendre à tauerne: Sur les peines dessusdites.

ITEM, Lesdits Tauerniers & Hosteliers ne pourront refuser à ceux qui iront querir vin & boire en leur tauerne, ou porter hors, qu'ils ne le puissent voir traire, s'il leur plaist, & aller en leurs celliers: Sur ladite peine.

ITEM, Lesdits Tauerniers & Hosteliers ne pourront receuoir ny recepter nuls joüeurs de dez, ny autres jeux diffamez, en leurs tauernes: Sur peine d'amẽde de soixante sols parisis, chacune fois qu'ils en serõt atteints.

ITEM, Lesdits Tauerniers & Hosteliers, depuis que couure-feu sera sonné en l'Eglise de Paris, ne pourront asseoir, ny traire vin en leurs maisons à beuueurs: Sur peine de soixante sols parisis pour chacune fois.

ITEM, Nul Ceruoisier de la Ville, Preuosté & Vicomté de Paris, ne pourra vendre Ceruoise plus haut de huit deniers le septier : c'est à sçauoir, vn denier la pinte. Et qui fera le contraire, il perdra le brassier, & sera à soixante sols d'amende.

ITEM, Seront tenus lesdits Ceruoisiers, de faire bonne Ceruoise & suffisante, sans y mettre Image ny Haubellon, ny autre mauuaise chose : Sur ladite peine.

Audit liure rouge.

CRY & Ordonnance, que les Hosteliers & Tauerniers ne laissent jouer gens oyseux en leurs hostels à iours ouuriers.

Audit liure rouge.

LETTRES, que les Hosteliers de Paris ne logent gens sans le faire sçauoir au Preuost de Paris

AV LIVRE NOIR.

Ordonnances faites sur le fait de la Boëste de Vin estant en Grêue, en la maniere qui s'ensuit.

PREMIEREMENT, Que le fait du vin soit leué par les Fermiers ordonnez à ce, par la maniere accoustumée : C'est à sçauoir, que nul ne soit franc, qui n'a payé dudit fond: Excepté le Roy, Madame la Royne, nos Dames les Royne Ieanne, & Blanche, les freres, oncles & tantes du Roy, tous Ordres mendians, l'Hostel-Dieu de Paris, & tous autres Clercs, Beneficiez non marchandans, de ce qui croistra, & venus de leurs patrimoines & Benefices, de ce qu'ils acheteront pour leur viure sans fraude.

ITEM, Que nul Deschargeur ou autre ne puisse leuer vin, ou labourer en la Ville de Paris, ny és fauxbourgs, ou ailleurs, sans escriteau de la Boëste.

ITEM, Que nul deschargeur ne puisse enuoyer vin à quelque personne que ce soit, sans escriteau d'autruy : & au cas qu'il le feroit autrement, il seroit à l'amende de soixante sols, au Roy, & de six sols parisis pour les accuseurs qui les viendront accuser pardeuers les Fermiers. Et ausdits Deschargeurs soient faites defenses : sur peine d'estre quinze iours en prison. Et aussi est-il ordonné à la Boëste de Chastelet, dequoy le Roy ne prend qu'vne obole de profit, pour queüe de vin, dequoy le Roy prend trente sols au dessus.

ITEM, Que tous Vendeurs de vins de Paris, quand ils auront vendu vin de quelque prix qu'il soit, rapporteront leur vente à ladite Boëste par verité & par serment, chacun huit iours vne fois, ausdits Fermiers. Et au cas qu'ainsi ne le feront, ils soient en amende de dix liures parisis au Roy, & de quarante sols parisis à l'accuseur qui les accusera à ladite Boëste.

ITEM, Que nul Iaugeur de Paris ou d'ailleurs, ne puisse ny ne doiue jauger nuls vins, ny d'effacer la jauge de Paris: Sur peine de perdre son office, & d'amende volontaire au Roy. Fait par déliberation de Conseil, l'an mil trois cens soixante-sept.

PORTS ET PASSAGES DE LA RIVIERE DE Seine à Paris: Extrait dudit Liure Rouge du Procureur du Roy en Chastelet.

S'ensuiuent les noms des Ports & passages de la Riuiere de Seine à Paris: Auec l'ordonnance & defense faite aux Basteliers illec assistans, & ayans Basteaux & Nasselles.

PREMIEREMENT, L'escole Saint Germain, & le Loure, les Barres, Gréue, Saint Landry.

Primò, Est ordonné, commandé, & enjoint à tous Basteliers ayans Bastel ou Flette, qu'ils ayent dedans huit iours serrure & chesne à leur Bastel & Flette, & les ameinent chacun iour à heure deüe és Ports jurez de Paris: Sur peine de la hart.

ITEM, Sur ladite peine, qu'vn chacun desdits Basteliers ne laisse son bastel hors de la Ville de Paris: mais l'ameine au fort de la Ville de Paris.

ITEM, Que nul, sur ladite peine, ne passe ny souffre passer en Bastel ny Flette aucune personne, de quelque estat qu'il soit, de nuict, depuis iour failly.

Au Liure Rouge.

PRIVILEGE conferme pour les Bourgeois de Paris, faisant mention des prinses faites sur eux, leurs Fermiers & clausieurs: par lequel lesdits Bourgeois sont francs & exempts desdites prinses. Ledit priuilege donné par le Roy Charles, le douziesme iour de Iuillet, l'an mil trois cens soixante quatre.

Au Liure Noir.

PRIVILEGE donné aux Bourgeois de Paris, au mois d'Aoust, l'an mil trois cens septante & vn, de pouuoir tenir Fiefs, vser & iouyr des gardes & baux, & du priuilege de Noblesse.

Audit Liure Rouge.

LETTRES données par le Roy Charles, l'an mil trois cens septante-quatre, par lesquelles appert, que les faux-bourgs de Paris sont tenus & reputez estre de ladite Ville de Paris, & vne mesme Ville sous le nom de la Cité & Ville de Paris.

LETTRES

LETTRES données par le Roy Charles, l'an mil trois cens octante-trois, par lesquelles appert, que le Roy veut & ordonne, que les faux-bourgs anciens, qui souloient estre autour de la Ville de Paris, soient clos & enfermez de gros murs, de portes, & de fossez : & aussi qu'ils soiét tenus & reputez dés maintenant à tousiours, de ladite Ville de Paris : & les manans & habitans iouyssent des priuileges, & semblables que font ceux de ladite Ville.

DES BOVCHERS.

Au Liure Rouge.

LETTRES touchant l'Vniuersité de Paris, & les Bouchers de sainte Geneuiefue : faisans mention de la prouision faite & donnée sur le fait des ordures venans & yssans des bestes tuées par lesdits Bouchers, & des inconueniens, qui à cause de ce s'en ensuyuoient : en la maniere qui s'ensuit, données en datte du mois d'Aoust, mil trois cens soixante-trois.

PREMIEREMENT, Que nul Boucher ne peut, ny ne doit, par luy ny par autres, tuer chairs, quelles qu'elles soient, au iour dont l'on ne mangera point de chair le lendemain, puis qu'il sera adjourné: si ce n'est aux Vendredis, depuis la saint Remy iusques à Karesme-prenant.

ITEM, Que nul Boucher ne peut ny ne doit, par luy ny par autres, tuer chairs, quelles qu'elles soient, qui ayent esté nourries à maison d'Huilliers, Barbiers, ny de Maladeries.

ITEM, Que nul Boucher ne pourra ardoir en la Boucherie les greaux, qui issent du suif des bestes qu'ils tueront, ou feront tuer.

ITEM, Nul ne pourra auoir esvier ny esgout, par lequel il puisse aller sang de leurs bestes, ny autre punaisie, si ce n'est eau, qui ne sente aucune corruption.

ITEM, Que nul Boucher ne pourra auoir ny tenir fosses, & celles qui sont à present seront emplies aux despens & frais de ceux qui les ont. Et recueilleront les Bouchers le sang des brucilles, les fients, & les laueures de leurs bestes en vaisseaux : lequel sang, fients, & laueures, lesdits Bouchers seront tenus de faire porter & vuider ce iour mesme hors les murs & fossez de Paris.

ITEM, Que nul Boucher ne pourra tuer en la boucherie aucune grosse beste, qui ayt le fil : & au cas qu'il seroit trouué sur aucun, il perdroit la beste, & seroit arse deuant son huys.

ITEM, Que nul Boucher ne fera aucune chose contre les poincts & articles dessusdits ou aucuns d'eux : en peine de payer pour chacune fois, six liures d'amende.

L'AN mil trois cens soixante-six, le septiesme iour de Septembre, par

Arrest de Parlement fut dit, que lesdits Bouchers estoupperoient leurs fosses & esuiers : & outre fut ordonné, qu'iceux Bouchers tueroient d'oresnauant leurs chairs hors Paris sur la riuiere, & apres les apporteroient à Paris pour vendre : Sur peine de dix liures parisis d'amende.

Toutes les Ordonnances dessusdites démonstrent en autres choses, exemples, force & vertu.

AV LIVRE ROVGE.

LETTRES touchant les Bouchers, comment il leur est defendu en vendant par eux leur chair és Boucheries ou estaux, de ne mettre leur chandelle sur leurs chairs.

Au Liure Rouge.

CRY, par lequel il est defendu, de non vendre au marché de Paris, Pourceaux meslez, les vns nourris de gland, & les autres de faine, mais en facent deux troupeaux, & les séparent les vns des autres: Sur peine d'amende volontaire, & de confiscation desdits pourceaux. Et qu'en vendant lesdits pourceaux, les Vendeurs dient & exposent par exprés aux achepteurs d'iceux, lesquels sont nourris de grain, & lesquels sont nourris de faine, à ce que le peuple n'y soit plus deceu.

Au Liure Rouge.

CRY, par lequel il est ordonné, que les Vendeurs de bestail de Paris (lesquels sont commis & establis pour vendre tout bestail qui vient & arriue au marché de Paris, & faire les deniers des Marchands bons) seront tenus de bailler bonne & seure caution de la somme de quatre cens liures parisis. Afin que les deniers des Marchands qui viendront & istront de la vente dudit bestail, soient asseurez, & que nulles fraudes n'en aduiennent.

Au Liure Rouge.

ORDONNANCES faites par la Cour de Parlement, par lesquelles l'on defend aux vendeurs de bestail, de non estre Marchands, & qu'ils ne logent en leurs maisons les Marchands forains, ny leur bestail, & ne baillent bestail à moitié, sinon à leurs mestayers & fermiers, & que ce soit en petite quantité, & pour la fumoison & amendement de leurs terres, selon la quantité de leurs heritages tant seulement, & en icelle maniere, qu'on ne les puisse noter d'estre Marchands.

ITEM, Que les vendeurs vendent eux-mesmes en personne.

ITEM, Qu'ils n'enuoyent leurs seruiteurs, bastonniers, ou courtiers au deuant des Marchands.

Qu'ils ne vendent le bestail arriué à Paris pour vendre, ailleurs qu'au marché de Paris.

ITEM, Du bestail arriué audit marché, lesdits Vendeurs seront tenus de faire bons papiers & registres de la vraye vente & distribution, sans en rien receler.

Au Liure Noir.

ORDONNANCE touchant le Boucher du Roy, comment il se doit conduire & gouuerner au fait de la chasse qu'il fait au marché de Paris, touchant le bestail.

C'EST à sçauoir, qu'il ne prenne audit marché de Paris, ny ailleurs, aucunes denrées, que ce soit pour iuste & raisonnable prix, tel comme les autres Marchands en voudront donner: & en faisant plaine solution & payement presentement des sommes, en quoy ils seront tenus aux Marchands. Et aussi qu'ils ne voisent au deuant des denrées. Et ce sur certaines & grandes peines, au Roy à appliquer.

Au Liure rouge.

CHARTRE & Ordonnance faite par le Roy Charles, sur le fait de création des offices de Vendeurs de bestail à pied fourché à Paris, & du nombre d'icelles, en datte de l'an mil trois cens nonante-deux.

Au Liure rouge.

LETTRES, par lesquelles le Roy veut que chacun vende chairs à destail, & face fait de boucherie, iusques à ce qu'autrement y soit pourueu.

Au Liure Noir.

LETTRES de l'an mil quatre cens & seize, pour abbatre la grande Boucherie de Paris : & de leurs priuileges. Et ce par le Roy Charles.

Au Liure Verd.

CHARTRES faite par le Roy Charles ; au mois d'Aoust, l'an mil quatre cens & seize, commençant, les Statuts, Edicts, & Ordonnances faites sur le fait de quatre Boucheries nouuellement ordonnées à Paris, apres la desmolition faite de la grande Boucherie, qui estoit deuant le Chastelet.

AV LIVRE NOIR.

ORDONNANCE touchant la Marchandise de poisson de Mer: & aussi des Vendeurs : & Escoliers, & leurs priuileges.

Lettre comment les Marchands Voicturiers, leurs gens & familiers, amenans Poisson de mer ; & Harencs vendre à Paris, sont exempts de toutes Iurisdictions, excepté le Preuost de Paris, lequel est commis leur Conseruateur, Gardien ; & Commissaire general.

Sauuegarde pour lesdits Marchands amenans Poisson de Mer, & Harenc à Paris.

Ordonnance & Arrest de Parlement, touchant le fait des estaux à serches de la ville de Paris. Et aussi du Poisson de mer vendu & detaillé és Halles de Paris.

Ordonnance touchant le Poisson d'eau douce.

De non achepter Poisson d'eau douce par Poissonniers regratiers, auant dix heures sonnées au Palais. Et aussi de non aller au deuant des denrées: Sur peine de soixante sols d'amende, & de prison.

LETTRES, Pour la marchandise de Poisson de mer vendu à Paris, à fin qu'és causes des Marchands d'icelle marchandise l'on procede sommairement de iour à iour, d'heure à heure, à iours de Feste, & autres, sans obeïr à respits, cessions, ne lettres d'estat.

Priuilege pour la marchandise de Poisson de mer: que les Marchands se puissent assembler pour leurs besongnes, & causes d'icelle Marchandise, present vn Sergent ou Commissaire, que le Preuost de Paris y ordonnera. Et aussi à rendre & ouïr leurs comptes, & du salaire de douze deniers parisis pour liure, qu'ont les Vendeurs: dont ladite marchãdise a deux deniers.

SENTENCE donnée contre vn Vendeur de Poisson de mer, qui auoit vendu Harencs en caque, qui n'estoient pas si bons dessous que dessus. Pourquoy luy ouy, fut dit & declaré, tout le trouué bon auec le mauuais, estre acquis & confisqué au Roy, & la somme de trente-deux sols parisis, venuë & yssuë en partie de la vente dudit Harenc, appartenir au Roy, sauf audit Vendeur son recours à l'encontre du Marchand qui luy auoit baillé à vendre ledit Harenc.

Au Liure Verd neuf.

VNE lettre d'Edict & Ordonnance touchant les Drappiers, tant de Paris que de Roüen, Bayeux, Lysieux, Monstieruillier, S. Lou, Bernay, Louuiers, Bethune, Bourges, Yssouldun, Orleans, & autres villes: par lesquels appert que nuls, de quelque estat qu'ils soient, ne peuuent tirer, ny faire tirer à poulie, ny autres engins, les Draps de laine qu'ils auront ou feront faire.

ITEM, Qu'aucun ne vende ny expose en vente des Draps à l'aune, soit en la Ville, Foire ou Marché, s'ils ne sont moullez, tondus, retraicts, & prests à mettre en œuure.

ITEM, Que plus ne presseront ny feront presser aucuns Draps, ny y mettre fueillets de bois, arain, gresse, ny autres mixtions, dont par cy deuant on a vsé en plusieurs villes du Royaume: mais apres la teinture & tondure desdits Draps, & pour coucher la laine, ils pourront mettre ou faire mettre entre deux plis vn papier tant seulement, sans autres affettemens, à fin que les fils n'entrent l'vn dedans l'autre: Nonobstant l'Ordonnance faite & publiée en icelle Cour de Parlement, en l'an mil quatre cens quarente.

ITEM, Que nul ne fera plus aucunes teintures en Draps & laines, si elles ne sont loyales & marchandes, de Guesde, Gaule, Garence, Escorce de noyer garẽcé, sinõ en petits Draps de quinze poulces l'aune, & au dessous.

ITEM, Que nul, quel qu'il soit, ne vende ou expose en vente aucuns

Draps en gros ny en détail en la ville de Paris, ny ailleurs, s'ils ne sont bons & loyaux : Sur les peines contenuës & declarées esdites Ordonnances.

ITEM, Que lesdits Draps soient visitez par les Iurez, commis, & gens à ce cognoissans.

Au Liure rouge.

SENTENCE donnée au Chastelet de Paris pour les Drappiers de la ville de Paris, au mois d'Octobre, l'an mil trois cens nonante-vn, sur le fait des serpilieres, que les Drapiers ont deuant leur ouuroüers.

Au Liure rouge.

ORDONNANCE pour aulner les Draps par le feste, c'est à dire, par le milieu.

Au Liure Verd neuf.

ORDONNANCE par laquelle est defendu aux Bonnetiers de Paris de ne faire, ou faire faire aucuns bonnets ou aumusses, qui ne soient d'aussi bonne laine dedans que dehors : Sur peine de vingt liures parisis, pour la premiere fois : & pour la seconde fois qu'ils en seront reprins, de quarante liures parisis : & pour la tierce fois, de priuation de mestier, & les bonnets ainsi prins estre vne partie bruslez, & le demeurant confisqué au Roy, ou donné pour Dieu.

AV LIVRE NOIR.

ORDONNANCE SVR LE FAIT DE LA *Drapperie de Monstieruillier.*

ARRESTS & Ordonnance touchant la liziere que doiuent auoir les Draps de Monstieruillier, & les Draps de Brucelles : & de la difference qui y doit estre.

Au Liure rouge.

ARREST de Parlement, donné le vingt-troisiesme iour de Decembre, l'an mil trois cens soixante-sept, par lequel la Cour ordonne que tous les Pelletiers, Escaliers de Paris, par maniere de prouision, iusques à ce qu'autrement en soit ordonné, iront & porteront leurs denrées és Halles és iours de Mercredy & de Samedy chacune sepmaine : & en iceux iours ne pourrõt rien vendre ny faire vendre en leurs maisons, hors lesdites Halles.

ORDONNANCE faite par Monseigneur le Preuost de Paris, & par déliberation de Conseil, d'apporter toutes denrées és Halles par Marchands Forains.

Audit Liure rouge.

CRY & Ordonnance que les mestiers de Paris, chacun en leur endroit aillent vendre leurs denrées & marchandises és Halles de Paris par chacun iour de marché de la sepmaine, comme le Mercredy, Vendredy & Samedy, qui sont iours de marché : & ce sur peine de quarante sols parisis d'amende. Et leur est defendu, sur peine de dix liures parisis, de vendre lesdites denrées lesdits iours en leurs maisons.

Cry & Ordonnance, faite au mois d'Aoust, mil trois cens nonante-sept, par lequel l'on defend de par le Roy à tous, qu'aucun ne tienne assiette de colombs en la ville & banlieuë de Paris, en la maniere qu'il prejudicie ou face tort, ou prejudice aux colombiers qui y sont : Sur peine de soixante sols parisis d'amende, à appliquer au profit du Roy.

ITEM, Qu'aucun, sur peine de la hart, ne tende aux colõbs en la Preuosté & Vicomté de Paris, ny prenne iceux à rets, filets, ou autres engins.

Ordonnance touchant les gens oyseux, par laquelle il est ordonné à toutes manieres de gens de labeur, ou gens de mestier, puissans de leur corps & membres, qu'ils se mettent & exposent à aller faire leurs labeurs & mestier, à gaigner leurs vies à la peine de leurs corps, à prix competent & raisonnable, sans exceder à demander ny eux loüer à trop grand prix : Sur peine d'estre mis au pain & à l'eau vn iour ou deux, & d'amende.

ITEM, Que tous Laboureurs soient contans & aggréez de demander & prendre salaire competent en argent.

Ordonnance touchant les meseaux, par laquelle l'on defend à toutes personnes entachées de maladie de lépre & mesellerie, qu'ils ne soiẽt si osez ny si hardis d'entrer, aller, venir, conuerser, demourer, ny habiter dedans les quatre portes de Paris, pour quester, ny autrement : Sur peine d'estre prins & emprisonné vn mois au pain & à l'eau au petit Chasteler, par l'executeur de la haute Iustice du Roy nostredit Seigneur, & ses varlets & députez que l'on commet quant à ce : & d'amende volontaire.

ITEM, L'on defend de par ledit Seigneur à toutes les gardes des portes de la ville de Paris, leurs gens & seruiteurs, qu'ils ne souffrent entrer dedãs la ville aucuns desdits meseaux ou meselles : Sur peine d'amende volõtaire.

Cry & Ordonnances, que nul n'apporte ou amene, ou face apporter ou amener en la ville de Paris, pour vendre en icelle Ville, sur asnes, sur cheuaux, à col, ou autrement, aucun faiseaux de feurres, s'ils ne sont bons, suffisans, pesans, & conuenables, & qu'ils ne soient point fardez, pignez ou parez : Sur peine de perdre ledit feurre, & de vingt sols d'amende, à appliquer au Roy.

Ordonnance sur les lieurs de foin.

Cry & Ordonnance, comment ceux de saint Anthoine à Paris peuuent auoir douze pourceaux à sonnette.

Ordonnances faites touchant les Ponts, passages & bois.

Lettres faisans mention des fontaines de Paris.

Ordonnance de non chasser ou voller à oyseaux.

Cry & Ordonnance de non porter armures en la ville de Paris, tant de iour que de nuict.

Cry & Ordonnance, qu'on vende en la place accoustumée.

Et qu'on n'empesche les places des forains.

De retraire denrées & estaux hors la voirie.

Des porteurs d'eaux, & fontaines.

Au Liure Rouge.

CRY & Ordonnances, que tous manans & habitans de la Ville de Paris nettoyent ou facent nettoyer & tenir net deuant leurs hostels & habitation, en ostant & faisant oster les boües, fients, grauois, nettoyeures, & autres immondices & ordures. Et icelles facent porter és voiries & lieux accoustumez : Sur peine de soixante sols parisis, & d'estre mis en prison au pain & à l'eau.

ITEM, Est defendu qu'aucun, sur ladite peine, ne jette eau sur rües par fenestres à Paris. Fait au mois d'Octobre, l'an mil trois cens nonante-cinq.

Audit Liure Rouge.

SENTENCE donnée au profit du Procureur du Roy, & des Talmeliers de Paris, contre le Prieur de saint Ladre lez Paris : par laquelle est dit que ledit Prieur est tenu receuoir audit saint Ladre les personnes ladres nées à Paris : & aussi les Talmeliers de Paris, leurs femmes, enfans, seruiteurs, varlets & chambrieres ladres : & de leur bailler leurs viures, vestemens, & autres leurs necessitez.

TOVTES denrées doiuent estre amenées en plein marché, & là nul ne les peut faire vendre par courtier : pour ce que les denrées seroient plus cheres de tant comme le courtage monteroit.

ITEM, Nul ne les peut achepter, *imò* reuendre ce iour mesmes.

AV LIVRE DES MAISTRES DE LA VILLE de Paris, estant en la Chambre des Comptes à Paris, est escrit ce qui s'ensuit, au fueillet ccc.

Anno Domini millesimo cc. nonagesimo nono, Guillaume Thiboult, Preuost de Paris.

NOVS defendons de par le Roy, que nuls, sur peine de corps & d'auoir, &c. n'aille contre les viures qui viennent en la Ville de Paris.

ITEM, Que tous Marchands forains menent leurs marchandises vendre aux lieux, places accoustumées, en la place qui mieux leur plaira.

ITEM, Quiconques marchandera à Marchand estrange, qu'il le paye le iour qu'il aura achepté la marchandise, s'il n'a respit de luy.

ITEM, Nul ne soit si hardy qu'il rabbate de la somme qui deüe sera au Marchand estranger, outre la volonté du Marchand : si ce n'est par Iustice.

Cry & Ordonnance, que gens de mestier incognus, & de petit estat, ne soient oyseux à iours ouurables.

Lettres faisans mention des chaussées de Paris.

Cry & Ordonnance, sur le fait des Viures & marchandises, que tout soit mené en plein marché, & illec vendu & achepté, & non ailleurs: Sur peine de confiscation, & d'amende arbitraire.

Qu'on ne voise au deuant desdites denrées: & qu'on n'achepte ailleurs qu'és places publiques à ce ordonnées.

Cry & Ordonnance, de non baigner en la riuiere de Seine. Et mettre de l'eau à l'huis pour la chaleur du temps.

Lettres, que les Marchands voicturiers par eau puissent prendre & emprisonner les mal-faicteurs qu'ils trouueront en leurs bateaux.

Cry, que nul n'aille és marests & jardinages, pour y faire dommage, ny mener aucun bestail pour pasturer.

Qu'aucun ne soit partial.

Qu'aucun estranger ne se loge qu'és hosteleries.

Qu'aucun n'aille fourrager sur le plat pays.

Qu'aucun ne porte harnois sans congé.

Qu'aucun ne monte ny aualle par la riuiere.

Qu'aucun ne s'efforce entrer à Paris.

Qu'on apporte les noms de ceux qui s'y logent.

Ordonnance, que chacun est tenu de tenir & entretenir le pauement de son hostel bon & net.

Declaration touchant la croisée de Paris, & où elle se commence.

Plusieurs cris & Ordonnances touchant les choses qui s'ensuyuent.

PREMIEREMENT, Touchant les boües, immondices, & ordures, pour lesquelles choses on commande à vn chacun de nettoyer ou faire nettoyer deuant leurs maisons.

Qu'on ne jette eau par les fenestres.

Que les Barbiers ne jettent leur sang en Seine.

Que gens de mestiers ne mettent leurs estouffrayes, & autres establies sur la voirie.

Lettres, par lesquelles il est defendu à tous, de non apporter verjus, ou raisins en la ville de Paris, pour vendre, s'ils ne monstrent ou tesmoignagne suffisant de la Iustice: ou apportent certification de la Iustice du lieu, comment iceux verjus ou raisins auront creu en leurs heritages, ou les ait achepté de personne ayant puissance de les vendre: Sur peine d'estre tourné au pilory.

Autres lettres contenans, que ceux, qui portent & porteront fiens, grauois, & autres immondices en la riuiere, soient punis.

Au Liure Noir.

LETTRES, par lesquelles le pont Nostre-Dame est donné à la Ville de Paris, reserué au Roy le fonds de terre, la haute Iustice, basse & moyenne: Et qu'il n'y demeurera Changeurs, ny Orfeures: Sur ladite peine.

Obligation de ladite Ville de soustenir ledit Pont à leurs despens.

Verification des gens de Comptes, touchant ledit Pont.

Lettres de l'Ordonnance, faite sur les estaux des Halles de Paris, des Frippiers,

Frippiers, Pelletiers, Tappiciers, & Lingers, enregistrées au quarante-neufiesme Registre du Tresor des Chartres.

Arrest pour le Procureur du Roy contre saint Germain des Prez, pour la Iustice du pont neuf, prés le Palais, adjugée au Roy.

Les droicts touchant l'Isle de France : & quelle Iurisdiction y doit auoir : & sur quels mestiers

Declaration de la taille du pain & du vin, appellé la ceinture la Royne, qui se leue de trois ans en trois ans : auec les branches & droits d'icelle.

Arrest touchant la ceinture la Royne : par lequel appert, que les Bourgeois, manans & habitans de Paris, sont quittes d'icelle, durant certains procez pendás pour raison de ce, touchãt les vins creus en leurs heritages.

Ordonnances faites touchant les Foigniers, Courretiers, & Faisseleurs de foin à Paris.

Ordonnance touchant la visitation des cuirs trouuez, qui sont amenez à Paris pour vendre.

Ordonnances faites touchant les Tainturiers en molée, en la Ville de Paris & és Faux-bourgs.

Comment les Chaussetiers de Paris ne doiuent pas vendre chausses teintes en molée.

Ordonnance, que les Merciers de Paris soient visitez par les Iurez de leur mestier de mercerie, & non pas par les Iurez des mestiers de Paris.

Ordonnance, touchant les Chaussetiers, de non aller au deuant des marchands, ny les tirer.

Ordonnance, touchant les grands Mesureurs d'iceux : Courretiers de vins : deschargeurs d'iceux : ceruoise : & du pain.

Registre & Ordonnance faite sur le fait des Barbiers de Paris.

AVTRES ADDITIONS DES STATVTS ET DROITS ROYAVX.

Des Poissonniers de Mer.

QVICONQVES veut estre Poissonnier de Mer à Paris, il conuient qu'il achepte le mestier du Roy, & le vend-on de par le Roy, à l'vn plus, à l'autre moins : & cil qui le baille, en a selon ce qu'il voit que bon est.

TOVT le Poisson frais de Mer qui vient à Paris, de Pasques iusques à la saint Remy, doit estre vendu le iour qu'il vient, soit en gros ou détail.

ITEM, Le Saulmon & le Porpois, l'on le peut garder deux iours, à compter le iour qu'il sera apporté à Paris, de la saint Remy iusques à Pasques : & de Pasques iusques à la saint Remy, il sera vendu le iour qu'il sera apporté à Paris. Et qui autrement le fera, il payera dix sols d'amende au Roy, toutes les fois qu'il en sera reprins.

ITEM, le Poisson de Mer qui vient à Paris, de la saint Remy iusques à Pasques, doit auoir deux iours de vente tant seulement de celuy qui le vendra en gros: Et celuy qui le vendra à détail, ce iour mesme. Et qui plus le garderoit en ces deux saisons, si comme il est deuisé cy dessus, le Poisson seroit perdu.

Nul Poissonnier de Mer ne doit ny ne peut aller encontre le Poisson pour achepter, si ce n'est de la riuiere d'Oyse, ou à ville où il court marché, là où il acheptera le poisson. Et s'il fait autrement, il perdra le poisson qu'il acheptera, toutes les fois qu'il en sera reprins.

ITEM, Le Poisson doit estre mis au pannier aussi bon dessus comme dessous, & au milieu. Et s'il y eschet amende, si soit amendé par les quatre preud'hommes qui sont establis à ce faire. Et conuient qu'ils soient [deux ensemble à abbatre le tort fait, pour garder les Marchands à droit.]

Nul Poissonnier de Mer ne peut mettre Laye en pannier sur autre poisson: Et qui autrement le feroit, il seroit condamné en amende de cinq sols.

Quiconques amene Poisson de Mer à Paris de deux manieres meslez ensemble en vn pannier, il perd le Poisson toutes les fois qu'il sera reprins.

Tous les Macquereaux & tout le Harenc qui viennent à Paris doiuent estre vendus à compte. Et si le marchand qui l'acheptera ne le veut cōpter, il aura le serment de celuy qui l'amenera, s'il luy plaist: ou l'estallier, qui le vendra, se fera croyable par sa foy de tel compte comme il y trouuera.

Tous ceux qui amenent Poisson à Paris pour vendre à sommier ou à charrette, il conuient qu'ils viennent descendre deuant les Halles de Paris, sans eux musser en maison ny ailleurs. Et s'ils descendoient ailleurs, ils payeroient l'amende des cinq sols dessusdits.

Les Poissonniers de Paris doiuent déliurer les Marchands estranges dedans lendemain Vespres, qui auront acheptè le Poisson. Et s'ils en défaillent, ils payeront deux sols d'amende au Roy, toutes les fois qu'ils en seront reprins.

ITEM, Si le Marchand de dehors gist, le lendemain qu'il viendra à Paris par défaut de payement à l'estallier: l'estallier est tenu de luy rendre ses despens de la nuict, ou de plus, si plus demeure.

Quiconques amene Harenc à Paris pour vendre, en charrette ou à sommier, il conuient que le Harenc soit tout d'vne suitte à tel tesmoing, comme le Marchand l'aura monstré. Et si le Vendeur ny l'achepteur s'accordent que le Harenc soit compté, le Vendeur prendra vne mesure, & l'achepteur vne autre par main estrange: & à la reuenuë que ces deux reuiendront doit reuenir tout le reste du Harenc.

Quiconques achepte Harenc, Desie, ne Laye, & Moruës, & Baconnées, & Macquereaux salez de Marchand estrange: il conuient qu'ils soient ouuerts dedans Tierce, & clos dedans Vespres sonnans. Et ce est ordonné, pour ce que les Marchands s'en alloient trop tard. Et qui ainsi ne le fera, tout le Poisson sera en la volonté du Roy, toutes les fois qu'il en sera reprins.

Le Tonloyer des Halles de Paris ne peut ny doit rien leuer hors des couuertures des Halles au Poisson.

Tous les Vendeurs de Poisson de Mer doiuent chacun pleigerie de quarante liures parisis, aux Maistres qui gardent le mestier pardeuant le Preuost de Paris, s'il leur plaist auant qu'ils s'entremettent pour vendre ny pour achepter pour nul autre. Et si ont les preud'hommes ordonné pour amender les mesfaicts que les autres pourroient faire. Et s'ils les vendent auant la pleigerie, ils sont à dix sols d'amende. Et ce est estably des Vendeurs en gros.

Quiconques est Vendeur & ayt baillé la pleigerie deuant dite, il ne peut perdre le mestier, si ce n'est pour vilain cas. Et conuient que chacun Vendeur ayt son hostel en la ville de Paris, afin que l'on le sçache trouuer.

Quiconques est Vendeur de Poisson de Mer à Paris, il ne peut ny doit partir à Poisson qu'il vende ou achepte, ny luy ny sa mesgnie. Et s'il le fait, il est en la mercy du Roy de tout son auoir, toutes les fois qu'il en seroit reprins: ny ne le peut enuoyer hors en son nom, & luy peut-on defendre le mestier, iusques à la volonté du Roy, s'il le faisoit.

Nul Poissonnier de Paris ne peut ny ne doit broüiller ny cacher Poisson, comme Moruë salée, Maquereaux salez, & Harenc blanc salé; Et s'ils le font, ils perdront le Poisson, toutes les fois qu'ils en seront reprins.

Au mestier dessusdit y a quatre preud'hommes qui ont iuré sur Saincts, pardeuant le Preuost de Paris, qu'ils garderont le mestier dessusdit bien & loyaument: & qu'ils toutes les mesprentures qui faites y seront, feront à sçauoir au Preuost de Paris, au plustost qu'ils pourront par raison.

Quiconques amene Morüe à Paris, la chartée doit cinq sols de coustume: & seize deniers de congé de halage: & chacune somme deux deniers.

La chartée de Plais doit de coustume quatre sols, & seize deniers de congé de halage: & chacune somme, deux deniers.

La chartée de Gournaux doit de coustume quatre sols, & seize deniers de congé de halage, & chacune somme, deux deniers.

La chartée de Merlus, doit de coustume six sols, & seize deniers de congé de halage, & de chacune somme, deux deniers.

Et le Harenc sor & blanc, & gisant, doit quatre deniers de halage, & deux deniers du millier: & six vingts Harencs au feur où on le vend: & le sallé aussi.

La chartée de Rayes doit dix-huit deniers de coustume, & seize deniers de congé de halage: & de chacune somme, deux deniers.

La chartée de Harencs frais, six vingts harencs au feur où on les vend, & seize deniers de congé de halage: & chacune somme, quatre deniers.

Tout Merlent doit quinze deniers de la somme à cheual. Et Harenc frais sept deniers & dix Harancs au feur où on les vend.

Tout Poisson, de la somme doit sept deniers à cheual.

Quiconques ameine Poisson en panniers à Paris, il conuient que ses panniers soient emplis plus loyaument, ou à comble ou sans comble, en la maniere qu'il est deuisé cy dessus. Et s'il aduient que le Vendeur trouue en vn panier trente Harencs moins qu'il ne motira, la somme sera à la volonté du Roy.

DV LIAGE, ET DE LA MONTE DE MARNE.

LA nef qui va à Compiegne & meine vins, combien qu'il y ait ens de vins, & quels vins que ce soient, reech ou sur mer, chacune nauée, quatre liures cinq sols, & cinq sols six deniers au Roy, laquelle coustume l'on appelle le liage.

La nef qui va à Roüen, combien qu'elle mene des vins sur mer, doit quarante-cinq sols, & six deniers de liage. Et si tout le vin est reech, si ne doit la nef que cinq sols, & six deniers de liage.

Si les nefs dessusdites sont chargées deçà la frete de Cormeilles, elles sont quittes & deliures de la coustume deuant donnée.

Tout le vin, quel qu'il soit, qui va contremont Marne, doit de coustume tant, comme le coustumier, qui la coustume garde, de par le Roy, en veut prendre : laquelle chose feroit à amender, s'il plaist au Roy.

Du riuage de Seine.

SI homme de Paris achepte vin en Gréue, & il le met en son celier, il doit maille de riuage : & s'il l'enuoye hors ou qu'il l'enuoye, fors qu'au Lendit, si doit-il maille de riuage. Autant doit la queuë comme le tonneau, le poinçon comme la queuë, & le petit tonneau comme le grand.

Si Bourgeois de Paris amene vin au port en Gréue de dehors la ville de Paris, & il le fait mener en son celier ou ailleurs hors du port, il doit maille de riuage de chacune piece.

Si marchand de dehors Paris achepte vin, ou qu'il l'enuoye, il doit de chacune piece maille de riuage.

Nul ne doit riuage de vins qu'il enuoye à Rouën ou à Compiegne, jaçoit ce qu'il ait monstré ses vins en Gréue : car il s'acquitte par le liage qu'il paye.

Si vin est achepté à Paris en celier, il doit maille de riuage.

Si vin est achepté en Seine, & on le meine contremont l'eau, il ne doit point de riuage.

La nauée de charbon, la nauée quelle qu'elle soit : la nauée de buche, chacune nauée des choses dessus declarées, doit trois mailles de riuage.

Le cochet des choses dessus declarées, doit maille de riuage.

Le Bastel d'vn fust, chargé des choses dessus declarées, ja si grand ne sera, ne doit que maille de riuage.

Tout auoir, qui entre en l'eau ou sort de l'eau, chacun fardeau doit maille de riuage, chacun sa maille, de quelque maniere que l'auoir soit : hors mis tant seulement, Pain, Blé, & fruict qui soit cru au Royaume de France. Lesquelles choses s'acquittent és Halles au marché de Paris.

Huiles, Miel, Cendre, Sain, quel qu'il soit, chacun tonneau doit maille de riuage, quelque tonneau que ce soit, petit ou grand.

Autant doit de riuage le petit tonneau que le grand, des choses dessusdites, & la queuë comme le tonneau.

Tous tonneaux vuides neufs, ou vuides qui sont mis de la terre en l'eau montant ou aualant, chacun tonneau doit maille de riuage. Autant doit la queuë comme le tonneau, & le poinçon comme le tonneau, & le petit tonneau comme le grand.

Toutes molles, à quelque mestier que ce soit, percées & non percées, si la molle vaut deux sols, pour au plus, chacune molle doit maille de riuage, si on met la molle de la terre en l'eau, ou de l'eau sur la terre, quelque part, où on la meine, ou de quelque partie qu'elle vienne. Et tel riuage doit cil, qui de la terre la met en l'eau, ou qui de l'eau la met sur terre.

Chacun faix, s'il poise cinq liures ou plus, doit maille de riuage: & de moins, neant.

Chacune piece de suif cuuelée ou augée, si elle poise cinq liures, ou plus, doit maille de riuage: & de moins, neant: si elle n'estoit faite si petite pour tollir la coustume du Roy.

Le quarteron de plattes de fer doit maille de riuage.

Les cinquante plattes de fer doiuent maille de riuage.

Le cent ne doit que maille. Les cinq quarterons doiuent vn denier de riuage.

Le cent & demy doiuent vn denier de riuage.

Les deux cens ne doiuent qu'vn denier de riuage: & ainsi de plus, plus: & moins, moins. De vingt-cinq plattes, neant.

La somme de clou à cheual doit maille de riuage: les deux sommes ne doiuent que maille: ne les trois sommes que maille: les quatre sommes doiuent vn denier de riuage: les cinq sommes vn denier: les six sommes vn denier: les sept sommes doiuent trois mailles, & ainsi de plus, plus: & de moins de la somme, neant.

La ferreure à charrette doit maille de riuage: les deux ferreures ou les trois ne doiuent que maille: les quatre ferreures à charrette doiuent vn denier de riuage: & ainsi de plus, plus: & de moins d'vne ferreure, neant.

La ferreure à char doit ij. tant de riuage que la ferreure à charrette.

La demie ferreure à char doit autãt comme celle à charrette de riuage.

Les vj. liens de fer trentains doiuent maille de riuage, & de moins, neant.

Les douze liens de fer trentains doiuent maille de riuage.

Les dixsept liens doiuent maille de riuage.

Les dix-huit doiuent vn denier de riuage. Et ainsi de plus, plus: en la maniere cy dessus deuisée.

Les cinq cens de happes doiuent maille de riuage, dessous cinq cens ne doiuent neant. Le millier de happes ne doit que maille de riuage. Les quatorze cens ne doiuent que maille de riuage, les quinze cens doiuent vn denier de riuage. Et ainsi de plus, plus: en la maniere dessus deuisée.

Arain, cuyure, & toute autre maniere de metail, hors mis, or, & argent, monnoyé & à monnoyer, chacun fait à homme, soit petit ou grand, doit maille de riuage.

Chacun bacon entier doit maille de riuage : & si son oinct y est, ne doiuent que maille de riuage, pourtant que le bacon, & l'oinct soient à vne personne, & s'ils sont à diuerses personnes, chacune personne doit maille de riuage. Le quartier doit maille. Et de moins, neant.

Si vn bacon entier, ou plusieurs sans leur oinct, sont à diuerses personnes, ils ne doiuent que de chacun bacon maille de riuage.

Et si les bacons sont par moitié ou par quartiers, ils payeront tout ensemble de chacune moitié ou de chacun quartier, maille de riuage tant seulement.

Chacune huche neufue, si elle vaut douze deniers ou plus, doit maille de riuage, & la vieille huche ne doit rien.

Forcier, escrin, coffre portant à cheual, ne doiuent point de riuage, s'il n'y a aucune chose dedans. Et s'il y a aucune chose dedans, chacun forcier, escrin, ou coffre, doit maille de riuage.

Homme, quelconque qu'il soit, s'il vient dehors Paris pour ester à Paris, ou homme qui va de Paris pour ester ailleurs, & il ameine ou renuoye les harnois de son hostel en vne nef, ou en plusieurs grandes ou petites à vne voicture ou à plusieurs en vn iour, ou en plusieurs, il ne doit de tout son harnois mener ou ramener, que quatre deniers de riuage.

Tonneaux vuides qui viennent à flotte, doiuent chacun maille de riuage.

Vne couste & vn coissin ne doiuent que maille de riuage, s'ils sont à vn homme : & s'ils sont à plusieurs, chacun doit maille de riuage, jaçoit ce qu'il n'y eust qu'vn coissin : si la couste & le coissin sont liez ensemble ou ils sont mis en vn sac, ils ne doiuent que maille de riuage, ja fust-ce choses qui fussent à diuerses personnes.

Mercerie, quelle qu'elle soit, acheptée à Paris, si elle va par eau, chacun fardeau doit maille de riuage.

Du Chantelage de Paris.

SI Bourgeois de Paris achete vin à Paris dedans la ville, & il le vend dedans la ville, comment qu'il le vende, en gros ou à broche, il doit de chacun muy, vn denier de chantelage: & de l'acheteur, il ne doit rien. Et si le Bourgeois de Paris ameine le vin de dehors Paris, & le vend à Paris, il ne doit point de chantelage.

Si homme demeurant à Paris, qui ne soit Bourgeois, vend vin à Paris, comment qu'il le vende, à broche ou en gros, ou qu'il l'ait achepté dedans la ville ou dehors, il doit au reuendre de chacun muy, vn denier de chantelage.

Chantelage est vne coustume assise anciennement, parquoy il fut estably, qu'il loisoit à tous ceux qui le chantelage payeroient, oster le chantel de leurs tonneaux & la vuider. Et parce il sembloit que ceux, qui dedans la ville de Paris estoient demeurans, n'achetassent pas vin qu'ils voulussent reuendre: & quand ils l'eussent vendu, oster le chantel de leurs tonneaux, & leurs lies oster. Pource fut mis le chantelage sur les demeurans & sur les Bourgeois de Paris.

Nul Forain ne doit liage, s'il ne vend vin à broche, ou fait vendre dedans la ville de Paris.

Du roüage de Paris.

SI Homme de Paris achepte vin en Gréue ou autruy celier, ou il prend en son celier mesme, & l'enuoye hors de Paris, il doit de chacune charrettée deux deniers de roüage: du char, quatre deniers, en quelque lieu qu'il voise, fors au Lendit. Mais pour le mener au Lendit ou à saint Germain des Prez, il ne doit rien de roüage.

Autant doit la queuë de roüage comme le tonneau, & le poinçon comme la queuë, & le petit tonneau comme le grand.

La charrette de vin doit deux deniers de roüage, le char doit quatre deniers roüages, ja tant de tonneaux, ny si peu, n'aura sur la charrette, ou sur le char.

Si Marchand de dehors Paris achepte vin en Gréue, ou en celier à Paris, & il l'enuoye en char ou en charrette hors de Paris, il doit le roüage deuant dit.

Si homme de dehors Paris ameine à Paris vin pour vendre, il le descharge, & ne le vend pas: recharger le peut, & remener à charruë ou à charrette par payer le roüage deuant dit: Et s'il ne veut pas recharger, il ne payera rien, deuant qu'il le vendra à broche ou en gros: à tout temps doit-il son roüage au remener, ou qu'il le remeine, s'il l'a deschargé, & s'il ne l'a deschargé, il est quitte de son roüage.

Nul homme, quel qu'il soit, ne doit de roüage de moust qu'il descharge à Paris d'icy au iour de la saint Martin d'Hyuer: Et au iour de la saint Martin sont les mousts, vin: & en doit-on le roüage deuant deuisé.

Vin qui va en Marne par eau, doit autant de roüage comme s'il alloit par terre.

Si vin est achepté à Paris en celliers, & on le meine contre-mont Seine, chacun tonneau doit deux deniers de roüage, deux queuës, & deux poinçons pour le tonneau.

Si vin est achepté en Seine, & on le meine contre-mont l'eau, il ne doit point de roüage.

Quiconques achepte en terre franche, & il charge au chemin & en la voirie du Roy: Cil qu'il l'acheptera, payera au Roy le roüage deuant deuisé.

Tous ceux qui sont demeurans és fauxbourgs de Paris, c'est à sçauoir, hors des murs sont tenus à forains, & s'acquittent en toutes choses, cõme Forains, selon les vs du mestier dont ils sont: s'ils ne sont affranchis par estre haubanniers du Roy.

Les gens qui demeurent dedans les murs de Paris; c'est à sçauoir, en la vieille terre Monsieur saint Marcel, & en la vieille terre Madame sainte Geneuiefue, sont tenus & s'acquittent comme Forains.

Du conduict de tous auoirs qui doiuent conduict à Paris.

TOVTE charrettée de Draps, quels qu'ils soient, qui sont à Marchands de Paris, s'ils trespassent Paris outre les bornes, chacune charrettée doit deux sols de conduict : si tous les Draps sont liez en vne couche, & s'il y a fardel entrelié, le premier fardel doit deux sols de conduict, & chacun des autres douze deniers.

Tous chars de Draps qui trespassent Paris entre les bornes, chacun doit quatre sols de conduict.

Si tous les Draps sont couchez en vne couche, & s'il y a fardel entrelié, le premier doit quatre sols de conduict, & chacun des autres, douze deniers.

Tous sommiers de draps doiuent chacun sommier douze deniers de conduict : attroussé derriere homme, six deniers.

Tous sommiers de draps doiuent chacun sommier douze deniers de conduict.

Si trois fardeaux de draps sont sur vn cheual, l'vn fardeau de l'vne part du cheual, & l'autre d'autre part du cheual, & le tiers sur les deux fardeaux, il doit douze deniers de conduict.

Toute pelleterie neuue ouurée & à ouurer, quelle qu'elle soit: toutes toilles, toutes merceries, tout fillet de laine, sont de celle mesme coustume.

Si l'auoir est poisé au pois du Roy, il ne doit point de conduict : car le pois du Roy le conduict : Si l'auoir est marchandé à Paris, & si l'auoir dehors Paris, & est poisé à Paris au pois du Roy, si doit-il le conduict deuant dit.

A ce qu'auoir passé les bornes de Paris, conuient qu'il passe Montlehery ou le pont de Geuisi, ou Marne, ou pont de Charenton, ou à Laigny, ou le pont de Gournay, ou le pont, ou les caues de Meaux, ou Assy en Meucien, ou l'Orme d'Ognon de là Senlis, ou le pont de Beaumont, ou celuy de Pontoise, ou le pont de Poissi.

Si Marchand de dehors Paris achepte vin en Gréue, & l'enuoye outre les bornes de Paris deuant deuisées, s'il les enuoye en char, il doit de chacun huit deniers de conduict, la charrette quatre deniers de conduict : ja tant ny si peu ny aura sur le char ny sur la charrette. Et s'il enuoye dedans les bornes de Paris, il est quitte du conduict.

Si homme de dehors Paris ameine vin à Paris pour vendre, ou aucune autre marchandise, quelle qu'elle soit, & ne le vend pas, & il le meine outre les bornes de Paris, ailleurs qu'au lieu dont il l'amena, il doit le conduit deuant deuisé. Et s'il le rameine au lieu où il chargea outre les bornes de Paris, il est quitte du conduit, pourtant qu'il le rameine par ce mesme chemin par lequel l'amena. Et s'il le menoit outre les bornes de Paris par autre chemin que par celuy par où il l'auoit amené, il deuroit le conduit deuant deuisé.

Autant doit moust de conduict, s'il passe les bornes de Paris, comme fait vin.

Nul auoir ne doit conduict, s'il ne passe les bornes par terre ou par eau.

Vin qui va en Marne par eau, doit autant de conduict comme s'il alloit par terre.

Si vin ou vert-ius est achepté à Paris en Seine ou sur terre, & on le meine par eau contre-mont Seine : & il passe les bornes de Paris, il doit de chacun tonneau quatre deniers de conduict, deux queuës pour vn tonneau, deux poinçons pour vne queuë.

Et s'il le meine contre-mont Seine par eau, & il le descharge dedans les bornes, & il le descharge sur char ou sur charrette, & il le meine outre les bornes, il doit le conduict deuant deuisé.

Si aucun achepte vin en terre franche, & il le meine outre les bornes, il doit le conduict deuant deuisé.

Tout auoir, quel qu'il soit, en chars ou en charrettes, sur cheuaux, sur mules, ou sur asnes, qui passent pardeuers le moulin à vent de lez saint Anthoine, & trespassent outre les bornes d'outre Paris, ils doiuent le conduict deuant deuisé.

Pareillement tous les auoirs qui passent pardeuers Clichy en la garenne, & trespassent les bornes de Paris, doiuent le conduict deuāt deuisé.

Mercerie, quelle qu'elle soit, grande ou petite, en quelque lieu qu'elle soit acheptée à Paris, ne doit point de conduict.

Toute Marchandise, quelle qu'elle soit, acheptée au Samedy és Halles, ou en marché de Paris, est quitte de conduict quelque part qu'elle voise : si ce n'est vin tant seulement : & si la Marchandise est acheptée aux autres iours qu'au Samedy, & le Roy en ait en son tonlieu, elle ne doit de conduict.

Ceux de Loris en Gastinois ne doiuent point de conduict.

Ceux de Bois-commin, ceux de Chaillau la Royne, ceux de Chasteau-landon, ceux d'Aubcigny en Berry, ceux de la Rochelle, ceux des Aluez de lez saint Germain en Laye, ceux qui sont Bourgeois de Paris, & ceux de Neauffle, de lez Chasteau-fort, ne doiuent point de conduict.

Toutes gens de Religion, tout Clergé, tout Cheualier, & tout Gentilhomme sont quittes de conduict payer des choses qu'il acheptent pour leur vser : & des choses qu'ils achepteroient pour reuendre, ils deuroient conduicts deuant deuisez.

Du Tonlieu & du conduict d'Oingt, de Suif, de Sain, de Bacons, & de panneaux de Bacons.

QVICONQVES vend sain, il doit de chacune piece maille de tonlieu, si elle passe cinq liures, ou plus : & de moins, neant.

Si sain est si menu qu'il ne se puisse conter par pieces, les cent liures pesant doiuent deux deniers de tonlieu.

Sain en testées, les trois testées doiuent maille de tonlieu : & moins de trois testées, ne doit neant de tonlieu.

Les six testées doiuent maille de tonlieu.

Les sept ou les huit ne doiuent que maille.

Les neuf testées doiuent trois mailles.

Les douze testées doiuent vn denier de tonlieu : & ainsi de plus, plus, en la maniere dessus deuisée. Autant doit de tonlieu cil qui vend, comme cil qui achepte, s'il n'est Boucher de Paris, qui rien ne doit ny du vendre ny de l'achepter : car son hauban l'acquitte : ou s'il ne demeure dedans les murs de Paris, & l'ait achepté pour son vser.

Bourgeois de Paris, ny hommes demeurans dedans les murs, ne doiuent point de tonlieu de sain qu'ils vendent, qui vient de leurs bestes.

Chacun pain d'oingt, s'il poise cinq liures, ou plus, doit maille de tonlieu : de moins de cinq liures, neant. Et s'il est si menu qu'il ne poise cinq liures, les cent liures pesans doiuent quatre deniers de tonlieu.

Oingt en penne, soit grand ou petit, doiuent les cent liures pesans quatre deniers de tonlieu.

Autant doit de tonlieu cil qui vend, comme cil qui achepte, s'il n'est Bourgeois de Paris, qui rien ne doit ny du vendre ny de l'achepter : car son hauban l'acquitte : ou s'il ne demeure dedans les murs de Paris. Et s'il l'achepte pour son vser, chacun bacon doit maille de tonlieu.

La moitié d'vn bacon doit maille de tonlieu.

Le quart du bacon ne doit neant de tonlieu.

Si bacons viennent en panneaux en gresse, les quatre panneaux doiuent sept deniers de tonlieu. On appelle panneau en gresse, fliches de bacon sans os.

Autant doit cil qui vend, comme cil qui achepte, s'il n'est Boucher de Paris, qui rien ne doit, comme il a esté dit deuant : ou s'il n'est estagé dedans les murs de Paris, & l'achepte pour son vser : ou s'il ne la fait nourrir ou baconner en son hostel.

Saingt, oingt, bacon, & panneaux de bacon, s'ils passent Paris outre les bornes, & ne soient vendus ou acheptez à Paris en la terre du Roy, ou en la terre de l'Euesque, ou en marché, parquoy le Roy n'en ait eu sa coustume, ils doiuent autant de conduict s'ils passent les bornes, comme ils deuroient de tonlieu, s'ils estoient vendus és lieux deuant dits. Et s'ils estoient vendus & acheptez és lieux deuant dits, il ne deuroient point de conduict : car le tonlieu les acquitte.

Du Tonlieu, & du conduict de fer & d'acier qu'on vend à Paris.

CHARRETTEE de fer à Marchand de dehors, venduë à Paris, doit deux deniers de tonlieu, & si la charrette est venduë auec, & elle est ferrée, cil qui la vend doit vn denier de tonlieu pour la chartée, & si la charrette est bastarde, c'est à sçauoir, sans ferreure, le vendeur doit maille de tonlieu pour la charrette.

La somme de Fer à Cheual, ou à Asne, doit vn denier de Tonlieu, si elle est venduë : & à col, ne doit neant.

Autant doit cil qui vend, comme cil qui achepte, s'il ne l'achepte pour son vser.

Les Marchands de Paris ne doiuent rien de tonlieu de Fer qu'ils acheptét ne vendent, car chacun Ferron en paye chacun an deux sols parisis de coustume au Roy, pour les mailles des Samedis.

Les Ferrons, qui demeurent dedans les bornes de la foire saint Ladre, doiuent chacun, chacun an deux sols de coustume au Roy, pour les mailles des Samedis: & deux sols pour la foire saint Ladre.

Si Bourgeois de Paris vend charrette vuide ferrée ou bastarde, il doit le Tonlieu deuant deuisé: & s'il l'achepte pour son vser, il ne doit point de tonlieu: s'il ne l'achepte pour son vser, il doit le tonlieu deuant deuisé.

Charrette de Fer à Marchand de dehors venduë à Paris, tant comme la foire saint Ladre sied, le vendeur doit six deniers de tonlieu, & l'achepteur doit deux deniers de tonlieu, s'il l'emmeine hors de Paris, tant comme la foire saint Ladre sied.

Les douze plates de Fer acheptées à Paris, tant comme la foire saint Ladre sied, si elles sont portées à col hors de la Ville, l'achepteur doit maille de tonlieu: & de moins neant, & si c'estoit autre Fer que l'on portast à col, si deuroit l'achepteur de la monte de vingt-deux plates, maille de tonlieu.

Et l'achepteur de Fer, qui passe les bornes outre Paris, doit quatre deniers de conduict.

Le char, qui meine Fer, doit huit deniers de conduict.

La somme doit deux deniers de conduict, & à col, neant. Et s'il est achepté à Paris en marché, ou en foire, ou en la terre du Roy, ou en la terre de l'Euesque, & le Roy n'eust eu sa droicture, il ne doit point de conduict.

Acier est de la mesme coustume & de la mesme droicture, que Fer est en foire, & hors de foire.

Du Tonlieu & du halage de tous les Draps, qu'on vend au marché de Paris.

QVICONQVES vend Escarlatte à Paris és Halles ou en son hostel, il doit de chacun Drap deux sols de tonlieu du vendre: & l'achepteur deux sols, s'il ne l'achepte pour son vser: car s'il l'achepte pour son vser, il ne doit rien.

Draps de Beauuais, le Vendeur doit trois deniers: & l'achepteur, quatre deniers, s'ils ne sont de la Confrairie des Drappiers: & s'ils sont de la Confrairie des Drappiers, ils doiuent de chacun Drap trois deniers de tonlieu.

Les Tisserrans, qui vendent Draps en leurs hostels, s'ils les ont tissus, doit chacun, de chacun Drap qu'il vend en son hostel, deux deniers de tonlieu: & l'achepteur deux deniers de tonlieu, au seigneur dessous qui ils demeurent: & s'ils les vend és Halles, il doit de chacun Drap, six deners de tonlieu: & l'achepteur six deniers.

Les Drappiers de Paris doiuent à la foire saint Ladre, neuf deniers d'estalage: & de deux aulnes & demie de place douze sols, de plus, plus: & de moins, moins, & ceste coustume appelle-l'on la huche, & pour ce sont-ils quittes de tonlieu & de la foire.

Tous Draps de couleur, soient royez ou autres, chacun Drap vendu doit douze deniers de tonlieu, hors de la foire saint Ladre: c'est à sçauoir, le vendeur six deniers, & l'achepteur six deniers.

Draps de Chastres sous Montlehery, doiuent chacun six deniers de tonlieu: c'est à sçauoir, trois deniers l'achepteur, & trois deniers le vendeur.

Chacune chappe venduë doit trois deniers de tonlieu: c'est à sçauoir, deux deniers cil qui vend, & deux deniers cil qui achepte, s'il n'achepte pour son vser.

Tiretaines, gallebruns, & tous autres Draps ourdis, sont de celle mesme coustume.

Tous Draps qui tiennent dix-neuf aulnes & demie, sont de celle mesme coustume, s'ils sont de Draps larges, tant comme la foire saint Ladre dure.

Ceux qui tiennent huche, ne doiuent point de tonlieu de Drap: quoy qu'ils vendent, ne quoy qu'ils acheptent, ne doiuent qu'vn denier de tonlieu, s'ils sont estranges: & s'ils sont de la Ville, neant s'ils tiennent huche.

La foire saint Ladre dure dix-huit iours, & commence le lendemain de la Toussaints: & a le Roy, tant comme la foire dure, le poix de la cire, & le poix Gautier le Maistre: & le liurent ceux qui ont le poix au commandement du Preuost de Paris: ne tant comme la foire dure ne peut-on peser à autre poix.

Ceux de Cambray doiuent chacun vingt-quatre sols pour chambre.

Ceux de Beauuais sont quittes pour dix-huit liures, qu'ils doiuent payer à la saint Ladre, & pour leur tonlieu, & pour trois oboles qu'ils payent chacun Samedy, s'ils mettent à estal.

Chacun estal à Tisserrant doit chacun an cinq sols, à payer la moitié à la saint Remy, & l'autre à la my-Caresme: & trois mailles de hostelage chacun Samedy.

Les Drappiers de saint Denys, & Tisserrans de ce mesme lieu, doiuent au Roy chacun an, onze liures huit sols: c'est à sçauoir, cent quatorze sols à la saint Remy, cent quatorze sols à la my-Caresme, pour les cens du Roy.

Les Drappiers de Paris ont leurs Halles, & tirent au los trois fois l'an: c'est à sçauoir, à la saint Iean, à la saint Ladre, & au Noël. Et prennent de la Halle tant qu'il leur conuient: & sont quittes par quatre sols payant au Roy, pour chacune année par an, à payer à la saint Remy, & à la my-Caresme, pour cens: fors qu'en foire ils payent leur huche.

Si Drappier vient à Paris à la foire saint Ladre, il ne doit point de huche, s'il n'a six Draps, ou plus.

Nul pelletier ne doit huche, s'il n'a six garnemens, ou plus, puis que le garnement doit tonlieu: car si le garnement ne doit tonlieu, il ne doit pas tenir huche.

Draps de Louuiers, Draps de Tours, que l'on appelle Mausumier,

& tous petits draps de dix aulnes, & de moins, qui ayent deux chefs, doiuent quatre deniers du vendre, & autant de l'achepter: s'il n'est de la Confrairie aux Drappiers de Paris: & s'il est de la Confrairie aux Drappiers, il ne payera que trois deniers.

Ceux de Doüay, ou d'ailleurs, de quelque lieu qu'ils soient, hors mis les lieux deuant nommez, s'ils viennent à foire, & ils apportent six draps, ou plus grands ou petits, quels qu'ils soient, ils doiuent la huche: C'est à sçauoir, de deux aulnes & demie, ou de moins douze sols pour la huche. Et sont quittes pour leur tonlieu du vendre & de l'achepter, pour leur huche, tant comme la foire dure.

Tous Draps, de quelque lieu qu'ils soient, de Paris ou d'ailleurs, s'ils ont à Paris, six Draps ou plus, & ils les mettent pour vendre, jaçoit ce qu'ils ne venpent pas, douze deniers pour huche, en quelque lieu qu'ils demeurent, tant comme la foire dure. Et s'ils vendent ou acheptent, ils sont quittes de leur tonlieu du vendre & de l'achepter, tant comme la foire dure pour raison de la huche.

Drappiers de saint Denys en France, en Foire doiuent chacun, de chacun estat qu'ils tiennent, six sols pour la huche: & en prend le Maistre des Drappiers de S. Denys, tant comme il luy semble que mestier luy est pour ses Drappiers. Et cil qui les coustumes des Halles garde pour le Roy, peut le demeurant de la Halle à ceux de S. Denys bailler, pour son profit, à qui il luy plaira. Et sont quittes ceux de Monsieur S. Denys du tonlieu de Draps, qu'ils vendent & acheptent tant comme la foire dure.

Les Drappiers de Doüay ont leur Halle, & la loüent ceux qui la coustume des Halles ont pour leur profit, vne fois plus, autre fois moins, si comme ils peuuent, & qui leur semble que bon soit. Et doiuent les Drappiers de Doüay, huche en foire, & hors foire doiuent le tonlieu deuisé.

Du Tonlieu, & du Hallage de la laine de mouton, de brebis, & d'aignelins, lauée & à lauer, qu'on vend à Paris.

LAINE de mouton & de brebis tonüe, les deux toisons, maille: les trois toisons obole: les quatre toisons obole: les cinq toisons, trois oboles: les six toisons, vn denier de tonlieu. Et autant doit le vendeur comme l'achepteur.

Et en peuuent les achepteurs achepter tant comme il leur plaira, jusques à douze pour vn denier de tonlieu celle mesme journée, & le vendeur pareillement.

Si vn homme achepte six toisons à vn homme, ou à plusieurs, vn iour, & en celle mesme journée il les reuend à vn homme, ou à plusieurs, il ne payera que sept deniers de tonlieu. Car entre vendre & achepter six toisons, n'en a que douze, & s'il en acheptoit ou reuendoit, il ne deuroit qu'vn denier de tonlieu.

Si vn homme achepte plus de douze toisons, il payera plus de tonlieu, à la raison qui est dite deuant, jusques à vingt-cinq toisons; desquelles vingt-cinq, il doit payer deux deniers de tonlieu : de cinquante, quatre deniers : du cent, huit deniers. Et ainsi doit-il payer de plus, plus: & de moins, moins : ainsi comme qu'il est deuisé deuant.

Quiconques vend & achepte laine de brebis ou de mouton lauée, il ne doit point de tonlieu. Car le poix le Roy l'acquitte : & doit au poix du Roy, de chacunes neuf liures pesans obole : & autant doit-elle si elle estoit pesée, comme si elle n'estoit pas pesée.

Aignelins ne doiuent point de tonlieu, ny de poix, s'ils ne sont vendus à poix, & s'ils sont vendus à poix, si ne doiuent-ils que demy poix : c'est à sçauoir de neuf liures pesans, obole : & autant doit le vendeur, comme l'achepteur.

Laines qui viennent d'Angleterre, le vendeur doit pour chacun sac vendu, dix-huit deniers, s'il poise trente-six pierres, au prix de neuf liures la pierre : & s'il poise moins de trente-six pierres, ils payeront moins à la raison qu'est dite deuant.

Si sac de laine d'Angleterre poise trente-neuf pierres, le vendeur ne l'achepteur ne payeront chacun que dix-huit deniers pour le poix. Car le sac d'Angleterre doit poiser trente-neuf pierres. Et s'il poisoit moins, le vendeur deuroit restaurer à l'achepteur le moins, par les vs & par les coustumes de la Ville de Paris. Et autant payeront les vendeurs & les achepteurs de tonlieu, si elle est pesée, comme si elle n'est pas pesée.

Tous ceux qui viennent le Samedy au marché de la Ville de Paris, s'ils mettent à terre ou à estal leur laine, leurs aignelins, ou leurs peaux, s'ils les ont apporté à col ou à cheual, doiuent maille de halage. S'il y a deux toisons, ou deux peaux, ou plus d'vne peau, ou d'vne toison, ne doiuent point de halage. Si les toisons ou les peaux sont apportées à charrette, si doit la charrette vn denier de halage : & si elle est à vn homme, ou à plusieurs, chacun doit obole de halage.

Peaux de morine ne doiuent point de tonlieu.

Le Roy a le poix de la laine lauée par toute la Ville de Paris, hors mise la sepmaine de l'Euesque.

Du Tonlieu, & du conduict du filé & de chanvre que l'on vend à Paris.

HOMME qui achepte dix-huit denrées à filé, doit obole de tonlieu : & autant en pourra l'achepteur vendre & achepter, à celle mesme journée, comme il luy plaira, & le vendeur aussi iusques à neuf liures pesant, par la derniere maille de tonlieu payant.

Nul ne doit tonlieu, halage, ne poix de filé de laine qu'il achepte, s'il ne vaut dix-huit deniers : & s'il vaut dix-huit deniers, il doit obole de tonlieu. Et si la liure de filé valoit neuf sols, si ne deuroit le vendeur ou l'achepteur, chacun de neuf liures pesant, qu'obole de tonlieu : & toutes les fois que cil, qui pesera le poix de neuf liures, vaudra dix-huit deniers, si payera l'achepteur vn denier de tonlieu, & le vendeur pareillement, & de dix-huit liures pesant ne payera chacun qu'vn denier de tonlieu : de vingt-sept liures pesant payeront chacun trois oboles de tonlieu : ainsi de plus, plus :

& de moins, moins : en la maniere dessus deuisée, soit pesée, ou à peser.

Tous ceux qui vendent filé de laine, qu'ils ayent achepté filé, s'ils le mettent à terre, ou à estal, ils doiuent maille de halage.

Si le filé est à vn homme, ou s'il est à deux, ou plusieurs, chacun doit maille de halage au iour de Samedy.

Aux autres iours qu'au Samedy, nul ne doit rien de halage, soit qu'il apporte à col, ou à cheual, ou à charrette.

Charrette de filé de laine, amenée à Paris au Samedy doit vn denier de halage : & si elle est à deux hommes, ou à plusieurs, doit obole de halage.

Du Tonlieu, & du halage de Toile.

QVI vend ou achepte toiles, quelles qu'elles soient, soit de lin, ou de chanvre, ou d'estoupes, verte, inde, noire, rouge, jaune, blanche, ou escrüe : les cinq aulnes ne doiuent que maille de tonlieu, ja tant n'y en aura en la piece : si moins de cinq aulnes y a en la piece, ja si peu ne s'en faudra, qu'elle ne deura point de tonlieu.

Autant doit cil qui vend, comme cil qui achepte pour son vser.

Si vn homme a plusieurs pieces de toile cousuës l'vne à l'autre, & il les vend, il ne doit qu'obole de tonlieu, s'il veut fiancer, qu'il ne les ait accousuës pour tollir au Roy sa droicture.

Si vn homme a plusieurs carreaux de toile, & en ait deux ployez l'vn à l'autre, & il les vend & liure pour vne toile, il payera maille de tonlieu : & s'il vend chacun carreau par luy, il ne doit point de tonlieu : si, comme il a esté dit deuant, par malice ou par barat ne desseuroit ses carreaux, ou asseoir l'vn à l'autre.

Quarreaux de toile sont pieces de toile, qui tiennent quatre aulnes & demie de toile.

Tous marchands de toile, qui mettent à la foire saint Ladre, doiuent deux sols de tonlieu : & partant sont-ils quittes du tonlieu dedans les bornes de la foire, tant comme la foire sied.

Tous ceux qui mettent sur demy estal à la foire saint Ladre, doiuent douze deniers de tonlieu : & partant sont-ils quittes de leur tonlieu du vendre & de l'achepter dedans les bornes de la foire saint Ladre, tant comme la foire saint Ladre dure & sied.

Du Tonlieu du filé de lin.

FILÉ de lin, & filé de chanvre, ne doiuent rien de tonlieu, que qui le vende, ne qui l'achepte.

Si filé de lin, ou filé de chanvre est mis à terre ou à estal au iour de Samedy, il doit maille de tonlieu, cil à qui le filé est tant seulement.

LIN ou chanvre apporté à col au Samedy, s'il est mis à terre ou à estal, doit maille de halage.

Si cil à qui le lin est, en vend tant seulement vne poignée, ou trois, doiuent vn denier de tonlieu : & ainsi de plus, plus, si comme il est dit deuant.

Si le lin ou chanvre est apporté à Paris au Samedy en marché, à cheual, & soit à vn homme, s'il le met à terre ou à estal, & il deslie son sac, il doit maille de halage : Et s'il en vend aucune chose, il doit deux deniers de tonlieu.

Si le lin ou le chanvre est à plusieurs hommes, & il est apporté à cheual, chacun payera maille de halage, s'ils ont deslié : & au vendre payera chacun deux deniers de tonlieu.

Si le lin ou le chanvre est apporté au Samedy à cheual pour vendre, & ne soit pas tout vendu, & se soit acquitté en la maniere dessus deuisée, vendre le peut sur sepmaine sans coustume : Et s'il le rapporte au Samedy apres, vendre le peut par ce mesme tonlieu, & mettre à terre ou à estal, en payant maille de halage.

Et s'il est à plusieurs, & se seroient acquittez à la maniere deuant deuisée, vendre le peuuent par le mesme tonlieu & le halage qu'ils auront payé.

Lin ou chanvre apporté à charrette au Samedy és Halles, ou aux autres iours, doit trois deniers de tonlieu, & vn denier de halage, s'il est à vn homme, & soit mis à terre ou à estal : s'ils sont à plusieurs hommes chacun payera au Samedy vn denier de tonlieu, & obole du halage : Et aux autres iours ne payeront que trois deniers de tonlieu, & vn denier de halage, ja tant de compagnons ny aura.

Lin & chanvre apporté à col à cheual, char ou charrette, doit double tonlieu la premiere fois qu'il sera apporté pour vendre, & vendu tant comme la foire saint Ladre dure, & la saint Germain des Prez sied. Et aux autres fois doiuent simple tonlieu : C'est le tonlieu deuisé, s'il en vend peu ou beaucoup.

Chanvre qui vient par eau, si elle est portée au marché à cheual, ou à charrette, ou vendüe au iour de marché : le vendeur & l'achepteur s'acquitteront chacun iour pour vn denier : si elle est mise au Samedy à terre, ou à estal, elle doit maille de halage.

DV PEAGE DE PETIT-PONT.

CE SÇACHENT ceux qui sont de present, & seront à l'aduenir, que peager est à petit-Pont, pour ce qu'il doit demander son peage aux marchands. Et sçachez que quand il aura demandé aux marchands, au pont ne les doit arrester le peager s'ils emportent son peage, deuant ce qu'ils soient issus de la banlieuë.

Doncques

Doncques les peut le peager arrester. Et si le marchand s'en passe outre à tout le peage, si que le peager ne luy ait demandé, quitte en doit estre, s'il peut iurer qu'il ne sçeust qu'il d'eust peage, & son peage rendre. Le peager doit retenir les hommes & les femmes qui doiuent peage, tant qu'il ait gage ou argent. Et sçachent bien, qu'homme qui est estranger à Paris, ne doit point de peage de chose qui soit à son vsage, ny de nulle marchandise, s'il ne passe le pont. Et sçachent qu'homme qui vienne à Paris au marché, vendra & acheptera pour vn peage à l'aller au marché & au reuenir.

De Peleterie.

ET qui portera peleterie au marché de Paris, de tant comme il en vendra, de tant rendra son peage, & l'autre emportera toute quitte arriere. Et si peleterie vient de foire, & elle passe parmy Paris, & elle va outre, toute s'acquittera. Et quand qu'il y aura du cuirien cru és charrettes, pource que de sauuagine soit, si doit donner quatre deniers: & si trousseau n'est entrelié de cordes, le premier trousseau donnera quatre deniers: & tous les autres trousseaux cordez apres deux deniers de sauuagine sans peleterie faire, & autant d'aigneaux tous priuez, si en chef-d'œuure n'est, quatre deniers, de chef sauuage, vn denier: & de priué, obole: chef-d'œuure de deux peaux ne doit neant. Oeuures de testes ny de ventresches, de Connins ny de Lievres, ne doit neant.

Cordoüan.

CORDOVAN passé pour qu'il y en ait douzaine & plus, doit vn denier à col: & maille, de douzaine, & de moins. Et s'il n'y a que trois peaux ne doiuent rien par soy. Et s'il a basanne ou le Cordoüan, si est quitte pour le Cordoüan: & si la basanne est par soy, si donne obole à col. Douzaine, & tant comme il y en auroit plus.

Le trousseau de cordoüan en charrette, iiij. deniers, & s'il y a trousseaux entreliez, deux ny trois, ny quatre, qui soient à hommes d'vne compagnie pour qui ils soient communs à grain, s'ils sont quittes pour vn acquit. Et s'il y a pleine charrette pour qu'il soit lié d'vne corde, ne deura que quatre deniers, à quelque gent qu'il soit: mais s'ils estoient cent compagnõs, & s'ils ne sont compagnons, si acquittera chacun sa chose. Basenne en charrette, deux deniers.

Peaux d'Ourle.

Peaux d'Ourle, & peaux blanches ne doiuent que obole à col: & peaux de saisons à laine, s'il y en a douzaine, si doiuent obole: & moins de douzaine, neant.

Peaux de Morine.

Peaux de Morine, neant: peaux d'Ourles, & peaux blanches en charrette, doiuent deux deniers: à cheual, vn denier: sur asne, maille: vingt cuirs de tacre, vn denier: de la tacre par soy, obole. Et s'il y a moins de tacre, chacun cuir doit maille par soy.

Cuirs de Tacre.

Chacun cuir à cheual, ou charrette, doit maille, soit de cheual, ou d'asne, ou de bœuf, ou de vache, iusques à dix : & si dix en y a, si sont-ils quittes pour maille.

Cuir de tacre deux deniers: & s'il y a blanc mesgis, ils doiuent quatre deniers : & s'il n'y a tacre, chacun cuir doit maille.

Chacun memans, que Marchand ont au Lendit, doit vn denier.

Fornemens tenus en charrette à soliers, deux deniers: à cheual, vn denier: à asne, maille.

Toiles.

De Toiles, linges, quatre deniers en charrette : & de freperie vieille en charrette, si elle est à vn homme ou à deux d'vne compagnie, ne deura que deux deniers. Et si elle est à trois ou quatre, qui ne soient de compagnie, chacun acquittera sa chose, si elle est entreliée. Et si elle est en vne couche, si ne deura que deux deniers, qui qu'elle soit.

Freperie, Linge ne doit neant par soy. Et sçachez que nulle femme de Paris ny de Ville, ne doit point de peage de sa toile linge, pourtant qu'elle l'ait filée : & de lange, doit obole à col.

Filé de chanvre ne doit neant, & chanvre doit obole à col : en charrette, deux deniers : sur cheual, vn denier : sur asne, maille.

Chartée de chanvre & de cordes ensemble, deux deniers. Et s'il y a til par soy, ne doit neant.

Cheual qui porte filé lange, doit vn denier, autant à dos comme à trousse : & aussi de laine : Et en charrette, quatre deniers. Et s'il y a ensemble laine & filé, si sont quittes pour les quatre deniers.

Femme.

Ny femme marchande de Ville ny d'ailleurs, si elle porte à son col, ny trait à charrette, ne doit neant de peage, qui qu'elle soit. Car le Roy Louys le pardonna le iour qu'il partit à aller outre mer de Paris.

Toile.

Toile à col doiuent maille : Autre Drap lange à col, maille.

Et sçachez que laine à col ne doit que poiteuine, ja tant n'en y aura outre trois toisons : mais de moins de trois toisons, neant.

Colier qui porte filé lange, vne maille : & ceintures de laine, vne poiteuine : & filé linge ne doit neant.

Toiles.

Toiles à trousse, vn denier, & à dos deux deniers.

Escenle.

Homme de dehors, s'il emmene vne chartée d'Escenles, il doit maille : & vn tonneau, maille : & huche neuue, maille.

Bœuf.

Le Bœuf doit vn denier, s'il est vendu : s'il n'est vendu, neant.

Toreau, maille. Vache, maille.

Chatris & brebis, chacun poiteuine.

Cheual, vn denier. Iument, vn denier.

Pourceau alaictant ne doit neant. Et sçachez que nulle beste ne doit neant deuant ce qu'elle ait vn an, fors le pourceau.

Fer.

Ferron qui porte Fer à trousse, ou à dos, doit vn denier. Feure qui porte à son forgier, ne doit neant.

Semences.

Semence de porrette, & d'oignonnette, vn denier à col : & à dos, deux deniers : à cheual, vn denier : sur asne, obole: à col neant.

Taintures.

De toutes taintures fors de graine, en charrette, deux deniers : mais s'il y a cendre clauelée, qui appartient à tainture, la charge de graine, quatre deniers : escorce d'aune, neant.

Poyure.

Vne charrette de Poyure, quatre deniers. Et s'il est tout en vne bale, si ne deura que quatre deniers.

Mercier.

Mercier, qui va à foire, ou vient de foire, vn denier de mercerie de foire à col : à cheual, deux deniers : & en charrette, quatre deniers: & à trousses, vn denier: & sur asne, vn denier. Et si elle va par les marchez, demie coustume. Et s'ils sont en vne charrette trois compagnõs ou quatre, qui viennent de la foire, ils ne sont compagnons à vn gain, si acquitera chacun la sienne chose, si elle est entreliée. Et s'ils peuuent pleuuir qu'ils soient compagnons à vn gain, ils ne deuront qu'vn acquit.

Cire.

Si Cire est en charrette en panne, ou en troussel, elle doit quatre deniers: & à col, vn denier: & sur asne, vn denier : Trousseaux à dos, deux deniers: & trousseaux de derriere, vn denier.

Suif.

Chacune passée de Suif, maille : & augées, autant : Sans escuelles, maille: les vingt-trois testées qu'on appelle douzaine, deux deniers: & chacun oint à Marchand, maille: & chacun bacon, maille aussi par eau comme par terre. Et si l'oint est de mesme le bacon, ils ne deuront que maille.

Vins.

Tout le vin qui vient à Paris, iusques à la feste saint Martin, ne doit neant, s'il le remene en la Ville : Et s'il va outre, si doit la charrettée deux deniers : & en toutes saisons, deux deniers, apres la saint Martin.

Bled.

Nul Bourgeois de Paris ne doit du Bled de ses terres, ny du Vin de ses vignes, ny de Vin qu'il achepte pour son boire, neant qui que soit : le Bourgeois s'il l'achepte pour reuendre, dés la saint Martin en auant deura de la charrette, deux deniers, comme les autres Marchands.

Pain.

Pain en charrette, deux deniers: à cheual, vn denier: sur asne, maille.

Vans,

Vans en charrette, deux deniers : à cheual, vn denier: sur asne, obole. Qui acheptera vn seul van à son vser, ne doit neant, s'il n'est foire de Lendit : & s'il est Lendit, il en doit maille : & nul autre saison neant, fors le iour de la saint Denys, & le lendemain neant.

Boisseaux.

Chartée de Boisseaux & de muys s'ils vont à foire, deux deniers: & sus neant.

Ceux qui mettent leurs fardeaux en l'eau pour aller à la foire à Corbeil, ou à Melun, si la foire est de l'autre part de l'eau deuers le mont saint Pierre, si ne doiuent neant: & si elle est en l'Isle ou de l'autre part de l'eau, ils doiuent donner maille à col.

Ceux qui mettent leurs fardeaux en l'eau à Corbeil ou à Melun pour venir aual, doiuent de Cordoüan vn denier: & de futaine vn denier, & de Mercerie vn denier.

De tous fruicts à col, pardõna le Roy Louys pour l'amour de Dieu à toûjours: & en charrette, deux deniers, & à cheual, vn denier, sur asne, obole.

Homme qui s'acquitte à petit-Pont de sa Marchandise, qui vient dehors, celle marchandise qu'il acquitte, portera parmy la Ville quittement: & s'il ne la peut vendre, si l'emportera quittement.

L'homme qui est estager à Paris, ne doit neant, de Marchandise pour venir à son hostel, s'il ne passe le pont.

Homme de Paris.

Homme qui est estager à Paris, s'il achepte marchandise à Paris quitte l'en peut porter en sa maison, sans donner peage pour qu'il en ayt donné son tonlieu: & s'il l'apporte hors, il en doit son peage.

Paris.

Homme qui est estager de Paris, ne doit neant de sa marchandise, s'il ne passe saint Denys.

Harencs.

Les Regratiers de Paris, s'ils acheptent harencs, vendre le peuuent par Paris, & porter en leurs maisons sans donner peage: Et s'ils le portent hors, ils doiuent leur peage.

Hommes de dehors.

Homme dehors Paris qui vient à Paris pour emporter du Harenc, doit du cent de Harencs à col, vn Harenc, ja tant n'en y aura: mais du moins d'vn cent, neant.

Harenc salé en fardeau, maille.

Harencs frais sans sel, & tous poissons de Mer sans sel en charrette, quatre deniers sur sommier, à dos, deux deniers, sur asne, deux deniers, & tout Poisson de Mer salé demie coustume: la charrette, deux deniers, le cheual vn denier, à asne, maille. Et s'il y a poisson salé auec le frais, si acquittera le frais le salé.

Alun.

La charge d'Alun, vn denier, ou qu'il soit à cheual ou en charrette: l'asne, maille: à col d'homme, neant.

Panneaux.

Panneaux en charrette, deux deniers: & s'il y a clous à selle auec, ils doiuent deux deniers: patin ne doiuent neant.

Drap.

Homme qui porte son drap taindre, ne doit neant, ne pour faire fouler, neant.

De Ville en autre.

Homme qui se remuë d'vne Ville pour aller manoir & demeurer en vne autre, ne doit neant, de sa chose que il porte par petit-Pont, ne par eau.

Seiches.

Seiches en charrette, quatre deniers, ja tant n'en y aura.

Crapois.

Crapois, quatre deniers en charrette, sur cheual, à dos, deux deniers, sur asne, vn denier.

Oeufs ne poussins, ne nulle poulaille, ne doit neant.

Singes.

Le Singe au Marchand, quatre deniers, s'il le porte pour vendre, ne formage ne doiuent neant: & si le Singe est à vn homme qui l'ait achepté pour son déduit, il est quitte: & si le Singe est à joüeur, joüer en doit au peager: & pour son jeu doit estre quitte de toute la chose qu'il achepte à son vsage, & autressi: tous jongleurs sont quittes pour vn vers de chanson.

Le Marchand qui vient à Paris pour vendre Singes, doit payer le peage: les Ioüeurs & Basteleurs ne doiuent rien, mais sont obligez de donner plaisir au Peager, & faire joüer les Singes deuant luy: d'où est venu le Prouerbe; payer en monnoye de Singe.

Chievre ne doit à petit-Pont nulle coustume, pour ce que quand vn bouc passe par petit-Pont, on le fiert d'vne massuë vn seul coup entre les deux cornes prés de la teste, mais l'on ne le doit pas ferir au front.

Botage.

Et sçachez que le botage est à la coustume de petit-Pont: mais cil de petit-Pont prend de ses coustumiers qui vont par dehors la Ville, donc le Botagier ne prend neant, s'il ne passe par dessus le pont.

Acier poiteuin en charrette quatre deniers: à dos de cheual deux deniers, sur asne, vn denier: à col, vn denier.

Nul ne doit neant de l'aligement de sa nef en nulle saison, ne par grande eau ne par petite. La nef qui va à Compiegne doit quatre deniers.

Homme qui est Marchand d'eau peut faire son attret par dessus le Pont, & par dessous ja n'en payera neant: Et si la grand nef y passe, où les Marchands font leur attrait, si doit quatre deniers neis, s'il n'y auoit que quatre tonneaux.

Le iour de la feste sainte Geneuiefue, qui est és foires de Noël, si ont les Peagers de Petit-pont & le Preuost de Paris à chacune feste douze septiers de vin, & douze eschaudez petits à essayer le vin: & sçachez qu'ils en doiuent essayer de trois tonneaux, premierement de la despense au Conuent, & apres de deux tonneaux à dextre ou à senextre des plus prochains tonneaux, ne ils n'en doiuent nuls tressaillis, ains les doiuent prendre tous prés à prés. Et de celle rente-cy a le Preuost la moitié, pour quitter tous les Sergens de Madame sainte Geneuiefue, ou qu'ils soient, ny à granche, ny ailleurs de leur tonlieu: & le peager qui qu'il soit, à petit-Pont, les doit quitter de leur peage de tout ce qui est à leur vser, & de leur nourriture, sans marchandise. Et de ces deux sols de celle rente doiuent auoir les Buffetiers deux deniers: de la part au Preuost, vn denier: & de la part au peage, vn autre denier.

Le iour de la feste S. Vincent a le Preuost & le peager à S. Germain des Prez vn muy de vin, si redoiuent essayer le vin du Conuent tout auant, & puis apres de deux tonneaux prés à prés sans tressaillir. Et si ont douze eschaudez, & vn pour essayer le vin: & vn haste à quelque iour que la feste soit, neis si elle estoit au Vendredy. Et si ont deux sols pour ceste rente, sont quittes tous les Sergens de saint Germain, ou qu'ils soient, ny au granche ny ailleurs, de leur tonlieu, & de leur peage, & de tout ce qui est à leur vser, & de leur nourriture, & du bled, & du vin de leur terre, & de tout, fors de marchandise.

La Chappelle.

Les Marchands & les charrettes, qui viennent par la Chappelle ençà sont coustumiers de petit-Pont, & doiuent leur peage: & ceux qui passent Seine par val vain, & de val vain ençà sont coustumiers, & doiuent peage, qui viennent par Gastinois, pourtant qu'ils reparent au chemin Sultois.

Sens.

Ceux de Sens, neant, s'ils ne viennent par dessus le Pont: Ny de Moret, ny de Melun, ny de Corbeil, s'ils ne viennent par dessus le Pont, ne doiuent neant, ny par terre ny par eau.

Baigneux.

Ceux de Baigneux, qui doiuent l'auoine & le vin au Roy, sont quittes de tout le fruict de leur terre, & de tout leur vsure, fors de leur marchãdise.

Bourg la Reyne.

Ceux de Bourg la Reyne, qui sont estrangers de la Ville, sont quittes, fors de marchandise.

La Ferté.

Ceux de la Ferté, qui sont estrangers de la Ville, sont quittes de toute marchandise, pour ce qu'ils rendoient la Ville au gros Roy.

Ceux de saint Ligier en Yueline, sont quittes de toute marchandise: car ils en ont chartre du Roy.

Saint Marceau.

Les Sergens de saint Marceau, & tous ses hostes, qui sont estrangers en la Ville, sont quittes de tout le fruict de leur terre, & de tout leur vsage, fors de marchandise.

L'Euesque.

Les Sergens de l'Euesque, de sa maison, & tous les autres Sergens qui tiennent ses baillies, sont quittes de tout leur vsage: & si peuuent achepter iusques à la feste saint Martin, blé & vin, sans coustume donner à petit-Pont: & les Sergens aux Chanoines pareillement.

Les Mureaux.

Les hostes du Roy des Mureaux sont quittes de tout leur vsage, fors de marchandise.

Madre.

Hanaps de Madre de foire doiuent vn denier. Et s'il y a hanaps de fust, si acquitte le Madre tout pour vn denier.

Ceux qui vont par les marchez, ne doiuent que maille.

Chardons.

Chardons à foulon dont l'on a tourné les Draps, la charrette deux deniers: à cheual, vn denier: l'asne, neant: à col, neant.

Faulx.

Les Faulx qui viennent du Lendit, doiuent chacune, maille. Et s'il y en à deux ou trois qui soient à vn homme, ja n'en deura que maille.

La chartée de faucilles, deux deniers, à cheual : vn denier, l'asne : à col, obole.

Chaudieres grandes à foulons, qui viennent du Lendit, si elles sont à marchand, en charrette, quatre deniers. Et si homme en porte à son col, il ne doit qu'vn denier, de tant comme il en portera.

Paelles.

Paelles, que l'on apporte du Lendit, doit chacune maille : & des pots autant. Et si aucun en a deux ou trois, il est ainsi quitte pour la maille. Et si ne coustent plus de douze deniers: il ne doit neant.

Fous.

Fous à feure, deux deniers : & si la forge y est toute, qutre deniers.

Cordier.

Cordiers de Paris sont quittes pour les cheuestres que ils doiuent aux sommiers du Roy.

Putois.

Putois ne doiuent neant.

Cuyure.

Cuyure que l'on apporte à col, qui vient de foire, ou va, doit vn denier: & de marché, maille.

Blé.

Blé que l'on apporte à Paris, ou vendu, ne doit point de peage.

Cloches.

Sains de monstier, que l'on porte vendre, qui sont à marchand, doit chacun deux deniers : & s'ils sont à Eglise, ils ne doiuent neant.

Fardeau.

Fardeau à col, que l'on mette en charrette, ne doit que demie coustume: & demy trousseau autant.

Nef.

La grand Nef qui passe par petit-Pont, qui est acheptée, doit deux deniers : la Nef, petite d'vn fust, maille.

Lin & Chanvre.

Homme ou femme qui ont Lin ou Chanvre en leur terre, s'ils l'amenent pour vendre à Paris, n'en doiuent neāt, puis qu'ils le puissent fiancer.

Blé.

Blé qui est acheptè dehors Paris, & passe Paris, doit deux deniers de la charrette : le sommier, vn denier : l'asne, maille.

Drap de Soye.

Drap de Soye, par soy sans mercerie, doit chacun vn denier.

Le iour de la saint Denys doit entrer le Sergent saint Denys au Chastelet & à petit-Pont ou mestier, à Prime : Et le iour de la saint André s'en doit issir à Prime.

Cordonniers.

Cordonniers qui tiennent mestier à Paris, ne doiuent point de peage, ny d'aller ny de venir. Et si le peage destourbe le Marchãd à tort, il luy amendera, & luy rendra tout son depert, sa despence de luy & de sa mesgnie.

Sain.

Sain fondu ne doit point de coustume à petit-Pont: penne d'oint neant, ne doit à col. Mais quand l'oint est desployé, si doit en charrette, quatre deniers: le cent à cheual, vn denier: à asne, maille. Sain de harencs, ne doit neant.

Garence.

Semence de garence ny de gaude, ne doiuent neant.

Draps.

L'asne qui porte Draps sans cordeure, ne doit que maille: & s'il est cordé, comme trousseau, soient Draps, soient Toiles, ne doiuent qu'vn denier.

Char de Confrairie ne d'aumosne, ne doit neant.

Semaille de choux, ne doit neant.

Huile.

Huile en tonneau doit le muy six deniers: & la somme quatre deniers.

Huilier de Paris, qui achepte huile dehors Paris à la porte de Paris, doit à petit-Pont son peage comme autre Marchand: & s'il l'achepte à Paris, il n'en doit neant.

Miel.

Miel en tonneau, le muy, trois mailles: la somme, vn denier: la demie somme, obole.

Fleche de poix doit maille, comment qui soit, fors à col, & si homme en porte à col, il ne doit rien de demie douzaine, ny de moins. Et s'il y a plus de demie douzaine, il doit maille.

Poix que l'on appelle poias, qui ne soit fleche, doit en charrette, deux deniers: à cheual, vn denier: sur asne, maille.

Heaume d'Acier.

Heaume d'Acier en charrette, quatre deniers: sur cheual, deux deniers: sur asne, vn denier: à col, vn denier.

Cendre clauelée.

Cendre clauelée, deux deniers, en charrette: à cheual, vn denier: à col, neant.

Hantes.

Hantes à Marchand, en charrette, deux deniers: à beste, ny à col, neant.

Tablettes.

Tablettes à Mercier sans autre mercerie.

Moles.

Moles à feure, & en nef par eau deux deniers, ja tant n'en y aura.

Moles à moulin, par eau, quatre deniers, ja tant n'en y aura: & d'vne seule aussi, deux deniers. Chacune mole de moulin, par terre, deux deniers, en charrette.

Pennier.

Pennier à Mercier, neant, fors que le peager peut prendre vne aiguille, ou vne attache, de poiteuine, à son chois. Mais pour donner à autre ne le doit-il pas.

Merrien.

Merrien.

Merrien à Marchand de tonneaux par eau, quatre deniers: & d'autre merrien, neant, fors descente, si la nef passe l'eau.

Charbonnier.

Le Peager peut prendre en la charrette du Charbonnier vn sac à ardoin en gloriette, s'il en a mestier, pour quatre deniers moins qu'vn autre l'acheptera: & pour cecy est quitte le Charbonnier de tout son vsage.

Sel.

Si aucun homme porte Sel à son col, & on luy preste beste ou charrette pour l'amour de Dieu, ou pour l'amour de luy, ja n'en deura plus, qu'il feroit sur son col: c'est à sçauoir, vne poiteuine.

La chartée de Sel, deux deniers: à cheual, vn denier: sur asne, maille: mais de moins de demie mine n'en doit-il ne plus ne moins, qu'à col.

Si homme tire à son col chartée d'airrement, ou de grauele, & il y a cheual deuant, il doit vn denier: & s'il y en a deux ou trois, ils doiuent deux deniers, & s'il y a asne auecques l'homme, ne doit l'asne, que maille: & s'il y en a deux ou trois, ou plus, ils doiuent vn denier tant seulement, à homme, & sans homme.

Fil à haubert.

La chartée de Fil à haubert ouuré, doit deux sols, la somme.

Lourcienne.

Les hommes de Lourcienne sont quittes de tout leur vsage, fors que de marchandise pour l'auoine du Roy qu'ils donnent: & pour les gelines de fauconnage: & par le commandement du Roy.

Cuir de beste.

Homme qui achepte beste à Paris, s'il l'acquitte à petit-Pont, il peut apporter à Paris le cuir, & vendre sans coustume donner.

Mantel.

Si homme achepte Mantel au Lendit, la penne à vne part, & le drap à autre, il ne doit qu'vn denier de tout, soit sauuage ou autre.

Lendit.

Si homme achepte au Lendit drap pour son vestir, vne piece ou deux, ou trois, ne deura qu'vn acquit pour tout, pourtant qu'il a vn homme seul.

Haubervilliers.

Les hommes de Haubervilliers ne doiuent point de chaussée pour leur terres, pour ce qu'ils mirent à faire la chaussée. Ce fut fait du conseil Raoul de Pacy, & de Iean Sarrazin.

Chanevieres.

Les hommes de Chanevieres ne doiuent point de chaussée, fors autre tel comme les hommes de la Chappelle: Pour ce qu'ils mirent à la chaussée.

Le Botage du mestier Monsieur Simon de Boissy.

LEs Tenneurs dehors & dedans, qui tiennent le mestier du Roy, doiuent six deniers, au Noël: & à la saint Iean, six deniers. Les sueurs, &

les Megissiers, les Boursiers, & les Parcheminiers, chacun trois deniers, aux termes de Noël & de la saint Iean.

Charrette à vin d'hôme hors Ville apres la feste saint Martin, vn denier.

Charrette à cuiure à deux cheuaux, deux deniers: à vn cheual, vn denier.

Charrette à Poisson, deux deniers. Sommier, maille quoy qu'il porte.

Charrette à blé, vn denier. Charrette à huile, deux deniers. Charrette à sel, deux deniers. Charrette à miel, deux deniers. Charrette à Charbonnier, deux deniers. Charrette à cire, deux deniers. Charrette à pain, vn denier. Charrette à fruit, vn denier. Charrette à fer, deux deniers. Charrette à gaide, deux deniers. Charrette à foin, vn denier. Charrette à draps, deux deniers.

Charrette qui amene vin de Bourgeois à loüage en vendanges, vn denier chacun iour iusques à la saint Martin.

A suif à bacons, à assunge, & à cuyure, & estaing, & plomb, & bresy, & grene, & alun, & cendre clauelée, deux deniers.

La coustume du poisson.

ROGIER Nauet, Iacques Pont-lasne, Gautier Ribout, Pierre Grippon, Raoul Roisselle, Henry le Frommager, Thomas Maigret, Iean Sailenbien, dient par leur serment à leur escient de la coustume du Poisson, pour ce que les tonloziers en prenoient haut & bas, comme ils en vouloient, les preud'hommes se sont accordez en ceste maniere.

L'on doit payer de Moruë en charrette, cinq sols: & des six Gournaux en charrette, quatre sols: & des six Plais en charrette, quatre sols: de six vingts Merlés de la charrette, six sols: & d'vne Raye de la charrette, dix-huit deniers: & des Morües fendües d'Esté, au feur que l'on vendra le cent.

De dix Merlens de chacun sommier, frais & salez, dix deniers.

De Macquereau frais & salé, au feur que l'on vendra le cent.

Des Harencs frais & salé en charrette, au feur que l'on vendra le millier: & de Harencs frais & salé à sommier, au feur que l'on vendra le millier: sauues les autres menües coustumes.

Hauberuilliers.

Ceux de Haubervilliers ne doiuent point de chaussée, fors telle comme les hommes de la Chappelle, pour ce qu'ils mirent à la chaussée faire.

ORDONNANCE DV ROY, SVR LE FAIT *des Gaigne-deniers, & de leurs monopoles & exactions.*

CHARLES par la grace de Dieu, Roy de France: A nos amez & féaux les Preuost de Paris, & Preuost des Marchands & Escheuins de ladite Ville, Salut. Combien que suyuant les Ordonnances de la Police generale de nostre Royaume, & les anciens Statuts & Reiglemens des Porteurs de grains de nostre-dite Ville, lesquels sont Officiers d'icelle, & dés long-temps par nous instituez pour la commodité de nos Bourgeois, vous ayez à diuerses fois respectiuement fait plusieurs inhibitions & defenses aux Gaigne-deniers & Crocheteurs, de n'entrer dedans les Bateaux des Marchands, descharger, ou porter leurs marchandises, s'ils ne sont préalablement appellez & bien aduoüez par eux: Ce neantmoins nous auons esté aduertis que plusieurs desdits Gaigne-deniers, lesquels se font appeller plumets & gouffaux, s'efforcent journellement d'entrer aux Bateaux des Marchands de nos Villes, d'Estampes, Melun, & autour, se chargeans de leurs marchandises & sacs de grain, en intention de les porter en nostre Halle, ou autres marchez publics. Et toutesfois lesdits Marchands le plus souuent ne sçauent où reprendre leursdites marchandises, n'a qui s'adresser pour en auoir raison, pour le grãd nombre effrené desdits Gaigne-deniers, qui se retrouuent aujourd'huy inutiles sur les ports de nostre dite Ville, peruertissant tout l'ordre, bien & Police d'icelle, à la foule de nos sujets, lesquels nous ont fait humblement supplier & requerir de leur pouruoir de nos Lettres necessaires. Pour ce est-il que nous voulant pouruoir au desordre & desreglement qui se troue és choses qui dépendent de nostre Police: Vous mandons & ordonnons par ces presentes, que executant rigoureusement contre lesdits Crocheteurs & Gaigne-deniers, vos Sentences & Iugemens cy-attachez sous le contrescel de nostre Chancellerie, & conformément aux anciens Statuts desdits Porteurs de grains, Officiers de nostre-dite Ville, respectiuement par vous verifiées & enregistrées en vos Ressorts & Iurisdictions, vous faciez derechef publier vosdites premieres defenses & inhibitions, tant sur les cayz & ports ordinaires de nostre-dite Ville, qu'aux marchez publics d'icelle, à fin que personne n'en pretende cause d'ignorance, & que d'oresnauant lesdits Porteurs de grains estans par nous maintenus & confirmez en l'exercice de leur charge & Office, ils ayent plus d'occasion de vous descouurir les monopoles & exactions desdits Gaigne-deniers, ausquels nous auons aussi interdit & defendu, interdisons & defendons par ces presentes, toutes Confrairies & societez, sur peine de punition corporelle. Car tel est nostre plaisir. Donné à Paris, le vingt-huitiesme iour de Septembre, l'an de grace, mil cinq cens soixante & dix. Et de nostre regne le dixiesme. Plus bas est escrit, Par le Roy. *Signé*, PINART. Et scellé sur simple queüe de cire jaune.

ARREST PORTANT REIGLEMENT D'ENTRE *les Iurez Vendeurs & Controolleurs de vins vendus en ceste Ville de Paris d'vne part: & les Marchands de vins de ceste-dite Ville, & consors, autres que l'on pretend estre Regratiers, d'autre.*

Auec defenses d'aller au deuant desdits vins: & aux gens de mestier d'en faire traffic.

Extraict des Registres de Parlement.

ENTRE les Iurez Vendeurs & Controolleurs des vins vendus en ceste Ville de Paris, demandeurs en execution d'Arrests des neufiesme Avril, mil cinq cens soixante-cinq auant Pasques, vingt-quatriesme Novembre, cinq cens soixante & quinze, & autres subsequens donnez en consequence d'iceux, & en contrauention desdits Arrests: le Procureur general du Roy ioint auec eux, & defendeurs à l'enterinement de certaine Requeste du dix-septiesme iour de Ianvier, mil cinq cens soixante-seize d'vne part: Et Iacques Blanchon, Anthoine Faucault, Iean Bordier, Adam Heberdeau, Pierre Preud'homme, Nicolas Lambert, Mathurin Oudart, & Consorts, Marchands de vins de ceste Ville de Paris, & autres que l'on pretend estre Regratiers, defendeurs à ladite execution d'Arrests, & contrauention à iceux, d'autre.

VEV par la Cour lesdits Arrests du neufiesme d'Avril, mil cinq cens soixante-cinq, & vingt-quatriesme Nouembre, cinq cens soixante-quinze, donné en execution d'iceluy: & autres Arrests depuis donnez de l'execution desquels est question: dénonciations faites à Iustice par lesdits Iurez vendeurs sur la contrauention desdits Arrests, Informations faites à la Requeste dudit Procureur general, tât en ceste Ville, qu'en celle d'Auxerre, & ailleurs: interrogatoires à eux faits sur lesdites charges: informations faites par aucuns des Conseillers de ladite Cour: Arrest d'adjournement personnel: ladite Requeste, de l'enterinement de laquelle est question: Arrest du dix-septiesme Ianvier, mil cinq cens soixante-seize, par lequel auroit esté ordonné, que Maistres Emond de Laage, & François de la Garde, Conseillers en icelle, se transporteroient sur les lieux & ports de Gréue de ceste-dite Ville, où on a accoustumé de vendre vin, pour voir & visiter lesdits ports, & s'informer de la distinction & séparation d'iceux, tant pour le Forain que Bourgeois. Procez verbal de ladite visitation faite par lesdits Commissaires susdits, le vingt-cinquiesme Ianvier, mil cinq cens soixante-seize, contenant les demandes, defenses, repliques & dupliques desdites parties. Ensemble le dire & remonstrance des Preuosts des Marchands, Escheuins, & Procureurs du Roy d'icelle Ville, & le rapport des Débacleurs anciens Officiers de ladite Ville, auec l'appointement d'ouyr droict donné par lesdits Commissaires estant au bout dudit procez verbal, les Ordonnances de ladite Ville. Autre Ordonnance faite par le Roy Iean, l'an mil trois cens cinquante, sur le Reiglement & Police du vin, vendu tant sur lesdits ports de Gréue, qu'estapes. Arrest du dix-huitiesme iour de Iuin, cinq cens soixante & seize, par lequel auroit esté ordonné, que lesdites informations, interrogatoires & responses desdits defendeurs seroient jointes au procez, & instance de ladite Requeste. Et auant qu'y faire droict, ordonné qu'il seroit informé d'office à la Requeste du Procureur general du Roy, sur certains faits qui seroient extraicts d'iceluy, & ce par deux des Conseillers de ladite Cour, lesquels se transporteroient, tant audit Chastelet de Paris qu'en l'Hostel de la Ville, pour sur lesdits Articles ouyr les Officiers desdits lieux, auec les Officiers du Roy commis au faict de la Police, & aucuns bons notables Bourgeois & Marchands de ladite Ville, qui pour ce faire seroient appellez, estre ordonné ce que de raison. Et cependant, que lesdits Arrests seroient executez, obseruez & gardez, sur les peines contenües en iceux, information faite d'office, par Maistres Emond de Laage, & François de la Garde, suiuant ledit procez verbal de ladite information: Conclusion du Procureur general du Roy: Requeste presentée à ladite Cour par les Maistres Iurez Chandeliers de ceste Ville & Faux-bourgs de Paris, le vingt-huitiesme Aoust, mil cinq cens soixante & seize, ordonnée estre mise au sac, & tout consideré.

DIT a esté auant faire droict sur les pretenduës contrauentions faites par lesdits Marchands, qu'il sera plus amplement informé. Et cependant, & en ayant esgard ausdits Arrests, & iceux executant, & sans préjudice de l'instance pendãte en ladite Cour entre lesdits defendeurs & lesdits Maistres Iurez Chandeliers: Que ladite Cour a defendu & defend, à tous les Marchands de vins de ceste Ville de Paris, d'achepter ny faire achepter par personnes interposées, ny autrement, directement ou indirectement, prés & és enuirons de ladite Ville de vingt lieües: & specialement és Villes de Chartres, Mante, Meulan, Clermont en Beauuoisis, Senlis, Compiegne, Meaux, Melun, Moret, & Pluuiers, & Estampes: ains leur enjoint aller achepter lesdits vins és endroi[illegible]& pays plus esloignez desdites vingt lieües de ladite Ville de Paris: lesquels vins ainsi par eux acheptez, ils feront venir en ladite Ville incontinent sans séjour, pour y estre vendus en gros, & en detail. Sçauoir en gros quand ils auront amené leur vin sur le port de Gréue, & qu'ils auront declaré à l'Hostel de Ville leur arriuage, & que c'est pour estre vendus en gros. Auquel cas ils seront comme Marchands Forains, & sujets au rabais de huitaine en huitaine. Et ne pourront iceux encauer, ains faudra qu'ils meurent sur ledit port, suiuant les Ordonnances de ladite Ville: & en détail, quand ils auront amené leurdit vin. Et qu'incontinent ils le feront encauer, sans le laisser sur ledit port, ny l'exposer en vente sur iceluy. Auquel cas le feront descendre au port de saint Paul, ou des Celestins, sans le faire descendre au port de Gréue. Auquel port de Gréue ladite Cour enjoint ausdits Marchands de vins faire descendre tout le vin qu'ils voudront vendre en gros, à peine de confiscation d'iceluy, s'il se trouue que lesdits Marchands en ayent fait descendre au port du Louure, ou ailleurs. Et lequel port de Gréue leur sera commun auec les Marchands Forains. A la charge toutesfois d'vne distinction & séparation qui sera faite: à sçauoir, que lesdits Marchands Forains occupent le haut ou le bas, le plus commode pour eux, & qu'il sera aduisé par le Preuost des Marchands & Escheuins de ladite Ville. Et que lesdits Marchands de ladite Ville auront banderolles au haut de leurs Bateaux aux armoiries de ladite Ville, pour estre distinguez & séparez desdits Forains: lesquelles banderolles ils ne pourront oster à peine de cent liures parisis d'amende, ou plus grandes, s'il y eschet. Ne pourront lesdits Marchands ayans ouuert leurs caues pour faire tauerne, icelles refermer pour quelque occasion que ce soit, iusques à ce que tout le vin estant esdites caues soit vendu en détail. Leur à tres-expressément defendu aller achepter & arrer lesdits vins sur le cep, en caues, cuue, & pressoüers, & auparauant que lesdits vins soient prests à charier & mener, à peine de confiscation desdits vins, & de punition corporelle, s'il y eschet: & pareillement d'aller au deuant desdits vins destinez pour estre amenez en ladite Ville de Paris. Et pour cét effet seront tenus incontinent qu'ils seront arriuez, exhiber à l'Hostel de la Ville leur lettre de voicture. Leur defend aussi d'achepter aucũs vins sur le port des Marchands Forains.

Et si a ladite Cour ordonné & ordonne, que nul homme de mestier ne sera receu à faire trafic de vins, qu'il n'abandonne sondit mestier ou estat. Et à ceste fin ordonne ladite Cour, que ceux qui se voudront mesler de ladite Marchandise de vin, seront tenus s'aller inscrire en ladite maison de Ville, dont sera fait registre. Defend pareillement aux Cabaretiers d'aller achepter aucuns vins aux champs, ains seulement en ceste Ville sur le port. Et defenses à eux de vendre, sinon à certain prix, qui leur sera prefix à la Police. Enjoint la Cour au Preuost de Paris, & ses Lieutenans, Commissaires du Chastelet, Preuost des Marchands, chacun pour son regard, faire obseruer & garder le present reiglement, soigneusement & diligemment: Et ausdits Iurez vendeurs de dénoncer à la Iustice les fraudes & monopoles qu'ils découurirõt au faict de ladite vente de vins, & faire bon & fidele Registre & Contrerolle des vins qui seront amenez pour vendre audit port de Gréue: leur defendant de ne faire aucun trafic de vins, sur peine de priuation de leurs estats, & de plus grande, s'il y eschet: & pareillement ausdits Marchands de faire l'estat de Iurez vendeurs.

Fait pareillement defenses, tant ausdits Iurez vẽdeurs de vins, qu'ausdits Marchands, de ne prendre les fermes des impositions qui se leuent sur le vin, ny estre associez esdites fermes, aux peines susdites: Et si a condamné & condamne lesdits defendeurs aux despens.

Prononcé le quatorziesme iour d'Aoust, l'an mil cinq cens soixante dix-sept.

Signé, DE HEVEZ.

EXTRAIT DES REGISTRES DE PARLEMENT.

ENTRE Adam Heberdeau, Iaquelin Foucaut, Iacques Blanchon, Iean Bordier, Pierre Preud'homme, Nicolas Lambert, & Mathurin Oudart, Marchands de vins, Bourgeois de Paris, demandeur à l'enterinement d'vne requeste par eux presẽtée à ladite Cour, le septiesme iour du present mois de Septembre, d'vne part: & les trente-quatre Iurez vendeurs & Contrerolleurs des vins vendus en ceste Ville de Paris defendeurs, & empeschans l'enterinement de ladite requeste, d'autre part. Apres que Mathé pour les demandeurs, & du Boille pour les deffendeurs ont esté ouys, & que Brisson pour le Procureur general du Roy a dit, qu'il y a icy deux choses où l'on peut redarguer les defendeurs de faute: à la premiere, qu'ils ont fait imprimer l'Arrest par eux obtenu le quatorziesme iour d'Aoust dernier, sans permission ny ordonnance de la Cour: & s'ils s'en veulent couurir par la permission qui leur a esté donnée de le faire publier à son de trompe, ils ne le peuuent: tacitement la Cour les a déboutez de l'impression. A la seconde sont les qualitez que les demandeurs pretendent estre ignominieuses, en ce qu'elles portent ces mots, pretendus regratiers: ils ont en cela cause d'eux en remüer. Et au frontispice de l'Arrest imprimé, où y a ces mots de reprehension, eux dient qu'ils sont notables Bourgeois & Marchands: & que si ces qualitez demeuroient, cela les tiendroit en enuie perpetuelle au peuple: sur l'estime que l'Arrest auroit esté donné pour maluersation qui auroit esté trouuée en eux, adjoustans ladite qualité de pretendus regratiers, qui ne se peut soustenir auant le procez iugé pour la regratterie. A iuste occasion ont presenté requeste pour la correction des qualitez, aymans mieux que l'on mette, eux disans Marchands de vins, ou que les defendeurs ayent à nommer les regratiers. Requierent que les Arrests qui ont esté leuez, & ceux imprimez soient rapportez, les qualitez reformées, & defenses d'imprimer cét Arrest ne autres: & entre les Marchands vn nommé Iean Bordier soit compris.

LA Cour a ordonné & ordonne pour le bien commun des parties: & à ce que l'Arrest par elle donné le quatorziesme du mois d'Aoust dernier, soit entierement executé, portera ces qualitez: Entre Iacques Blanchon, Anthoine Foucaut, & consorts, Marchands de vins de ceste Ville, & autres que l'on pretend estre regratiers: & les Iurez vendeurs & Contrerolleurs, &c. auquel Arrest Iean Bordier sera compris entre les Marchands de vins. Et en enterinant la requeste faite par le Procureur general du Roy, fait defenses aux parties, & aux Imprimeurs d'imprimer aucuns Arrests sans permission d'icelle. Permet aux Iurez vendeurs & Contrerolleurs faire Imprimer ledit Arrest, qui portera en l'intitulation: Arrest portant reiglement d'entre les Iurez vendeurs & Contrerolleurs de vins vendus en ceste Ville, d'vne part: & les Marchands de vins de ceste Ville, & consorts, autres que l'on pretend estre regratiers, d'autre. Fait en Parlement le 13. iour de Septembre, l'an 1577. Signé, DV TILLET.

ARREST DE LA COVR DE PARLEMENT SVR le reiglement du bois, auec le reiglement du Bourgeois aux Marchands, Débardeurs & Gaigne-deniers.

SVR la plainte faite à la Chambre ordonnée par le Roy au temps des vacations par le Procureur general dudit Seigneur, du desordre qui est à la distribution du bois amené en ceste Ville, de la cherté dudit bois, prix excessif qui est prins, tant par les Desbardeurs, Chartiers, que Voicturiers: & de la grande quantité mise en chantiers, qui depuis a esté venduë à prix excessif au peuple. Pour à quoy obuier, la matiere mise en déliberation; Ladite Chambre a ordonné que toute marchandise de Bois, tant gros que menu, & de quelque qualité qu'elle soit, qui aura esté chargée sur la riuiere de Seine, ou sur l'vne des autres riuieres descendans en icelle, pour estre amenée vendre en ladite Ville de Paris: ne sera venduë ne descenduë en chemin, sur peine de forfaicture, sinon que le Marchand, auquel appartiendra ladite Marchandise, ait dit & declaré expressément en faisant son marché au Voicturier qui amenera ladite marchandise, qu'il a intention de la vendre à chacun port ou marché qui sera entre le lieu où icelle marchandise sera chargée, & non autrement, sur peine de forfaicture.

TOVS Marchands amenans Bois & denrées en ceste-dite Ville esdits ports, seront tenus amener ladite marchandise, des longueurs, grosseurs, moisons, calibres, & qualitez portées par les anciennes Ordonnances: à sçauoir, le gros bois venant d'amõt l'eau aura trois pieds & demy de long, & vn dour de tour. La trauerse de pareille longueur, & de quatre poulces de tour, faisans les trois trauerses, à trente deux busches pour trauerse, vne voye de gros bois. Le bois flotté de semblable longueur & grosseur, tant pour ledit gros bois que trauerse flotté. Tous costerets, tant d'amont que d'aual, auront deux pieds de longueur, & de dix-sept à dix-huit poulces de grosseur. Les fagots d'amont l'eau auront trois pieds pour le moins: ceux d'aual l'eau, deux pieds & demy, des grosseurs competentes & ordinaires. Le gros bois venant d'aual, aura deux pieds deux doigts de longueur pour le moins. Et pour la grosseur sera conté, suiuant l'ancienne coustume, attendu que le gros & le menu viennent ensemble, & ne se peut triquer ou séparer.

LA marchandise arriuée esdits ports, & non ailleurs, les marchands serõt tenus incontinent, & sans delay, declarer aux Iurez Moosleurs leurs noms & surnoms, & la quantité de bois & denrées qu'ils auront amenées en leurs Bateaux, apporter vn eschantillon desdits bois & denrées au Bureau de ladite Ville, auec le Iuré Moosleur qui rapportera l'arriuage de ladite marchandise, pour voir si elle est de la grosseur & longueur cy-dessus declarée.

Les marchands seront tenus descharger & desbarder le gros bois & trauerse sur le paué à leurs despens, incontinent apres que l'arriuage en aura esté

esté enregistré. Et ne pourront lesdits Marchands exposer en vente lesdits bois, que premierement il n'en aye esté desbardé & mis sur le paué, iusques à vingt-cinq ou trente voyes pour le moins. Lesquelles contées par les Iurez, & debitées au peuple, sera recommencé à descharger pareille quantité de vingt-cinq ou trente voyes, iusques à ce que ledit gros bois soit entierement deschargé & desbardé, & le Bateau vuide: sans qu'il soit permis charger aucun bois en l'eau, si ce n'est voicture, & par congé desdits Preuost des Marchands & Escheuins.

Defenses sont faites à tous Desbardeurs de prendre plus grand salaire desdits Marchands pour chacune chartée de gros bois & trauerse, que de quinze deniers tournois pour ledit desbardage. Lesquels quinze deniers tournois seront payez ausdits Desbardeurs par le Marchand, & non autre. Et defense d'exiger du peuple aucuns deniers pour ledit desbardage, à peine de la hart.

Et pour oster la confusion & les exactions que pourroiët faire lesdits Desbardeurs, Crocheteurs, & portefaix: defenses leurs sont faites de n'entrer aux Bateaux des Marchands, chargez de gros bois, sinon ceux qui auront marchandé auec lesdits Marchands pour desbarder, sur la mesme peine.

Et quant aux desbardages desdits costerets, fagots, bourrées, & autres menües denrées, elles seront deschargées par les Crocheteurs qui seront appellez & aduoüez par les Bourgeois: & defenses à tous autres, sur la peine du foüet, de s'entremettre à entrer esdits Bateaux, ou débarder lesdites menües denrées, sinon ceux qui seront appellez & aduoüez par lesdits Bourgeois, comme dit est. Et pour le débardage de deux cens desdites denrées, sera payé ausdits Crocheteurs deux sols tournois: & defenses sur la peine du foüet d'exiger d'auantage.

Et où aucuns, soient desdits Bourgeois ou autres, voudroient auoir desdits costerets, fagots, bourrées, & menuës denrées, à la douzaine, ou à la piece, leur sera permis entrer esdits Bateaux, sans y faire confusion. Et est enjoint ausdits marchands leur en bailler & déliurer à la mesme raison: & aux prix cy-deuant declarez.

Et neantmoins defenses sont faites ausdits Crocheteurs, ou autres, de faire amas sur lesdits ports desdites menuës denrées, pour les reuendre, ny les chastrer ou diminuër, sur les mesmes peines du foüet: comme en semblable leur est defendu de s'ingerer à conter lesdits bois & denrées.

Et quant ausdits Gaigne-deniers qui chargeront és charrettes, tant de gros bois, neuf & flotté, que lesdites menües denrées, ne pourront prendre des Bourgeois plus haut prix que douze deniers tournois pour chacune voye. Ausquels sont faites defenses n'exiger dauantage, sur peine de la hart: leur estant pareillement defendu, sur ceste mesme peine, de n'enuoyer aucun bois ny menuë denrée sur la taille ou autrement.

Sera payé aux Chartiers pour les voictures dudit gros bois, & autres menües denrées, à sçauoir, pour chacune voye és lieux circonuoisins, de chacun port six sols tournois: és lieux vn peu plus loing esloignez desdits ports, pour chacune voye huit sols tournois. Et és lieux qui sont plus loing par le circuit de ceste-dite Ville, pour chacune voye dix sols, hors-mis quād il faudra aller des ports de Gréue & Escole iusques au mont saincte Geneuiefue, & és Faux-bourgs, pour chacune voye douze sols tournois. Ausquels Chartiers est expressément defendu ne s'ingerer à charger bois & autres menuës denrées, que premierement il n'aye Bourgeois, & conuenu de prix arresté pour son chariage à la raison cy-dessus, ny prendre & exiger d'auantage, sur peine de confiscation des cheuaux & charrettes, & de la hart.

Est defendu tres-expressément à tous Gaigne-deniers, Desbardeurs, Portefaix, Crocheteurs, Chartiers, & autres gaignans leurs vie sur lesdits ports, de iurer & blasphemer le Nom de Dieu, porter ou faire porter aucunes dagues, espées, sangdez, ou autres armes offensiues, sur peine du foüet, & de plus grande peine, s'il y eschet.

Et quant aux Iurez Mooleurs de bois, seront tenus à leur pouuoir garder, & faire garder & obseruer ceste presente Ordonnance : & se contenter des salaires ordinaires, & qu'ils ont accoustumé auoir, auec defenses à eux de ne commencer à compter lesdits bois & denrées, ny permettre en estre enleué, que premierement l'eschantillon & arriuage n'ayent esté par eux apportez & enregistrez au Bureau de ladite Ville : & qu'ils n'ayent aduerty, tant le Marchand que le Bourgeois, des prix cy-dessus declarez, tant desdits bois & denrées, que pour les desbarder, charger & charroyer, sur peine de vingt escus d'amende, & de plus grande, s'il y eschet : & de priuation de leurs estats.

Et pour le regard du Charbon, il sera vendu & déliuré au peuple esdits ports, & non ailleurs, à raison de huit sols tournois pour chacun minot de Charbon sec & net. Et defenses aux Marchands de le vendre à plus haut prix, sur peine d'amende arbitraire, & de confiscation de ladite marchandise. Et enjoint aux Mesureurs de mesurer esdits ports, & non ailleurs, ledit Charbon, eux-mesmes en personne, sans auoir aucun plumet, & n'exiger des Bourgeois plus que leur ancien salaire à eux accordé par les Ordonnances : sur peine de priuation de leurs estats. Et aux Porteurs de porter ledit Charbon en personne és maisons des Bourgeois, & de ne prendre & exiger d'eux plus grand salaire, que celuy qui leur est ordonné par lesdites Ordonnances, sur mesme peine de priuation de leursdits estats.

Defenses sont faites à tous Regratiers de vendre Costerets, Fagots & bourrées, & autres bois, que au prix qui leur sera ordonné par le Preuost des Marchands & Escheuins, sur peine du foüet, & de confiscation de leur marchandise.

Et outre sont faites defenses, sur mesmes peines, de plus mettre bois en chantier : & visitation sera faite de celuy qui ja y a esté mis : & distribution faite au peuple au prix de l'Ordonnance. Et ordonne ladite Chambre, que ladite visitation sera faite és chantiers & maisons priuées, tant aux caues, celliers, greniers, qu'autres endroits, par le Preuost des Marchands ou deux Escheuins, en la presence de deux Bourgeois du quartier, pour sçauoir quel nombre & quantité de bois ils ont pour leur prouision & vsage. Et du reste, sera fait procez verbal pour estre distribué à ceux qui en auront besoing. Et fait defenses à tous Bourgeois receler, cacher & latiter le bois qu'ils auront en leurs maisons. Et leur enjoint de l'exhiber & representer fidelement, sans aucune fraude, à ceux qui seront deputez pour ladite visitation, à peine de confiscation, & d'amende arbitraire.

ET à fin qu'il soit cogneu à l'aduenir quel nombre & quantité de bois, charbon, & desdites menües denrées, sera prins pour les Fourrieres, tant du Roy, de la Reyne, des Princes & Princesses, que des Seigneurs & Dames estans en la Cour.

ET pour oster tous abus qui pourroient estre faits & commis par les Concierges des maisons, & autres qui sous pretexte desdits Seigneurs & Dames pourroient enleuer desdits bois, charbon & denrées, & en faire amas pour les enuoyer çà & là où bon leur semblera: ou pour les serrer & garder, pour apres les vendre & débiter à plus haut prix qu'il n'est porté cy deuant: Est ordonné que d'oresnauant, auant que lesdits de la Fourriere puissent enleuer desdits bois, charbon & denrées, & qui leur en soit déliuré par lesdits Marchands, apporteront au Bureau de ladite Ville, certificat signé de l'vn des Maistres d'Hostel du Roy, de la Reyne, des Princes & Princesses, ou desdits Seigneurs & Dames: dont sera fait Registres séparé audit Bureau, du bois, charbon & denrée, qui leur seront baillez par lesdits Marchands pour obuier ausdits abus.

ET à fin que ceste-dite presente Ordonnance puisse estre mieux & plus facilement executée de poinct en poinct, & selon sa teneur: Est enjoint & commandé aux Sergens de ladite Ville, chacun à son tour, par chacun iour se trouuer sur lesdits Ports à sept heures du matin, & à deux heures de releuée, pour y faire tous Commandemens, Exploicts, & contraintes qui seront necessaires, & certifier chacun iour tous les soirs lesdits Preuosts des Marchands & Escheuins de ce qui sera passé la iournée sur lesdits Ports, & du deuoir qui aura esté fait & tenu pour l'execution de cestedite Ordõnance, sur peine de suspension de leurs estats, ou priuation d'iceux, s'il y eschet.

SERA ceste presente Ordonnance leüe, & publiée, à son de Trompe, & cry public, par trois iours de marché consecutifs, par tous les Ports de ceste-dite Ville: & la publication d'icelle reïterée chacun premier Samedy de chacun mois: & imprimée, à ce que chacun n'en puisse pretendre cause d'ignorance. Et à fin que chacun cognoisse le prix, tant desdits bois, charbon, menuës denrées, que de ce qui est ordonné & taxé aux Deschargeurs, Crocheteurs, Gaigne-deniers, & autres, pour leurs salaires, ils serõt moulez, & mis en tableaux, qui seront par chacun iour du matin attachez par les Iurez Mooleurs qui seront le iour en besongne, en vn lieu éminent en chacun desdits Ports, & le soir seront reseruez par lesdits Iurez Mooleurs, de peur qu'ils ne soient destrobez. Et est enjoint aux Bourgeois de ceste-dite Ville, obseruer ceste presente Ordonnance, & de ne payer ausdits Marchands pour lesdits bois, charbon, & denrées, ny ausdits Iurez Mooleurs, Mesureurs, Gaigne-deniers, Desbardeurs, Crocheteurs, Chartiers, & autres, plus haut prix & salaire que celuy qui est porté & contenu cy-dessus, sur peine de dix escus sols d'amende, ou de plus grande, s'il y eschet. Ausquels Bourgeois & autres sont faites defenses d'achepter aux champs, bois & autres denrées pour la prouision de leurs maisons, qui leur puisse reuenir à plus haut prix, les frais déduits, qu'au prix contenu cy-dessus, sur peine de confiscation desdits bois & denrées. Et pour ce faire seront tenus lesdits Bourgeois & autres, apporter au Bureau de ladite Ville les marchez qu'ils auront faits, tant de l'achapt dudit bois & denrées, que voiture, pour sçauoir à quel prix ledit bois & denrées reuiennent rendus esdits Ports de ceste-dite Ville.

Fait en la Chambre ordonnée par le Roy au temps des vacations, le vingt-deuxiesme iour d'Octobre, mil cinq cens soixante dix-neuf.

Et le vingt-quatriesme iour desdits mois & an, a esté le present Arrest leu, & publié, à son de Trompe, & cry publicq, és Ports de Gréue, saint Paul, l'Escole, & de la place Maubert. Signé, DE-HEVEZ.

Et outre, defenses expresses sont faites à tous Marchands, Chartiers, Gaigne-deniers, Crocheteurs, & autres, de iuger & blasphemer le Nom de Dieu & des Saints, sous les peines portées par les Ordonnances Royaux. Fait le Mercredy troisiesme iour de may, l'an mil cinq cens quatre-vingts vn.

Ce present Arrest a esté publié ce iourd'huy troisiesme May, à son de Trompe.

DV CONTREROLLEVR DV BOIS *en ladite Ville.*

IL y a vn Contrerolleur du bois de chauffage, charbon, & autres, arriuant és Ports & Places de ladite Ville, & autres ports, tant des costez d'amont que d'aual l'eau, pour prendre garde aux monopoles, abus & maluersations qui s'y commettent. Et pour faire venir en ceste-dite Ville ledit bois de chauffage & charbon qu'il trouuera aux Ports circonuoisins d'icelle, aux despens de la marchandise, & ce en la disposition desdits Preuost des Marchands & Escheuins, pour y commettre, vacation aduenant par mort, qui bon leur semblera.

ARREST DE LA COVR, DONNE' ENTRE LES *Maistres Iardiniers de Paris, le Preuost des Marchands, Preuost de Paris, & encores les Sergens de la Ville, sur la visitation des Eschalats.*

ENTRE Pierre Boutault, Anthoine Mennessier, & Noël Preuost, Maistres Iurez Iardiniers en ceste Ville de Paris, appellans de certaine Sentence donnée par les Preuost des Marchands & Escheuins de ladite Ville, le vingt-cinquiesme Auril, mil cinq cens soixante dix-neuf: Par laquelle ont debouté lesdits appellans de leur renuoy, & ordonné qu'ils procederoient pardeuant eux, comme de pretendu Iuge incompetant, d'vne part: & le Procureur general du Roy prenant la cause pour son Substitut, en l'Hostel de ladite Ville, & lesdits Preuost des Marchands & Escheuins de ladite Ville inthimez, d'autre: & encores entre la communauté des Sergens de ceste Ville de Paris, demandeurs en pretenduë desertion d'appel d'autre part. Et lesdits Boutault & consors Maistres Iurez Iardiniers, adjournez sur ladite desertion d'appel, & encores entre lesdits Preuost des Marchands & Escheuins, ayans prins la cause pour Claude Sanctueil, appellans de la Sentence donnée contre ledit Sanctueil, le trentiesme Auril, cinq cens soixante dix-neuf, & lesdits Boutault & consors Iurez Iardiniers inthimez d'autres: Et encores entre lesdits Maistres Iurez Iardiniers demandeurs en pretendüe desertion dudit appel de ladite Sentence du trentiesme Auril, releué, & lesdits Preuost des Marchands & Escheuins adjournez sur ladite pretenduë desertion. D'autre l'Alemand pour les Preuost des Marchands & Escheuins de ceste Ville de Paris, appellans & inthimez, Desportes pour les Sergens de la Ville, & Dennet pour les Iardiniers, aussi appellans & inthimez. Oys ensemble Brisson pour le Procureur general du Roy, qui a dit, que les Iardiniers pretendent par leurs Statuts verifiez ceans, la visitation des eschalats leur appartenir, & la cognoissance du raport au Preuost de Paris ou son Lieutenant. Au contraire, le Preuost des Marchands & Escheuins la vendiquent pour leurs Sergens, par le moyen des Ordonnances de la Ville: qui portent, que les eschalats seront visitez par leurs Sergens, en la presence de leur Substitut & de deux Mooleurs de bois. Au moyen dequoy ils auoient aduisé vn reglement sous le bon plaisir de la Cour, à fin de concilier ce differend qu'on resulte desdites Ordonnances & Statuts: car quant à l'vsance, on ne les en a informez, qui est tel, que les eschalats estans en Bateaux, ou qui s'exposeront és lieux & places où les Preuost des Marchands & Escheuins ont la Police & superintendance, seront visitez par leurs Sergens, y assistant leur Substitut & deux Iurez Mooleurs de bois, & que les eschalats estans és maisons priuées & particulieres, où és lieux & places esquelles le Preuost de Paris à la Police, seront visitez par les Iardiniers, qui feront leur raport pardeuant le Preuost de Paris; suyuant leurs Statuts. La Cour pour le regard des appellations respectiuement interjettées par les parties, les a mises & met hors de cour & de procez, sans despens, dommages & interests, & pour cause. Et pour le reglement, tant des Officiers du Chastelet, que du Preuost des Marchands & Escheuins de ceste-dite Ville de Paris, ayant esgard à la Requeste & conclusion du Procureur general du Roy; Ordonne que lesdits Preuost des Marchands & Escheuins auront la cognoissance & visitation des eschalats qui seront vendus & exposez sur le quay & Ports, & deuant l'Hostel de Ville: & de ceux qui seront exposez és autres lieux & endroits, en appartiendra la cognoissance & visitation au Preuost de Paris ou son Lieutenant, & sous son auctorité à ceux qui par cy-deuant ont fait ladite visitation.

Fait en Parlement le huitiesme iour de Mars, l'an mil cinq cens quatre-vingts.

Collation est.

Signé, DE-HEVEZ.

Registré és Registres de l'Hostel de la Ville de Paris, ce requerant le Procureur du Roy, & d'icelle, le deuxiesme iour de Ianvier, l'an mil cinq cẽs quatre-vingts vn.

Signé, BACHELIER.

ORDONNANCE DV ROY, PAR LAQVELLE est ordonné que tous Marchands de Bois, & autres qui feront amener Eschalats en ceste Ville, ne sejourneront sur le chemin plus d'vn iour, ensemble que lesdits Eschalats seront mis au rabais trois iours apres leur arriuée au port.

HENRY par la grace de Dieu, Roy de France; A tous ceux qui ces presentes lettres verront, Salut & dilection. Comme nous ayons esté deüement aduerty de la grande cherté & penurie qu'ont à present les Bourgeois, manans & habitans de nostre bonne Ville & Cité de Paris, & ceux des Villages circonuoisins, en l'achapt des eschalats de quartier pour ficher leurs vignes: Chose qui procede à l'occasion des monopoles, trafficqs & intelligence des marchands qui amenent lesdits eschalats pour vendre en nostre-dite Ville, lesquels attendans la vente à telle raison qu'ils desirent, font sejourner sur les ports de nostre-dite Ville leursdits eschalats, tant & si longuement que bon leur semble, tellement que nosdits habitans n'en peuuent recouurer desdits marchands qu'à leur volonté, & à tel prix qu'il leur plaist. A quoy pour le desir & affection que nous auons que nostre-dite Ville, comme estant la principale & capitale de nostre Royaume, soit maintenüe en bon ordre & police de toutes choses: Nous auons bien voulu y pourueoir & remedier. Sçauoir faisons, que nous apres auoir eu sur ce l'aduis des gens de nostre priué Conseil; Auons de nostre certaine science, pleine puissance & authorité Royale, dit, statué & ordonné, disons, statuons & ordonnons par nostre Edict, Statut, & Ordonnance irreuocable, que tous marchands de bois, & autres personnes quels qu'ils soient, amenans en nostre-dite Ville, eschalats, tant de quartier qu'autres, depuis qu'ils auront chargé lesdits eschalats sur les ports des Riuieres pour amener en ladite Ville: ne séjourneront sur le chemin plus d'vn iour, mais viendront tout debout és ports iurez d'icelle Ville: & y estans arriuez, soit que le marchand ayt pris planche, & iceux exposez en vente ou non, trois iours apres seront tenus de venir au rabais en l'Hostel commun de nostre-dite Ville pardeuant les Preuost des Marchands & Escheuins d'icelle, lesquels en leurs loyautez & consciences, y mettront tel prix qu'ils cognoistront que lesdits eschalats pourront valoir, ainsi & en la mesme forme & maniere qu'il est à present obserué au fait du rabais du bois de chauffage, charbon & menües denrées qui se vendent & débitent en nostre-dite Ville, & ce sur peine de confiscation desdits eschalats, ou d'amende arbitraire, à la discretion desdits Preuost des Marchands & Escheuins. Si donnons en mandement par ces mesmes presentes, à nos tres-chers & bien-amez lesdits Preuost des Marchands & Escheuins, Bourgeois, manans & habitans de nostre-dite Ville, que ceste presente nostre Ordonnance, Statut & Edit, ils entretiennent, gardent & obseruent, facent entretenir, garder & obseruer de poinct en poinct, selon sa forme & teneur. Et à ce faire & souffrir, contraignent ou façent contraindre tous ceux qu'il appartiendra, & qui pour ce seront à contraindre par toutes voyes & manieres deües & raisonnables, nonobstant oppositions ou appellations quelconques: Pour lesquelles, ne voulons estre differé. Et à fin qu'aucun n'en puisse pretendre cause d'ignorance, Nous voulons que cesdites presentes ils façent publier à son de trompe, & cry public, par tous les lieux, carrefours & endroits de ladite Ville, accoustumez à faire crys & proclamations, & autres que bon leur semblera: Car tel est nostre plaisir. En tesmoing de ce, Nous auons fait mettre nostre seel à cesdites presentes. Donné à saint Germain en Laye, le dernier iour de May, l'an de grace mil cinq cens quarante-neuf. Et de nostre regne le troisiesme. Ainsi signé sur le reply, Par le Roy, le sire de Montmorency, Connestable de France, le President Bertrand, & autres presens, Bochetel, & seellée sur double queüe du grand seel de cire jaune, & sur ledit reply est escrit; Leües & publiées en l'Auditoire de l'Hostel de Paris, le Procureur du Roy & de ladite Ville, ce requerant. Et outre a esté ordonné, que defenses seront faites à tous Marchands, tant d'icelle Ville que Forains, de ne faire amas ne chantier d'eschalats, ains les vendre sur les ports & garder l'Ordonnance, comme du bois de chauffage, sur peine de confiscation d'iceux eschalats, & d'amende arbitraire, suiuant le requisitoire dudit Procureur. Fait le septiesme iour de Iuin, l'an mil cinq cens quarante-neuf. Ainsi signé, Bachelier. Et au dos est escrit, l'an mil cinq cens quarante-neuf, le contenu au blanc de l'autre part a esté cryé, leu, publié, & signifié à son de trompe, & cry publicq, sur les ports de la riuiere de Seine de ceste Ville de Paris; Sçauoir sur le port des Celestins, arche Beaufils, port au Foin, port saint Geruais, port de Gréue, port de l'Escole saint Germain, port de la Tournelle, & au port des grands Degrez, le Samedy huitiesme iour de Iuin, & le Lundy dixiesme ensuiuant par les carrefours de ladite Ville de Paris, lieux & places accoustumées à faire crys & proclamations, par moy Paris Chrestien, Sergent à verge, Crieur Iuré des Greffes Ciuils & Criminels du Chastelet de Paris & des crys publics, és Villes, Preuosté & Vicomté dudit lieu, accompagné de Michel Gauthier, Trompette Iuré dudit Seigneur, esdits lieux, tesmoing mon seing manuel cy mis, les ans & iour que dessus.

Signé, CHRESTIEN.

ARREST DE LA COVR DE PARLEMENT, touchant la taxe mise aux Eschalats par le Preuost des Marchands & Escheuins de la Ville de Paris.

ENTRE Iean Boscheron, Marchand de bois, appellant des Iugement du Preuost des Marchands & Escheuins, du vingt-vniesme May, & huitiesme Iuin, mil six cens dix-neuf. Cosme Amblard aussi Marchand de bois, appellant d'autre Iugement du vingt-troisiesme May: Et encores lesdits Boscheron & Amblard, appellans de l'ordonnance du Preuost & Escheuins, du septiesme May, de taxe au cent d'eschalats. Iugement de nonobstant, & de ce qui s'en est ensuiuy; La Communauté des Marchands de bois interuenans, d'vne part: & M. Pierre Perrot, Substitut du Procureur general du Roy à l'Hostel de Ville: M. Guillaume le Pere, Receueur de l'Euesché de Paris: M. Geoffroy le Secq, Procureur au Chastelet: & Anthoine Bruneau inthimé, defendeur d'autre, sans que les qualitez puissent prejudicier. Cossin pour les appellans, Petit plaidans, Seruin pour le Procureur general du Roy a dit, qu'ils ont ouy les parties à la communication; Et sur la contention si le Preuost des Marchands a peû mettre prix aux eschalats; Et ayant veu les actes de leur possession, l'Ordonnance & lettres Patentes du Roy de cinquante-quatre, qu'ils seroient mis au rabais, comme les autres marchandises, donner les mains, que ce n'est au Preuost de Paris. Ouy Petit en son appel auquel a conclud, & luy a adheré Cossin pour les interuenans, soustenant que par les Ordonnances & Arrests, l'eschalat n'est sujet à la taxe de Ville: Et Pierre pour le Preuost des Marchands & Escheuins ensemble: Greslet pour l'inthimé, qui a soustenu que les appellans sont sans grief en l'appel de la condamnation, rendre ce qu'ils ont receu plus que la taxe de trente liures. La Cour a receu les interuenans parties en la cause, & sur l'appel appoincte les parties au Conseil, corrigeront, adjousteront à leurs plaidoyers, ce que bon leur semblera dans huitaine, produiront, bailleront contredits & saluations dans le temps de l'Ordonnance,

nance, & à ouyr droict. Cependant sans prejudice de leurs droicts, ordonne que la Sentence du Preuost des Marchands & Escheuins, sera executée par prouision. Fait en Parlement le trentiesme Iuillet, mil six cens vingt.

Signé, VOYSIN.

ARREST DE LA COVR DE PARLEMENT, *par lequel est ordonné que le procez contre vn accusé d'auoir pris du Bled dans des Bateaux au Port, sera fait par le Preuost des Marchands & Escheuins.*

ENTRE Vyard Gruyer, Marchand de grains, Bourgeois de Paris, appellant; tant comme de pretendu Iuge incompetent qu'autrement, de la permission d'informer; decret d'adiournement personnel, & de toute la procedure Criminelle contre luy faite pardeuant le Preuost des Marchands & Escheuins de ceste Ville de Paris, d'vne part: & la Communauté des Marchands de Grains de ceste-dite Ville inthimez d'autre: sans que les qualitez puissent prejudicier aux parties: Desnoyers pour l'appellant, voulant plaider & desduire ses causes d'apel: Talon pour le Procureur general du Roy a dit, qu'ils ont veu la plainte faite par la Communauté des Marchands de Grains de ceste Ville, qui porte que depuis que les Bateaux sont arriuez au port, qu'ils doiuent estre en seureté: Et neantmoins qu'il a esté pris du bled auec aucuns qui ont des Bateaux, l'vn des Escheuins en a informé, a fait recit du contenu en l'information. Il ne s'agist icy si les Preuost des Marchands & Escheuins ont Iustice ou non; sur le faict qui s'offre la Iustice leur appartient, s'il plaist à la Cour elle le pourra iuger, sans que cela face prejudice aux Arrests cy-deuant donnez. La Cour a mis l'appellation au neant, ordonne que ce dont a esté appellé sortira effet, condamne l'appellant aux despens, a renuoyé & renuoye les parties, charges & informations à huitaine, pardeuant le Preuost des Marchands & Escheuins de ceste Ville, pour faire le procez à l'accusé, iusques à Sentence diffinitiue inclusiuement, sauf l'execution s'il en est appellé. Fait en Parlement le premier iour d'Aoust, mil six cens vingt.

Signé, VOYSIN.

CONFIRMATION DE PRIVILEGE pour les Quarteniers de Paris.

LOVIS par la grace de Dieu, Roy de France & de Nauarre : A tous presens & aduenir, Salut. Nos chers & bien-amez les seize Quarteniers de nostre bonne Ville de Paris, nous ont fait remonstrer, que le feu Roy nostre tres-honoré sieur & Pere, que Dieu absolue, mettant en consideration les bons & fidels seruices qu'ils luy auoient rendus aux occasions les plus importantes, & particulierement lors de la reduction de ladite Ville en son obeyssance : & desirant leur tesmoigner qu'il en auoit du ressentiment, leur continüa & confirma au mois de Iuillet mil six cens sept, leurs Priuileges, consistans en l'exemption & franchise des Aydes, subsides, & autres impositions sur toutes denrées & marchandises procedans de leur creu, lesquelles ils débiteroient sans fraude en gros, ou en détail. Et pour ce que la plus-part de leurs tiltres qui iustifioient ceste exemption, auoient esté perdus durant les troubles, par la negligence de ceux qui auoient la charge & maniement de leurs affaires; Voulans les obliger à vacquer soigneusement au deuoir de leurs charges auec affection, & empescher que ce priuilege ne fust contredit ou débatu sous ce pretexte, leur conceda & octroya de nouueau, & voulut qu'ils en jouyssent, tout ainsi que leurs predecesseurs en auoient bien & deüement jouy & vsé, sans que ce défaut & manquement leur peust prejudicier. Mais d'autant que depuis nostre aduenement à la Couronne lesdits exposans n'ont fait continüer & confirmer ceste concession, afin qu'ils n'y puissent estre troublez, ils nous ont tres-humblement requis & supplié leur en octroyer Lettres sur ce necessaires. Sçauoir faisons; Que nous desirant gratifier & fauorablement traitter lesdits Quarteniers, en consideration des recommandables seruices rendus par leurs predecesseurs à cét Estat & Couronne, sous le regne des Roys, Iean, & Charles VII. Et par eux à nostredit feu Sieur & Pere, & à Nous, durant les mouuemens derniers : & leur donner moyen de les continüer à l'aduenir auec autant de soing, vigilance & trauail, de iour & de nuict, qu'ils ont fait par le passé, dequoy nous sommes grandement satisfaits. Auons à iceux Quarteniers de nostre bonne Ville de Paris, continüé & confirmé, & de nos grace speciale, pleine puissance & auctorité Royale, continüons & confirmons, & de nouueau en tant que besoing seroit, octroyé & octroyons par ces presentes, pour ce signées de nostre main, ledit priuilege, exemption & franchise de toutes Aydes, subsides & impositions sur les denrées & marchandises prouenans de leur creu, lesquelles ils vendront en gros & débiteront en détail, pour en iouyr par eux, & leurs successeurs ausdites charges, tout ainsi & en la mesme forme & maniere qu'ils en ont cy-deuant bien & deuëment iouy & vsé, iouyssent & vsent encores de present. Si donnons en mandement à nos amez & féaux Conseillers, les gens tenans nostre Cour des Aydes à Paris; Que nos presentes lettres de grace, continüation & confirmation, ils facent registrer, & de tout le contenu en icelles, souffrent & laissent iouyr & vser plainement & paisiblement lesdits Quarteniers, cessans & faisans cesser tous troubles & empeschemens au contraire: Car tel est nostre plaisir. Et à fin que ce soit chose ferme & stable à tousiours, nous auons fait mettre nostre seel à cesdites presentes, sauf en autre chose nostre droict, & l'autruy en toutes.

Donné à Paris au mois de Fevrier, l'an de grace mil six cens dix-huit. Et de nostre regne le huitiesme. Signé, LOVYS. Et sur le reply, Par le Roy, DE LOMENIE. Et à costé, Visa, Contentor. PETIT.

Registrées en la Cour des Aydes, Ouy le Procureur General du Roy, pour iouyr par les impetrans de l'exemption & affranchissement du gros & huitiesme du vin qu'ils vendront prouenant de leur creu seulement, suiuant l'Arrest de ladite Cour du iourd'huy. Donné à Paris, le dixiesme iour de Mars, l'an mil six cens dix-huit. PAVLMIER.

Extraict des Registres de la Cour des Aydes.

VEV par la Cour les lettres Patentes du Roy en forme de Chartre, données à Paris au mois de Fevrier mil six cens dix-huit, signées LOVYS. Et sur le reply, Par le Roy, De Lomenie. Et seellées sur lacs de soye rouge & verte, du grãd seau de cire verte: obtenuës & impetrées par les seize Quarteniers de ladite Ville de Paris; Par lesquelles ledit Seigneur, pour les causes & considerations y contenuës, leur continuë & confirme, & de nouueau en tant que besoin seroit, octroye par lesdites lettres, les Priuilege, exemption, & franchise de toutes Aydes, subsides & impositions sur les denrées & marchandises prouenans de leur creu, lesquelles ils vendront en gros ou débiteront en détail, pour en iouyr par eux & leurs successeurs ausdites charges, tout ainsi & en la mesme forme & maniere qu'ils en ont cy-deuant bien & deuëment jouy & vsé, jouyssent & vsent encores de present.

Autres lettres Patentes par les impetrans obtenuës à mesmes fins, du feu Roy Henry IIII. d'heureuse memoire, données en la Ville de Paris au mois de Iuillet mil six cens sept, signées sur le reply, Par le Roy, Ruzé, & seellées comme les precedentes. La declaration de Maistre Anthoine Faydeau, Fermier general des Aydes de France, sur lesdites Lettres, en datte du douziesme Ianvier audit an mil six cens dix-huit. La Requeste desdits impetrans à ladite Cour, afin de verification desdites Lettres. Conclusions du Procureur general du Roy, & tout consideré. La Cour a ordonné & ordonne, que lesdites Lettres seront registrées au Greffe, pour jouyr par les impetrans de l'exemption & affranchisement du gros & huitiesme du Vin qu'ils vendront prouenans de leur creu seulement. Prononcé le dixiesme iour de Mars mil six cens dix-huit. PAVLMIER.

ARREST DE LA COVR DE PARLEMENT; *Par lequel il est dit qu'il y aura vingt-quatre pieds en l'Isle de Louuiers, pour garrer les Bateaux.*

ENTRE Bernard Amaulry, Marchand de Bois, & Bourgeois de Paris, appellant de certaines Sentences données par le Preuost de Paris, ou son Lieutenant, comme de Iuge incompetent, les seiziesme Iuillet, & troisiesme Septembre, derniers, mil cinq cens quatre-vingts: Les Preuost des Marchands & Escheuins de la Ville de Paris interuenus, & joint auec ledit Amaulry: & encores Charles Marchant, Guillaume Girard, Claude de la Champagne, Estienne Dohin, Guillaume Rafferon, Vincent Philippes, Bourdin, Germain Herlement, & Anthoine Gillot, tous Marchands de Bois, & Bourgeois de Paris, aussi interuenans & joints auec ledit Bernard, d'vne part: & Maistre Nicolas Pagenin, Maistre de la Chambre ordinaire de Monsieur, frere vnique du Roy, inthimé d'autre: & encores ledit Pagenin, demandeur en requeste par luy presentée à ladite Cour, le sixiesme Ianvier dernier. Et lesdits Bernard & Amaulry, les Preuost des Marchāds & Escheuins de la Ville de Paris, Charles Marchant, & consorts, defendeurs d'autre: & ne pourront les qualitez nuire ne prejudicier aux parties. Le Normand pour Amaulry, appellant, & pour les Marchands frequentans la riuiere de Seine, joints auec luy; Poussemotte pour les Preuost des Marchands & Escheuins de la Ville de Paris, aussi appellans, & defendeurs en requeste, à fin d'euocation du principal; & de Villiers pour l'inthimé, demandeur en ladite requeste: & encores en sommation contre ledit Sieur Dantragues, ouys sur les appellations qui ont esté interjettées des defenses faites par le Preuost de Paris ou son Lieutenant, à toutes personnes de garrer Bateaux ny entrer en l'Isle de Louuiers pour la nauigation, & ce qu'au prejudice du renuoy requis pardeuant lesdits Preuost des Marchands & Escheuins, ausquels la cognoissance de la cause deuoit appartenir, estant question du faict de nauigage; Il a ordonné que l'appellāt procederoit pardeuant luy, ensemble sur le principal, auquel lesdits Preuost des Marchāds & Escheuins, & pareillement l'inthimé & autres Marchands ont requis, que suiuant l'ordonnāce sur le faict de la nauigation, & l'Arrest donné en l'an mil cinq cens cinquante-sept, contre la Dame Dantragues, des successeurs de laquelle l'inthimé a le droict par acquest en ladite Isle; il fust permis à tous Marchands & Mariniers de pouuoir garrer leurs Bateaux, & faire toutes autres choses necessaires pour le faict de nauigage dans les vingt-quatre pieds délaissez en ladite Isle, auec defenses à l'inthimé de les y empescher, sur telles peines que la Cour aduiseroit. Laquelle permission a esté débatuë & empeschée par l'inthimé, qui a dit que l'ordonnance ne pouuoit auoir lieu pour son Isle, laquelle il auoit achetée franche & libre de telle seruitude: & que si cela estoit permis, l'Isle seroit sans profit: Somme le sieur Dantragues, son vendeur, à la garantie; & que Faye pour le Procureur general du Roy a dit, quant à l'appel que le Preuost de Paris a esté du tout incompetent de cognoistre du faict qui s'offre, duquel la cognoissance sans difficulté appartenoit audit Preuost des Marchands & Escheuins de ceste Ville de Paris. Et pour le regard du principal, qu'il n'y a que tenir, que l'Isle ne soit sujete en ses riuages, aussi bien que les riuages de la riuiere pour garrer les Bateaux, & autres choses necessaires pour la nauigation. La Cour dit qu'il a esté mal, nullement & incompetemment iugé & ordonné par le Preuost de Paris, ou son Lieutenant: bien appellé par les appellans, condamne l'inthimé és despens de la cause d'appel, qui seront taxez par briefue declaration. Et ayant esgard à la requeste presentée par l'inthimé, a euoqué & euoque le principal entre les parties, & y faisant droict: A permis & permet à tous Marchands Mariniers, frequentans la riuiere de Seine, de garrer leurs Bateaux en l'Isle de Louuiers, & faire toutes autres choses necessaires pour la nauigation dedans les vingt-quatre pieds délaissez suiuant l'ordonnance. Enjoint au proprietaire de les laisser & souffrir sans leur donner aucun empeschement. Et neantmoins fait inhibitions & defenses ausdits Marchands & Mariniers d'y faire aucuns excez, insolences, ny en mes-vser, sur peine de punition corporelle: & au surplus, verra les charges & informations faites à la requeste de l'inthimé pour les décreter, ou autrement ordonner ce que de raison, & sans despens de la requeste. Fait en Parlement le vingt-huitiesme iour de Fevrier, mil cinq cens quatre-vingts vn.

Signé, DE HEVEZ.

EDICT DV ROY, POVR L'ORDRE DE L'ESLECTION des Preuoſt des Marchands & Eſcheuins de ſa bonne Ville de Paris.

Verifié en Parlement.

HENRY, par la grace de Dieu, Roy de France; A tous preſens & aduenir, Salut. Comme il ſoit tres-requis & neceſſaire de donner quelque bon ordre à l'eſlection des Preuoſt des Marchands & Eſcheuins de noſtre bonne Ville & Cité de Paris, capitale de noſtre Royaume, auec vn reglement aux Eſtats des Conſeillers & Quarteniers d'icelle noſtre-dite Ville, pour oſter toutes difficultez & differeds qui pourroiẽt ſoudre, & eſtre meus à cauſe de ce; en ſorte que ceux qui ſont ou ſeront par cy-apres conſtituez eſdites charges & Eſtats, puiſſent faire ſeruice à Nous, noſtre-dite Ville, & conſequemment à toute la Republique d'icelle noſtre-dite Ville. NOVS A CES CAVSES, apres auoir eu l'aduis d'aucuns Princes de noſtre Sãg, & gens de noſtre Priué Conſeil; Auons de noſtre certaine ſcience, pleine puiſſance & auctorité Royale ſur ce, ſtatué & ordonné de nouuel, par Edict perpetuel & loy irreuocable, les choſes qui s'enſuiuent. C'eſt à ſçauoir, que l'eſlectiõ deſdits Preuoſt des Marchãds & Eſcheuins ſe fera en la maniere accoûtumée; & à ceſte fin ſeront les mandemens enuoyez aux ſeize Quarteniers de noſtre-dite Ville à chacun reſpectiuement, pour appellez les Cinquanteniers & Diziniers de chacun leurs quartiers, auec huit notables Bourgeois d'icelуy, eſtre procedé à l'eſlection de quatre deſdits notables Bourgeois, dont puis apres en ſeront pris & tirez deux au ſort par buletins, ainſi qu'il eſt accoûtumé de faire. Mais d'autant qu'il ſe trouue doute & difficulté ſur ce, que les voix & eſlections deſdits quatre Bourgeois ſont ſouuentesfois tombées ſur leſdits Cinquanteniers & Diziniers, & qu'au moyen de ce, quelquesfois les Bourgeois ſe ſont retirez ſans vouloir ſe trouuer au mandemẽt deſdits Quarteniers, pour faire eſlectiõ deſdits quatre Bourgeois, voyans que leſdits Cinquanteniers & Diziniers ſe donnoient les voix les vns aux autres. Pour obuier à ceſte difficulté; Auons dit & ordonné que leſdits Cinquanteniers & Diziniers ne ſe pourront donner les voix aux vns aux autres: bien voulons qu'ils ayent voix en ladite eſlection deſdits quatre Bourgeois, laquelle ils ſeront tenus donner & faire tomber ſur les huit Bourgeois aſſiſtans audit quartier au mandement du Quartenier d'iceluy, auquel ordonnons & enjoignons d'appeller huit perſonnages des plus apparens de ſondit quartier, dont aucuns de nos Officiers ſeront toûjours du nombre, ſ'il s'en trouue audit quartier, auec Bourgeois & notables Marchands non mecaniques, leſquels voulons eſtre tenus comparoir au mandement dudit Quartenier, ſur peine d'eſtre priuez du droict de Bourgeoiſie, ciuilité, franchiſes, & libertez de noſtre-dite

Ville, sinon qu'ils eussent excuse suffisante. Et là où les eslections desdits quatre Bourgeois seront autrement faites qu'en la maniere dessusdite, & que le sort tombe à autres personnes que sur les quatre du nombre desdits huit Bourgeois: Voulons, ordonnons, & nous plaist, que l'on n'ait aucun esgard au scrutin qui en aura esté fait: ains que les Preuost des Marchands & Escheuins qui pour lors seront auec les Conseillers de nostre-dite Ville assistans en l'assemblée, puissent mander & appeller deux notables Bourgeois dudit quartier, tels qu'ils aduiseront, pour estre presents, & assister à ladite eslection, & donner leurs voix en icelle; & que ceux qui auront contreuenu à ce que dessus, soient condamnez en cent liures parisis d'amende, applicable au payement des œuures de la fortification de nostre-dite Ville, laquelle sera leuée sans déport: & outre cela, qu'ils soient priuez des priuileges, franchises, & immunitez de nostre-dite Ville. Et afin de cognoistre ceux qui auront fait faute en cét endroit, & contreuenu à ce que dessus, que l'eslection desdits quatre Bourgeois se fera de viue voix, & le scrutin signé de la main du plus apparent nostre Officier ou Bourgeois estant à ladite assemblée, & dudit Quartenier, faisant préalablement lecture dudit scrutin en presence de tous les assistans: Autrement ne voulons ledit scrutin estre receu par ledit Preuost des Marchands le iour de l'eslection. Que si le cas aduient que l'vn ou plusieurs desdits Quarteniers soient esleus pour estre Escheuins de nostre-dite Ville, ce qui pourra estre fait, s'ils se treuuent estre natifs de nostre-dite Ville de Paris, & auoir les capacitez à ce requises: Voulons qu'auparauant que porter le scrutin à Nous, nostre amé & féal Chancelier, ou Garde de nos Sceaux, ou à la Chambre du Conseil, en nostre Chambre des Comptes, si-tost que lesdits Preuost des Marchands & Escheuins seront aduertis par les scrutateurs qu'il y aura vn desdits Quarteniers esleu, sera tenu iceluy Quartenier voulant accepter l'Escheuinage, de se démettre dudit estat de Quartenier, pour & au lieu d'iceluy estre pourueu par lesdits Preuost des Marchands & Escheuins, d'vn autre personnage idoine & capable, suiuant l'Ordonnance de nostre-dite Ville; & lequel estat de Quartenier, en cas de l'acceptation de l'Escheuinage, nous auons declaré & declarons vaccant, sans qu'il puisse estre Quartenier & Escheuin ensemble; ne qu'iceluy Quartenier qui aura accepté & déseruy ledit estat d'Escheuin, puisse puis apres retourner ny rentrer audit estat de Quartenier. Que les Conseillers de nostre-dite Ville, qui sont vingt-quatre en nombre, lesquels ont le serment de donner conseil pour les affaires de nostre-dite Ville, & les plus grands & importans d'icelle, seront d'oresnauant composez; à sçauoir, dix de nos Officiers, Presidens de nos Cours, Maistres des Requestes, Conseillers, Maistres de nos Comptes, Auditeurs d'icelle, nos Notaires & Secretaires, & autres Officiers ayans le serment à Nous: sept notables Bourgeois de nostre-dite Ville, demeurans & residens actuellement en icelle, ne faisans aucun train ne traffic de marchandise, viuans de leurs rentes & reuenus; & les autres sept faisans le parfait des vingt-quatre marchands non mecaniques, demeurans aussi & residens en nostre-dite Ville, & y faisans actuellement train de marchandise: tellement qu'aduenant la vaccation de l'vn desdits estats & offices, Voulons qu'au lieu de l'vn de nosdits Officiers, il soit pourueu d'vn qui sera pareillement de nos Officiers de la qualité dessusdite, qui aura le serment à Nous; & au lieu d'vn Bourgeois, vn Bourgeois; & d'vn Marchand, vn Marchand; les reduisans & remettans à l'aduenir en la maniere deuant dite.

SI DONNONS en mandement à nos amez & féaux Conseillers, les Gens tenans nostre Cour de Parlement de Paris, Preuost des Marchands, & Escheuins dudit lieu; & à tous nos autres Iusticiers & Officiers qu'il appartiendra, que nos presens Edict, Statut & Ordonnance, ils facent lire, publier, & enregistrer és registres de nostre-dite Cour, & iceux entretenir, garder & obseruer de poinct en poinct, selon leur forme & teneur, sans aller, ne souffrir aller au contraire: Car tel est nostre plaisir. Nonobstant quelsconques Ordonnances, Edicts, Statuts, Constitutions, ou deffenses à ce contraires, ausquels nous auons dérogé & dérogeons. Et afin que ce soit chose ferme & stable à toûjours, Nous auons fait mettre & apposer nostre scel à cesdites presentes, sauf en autres choses nostre droict, & l'autruy en toutes. Donné à Compiegne au mois de May, l'an de grace mil cinq cens cinquante-quatre. Et de nostre regne le huitiesme. Signé, Par le Roy en son Conseil, BOVRDIN. Et séellé de cire verte.

Leües, publiées & enregistrées au Bureau de la Ville de Paris, le 19. iour de Septembre, l'an mil cinq cens cinquante-quatre. Signé, BACHELIER.

Lecta, publicata & registrata, audito & requirente Procuratore generali Regis, Parisijs in Parlamento, vigesima die mensis Augusti. Anno Domini millesimo quingentesimo quinquagesimo quarto. DV-TILLET.

LE SERMENT QVE LE ROY ENTEND ESTRE FAIT PAR LES CAPITAINES ET LIEVTENANS, establis en ceste Ville de Paris, mil cinq cens soixante-deux, à cause des troubles qui estoient lors.

VOVS iurez Dieu vostre Createur, sur la part que pretendez en Paradis: que bien & loyaument vous seruirez le Roy en la charge de Capitaine en sa Ville de Paris, & que n'employerez les armes qui vous ont par son commandement esté mises en la main, & aux hommes qui sont sous vostre charge, qu'à maintenir le repos & la tranquillité en la Ville & Faux-bourgs de Paris: & donner main-forte à tous qu'il appartiendra. Aussi qu'obeyrez aux Preuost des Marchands & Escheuins de ladite Ville.

LA

LA REDVCTION DES PREVOSTÉ DES *Marchands & Escheuinage de la Ville de Paris.*

CHARLES par la grace de Dieu, Roy de France: Sçauoir faisons à tous presens & aduenir; Que comme nostre bonne Ville de Paris, qui est la principale Ville & Capitale de nostre Royaume, ait esté de toute ancienneté décorée de plusieurs grands & notables droicts, Noblesses, prerogatiues, priuileges, libertez, franchises, possessions, rentes, reuenus: & pour le bon gouuernement d'icelle, y a eu de tous temps Preuost des Marchands, Escheuins, Clergie, maison, appellée la Maison de la Ville, parloüer aux Bourgeois, & plusieurs autres Officiers pertinens au faict de ladite Preuosté & Escheuinage, par lesquels nostre-dite bonne Ville & les manans & habitans en icelle ont esté anciennement gardez & maintenus en bonne paix & seureté, & le faict de la marchandise d'icelle grandement & notablement soustenu. Et depuis aucun temps en çà, pour aucunes causes à ce nous mouuans, nous eussions & ayons pris & mis en nostre main lesdites Preuosté & Escheuinage, maison de ladite Ville, & Clergie d'icelle, Preuosté des Marchands, ensemble la Iurisdiction, cohercion, & cognoissance, rentes, reuenus, & autres droicts quelsconques appartenans à icelle Preuosté, Escheuinage, & Clergie: & commis à nostre amé le Preuost de Paris toute la Iurisdiction, cognoissance, & cohercion: qui par aucun tẽps ont fait & exercé pour nous, & en nostre nom ce que dit est, & depuis aussi l'ont gouuernée & exercée autres à ce commis de par nous. Et pour lesquelles choses seroient suruenus plusieurs grands affaires à nous & à nostre-dite bonne Ville: esquels affaires par vraye experience auons sçeu & tres-éuidemment cogneu, & trouué en faict & en conseil nos bien-amez les Bourgeois, manans & habitans en nostre-dite Ville de Paris, tres-vrays & loyaux obeyssans sujets à nous, nostre seigneurie & posterité, du bien, tuition, defense & exaltation de nostre Couronne, & de tout le bien public de nostre Royaume, & en ce exposé liberalement leurs corps, biens & cheuances, & pour ce soustenu & souffert plusieurs grands peines, perils, trauaux, & dommages. Nous (les choses dessus considerées, pour le bien, profit, & seureté de nostre Ville, & pour autres causes & considerations à ce nous mouuans: Eu sur ce grande & meure déliberation de Conseil, auec plusieurs de nostre sang & lignage, & autres de nostre grand Conseil) l'empeschement & main, ainsi que dit est, par nous mis esdites Preuosté des Marchands, Escheuinage, Clergé, maison de la Ville, parlouër aux Bourgeois, Iurisdiction, Cohercion, Priuileges, Rentes, reuenus, & droicts appartenans d'ancienneté à icelle Preuosté des Marchands, Escheuinage, & Clergie de nostre-dite bonne Ville de Paris, auons leué & osté, leuons & ostons à plein, de nostre certaine science & propre mouuement: & voulons que nosdits Bourgeois, manans & habitans en icelle nostre Ville, desdits Preuosté des Marchands, Escheuinage, Clergie, maison de la Ville, parloüer aux Bourgeois, Iurisdiction, Cohercion, cognoissance, Rentes, reuenus, possessions quelsconques, Droicts, Honneurs, Noblesses, Prérogatiues, Franchises, Libertez & Priuileges, iouyssent entierement & paisiblement, à tousiours, pareillement qu'ils faisoient parauant l'empeschement & main mise. Et d'abondant, en tant que mestier est & seroit, à iceux Bourgeois, manans & habitans, auons donné & octroyé, donnons & octroyons par ces presentes, toutes les choses susdites, & chacune d'icelles, pour en iouyr perpetuellement, comme dit est.

Si donnons en mandement à nos amez & féaux Conseillers, les gens tenans, & qui tiendront nostre Parlement, à nos gens de nos Comptes & Thresoriers à Paris, & à tous nos autres Iusticiers & Officiers presens & à venir, ou à leurs Lieutenans, & à chacun d'eux, si comme à luy appartiendra: que desdites Preuosté, & Escheuinage, & autres droicts dessusdits, facent, souffrent & laissent nostre-dite bonne Ville, & lesdits Bourgeois, manans & habitans en icelle, & leurs successeurs, iouyr & vser paisiblement, selon la forme & teneur de ces presentes, sans leur donner ou souffrir estre donné aucun empeschement au contraire: lequel si mis y estoit ores au temps aduenir, ostent ou facent oster tantost & incontinent, nonobstant nostre-dite main mise: & que nos lettres d'icelle main mise ne soient en ces presentes incorporées de mot à mot, laps de temps, vsages, & possessions, Ordonnances, Mandemens, & Defenses à ce contraires: Et à fin que ce soit chose ferme & stable à tousiours, nous auons fait mettre nostre scel à ces presentes. Sauf en autres choses nostre droict, & l'autruy en toutes.

Donné à Paris, le vingtiesme iour de Ianvier, l'an mil quatre cens onze. Et de nostre regne le trente-deuxiesme. Ainsi signé, Par le Roy, en son Conseil, auquel le Roy de Sicile, Monseigneur le Duc de Bourgongne, les Comtes de Mortaing & de Neuers, Vous l'Euesque de S. Brieud, les Chanceliers de Guyenne & de Bourgongne, le grand Maistre d'Hostel, Seigneurs de la Suze, de Rambures, de Florensac, & Vbalphin, Messeigneurs Charles de Sauoye, le Galloys Daunoy, Messire Iean de Courselles, le Gouuerneur d'Arras, Messeigneurs Iean de Chambrillac, & plusieurs autres estoient. S. Barrau.

EDICTS, DECLARATIONS, ARRESTS ET REIGLEMENTS de nouueau adjouſtez.

DECLARATION DV ROY, PORTANT Reiglement des droicts & ſalaires que doiuent prendre à l'aduenir les Iurez Mouſleurs, Compteurs, Cordeurs, & Viſiteurs de Bois, les Chargeurs de Bois en Charrettes, Meſureurs & Porteurs de Charbons, Courtiers de Vins, & Iurez de la marchandiſe de Foing de la Ville de Paris.

Verifiée en la Cour des Aydes le 8. Iuillet 1638.

Et registrée en l'Hoſtel de ladite Ville, le 2. Mars 1639.

OVIS par la grace de Dieu, Roy de France & de Nauarre : A tous ceux qui ces preſentes Lettres verront, Salut. Par noſtre Edict du mois de Fevrier 1633. regiſtré où beſoin a eſté, nous auons, pour les conſiderations y contenuëes, entr'autres choſes diſpenſé & deſchargé les Officiers de Police, eſtablis en l'Hoſtel de noſtre bonne Ville de Paris, de la rigueur & ſujection à laquelle ils eſtoient abſtraints, d'aller en perſonnes reſigner leurs Offices audit Hoſtel de noſtre-dite Ville de Paris, laquelle ayant eſté par vne longue ſuitte d'années, grandement accreüe & augmentée, tant en édifices & baſtimens publics, qu'en nombre de perſonnes ; auons en cette conſideration, accreu & augmenté à ladite proportion, le nombre des Officiers de Police dudit Hoſtel de Ville, créez & érigez par noſtre-dit Edict à l'inſtar des anciens, afin que le public puiſſe eſtre plus promptement & commodément ſeruy, & pourueu de tout ce qui luy eſt neceſſaire pour ſa ſubſiſtance : auſquels Officiers anciens & nouueaux, aurions par iceluy Edict attribué le pariſis de tous les droicts, émolumẽs & ſalaires dont joüiſſoient leſdits anciens Officiers. En la perception duquel pariſis, ayans eſté bien informez par les diuerſes plaintes qui nous en ont eſté faites, que la pluſpart d'iceux Officiers de Police, commettoient pluſieurs exactions ſur le public, ſous pretexte de ce que ladite augmentation du pariſis n'eſt liquidée à vn pied certain & arresté, qui puisse estre bien recogneu par les Bourgeois, leurs domestiques & autres, qui font les prouisions de leurs familles. Et aussi que les Iurez Vendeurs, Priseurs, Poiseurs & Compteurs de la marchandise de Foing en nostre-dite Ville, exigeoient des Marchands dudit Foing beaucoup plus qu'il ne leur estoit attribué, Nous aurions cy-deuant fait expedier nos Lettres de Commission pour la recherche desdites exactions & restitutions des deniers par lesdits Officiers indüement pris & perceus. Mais ayans depuis consideré que lesdites recherches apporteroient des grands troubles & incommoditez à diuerses familles desdits Officiers, & peu d'vtilité au public, nous auons estimé estre plus à propos de reuoquer ladite Commission, & descharger iceux Officiers de ladite recherche, & de toutes recherches & restitutions esquelles ils pourroient estre tenus pour ce sujet; regler & arrester leurs droicts & salaires à vn pied certain, qui ne puisse plus estre excedé à l'aduenir par lesdits Officiers, & attribuer à iceux quelques modiques augmentations de leursdits droicts, proportionné à leur labeur & au seruice qu'ils sont obligez de rendre au public, consideré mesmes que les droicts cy-deuant attribuez ausdits Officiers, sont fort modiques, eu esgard au temps present, auquel toutes sortes de denrées, marchandises, & autres choses necessaires pour l'entretien de la societé ciuile, sont beaucoup augmentées de leur ancien prix & valeur; & au surplus, les confirmer en la jouyssance de leursdits droicts, émolumens & salaires, tãt anciens que nouueaux. De l'execution duquel Reiglement & confirmation (tres-juste & necessaire au public) ainsi que nous auons esté plainement informez, nous pouuons retirer desdits Officiers quelques sommes de deniers, pour employer aux frais de la guerre & autres vrgentes necessitez de cét Estat: A CES CAVSES, sçauoir faisons; Qu'apres auoir fait mettre cette affaire en déliberation en nostre Conseil, où estoient aucuns Princes, Officiers de la Couronne, & autres grands & notables Personnages: De leurs aduis, & de nostre certaine science, plaine puissance & authorité Royale, NOVS auons par ces presentes, signées de nostre main, reuoqué & reuoquons nos Lettres de Commission cy-deuant expediées pour la recherche des deniers indüement pris & perceus, outre & par dessus les droicts, émolumens & salaires qui ont esté attribuez ausdits Officiers, lesquels nous auons deschargé & deschargeons de toutes restitutions esquelles ils pourroient estre tenus pour ce regard: Lesquels droicts, émolumens & salaires, nous auons reglé, limité & liquidé, reglons, limitons & liquidons ainsi qu'il ensuit: c'est à sçauoir; Ceux des Iurez Mousleurs, Compteurs, Cordeurs & Visiteurs de Bois de nostre-dite Ville, à six sols pour chacune voye de bois de corde: trois sols aussi pour voye, composée de deux cens de cotterets ou fagots: & pareils six sols pour chaque voye de bois de mousle & de trauerse, qui arriueront tant par eau que par terre en nostre-dite Ville de Paris, Faux-bourgs & banlieüe d'icelle, & où le Fermier de la busche prend son droict: desquels droicts & salaires lesdits Officiers seront payez en la forme & maniere accoûtumée; sçauoir, des bois de corde, mousle & trauerse, par les Vendeurs & Achepteurs également par moitié, & des cotterets & fagots, par le Vendeur seul, pour ce qu'il vendra en charette, à la bardée, à la piece, ou autrement, dont il luy sera loisible de recouurer moitié sur l'Achepteur. Les droicts des Iurez Chargeurs de bois en charette, à quatre sols pour voye de toutes sortes de bois, dont ils seront payez par l'Achepteur de ladite voye de bois, qui sera chargée & conduite en charette, ou portée à col par Gaigne-deniers, aux Ports où lesdits Chargeurs sont establis: Lesquels Chargeurs demeureront dans leurs limites distinctement, sans pouuoir changer d'icelles, ny s'vnir & entreprendre les vns sur les autres, selon l'ordre & regles de leurs establissemés & Reglemens. Les droicts des Iurez Mesureurs de Charbon de bois & de terre entrans en nostre-dite Ville de Paris & Faux-bourgs d'icelle, à douze deniers pour le mesurage de chacun minot desdits Charbons de bois & de terre arriuans, & qui seront vendus & liurez en nostre-dite Ville & Faux-bourgs de Paris, en bateaux, charettes, sur cheuaux ou autrement: lesdits douze deniers payables moitié par le Vendeur, & l'autre moitié par l'Achepteur: outre lequel droict, joüiront lesdits Mesureurs de la sachée, contenant trois minots de Charbon de bois pour leur chaufage, ensemble des vingt sols parisis pour le droict de gros qui leur ont esté de tout temps baillez & payez par les Marchands pour chacun bateau: & pourront iceux Mesureurs proceder par saisies & Arrests des Charbons qui auront esté vendus en gros, sans auoir esté par eux mesurez en la maniere accoustumée, conformément aux Reglemens dudit Hostel de Ville, confirmez par Arrest de nostre Cour de Parlement du dix-huitiesme Aoust, mil six cens trente-cinq, qui seront gardez & obseruez enuers & contre tous. Les droicts des Iurez Porteurs desdits Charbons, à six sols pour le portage à col, par eux ou leurs plumets, de chacune voye composée de deux minots de charbon de bois, tant prés que loin des Ports & Places: cinq deniers pour pareil portage de chacun demy minot dudit charbon de terre, depuis les bateaux iusques au bord de terre, ou desdits bateaux en autres, & dix-huit deniers pour mesme portage à col, des bateaux audit bord de terre, de chaque minot de charbon de bois enleué indifferemment par toutes sortes de personnes: le tout payable par ceux pour lesquels seront faits lesdits portages. Les droicts des Iurez Courtiers de Vins de nostre-dite Ville, à l'instar de ceux d'Orleans, Amiens, Roüen & Bourdeaux, à cinq sols pour tout droict de courtage de chacun muid ou demie queüe de Vin, Verjus, Vin gasté & Cidres, qui seront vendus en gros, tant aux Ports, bateaux, & places publiques, qu'és courts, caues, solles, celliers, & autres lieux particuliers de nostre-dite Ville & Faux-bourgs de Paris, soit que lesdits Courtiers soient appellez ou non à la vente desdits Vins & liqueurs: desquels cinq sols ils seront payez par tous Marchands priuilegiez & non priuilegiez, & autres Vendeurs en gros esdits lieux publics & particuliers: Faisant tres-expresses inhibitions & defenses à tous Tonneliers, Deschargeurs de Vins, & autres personnes, d'assister ny conduire les Vendeurs & achepteurs desdits Vins & liqueurs, en aucuns des susdits lieux, piquer, gouster, bailler à gouster, faire achepter, ny s'entremettre aux ventes & achapts d'iceux vins & liqueurs, soit deuãt ou apres lesdites ventes & achapts, ny en l'exercice & fonction desdits

Courtiers, en quelque sorte que ce soit; à peine de cinq cens liures d'amende enuers eux, & de bannissement desdits lieux. A tous Marchands Forains & autres, de faire aucune vente de Vin qu'à l'heure ordinaire de la vente, conformément aux Ordonnances & Reglemens sur ce faits, & de celer, cacher, ny latiter par lesdits Marchands, les Vins & liqueurs qu'ils voudront vendre en gros, ains en donner aduis ausdits Courtiers en leur Bureau, & leur declarer au vray le nombre qu'ils en auront vendu, sur mesme peine de cinq cens liures d'amende aussi enuers eux, & de confiscation d'iceux Vins & liqueurs: Lequel droict de cinq sols pour muid ou demie queüe de Vin & liqueurs susdits, nous voulons leur estre payez incontinent apres que lesdites ventes seront faites: ensemble des Vins que les Hosteliers & Cabaretiers priuilegiez & non priuilegiez, acheptent aux champs pour débiter en détail, tout ainsi que s'ils les auoient acheptez sur lesdits Ports & Places: Et à cét effet, tous lesdits Marchands en gros, Hosteliers & Cabaretiers priuilegiez & non priuilegiez, bailleront declaration audit Bureau, signée d'eux, ou de leurs principaux seruiteurs, des Vins qui leur arriueront, dont lesdits Courtiers tiendront registres, les extraicts desquels seront executoires contre lesdits Marchands en gros, Hosteliers & Cabaretiers. Les droicts des Iurez Vendeurs, Priseurs, Poiseurs, & Compteurs de Foing de nostre-dite Ville, ausquels nous attribuons par ces presentes la qualité de Controlleurs de ladite marchandise de Foing, à six sols pour chacun cent dudit Foing, dont ils seront payez par les Marchands Vendeurs, ausquels il sera loisible de se faire rembourser de moitié par les Achepteurs. De tous lesquels susdits droicts, émolumens & salaires, nous voulons que lesdits Officiers de Police joüissent, & iceux entant que besoin est ou seroit, leur auons attribué & attribuons par cesdites presentes, mesmes iceux vnis & incorporez, vnissons & incorporons à leursdites charges, sans qu'à l'aduenir ils en puissent estre depossedez pour quelque cause & occasion que ce soit; Et sans aussi que lesdits Officiers puissent prendre ny exiger plus grands droicts, émolumens & salaires que ceux cy dessus reglez & attribuez, sous pretexte des taxes qui pourroient auoir esté faites sur eux, soit par Arrests, Iugemens, ou autres Reiglemens, lesquels nous auons reuoquez & reuoquons pour ce regard; Ny que lesdits Officiers puissent estre cy-apres taxez à plus grandes sommes que celles qu'ils payent à present aux Preuost des Marchands & Escheuins de nostre-dite Ville de Paris, pour la dispense qu'ils ont obtenüe de nous sur le sujet des resignations de leursdits Offices. Le tout à la charge de payer par chacun desdits Officiers, les sommes ausquelles ils seront pour ce moderément taxez en nostre-dit Conseil, dans les termes qui leur seront prefix; & iusques audit payement, ils ne pourront jouyr desdits droicts, esmolumens & salaires cy-dessus specifiez, qui seront pris & perçeus par les Porteurs des quittances de finances desdites taxes, sur leurs simples recepissez: Comme aussi à faute de satisfaire par lesdits Officiers dans ledit temps prefix; & iceluy passé, seront contraints à la restitution de ce qu'ils ont exigé au par-dessus les droicts a eux attribuez: Et sera permis à toutes sortes de personnes de leuer lesdites taxes, & jouyr desdits droicts: & en ce faisant, pourront rembourser lesdits Officiers, des finances qu'ils iustifieront auoir esté payées en nos parties Casuelles pour la composition d'iceux, frais & loyaux cousts.

Si donnons en mandement à nos amez & féaux Conseillers, les Gens de nostre Cour des Aydes, Preuost de Paris, ou son Lieutenant, Preuost des Marchands & Escheuins de ladite Ville, que ces presentes ils facent lire, publier & registrer, & le contenu en icelles garder & obseruer, sans souffrir ny permettre qu'il y soit cõtreuenu en aucune sorte & maniere que ce soit: faisans jouyr lesdits Officiers des susdits droicts, plainement & paisiblement, nonobstant quelconques Edicts, Declarations, Ordonnances, Statuts, Priuileges, Arrests & Reglemens à ce contraires, ausquels & à la dérogatoire des dérogatoires y contenües, nous auons dérogé & dérogeons par ces presentes, nonobstant aussi oppositions ou appellations quelconques, pour lesquelles & sans préjudice d'icelles, ne voulons estre differé: & desquelles, si aucunes interuiennent, nous nous sommes reseruez & reseruons la cognoissance en nostre Conseil d'Estat, icelle interdite & deffendüe, interdisons & deffendons à toutes nos Cours & Iuges. Et dautant que de cesdites presentes on pourra auoir besoin en diuers lieux, voulons qu'aux copies collationnées par l'vn de nos amez & féaux Conseillers & Secretaires, foy soit adjoûtée comme à l'original; auquel afin que ce soit chose ferme & stable à toûjours, nous auons fait mettre nostre scel, sauf en autres choses nostre droict, & l'autruy en toutes. Donné à Madril au mois d'Aoust, l'an de grace mil six cens trente-sept, & de nostre regne le vingt-huitiesme. Signé LOVYS, & plus bas, Par le Roy, DE LOMENIE, à costé, Visa, & scellées du grand séau de cire jaune.

Registré en la Cour des Aydes, ouy le Procureur general du Roy, pour estre executées selon leur forme & teneur, suiuant & aux charges portées par l'Arrest d'icelle du iourd'huy, & deffences y contenües. A Paris le huitiesme iour de Iuillet mil six cens trente-huit. Signé, BOVCHER.

Registré au Greffe de la Ville, ouy & ce consentant le Procureur du Roy & d'icelle, pour estre executées selon leur forme & teneur, aux charges contenües en l'acte de ce iourd'huy deuxiesme iour de Mars mil six cens trente-neuf. Signé, Le Maire.

EXTRAICT DES REGISTRES DV CONSEIL D'ESTAT.

SVr ce qui a esté representé au Roy en son Conseil, qu'ayant par ses Lettres de Declaration du mois d'Aoust dernier, pour les considerations y contenües, reuoqué la Commission cy-deuant expediée pour la recherche des deniers induëment pris & perçeus par diuers Officiers de Police de la Ville de Paris; outre & par dessus les droicts, esmolumens & salaires à eux attribuez, & iceux deschargez de toutes restitutions ausquelles ils pourroient estre tenus pour ce regard : sa Majesté auroit reglé & liquidé à vn pied certain, les droicts, esmolumens & salaires qui doiuent estre payez à l'aduenir à chacun desdits Officiers de Police, selon & ainsi qu'il est plus particulierement contenu par lesdites Lettres de Declaration : lesquelles ayans esté representées en sa Cour des Aydes de Paris, pour y estre registrées ; au lieu de proceder par ladite Cour audit registrement, elle auroit ordonné par son Arrest du vingt-quatriesme Nouembre dernier, que ladite Declaration seroit communiquée aux Preuost des Marchands & Escheuins de ladite Ville de Paris, pour ce fait & communiquée au Procureur general de sa Majesté en ladite Cour, estre par elle ordonné ce que de raison. Et bien qu'en consequence dudit Arrest lesdites Lettres de Declaration ayent esté mises és mains dudit Preuost des Marchands & Escheuins de ladite Ville de Paris cinq mois y a ; neantmoins quelques poursuittes & requisitions qui leur en ayent esté faites, ils n'ont iusques à present satisfait audit Arrest. Ce qui apporte vn grand préjudice & retardement aux affaires de sa Majesté, laquelle a destiné les deniers qui doiuent prouenir de l'execution desdites Lettres de Declaration, pour les despenses pressées de la guerre : A quoy estant besoin de pouruoir ; LE ROY EN SON CONSEIL, sans s'arrester à l'Arrest de la Cour des Aydes du vingt-quatriesme Nouembre dernier, & aux causes notifiées d'iceluy, & sans attendre sur ce aucun aduis, ny responce desdits Preuost des Marchãds & Escheuins de ladite Ville de Paris, ausquels sa Majesté enjoint de remettre és mains de son Procureur general en ladite Cour des Aydes de Paris, sesdites Lettres de Declaration du mois d'Aoust dernier ; A ordonné & ordonne qu'il sera procedé par ladite Cour des Aydes de Paris, à l'enregistrement pur & simple desdites Lettres de Declaration, nonobstant toutes oppositions faites ou à faire, desquelles sadite Majesté s'est d'abondant reserué la cognoissance, à soy & à son Conseil d'Estat ; & qu'à cet effet toutes Lettres de Iussion pour ce necessaires en seront expediées : Enjoignant en outre à sondit Procureur en ladite Cour des Aydes, d'en faire les poursuittes necessaires, & en certifier le Conseil dans huitaine. Fait au Conseil d'Estat du Roy, tenu à Paris le troisiesme iour de Mars mil six cens trente-huit. Signé, BORDIER.

IVSSION.

LOVYS par la grace de Dieu, Roy de France & de Nauarre ; A nos amez & féaux Conseillers, les Gens tenant nostre Cour des Aydes à Paris : Salut. Suiuant l'Arrest, dont extraict est cy attaché sous le contre-scel de nostre Chancellerie, donné en nostre Conseil d'Estat le troisiesme iour de Mars dernier ; Nous vous mandons & ordonnons par ces presentes, signées de nostre main, de proceder à l'enregistrement pur & simple de nos Lettres de Declaration du mois d'Aoust dernier, portant Reiglement des droicts, esmolumens & salaires qui doiuent estre payez à l'aduenir à chacun des Officiers de Police, nonobstant vostre Arrest du vingt-quatriesme Novembre dernier, les causes motiues d'iceluy, & sans attendre sur ce aucun aduis ny response desdits Preuost des Marchands & Escheuins de Paris, ausquels nous enjoignons de remettre és mains de nostre Procureur general en nostre-dite Cour, lesdites Lettres de Declaration, nonobstant aussi toutes oppositions faites ou à faire, desquelles nous nous reseruons d'abondant la cognoissance, & à nostre Conseil; Enjoignons audit Procureur general d'en faire les poursuittes necessaires, & en certifier nostre Conseil dans huitaine; Car tel est nostre plaisir. Donné à Saint Germain en Laye le vingt-quatriesme iour d'Avril, l'an de grace mil six cens trente-huit. Et de nostre regne le vingt-huitiesme. Signé, LOVYS. Et plus bas, Par le Roy, DE LOMENIE. Et scellé du grand sceau de cire jaune, auec le contre-scel.

Registrez en la Cour des Aydes, ouy le Procureur general du Roy, pour estre executées selon leur forme & teneur, suiuant & aux charges portées par l'Arrest d'icelle du iourd'huy, & deffences y contenües. A Paris le huitiesme iour de Iuillet mil six cens trente-huit. Signé, BOVCHER.

Registrez au Greffe de la Ville, ouy & ce consentant le Procureur du Roy & d'icelle, pour estre executées selon leur forme & teneur, aux charges contenües en l'acte de ce iourd'huy deuxiesme iour de Mars mil six cens trente-neuf.
Signé, LE MAIRE.

EXTRAICT DES REGISTRES DE LA COVR DES AYDES.

EV par la Cour les Lettres patentes du Roy en forme de Declaration, données à Madril au mois d'Aoust mil six cens trente-sept. Signées, LOVYS. Et plus bas, Par le Roy, DE LOMENIE, scellées sur double queüe du grand sceau de cire jaune, à la Cour adressantes, pour y estre verifiées: Par lesquelles, & pour les causes & considerations y contenües, sa Majesté a reuoqué ses Lettres de commission cy-deuant expediées pour la recherche des deniers indüement pris & perceus par les Officiers de police, establis en l'Hostel de cette Ville de Paris, outre & par dessus les droicts & émolumens a eux attribuez, & les descharge de toutes restitutions esquelles ils pourroient estre tenus pour ce regard; lesquels droicts, émolumens & sallaires, sadite Majesté auroit reiglé & liquidé ainsi qu'il ensuit: SÇAVOIR, ceux des Iurez Mousleurs, Compteurs, Cordeurs, & Visiteurs de bois, à six sols pour chacune voye de bois de corde, trois sols aussi pour voye, composée de deux cens de cotterets ou fagots, & pareils six sols pour chaque voye de bois de mousle & de trauerse qui arriueroient, tant par eau que par terre en ladite Ville de Paris, Faux-bourgs & banlieuë d'icelle, & où le Fermier de la busche prend son droict, desquels droicts & salaires lesdits Officiers seront payez en la forme & maniere accoustumée. Sçauoir des bois de corde, mousle & trauerse, par les vendeurs & achepteurs également par moitié, & des cotterets & fagots par le vendeur seul pour ce qu'il en vendra en charrette, à la bardée, à la piece ou autrement, dont il luy sera loisible de recouurer moitié sur l'achepteur. Les droicts des Iurez Chargeurs de bois en charrette à quatre sols pour voye de toutes sortes de bois, dont ils serōt payez par l'achepteur de ladite voye de bois, qui sera chargée & conduite en charrette ou portée à col par Gaigne-deniers aux ports où lesdits Chargeurs sont establis, lesquels Chargeurs demeureront dans leurs limites distinctement; sans pouuoir changer d'icelles, ny s'vnir & entreprendre les vns sur les autres, selon l'ordre & regles de leurs establissemens, & reglemens. Les droicts des Iurez Mesureurs de charbons de bois & de terre entrans en ladite Ville de Paris & Faux-bourgs d'icelle, à douze deniers pour le mesurage de chacun minot desdits charbons de bois & de terre arriuans, & qui seront vēdus & liurez en ladite Ville & Faux-bourgs de Paris, en bateaux, charrettes, sur cheuaux ou autrement, lesdits douze deniers payables moitié par le vendeur, & l'autre moité par l'achepteur: Outre lequel droict, joüiront lesdits Mesureurs de la sachée, contenant trois minots de charbon de bois pour leur chaufage, ensemble des vingt sols parisis pour le droict de gros qui leur ont esté de tout temps baillez & payez par les Marchands pour chacun bateau. Et pourront iceux Mesureurs proceder par saisies & arrests des charbons qui auront esté vendus en gros sans auoir esté par eux mesurez en la maniere accoustumée, conformément aux Reglemens dudit Hostel de Ville, confirmez par Arrest de la Cour de Parlement du dix-huitiesme Aoust mil six cens trente-cinq, qui seront gardez & obseruez enuers & contre tous. Les droicts des Iurez Porteurs desdits charbons à six sols pour le portage à col par eux ou leurs plumets de chacune voye, composée de deux minots de charbon de bois, tant prés que loin des ports & places; cinq deniers pour pareil portage de chacun demy minot dudit charbon de terre, depuis les bateaux iusques au bord de terre, ou desdits bateaux en autres: & dix-huit deniers pour mesme portage à col des bateaux audit bord de terre de chacun minot de charbon de bois enleué indifferemment par toutes sortes de personnes, le tout payable par ceux pour lesquels seront faits lesdits portages. Les droicts des Iurez Courtiers de vins de ladite Ville à l'instar de ceux d'Orleans, Amiens, Roüen, & Bourdeaux, à cinq sols pour tout droict de courtage de chacun muid ou demie queuë de vin, verjus, vin gasté & cidres, qui seront vendus en gros, tant aux ports, bateaux & places publiques, qu'és courts, caues, solles, sceliers, & autres lieux particuliers de ladite Ville & Faux-bourgs de Paris, soit que lesdits Courtiers soient appellez ou non à la vente desdits vins & liqueurs; desquels cinq sols ils seront payez par tous Marchands priuilegiez & non priuilegiez, & autres vendeurs en gros esdits lieux publics & particuliers. FAISANT tres-expresses inhibitions & defenses à tous Tonneliers, Deschargeurs de vins & autres personnes, d'assister ny conduire les vendeurs & achepteurs desdits vins & liqueurs en aucuns des susdits lieux, picquer, gouster, bailler à gouster, faire achepter, ny s'entremettre aux ventes & achapts d'iceux vins & liqueurs, soit deuant ou apres lesdites ventes ou achapts, ny en l'exercice & fonction desdits Courtiers, en quelque sorte que ce soit, à peine de cinq cens liures d'amende enuers eux, & bannissement desdits lieux. A TOVS Marchands forains & autres, de faire aucunes ventes de vin qu'à l'heure ordinaire de la vente, conformément aux Ordonnances & Reglemens sur ce faits: & de celer, cacher, ny latiter par lesdits Marchands les vins & liqueurs qu'ils voudront vendre en gros, ains en donner aduis ausdits Courtiers en leur Bureau, & de leur declarer au vray le nombre qu'ils en auront vendu sur mesme peine de cinq cens liures d'amende aussi enuers eux, & de confiscation d'iceux vins & liqueurs. LEQVEL droict de cinq sols pour muid ou demie queüe de vin & liqueurs susdites, sa Majesté veut leur estre payez incontinent apres que lesdites ventes seront faites, ensemble des vins que les Hosteliers & Cabaretiers priuilegiez & non priuilegiez acheptent aux champs pour débiter en détail, tout ainsi que s'ils les auoient acheptez sur les ports & places. Et à cét effet tous lesdits Marchands en gros, Hosteliers & Cabaretiers, priuilegiez & non priuilegiez, bailleront declaration audit Bureau, signée d'eux, ou de leurs principaux seruiteurs, des vins qui leur arriueront, dont lesdits Courtiers tiendront registres, les extraicts desquels seront executoires contre lesdits Marchands en gros, Hosteliers & Cabaretiers. Les droicts des Iurez Vendeurs, Priseurs, Poiseurs & Compteurs de Foing de ladite Ville, ausquels sadite Majesté attribuë la qualité de Controlleurs de ladite marchandise de Foing, à six sols pour chacun cent dudit Foing, dont ils seront payez par les Marchands Vendeurs, ausquels il sera loisible de se faire rembourser de moitié par les Achepteurs. De tous lesquels susdits droicts, émolumens & salaires, sadite Majesté veut que lesdits Officiers de Police jouïssent, & iceux, en tant que besoin est ou seroit, les leur attribuë, mesme veut iceux estre vnis & incorporez à leursdites charges, sans qu'à l'aduenir ils en puissent estre dépossedez pour quelque cause & occasion que ce soit; Et sans qu'iceux Officiers puissent prendre ny exiger plus grands droicts, émolumens & salaires que ceux cy-dessus reglez & attribuez, sous pretexte des taxes qui pourroient auoir esté faites sur eux, soit par Arrests, Iugemens, ou autres Reglemens, lesquels sadite Majesté a reuoqué pour ce regard; Ny que lesdits Officiers puissent estre cy-apres taxez à plus grandes sommes que celles qu'ils payent à present aux Preuost des Marchands & Escheuins de Paris, pour la dispense qu'ils ont obtenuë sur le sujet des resignations de leurs Offices. Le tout à la charge de payer par chacun desdits Officiers, les sommes ausquelles ils seront pour ce moderément taxez au Conseil, dans les termes qui leurs seront prefix: Et iusques audit payement, ils ne pourront jouïr desdits droicts, émolumens & salaires cy-dessus specifiez, qui seront pris & perceus par les Porteurs des quittances de finance desdites taxes, sur leurs simples recepicez: Comme aussi à faute de satisfaire par lesdits Officiers dans ledit temps prefix, & iceluy passé, seront contraints à la restitution de ce qu'ils ont exigé au par-dessus les droicts à eux attribuez: Et sera permis à toutes sortes de personnes de leuer lesdites taxes, & joüir desdits droicts: & en ce faisant, pourront rembourser lesdits Officiers des finances qu'ils justifieront auoir esté payées aux parties Casuelles pour la conposition d'iceux, frais & loyaux cousts : le tout ainsi que plus au long le contiennent lesdites Lettres. VEV les actes d'oppositions formées à la verification desdites Lettres par les Iurez Porteurs de charbon de ladite Ville, & les vingt-cinq Chargeurs de bois du port de l'Escole, des deux & vingt-troisiesme Octobre dernier. Les causes & moyens desdites oppositions : Les consentemens des Iurez Mousleurs & Cordeurs de bois, Iurez Chargeurs de bois, Iurez Mesureurs & Visiteurs de charbon de bois & de terre, & Iurez Courtiers de vins à Paris : ensemble diuers Reglemens concernans les droicts desdits Officiers : Conclusions du Procureur general, Arrest de ladite Cour du vingt-quatriesme Nouembre mil six cens trente-sept, par lequel, auant que proceder à ladite verification, & ayant esgard ausdites Conclusions dudit Procureur general, auroit esté ordonné que ladite Declaration, & lesdites oppositions seroient communiquées aux Preuost des Marchands & Escheuins de Paris, pour ce faict communiqué audit Procureur general, estre par ladite Cour ordonné ce que de raison. Arrest du Conseil du troisiesme Mars mil six cens trente-huit, par lequel, sans s'arrester à l'Arrest de ladite Cour dudit iour vingt-quatriesme Nouembre, ny aux causes motiues d'iceluy, & sans attendre sur ce aucun aduis, ny responce desdits Preuost des Marchands & Escheuins de ladite Ville de Paris, ausquels sadite Majesté enjoint de remettre és mains dudit Procureur general lesdites Lettres de Declaration qui leur ont esté communiquées, & qu'ils ont retenües pendant cinq mois, sans que iusques à present ils ayent satisfait audit Arrest; Auroit esté ordonné qu'il seroit procedé par ladite Cour à l'enregistrement pur & simple desdites Lettres de Declaration, nonobstant toutes oppositions faites ou à faire, desquelles sadite Majesté se seroit d'abondant reserué la congnoissance, à soy & à sondit Conseil : & à cét effet, que toutes Lettres de Iussion necessaires seroient expediées : Enjoignant audit Procureur general d'en faire les poursuites necessaires, & en certifier le Conseil dans huitaine : Lettres de Iussion sur ledit Arrest du vingt-quatriesme iour d'Avril ensuiuant ; par lesquelles est mandé à ladite Cour de proceder à l'enregistrement pur & simple desdites Lettres, nonobstant iceluy Arrest, les causes motiues d'iceluy, & sans attendre sur ce aucun aduis ny responce desdits Preuost des Marchands & Escheuins, ainsi qu'il est plus au long porté par lesdites Lettres à ladite Cour addressantes. Autres actes d'oppositions formées à ladite verification les vingt-vn Nouembre, quinziesme Decembre mil six cens trente-sept, & vingt-sept Ianvier mil six cens trente-huit, par les Iurez de la Marchandise de Foing : Les Maistres & Gardes de la Communauté des Marchands de Vins, & la Communauté des Maistres Tonneliers & Deschargeurs de Vins de Paris : Conclusions dudit Procureur general du Roy, lequel pour ce mandé à la Chambre, a declaré que ledit Preuost des Marchands de la Ville de Paris, auoit eu en ses mains pendant cinq mois & plus ladite Declaration, pour y dire ce qu'il aduiseroit bon estre ; Et tout consideré ;

LA COVR a ordonné & ordonne, que lesdites Lettres en forme de Declaration & de Iussion, seront verifiées & enregistrées au Greffe d'icelle, pour estre executées selon leur forme & teneur; à la charge que les Mesureurs de charbon prendront les douze deniers sur chacun minot dudit charbon, a eux attribué par ladite Declaration, sur le charbon qui par cy-deuant payoit les huit deniers, auec defences de prendre aucune chose sur le charbon, qui ne payoit lesdits huit deniers auparauant ladite Declaration, & que les Porteurs de charbon ne prendront que dix deniers pour chacun minot dudit charbon de bois qu'ils porteront des bateaux iusques au bord de terre. Que les Courtiers de Vins prendront cinq sols pour chacun muid de vin & autres vaisseaux, à l'equipolent seulement, & sans qu'ils puissent prendre aucune chose pour le vin & autres liqueurs gastez: & sur l'opposition des Chargeurs de bois au port de l'Escole; A ordonné & ordonne que les parties contesteront pardeuant le Rapporteur du present Arrest, pour eux ouys leur estre fait droit ainsi que de raison. Ordonne ladite Cour que Pancartes seront faites, mises & affichées deuant la grande porte de l'Hostel de Ville de Paris, Ports & Estapes d'icelle, dans lesquelles les droicts reglez par la presente Declaration seront mises & inserées; auec defenses ausdits Iurez Mousleurs, Compteurs, Cordeurs, Chargeurs de bois, Mesureurs, Porteurs de charbon, Courtiers de vins, Vendeurs, Priseurs & Controlleurs de Foing, d'en exiger & prendre de plus grands, sur peine de punition exemplaire: Et que les differends qui interuiendront en consequence de ladite Declaration, seront traictez & decidez pardeuant les Iuges qui ont accoustumé d'en cognoistre en premiere instance, & par appel en la Cour. Prononcé le huitiesme iour de Iuillet mil six cens trente-huit. Ainsi signé, BOVCHER. Et collationné.

Registré au Greffe de la Ville, ouy & ce consentant le Procureur du Roy & d'icelle, pour estre executées selon leur forme & teneur, aux charges contenües en l'acte de ce iourd'huy 2. iour de Mars 1639. Signé, LE MAIRE.

EXTRAICT DES REGISTRES DV CONSEIL D'ESTAT.

SVR ce qui a esté remonstré au Roy en son Conseil, que par ses Lettres de Declaration du mois d'Aoust mil six cens trente-sept, registrées en la Cour des Aydes de Paris le huitiéme Iuillet mil six cens trente-huit: Pour les considerations y contenuës, sa Majesté auroit reuoqué la Commission cy-deuãt expediée pour la recherche des deniers induëmẽt pris & perceus par diuers Officiers de police de la Ville de Paris, outre & par dessus les droicts, émolumens & salaires à eux attribuez, iceux deschargez de toutes restitutions ausquelles ils pourroient estre tenus pour ce regard, reglé & augmenté les droicts des Iurez Mousleurs, Compteurs, Cordeurs, & Visiteurs de bois, Iurez Chargeurs de bois en charettes, des Iurez Mesureurs & Porteurs de charbon de bois & de terre, Iurez Courtiers de Vins, & Iurez Vendeurs & Controlleurs de la marchandise de Foing, pour estre lesdits droicts perceus à l'aduenir à vn pied certain, ainsi qu'il est contenu par lesdites Lettres de Declaration: lesquelles ayans esté mises dés le mois d'Aoust dernier entre les mains des Preuost des Marchands & Escheuins de ladite Ville de Paris, pour les faire registrer en l'Hostel de ladite Ville de Paris, selon & ainsi qu'il leur est enjoint & mandé; Ils auroient au lieu de ce faire, resolu d'assembler le Conseil de Ville pour en deliberer: Au sujet dequoy lesdits Preuost des Marchands & Escheuins ayans esté mandez, & ouys à plusieurs fois audit Conseil, il ne reste plus aucun pretexte ausdits Preuost des Marchands & Escheuins de differer plus longuement l'enregistrement desdites Lettres de Declaration, de l'execution desquelles sa Majesté a fait estat de retirer vne bonne somme de deniers pour subuenir aux frais de la guerre. VEV lesdites Lettres de Declaration du mois d'Aoust mil six cens trente-sept, registrées en ladite Cour des Aydes à Paris, le huitiéme Iuillet mil six cens trente-huit, & Arrests dudit Conseil interuenus pour l'execution d'icelle: Tout consideré; LE ROY EN SON CONSEIL a ordonné, qu'il sera procedé par lesdits Preuost des Marchands & Escheuins de ladite Ville de Paris, incessamment & sans plus differer, à l'enregistrement desdites Lettres de Declaration du mois d'Aoust mil six cens trente-sept, sans pour ce faire assembler le Conseil de ladite Ville: Ce que sa Majesté deffend tres-expressément ausdits Preuost des Marchands & Escheuins, ausquelles elle enjoint de tenir la main à l'execution desdites Lettres de Declaration, & faire iouïr lesdits Officiers de Police y dénommez, des droicts & émolumens y mentionnez, fors & excepté lesdits Iurez Porteurs de charbons, les droicts & émolumens desquels sa Majesté s'est reseruée de regler, selon & ainsi qu'elle verra bon estre, à peine de demeurer responsables en leurs propres & priuez noms des deniers qui doiuent prouenir de l'execution desdites Lettres de Declaration: Et sera le present Arrest executé, nonobstant oppositions ou appellations quelconques, dont si aucunes interuiennent, sadite Majesté s'en est reseruée la cognoissance en sondit Conseil, & a icelle interdite & deffenduë à toutes ses autres Cours & Iuges. Fait au Conseil d'Estat du Roy, tenu à Paris le dix-neufiéme iour de Ianuier mil six cens trente-neuf. Signé, BORDIER.

LOVYS par la grace de Dieu, Roy de France & de Nauarre; Aux Preuost des Marchands & Escheuins de nostre bonne Ville de Paris: Salut. Suiuant l'Arrest, dont l'extraict est cy attaché sous le contre-scel de nostre Chancellerie, ce iourd'huy donné en nostre Conseil d'Estat; Nous vous mandons & ordonnons de proceder incessamment, & sans plus differer, à l'enregistrement de nos Lettres de Declaration du mois d'Aoust mil six cens trente-sept, pour raison des nouueaux droicts attribuez aux Iurez Mousleurs, Compteurs, Cordeurs, & Visiteurs de bois, Iurez Chargeurs de bois en charettes, des Iurez Mesureurs & Porteurs de charbon de bois & de terre, Iurez Courtiers de vins, Iurez Vendeurs & Controlleurs de

Foing, sans assembler le Conseil de ladite Ville ; Ce que nous vous deffendons tres-expressément, ains vous enjoignons de tenir la main à l'execution desdites Lettres, & faire ioüir les Officiers de Police y desnommez, des droicts & émolumens y mentionnez, fors & excepté lesdits Iurez Porteurs de charbons, les droicts & émolumens desquels nous nous reseruons de regler, selon & ainsi que nous verrons bon estre, sur les peines declarées audit Arrest, nonobstant oppositions ou appellations quelconques, dont si aucunes interuiennent, nous nous en reseruons la cognoissance en nostre-dit Conseil, & l'interdisons à toutes nos Cours, & autres Iuges : Et outre, commandons au premier nostre Huissier ou Sergent sur ce requis, de signifier ledit Arrest à tous qu'il appartiendra, à ce qu'ils n'en pretendent cause d'ignorance, & faire pour l'execution d'iceluy, tous commandemens, sommations, deffences, & autres actes & exploicts necessaires, sans demander autre permission ; Car tel est nostre plaisir. Donné à Paris le dix-neufiesme iour de Ianvier mil six cens trente-neuf. Et de nostre regne le vingt-neufiesme. Signé, Par le Roy en son Conseil, BORDIER. Et scellé du grand sceau de cire jaune ; Et attache auec ledit Arrest sous le contre-scel.

Registré au Greffe de la Ville, ouy & ce consentant le Procureur du Roy & d'icelle, pour estre executées selon leur forme & teneur, aux charges contenües en l'acte de ce iourd'huy deuxiesme iour de Mars mil six cens trente-neuf.

Signé, LE MAIRE.

EDICT DV ROY, PORTANT CREATION EN TITRE D'OFFICE

des Commissionnaires de la Ville, auec attribution du parisis des droicts dont ils jouyssent à present : Et nouuelle création d'Officiers de Police, dépendant de ladite Ville : lesquels Officiers seront receus à payer le Droict Annuel ainsi que les autres Officiers de ladite Ville.

Veriffié en la Cour des Aydes le 4. Iuillet 1641.

Et enregistré au Bureau de la Ville, le 15. dudit mois.

LOVIS par la grace de Dieu, Roy de France & de Nauarre : A tous presens & à venir : Salut. Le soulagement que nos sujets de nostre bonne Ville de Paris ont reçeu par l'establissement des Offices de Police, créez par nostre Edict du mois de Fevrier mil six cens trente-trois, a fait que les Commissionnaires establis par nos amez & féaux les Preuost des Marchands & Escheuins d'icelle, nous ont tres-humblement supplié, qu'à l'exemple de ceux mentionnez audit Edict, ils puissent estre érigez en tiltre d'Office, affin d'asseurer à leurs enfans, vefues & heritiers, leursdits Offices. Et d'autant que par ledit Edict auroit esté obmis d'establir en quelques endroicts necessaires quelque petit nombre d'Officiers de Police: NOVS auons jugé à propos y pouruoir, afin de soulager autant qu'il nous sera possible le public: A CES CAVSES, apres auoir fait mettre cét affaire en déliberation en nostre Conseil, où assistoient aucuns Princes, & autres grands & notables Personnages; DE L'ADVIS de nostre-dit Conseil, & de nostre plaine puissance & authorité Royale, par le present Edict perpetuel & irreuocable; AVONS crée, érigé, créons & érigeons en titre d'office formé lesdits Commissionnaires; SÇAVOIR au Port au Plastre, vn Toiseur & deux porteurs de Plastre: au Port Saint Paul, deux Mesureurs de Chaux, trois porteurs de Chaux, vn Plancheur, vn Boüeur, vn Desbacleur, six Gardes de nuict, & douze fors: au Port au Foing en Gréue, six Gardes de nuict, vn Desbacleur, vn Plancheur, vn Boüeur: au Port au vin en Gréue, vn Desbacleur, vn Plancheur, vn Boüeur, neuf Gardes de nuict: au Port au Bois & à Charbon en Gréue, vn Desbacleur, vn Plancheur, vn Boüeur, trois Gardes de nuict, vn Garde à la place de Gréue, à la Halle, & aux places publiques, vn Visiteur d'Oignons, vn Visiteur de Noix, deux Courtiers de Lart & Graisses: au Port de l'Escole, vn Desbacleur, vn Boüeur, vn Pareur de Cordes: au Port du Guichet, vn Boüeur: deux Aydes au Pont des Tuilleries: vn Deschargeur des Pierres au Port aux Pierres deuant les Tuilleries, des deux costez de la Riuiere: à la Tournelle, au Port du Paué, vn Courtier de Trais, vn Desbacleur, vn Plancheur, vn Boüeur: vn Boüeur au Marché neuf: six Aydes au Pont de S. Cloud, deux Aydes au Pont de Neüilly, quatre Aydes au Pont de Chattou, deux Aydes au Pont Dupec, seize Aydes au Pont de Poissi, seize Aydes au Pont de Ponthoise, seize Aydes au Pont de sainte Maixance, vn Garde au Port de Saint Leu de Seran, vn Garde au Port de sainte Maixance, & vn Garde au Port de Manican: COMME AVSSI auons crée & érigé, créons & érigeons en titre d'Office formé vn Anuergeur à la porte de la Conference, vn Pareur de Cordes depuis la porte de la Conference iusques à l'ancienne porte-Neufue: vn Maistre au Pont de Saint Maur des Fossez: vn autre Maistre au Pont de Charenton: vn autre Maistre au Pont Dorcam, & deux Aydes au Port de Saint Leu de Seran, vn Plancheur aux Ports du Guichet, Foing & bois de l'Escole saint Germain, & deux Controlleurs de Chaux sur lesdits Ports, aux droicts des Mesureurs, & de douze fors au Port du Guichet, aux droicts tels & semblables dont jouyssent ceux qui font ladite fonction, sans aucun titre, ausquels nous auons fait tres-expresses deffences de s'y plus immisser à l'aduenir; lesquels Commissionnaires érigez en titre d'Office & Officiers nouuellement créez, jouyront de pareils priuileges & exemptions dont jouyssent à present les autres Officiers de ladite Ville. VOVLONS aussi que lesdits Commissionnaires jouyssent des droicts qui leur ont esté cydeuant accordez, & dont ils jouyssent à present, ensemble du parisis d'iceux, que nous leur auons par ces presentes attribué & attribuons, à la charge

charge de payer la finance à laquelle ils seront moderément taxez en nostre Conseil, quinze iours apres la signification qui leur en sera faite, ensemble les frais de marc d'or, expedition du séau, & lettres de prouision: Et à faute de ce faire, & iceluy passé, ils demeureront descheus de leurdite Commission, & sans qu'ils puissent, ny leurs vefues, & heritiers, esperer aucun desdommagement pour leurs anciennes Commissions, ou autrement; Lesquels Commissions dés à present demeureront reuocquées comme nulles: Et sera estably & pourueu d'autres personnes en leur lieu & place: Et par ces mesmes presentes, auons aussi attribué & attribuons ausdits Officiers créez par le present Edict les droicts qui ensuiuent: Sçauoir à Lanuergeur de la porte de la Conference, trois sols pour courbe de cheuaux: au Pareur de cordes, depuis la porte de la Conference iusques à l'ancienne porte-Neufue, six sols pour courbe de cheuaux: au Maistre du Pont S. Maur, quinze sols de chacun batteau qui passera sous ledit Pont chargé, & dix sols pour chacun train ou braisle de bois, passant & aualant sous ledit Pont: au Maistre du Pont de Charenton pour chacun batteau chargé qui passera sous iceluy quinze sols: & pareil droict pour train de trois coupons de bois flotté de chauffage & seruant à bastir: & aux deux Aydes du Pont Saint Leu de Seran, cinq sols pour courbe de cheuaux: au Plancheur au Port du Guichet au Foing & au Bois, de l'Escole S. Germain, quinze sols pour chacun batteau. VOVLONS en outre que lesdits Commissionnaires érigez en titre d'Office, & Officiers sus mentionnez, soient receus à resigner leursdits Offices pardeuant Nottaires ou Tabellions, en la mesme forme & tout ainsi que les autres Officiers de ladite Ville, sans estre obligez (si bon leur semble) à faire lesdites resignations en personne audit Hostel de Ville: Seront aussi tous lesdits Officiers receus à payer par chacun an en l'Hostel de nostre-dite Ville de Paris, és mains du Receueur d'icelle, vne recognoissance annuelle, telle qu'elle sera arbitrée par lesdits Preuost des Marchands & Escheuins, pour dédommager iceux, le Procureur & Greffier de ladite Ville, de la faculté qu'ils auoient de commettre lesdits Commissionnaires, vacation aduenant desdites Commissions; De laquelle recognoissance annuelle le tiers sera employé de l'ordonnance desdits Preuost des Marchands & Escheuins, à l'acquit & descharge des rentes deuës par le Domaine de ladite Ville, & autres necessitez d'icelle: Et les deux autres tiers appartiendront ausdits Preuost des Marchands & Escheuins, Procureur & Greffier, comme droicts & émolumens de leursdits Offices: Lesquels Officiers seront deschargez du payement de ladite recognoissance annuelle l'année presente, sans que pendant icelle leurs Offices puissent estre declarez vaccans, non plus qu'és années subsequentes, payant par eux ladite recognoissance annuelle, sans aussi que ces presentes puissent prejudicier, ny autres choses, aux droicts, priuileges, pouuoirs & facultez desdits Preuost des Marchands & Escheuins, mesmes à la prouision desdits Offices vaccans par mort, resignation, forfaicture, ou autremen, & tout ainsi qu'en jouyssent & vsent les autres Officiers dudit Hostel de Ville. SI DONNONS EN MANDEMENT à nos amez & féaux Conseillers, les Gens tenans nostre Cour des Aydes à

Paris, que le present Edict ils facent registrer purement & simplement, & le contenu en iceluy garder & obseruer selon sa forme & teneur, sans permettre qu'il y soit contreuenu, nonobstant toutes Ordonnances, Edicts, Declarations, Reglemens, Arrests, & autres choses à ce contraires, ausquelles nous auons entant que besoin seroit, dérogé & dérogeons par ces presentes, & de toutes oppositions, appellations, & empeschemens quelconques, desquels nous auons attribué la cognoissance ausdits Preuost des Marchands & Escheuins de nostre-dite Ville de Paris, & par appel en nostre Cour des Aydes, apres la verification pure & simple de nostre present Edict; & iusques à ce nous l'auons reserué en nostre Conseil, & icelle interdite & deffenduë à toutes nos Cours & Iuges: Car tel est nostre plaisir. Et afin que ce soit chose ferme & stable à tousiours, nous auons fait mettre nostre séel à cesdites presentes, sauf en autres choses nostre droict, & l'autruy en toutes. Donné à S. Germain en Laye au mois d'Avril, l'an de grace mil six cens quarante-vn. Et de nostre regne le trente & vn. Signé, LOVYS. Et plus bas, Par le Roy, DE LOMENIE. Et séellé du grand scéau de cire verte, en lacs de soye rouge & verte, & contre-séellé. A costé, Visa. Et encore est escrit;

Registrées en la Cour des Aydes: Ouy le Procureur general du Roy, pour estre executées selon leur forme & teneur, & sans que lesdits Officiers cy-deuant Commissionnaires, puissent exiger plus grands droicts que ceux dont ils ont jouy de toute ancienneté, auec le parisis d'iceux: & les Officiers de nouuelle création, de plus grands droicts que ceux portez par lesdites Lettres: desquels droicts sera fait & dressé vne Pancarte par les Preuost des Marchands & Escheuins de la Ville de Paris, contenant au vray lesdits droicts, & icelle mise au Greffe de ladite Ville, pour y auoir recours quant besoin sera: & sur l'opposition de Georges Romet, ordonné qu'il se pouruoira pardeuers le Roy ainsi qu'il aduisera bon estre, suiuant l'Arrest du jourd'huy. Donné à Paris le quatriesme iour de Iuillet, mil six cens quarante-vn. Signé, BOVCHER.

IVSSION.

LOVYS par la grace de Dieu, Roy de France & de Nauarre: A nos amez & féaux Cőseillers les Gens tenans nostre Cour des Aydes à Paris; Salut. Ayans pour les considerations contenües en nostre Edict du mois d'Avril dernier, crée plusieurs Offices de Police, sur les Ports, Ponts, Passages, & Portes, estans sur les Riuieres de Seyne, Marne, és enuirons, & dans nostre bonne Ville de Paris, aux fonctions, droicts, & proffits y mentionnez: Nous vous aurions enuoyé nostre-dit Edict pour le faire registrer, affin que de l'execution d'iceluy nous tirions promptement le secours que nous en attendons, dont nous auons fait estat pour les despences de la guerre: Mais au lieu de ce faire, vous auez par vostre Arrest du quinziéme du present mois de May ordonné, que tres-humbles remonstrances nous seront faites sur la consequence dudit Edict, & par ce moyen retardé l'effet d'iceluy contre nostre intention : A quoy voulans pourueoir ; A CES CAVSES, DE L'ADVIS DE NOSTRE CONSEIL, & de nos pleine puissance & auctorité Royale, nous vous mandons & ordonnons par ces presentes, signées de nostre main, qui vous seruiront de finalle Iussion, & tout autre plus exprés & absolu commandement que sçauriez sur ce attendre de nous, de proceder incessamment, tous affaires cessans, à l'entherinement pur & simple de nostredit Edict du mois d'Avril dernier, pour auoir lieu & estre executé selon sa forme & teneur, nonobstant vostre-dit Arrest, & les remonstrances que vous auez resolu de nous faire, lesquelles nous tenons pour faites & entendües, & quelsconques Edicts, Declarations, Ordonnances, Reglemens, Arrests, & choses à ce contraires ; ausquelles pour ce regard nous auons dérogé & dérogeons par cesdites presentes : Enjoignons à nostre Procureur general en nostre-dite Cour, de faire pour ce toutes instances & requisitions necessaires : Car tel est nostre plaisir. Donné à S. Germain le 22. jour de May, l'an de grace 1641. Et de nostre regne le 32. Signé, LOVYS. Et plus bas, Par le Roy, DE LOMENIE. Et scellée du grand scéau de cire jaune. Et encore est escrit ;

Registrée en la Cour des Aydes : Ouy le Procureur general du Roy, pour estre executée suiuant & ainsi qu'il est porté par l'Arrest du jourd'huy. Donné à Paris le 4. jour de Iuillet 1641. Signé, BOVCHER.

EXTRAICT DES REGISTRES DE LA COVR DES AYDES.

VEV par la Cour les Lettres Patentes du Roy en forme d'Edict, données à S. Germain en Laye au mois d'Avril 1641. Signées, LOVYS. Et plus bas, Par le Roy, DE LOMENIE. A costé, Visa. Et scellées de lacqs de soye rouge & verte, du grand sceau de cire verte. Par lesquelles, & pour les causes y contenües, sa Majesté de l'aduis de son Conseil, de sa certaine science, plaine puissance & auctorité Royale, auroit crée & érigé en titres d'Offices formez plusieurs Offices de Police, sur les Ports, Ponts, Passages & Ports, estans sur les Riuieres de Seyne, Marne, & és enuirons, & dans la Ville de Paris ; SÇAVOIR au Port au Plastre, vn Toiseur & deux porteurs de Plastre : au Port saint Paul, deux Mesureurs de Chaux, trois porteurs de Chaux, vn Plancheur, vn Boüeur, vn Desbacleur, six Gardes de nuict, & douze fors : au Port au Foing en Greve, six gardes de nuict, vn Desbacleur, vn Plancheur, vn Boüeur : au Port au Vin en Greve, vn Desbacleur, vn Plancheur, vn Boüeur, neuf Gardes de nuict : au Port au Bois & à Charbon en Greve, vn Desbacleur, vn Plancheur, vn Boüeur, trois Gardes de nuict, vn Garde à la place de Greve, à la Halle, & aux places publiques, vn Visiteur d'Oignōs, vn Visiteur de Noix, deux Courtiers de Lart & Graisses : au Port de l'Escole, vn Desbacleur, vn Boüeur, vn Pareur de Cordes : au Port du Guichet, vn Boüeur : deux Aydes au Pont des Thuilleries : vn Deschargeur de Pierres au Port aux

Pierres deuant les Thuilleries, des deux costez de la Riuiere: à la Tournelle au Port du Paué, vn Courtier de Trais, vn Desbacleur, vn Plancheur, vn Boüeur: vn Boüeur au Marché-neuf: six Aydes au Pont de saint Cloud, deux Aydes au Pont de Neüilly, quatre Aydes au Pont de Chattou, deux Aydes au Pont Dupec, seize Aydes au Pont de Poissi, seize Aydes au Pont de Ponthoise, seize Aydes au Pont de sainte Maixance, vn Garde au Port de S. Leu de Seran, vn Garde au Port de sainte Maixance, & vn Garde au Port de Manican: COMME AUSSI sadite Majesté auroit crée & érigé en titre d'Office formé, vn Anuergeur à la porte de la Conference, vn Pareur de Cordes depuis la porte de la Conference, jusques à l'ancienne porte Neufue: vn Maistre au Pont de S. Maur des Fossez: vn autre Maistre au Pont de Charenton: vn autre Maistre au Pont Dorcam, & deux Aydes au Port de S. Leu de Seran, vn Plancheur aux Ports du Guichet, Foing & Bois de l'Escole saint Germain, & deux Controlleurs de Chaux sur lesdits Ports, aux droicts des Mesureurs, & de douze fors au Port du Guichet, & aux droicts tels & semblables dont jouyssent ceux qui font ladite fonction, sans aucun titre, ausquels sadite Majesté auroit fait tres-expresses deffences de s'y plus imisser à l'aduenir; lesquels Commissionnaires érigez en titre d'Office & Officiers nouuellement créez, joüiront de pareils priuileges & exemptions dont jouyssent à present les autres Officiers de ladite Ville. VEUT aussi sadite Majesté que lesdits Commissionnaires jouyssent des droicts qui leur ont esté cy-deuant accordez, & dont ils jouyssent à present, ensemble du parisis d'iceux, qu'elle leur attribuë par ledit Edict, à la charge de payer la finance à laquelle ils seront moderément taxez en son Conseil, quinze jours apres la signiffication qui leur en sera faite, ensemble les frais de marc d'or, expedition du séau, & lettres de prouision: Et à faute de ce faire, ils demeureront descheus de leurdite Commission, & sans qu'ils puissent, ny leurs vefues, & heritiers, esperer aucun dédommagement pour leurs anciennes Commissions, ou autrement; Lesquelles Commissions dés à present demeureront reuocquées comme nulles: Et sera estably & pourueu d'autres personnes en leur lieu & place, & attribué ausdits Officiers créez par iceluy Edict, les droicts qui ensuiuent: Sçauoir à l'Anuergeur de la porte de la Conference, trois sols pour courbe de cheuaux: au Pareur de cordes, depuis la porte de la Conference, iusques à l'encienne porte Neufue, six sols pour courbe de cheuaux: au Maistre du Pont S. Maur, quinze sols de chacun batteau qui passera sous ledit Pont, & dix sols pour chacun train ou braisle de bois, passant & aualant sous ledit Pont: au Maistre du Pont de Charenton pour chacun batteau chargé qui passera sous iceluy, quinze sols: & pareil droict pour train de trois coupons de bois flotté de chauffage & seruant à bastir: & aux deux Aydes du Pont S. Leu de Seran, cinq sols pour courbe de cheuaux: au Plancheur au Port du Guichet au Foing, & au Bois, de l'Escole S. Germain, quinze sols pour chacun batteau. VEUT en outre sadite Majesté que lesdits Commissionnaires érigez en titre d'Office, & Officiers sus mentionnez, soient receus à resigner leursdits Offices pardeuant Nottaires ou Tabellions, en la mesme forme & tout ainsi que les autres Officiers de ladite Ville, sans estre obligez (si bon leur semble) à faire lesdites resignations en personne audit Hostel de Ville: Seront aussi tous lesdits Officiers receus à payer par chacun an en l'Hostel de nostre-dite Ville de Paris, és mains du Receueur d'icelle, vne recognoissance annuelle, telle qu'elle sera arbitrée par lesdits Preuost des Marchands & Escheuins, pour desdommager iceux, le Procureur & Greffier de ladite Ville, de la faculté qu'ils auoiét de cómettre lesdits Commissionnaires, vacatió aduenãt desdites Commissiós; De laquelle recognoissance annuelle le tiers sera employé de l'ordonnance desdits Preuost des Marchands & Escheuins, à l'acquit & descharge des rentes deües par le Domaine de ladite Ville, & autres necessitez d'icelle: Et les deux autres tiers appartiendront ausdits Preuost des Marchands & Escheuins, Procureur & Greffier, comme droicts & esmollumens de leursdits Offices: lesquels Officiers seront déchargez du payement de ladite reconnoissance annuelle l'année presente, sans que pendant icelle leurs Offices puissent estre declarez vaccans, non plus qu'és années subsequentes, payant par eux ladite recognoissance annuelle, sans aussi que ledit Edict puisse prejudicier aux droicts & priuileges desdits Preuost des Marchands & Escheuins, mesmes à la prouision desdits Offices vaccans par mort, resignation, forfaicture, ou autrement, & tout ainsi qu'ils en jouyssent & vsent, ainsique le contiennent plus amplement lesdites Lettres: Arrest de la Cour du quinziéme May, mil six cens quarante-vn, par lequel elle auroit ordonné, que tres-humbles remonstrances seroient faites au Roy sur la consequence dudit Edict: Lettres Patentes en forme de Iussion, données à S. Germain le vingt-deuxiéme May audit an mil six cens quarante-vn, signées, LOVYS, & plus bas, par le Roy, DE LOMENIE, & séellées du grand sceau de cire jaune. Par lesquelles il est mandé à ladite Cour, du tres-exprés & absolu commandement du Roy, de proceder incessamment, tous affaires cessant, à l'enregistrement pur & simple dudit Edict, qu'elle veut estre executé selon sa forme & teneur: Acte d'opposition formée au Greffe de la Cour à la verification dudit Edict, le vnziéme dudit mois de May audit an, par Georges Romet, adjudicataire & proprietaire des Offices de Chargeur & Deschargeur de Vins, Toiseur, Porteur de Plastre, Mesureur, Porteur, & Controlleur de Chaux, Desbacleur, Plancheur, Courtier de Lart & Graisse, Deschargeur de pierres, Boüeur, tant sur les Ports, places de Greve, Halles, Marché-neuf, & generallement en tous les autres Ports, Places, & marchez publics, de la Ville & Faux-bourgs de Paris: Requeste dudit Romet, à ce que suiuant le contract d'adjudication a luy fait desdits Offices, & faisant droict sur ladite opposition, il pleust à la Cour ordonner; que ledit Romet seroit maintenu & gardé en la proprieté, possession & jouyssance desdits Offices, deffences à toutes personnes de le troubler ny empescher, ny mesmes ses Commis, ny autres, qui seront par luy préposez pour en faire l'exercice, à peine de tous despens, dommages & interests: Conclusions du Procureur general du Roy: Et tout consideré; LA COVR a ordonné & ordonne, que lesdites Lettres seront registrées au Greffe d'icelle, pour estre executées selon leur forme & teneur, & sans que lesdits Officiers cy-deuant Commiſſionnaires puiſſent exiger plus grands droicts que ceux dont ils ont jouy de toute ancienneté, auec le pariſis d'iceux; & les Officiers de nouuelle création, de plus grands droicts que ceux portez par leſdites Lettres: Deſquels droicts ſera fait & dreſſé vne pancarte par les Preuoſt des Marchands & Eſcheuins de la Ville de Paris, contenant au vray leſdits droicts, & icelle miſe au Greffe de ladite Ville, pour y auoir recours quand beſoin ſera: Et ſur l'oppoſition dudit Romet, ordonne qu'il ſe pourvoira pardeuers le Roy, ainſi qu'il aduiſera bon eſtre. Fait à Paris en la Cour des Aydes, le quatriéme jour de Iuillet mil ſix cens quarante-vn.

Signé, BOVCHER.

A Tous ceux qui ces preſentes Lettres verront; Macé le Boulanger, ſieur de Neumoullin, Quinquempois, Mafflée, & Fercourt, Conſeiller du Roy en ſes Conſeils d'Eſtat & Priué, Preſident és Enqueſtes de ſa Court de Parlement, Preuoſt des Marchands, & les Eſcheuins de la Ville de Paris; Salut. SÇAVOIR FAISONS que veu les Lettres Patentes du Roy en forme d'Edict, donné à S. Germain en Laye au mois d'Avril dernier, ſigné LOVYS, & plus bas, DE LOMENIE. Par lequel, & pour les cauſes y contenües, ſa Majeſté a crée & érigé en titre d'Office formé tous les Commiſſionnaires par Nous, ou nos Predeceſſeurs, cy-deuant eſtablis au faict de la Police de ladite Ville. SÇAVOIR, au Port S. Paul, vn Toiſeur & deux porteurs de Plaſtre, deux Meſureurs de Chaux, trois porteurs de Chaux, vn Plancheur, vn Boüeur, vn Desbacleur, ſix gardes de nuict, & douze fors: au Port au Foing en Gréve, ſix gardes de nuict, vn Desbacleur, vn Plancheur, vn Boüeur: au Port au vin en Gréve, vn Desbacleur, vn Plancheur, vn Boüeur, neuf Gardes de nuict: au Port au Bois & Charbon en Gréve, vn Desbacleur, vn Plancheur, vn Boüeur, trois Gardes de nuict, vn Garde à la place de Gréve, à la Halle, & aux places publiques, vn viſiteur d'Oignons, vn Viſiteur de Noix, deux Courriers de Lart & Graiſſes: au Port de l'Eſcole, vn Desbacleur, vn Boüeur, vn Pareur de Cordes: au Port du Guichet, vn Boüeur: deux Aydes au Pont des Thuilleries: vn Deſchargeur de Pierres au Port aux Pierres deuant les Thuilleries, des deux coſtez de la Riuiere: à la Tournelle, & au Paué, vn Courtier de Trais, vn Desbacleur, vn Plancheur, vn Boüeur: vn Boüeur au Marché-neuf: ſix Aydes au Pont de S. Cloud, deux Aydes au Pont de Neüilly, quatre Aydes au Pont de Chattou, deux Aydes au Pont Dupec, ſeize Aydes au Pont de Poiſſi, ſeize Aydes au Pont de Ponthoiſe, ſeize Aydes au Pont de ſainte Maixance, vn Garde au Port de Saint Leu de Seran, vn Garde au Port de ſainte Maixance, & vn Garde au Port de Manican: COMME AVSSI crée & érigé en titre d'Office formé vn Anuergeur à la porte de la Conference, vn Pareur de Cordes depuis la porte de la Conference, iuſques à l'ancienne porte-Neufue: vn Maiſtre au Pont de Saint Maur des Foſſez: vn autre Maiſtre au Pont de Charenton: vn autre Maiſtre au Pont Dorcam, &

deux Aydes au Port de Saint Leu de Seran, vn Plancheur aux Ports du Guichet, Foing & Bois de l'Escole saint Germain, & deux Controlleurs de Chaux sur lesdits Ports, aux droicts des Mesureurs, & de douze fors au Port du Guichet, aux droicts tels & semblables dont jouyssent ceux qui font ladite fonction, sans aucun titre, ausquels sa Majesté fait tres-expresses deffences de s'y plus immisser à l'aduenir ; pour jouyr par les Commissionnaires érigez en titre d'Office & Officiers nouuellement créez, de pareils priuileges & exemptions dont jouyssent à present les Officiers de ladite Ville. VOVLANT sadite Majesté que lesdits Commissionnaires jouyssent des droicts qui leur ont esté cy-deuant accordez, & dont ils jouyssent à present, ensemble du parisis d'iceux, qu'elle leur attribuë par ledit Edict ; à la charge de payer la finance à laquelle ils seront moderément taxez en son Conseil, quinze iours apres la signification qui leur en sera faite, ensemble les frais du marc d'or, expedition du sceau, & lettres de prouision : Et à faute de ce faire, ils demeureront descheus de leurdite Commission, & sans qu'ils puissent, ny leurs vefues, & heritiers, esperer aucun dédommagement pour leurs anciennes Commissions, ou autrement ; Lesquelles Commissions dés à present demeureront reuocquées, comme nulles: Et sera estably & pourueu d'autres personnes en leur lieu & place, & attribué ausdits Officiers créez par iceluy Edict, les droicts qui ensuiuent : Sçauoir à l'Anuergeur de la porte de la Conference, trois sols pour courbe de cheuaux : au Pareur de cordes, depuis la porte de la Conference, iusques à l'ancienne porte-Neufue, six sols pour courbe de cheuaux : au Maistre du Pont Saint Maur, quinze sols de chacun batteau qui passera sous ledit Pont, & dix sols pour chacun train ou braisle de bois, passant & aualant sous ledit Pont : au Maistre du Pont de Charenton pour chacun batteau chargé qui passera sous iceluy, quinze sols : & pareil droict pour train de trois coupons de bois flotté de chauffage & seruant à bastir : & aux deux Aydes du Pont Saint Leu de Seran, cinq sols pour courbe de cheuaux : au Plancheur au Port au Guichet, au Foing & au Bois, de l'Escole Saint Germain, quinze sols pour chacun batteau. VEVT en outre sadits Majesté que lesdits Commissionnaires érigez en titre d'Office, & Officiers sus mentionnez, soient receus à resigner leursdits Offices pardeuant Nottaires ou Tabellions, en la mesme forme & tout ainsi que les autres Officiers de ladite Ville, sans estre obligez (si bon leur semble) à faire lesdites resignations en personne audit Hostel de Ville : Seront aussi tous lesdits Officiers receus à payer par chacun an en l'Hostel de la Ville, és mains du Receueur d'icelle, vne recognoissance annuelle, telle qu'elle sera par nous arbitrée pour nostre desdommagement, du Procureur & Greffier de ladite Ville, de la faculté que nous auons de commettre esdites Commissions, vacation aduenant : De laquelle recognoissance annuelle, le tiers sera employé par nos ordonnances à l'acquit & descharge des rentes deuës par le Domaine de ladite Ville, ou autres necessitez d'icelle : Et les deux autres tiers se partageront entre nous Preuost, Escheuins, Procureur du Roy, & Greffier de ladite Ville, comme droicts & esmolumens attribuez à nosdites charges : Lesquels

Officiers seront deschargez du payement de ladite recognoissance annuelle l'année presente, sans que pendant icelle leurs Offices puissent estre declarez vaccans, non plus qu'en l'année subsequente, payans par eux ladite recognoissance annuelle, sans neantmoins que l'Edict puisse prejudicier aux droicts & priuileges à nous attribuez, mesme à la prouision desdits Offices vaccans par mort, resignation, forfaicture, ou autrement, ainsi que Nous & nos Predecesseurs en ont toûjours jouy & vsé iusques à present, & qu'il est plus amplement porté par lesdites Lettres: Arrest de la Cour des Aydes du quinziesme May ensuiuant, par lequel elle auroit ordonné, que tres-humbles remonstrances seroient faites au Roy sur la consequence dudit Edict: Lettres Patentes de sa Majesté en forme de Iussion, données à Saint Germain en Laye le vingt-deuxiesme May audit an mil six cens quarante-vn, signées, LOVYS, & plus bas, Par le Roy, DE LOMENIE, & scellées du grand scéau de cire jaune. Par lesquelles il est mandé à ladite Cour des Aydes, du tres-exprés & absolu commandement du Roy, de proceder incessamment, tous affaires cessant, à l'enregistrement pur & simple dudit Edict, qu'elle veut estre executé selon sa forme & teneur: Acte d'opposition formée au Greffe de ladite Cour, à la verification dudit Edict, le vnziesme dudit mois de May audit an, par Georges Romet adjudicataire & proprietaire des Offices de Chargeurs & Deschargeurs de Bois, Toiseur, Porteur de Plastre, Mesureur, Porteur & Controlleur de Chaux, Desbacleur, Plancheur, Courtier de Lart & Graisse, Deschargeur de pierres, Boüeur, tant sur les Ports, places de Greve, Halles, Marché-neuf, & generallement en tous les autres Ports, Places, & marchez publics, de la Ville & Faux-bourgs de Paris: à ce qu'il pleust à la Cour ordonner, que ledit Romet seroit maintenu & gardé en la proprieté, possession & jouyssance desdits Offices; deffences à toutes personnes de le troubler ny empescher, ny mesmes ses Commis, ny autres, qui seront par luy préposez pour en faire l'exercice, à peine de tous despens, dommages & interests: Autre Arrest de ladite Cour des Aydes, du quatriesme iour des present mois & an, signé BOVCHER, par lequel il est ordonné que lesdites Lettres seront registrées au Greffe de ladite Cour, pour estre executées selon leur forme & teneur, sans que lesdits Officiers cy-deuant Cómissionnaires puissent exiger plus grands droicts que ceux dont ils ont jouy de toute ancienneté, auec le parisis d'iceux; & les Officiers de nouuelle création, de plus grands droicts que ceux portez par ledit Edict: Desquels droicts sera fait & dressé vne pancarte au Bureau de ladite Ville, contenant au vray lesdits droicts, & icelle mise au Greffe de ladite Ville, pour y auoir recours quand besoin sera: Et sur l'opposition dudit Romet, ordonne qu'il se pouruoira pardeuers le Roy, ainsi qu'il aduisera bon estre. Et sur ce ouy le Procureur du Roy & de la Ville, auquel le tout a esté communiqué; NOVS AVONS ordonné que lesdites Lettres d'Edict, & Arrest de verification d'icelles en la Court des Aydes, seront registrées au Greffe de ladite Ville, pour estre suiuis & executez de poinct en poinct, selon leur forme & teneur: à la charge que lesdits Commissionnaires érigez en Offices, & les nouueaux Officiers créez par ledit Edict, seront à l'aduenir du nombre des Officiers de ladite Ville, & qualifiez tels, conformément ausdites Lettres, sans que cy-apres (fors la premiere fois seulement) qu'ils prendront Lettres de prouision de sa Majesté, ils puissent prendre autres Lettres de prouision que de la Ville, & encores à la charge que lesdits nouueaux Officiers pourueus par sa Majesté seront reçeus, & feront serment pardeuant Nous au Bureau de la Ville, pour estre à l'instant mis en possession desdites Offices: En tesmoin de ce, nous auons mis à ces presentes le séel de ladite Preuosté des Marchands. Ce fut fait & donné au Bureau de la Ville, le quinziesme iour de Iuillet, mil six cens quarante-vn.

Signé, Le Maire.

EXTRAICT DES REGISTRES DV CONSEIL D'ESTAT.

LE ROY ayant par son Edict du mois d'Avril dernier, registré en sa Cour des Aydes de Paris, crée en titre d'Office des Commissionnaires de l'Hostel de Ville de Paris, pour estre establis; Sçauoir au Port au Plastre, vn Thoiseur & deux porteurs de Plastre: au Port Saint Paul, deux Mesureurs de Chaux, trois porteurs de Chaux, vn Plancheur, vn Boüeur, vn Desbacleur, six Gardes de nuict, & douze fors: au Port au Foing en Gréve, six gardes de nuict, vn Desbacleur, vn Plancheur, vn Boüeur: au Port au Bois & Charbon en Gréve, vn Desbacleur, vn Plancheur, vn Boüeur, trois Gardes de nuict, vn Garde à la place de Gréve, à la Halle, & aux places publiques, vn Visiteur d'Oignons, vn Visiteur de Noix, deux Courtiers de Lart & Graisses: au Port au Vin en Gréve, vn Desbacleur, vn Plancheur, vn Boüeur, neuf Gardes de nuict: au Port de l'Escole, vn Desbacleur, vn Boüeur, vn Pareur de Cordes: au Port du Guichet, vn Boüeur: deux Aydes au Pont des Thuilleries: vn Deschargeur de Pierres au Port aux Pierres deuant les Thuilleries, des deux costez de la Riuiere: à la Tournelle, & au Port du Paué, vn Courtier de Traicts, vn Desbacleur, vn Plancheur, vn Boüeur: vn Boüeur au Marché-neuf: six Aydes au Pont de Saint Cloud, deux Aydes au Pont de Neüilly, quatre Aydes au Pont de Chatou, deux Aydes au Pont du Pec, seize Aydes au Pont de Poissi, seize Aydes au Pont de Ponthoise, seize Aydes au Pont S. Maixance, vn Garde au Pont de Saint Leu de Seran, vn Garde au Pont S. Maixance, vn Garde au Pont de Manican. Comme aussi crée en titre d'Office, vn Anuergeur à la porte de la Conference, vn Pareur de Cordes depuis la porte de ladite Conference, iusques à l'ancienne porte-Neufue: vn Maistre des Ponts au Pont de Saint Maur des Fossez: vn autre Maistre au Pont de Charenton: deux Aydes au Pont de Saint Leu de Seran: vn Plancheur au port du Guichet, Foing & Bois de l'Escole Saint Germain, pour par lesdits Officiers jouyr des priuileges & exemptions dont jouyssent les autres Officiers de ladite Ville, mesmes lesdits Commissionnaires du parisis, outre les droicts qui leur ont esté cy-deuant accordez, desquels ils jouyssent à present; Et ledit Anuergeur de la porte de la Conference, de trois sols pour courbe de Cheuaux: le pareur de Cordes depuis ladite porte iusques à l'ancienne porte-Neufue, de six sols pour courbe: le Maistre du Pont de Saint Maur, de quinze sols pour chacun batteau qui passera sous ledit Pont, chargé: le Maistre du Pont de Charenton quinze sols pour chacun batteau chargé qui passera sous iceluy, & pareil droict d'vn train de trois coupons de bois flotté de chauffage, ou seruant à bastir: les deux Aydes au Pont de Saint Leu de Seran, de cinq sols pour courbe de cheuaux: le Plancheur au Port du Guichet, au Foing & au Bois, de l'Escole Saint Germain, de quinze sols pour chacun batteau. Et sa Majesté voulant pourueoir au recouurement des taxes payables par lesdits Commissionnaires, créez en Offices par ledit Edict; A ORDONNÉ, ET ORDONNE que dans trois iours, à compter du iour de la signification du present Arrest, lesdits Commissionnaires payeront lesdites taxes, ensemble les frais de marc d'or, expedition, & sceau des lettres de prouision, és mains du porteur des Quittances d'icelles, & desdites Lettres de prouision; & à faute de ce faire, qu'ils demeureront ledit temps passé, descheus de leursdites Commissions; & sera permis audit porteur d'en disposer, sans estre tenu payer aucune chose ausdits Commissionnaires, soit pour leur ancienne Commission, ou autrement; & en attendant qu'il y ait des personnes pourueües desdits Offices, il pourra les faire exercer au nom de sa Majesté par Commissions, par telles personnes qu'il aduisera bon estre: Auquel cas les anciens droicts y attribuez, & ledit parisis, luy appartiendront, sans que ladite peine puisse estre reputée comminatoire, ny lesdits Commissionnaires, leurs veufues & heritiers, esperer aucune chose desdites Commissions, que sa Majesté a reuocquées comme nulles. Fait au Conseil d'Estat du Roy, tenu à Paris le vingt-cinquiesme iour de Iuillet, mil six cens quarante-vn.

Signé, GALLAND.

OVYS par la grace de Dieu, Roy de France & de Nauarre; Au premier des Huissiers de nostre Conseil, ou autre Huissier ou Sergent sur ce requis; Nous te mandons & commandons que l'Arrest, dont l'extraict est cy attaché sous le contre-seel de nostre Chancellerie, ce iourd'huy donné en nostre Conseil d'Estat, en execution de nostre Edict du mois d'Auril dernier; Portant création en titre d'Office des Commissionnaires de l'Hostel de nostre bonne Ville de Paris, & des Offices y declarez, pour le recouurement des taxes payables par lesdits Commissionnaires, créez en Offices & par ledit Edict; Tu signifies à tous qu'il appartiendra, à ce qu'ils n'en pretendent cause d'ignorance, & faits pour l'execution d'iceluy tous commandemens, sommations, deffences, & autres actes & exploits necessaires, sans demander autre permission. Et sera adjoûté foy comme aux originaux, aux coppies dudit Arrest & des presentes, collationnées par l'vn de nos amez & féaux Conseillers & Secretaires: Car tel est nostre

plaisir. Donné à Paris le vingt-cinquiesme iour de Iuillet, l'an de grace mil six cens quarante-vn. Et de nostre regne le trente-deuxiesme. Signé, Par le Roy en son Conseil, GALLAND. Et scellé.

ARREST DV CONSEIL D'ESTAT, PORTANT REIGLEMENT DES DROICTS

des Officiers nouuellement créez par Edict du Roy du mois d'Auril dernier, & que les obmis jouyront de pareils priuileges & droicts que les Officiers desnommez par ledit Edict; & dispense aux autres Officiers desnommez en l'Ordonnance de la Ville de Paris, de prendre lettres de prouisions, & que tous lesdits Officiers jouyront du parisis de leurs anciens droicts; ensemble du droict Annuel estably en l'Hostel de ladite Ville, en payant la finance à laquelle ils ont esté taxez au Conseil du Roy.

Registré en l'Hostel de Ville de Paris, le 3. Feurier 1642.

EXTRAICT DES REGISTRES DV CONSEIL D'ESTAT.

SVR ce qui a esté represente au Roy en son Conseil; Que sa Majesté par son Edict du mois d'Auril dernier, registré en sa Cour des Aydes & Hostel de Ville de Paris, auroit creé plusieurs petits Offices de Police audit Hostel de Ville; & erigé en titre d'Office, tous les Commissionnaires cy-deuant establis par les Preuost des Marchands, & Escheuins d'icelle Ville; auec confirmation des droicts qu'ils ont cy-deuant perçeus; & attribution du parisis d'iceux: Et pour estre aussi reçeus à resigner leursdits Offices pardeuant Notaires, & sans estre tenus de faire leurs resignations en personnes audit Hostel de Ville; & admis à payer le droict Annuel, en payant la finance à laquelle ils seroient moderément taxez audit Conseil, frais de marc d'or, expeditions du sceau, & lettres de prouisions. Et d'autant qu'au nombre desdits Commissionnaires mentionnez par ledit Edict, il a esté compris des Officiers de ladite Ville, pourueus en titre d'Office; lesquels partant ne doiuent estre obligez de prendre lettres de prouision: Et par le mesme erreur obmis à y comprendre deux Forts & deux Gardes de nuict au port Saint Paul, le Boüeur de la Tournelle, & quatre Aydes au pont de Poissi: tous lesquels font difficulté de payer leurs taxes, s'il ne plaist à sa Majesté d'ordonner qu'ils sont censez y estre compris, attendu qu'ils sont du nombre desdits Commissionnaires de ladite Ville, & qu'ils sont compris en partie dans les Roolles desdites taxes: Comme aussi que par ledit Edict, lesdits droicts attribuez à aucuns des Officiers nouuellement créez, n'ont pas esté assez clairement expliquez; & particulieremẽt de l'Office du Maistre du pont d'Oream, qui doit jouyr de pareil droict que les Maistres des autres ponts de la riuiere d'Oise: les douze Forts du port du Guichet, qui doiuent aussi jouyr de pareils droicts que les quatorze Forts du port Saint Paul, & le Plancheur de l'Escole, du port au Bled & Malaquests, comme des autres Ports. A quoy estant necessaire de pouruoir, tant pour empescher les difficultez à litiges, qui à deffaut de ce pourront naistre en execution dudit Edict entre lesdits Officiers, comme ceux qui suruiendroient au recouurement des sommes qui en doiuent prouenir, dont sa Majesté a fait estat. LE ROY EN SON CONSEIL a ordonné & ordonne, que lesdits deux Forts & deux Gardes de nuict au port Saint Paul, le Boüeur de la Tournelle, Courtier de traicts, & quatre Aydes au pont de Poissi, Commissionnaires dudit Hostel de Ville de Paris, qui n'ont esté compris auec les autres portez par ledit Edict du mois d'Avril dernier, jouyront de pareils priuileges & exemptions, dont jouyssent à present les autres Officiers de ladite Ville: Ensemble des droicts qui leur ont esté cy-deuant accordez, & dont ils jouyssent à present; comme aussi du parisis d'iceux; & seront receus à resigner leurs Offices pardeuant Notaires, sans estre obligez de les resigner en personne audit Hostel de Ville, & à payer le droict Annuel de leursdits Offices, tout ainsi que font & peuuent faire les autres Commissionnaires compris par ledit Edict, encores qu'ils n'y ayent esté compris: à la charge qu'ils payeront la finance à laquelle ils seront moderément taxez, les frais de marc d'or, expedition du sceau, & lettres de prouision; à faute dequoy leursdites Commissions demeureront reuocquées comme nulles; & sera estably & pourueu d'autres personnes en leur lieu & place. ORDONNE sa Majesté, que les Maistres du pont d'Orcan jouyront de pareils droicts que les autres Maistres des Ponts de la riuiere d'Oyse: que les douze Forts du port du Guichet, jouyront aussi de pareils droicts que les quatorze du port saint Paul, & le Plancheur de l'Escole du port au bled & Malaquests, comme des autres ports. Et a sadite Majesté dispensé & deschargé ceux desdits Officiers de ladite Ville pourueus en titre, qui ont esté compris au nombre desdits Commissionnaires, de prendre lettres de prouision pour iouyr de leursdits Offices: à la charge de payer par eux les sommes ausquelles ils ont esté taxez à cause de l'attribution dudit droict de parisis & droict Annuel porté par ledit Edict, ainsi qu'il est accoustumé pour les deniers & affaires de sa Majesté: laquelle enjoint aux Preuost des Marchands, & Escheuins de ladite Ville de Paris, de tenir la main à l'execution du present Arrest: & iceluy faire registrer, garder & obseruer, nonobstant oppositions ou appellations quelconques, desquelles sa Majesté s'est reseruée la cognoissance en son Conseil; & icelle interdite à toutes ses Cours & Iuges: Et serōt toutes lettres pour ce necessaires expediées. Fait au Conseil d'Estat du Roy, tenu à Paris le vnziesme iour de Ianvier mil six cens quarente-deux.

Signé, BORDIER.

LOVYS par la grace de Dieu, Roy de France & de Nauarre: Aux Preuost des Marchands & Escheuins de nostre bonne Ville de Paris: Salut. Nous vous mandons & ordonnons de faire registrer, garder & executer l'Arrest, dont l'extraict est cy attaché sous le contre-séel de nostre Chancellerie, ce jourd'huy donné en nostre Conseil d'Estat, concernant plusieurs petits Offices & Commissionnaires de ladite Ville, nonobstant oppositions ou appellations quelconques, dont si aucunes interuiennent, nous retenons la cognoissance en nostre-dit Conseil, & l'interdisons à toutes nos Cours & autres Iuges; Et commandons au premier nostre Huissier ou Sergent sur ce requis, de signifier ledit Arrest à tous qu'il appartiendra, à ce qu'ils n'en pretendent cause d'ignorance; & faire pour l'execution d'iceluy, tous commandemens, sommations, contraintes par les voyes y declarées: Deffences & autres actes & exploicts necessaires, sans demander autre permission: Et sera adjousté foy comme aux Originaux aux copies dudit Arrest, & des presentes, collationnées par l'vn de nos amez & féaux Conseillers & Secretaires: Car tel est nostre plaisir. Donné à Paris le vingt-neufiesme iour de Ianvier, l'an de grace, mil six cens quarante-deux. Et de nostre regne le trente-deux. Par le Roy en son Conseil.

Signé, BORDIER.

Enregistré au Bureau du Greffe de l'Hostel de la Ville de Paris; ouy, & ce consentant le Procureur du Roy & de la Ville, pour estre le contenu au present Arrest executé de poinct en poinct selon sa forme & teneur. Fait au Bureau de ladite Ville ce troisiesme iour de Fevrier mil six cens quarente-deux.

Signé, LE MAIRE.

A Tovs ceux qui ces presentes Lettres verront; Macé le Boullanger, sieur de Neumoullin, Quinquempois, Maffiée, & Fercourt, Conseiller du Roy en ses Conseils d'Estat & Priué, President és Enquestes de sa Court de Parlement, Preuost des Marchands, & les Escheuins de la Ville de Paris; Salut. Sçauoir faisons; Que veu l'Arrest du Conseil d'Estat du Roy, donné à Paris le 11. iour de Ianvier dernier, signé BORDIER, par lequel sa Majesté voulant pouruoir aux difficultez & litiges qui pourroient naistre en l'execution de l'Edict du mois d'Avril mil six cens quarante-vn; Registré en la Cour des Aydes, & en l'Hostel de ladite Ville; Portant création de plusieurs petits Offices de Police audit Hostel de Ville, & érigé en titre d'Office tous les Commissionnaires cy-deuant establis par le Preuost des Marchands & Escheuins de ladite Ville; auec confirmation des droicts qu'ils ont cy-deuant perçeus; & attribution du parisis d'iceux: Et pour estre aussi reçeus à resigner leurs Offices pardeuant Notaires, & sans estre tenus de faire leurs resignations en personne audit Hostel de Ville; & admis à payer le droict Annuel, en payant la finance à laquelle ils serõt modérement taxez au Conseil, frais de marc d'or, expedition du sceau, & lettres de prouisions: A ordonné & ordonne, que les Officiers qui n'ont esté compris auec les autres portez par ledit Edict, jouyront de pareils priuileges & exemptions dont jouyssent à present les autres Officiers de ladite Ville: ensemble des droicts qui leur ont esté cy-deuant accordez, & dont ils jouyssent à present, ensemble du parisis d'iceux: & seront reçeus à resigner leurs Offices pardeuant Notaires, sans estre obligez de resigner en personne audit Hostel de Ville, & à payer le droict Annuel desdits Offices, tout ainsi que font ou peuuent faire les autres Commissionnaires compris par ledit Edict, encores que ceux-cy n'y ayent esté compris. Veut en outre sa Majesté, que les Maistres des Ponts d'Orcam jouyront des mesmes droicts que les autres Maistres des Ponts de la riuiere d'Oyse; Que les douze Forts du port au Guichet jouyront aussi de pareils droicts que les quatorze du port Saint Paul, & le Plancheur de l'Escole, du port au bled & Malaquests, comme des autres ports. Descharge sadite Majesté ceux des Officiers de ladite Ville, pourueus en titre, qui ont esté compris au nombre desdits Commissionnaires, de prendre lettres de prouision pour jouyr de leursdits Offices, ainsi qu'il est plus au long contenu par ledit Arrest; Nous enjoignant sadite Majesté de tenir la main à l'execution d'iceluy, & de le faire registrer, garder & obseruer, nonobstant oppositions ou appellations quelconques, desquelles sadite Majesté s'est reseruée la cognoissance en son Conseil; & icelle interdite à toutes ses Cours & Iuges: Surquoy ouy le Procureur du Roy, & de la Ville; Auons ordonné ledit Arrest estre registré au Greffe de ladite Ville, pour estre executé de poinct en poinct, selon sa forme & teneur. En tesmoing de ce, nous auons mis à ces presentes le séel de ladite Preuosté des Marchands. Ce fut fait & donné au Bureau de ladite Ville, le troisiesme iour de Feurier 1642.

Signé, LE MAIRE.

EXTRAICT DES REGISTRES DV GREFFE DE l'Hostel de Ville de Paris, contenant les droicts que les Officiers & Commissionnaires de l'Hostel de la Ville de Paris prennent & reçoiuent sur les Marchandises qui se deschargent és Ports & Places de cette dite Ville.

Premierement Port au Plastre.

THoiseur de plastre à sept sols six deniers pour thoise, payé par le Marchand, cy vii.s.vi.d.

Les porteurs de plastre ont trente-deux sols pour thoise, payé par l'achepteur, cy xxxiii.s.

Port Saint Paul.

Les Mesureurs de Chaux ont vingt-quatre sols pour muid, payé moitié par l'achepteur & le vendeur, cy xxiv.s.

Les porteurs vingt sols pour muid payé par l'achepteur, cy xx.s.

Les gardes de nuict ont huit sols de petits batteaux, & douze sols des grands, cy viii.ſ.&xii.ſ.

Le Boüeur trois sols des petits, & cinq sols des grands, cy iii.ſ.&v.ſ.

Le Plancheur à ſept ſols ſix deniers de chacun batteau, cy vii.ſ.vi.d.

Le Deſbacleur deux ſols ſix deniers pour chacun batteau, cy ii.ſ.vi.d.

Les forts ont, à ſçauoir pour les gros fardeaux venus de Troye, comme toille, papier, chanvre, pezant trois mille ou enuiron, vingt-cinq ſols, cy xxv.ſ.

Pour chacune douzaine de cuirs, dont vne charrette en porte quatre douzaine ou enuiron, trois ſols quatre deniers, cy iii.ſ.iv.d.

Pour vne voye de fer, contenant ſoixante barres, cinq ſols, cy v.ſ.

Pour vn poinſon de clou ou acier, pezant ſix ſols, cy vi.ſ.

Pour vn tonneau de coupperoſes, pezant vn millier, ſix ſols, cy vi.ſ.

Pour vn tonneau de chauderons ou eſtain, ou autre marchandiſe, pezant vn millier ou enuiron, ſix ſols, cy vi.ſ.

Pour vne tonne d'huile, pezant enuiron huit cens, quatre ſols, cy iv.ſ.

Pour vn baril de miel ou cire, pezant cinq à ſix cens, trois ſols, cy iii.ſ.

Pour vne piece de cendre de Montargis, pezant huit à neuf cens, deux ſols, cy ii.ſ.

Pour vne autre piece de cendre venant de Crauan, pezant cinq à ſix cens, vn ſol ſix deniers, cy i.ſ.vi.d.

Pour vn poinſon de pruneaux, pezant cinq cens, trois ſols, cy iii.ſ.

Pour vne tonne de molluë, pezant huit cens, quatre ſols, cy iv.ſ.

Pour vn tonneau de fromage, pezant cinq cens, quatre ſols, cy iiii.ſ.

Pour vn tonneau de fruict, pezant quatre cens, deux ſols, cy ii.ſ.

Pour vne tonne de marons, pezant quatre cens ou enuiron, quatre ſols, cy iiii.ſ.

Pour vn henbourg de harang ou molluë, pezant cinq cens ou enuiron, dix deniers, cy x.d.

Et pour toutes ſortes de marchandiſes, comme ſuccre, eſpicerie, ſoulfre, eſtain, cuivre, plomb en œuure & de poix, ſçauoir le millier pezant dix ſols, cy x.ſ.

Pour vn millier de molluë ſoixante & ſix poignées pour cent, vingt ſols, cy xx.ſ.

Pour vn tonneau de plaſtre ou ſablon, deux ſols, cy ii.ſ.

Pour vn cent de fuſtailles, vingt-cinq ſols, cy xxv.ſ.

Pour vne tonne de charbon de terre, deux ſols, cy ii.ſ.

Pour vne balle de paſtel, pezant ou enuiron, deux ſols, cy ii.ſ.

Pour vne balle de marons, pezant trois cens ou enuiron, deux ſols, cy ii.ſ.

Pour vne quaiſſe d'orange ou citrons, vn ſol, cy i.ſ.

Pour vne quaiſſe de ſauon, pezant trois cens, deux ſols, cy ii.ſ.

Pour vne voye de chanvre, pezant deux milliers ou enuiron, dix ſols, cy x.ſ.

Pour des boucs d'huille, pezant quatorze cens ou enuiron, deux ſols, cy ii.ſ.

Pour vn ſac de pruneaux & chaſtaignes, nauette ou pommes, pezant trois cens ou enuiron, deux ſols, cy ii.ſ.

Pour vn panier de pommes, pezant trois cens, deux sols, cy ii.s.
Pour vn sac de nauette, pezant deux cens liures, deux sols, cy ii.s.
Pour vn sac de tan à tanner, vn sol six deniers, cy i.s. vi.d.
Pour vne balle de laine, bourre ou crain, quatre sols, cy iv.s.
Pour vne chartée de bois de torche, ou bois d'atelle, huit sols, cy viii.s.
Pour vne voye de corde de thuilleau, huit sols, cy viii.s.
Pour vne balle de plume, & autres marchãdises, comme tapisserie, coffres, meubles emballez, dix sols, cy x.s.
Pour vne quaisse de vaisselle de Fayence, pezant douze à treize cens, dix sols, cy x.s.
Pour vn panier d'œufs, pezant cinq cens ou enuiron, quatre sols, cy iv.s.
Pour vn tonneau de balles d'armes, pezant six à sept cens, cinq sols, cy v.s.
Pour vne balle de papier d'Auuergne, pezant huit cens, dix sols, cy x.s.
Pour des meulles à cousteau, les plus grandes pesant vn millier ou enuiron, vingt-cinq sols, cy xxv.s.
Pour vne voye de gaude pour les Tainturiers, dix sols, cy x.s.
Pour vne voye de marbre selon que s'ensuit, dix sols, cy x.s.
Pour vne charrette de S. Claude.

Port au Foing.

Le plancheur pour chacun batteau, sept sols six deniers, cy vii.s. vi.d.
Le desbacleur, deux sols six deniers, cy ii.s. vi.d.
Nota que le plancheur à vingt sols pour le couplage, cy xx.s.
Le boüeur pour chacun batteau, dix sols, cy x.s.
Les gardes de nuict ont de chacun batteau vingt sols, cy xx.s.

Port au Bled & Vin en Greve.

Le plancheur à de chacun batteau cinq sols, cy v.s.
Le desbacleur à aussi cinq sols, cy v.s.
Le boüeur de chacun batteau quatre sols, cy iv.s.
Les gardes de chacun batteau ont quinze sols, cy xv.s.

Au Port au Bois & Charbon en Greve.

Le plancheur pour chacun batteau, sept sols six deniers, cy vii.s. vi.d.
Le desbacleur à aussi sept sols six deniers, cy vii. vi.d.
Le boüeur quatre sols, cy iv.s.
Les gardes de nuict sept sols six deniers, cy vii.s. vi.d.

A la place du Bled en Greve.

Vn garde à de droict pour chacun muid de bled, cinq sols, cy v.s.

A la Halle, & és Ports sur la Riuiere.

Vn visiteur d'oignons, pour le cent de bottes vn sol, cy i.s.
Vn visiteur de noix, pommes, naifles, chastaignes, six deniers pour sac, cy vi.d.
Deux courtiers de lart & graisses.

Au Port de l'Escole.

Vn desbacleur pour chacun batteau, depuis la porte-Neufue iusques à la tour rompuë, vingt-cinq sols, & depuis la tour rompuë iusques à la porte-Neufue, cinquante sols.

Vn

Vn boüeur, depuis la tour rompuë iusques au Pont-Neuf, de chacun batteau huit sols, cy viii.s.

Vn pareur de cordes, depuis l'ancienne porte iusques au Guichet, à de chacune courbe de cheuaux cinq sols: & depuis le Guichet iusques au Pont Neuf, huit sols pour courbe.

Au Port au Foing & Guichet.

Vn boüeur de chacun batteau, depuis l'ancienne porte-Neufue iusques à la tour rompuë, cinq sols, cy v.s.

Au Pont des Thuilleries.

Deux aydes, qui ont de droict pour chacune courbe de cheuaux cinq sols, cy v.s.

Au Port aux Pierres.

Depuis le Guichet iusques à Hauteüil, des deux costez de la Riuiere, vn deschargeur de pierres à de droict pour chacun tonneau de pierres cinq sols, cy v.s.

Au Port de la Tournelle.

Les courtiers de cheuaux & trais, ont de droict pour chacune courbe de cheuaux huit sols, cy viii.s.

Au Port au Paué.

Le desbacleur à de chacun batteau deux sols six deniers, cy ii.s.vi.d.

Le plancheur, cinq sols, cy v.s.

Le boüeur, trois sols, cy iii.s.

Au Marché Neuf.

Le boüeur à deux sols pour sepmaine des herbieres & poissonnieres, & vn sol des autres estallans audit marché.

Au Port de S. Cloud.

Les aydes ont de chacune courbe de cheuaux cinq sols, cy v.s.

Pont de Neüilly.

Les aydes ont pour chacune courbe deux sols six deniers, cy ii.s.vi.d.

Pont de Chatou.

Les aydes ont aussi pour chacune courbe cinq sols, cy v.s.

Pont du Pecq.

Les aydes ont aussi cinq sols pour courbe, cy v.s.

Pont de Poissi.

Les aydes ont de chacune courbe de cheuaux seize sols, cy xvi.s.

Pont de Ponthoise.

Les aydes ont pour chacune courbe quinze sols, cy xv.s.

Port de S. Leu de Seran, & dependances.

Le garde du port & dépendances, à cinq sols pour chacun millier de cotterests, fagots, & autres bois à l'équipolent, cy v.s.

Pont Sainte Maixance.

Les aydes ont pour chacune courbe quinze sols, cy xv.s.

Le garde de port dudit lieu à cinq sols pour chacun millier de cotterests & fagots, & autres bois à l'équipolent, cy v.s.

Au Port Dorcan.

Le garde à aussi cinq sols, comme dessus, cy v.s.

Fait & déliuré par moy Greffier de ladite Ville, soubsſigné, ce Samedy vnziéme May mil ſix cens quarante-vn.

Signé, LE MAIRE.

ARREST DE LA COVR DE PARLEMENT, ſur la Police & Reglement des Marchands de Bois & Charbon, tant de la Ville de Paris, que Forains, Mooleurs & Chargeurs de Bois, Meſureurs & Porteurs de Charbon, Voituriers, Chartiers, Deſbardeurs, Crocheteurs, Gaigne-deniers, & ſalaires d'iceux en ladite Ville & Faux-bourgs.

EXTRAICT DES REGISTRES DE PARLEMENT.

EV par la Cour le Procez Criminel, fait à la Requeſte du Procureur General du Roy, pourſuite & diligence de Claude Gouffé, receu dénonciateur : Contre les Chargeurs, & Gaigne-deniers qui ſeruent aux Ports où ſe vend le bois flotté de cette Ville de Paris : Les Marchands trafiquans en ladite Ville, tant dudit bois flotté, que autre ſorte de bois de chauffage, & charbon, pour les contrauentions par eux pretenduës faites aux Ordonnances & Arreſts de Police : Arreſt du trentieſme Decembre mil ſix cens vingt-ſept, par lequel entre autres choſes auroit eſté permis audit Procureur General faire informer des leuées de deniers, & exactions commiſes par les Marchands de bois, au prejudice deſdits Arreſts, & Reglements : Et à ceſte fin commis deux des Conſeillers de ladite Cour : Informations faites par leſdits Conſeillers, les cinq, vingt & vn Ianvier, & autres iours ſuiuant, & vingt-ſixieſme May, mil ſix cens vingt-huit : Autres Arreſts des dix-neuf Fevrier, dix-ſept Avril, & vingtieſme Iuin audit an : par leſquels auroit eſté ordonné, que les nommez Philipes, Moreau, Boulon, Marſault, Bonnet, Ozon, Douïn, Gaillard, & Arnauld, Marchands de bois flotté : Enſemble les Gaigne-deniers qui ſeruent aux Ports où ſe vend ledit bois flotté : Les nommez Amblard, Niuet, Preſle, Vviard, Dubois, Lamarliere, Carre, Lauuergnat, Evrard, & Bouxin, Marchands de charbon, Claude Boucher, Claude Roger, Simon Tourneur, Claude & Charles Rozier, Marchands de bois, ſeroient adjournez à comparoir en perſonne en ladite Cour, pour eſtre ouys, & interrogez, ſur le contenu deſdites charges & informations : Interrogatoires du troiſieſme Avril, audit an mil ſix cens vingt-huit, faits aux nommez Iacques Boulon, Nicolas & Guillaume Philipes, Simon Bonnet, Nicolas Gaillard, Iean de Champregnault, Pierre Marſault, & Eſtienne Ozon, Marchands de bois flotté, enſemble aux nommez Charles Bezard, Iean Germain, Guillaume Manourry, & Valentin Bernard, Gaigne-deniers, Chargeurs de bois en charrette és Ports de la Tournelle, Paué, Malaqueſt, au Plaſtre, Saint Paul, & Arche-beaufils : Autre interrogatoire du neufieſme May audit an, mil ſix cens vingt-huit, deſdits Bouxin, Marlierre, & Pierre Dubois, Marchands de charbon, demeurans à Chaulny, François Vviard, aussi Marchand de charbon demeurant à Noyon, & Iean Lauuergnat, demeurant à Sens, Anthoine & François Amblard, Iean & Iean Eurard, l'aisné & le ieune, Mathurin Niuet, Anne Cornilier, vefue de feu Iean Presle, Marchands de bois & charbon, demeurans à Paris: Autre Interrogatoire du premier Iuillet audit an, des nommez Claude & Charles Roger, Marchãds de bois, demeurans au Plessis-Brion, Claude Boucher, demeurant au Bac-à-Berry, & Simon Tourneur, demeurant à Pont-Leuesque, prés Noyon: Autre Arrest du vingt-septiesme Septembre audit an, mil six cens vingt-huit, par lequel auroit esté ordonné, que les tesmoins ouys esdites Informations seroient confrontez audit Boulon, Nicolas & Guillaume Philipes, Bonnet, Gaillard, Champregnault, Marsault, Ozon, Moreau, Bezard, Germain, Manourry, & Bernard, & ausdits Boucher, Tourneur, Charles & Claude Roger, & ausdits Bouxin, Lamarliere, Dubois, Vviard, Anthoine & François Amblard, Lauuergnat, Iean & Iean Eurard, l'aisné & le jeune: Confrontations de tesmoins ausdits Claude Boucher, Charles Roger, Pierre Bouxin, Pierre Dubois, Lamarliere, Claude Roger, & François Vviard, des vingt quatre Nouembre, cinq & vnziesme Decembre mil six cens vingt-huit: Autres Confrontations de tesmoins ausdits Guillaume Philipes, Simon Bonnet, Estienne Ozon, Gaillard, Marsault, Boulon, & Moreau, des douze, treize, vingt-six, & vingt-neuf Ianvier, mil six cens vingt-neuf: Autre Confrontation desdits Gaillard, Ozon, Bonnet, & Moreau, à quelques autres desdits Accusez, & desdits Accusez à eux, des vingt-six Ianvier, & huit Fevrier audit an, mil six cens vingt-neuf: Autre Arrest du septiesme Septembre, mil six cens vingt-huit, par lequel auroit esté enjoint au premier des Huissiers de ladite Cour sur ce requis, de se transporter sur les Ports, & Quays, où se fait la vente du bois & charbon, pour faire procez verbal du prix auquel les Marchands font les ventes desdites marchandises; pour ce fait, rapporté, & communiqué au Procureur General, estre ordonné ce que de raison: Procez verbal fait par Langlois, Huissier en ladite Cour, en execution dudit Arrest, du 20. Septembre, & autres iours suiuans: Arrest du troisiesme May, mil six cens vingt-neuf, donné entre ledit Gouffé, demandeur, & dénonciateur, d'vne-part: & lesdits Philipes, & leurs associez, Iacques & Pierre Moreau, Boulon, Bonnet, Ozon, Gaillard, Marsault, Doüin, & Champregnault, marchands de bois flotté, Manourry, Germain, Bernard, & Bezard, Gaigne-deniers, qui seruent à mettre le bois en charrette, tãt pour eux, que pour les autres Gaigne-deniers: Et encores lesdits Boucher, Roger, Vviard, Lamarliere, Dubois, Bouxin, Amblard, Evrard, Lauuergnat, Niuet & Presle, defendeurs, d'autre: par lequel auroit esté ordonné que le demandeur bailleroit ses conclusions ciuiles dans trois iours. Les defendeurs leurs responses trois iours apres, produiroient respectiuement dans le temps de l'Ordonnance, & joint au procez criminel. Conclusions ciuiles & productions dudit Gouffé, defenses par attenüation, & productions de la Communauté desdits chargeurs de bois, & desdits Charles & Claude Roger, Marsault, Lauuergnat, Lamarliere, Dubois, Bouxin, Gaillard, Moreau, Champregnault, & Anne Cornilier. Autres productions desdits François & Anthoine Amblard, Nicolas & Guillaume Philipes, Bonnet, Niuet, & Ozon, & des Marchands en general du bois & charbon, trafiquans sur les riuieres de Seine, Yonne, Marne, Oise, & Esne, interuenans: Requestes presentées tant par la Communauté des Commissaires des Quays, & Ports, Places, Riuiere, & Pourtour, de ceste Ville de Paris, que par les Sergents de ladite Ville, pour estre receus parties interuenantes audit procez: Ce faisant, maintenus aux fonctions & emplois attribuez à leurs charges, par les Ordonnances de Police, Arrests, & Reglements, sur lesquelles en iugeant, la Cour se seroit reseruée à faire droict: Arrest du vingt-cinq Ianvier, mil six cens trente-vn, par lequel auant proceder au iugement dudit procez, auroit esté ordonné, qu'il seroit fait assemblée en l'Hostel de Ville de Paris, tant des Preuost des Marchands, & Escheuins, que de deux notables Bourgeois de ladite Ville, de chacun quartier, qui seroient pris & nommez d'Office, à la Requeste du Procureur General du Roy, pour estre ouys pardeuant deux des Conseillers de ladite Cour, à ce commis, & donner leur aduis sur certains faicts, qui seroient extraicts dudit procez, pour remedier aux abus & maluersations qui se commettent iournellement sur les ports de ladite Ville de Paris, en la vente & débit des marchandises de bois & charbon, dont du tout seroit dressé procez verbal, pour ce fait, & rapporté, estre ordonné ce que de raison: Procez verbal de l'execution dudit Arrest, du vingt-trois Nouembre, mil six cens trente-deux, receu pour iuger, contenant l'Audition des Preuost des Marchands, Escheuins, & du Substitud du Procureur General du Roy en ladite Ville: Ensemble des Bourgeois dénommez par le Procureur General: Conclusions dudit Procureur General, auquel le tout a esté communiqué: tout consideré.

1. Dit a esté que ladite Cour, sans auoir esgard à l'interuention des Marchands de bois & charbon, traficquans sur les Riuieres de Seine, Yonne, Marne, Oise, & Esne, a condamné & condamne lesdits Iacques & Pierre Moreau, Simon Bonnet, Estienne Ozon, Guillaume & Nicolas Philippes, Nicolas Gaillard, Macé Doüin, & Iean de Champregnault, tous Marchands de bois flotté, és Ports de cette Ville de Paris, Claude Boucher, Claude & Charles Rozier, François Vviard, Simon Lamarliere, Pierre Dubois, & Pierre Bouxin, aussi Marchands de bois, demeurans à Noyon, Chaulny, & le Plessis-Brion: Anthoine & François Amblard, Iean Eurard l'aisné, & Iean Eurard le ieune, Iean Lauuergnat, Iacques Niuet, & Anne Cornilier, vefue Iean Presle, aussi Marchands de bois & charbon, aumosner chacun d'eux, la somme de quatre-vingts liures parisis, qui seront mis és mains de Ionchery, seruiteur de la Cour, & appliquez aux necessitez, & ainsi qu'il sera ordonné par la Cour: Au payement desquelles les condamnez seront contraints par toutes voyes: Et ce pour la contrauention par eux faite aux Ordonnances, Arrests, & Reiglemens de Police: Auec deffenses de plus contreuenir ausdits Arrests & Reiglemens, & vendre leurs denrées & marchandises à plus haut prix que la taxe qui en sera faite, à peine d'estre priuez pour iamais du trafic & commerce,

& de punition exemplaire: Et lesdits Guillaume Manoury, Valentin Bernard, Iean Germain, & Charles Bezard, Chargeurs de bois en charrette, chacun d'eux en la somme de 20. liu. parisis; auec deffenses, & à tous autres Chargeurs de bois en charrette, de prendre plus de deux sols pour charger chacune voye de bois, à peine d'estre priuez de leurs Offices, & de punition corporelle: Et outre les Arrests & Reiglemens cy-deuant donnez, tant sur le prix, vente, & debit de la marchandise de bois de chauffage, & charbon, que taxe des salaires des Iurez Mooleurs, Compteurs, & Chargeurs de bois, Crocheteurs, Débardeurs, & Chartiers, estre gardez & obseruez.

II. Ce faisant, enjoint à tous Boscherons, Fagoteurs, & autres ouuriers, qui trauaillent à façonner ledit bois de chauffage, de faire le gros bois & denrées, des longueurs & grosseurs de l'Ordonnance: Sçauoir le bois de moole, tant neuf que flotté, de trois pieds & demy de long, & vn dour de tour: Celuy de trauerse, tant neuf que flotté, de pareille longueur, & quatre poulces de tour: Faisans les trois trauerses, à trente-deux busches pour trauerse, vne voye de gros bois; & le bois de corde de pareille longueur. Les cotterests de deux pieds de longueur, & de dix-sept à dix-huit poulces de grosseur. Les fagots de trois pieds de longueur au moins, & de grosseur competante; auec deffenses à tous Marchands ventiers, de faire façonner leurs bois autrement qu'en la forme cy-dessus, à peine d'en répondre en leurs propres & priuez noms, de la mal-façon dudit bois: Et aux Compteurs de bois, & Empilleurs, d'en receuoir aucun, ny permettre qu'il en soit chargé sur les ports, s'il n'est de la qualité susdite.

III. Et pour cét effet seront tenus les Compteurs, & Empilleurs, auoir leurs chesnes & mesures, semblables à celles qui sont en l'Hostel de ceste Ville de Paris.

IV. Fait deffenses à tous Marchands & Voicturiers, tant de ceste-dite Ville, que Forains, de faire charger en leurs batteaux aucunes marchandises, qui ne soient bonnes & loyales, & de l'échantillon cy-dessus exprimé, à peine contre lesdits Marchands & Voicturiers, de confiscation de leurs marchandises: Et contre chacun desdits Boscherons, Ouuriers, Compteurs, Empilleurs de bois, outre la peine cy-dessus, de vingt liures parisis d'amende, ou autre plus grande, & de punition corporelle, s'il y eschet.

V. Enjoint ladite Cour à tous Marchands de bois, de faire les achapts, vente & debit de toutes leurs marchandises, tant de bois neuf que flotté, chacun séparément, & à part, suiuant l'ancienne forme, à peine de confiscation desdites marchandises, d'estre priuez du trafic, & d'amende arbitraire: Et où ils auroient de present dans les Bois, sur les Ventes, Ports, ou en cette Ville de Paris, aucune marchandise de bois en commun, seront tenus la lotir dans trois mois pour tous delais: Et dans ce mesme temps seront tenus declarer au Greffe de la Ville, quelle quantité de bois ils peuuent auoir sur lesdits lieux, qui ne soit de l'eschantillon mentionné cy-dessus, pour estre par chacun d'eux vendu & debité séparément & à part: Et dés à present ladite Cour a cassé & annullé toutes associatiōs faires pour le trafic desdites marchandises; auec deffenses d'en contracter cy-apres aucunes pour le fait de ladite marchandise, sous les mesmes peines que dessus.

VI. Que les marchandises de bois & charbon, chargées sur la Riuiere de Seine & autres, pour les amener vendre à Paris, pour la prouision de ladite Ville, seront promptement voicturées, sans sejourner aucunement, ny estre deschargées ou venduës en chemin.

VII. Et pour empescher que l'on n'y commette fraude par regratage, monopole, ou autrement: Les Marchands & Voicturiers seront tenus faire leurs lettres de voicture pardeuant le Greffier, Notaire, ou Tabellion des lieux, où le bois & charbon auront esté chargez, lesquelles contiendront la qualité & quantité des marchandises, le lieu de la Cargaison, les noms des Marchands vendeurs & achepteurs, le lieu de la destination, auec le temps du partement.

VIII. Lesdites marchandises conduites en cette Ville, seront tenus les Marchands & Voicturiers, les faire aussi-tost arriuer és trois Ports ordinaires de cette Ville de Paris: Sçauoir est, en la Gréve, depuis la tour de Toury, iusques au coin de la ruë de la Mortellerie: En la Tournelle, au Port de saint Bernard, & Paué, & saint Germain de Lauxerrois, & feront mettre leurs batteaux de pointe, & non à trauers lesdits Ports, afin que plusieurs puissent estre mis ensemble en vente: auec deffenses d'arrester leursdits batteaux aux Ports de Mal-acquest, saint Paul, Arche-beaufils, ou autres extraordinaires: Et quand aux bois flotté, il sera deschargé és Ports au Plastre, saint Bernard, & en l'Isle Nostre-Dame, & empillé hors la voye publique, & chemin du tirage des batteaux, à peine de confiscation dudit bois, qui sera enuoyé aux Hospitaux de cette Ville.

IX. A l'instant de l'arriuée de ladite Marchandise de bois neuf ou flotté, & dans le iour d'icelle, les Iurez Mooleurs apporteront au Bureau de l'Hostel de la Ville, deux pieces de bois, l'vne grosse, & l'autre menuë, de chacun batteau ou train, & feront rapport de la qualité & quantité dudit bois, selon la lettre de voicture; laquelle à ceste fin sera representée par le Marchand Voicturier, faite en la forme cy-dessus prescrite, pour estre lesdites marchandises, apres que ledit bois aura esté mesuré par lesdits Mooleurs sur la chesne, & trouué de l'eschantillon requis, mis à prix par les Preuost des Marchands, & Escheuins, en la presence du Substitud du Procureur general du Roy en ladite Ville.

X. Comme aussi seront apportez les eschantillons du charbon, par les Iurez Mesureurs de charbon, & rapport fait par eux, de la qualité & quantité, auec la lettre de voicture, pour estre pareillement mis à prix, le tout sans aucuns frais.

XI. Et à ce qu'aucun ne puisse ignorer le prix desdites marchandises, selon la qualité & bonté de chacunes d'icelles, seront mises en faisant lesdits arriuages, és mains desdits Iurez Mooleurs de bois, & Mesureurs de charbon, chacun à son esgard, Baneroles de fer blanc, aux despens de la Ville, pour chacun batteau, esquelles sera inscrit en grosses lettres, la qualité & le prix desdites marchandises, en chacun desdits batteaux, pour estre par eux mises & attachées tous les matins, au lieu le plus éminent desdits batteaux, & ostées le soir: Mesmes attachées és Poteaux qui sont plantez en terre en chacun desdits Ports, desquelles Baneroles lesdits Mooleurs, & Mesureurs, demeureront responsables.

XII. Fait defenses à tous Marchands & Voicturiers, de mesler leur bois & charbon, ny le vendre à plus haut prix, que celuy de la taxe qui en aura esté faite, & contenüe en la Banerole, à peine de confiscation des marchandises restans: Et outre six cens liures d'amende, de laquelle sera donné le quart au dénonciateur, & le surplus appliqué aux Hospitaux de cette Ville, sans que ladite confiscation puisse estre remise, ny l'amende moderée, pour quelque cause & occasion que ce soit.

XIII. Ordonne que les Marchands seront tenus faire descharger du batteau en terre, à leurs frais & despens, le gros bois, & menuës denrées, & icelle déliurer, à raison de cent quatre pour cent.

XIV. Comme aussi que chacun Marchand tiendra sur le paué vne voye de bois, auec vn cent de cotterets, & vn cent de fagots seulement, pour seruir de monstre.

XV. Et seront tenus de vendre & débiter leurs marchandises en personne, ou par leurs facteurs & gens de leur famille, & non autres.

XVI. Quant au bois de prouision, appartenant aux Bourgeois, de leur creu, ou venu à leurs risques: Ce qui sera iustifié par Marchez, Attestations, ou certificats par escrit, & pardeuant Notaire, ou autres personnes publiques, il sera deschargé au Port Saint Paul, Arche-beaufils, ou autre, à la commodité du Bourgeois, en prenant toutesfois permission au préalable des Preuost des Marchands, & Escheuins, laquelle sera deliurée gratuitement par le Greffier. Ausquels Preuost des Marchands, & Escheuins, ladite Cour fait deffenses d'accorder lesdites permissions à autres qu'aux Bourgeois, qui iustifieront lesdites denrées estre de leur creu, ou les auoir fait venir à leurs risques, & pour leur prouision, ny faire distribüer pour qui que ce soit aucun bois, ou charbon, par billet, ou buletin.

XVII. Fait aussi defenses à tous Desbardeurs, Crocheteurs, Gaigne-deniers, & autres de ceste qualité, de faire societé entr'eux pour leurs salaires, ny entrer és batteaux, s'ils n'y sont appellez par les marchands: desbarder, ou mettre à terre aucun bois, ny iceluy porter, ou enuoyer aux Bourgeois, s'ils ne sont aduoüez par le Bourgeois present.

XVIII. Comme aussi aux Crocheteurs de faire amas dudit bois, pour le reuendre, diminüer, ou chastrer, ny s'ingerer à le corder, ou compter: & aux chartiers de charger par run, ou sans la presence du Bourgeois, à peine de confiscation de leurs harnois, cheuaux & charrettes.

XIX. Et à tous les susdits & autres gaignans leur vie sur lesdits ports, iurer, ou blasphemer, porter aucunes dagues, espées, ou autres ferremens, le tout à peine du foüet pour la premiere fois, & de condemnation pour cinq ans aux galeres, pour la seconde, & de plus grande punition.

XX. Et qu'il ne sera enleué aucun bois, ou charbon des batteaux qui seront sur les Ports, depuis le iour de Pasques, iusques au iour Saint Remy, auant six heures du matin, & apres pareille heure du soir: Et depuis ledit iour Saint Remy iusques au iour de Pasques, auant sept heures du matin

& auant cinq heures du soir, & sans qu'il y ait Iuré Mooleur, & Mesureur, à peine de confiscation des batteaux & marchandises.
XXI. Enjoint ausdits Iurez Mooleurs de bois, de compter & corder ledit bois, sans permettre qu'il en soit enleué sans estre compté, & mesuré, sçauoir la corde à raison de huit pieds de long, & quatre pieds de hauteur, la demie corde de quatre pieds en tout sens, & compter cent quatre pour cent des menües denrées.
XXII. Et semblablement aux Iurez Mesureurs de charbon, d'exercer leurs charges en personne.
XXIII. Et à tous ensemble d'aduertir hautement les Bourgeois, ou leurs Domestiques, du prix du bois & charbon, sans permettre qu'ils en payent d'auantage, à peine de respondre en leurs noms des exactions du Marchand, priuation de leurs charges, & de trois cens liures d'amende.
XXIV. Ordonne ladite Cour, que lesdits Iurez Mooleurs, & Chargeurs de bois, Mesureurs, & Porteurs de charbon, Desbardeurs, & Chartiers, seront payez de leurs salaires, suiuant les taxes cy-deuant faites, és années mil six cens vingt-quatre, & six cens vingt-sept.
XXV. Sçauoir les Iurez Mooleurs pour chacune voye de gros bois, pour deux cens de fagots, ou cotterests, deux sols, & pour chacune voye de corde, quatre sols, qui seront payez moitié par l'achepteur, moitié par le vendeur.
XXVI. Aux Chargeurs de bois en charrette, pour chacune voye de bois de corde, ou de compte, deux cens de fagots, ou cotterests, deux sols par l'achepteur.
XXVII. Aux Crocheteurs, & Débardeurs, pour décharger du batteau à terre chacune voye de gros bois, ou corde, deux cens de fagots, ou cotterests, quatre sols par le Marchand.
XXVIII. Aux Chartiers, pour la voicture és lieux circonuoisins des Ports, dix sols, les plus esloignez, douze sols, au plus loing dans l'enceinte de la Ville, seize sols, & aux Faux-bourgs, dix-huit sols: Laquelle taxe aura lieu depuis Pasques, iusques à la Saint Martin ensuiuant de chacune année: Et depuis la Saint Martin iusques à Pasques, pourra estre augmentée à l'arbitrage des Preuost des Marchands, & Escheuins de ladite Ville.
XXIX. Fait inhibitions, & defenses ausdits Chartiers, de se seruir de charrettes pour voicturer ledit bois, qui ne soient de longueur, & largeur conuenable.
XXX. A permis & permet à chacun desdits Chartiers & Crocheteurs, de voicturer, & porter ledit bois de quartier en autre de ladite Ville, sans qu'ils puissent estre empeschez par les autres Chartiers & Crocheteurs.
XXXI. Ny pareillement empescher les Bourgeois de se seruir de leurs Cochers, chariots & cheuaux, pour la voicture de leurs prouisions, bois, & charbon, & autres denrées, à peine du foüet.
XXXII. Auront les Mesureurs de charbon, pour chacun minot, six deniers, par moitié entre l'achepteur & le vendeur.
XXXIII. Les Porteurs de charbon és enuirons des Ports, trois sols, au plus loing, quatre sols, & pour les Faux-bourgs, cinq sols: Leur fait defenses

defenses sur peine de priuation de leurs charges, cent liures d'amande, & de punition exemplaire, de prendre & exiger plus que lesdites taxes.

XXXIV. Enjoint pareillement aux Plancheurs, & Débacleurs, de fournir toutes planches necessaires, si tost que les batteaux seront arriuez: Et aussi-tost qu'ils seront vuides les débacler, remonter, où aualer, & mettre hors des Ports. Et en cas d'empeschement, seront iceux batteaux ostez par les Officiers de la Ville, aux despens des Marchands.

XXXV. Auec lesquels, les Iurez Mooleurs de bois, Mesureurs de charbon, & autres Officiers de la Ville, ne pourront auoir aucune particuliere communication, à boire, & manger.

XXXVI. Enjoint ladite Cour ausdits Mooleurs de bois, Mesureurs, & Porteurs de charbon, Controleur du bois, Commissaires des Quays, & Sergents de ladite Ville, de dénoncer au Bureau dudit Hostel de Ville, & au Substitud du Procureur General en icelle, tous les Abus, Monopoles, Fraudes, & Contrauentions desdits Marchands, Gaigne deniers, Chargeurs de bois, & Chartiers, & d'en faire rapport par chacun iour, & faire assigner les contreuenans pardeuant lesdits Preuost des Marchands & Escheuins, & ce par le premier des Sergens de ladite Ville, & à son refus par le premier autre Sergent sur ce requis, le tout à peine de priuation de leurs Offices.

XXXVII. A fait & fait inhibitions & defenses à tous Marchands, faisans trafic de bois, & charbon, tant de cette Ville, que Forains, leurs gens, ou Facteurs, de bailler aucune chose, pour empescher les Rapports des Abus, & Contrauentions aux Ordonnances, Reglemens, & Arrests, sur le fait de la Police, Monopole desdits Marchands en la suruente de leurs marchandises: Et à tous Sergens, & autres Officiers de ladite Ville, d'exiger desdits Marchands, leurs Facteurs, ou autres pour eux, aucuns deniers, ou autres choses, pour quelque cause que ce soit.

XXXVIII. Et faisant droit sur les Requestes respectiuement presentées, tant par les Commissaires des Quays, que par les Sergens de ladite Ville, les a maintenus, & gardez, maintient, & garde aux functions & emplois, attribuez à leursdites charges, conformément aux Ordonnances de Police, Arrests, & Reglemens.

XXXIX. Enjoint ladite Cour aux Escheuins de ladite Ville, & au Substitud du Procureur General du Roy en icelle, de se transporter alternatiuement chacun iour sur les Ports de ceste Ville, auec les habits, & enseignes de leurs Magistratures, assistez de nombre d'Archers de ladite Ville, armez, & reuestus de leurs Casaques, & liurées, pour en leur presence faire executer le present Reglement, & faire déliurer aux Bourgeois le bois, & charbon, qui leur sera necessaire, pour le prix de la taxe, & faire payer le salaire des Gaigne-deniers, Mooleurs de bois, Chargeurs, Débardeurs, Chartiers, Porteurs de charbon, & autres, à raison des taxes cy-dessus, & faire en sorte que ledit Reglement soit entierement executé. Et pour cét effet se mettront en lieu décent, le plus commode, & proche desdits Ports que faire se pourra, pour reçeuoir les plaintes qui leur pourront estre faites par chacun particulier, auquel ladite Cour permet de dénoncer ceux qui auront contreuenu au present Reglement.

XL. Et dés à present ladite Cour a commis six notables Bourgeois en chacun desdits Ports, qui seront nommez par le Procureur General du Roy, pour les visiter, auoir l'œil, & tenir la main à l'execution du present Reglement, & des contrauentions en faire rapport pardeuant lesdits Preuost des Marchands & Escheuins.

XLI. Ordonne que le present Reglement sera imprimé, leu, enregistré, & publié à son de trompe, & cry public, sur les Ports & Places publiques de ceste Ville de Paris, affiché, & mis és carrefours, és Tableaux & Poteaux, à ce destinez, & sur les Ports d'Orcan, Compiegne, Ioigny, & autres, tant d'amont que d'aual, & signifié aux Marchands Ventiers, leurs Boscherons, Compteurs & Empilleurs de bois, & autres Ouuriers, trauaillans à façonner ledit bois de chauffage, à la diligence du Substitud du Procureur General du Roy en ladite Ville, qui sera tenu de certifier la Cour au mois, des diligences qu'il en aura faites: Condamne lesdits defendeurs és despens, chacun pour leur regard. Prononcé le dixiesme Iuin, mil six cens trente-trois. Ainsi signé, RADIGVES.

ARREST DV CONSEIL D'ESTAT DV ROY, donné au proffit des Tonnelliers Deschargeurs de vins.

ENtre Nicolas Meslier, appellant d'vne sentence donnée par les Preuost des Marchands & Escheuins de cette Ville de Paris, le 21. Nouembre 1636. & emprisonnement de sa personne d'vne part: Et la Communauté des Maistres Tonnelliers Deschargeurs de Vins de cette-dite Ville de Paris, intimez d'autre; Encores Christophle Andriau, Louys Loupe, Louys de Vaux, Sulpice Pierre, Louys Colle, Guillaume Phelippon, Iean Rauze, Pierre Douzelles, Charles Huart, ledit Nicolas Meslier, & Consors, opposans à l'execution des Arrests, portans permission de les emprisonner, d'autre part: Et ladite Communauté des Maistres Tonnelliers & Deschargeurs de Vins; Et les Preuost des Marchands & Escheuins de cette Ville de Paris, interuenans d'autre: VEV par la Cour l'Arrest donné en icelle, le 14. Iuillet 1637. par lequel sur ledit appel la cause estant au roolle de Paris, lesdites parties auroient esté appointées au Conseil, bailler causes d'appel de response, & produire: Et sur ladite opposition & interuention à produire ladite sentence dont a esté appellé, par laquelle auroit esté ordonné que ledit Nicolas Meslier, dit la Creste, & Charles Huart, dit le Vitrier, seroient pris au corps, & mis prisonniers és prisons de l'Hostel de ladite Ville, pour estre leur procez fait & parfait; & à cette fin permis d'informer: Causes d'appel & responses: Requeste desdits Andriau, Poupe, de Vaux & Consors, presentée à la Cour le 31. Decembre 1636. tendante afin d'estre receus opposans ausdits Arrests, à ce que faisant droict sur leur opposition, ils fussent maintenus & gardez en la possession de charger & descharger toutes sortes de marchandises arriuant audit Port S. Paul, &

deffences faites aufdits Tonnelliers de les y troubler : Productions tant defdits appellans & oppofans, que defdits Maiftres Tonnelliers Defchargeurs de Vins : Requefte des Preuoft des Marchands & Efcheuins, du 4. Septembre 1637. par eux employée pour moyens d'interuention & production deuëment fignifiée: Contredicts defdits appellans & oppofans, & Tonnelliers, fuiuant l'Arreft du 27. d'Octobre enfuiuant audit an: Requefte defdits Preuoft des Marchands & Efcheuins, du 8. de Fevrier dernier, employée de leur part pour contredicts, contre la production defdits appellans & oppofans, n'entendans contredire celle des Tonnelliers deuëment fignifiée: Informations faites par Vicatier & Langlois, Huiffiers en ladite Cour, les 30. Septembre 1636. & 8. Ianvier 1638. en vertu d'Arreft d'icelle, à la requefte defdits Maiftres Tonnelliers: Requefte prefentée à ladite Cour le 14. Decembre dernier, par lefdits oppofans, contenant leurs offres de bailler bonne & fuffifante caution, de refpondre de la perte des marchandifes qui pourroient perir par leur faute, foit en chargeant ou defchargeant icelles, iufques à telle fomme qu'il plairoit à la Cour d'ordonner : Ladite Requefte communiquée aufdits Tonnelliers, & mife au facq de l'Ordonnance de ladite Cour: Conclufions du Procureur General: tout confideré, dit a efté ; Ladite Cour a mis & met l'appellation, & ce dont a efté appellé au neant, émandant & faifant droict fur le tout, fans auoir efgard à ladite requefte & oppofition ; a ordonné & ordonne, que les Arrefts cy-deuant donnez au profit defdits Maiftres Tonnelliers & Defchargeurs de Vins feront executez ; enfemble les Ordõnances de ladite Ville: Ce faifant, a maintenu & gardé lefdits Maiftres Tõnelliers, Defchargeurs de Vins en la poffeffiõ & jouyffance de faire feuls la defcharge & labourage de tous les Vins abordãs au Port S. Paul, & autres Ports de ladite Ville; Fait tres-expreffes inhibitiõs & deffences aufdits appellans & oppofans, & tous autres, de s'étremettre au labourage & defcharge defdits Vins, de batteau à terre, ou de batteau à autre ; troubler ny empefcher lefdits Maiftres Tõnelliers audit exercice, leur mesfaire ny mefdire, à peine de prifon & de punition corporelle; Et aufdits Tõnelliers Defchargeurs de Vins, de prendre plus grand droict ou falaire que ce qui de tout temps a accouftumé d'eftre payé, à peine de concuffion: Et leur enjoint au furplus, de garder & obferuer les Ordonnances de la Police : & aux Preuoft des Marchands & Efcheuins, tenir la main à l'execution du prefent Arreft; lequel à cefte fin fera leu & publié en l'Auditoire dudit Hoftel de Ville, l'Audiance tenant, regiftré és Regiftres d'icelle, & affiché fur les Ports, à la diligence du Subftitud du Procureur General, fans defpens entre les parties, & pour caufe. Prononcé le 18. Decembre 1638. Signé, GVYET.

Leu, publié au Bureau de la Ville, l'Audiance tenant, & regiftré és Regiftres du Greffe de ladite Ville; Ouy, & ce requerant le Procureur du Roy & d'icelle, le 22. Decembre 1638. Signé, LE MAIRE.

EXTRAICT DES REGISTRES DV CONSEIL D'ESTAT.

VR la Requeste presentée au Roy en son Conseil par les Preuost des Marchands & Escheuins de sa Ville de Paris; A ce que pour les considerations y contenuës, il pleust à sa Majesté les décharger du payement de la somme de Soixante & seize mil liures, & deux sols pour liure d'icelle, à quoy ladite Ville a esté taxée pour le droict d'Admortissement, en execution de sa Declaration du 7. Ianvier 1640. Et deffenses au Traittant desdites taxes, d'vser d'aucunes contraintes à l'encontre d'eux, auec main-leuée de saisies faites sur les loyers de leurs maisons & autres biens, pour ce regard. VEV ladite Requeste, ensemble ladite Declaration du 7. Ianvier 1640. LE ROY EN SON CONSEIL pour certaines considerations, & sans tirer à consequence, a déchargé & décharge lesdits Preuost des Marchands & Escheuins de la Ville de Paris, du payement de ladite somme de Soixante & seize mil liures, & deux sols pour liure d'icelle, à quoy ils ont esté taxez pour ledit droict d'Admortissement, en consequence de ladite Declaration du 7. Ianvier 1640. & leur fait pleine & entiere main-leuée des loyers de leurs maisons, & autres biens saisis; auec deffences au Traittant, & tous autres, d'vser d'aucunes contraintes à l'encontre d'eux, pour ce regard, à peine de trois mil liures d'amande, & de tous despens, dommages & interests. Fait au Conseil d'Estat du Roy, tenu à Paris le 6. jour de Mars 1641.

Signé, BORDIER.

ARREST DV CONSEIL, PORTANT QVE LES BOIS destinez pour Paris y seront amenez, nonobstant toutes saisies & empeschemens.

EV par la Cour la Requeste presentée par Estienne Ozon, Marchand de bois, Bourgeois de Paris; contenant que la Cour par plusieurs Arrests, a fait deffences à toutes personnes d'arrester les marchandises acceptées pour la prouision & fourniture de cette Ville, empescher ny retarder le passage, auallage, conduite, & voicture d'icelles, sous de grandes peines; Mesme le Suppliant en son particulier en auroit obtenu aucunes: Et encores qu'il ait obtenu Commission des Preuost des Marchands & Escheuins de cette Ville, pour faire passer & amener en cettedite Ville certains bois Merrins, nonobstãt toutes saisies & Arrests: Ce nonobstant il y est empesché; Requeroit ledit Suppliant estre ordonné, que tous lesdits bois Merrins qui sont sur la Riuiere d'Yonne, & autres, appartenans audit Suppliant, par luy destinez pour la prouision & fourniture de cette Ville de Paris, y seront conduits, voicturez, & amenez, nonobstant toutes oppositions, saisies & empeschemens quelconques, faits ou à faire: Fait inhibitions & deffences, tant aux Habitans de la Ville d'Auxerre, qu'à tous autres, de quelle qualité ou condition qu'ils soient, d'empescher le passage, conduite & voicture en cette Ville, à peine de punition exemplaire, dommages & interests du Suppliant, & de dix mil liures d'amende: Enjoint à tous Baillifs, Lieutenans, Preuosts, Vice-Seneschaux, & autres Iuges, tenir la main à l'execution des presentes, à peine d'en respondre en leurs propres & priuez noms: Permis au Suppliant faire publier l'Arrest qui interuiendroit, par tout où besoin seroit: Arrest du 13. May 1620. Commission des Preuost des Marchands & Escheuins de cette Ville, du 16. Iuin dernier: Procez verbal du 15. Iuillet, contenant l'empeschement fait au Suppliant, de faire venir en cette Ville lesdits bois: Conclusions du Procureur General du Roy: Et tout consideré; LA COVR ayant esgard à ladite Requeste, a ordonné & ordonne, que lesdits bois Merrins qui sont sur ladite Riuiere d'Yonne, & autres Riuieres, appartenans audit Suppliant, destinez pour la prouision & fourniture de cette Ville de Paris, y seront amenez, nonobstant tous empeschemens, saisies, oppositions, ou appellations quelsconques: Fait tres-expresses inhibitions & deffences aux Habitans de la Ville d'Auxerre, & tous autres, de quel estat, qualité ou condition qu'ils soient, d'en empescher le passage, conduite & voiture en cette-dite Ville, à peine de punition exemplaire, dõmages & interests du Suppliant, de mil liures parisis d'amende, ou autre plus grande, s'il y eschet: Enjoint à tous Baillifs, Seneschaux, Preuost des Mareschaux, & tous autres Iuges, tenir la main à l'execution du present Arrest, à peine d'en respondre en leurs noms: Ordonné qu'il sera leu & publié par tout où besoin sera, à ce qu'aucun n'en pretende cause d'ignorance: Et sera le present Arrest executé par vertu de l'extraict d'iceluy, par le premier Huissier ou Sergent Royal sur ce requis. Fait en Parlement le 19. jour de Iuillet 1631. Signé, LEVESQVE.

ARREST DV CONSEIL D'ESTAT DV ROY, PORTANT l'emprisonnement de Maistre Iean Touquoy, Escheuin, injurieux, tortionnaire, & desraisonnable.

VR la Requeste faite au Roy en son Conseil, par les Preuost des Marchands & Escheuins de la Ville de Paris; A ce qu'il pleust à sa Majesté declarer injurieux & tortionnaire, l'emprisonnement qui a esté fait ce jourd'huy és prisons de la Conciergerie, de la personne de Maistre Iean Touquoy, l'vn desdits Escheuins, par Hierosme Leschenaut, Huissier, Sergent à cheual au Chastelet de Paris; ordonner que l'escrouë dudit emprisonnement sera rayé & biffé, comme fait sans pouuoir ny fondement, & au préjudice de la poursuite qui se faisoit audit Conseil, pour auoir moderation de la somme de vingt-cinq mil liures, à laquelle ladite Ville a esté taxée pour sa part de la contribution de celle de six vingts cinq mil liures, que doiuent faire les Villes de son Royaume, pour le payement de 250. milliers de Salpestre, qu'elles sont tenuës de fournir en ses Magazins annuellement, suiuant son Edict du mois de Ianvier 1634. & estat arresté en consequence; Ce faisant, leur pouruoir sur la reparation de l'injure faite audit Touquoy, tant à l'encontre de Maistre François Sabatier, que du Sergent qui a fait ledit emprisonnement à sa Requeste: VEV l'Arrest du 25. Octobre, & l'escrouë dudit emprisonnement de ce jourd'huy: LE ROY EN SON CONSEIL a declaré & declare l'emprisonnement de la personne dudit Touquoy, Escheuin de la Ville de Paris, injurieux, tortionnaire, & desraisonnable; ordonne que l'escrouë en sera rayé & biffé, & que Leschenaut Sergent sera adjourné à comparoir en personne au Conseil; & jusques à ce, sa Majesté l'a interdit de la fonction de sa Charge; & que ledit Sabatier cōparoistra audit Conseil, pour respondre sur les dommages & interests pretendus pour raison dudit emprisonnement: Deffences sont faites, tant audit Sabatier, qu'autres ayant droict de luy, commis au recouurement des taxes faites sur les Villes de ce Royaume, pour le payement des Salpestres, de contraindre les Preuost des Marchands & Escheuins, ou Consuls d'icelles, au payement desdites taxes, sauf à eux à se pouruoir sur les deniers communs & d'octroys. Fait au Conseil d'Estat du Roy, estant tenu à Paris le 10. jour de Ianvier 1635. Signé, LE RAGOIS.

ARREST DV CONSEIL, PAR LEQVEL NICOLAS Hamelin, Receueur & Payeur du Guet, est receu au droict Annuel de la Ville.

SVR la Requeste presentée au Roy en son Conseil, par Nicolas Hamelin, pourueu par sa Majesté de l'Office de Receueur & Payeur du Guet de la Ville de Paris, sur la nomination des Preuost des Marchands & Escheuins de ladite Ville de Paris; tendante à ce qu'il pleust à sa Majesté ordonner, qu'il seroit receu payer le droict Annuel de sondit Office, ainsi que les autres Officiers de ladite Ville; Et ce faisant, qu'il seroit cōpris & employé au Roolle d'iceux, ausquels il a esté obmis, pour jouyr de la dispence concedée par sadite Majesté ausdits Officiers de ladite Ville, pour resigner leursdits Offices; Laquelle Requeste sadite Majesté en son Conseil auroit ordonné estre cōmunicquée ausdits Preuost des Marchands & Escheuins de ladite Ville; pour leur responce veuë, estre ordonné ce que de raison; suiuant quoy le Suppliant auroit communicqué ladite Requeste en l'Assemblée dudit Hostel de Ville ausdits Preuost des Marchands & Escheuins, lesquels par acte du 28. du mois de Fevrier dernier, auroient declaré qu'ils n'empeschoient l'entherinement d'icelle: A CES CAVSES, il pleust à sa Majesté ordonner que ledit Suppliant seroit employé audit Roolle, duquel il auroit esté obmis, receu à payer ledit droict Annuel, & jouyr de ladite dispense, suiuant l'éualuation qui seroit faite dudit Office de Receueur & Payeur: Veu ladite Requeste, signée de Chantepie, Aduocat au Conseil, sur laquelle est l'Ordonnance d'estre communicquée au Cheualier du Guet, du 10. Mars 1635. Ensemble la Declaration dudit Cheualier du Guet du 11. dudit mois, portant n'empescher les fins d'icelle, comme n'y ayant aucun interest: L'estat des Preuost des Marchands & Escheuins, & Procureur du Roy de la Ville de Paris, en datte dudit jour 28. Feurier dernier, contenant leur declaration, qu'ils n'empeschent l'entherinement de ladite Requeste, & tout ce qui a esté mis pardeuers le sieur Commissaire à ce député: Le tout consideré; LE ROY EN SON CONSEIL ayant esgard à ladite Requeste, a ordonné & ordonne que ledit Suppliant sera employé & compris au Roolle du droict Annuel des Officiers de ladite Ville: Et ce faisant, receu à payer iceluy, ainsi que les autres Officiers, pour jouyr de la dispense, suiuant l'éualuation qui sera faite dudit Office. Fait au Conseil d'Estat du Roy, tenu à Paris le 2. jour de May 1635.

Signé, DE BORDEAVX.

ARREST DV CONSEIL D'ESTAT DV ROY, PAR *lequel il est ordonné que les Preuost des Marchands & Escheuins, donneront l'allignement du Pont aux Changeurs.*

VR la Requeste presentée au Roy en son Conseil, par les Presidens, Tresoriers de France en la Generalité de Paris; tendante afin qu'il plaise à sa Majesté casser & annuller les Iugemens & Sentences des Preuost des Marchands & Escheuins de cette Ville de Paris, des 11. des presens mois & an: & ordonné sans auoir esgard à icelle, que l'Ordonnance desdits Presidens & Tresoriers generaux de France du dudit mois & an, & tout ce qui a esté fait en execution d'icelle tiendra; & que Nicolas Raince, l'vn des Maistres des Ponts de ladite Ville, constitué prisonnier en la Conciergerie de Paris, en vertu de ladite Ordonnance, & dont il a esté retiré par ledit Preuost des Marchands, sera par luy reintegré en ladite Conciergerie: & deffences à eux faites de plus vser à l'aduenir de telles procedures, & de troubler & empescher lesdits Supplians en l'exercice de leurs Charges; mesmes en ce qui regarde l'execution des Arrests dudit Conseil, du premier iour de Mars dernier; par lequel auroit esté ordonné, que les proprietaires des cent vne Forges qui estoient sur le Pont aux Changeurs de la Ville de Paris, feroient construire & réedifier ledit Pont, dans les termes, & aux conditions portées par l'Arrest du Conseil, & Lettres Patentes des 29. Septembre 1622. suiuant les plan & deuis qui seroient arrestez audit Conseil: Et pour cét effet, que nouuelle descente seroit faite sur les lieux par lesdits Presidents, Tresoriers de France en ladite Generalité de Paris, pour donner les allignemens, pans, & rehaussemens des ruës, ledit Preuost des Marchands & Escheuins à ce deuëment appellez, dresser les deuis & plans d'iceluy, pour auec les Experts qui seroient par eux nommez, appellez, les procedures faites par lesdits Presidens

Tresoriers de France, & execution dudit Arrest des 7. du present mois & an, & autres jours ensuiuans, & leur Iugement du 12. du present mois & an; par lequel ils auroient declarez lesdits Raince & Denis Monier, Maistres des œuures de Charpenterie de sa Majesté, auoir encouru l'amende de trois cens liures, portée par leur Ordonnance du 7. du present mois; au payement de laquelle ils seroient contraints par toutes voyes, mesmes par emprisonnement de leurs personnes. Copie de la sentence dudit Preuost des Marchands & Escheuins du 11. dudit mois, par laquelle ils auroient déchargé lesdits Raince & Monier, & autres, des assignations à eux données en vertu des Ordonnances desdits Presidents Tresoriers de France, & des amendes esquelles ils pourroient auoir esté condamnez: auec deffences de comparoir à l'aduenir à aucunes assignations, pour le fait de leurs Charges, pardeuant lesdits Tresoriers de France, à peine de suspension pour vn an, & de trois cens liures d'amende: Et apres que lesdits Tresoriers de France, Preuost des Marchands & Escheuins ont esté ouys audit Conseil sur ladite Requeste, & sur l'execution de l'Arrest dudit Conseil dudit premier jour de Mars dernier. LE ROY EN SON CONSEIL, sans s'arrester aux Ordonnances desdits Presidents Tresoriers de France, & sentence desdits Preuost des Marchands & Escheuins, & à tout ce qui a esté fait en execution d'icelles; a ordonné que l'allignement dudit Pont aux Changeurs sera donné par lesdits Presidents Tresoriers de France, & par lesdits Preuost des Marchands & Escheuins conjointement, lesquels pour cét effet conuiendront amiablement de certain iour & heure, pour se trouuer ensemblément sur les lieux où se doit prendre ledit allignement; Et seront tenus les Maistres des Ponts & Experts qui y seront appellez, tant par lesdits Tresoriers de France, que par les Preuost des Marchands & Escheuins, de se trouuer aux lieux & heure qui leurs seront assignez; A déchargé & décharge lesdits Raince & Monier de l'amende de trois cens liures, en laquelle ils ont esté condamnez par ladite Ordonnance; Et ordonné que ledit Raince sera eslargy des prisons de la Conciergerie, où il a esté constitué pour le payement d'icelle; & l'escroüe leué du Registre. Fait au Conseil d'Estat du Roy, tenu à Paris le 16. Mars 1636.

Signé, DE BORDEAVX.

ARREST DV CONSEIL D'ESTAT DV ROY, PAR LEQVEL les Preuost des Marchands & Escheuins, sont conseruez & maintenus en la jurisdiction qu'ils ont toûjours eüe sur les rentes & receptes d'icelle.

VR ce qui a esté representé au Roy en son Conseil, par les Preuost des Marchands & Escheuins de la Ville de Paris; qu'encores qu'ils ayent eu plaine & entiere Iurisdiction & connoissance du fait des rentes constituées sur l'Hostel de ladite Ville, à ce que les Receueurs & Payeurs desdites rentes fissent ouuerture de leurs Bureaux aux jours destinez pour chacune nature de rente; & icelles payer aux particuliers Rentiers, suiuant le fonds

fonds qui est entre les mains desdits Receueurs : Neantmoins par Arrests dudit Conseil des 4. & 17. Feurier derniers, les Ordonnances desdits Preuost des Marchands & Escheuins, décernées pour l'ouuerture des Bureaux & payemens des rentes de ladite Ville, auroient esté cassez ; auec deffences aux proprietaires desdites rentes, de poursuiure le payement d'icelles, ailleurs qu'audit Conseil: Et d'autant que si lesdits Arrests auoient lieu, outre le prejudice qu'en receuroient lesdits sieurs Preuost des Marchands & Escheuins, les particuliers Rentiers se trouueroient souuent obligez de faire des voyages à la Cour & suite de sa Majesté, & en son Conseil, pour demander le payement des arrerages desdites rentes ; les frais desquels voyages, absorberoient bien souuent les arrerages : ce qui seroit contre l'intention de sa Majesté : Et pour ce, lesdits Preuost des Marchands & Escheuins requeroient, que sans s'arrester ausdits Arrests, il pleust à sa Majesté ordonner, qu'ils pourront décerner leurs Ordonnances & contraintes à l'encontre desdits Receueurs, & tous autres qu'il appartiendra, apres que le fonds desdites rentes aura esté ordonné par sa Majesté, & mis és mains desdits Receueurs Generaux, & Payeurs: VEV lesdits Arrests des quatre & dix-sept Feurier dernier; LE ROY EN SON CONSEIL, sans s'arrester ausdits Arrests des quatre & dix-sept Feurier, a ordonné & ordonne, qu'apres que le fonds pour le payement desdites rentes aura esté fait & reglé par sa Majesté en sondit Conseil, & mis entre les mains des Receueurs desdites rentes, lesdits Preuost des Marchands & Escheuins pourront décerner leurs contraintes, Lesquelles ensemble leurs Iugemens & Ordonnances ; pour raison desdites rentes, seront executées à l'encontre desdits Receueurs, Payeurs desdites rentes, & leurs Commis, qui auront ledit fonds, nonobstant oppositions ou appellations quelconques ; Sa Majesté ayant à cette fin, entant que besoin seroit, restably lesdits Preuost des Marchands & Escheuins, en la Iurisdiction qu'ils auoient auparauant lesdits Arrests sur lesdits Receueurs Generaux, & Payeurs des rentes. Fait au Conseil d'Estat du Roy, tenu à Paris le 29. jour d'Aoust 1637.

Signé, DE BORDEAVX.

ARREST DV CONSEIL, PAR LEQVEL MAISTRE *Nicolas Boucot, Receueur de la Ville, a esté deschargé de la taxe, à cause de l'augmentation des Monnoyes.*

SVR les Requestes presentées au Roy en son Conseil, par les Preuost des Marchands & Escheuins de la Ville de Paris, & Maistre Nicolas Boucot, Receueur des deniers communs & d'octroy de ladite Ville de Paris ; contenantes que suiuãt les anciens priuileges accordez par les predecesseurs Roys, aux Preuost des Marchands & Escheuins de la Ville de Paris, & à leurs Officiers ; sa Majesté a toujours tenu lesdits Officiers exempts de toutes taxes, augmentations de gages, & autres droicts ; ausquels pour les vrgentes affaires de sa Majesté, tous les Officiers de son Royaume ont esté taxez en son Conseil : Neantmoins par inaduertance ou autrement, ledit Boucot a esté compris dans le roolle des Officiers Comptables de sa Majesté, & taxé pour les années 1634, 35, & 36, à la somme de six mil liures, pour jouyr de trois cens liures d'augmentatiõ de gages, à cause de la plus-valeur des deniers qui pourroiẽt estre és mains dudit Boucot, lors de la publication des derniers Edicts, pour l'augmentation des monnoyes; pour le payement de laquelle somme, il est poursuiuy à la requeste de Maistre Michel Vacon, Porteur des Quittances de Maistre Mathieu Garnier, Tresorier des Parties Casuelles; encore que ledit Boucot ne soit point Officier de sa Majesté, ains de ladite Ville, ny Comptable en la Chambre des Comptes, sinon des deniers d'octroy, qui ne montẽt qu'à la somme de trente-neuf mil liures par an; desquels & de ceux du Domaine de ladite Ville, il n'auoit aucune chose en ses mains lors de la publication; & au contraire, estoit ledit Boucot en aduance de plus de dix mil liures : Requerant à ces fins les Supplians, qu'il plaise à sa Majesté le descharger de ladite taxe de six mil liures, & augmentation de gages; & que deffenses soient faites audit Vacon & à tous autres, de faire aucunes poursuites à l'encontre de luy pour ladite taxe, & toutes autres, à peine de trois mil liures d'amende: Et ce faisant, qu'il sera rayé dudit roolle : Vev par le Conseil lesdites Requestes, signées, de Champhvon, Bordereaux du compte rendu par ledit Boucot, aux Preuost des Marchands & Escheuins de ladite Ville de Paris, le 5. Iuin 1636. de la recepte & despence de ladite Ville, depuis le premier Ianvier 1634. iusques au dernier Iuin 1635. contenant qu'il est deub de reste audit Boucot huit mil trois cens quatre-vingts dix-neuf liures douze sols vnze deniers : Commandement fait audit Boucot, le 29. Avril dernier, de payer la somme de six mil liures, à quoy les trois Offices de Receueurs des deniers cõmuns & d'octroy de ladite Ville de Paris, ont esté taxez au Conseil, pour le profit par eux fait sur la plus-valeur des monnoyes, & jouyr de trois cens liures de gages : Signification de la Requeste dudit Boucot à Michel Vacon, Porteur des Quittances du Tresorier des Parties Casuelles, pour les taxes faites à cause du surhaussement des monnoyes, suiuant l'Ordõnance du Conseil, du 19. Iuin dernier: Responsе dudit Vacon, contenant qu'il n'empesche la descharge requise par ledit Boucot, moyennant qu'il plaise à sa Majesté luy précompter la somme de six mil liures sur son Traitté, à laquelle ledit Boucot a esté taxé : Ouy sur ce le rapport dudit Daubray : Le Roy en son Conseil ayant esgard ausdites Requestes, a deschargé & descharge ledit Boucot du payement de la somme de six mil liures, à laquelle il a esté taxé pour l'augmentation des monnoyes, & jouyr des trois cens liures de gages : Faisant sa Majesté tres-expresses inhibitions & deffences à toutes personnes, de le contraindre au payement de ladite taxe. Fait au Conseil d'Estat du Roy, tenu à Paris le quatriesme jour de Iuillet mil six cens trente-sept. Collationné & signé, Le Ragois.

ARREST DV CONSEIL, PORTANT RENVOY DE *la cause de quelques Marchands Fruictiers, pardeuant les Preuost des Marchands & Escheuins.*

ENTRE Nicolas Roussélin, Maistre du Pont de Poissi, appellant d'vne Sentence donnée par le Preuost de l'Hostel, ou son Lieutenant, le 5. Avril dernier; par laquelle il est débouté du renuoy par luy requis deuant le Preuost des Marchands & Escheuins de la Ville de Paris, & ordonné qu'il procedera en ladite Preuosté, d'vne-part ; Et Anthoine Preignier, & Denys le Laboureur, Marchands Fruictiers priuilegez, suiuant la Cour, intimez d'autre : Apres que Bernage pour ledit appellant, & Baudry pour les intimez, ont esté ouys ; Le Conseil a mis & met l'appellation, & ce dont a esté appellé au neant; & en émandant & corrigeant le Iugement, a renuoyé les parties pardeuant les Preuost des Marchands & Escheuins de cette Ville de Paris, pour y proceder sur leurs procez & differens, ainsi que de raison, despens reseruez. Fait audit Conseil, à Paris le 30. Aoust 1639. Signé par Collation, COLLIER.

ARREST DV CONSEIL, DONNANT POVVOIR *aux Preuost des Marchands & Escheuins, de faire thoiser le paué de Paris.*

LE Roy en son Conseil, voulant auoir vne entiere connoissance du paué qui se doit faire & entretenir dans la Ville & Banlieuë de Paris, de la circonstance & dépendance de ladite Banlieuë ; a ordonné & ordonne, que par deux Tresoriers de France, du Bureau des Finances à Paris, qui seront à ce commis & députez, auec le Preuost des Marchands, & l'vn des Escheuins de la Ville de Paris, appellé auec eux Maistre de saint Germain, Commissaire & Visiteur general du paué, & Villedot, Maistre des Oeuures, que sa Majesté a commis pour cét effet, le thoisé sera fait dudit paué, tant dans ladite Ville, Faux-bourgs, que Banlieuë; & feront mention audit procez verbal, des lieux & endroits où s'estend & finy ladite Banlieuë, leur enjoignant d'y vacquer incessamment; pour ledit procez verbal veu & rapporté audit Conseil, y estre pourueu ainsi qu'il appartiendra. Fait au Conseil d'Estat du Roy, tenu à Paris le 19. jour de May 1640.

LOVYS par la grace de Dieu, Roy de France & de Nauarre ; A nos amez & féaux Conseillers & Tresoriers generaux de France à Paris, les sieurs & au Preuost des Marchands, & l'vn des Escheuins de ladite Ville. Salut : Suiuant l'Arrest dont l'extraict est cy-attaché, sous le contre-séel de nostre Chancellerie, ce jourd'huy donné en nostre Conseil d'Estat ; Nous vous mandons & ordonnons, que appellé auec vous le sieur de saint Germain, Commissaire & Visiteur general du Paué, & Villedot Maistre des Oeuures, vous ayez à faire faire le thoisé dudit Paué, tant dans la Ville & Faux-bourgs, que Banlieuë d'icelle : Et ce fait, vous dresserez vostre procez verbal du nombre des thoises qu'il contient dans ladite Ville & Faux-bourgs, que Banlieuë ; & ferez mention audit procez verbal, des lieux & endroits où s'estend & finit ladite Banlieuë : à quoy vous vacquerez incessamment, pour ledit procez verbal veu & rapporté en nostredit Conseil, y estre pourueu ainsi qu'il appartiendra : Et en outre, commandōs au premier nostre Huissier ou Sergent sur ce requis, de faire pour l'execution de ces presentes, & de ce que vous ordonnerez à cét effet, toutes significations, & autres actes & exploicts necessaires, sans demander autre permission : Car tel est nostre plaisir. Donné à Paris le 19. jour de May 1640. Et de nostre regne le trente-vniesme. Signé, par le Roy en son Conseil, DE BORDEAVX, & séellé en simple queuë, du grand séau de cire jaune.

ARREST DE LA COVR DE PARLEMENT, POVR la descharge du Charbon, en la Place des petits Carreaux.

ENTRE Nicolas de la Ruë, Charles Moron, Noël Beaussier, Philippes le Veuf, Pierre Guillaume, Nicolas Cordier, Iacques du Mas, Iean le Moine, Louys Petit, & Michel Citelle, Bourgeois de la ruë Mont-orgueil, appellans de deux sentences données par les Preuost des Marchands & Escheuins de cette Ville de Paris, le 13. Aoust 1616. & 20. 621. & demandeurs en requeste afin de deffenses particulieres, du 28. May dernier ; & les Maistres Iurez Mesureurs & Porteurs de Charbon de cette Ville de Paris, intimez & deffendeurs ; & lesdits Maistres Iurez, appellans d'vne sentence donnée par le Preuost de Paris, ou son Lieutenant Ciuil, le 22. Iuin dernier, tant cōme de Iuge incompetant qu'autrement, & demandeur en requeste ; afin que deffenses particulieres fussent faites ausdits Bourgeois de cette-dite ruë, & tous autres, de ne les troubler en la ruë des petits Carreaux, d'autre ; Et lesdits de la Ruë, Moron, Beaussier, & autres intimez, deffendeurs à ladite requeste d'autre : Et encore les Marchands forains de Charbon, demandeurs en requeste afin d'interuention, par eux presentée à la Cour, le de ce mois d'autre : & lesdits Bourgeois & Maistres Iurez Mesureurs & Porteurs de Charbon, deffendeurs d'autre, sans que lesdits Marchands puissent prejudicier : Apres que le Bourdais pour lesdits
a requis que l'appointement qui a esté aduisé à la communication au Parquet, soit receu, & que Seruin pour le Procureur General du Roy, a fait recit de ce qui auoit esté aduisé au Parquet, sous le bon plaisir de la Cour, qui est, que lesdites parties mettront les pieces & Arrests alleguez pardeuers elle, tant pour faire droict sur les appellations, que pour donner vn

reglement certain au principal : & cependant qu'il soit ordonné par prouision, que les Maistres Iurez Mesureurs & Porteurs de Charbon, continuëront la descente & vente de Charbon en la ruë des petits Carreaux, ainsi qu'il a esté par eux fait depuis plusieurs des années dernieres, sans prejudicier aux droicts & pretentions des parties au principal : Et Voizet Huissier, rapporte auoir appellé ledit & Vizet son Procureur; la Cour a donné deffaut, & pour le profit d'iceluy, pour faire sur lesdites appellations respectiuement interjettées, & sur lesdites requestes, verra les reglemens, sentences & ordonnances de Police, dont est appel, auec lesdits pretendus procez verbaux de descente & visitation de la ruë des petits Carreaux, & les autres Reglemens de l'Hostel de Ville, touchãt les Places ordõnées aux Maistres Mesureurs & Porteurs de Charbon de cette Ville de Paris, pour y faire la descharge, vente & mesurage dudit Charbon: Et cependant ladite Cour a ordonné & ordonne, par prouision, & sans prejudice des droicts des parties au principal, que lesdits Maistres Iurez Mesureurs & Porteurs de Charbon, Marchands Forains, continuëront la descente & vente de Charbon en ladite ruë des petits Carreaux, comme ils ont fait cy-deuant depuis plusieurs des dernieres années : Et en consequence, leur a fait main-leuée des marchandises de Charbon cy-deuant saisies, & execution desdites Ordonnances dont est appel ; tous despens, dommages & interests reseruez en diffinitiue. Fait en Parlement, le 14. Iuillet 1622. Signé, DV TILLET.

ARREST DE LA COVR DE PARLEMENT, ENTRE les Courtiers de Vins, & les Marchands de Vins.

LOVYS par la grace de Dieu, Roy de France & de Nauarre ; A tous ceux qui ces presentes Lettres verront : Salut. Sçauoir faisons, que comme de la sentence donnée par le Preuost des Marchands & Escheuins de nostre bonne Ville de Paris, le 11. jour d'Aoust 1629. entre la Communauté des Iurez Courtiers de Vins de ladite Ville, demandeurs d'vne part; & Iean Adam, Marchand de Vins, Bourgeois de ladite Ville, deffendeur d'autre; par laquelle apres que lesdits demandeurs auroient esté deboutez de produire, ledit deffendeur auroit esté enuoyé quitte & absous des fins & conclusions par eux prises, auec despens, eust esté par lesdits Iurez Courtiers appellé à nostre-dite Cour de Parlement, en laquelle le procez par escrit conclud, & receu pour juger, si bien ou mal a esté appellé, les despens respectiuement requis, & l'amende pour nous, joint les griefs hors le procez : pretendus moyens de nullité, & production nouuelle desdits appellans, ausquels ledit Adam intimé pourroit respondre, & contre ladite production nouuelle bailler contredicts, aux despens desdits appellans : joint aussi les appellations verballes, par iceux Courtiers interjettées, des sentences données par nosdits Preuost des Marchands & Escheuins, les 27. Avril, 14.

May, 25. & 31. Iuillet audit an 1629. par lesquelles les parties auroient esté appointées au Conseil, escrire par mesmes griefs, responses & procedures: VEU iceluy procez, griefs, responces; Requeste par lesdits appellans employée pour moyens de nullité, & production nouuelle: Production desdites parties sur lesdites appellations verbales: Requestes desdits appellans employez pour contredicts, suiuant l'Arrest du 17. Ianvier dernier: Forclusion d'y fournir par ledit Adam, tout diligemment examiné; Nostre-dite Cour par son Iugement & Arrest, a mis & met lesdites appellations, sentences, & ce dont a esté appellé, au neant, sans amende, émandant condamne ledit Adam mettre à l'aduenir sur la Place de Greve, ou laisser dans les batteaux, le tiers des Vins qu'il fera arriuer pour vendre en gros; pour estre iceluy tiers vendu au public, à la charge du rabais, sans qu'il les puisse serrer en aucuns scelliers ou caues, en cas d'excessiues chaleurs ou froidure, autres que celles de la Maison de Ville, destinées à cét effet: Et pour la contrauention par luy faite aux Reglemens & Arrests cy-deuant donnez, de n'auoir laissé sur ladite Place de Greve, ou dans les batteaux, le tiers de quatorze muids d'vne part, & quarante-sept demy-muids d'autre, qu'il auoit fait arriuer le 6. jour de Mars 1639. l'a condamné en huit liures parisis d'amende, & aux despens de la cause principale, sans despens de ladite cause d'appel; luy a fait inhibitions & deffences de rescidiuer, sur peine de plus grande amende: Enjoint ausdits Courtiers faire informer des contrauentions qu'ils descouuriront estre faites au present Arrest, & autres cy-deuant donnez: Si mandons, en commettant par ces presentes, au premier des Huissiers de nostre Cour de Parlement, ou autre nostre Sergent sur ce requis, & à la requeste desdits demandeurs, mettre le present Arrest à deuë & entiere execution, selon sa forme & teneur, en ce que excitation le requiert: en tesmoin dequoy nous auons fait mettre nostre séel à ces presentes. Donné à Paris en nostre Parlement le 28. jour de Iuin 1631. Et de nostre regne le 22.

Signé, LEVESQVE.

ARREST DE LA COVR DE PARLEMENT, ENTRE les Courtiers de Vins, & les Tonnelliers & Deschargeurs de Vins.

ENTRE la Communauté des Iurez Courtiers de Vins de la Ville & Fauxbourgs de Paris, demandeurs à l'entherinement d'vne Requeste par eux presentée à la Cour le 3. iour d'Auril dernier, & concluant à ce qu'en executant les Arrests de ladite Cour cy-deuant donnez, deffences soient faites aux particuliers Tonnelliers, & à tous ceux de leur Communauté, d'entrer dans les batteaux & scelliers, pour y piquer & gouster le Vin pendant l'heure de la vente: Et que pour l'auoir fait par lesdits de Loches & du Clos, qu'ils soient bannis & chassez du Port, & condamnez en telle amande qu'il plaira à la Cour d'arbitrer; & tant eux que ladite Communauté, condamnez en tous leurs despens: Et outre qu'il soit enjoint ausdits Tonnelliers

Deschargeurs de Vins, de trauailler en personne sur lesdits Ports, & descharger eux-mesmes les Vins acheptez & vendus, selon qu'ils sont tenus faire, suiuant l'Ordonnance de cette Ville de Paris, sans qu'ils puissent commettre en leur place aucunes autres personnes, comme ils font, d'vne-part: Et Iean de Loches, & Christophle du Clos, Maistres Tonnelliers & Deschargeurs de Vins de cette Ville, deffendeurs d'autre: Et entre lesdits Iurez Courtiers de Vins de Paris, demandeurs en Requeste presentée à la Cour le 24. iour d'Auril 1629. à ce qu'en consequence de l'Arrest du 27. iour d'Octobre 1618. il leur soit permis de faire emprisonner par le premier Huissier ou Sergent sur ce requis, tous les Tonnelliers qu'ils trouueront s'entre-mettre pendant l'heure de la vente, d'entrer dans les batteaux & scelliers des Vins, piquer lesdits Vins, & en bailler à taster; & iceux faire assigner en ladite Cour, pour en cas de contrauention, estre condamnez en l'amende, & despens, dommages & interests, d'vne-part: Et la Communauté desdits Tonnelliers & Deschargeurs de Vins de cette-dite Ville & Fauxbourgs, deffendeurs d'autre: Et encore ladite Communauté desdits Maistre Tonnelliers & Deschargeurs de Vins de cette-dite Ville & Fauxbourgs, demandeurs aux fins d'vne Requeste du 20. de Iuin 1630. afin de cassation de toute la procedure faite par lesdits Courtiers, pardeuant le Preuost des Marchands & Escheuins, au prejudice de l'instance pendante en ladite Cour, mesme le jugement rendu le 14. dudit mois de Iuin, auec deffences ausdits Courtiers de le faire mettre à execution, & lesdits Iurez Courtiers deffendeurs d'autre: Et encore lesdits de Loches & du Clos, & la Communauté desdits Tonneliers & Deschargeurs de Vins, appellans des permissions d'informer, information & decret d'adjournement personnel, décernez par lesdits Preuost des Marchands & Escheuins, entre lesdits de Loches & du Clos, les 18. 28. & 29. de Mars dernier: Et encore Bertin Morel, Maistre Tonnelier & Deschargeur de Vins, & ladite Communauté des Tonneliers, appellans comme de Iuges incompetans d'vn jugement rendu par lesdits Preuost des Marchands & Escheuins, le 20. de May dernier, d'vne-part: Et lesdits Iurez Courtiers, inthimez d'autre: Et entre ladite Communauté des Maistres Tonneliers & Deschargeurs de Vins de ceste Ville, appellans de trente Sentences renduës par ledit Preuost des Marchands & Escheuins de ceste Ville, produites par lesdits Courtiers sous la cotte D. de leur Inuentaire, contre diuers particuliers Maistres Tonneliers y desnommez; ensemble d'vne autre Sentence renduë par le Preuost des Marchands, le 3. iour d'Octobre 1625. contre ledit de Loches; & encore d'vne autre Sentence renduë contre la Communauté des Maistres Tonneliers, le 14. de Iuin 1630. d'vne-part: Et la Communauté desdits Courtiers, inthimez d'autre part. Veu par la Cour ladite Requeste du 3. iour d'Auril 1631. Arrest du 9. dudit mois, par lequel la Cour auroit ordonné que ladite Requeste & pieces, Arrest & Reglemens donnez entre les parties, seroient mis és mains du Conseiller en ladite Cour à ce commis, pour leur estre fait droict au premier iour; aduertissemens, productions desdites parties, contredits & saluations par elles fournies, suiuant l'Arrest du 17. iour de May dernier: Ladite Requeste du 24. iour d'Avril 1629. par lesdits Courtiers presentée; celle du 20. de Iuin 1630. presentée par lesdits Tonneliers & Deschargeurs de Vins; Ladite permission d'informer, informations des 17. & 24. de Mars dernier, faites par ledit Preuost des Marchands; Lesdits decrets d'adjournement personnel, des 18. 28. & 29. dudit mois de Mars: Ledit Iugement du 20. de May ensuiuant, Arrest du 23. dudit mois de May audit an, par lequel sur lesdites appellations, les parties auroient esté appointées au Conseil, & sur ladite Requeste à mettre, & le tout joint à la susdite instance; joint aussi les pretendües fins de non reçeuoir desdits Iurez Courtiers qu'ils bailleroient dans trois iours, & deffences au contraire; Fins de non reçeuoir desdits Courtiers; forclusions de fournir de responces, & de bailler causes d'appel par lesdits appellans; productions desdites parties; lesdites trente Sentences dont est appel, celles des 3. Octobre 1625. & 14. de Iuin 1630. Arrest du 11. Iuillet dernier, par lequel sur lesdites appellations, les parties auroient esté appoinctées au Conseil & joint, & acte ausdites parties de ce que pour causes & moyens d'appel, responces & productions, elles auroient employé ce qu'elles auoient escript & produit en ladite instance principalle, joint les pretenduës fins de non reçeuoir; que lesdites Sentences, ou la pluspart d'icelles, ont esté executées par les y desnommez & condamnez, deffences au contraire; Requeste du 23. de Iuillet dernier, par la Communauté des Tonneliers presentée, à ce qu'en interpretant l'Arrest du Reglement du mois de Iuillet 1591. il pleust à la Cour ordonner, que mesme durant le temps de la vente sur l'Estape, dans les Batteaux, Caues, Scelliers, & en tous autres lieux, ils pourroient piquer, gouster, & bailler à gouster les Vins & Cidres quand ils seront appellez à ce faire par les Bourgeois, Marchands, Cabaretiers, & autres qui les voudront employer; auec deffences ausdits Courtiers de les y troubler, à peine d'amande arbitraire, despens, dommages & interests, signifiée & mise au sac: Autre du 30. dudit mois de Iuillet dernier, par lesdits Courtiers presentée, & les pieces y attachées aussi communiquées & mises au sac: Autre du 5. du present mois d'Aoust par la Communauté desdits Tonneliers, employée pour contredits contre lesdites pieces: Conclusions du Procureur General du Roy; & tout consideré: Dit a esté, que la Cour faisant droict sur le tout, a ordonné & ordonne, que l'Arrest du 11. de Iuillet 1591. sera gardé, obserué & executé, de poinct en poinct, selon sa forme & teneur: Ce faisant a permis & permet ausdits Maistres Tonneliers & Deschargeurs de Vins de ceste Ville de Paris, porter Tasse & Foret pour éuenter & garantir le Vin, en cas de peril éminent, non pour le gouster, ny faire gouster aux Bourgeois & Marchands: A fait & fait inhibitions & deffences ausdits Tonneliers & Deschargeurs, d'entreprendre aucune chose sur l'estat de Courtier, & d'entrer és Batteaux de Vin, ou de Cidre, tant & si longuement que la vente durera, si ce n'est qu'ils y soient appellez pour contremarquer le Vin ou Cidre vendu, ou pour le sauuer, comme dit est, de peril éminent; ou bien que sur les ventes il ne se treuue aucun Courtier: Ausquels cas elle leur enjoint tres-expressément, apres auoir contremarqué lesdits Vins & Cidres, & iceux preserué de peril, de peril, se retirer promptement sur le Quay, auec deffences de contremarquer Vins ou Cidres qu'ils ne soient vendus, ny se trouuer sur les Quays, Ports & Places, sans auoir le Tablier, affin d'estre recogneus pour Tonneliers & Deschargeurs, & non pour Courtiers; & ladite vente faite & parfaite, leur a permis & permet entrer esdits Batteaux, & se treuuer dessus les Quays & dans les Places auec leurs Tabliers, pour y faire l'exercice de leurs charges, contremarquer & descharger les Vins & Cidres vendus; ce qu'ils seront tenus faire en personne, ou le faire faire en leur presence par leurs valets, desquels ils seront responsables; le tout sur les peines portées par ledit Arrest, & par les Ordonnances de la Police: A enjoint & enjoint ausdits Courtiers entrer chacun d'eux le premier venu dans les Batteaux chargez de Vin, nouuellement arriué, pour le faire gouster aux Bourgeois & Marchands qui en voudront achepter, s'ils en sont requis: & à ceste fin y demeurer depuis les neuf heures de la vente, sans en partir, ny aller çà ny là, ny és autres Batteaux, iusques à Midy; & pendant ledit temps de la vente, faire vendre ledit Vin ou Cidre le plus promptement & diligemment que faire ce pourra; leur a fait deffences de prendre aucun droict de venüe & arriuage, demander ny exiger plus de l'ancien & nouueau droict de Courtage qui leur est attribué pour chacun muid de Vin, ou Cidre vendu, tant dans les Batteaux, Place de Gréue, Estapes, Caues & Scelliers, encore qu'il leur en fust volontairement offert, ny festins, ny destourner les Marchands achepteurs, ny s'associer auec aucun des Vendeurs, ny faire auec eux bourse commune: Ordonne aussi que les contremarques és cas cy-dessus qui seront faites par les Tonneliers, ne se feront auec ferremens, ains auec croye blanche: & en consequence sur les appellations interjettées par lesdits de Loches, du Clos, Morel & Communauté desdits Tonneliers & Deschargeurs de Vins, de la procedure extraordinaire, a mis & met l'appellation & ce dont a esté appellé au neant, sans amende, & les parties, ensemble sur toutes les autres appellations, hors de Cour & de procez, le tout sans despens. Prononcé le 14. iour d'Aoust 1631.

Signé par collation, GVYET.

ARREST DE LA COVR DE PARLEMENT, *pour les Boutiques à Poiſſon.*

ENTRE Iacob Heurlot, Charles Blauy, & Louyſe Deſbordes, vefue de feu Guillaume le Clerc, Marchands Bourgeois de Paris, ayant repris le procez en procedant au lieu dudit deffunct ſon Mary, appellans de la Sentence donnée par les Preuoſt des Marchands & Eſcheuins de cette Ville de Paris, le 23. iour de Fevrier 1634. d'vne-part; Et le Procureur General du Roy, prenant la cauſe pour ſon Subſtitud en l'Hoſtel de cette Ville, inthimé d'autre; ſans que les qualitez puiſſent prejudicier; Baudot Procureur a demandé la reception d'vn appointement, duquel on a communiqué aux Gens du Roy; empeſché par Martin, Aduocat pour Heurlot, lequel y a cent ans qu'il jouyt des Places ſur la riuiere, pour placer ſes Boutiques à Poiſſon, dont il en a fait achapt de grande quantité; lequel il a fait venir en cette Ville pour la fourniture d'icelle: S'il eſt déplacé, cela ſera cauſe de ſa ruïne; Fremin au contraire, que l'appointement a eſté conſerté au Parquet; Ouy le Subſtitud de l'Hoſtel de Ville, eſtant d'vn Reiglement public, en ce qu'on aduiſe que la quantité des Boutiques occuppoient le cours de la riuiere, & que l'on ne pouuoit mettre que huit Boutiques au riuage de la riuiere, dont il a fait la partie de deux Boutiques pour chacun; & y a vne autre partie, ſouſtient l'appointement raiſonable. Ouy Bignon pour le Procureur General du Roy: LA COVR ordonne que l'appointement ſera reçeu, & conformément à iceluy, a mis & met l'appellation & ce dont a eſté appellé au neant, en émandant a ordonné & ordonne, que les appellans pourroient mettre leurs Boutiques au lieu & place où eſtoit autrement le Pont de bois, au deſſous du Pont Marie, iuſques au milieu de l'Arche, qui fait la ſeparation du Port aux Boutiques, & du Port au Foing, au nombre de ſix de rang & front ſeulement, aux deux premiers rangs; Leſquelles Boutiques qui ſeront proches ledit Pont Marie y en aura à chacun deſdits premiers rangs deux, appartenans à Heurlot, deux à Blauy, & deux à ladite vefue le Clerc, qui ſeront placées; Sçauoir audit premier rang au bord de ladite riuiere, vne qui ſera la premiere à Heurlot, la ſeconde à Blauy, la troiſieſme à ladite vefue le Clerc, la quatrieſme audit Heurlot, la cinquieſme audit Blauy, & la ſixieſme qui ſera la derniere dudit premier rãg, expoſé au fil de l'eau, à ladite vefue le Clerc: Le ſecond rang de pareil nombre de ſix Boutiques ſeront placées dans le meſme ordre, le troiſieſme rang ſera de ſix autres Boutiques, appartenant toutes audit Heurlot, le quatrieſme rang de ſix autres appartenant audit Blauy, le cinquieſme de ſix autres appartenant à ladite vefue le Clerc, le ſixieſme rang de ſix autres à Hurlot, le ſeptieſme rang de ſix autres à Blauy, le huitieſme rang de ſix autres à ladite vefue le Clerc, & le ſurplus de la place iuſques au milieu de ladite Arche, qui fait ſeparatiõ dudit Port aux Boutiques & du Port au Foing demeurant commun entre leſdits appelsans, & sans despens; Enjoint aux Preuost des Marchands & Escheuins de tenir la main au present Reiglement: Fait en Parlement le 13. iour de Decembre 1638. Signé, GVYET.

ARREST DE LA COVR DE PARLEMENT, DONnant faculté aux Marchands & Voicturiers d'aller sur les riuieres tous les iours de l'année, Ferie ou non Ferie, fors les quatres Festes Solemnelles.

ENTRE Mathieu Bontemps, & Iean Morin, Marchands Voicturiers par eau, demeurans à Roüen, demandeurs aux fins d'vne Commission de ladite Cour, du dernier iour de Decembre 1626. & deffendeurs d'vne-part; Et Iacques Robineau, Escuyer, sieur de Crochy, Maistre Guillaume Luxard son Procureur Fiscal, Maistre Louys Curé de Crochy, Maistre Thomas Georges, Procureur Fiscal de la terre & Seigneurie de la Chaussée, tãt pour luy que pour le Seigneur dudit lieu, Maistre Noël Foucques, Procureur Fiscal de la Borde, & Maistre Charles Vienne, sieur & Prieur d'Argenteüil, deffendeurs, & ledit sieur de Crochy demandeur, par le moyen des deffences par luy fournies, le 16. Iuin dernier d'autre; VEV par la Cour ladite Commission du dernier Decembre, affin de faire assigner lesdits deffendeurs, pour eux voir condamner à rendre & restituer ausdits demandeurs les auirons de leurs Batteaux, qu'ils auroient retenus le 8. dudit mois, audit lieu de Crochy, & en tous leurs despens, dommages & interests; & lesdits Officiers de la Borde du Pec de la Chaussée, à rendre & restituer aux demandeurs vingt sols d'vne-part, & trente-deux sols; & encore leur payer pour deux poignées de Moluë soixante sols, auec deffences à eux deffendeurs, & à tous autres Seigneurs & Officiers proche des riuieres, de plus à l'aduenir empescher lesdits Voicturiers par eaüe, en la conduite de leursdits Batteaux & Marchandises tous les iours de l'année, excepté les quatre Festes Annuelles, ny les retarder ou faire sejourner, sur peine de deux mil liures d'amande, & de tous despens, dommages & interests; pour l'auoir fait condamnez en telle amande qu'il plaira à la Cour: deffences desdits deffendeurs d'autre, par ledit Robineau fournies le 16. Iuin dernier, par lesquelles il se seroit constitué demandeur, à ce que deffences fussent faites ausdits Voicturiers de planter leurs ancres & cordages dans l'Isle-Guillier, à luy appartenants, ny aux arbres d'icelle, à peine de cinq cens liures d'amende, & de tous despens, dommages & interests; deffences, appointement en droict; productions desdits demandeurs & desdits Robineau, Procureur Fiscal & Vicaire dudit Crochy, & Georges Procureur Fiscal de ladite Chaussée; forclusions de produire par lesdits Foucques & Vienne; Conclusions du Procureur General du Roy: & tout consideré; dit a esté, que la Cour a fait & fait inhibitions & deffences audit deffendeur, & tous autres Seigneurs hauts-Iusticiers, & leurs Officiers proche des riuieres, de à l'aduenir empescher les Marchands Voicturiers par eauë, en la conduite de leurs Batteaux, à tous les iours, Feries & non Feries, fors & excepté aux quatre Festes annuelles & Solemnelles, ny les retarder & faire sejourner sous pretexte de quelque Ordonnance de Police que ce soit, sous les peines indictes par les Ordonnances & Arrests de ladite Cour, despens, dommages & interests desdites parties : a condamné & condamne ledit Curé de Crochy rendre ou faire rendre aux demandeurs leurs auirons, ou la valeur d'iceux, que ladite Cour a estimez & moderez à cent sols tournois ; A fait inhibitions & deffences aux Voicturiers par eauë de plãter leurs ancres ny attacher leurs cordages des Batteaux dans l'Isle Guillier, audit de Crochy appartenant, ny aux arbres d'icelle, sous telle peine qu'il appartiendra ; à la charge que ledit de Crochy sera tenu de faire mettre & ficher vn ou deux pieux sur le riuage de ladite Isle, ausquels lesdits Voicturiers puissent attacher leurs Batteaux quant besoin sera ; & sur le surplus des demandes, fins & conclusions desdits demandeurs, a mis & met les parties hors de Cour & de procez : a condamné & condamne ledit Curé de Crochy és despens pour son regard enuers lesdits demandeurs, lesquels ladite Cour pour aucunes considerations a taxez & moderez à douze liures parisis, sans despens entre les autres parties. Prononcé le 25. iour de Septembre 1627. Signé, GVYET.

ARREST DE LA COVR DE PARLEMENT, qui maintient les Marchands Voicturiers en la liberté de la Nauigation, tous les iours de l'année, fors & excepté les quatre Festes Solemnelles.

LOVYS par la grace de Dieu, Roy de France & de Nauarre ; Au premier des Huissiers de nostre Cour de Parlement, ou autre Sergent sur ce requis ; Salut. Comme ce iour comparant en nostre-dite Cour Guillaume Rocher, Musnier du Moullin du Perthuis de Ioigny, & les Maistres Administrateurs & Religieux de l'Hospital neuf de ladite Ville, appellans d'vne Sentence donnée par le Preuost des Marchands & Escheuins de nostre Ville de Paris, le 21. Ianvier 1640. d'vne-part : Et Edme Droüin, intimé d'autre, ou les Procureurs des parties. Et veu par nostre-dite Cour le procez par escrit, conclud & receu pour iuger entre lesdites parties, ladite Sentence par laquelle ledit Droüin, ensemble tous les autres Marchands Voicturiers par eauë, auroiét esté maintenus & gardez en la liberté de la Nauigation, tous les iours de l'année, fors & excepté les quatre Festes annuelles seulement : Et ledit Rocher condamné mettre vn bon ratelier d'assemblage deuant la roue de ses Moulins, pour empescher que les Batteaux ne soient rompus ou endommagez, & des aiguilles de bois de siage en nombre suffisant au Perthuis desdits Moulins pour soustenir l'eauë, afin que les Batteaux montent & auallent plus facilement : comme aussi tiendroit ledit Perthuis ouuert en tout temps, & la barre d'iceluy tournée en sorte que le passage fust libre ausdits Voicturiers montans ou auallans lors qu'il y auroit deux pieds d'eauë en riuiere; feroit ledit Rocher ouuerture dudit Perthuis ausdits Voicturiers, toutesfois & quantes qu'il en seroit requis, lequel il pourroit tenir fermé la riuiere estant basse, laquelle ouuerture il feroit lors que les Batteaux seroient proches dudit Perthuis, qui ne pourroit estre refermé ny lesdites aiguilles mises aux Batteaux auallans qu'apres que lesdits Voicturiers seroient passez & en eauë suffisante. Deffences audit Rocher & à tous autres de prendre aucuns deniers des Marchands ou Voicturiers pour l'ouuerture ou fermeture dudit Perthuis, en quelque façon que ce soit, à peine de concussion; ledit Rocher condamné, ensemble lesdits Maistres Administrateurs & Religieux de l'Hospital dudit Ioigny aux despens, griefs, responses, forclusions de fournir de moyens de nullité & produire de nouuel: Arrest du 19. Iuillet 1640. par lequel Amador de la Porte, Cheualier de l'Ordre de Saint Iean de Hierusalem, grand Prieur de France, auroit esté receu partie interuenante audit procez: moyens d'interuention dudit de la Porte, tendant à ce qu'il fust dit qu'il auoit esté mal jugé par la Sentence du 21. Ianvier, emendant: Ordonne conformément aux Reglemens de l'Hostel de ceste Ville des 29. Ianvier 1614. & 14. Iuin 1627. qu'il seroit payé aux Religieux dudit Hospital, ou à leur Musnier, cinq sols à chacune ouuerture des Perthuis desdits Moulins pour le passage des Batteaux montans & auallans, & trains de bois flotté, ainsi qu'il estoit accoustumé. Requeste dudit Drouïn employée pour responces, productions desdits de la Porte & Drouïn, forclusions de fournir de responces ausdits moyens d'interuention, & produire par lesdits Administrateurs & Religieux. Arrests des 17. & 23. Aoust audit an 1640. par lesquels Mathurin Niuert, François Amblard, Iean Bertrand, Estienne Bertrand, & Augustin Sauuot, Marchands de bois. Anthoine Heurat, Richard le Noble, Maistres des Ponts de ceste Ville, Nicolas & Roch le Febure, Marchands Voicturiers par eaüe de ceste Ville, Iean Mignard & Iacques Iodon, demeurans à Tonnerre, Louys de Morgues, Maistre du Pont, de Ponts sur Seine, Iacques Mignart, Claude Bene, & Bernard Bineux, Marchands demeurans à Ville-neufue le Roy, tous Marchands traficans sur la riuiere Dyonne; Et les Maistres & Gardes de la marchandise de vins de ceste Ville de Paris, auroient esté receus parties interuenantes audit procez, & acte ausdits demandeurs & autres Marchands trafiquans sur ladite riuiere Dyonne, de ce que pour moyens d'interuention & production, ils auroient employé ce qui auoit esté escrit & produit par ledit Drouïn: moyens d'interuention desdits Maistres & Gardes de la marchandise de vin. Requestes par ledit Droüin employées pour responces, tant audit employ que moyens d'interuention, forclusions de fournir de responces par lesdits Rocher, & Maistres Administrateurs & Religieux. Productions desdits Maistres & Gardes de la marchandise de vin, Drouyn, & Maistres Administrateurs & Religieux, forclusions de produire par ledit Rocher. Autre Arrest du 5. Iuin 1641. entre nostre Procureur General, appellant d'vne Sentence renduë par le Preuost des Marchands & Escheuins de ceste Ville de Paris, le 29. Ianvier 1614. d'vne part. Et ledit Rocher, les Maistres Administrateurs & Religieux dudit

Hospital, de la Porte & Droüin, intimez d'autre: Par lequel sur ledit appel les parties auroient esté appoinctées au Conseil; requestes par nostredit Procureur General & Drouyn, employées pour causes d'appel, responces & productions, forclusions de fournir de responces ausdites causes d'appel & produire par lesdits Rocher, Maistres Administrateurs, Religieux & de la Porte. Autre Arrest du 11. dudit mois de Iuillet, entre Claude Paillard, Maistre Administrateur dudit Hospital, & les anciens Religieux de ladite Maison, prenans le faict & cause dudit Rocher leur Musnier, appellans de trois Sentences données par lesdits Preuost des Marchands & Escheuins, les 4. Iuillet, 18. Aoust 1639. & 11. Aoust 1640. demandeurs aux fins de l'exploict du 14. May 1639. à ce que ledit Drouyn fust condamné faire cesser & tirer de dessous & au dessus du petit de ses Moulins de Ioigny, deux Batteaux à luy appartenans, l'vn chargé de bois, & l'autre vuide, qui auroient rompu & brisé ledit petit Moulin, pieux, escluses, & autres choses en dépendant, auec dommages, interests & despens, & defendeurs d'vne-part. Et ledit Drouyn intimé, defendeur & demandeur en requeste par luy presentée ausdits Preuost des Marchands & Escheuins, le 28. dudit mois de May 1639. à ce que Edme Bourdois & ledit Rocher Musniers, fussent condamnez és dommages & interests par luy soufferts à cause du débris aduenu à l'vn desdits Batteaux, faute d'auoir par eux mis ou fait mettre des rateliers au deuant de leurs Moulins, & és despens d'autre: par lequel sur lesdites appellations les parties auroient esté appoinctées au Conseil: Et lesdites instances qui estoient pendantes pardeuant lesdits Preuost des Marchands & Escheuins éuocquées, viendroient les parties proceder en icelle, suiuant les derniers erremens, & appoinctées à ouyr droict; causes d'appel, responces, productions des parties, tant sur lesdites appellations qu'instances éuocquées: Contredits desdits Drouyn, Maistres Administrateurs & Religieux, suiuant l'Arrest du 12. Aoust dernier, forclusions d'en fournir par les autres parties, saluations dudit Drouyn, les contredits desdits Maistres Administrateurs, conclusions de nostredit Procureur General: tout joinct & consideré. NOSTREDITE COVR faisant droict sur le tout, ayant esgard aux interuentions desdits Marchands Voicturiers & Marchands de vins, sans s'arrester à celle desdits de la Porte, entant que touche le procez par escrit, appellations verbales interjettées par lesdits Maistres Administrateurs & Religieux, dit qu'il a esté bien iugé, mal & sans grief appellé par les appellans, & l'amendera ledit Rocher d'vne amende seulement: Ce faisant sur l'appel de nostredit Procureur General, l'appellation & ce dont a esté appellé au neant, emendant les parties ensemble sur les instances éuocquées, hors de Cour & de procez, condamne lesdits Maistres Administrateurs, Religieux & Rocher en tous les despens: Et ledit de la Porte en ceux de son interuention vers ledit Droüin, sans despens entre les autres parties, la taxe des adjugez à nostre-dite Cour reseruée: Si te mandons en commettant à la Requeste dudit Drouyn, le present Arrest mettre à execution deuë, selon sa forme & teneur, contraignant à ce faire & souffrir tous ceux qui pour ce seront à contraindre, par toutes voyes deuës & raisonnables. De ce faire te donnons pouuoir, commandons à tous qu'il appartiendra à toy obeyr. Donné à Paris en nostre Parlement le 14. iour de Decembre, l'an de grace 1641. Et de nostre regne le trente-deuxiesme.

Par la Chambre, GVYET.

ARREST DV CONSEIL D'ESTAT DV ROY, *portant attribution & Iurisdiction à Messieurs les Preuosts des Marchands & Escheuins de la Ville de Paris, pour la leuée des Droicts de Barrages en premiere instance, & par appel au Conseil; Auec interdiction à tous autres Iuges d'en cognoistre, sur les peines y contenuës.*

Du 26. Septembre 1640.

SVR ce qui a esté representé au Roy en son Conseil par Anthoine Dordos, Fermier general des droicts des Barrages de la Ville, Fauxbourgs & aduenuës de Paris : Qu'encores que par l'Arrest dudit Conseil, du premier Feurier dernier, contenant le Reiglement & nouueau Tariffe desdits droicts de Barrages, il soit expressément porté, qu'aucunes personnes exemptes, ou non exemptes, priuilegiez ou non priuilegiez, ne se pourront pretendre exemptes desdits droicts de Barrages, attendu ce à quoy ils sont destinez, ains seront contraints au payement d'iceux, ainsi qu'il est accoûtumé pour les deniers & affaires de sa Majesté : Et ce qui sera ordonné en consequence par le Commissaire à ce député sera executé, nonobstant oppositions ou appellations quelconques, & sans prejudice d'icelles ; & dont si aucunes interuiennent, sa Majesté s'en est reseruée la cognoissance, & à sondit Conseil, & icelle interditte à toutes autres Cours & Iuges. Neantmoins au prejudice dudit Arrest & Reiglement, plusieurs Communautez, & autres particuliers de ladite Ville de Paris, se pretendans exempts desdits droicts de Barrages, font refus de les payer : Et pour raison de ce, traduisent journellement ledit Dordos en diuerses Cours & Iurisdictions, les vns au grand Conseil, & Cour des Aydes, les autres pardeuant les Tresoriers de France, & Chambre du Tresor, Preuost de Paris, ou son Lieutenant Ciuil, & ailleurs, où ils consomment ledit Dordos en frais & despens de procez, & le diuertissent de l'administration de ladite Ferme ; le prix de laquelle il luy seroit impossible de payer, s'il ne luy estoit sur ce pourueu. VEV ledit Arrest dudit Conseil, du premier Feurier dernier, contenant le Reiglement & nouueau Tariffe desdits droicts de Barrages, auec plusieurs exploicts d'assignations données audit Dordos, à la requeste de diuerses Communautez, & autres particuliers, se pretendans exempts desdits droicts de Barrages, tant au grand Conseil, Cour des Aydes, Tresoriers de France, & Chambre du Tresor, Preuost de Paris, ou son Lieutenant Ciuil, qu'ailleurs : Tout consideré ; LE ROY EN SON CONSEIL a ordonné & ordonne, que toutes personnes exemptes, ou non exemptes, priuilegiez ou non priuilegiez, seront contraints ainsi qu'il est accoûtumé pour ses deniers & affaires, au payement desdits droicts de Barrages, conformément à l'Arrest de sondit Conseil, & nouueau Tariffe, arresté en iceluy ledit jour premier Feurier dernier, de l'execution desquels sa Majesté a renuoyé la cognoissance en premiere instance aux Preuost des Marchands & Escheuins de la Ville de Paris, & par appel en son Conseil, où seront toutes instances pour raison de ce, jugées au rapport du sieur de Villayer, Conseiller en sondit Conseil, Maistre des Requestes ordinaire de son Hostel, que sa Majesté a Commis pour cét effet: Faisant sa Majesté inhibitions & deffences à toutes personnes, de se pouruoir ailleurs pour raison de ce, à peine de nullité, & de tous despens, dommages & interests. Fait au Conseil d'Estat du Roy, tenu à Paris le 26. iour de Septembre 1640. Signé, GALLAND.

LOVYS par la grace de Dieu, Roy de France & de Nauarre; Aux Preuost des Marchands & Escheuins de nostre bonne Ville de Paris; Salut. Par l'Arrest dont l'extraict est cy attaché sous le contre-scel de nostre Chancellerie, ce iourd'huy donné en nostre Conseil d'Estat, sur ce qui nous a esté representé en iceluy par Anthoine Dordos, Fermier general des droicts de Barrages, de la Ville, Fauxbourgs, & aduenuës de Paris: Nous auons ordonné que toutes personnes, exemptes ou non exemptes, priuilegiez ou non priuilegiez, payeront lesdits droicts de Barrages, conformément à l'Arrest de nostredit Conseil, & nouueau Tariffe, arresté en iceluy le premier Feurier dernier, lesquels nous voulons estre executez selon leur forme & teneur. A CES CAVSES, Nous vous mandons & ordonnons de cognoistre en premiere instance de l'execution desdits Arrests & Tariffe; & en cas d'appel, toutes instances pour raison de ce seront jugées audit Conseil, conformément audit Arrest cy attaché, lequel nous commandons au premier nostre Huissier ou Sergent sur ce requis, de signiffier à tous qu'il appartiendra, à ce qu'ils n'en pretendent cause d'ignorance, faire les contraintes & deffences y contenuës, sur les peines & par les voyes y declarées, & tous autres actes & exploicts necessaires, sans demander autre permission: Car tel est nostre plaisir. Donné à Paris le 26. iour de Septembre, l'an de grace 1640. Et de nostre regne le 31. Et plus bas, Par le Roy en son Conseil. Signé, GALLAND. Et scellé à simple queuë de cire jaune.

ARREST DE LA COVR DE PARLEMENT,

par lequel les Escheuins de la Ville de Paris, capitale du Royaume, peuuent, à cause du tiltre de Noblesse, porter les armes timbrées en tous lieux & endroicts, mesmes aux Eglises, suiuant les droicts de Noblesse à eux accordez, & à leurs Successeurs.

Du 30. Mars 1624. en plaidant à la salle de Saint Louys.

Monsieur de Belièure President.

ENTRE Pierre Cheualier, seruiteur domestique de Maistre Iacques Huot, cy-deuant Notaire & Secretaire du Roy, ancien Escheuin, & l'vn des Quartiniers de cette Ville de Paris, appellant de l'emprisonnement fait de sa personne és prisons de Garges, par Benoist Hacqueville, sieur en partie dudit lieu de Garges, de son authorité priuée, ensemble de la Sentence contre luy donnée par le Iuge ordinaire dudit lieu, & de tout ce qui s'en est ensuiuy; & encores ledit Maistre Iacques Huot, comme ayant pris le fait & cause pour ledit Cheualier, son seruiteur domestique, aussi appellant, tant du desny de Iustice qu'emprisonnement dudit Cheualier, & de tout ce qui s'en est ensuiuy par ledit Iuge ordinaire de Garges, ou son Lieutenant, & demandeur aux fins d'vne Requeste par luy presentée à la Cour, le premier Iuillet 1623. à ce qu'il soit receu partie interuenante contre ledit Benoist Hacqueville, sieur en partie dudit Garges, Robert Hebert, & Pierre Dieulot, Marguilliers de l'Eglise dudit lieu, & Maistre Gabriel Delamare, Iuge ordinaire de la Iustice dudit lieu de Garges, intimez en leurs priuez noms. Et encores Benoist de Hacqueville, sieur en partie de Garges, incidemment demandeur en Request du 15. Mars dernier, à ce que l'instance pendante pardeuant le Iuge dudit lieu de Garges, fust éuoquée en cette Cour: & ce faisant defenses estre faites au defendeur cy-apres nommé, de faire apposer ses armes timbrées aux bannieres ou autres lieux, comme n'estant iceluy defendeur de la qualité de ceux qui peuuent auoir de telles armes, d'vne-part; & ledit Maistre Iacques Huot, cy-deuant Notaire & Secretaire du Roy, ancien Escheuin, & l'vn des Quartiniers de cette Ville de Paris, defendeur d'autre; Apres que Dolet pour Pierre Cheualier a esté ouy, & conclud en son appel, qu'il a esté mal, nullement ordonné & executé, bien appellé par sa partie, & demande despens, dommages & interests. Chauueau pour ledit Huot appellant, & deffendeur en requeste; A dit qu'il est appellant de toute la procedure criminelle, que c'est plustost vne violence du Seigneur de Garges faite contre son domestique, qu'vne action criminelle, pour ce qu'il a esté emprisonné sans charges & sans decret, la sentence rendüe sans recolement & confrontation, soustient que tout doit estre cassé. Quand à la requeste, le sieur de Hacqueville comme Seigneur de Garges, demande que deffences soient faites audit Huot, d'apposer ses armes timbrées; mais il est non receuable pour ce qu'il est ancien Escheuin de cette Ville, le Roy Henry III. ayant par son Edict du mois de Ianvier 1567. donné qualité de Cheualier au Preuost des Marchands, & de tiltre de noble aux Escheuins de cette Ville, & à leurs enfans, auec pouuoir de porter les armes timbrées, jouyr des honneurs, droicts & priuileges de noblesse, ce qui leur auoit esté accordé anciennement par le Roy Charles V. surnommé le Sage, long-temps auparauant par vne vieille chartre qui porte que, *possunt loricis armatis, & aliis ornamentis ad statum militiæ pertinentibus, prout nobilis genere, & origine regni*; Partant soustient qu'il peut porter les armes timbrées, & que la banniere où elles estoient, doit estre restablie en la forme qu'elle estoit lors que les armes timbrées ont esté arrachées par le sieur de Hacqueville; Et que Laurens pour le Iuge de Garges attendu à follement inthimé; Et que Lambin pour le Seigneur de Garges, a dit que sa partie à interest comme Seigneur, qu'autres que luy ne mette ses armes en l'Eglise, estant vne entreprinse sur ses droicts & Seigneuries; soustient que celles qui ont esté mises à la banniere, dont est question, doiuent estre ostées; Et que Talon le jeune, pour les Marguilliers a esté ouy. Talon pour le Procureur General a dit auoir veu vn procez fait par le Iuge de Garges, lequel est tout extraordinaire, parce que sans qu'il y ayt eu information, ny procez verbal, aucuns tesmoins n'ayans déposé du faict dont est question, sur le seul interrogatoire de Cheualier accusé, qui auoit declaré, que par le commandement de son Maistre il auoit emporté la banniere en son logis: laquelle luy auoit esté baillée par l'vn des Marguilliers, afin d'y remettre les armes qui en auoient esté ostées, quoy qu'il n'y eust preuue quelconque, ny apparence du faict de larcin allegué par la plainte: si est-ce qu'en vingt-quatre heures, l'emprisonnement & l'interrogatoire ayant esté fait, la Sentence dont est appel a esté rendüe, portant condamnation de faire amende honorable en public, qui est vne espece d'oppression, plustost qu'vn acte de Iustice, d'autant que le Iuge s'est rendu trop indulgent à la passion de ceux qui s'en sont meslez, ayant affecté de passer par dessus les formes ordinaires, pour diffamer l'appellant & son Maistre, qui a eu l'honneur d'estre Officier du Roy en vne charge honnorable de Secretaire du Roy, dont il est pourueu il y a long-temps; Outre qu'ayant cy-deuant esté esleu par le suffrage de ses Citoyens Escheuins de la Ville de Paris, & receu par ce moyen le tesmoignage public de ce qu'il auoit merité par ses bonnes actions, ayant longuement seruy en qualité de Quartenier qu'il exerce encores à present, il n'y a pas lieu de luy desnier le droict qui luy appartient à bon tiltre, & qui appartient à tous les anciens Escheuins de Paris, de porter les armes timbrées, suiuant les tiltres & priuileges de Noblesse, qui leur ont esté autresfois accordez par les Roys, auec grande raison; d'autant que les seruices qu'ils rendent en la Ville Capitale du Royaume, laquelle peut estre iustement nommée la metropole de l'Estat, & le centre de la Monarchie Françoise, meritent bien qu'ils jouyssent des mesmes graces, honneurs, & prérogatiues qui ont esté accordées à plusieurs Villes du Royaume, en faueur des Bourgeois qui y exercent les charges publiques de Maires & Escheuins, & partant adherent auec les appellans, à ce qu'en declarant par la Cour la procedure dont est appel, auoir esté mal & nullemene faite, tout soit cassé, l'escroüe de l'emprisonnement dudit Cheualier rayée, & les armes de Huot, ancien Escheuin, restablies en la banniere telles qu'elles estoient lors qu'il en a fait don à l'Eglise. LA COVR a declaré & declare le Iuge bien inthimé, ordonne qu'il defendra, apres que du Laurens a esté ouy en ses defenses; LA COVR a mis & met l'appellation, & ce dont a esté appellé au neant: A deschargé & descharge l'appellant de l'accusation contre luy intentée, sera l'escroüe de son emprisonnement rayée & biffée, & la banniere rendüe & restablie en l'estat qu'elle estoit lors qu'elle fut donnée, condamne les inthimez és despens, taxez à vingt-quatre liures parisis. Signé, LEVESQVE.

LETTRE DV ROY, AVX PREVOST DES MARchands & Escheuins, pour la garde des portes, & pour faire obseruer les Espions, & les emprisonner.

DE PAR LE ROY.

TRes-chers & bien-amez, voulant pouruoir à ce qu'il n'arriue aucun desordre en nostre bonne Ville de Paris, dans la crainte que les habitans pourroient prẽdre de l'approche des Ennemis; Nous voulons & vous mandons, que vous ayez à faire faire bonne & seure garde aux portes, durant tous ces mouuemens, & donner ordre de faire arrester tous les Estrangers qui voudront entrer sans passe-port, en faisant aussi obseruer les Espiõs, pour les mettre en prison; Et au surplus, vous veillerez à tout ce qui sera necessaire pour la seureté, repos & tranquillité de ladite Ville; si n'y faites faute: Car tel est nostre plaisir. Donné à Paris le huitiesme jour d'Aoust, mil six cens trente-six. Signé, LOVYS; & plus bas, DE LOMENIE.

ORDONNANCE DV ROY, AVX PREVOST DES Marchands & Escheuins de la Ville de Paris, pour faire venir des grains à Paris.

DE PAR LE ROY.

SA Majesté voulant pouruoir, à ce que sa Ville de Paris soit suffisamment fournie de Bleds & autres grains, pour la subsistance du grand peuple dont elle est remplie, a ordonné, & tres-expressément enjoint, aux Preuost des Marchãds & Escheuins de ladite Ville, de commettre & deputer l'vn d'entr'eux, pour aller en Beausse recõnoistre les Bleds qui y sont; & ordonner à tous ceux qui en ont, d'en faire amener à Paris la meilleure quantité que faire se pourra: Ce que sa Majesté leur enjoint de faire promptement, sur telles peines & amendes que besoin sera: Et afin qu'il ne s'y apporte aucune difficulté ou retardement, elle mande & ordonne aux Iuges des lieux, de tenir la main à ce qui est en cela de sa volonté, & de faire de bõs & vallables procez verbaux de la diligence qu'ils y auront apportée, à peine d'en respondre en leurs propres & priuez noms. Fait à Paris le 6. iour d'Aoust 1636. Signé, LOVYS; & plus bas, DE LOMENIE.

ORDONNANCE DV ROY, AVX PREVOST DES Marchands & Escheuins de la Ville de Paris, pour députer aucuns Quartiniers, pour la leuée de quelques cheuaux.

DE PAR LE ROY.

SA Majesté ne pouuant fournir à ce qui est necessaire pour l'équipage & attirail de son Artillerie, ou pour monter sa Caualerie, si elle n'est secouruë & assistée de ses bons subjets & seruiteurs dans vne si pressante necessité; A ordonné & tres-expressément enjoint aux Preuost des Marchands & Escheuins de sa Ville de Paris, de députer aucuns des Quartiniers, Colonels & Capitaines, en chacun des quartiers, pour faire la leuée des cheuaux dont elle a besoin; sçauoir vn cheual de chacun qui a Carrosse, auec lequel on enuoyera vn Lacquais ou Cocher pour en auoir soing; & il sera pourueu au payement des cheuaux, en cas qu'il en arriue faute, & au remboursement de la despence qui se fera pour l'entretenement d'iceux. Fait à Paris le 6. iour d'Aoust, mil six cens trente-six. Signé, LOVYS, & plus bas, DE LOMENIE.

COMMISSION AV SIEVR BAILLON, ESCHEVIN, pour faire venir des Bleds à Paris.

LOVYS par la grace de Dieu, Roy de France & de Nauarre; A nostre cher & bien-amé Maistre Guillaume Baillon, Escheuin de nostre bonne Ville de Paris: Salut. Nous sommes bien informez que plusieurs de nos subjets, pour profiter de la misere des plus pauures, ont fait grands amas de bleds, fromens, seigles, & autres grains, qu'ils tiennent cachez, à dessein d'en augmenter le prix. Et pour auoir differé d'en enuoyer les quantitez ordinaires & accoustumées aux Marchez, depuis peu de temps, ils seroient tellement encheris, qu'il s'en ensuiuroit à la fin de grands desordres, & principalement en nostre bonne Ville de Paris, pour le grand peuple dont elle abonde, si nous n'y apportions le remede conuenable: A CES CAVSES, nous vous auons commis, ordonné & député, commettons, ordonnons & députons par ces presentes, signées de nostre main, pour vous transporter és Villes, gros Bourgs, & autres lieux dépendans de la Generalité de ... & le long des Ports & Riuieres de Seyne, Marne, Oyse, & autres, où estans en presence des Lieutenans Generaux, leurs Lieutenans, & autres Iuges des lieux, ausquels nous enjoignons tres-expressément de vous assister; vous ferez faire ouuerture des Greniers & Magazins de bleds & autres grains, tant publics que particuliers, pour voir, sçauoir, & reconnoistre la quantité des grains qui s'y trouueront, quel prix ils auront esté vendus les trois derniers marchez precedens, & quelle quantité d'iceux sera necessaire pour la nourriture & prouision des Habitans desdits lieux; dont vous dresserez procez verbal, que vous enuoyerez en nostre Conseil, pour iceluy rapporté & veu, estre ordonné ce qu'il appartiendra par raison: Cependant vous ferez deffences de par nous, aux proprietaires desdits bleds & grains, d'en disposer & les vendre jusques à ce qu'il en ait esté autrement par nous ordonné: Enjoignons aux Gouuerneurs des Villes, leurs Lieutenans, Iuges, Magistrats, Maires, Escheuins, Preuost des Mareschaux, leurs Lieutenans, & autres nos Iusticiers, Officiers & subjets sur ce requis, d'y tenir la main, à peine d'en respondre en leurs propres & priuez noms, du prejudice que nous & nos subjets en receurions: Commandons au premier nostre Huissier ou Sergent sur ce requis, de faire pour l'execution des presentes, & de ce que vous ordonnerez à cét effet, tous commandemens, sommations, assignations pardeuant vous, deffences, & autres actes & exploicts necessaires, sans demander autre permission: Car tel est nostre plaisir. Donné à saint Germain en Laye, le 12. iour d'Avril 1643. Et de nostre regne le trente-troisiesme. Signé, LOVYS; & plus bas, Par le Roy, PHELIPEAVX: Et séellé du grand séau de cire jaune.

SENTENCE RENDVE A L'HOSTEL DE VILLE, pour le faict des Eslections des Bourgeois en la maison des Quartiniers, & l'Arrest confirmatif d'icelle.

A TOVS ceux qui ces presentes Lettres verront; Henry de Mesmes, Cheualier, seigneur d'Irval, Conseiller du Roy nostre Sire en ses Conseils d'Estat & Priué, Lieutenant Ciuil de la Ville, Preuosté & Vicomté de Paris, Preuost des Marchands, & les Escheuins de ladite Ville: Salut. Sçauoir faisons qu'aujourd'huy, datte des presentes, sur la plaincte à nous faite au Bureau de la Ville par sire Marc Nicolas, l'vn des Quartiniers de cette Ville, assisté des autres Quartiniers d'icelle, à l'encontre de Maistres Estienne Contesse & Nicolas Parent, Cinquantiniers, Paul le Maire, Michel Rosnay, Michel Forbet, Denys Pemé, Claude Boüé, Iacques Pleau, Pierre Chandelier, & Iean Girault, Dixiniers de son quartier; Que suiuant nostre mandement du treiziesme iour de ce mois, il s'estoit luy-mesme transporté és maisons de ses Cinquantiniers & Dixiniers, pour les aduertir d'eux trouuer en sa maison le quinziesme dudit mois, sur les trois à quatre heures de releuée : Comme aussi auoit esté prier huit Notables personnes de son quartier de s'y trouuer, pour proceder à l'eslection & nomination de quatre personnes desdits huit, pour l'eslection de Nous Preuost des Marchands & Escheuins, ainsi qu'il estoit accoustumé : Qu'au lieu par lesdits Cinquantiniers & Dixiniers cy dessus nommez, de venir directement à ladite Assemblée, à ladite heure; fut aduerty qu'ils s'estoient assemblez en la maison dudit Contesse, affin de prendre entr'eux quelque resolution contraire à ce qui auoit accoustumé d'estre fait : Et enuiron les quatre heures, les huit Notables, auec le reste desdits Dixiniers estans assemblez en sa Chambre, attendant lesdits Cinquantiniers & Dixiniers, fut aduerty qu'ils estoient en sa Boutique ; & au lieu de monter auec les autres, dirent qu'ils vouloient parler au Quartinier, & qu'il descendist en bas, & amenast auec luy les autres Dixiniers, pour leur faire entendre la resolution qu'ils auoient prise en la maison dudit Contesse : Ce que n'ayans voulu faire, furent semonds de monter en la Chambre pour l'execution dudit Mandement de la Ville ; Où estans, & toute la Compagnie assemblée, il fit lecture dudit Mandement : Suiuant lequel, Monsieur le President de Bercy qui presidoit, prit le serment de la Compagnie : Et ce fait, luy Nicolas presenta l'Edict du Roy, de l'an 1554. verifié en Parlement, sur la forme & maniere des Eslections : Et suiuant iceluy, proposa à ladite Compagnie d'eslire de viue voix quatre desdits huit : Et au lieu par lesdits Cinquantiniers & Dixiniers d'y obeyr, dirent tout haut ; Qu'ils n'estoient point obligez de faire leurs eslections & nominations tout haut, & de viue voix, ny d'obseruer l'Ordonnance pour ce regard : Qu'il suffisoit de marquer auec vn trait de plume sur vne feüille de papier, les noms de ceux qu'ils entendoient députer, & que l'vsage estoit tel. Au moyen dequoy, & pour ne retarder le seruice du Roy, & de la Ville, l'on fut contraint de passer par la volonté desdits Cinquantiniers & Dixiniers ; dequoy le sieur de Bercy auroit dressé son procez verbal, qu'il auroit representé & mis en nos mains : Et d'autant que cela estoit de perilleuse & dangereuse consequence, à des Cinquantiniers & Dixiniers de s'assembler sans nostre authorité, ny du Quartinier, & aussi pour estre reglé à l'aduenir sur la forme desdites eslections ; Il nous supplioit, auec les autres Quartiniers, d'y vouloir pourueoir : Ouys au Bureau lesdits Contesse, Parent, Rosnay, Forbet, Pemé, Boüé, Pleau, & Chandelier, pour ce mandez pardeuant nous de nostre Ordonnance, qui ont dit ; Que leur Quartinier qui estoit nouuellement receu en ladite Charge, vouloit faire des nouueautez en son Assemblée ; Que du tẽps du sieur Parfaict, qui estoit Quartinier, & dont il à la place, ils n'auoient iamais donné leurs voix hautement, ains marquoient par vn traict de plume, comme il a esté representé : Que par vn grand mespris, ledit Nicolas auoit appellé & choisi les huit de son quartier, sans leur en auoir communiqué, ny eu leur aduis ; Que desdits huit, il y en auoit trois qu'ils ne cognoissoient aucunement ; Nous supplioient, conformément à leur Requeste qu'ils nous ont presentée ce jourd'huy ordonner ; Que d'oresnauant ledit Nicolas sera tenu les appeller, pour auec eux, en luy representant les Roolles de leurs dixaines, choisir lesdites huit personnes des plus apparents & anciens de son quartier ; & que lesdits Cinquantiniers & Dixiniers puissent librement donner leur voix, en la forme accoustumée, & par vn traict de plume, sans que celuy des Bourgeois qui aura esté mandé vne année, le puisse estre en l'autre, sinon les vouloir descharger d'eux trouuer à l'aduenir esdites Assemblées, comme y estans inutils. Surquoy veu l'Edict du Roy sur le sujet desdites Eslections, donné à Compiegne au mois de May 1554. verifié en la Cour de Parlement : lecture faite du procez verbal dudit sieur de Bercy ; Et ouy le Procureur du Roy & de la Ville : Auons ordonné qu'ausdits Quartiniers seuls appartiendra de choisir & appeller les huit Bourgeois de chacun de leurs quartiers, pour estre en leurs Assemblées ; Que suiuant ledit Edict, lesdits Cinquantiniers, Dixiniers, & Bourgeois, seront tenus d'eslire quatre desdits huit, de viue voix, & hautemēt ; lesquelles voix seront colligées par le Quartinier qui tiendra la plume : Et pourront lesdits Cinquantiniers, Dixiniers, & Bourgeois, en donnant ainsi leurs voix hautement, approcher du Quartinier pour recognoistre s'il marque les voix à ceux à qui elles sont données : Ausquels Quartiniers enjoignons à l'aduenir de choisir & appeller pour assister en leursdites Assemblées, huit personnes des plus apparents de leurs quartiers, tant Officiers de Roy, s'il s'en trouue, que des Bourgeois & notables Marchands, non méchaniques ; desquels huit en sera aussi esleu quatre de viue voix, à peine, en cas de contrauention, de nullité, & de n'auoir par la Ville aucun esgard au scrutin, & procez verbal dudit Quartinier ; ains au contraire, estre choisi par la Ville deux Persōnages du quartier, pour venir en l'Hostel de la Ville donner voix à l'eslection desdits Preuost des Marchands & Escheuins, au desir dudit Edict : Ausquels Cinquantiniers & Dixiniers cy presens, & à tous les autres Cinquantiniers & Dixiniers de cette Ville, enjoignons de porter honneur & respect à leurs Quartiniers, & de leur obeyr, & executer promptement les mandemens & commandemens qui leur seront par eux faits, tant verballement, que par escrit : Faisons deffences à tous lesdits Cinquantiniers & Dixiniers de cette-dite Ville, de faire aucunes Assemblées particulieres en leurs maisons, à peine de suspension de leurs Charges : En tesmoing dequoy nous auons fait mettre à ces presentes le scel de ladite Preuosté des Marchands. Ce fut fait & donné au Bureau de ladite Ville, le Mercredy 19. iour d'Aoust 1620.

Signé, CLEMENT.

LOVYS par la grace de Dieu, Roy de France & de Nauarre ; Au premier des Huissiers de nostre Cour de Parlement, ou autre Huissier ou Sergent sur ce requis : Salut. Comme le iour & datte des presentes, comparans en nostre-dite Cour les Cinquantiniers & Dixiniers de cette nostre Ville de Paris, au quartier de la Ruë S. Anthoine, appellans d'vne Sentence donnée par les Preuost des Marchands & Escheuins de nostre-dite Ville de Paris, le 19. Aoust 1620. d'vne-part : Et Marc Nicolas, l'vn des Quartiniers de nostre-dite Ville audit quartier, intimé d'autre : Nostre-dite Cour appoincte, & ouy sur ce nostre Procureur general, que la Cour a mis & met l'appellation au neant, sans amende : Ordonne que ce dont est appel sortira son plein & entier effet : Condamne lesdits appellans aux despens de la cause d'appel, tels que de raison : Si te mandons qu'à la Requeste dudit Nicolas inthimé, le present Arrest tu mette à deuë & entiere execution, selon sa forme & teneur ; de ce faire te donnons pouuoir. Donné à Paris en nostre Parlement le 13. Fevrier, l'an de grace 1621. Et de nostte regne le 11. Signé par la Chambre, VOISIN. Et scellé en cire jaune sur simple queuë.

EDICT DV ROY, PORTANT CREATION DE NOVueaux Offices en l'Hostel de Ville de Paris, auec dispence tant aux anciens Officiers, que nouueaux, de ce faire porter audit Hostel de Ville, pour resigner leurs Offices.

Verifiè en la Cour des Aydes, le 10. iour de Decembre 1633.

LOVYS par la grace de Dieu, Roy de France & de Nauarre ; A tous presens & à venir, Salut. Nous auons de long-temps remarqué deux principaux défauts en l'establissement & Police des Officiers de l'Hostel commun de nostre bonne Ville de Paris : l'vn de resigner leurs Offices en personnes és mains des Preuost des Marchãds & Escheuins de ladite Ville, & à ceste fin se transporter, ou faire transporter par lesdits Officiers audit Hostel de Ville, en quelque estat qu'ils soient de santé, ou de maladie : D'où sont arriuez & arriuent iournellement plusieurs grands inconueniens, tant de la perte des Offices, que des Officiers, qui pour tascher à conseruer lesdits Offices par leurs resignations, se font porter audit Hostel de Ville aux plus grandes crises & extrémitez de leurs maladies, & souuent défaillent & meurent en chemin, sans pouuoir comme il est requis, faire & prononcer lesdites resignations. Ce qui fut cause que sur les plaintes qui nous en furent faites par lesdits Officiers dés le mois de Fevrier 1623. nous les dispensasmes par Edict, de la rigueur desdites resignations en personne dans ledit Hostel de Ville, auec faculté de resigner leurs Offices pardeuant Notaires & Tabellions, ainsi qu'il se pratique par nos autres Officiers, en payant par chacun an vne somme moderée ausdits Preuost des Marchands & Escheuins, pour ladite dispense : & neantmoins l'execution dudit Edict a esté differé iusques à present. L'autre défaut procede du petit nombre d'Officiers dudit Hostel de Ville, qui ne peuuent suffire pour l'exercice & fonction de leurs charges, au contentement des Bourgeois de ladite Ville, laquelle depuis la création desdits Officiers s'est peuplée & accreuë de moitié, sans que ledit nombre ait esté augmenté, ains plustost diminüé, par la reünion & suppression qui s'est faite d'aucuns desdits Offices, & particulierement de ceux de Vendeurs de vins, Courtiers, Iaugeurs : Ce qui est prejudiciable à l'vtilité & commodité

commodité publique, qui dans les necessitez domestiques & iournalieres ne trouue pas és Ports, Quais & Places, en ce petit nombre d'Officiers, le seruice à prix raisonnable, & le prompt & facile secours qu'elle trouueroit, si le nombre estoit competant; A CES CAVSES, apres auoir fait mettre cét affaire en déliberation en nostre Conseil, où assistoient aucuns Princes, & autres grands & notables personnages: De l'aduis de nostredit Conseil, & de nostre pleine puissance & authorité Royale, par le present Edict, perpetuel & irreuocable, créé & érigé, créons & érigeons en tiltre d'Office formé en nostre Hostel de nostre-dite Ville de Paris, outre le nombre d'Officiers qui y est de present. Vnze Iurez Mouleurs, Visiteurs & Compteurs de bois. Neuf Iurez Vendeurs & Controolleurs de vins. Quatre Iurez Mesureurs de charbon. Cinq Iurez Porteurs de charbon. Quatorze Iurez Mesureurs de grains. Treize Iurez Porteurs de grains. Trois Sergens de ladite Ville. Neuf Iurez Courtiers de vins. Deux Iurez Iaugeurs. Six Iurez Crieurs de corps. Quatorze Chargeurs de bois. Six Iurez Mesureurs de sel. Six Iurez Henoüars Porteurs de sel. Vn Iuré Briseur de sel, & vn Iuré Courtier de sel és Ports de l'Escolle. Tous lesquels nouueaux Officiers nous auons joincts, vnis & incorporez, joignons, vnissons & incorporons par ces presentes audit Corps & Communauté des anciens Officiers, pour en iouyr aux mesmes fonctions, droicts & priuileges, que ceux dont jouyssent les anciens Officiers, & encores du parisis des droicts de leurs charges, que nous leur auons attribué & attribuons par augmentation, à prendre sur les natures, denrées, & marchandises sujetes ausdits anciens droicts. Et pour des-interesser lesdits anciens Officiers du prejudice qu'ils pourroient pretendre de ladite création; Nous leur auons pareillement attribué & attribuons le parisis de leursdits droicts, sans qu'à l'occasion de ce ils soient tenus payer aucune finance. VOVLONS aussi que les trois Maistres des Ponts de Paris, six Maistres des Ponts Saint Cloud, le Pecq, Chattou, Neüilly, Poissy & Ponthoise, & Six Maistres des Ponts de l'Isle-Adam, Beaumont, Creil, Champigny, Saint Maixant, & Compiegne, iouyssent à l'aduenir du parisis des droicts de leurs charges, que nous leur auons, en tant que besoin seroit, attribué & attribuons par augmentation, en payant par chacun d'eux, par forme de supplément de finance, dans les sommes ausquelles ils seront moderément taxez en nostre-dit Conseil, sur le pied de la valeur de leurs Offices: & à faute de ce faire dans ledit temps, & iceluy passé, ils seront remboursez de la finance par eux payée pour lesdits Offices, frais & loyaux cousts, suiuant la liquidation qui en sera faite par les Commissaires à ce députez, pour en estre pourueu d'autres personnes en leur lieu & place. Voulons en outre que lesdits Officiers, tant anciens que nouuellement créez, & tous autres Officiers de ladite Ville, puissent, conformément audit Edict du mois de Feurier 1623. resigner leurs Offices pardeuant Notaires ou Tabellions, en la mesme forme, & tout ainsi que nos autres Officiers, sans estre tenus de faire, si bon ne leur semble, leurs resignations en personne dans ledit Hostel de Ville, dont nous les auons releuez & dispensez, releuons & dispensons par ces presentes, en nous payant par lesdits anciens Officiers, pour vne fois seulement, pour ladite dispense, & conseruation de leurs Offices, à leurs vefues & heritiers, la finance qui sera moderément taxée en nostre Conseil. Comme aussi sera payé à l'aduenir, tant par lesdits anciens que nouueaux Officiers, & par chacun an, en l'Hostel de nostre-dite Ville de Paris, és mains du Receueur d'icelle, vne recognoissance annuelle, telle qu'elle sera pareillement arbitrée, pour dédómager lesdits Preuost des Marchands & Escheuins, Procureur & Greffier de nostre-dite Ville, de la faculté qu'ils auoient de pouruoir ausdits Offices, vacation aduenant d'iceux: De laquelle recognoissance annuelle, le tiers sera employé, de l'Ordonnance desdits Preuost des Marchands & Escheuins, à l'acquit & rachapt des rentes deuës par le Domaine de ladite Ville, & autres necessitez d'icelle, & les deux autres tiers leur appartiendront, comme droicts & esmolumens à leurs Offices: A la charge que lesdits anciens Officiers ne pourront estre receus au payement de ladite recognoissance annuelle, qu'apres l'vnion, incorporation & establissement desdits nouueaux Officiers, lesquels nous auons dispensez du payement de ladite recognoissance annuelle, pour l'année presente & la suiuante 1634. sans que pendant icelles leurs Offices puissent estre declarez vacans, non plus qu'és années subsequentes, payant par eux ladite recognoissance annuelle, & sans que pour ce ils soient tenus fournir, prester, ny aduancer aucune autre finance, ny somme de deniers, dont nous les tenons dés à present quittes & deschargez, ny que les presentes puissent prejudicier en autres choses, aux droicts, priuileges, pouuoirs & facultez desdits Preuost des Marchãds & Escheuins, mesmes à la prouision desdits Offices, vacation d'iceux arriuant par mort, resignation, forfaicture, ou autrement, & tout ainsi qu'ils en ont iouy, & qu'il s'est prattiqué iusques à present. SI DONNONS EN MANDEMENT à nos amez & feaux Conseillers, les Gens tenans nostre Cour des Aydes à Paris, que le present Edict ils facent registrer purement & simplement, & le contenu en iceluy entretenir, garder & obseruer selon sa forme & teneur, sans permettre qu'il y soit contreuenu, nonobstant toutes Ordonnances, Edicts, Declarations, Reglemens, Arrests, Iugemens, & autres choses à ce contraires: Ausquelles nous auons, en tant que besoin seroit, dérogé & dérogeons par cesdites presentes, & toutes oppositions, appellations & empeschemens quelconques: Desquels nous attribuons la cognoissance aux Preuost des Marchans & Escheuins de nostre-dite Ville de Paris, & par appel à nostre-dite Cour des Aydes, apres la verification pure & simple de nostre-dit present Edict; & iusques à ce nous l'auons retenuë & reseruée en nostre-dit Conseil, & icelle interdite & deffenduë à tous autres Iuges: CAR tel est nostre plaisir. Et afin que ce soit chose ferme & stable à tousiours, nous auons fait mettre nostre séel à ces presentes, sauf en autres choses nostre droict, & l'autruy en toutes. Donné à S. Germain en Laye au mois de Feurier, l'an de grace mil six cens trente-trois. Et de nostre regne le vingt-troisiéme. Signé, LOVYS. Et plus bas, Par le Roy, DE LOMENIE. Et à costé, Visa. Et seellé du grand seau de cire verte sur double queüe, en lacs de soye rouge & verte. Et plus bas est escrit:

Registré en la Cour des Aydes; Ouy le Procureur General du Roy, pour estre executé selon sa forme & teneur, suiuant & aux charges portées par l'Arrest du iourd'huy. A Paris le dixiéme iour de Decembre, l'an mil six cens trente-trois.

Signé, BOVCHER.

LETTRES DE IVSSION.

LOVYS par la grace de Dieu, Roy de France & de Nauarre: A nos amez & feaux Conseillers les Gens tenans nostre Cour des Aydes à Paris; Salut. Nous auons par nostre Edict du mois de Fevrier dernier, creé en tiltre d'Office formé en l'Hostel de nostre bonne Ville de Paris, Vnze Iurez Mouleurs, Visiteurs & Compteurs de Bois. Neuf Iurez Vendeurs & Controlleurs de Vins. Quatre Iurez Mesureurs, & Cinq Iurez Porteurs de Charbon. Quatorze Iurez Mesureurs, & Treize Iurez Porteurs de Grains. Trois Sergens. Neuf Iurez Courtiers de Vin. Deux Iurez Iaugeurs. Six Iurez Crieurs de Corps. Quatorze Chargeurs de Bois. Six Iurez Mesureurs, & Six Iurez Henoüards Porteurs de Sel. Vn Iuré Briseur, & Vn Iuré Courtier dudit Sel, és Ports de l'Escolle. Tous lesquels Offices ont esté par ledit Edict ioinct, vnis & incorporez aux anciens Offices de ladite Ville, de la mesme qualité; Pour iouyr par les pourueus desdits nouueaux Offices, des mesmes fonctions, droicts & priuileges dont iouyssent les anciens Officiers, & encores du parisis des droicts de leurs charges, que nous leurs auons attribué par augmentation, à prendre sur les natures de deniers & marchandises subjettes aux anciens droicts: Et pour des-interesser lesdits anciens Officiers du prejudice qu'ils pouuoient receuoir de ladite création; Nous leur auons pareillement attribué le parisis desdits droicts, sans pour ce payer aucune Finance. VOVLONS en outre que les Trois Maistres des Ponts de Paris, & les six des Ponts de Saint Cloud, le Pec, Chatrou, Neüilly, Poissy & Ponthoise: Et encores les six Maistres des Ponts de l'Isle-Adam, Beaumont, Creil, Champigny, Saint Maixant & Compiegne, iouyssent à l'aduenir du parisis du droict de leurs charges, que nous leur auons aussi attribuez par augmentation, en payant par chacun d'eux par forme de supplément de finance, les sommes ausquelles ils seroient taxez en nostre Conseil, sur le pied de la valeur de leurs Offices: Et encores ordonné que lesdits Officiers, tant anciens que nouuellement creez; & tous autres Officiers de nostre-dite Ville, pourroient, conformément à autre nostre-dit Edict du mois de Fevrier mil six cens vingt-trois, resigner leurs Offices pardeuant Notaires, ainsi que nos autres Officiers, sans estre obligez de faire leur resignation en personne dans l'Hostel de ladite Ville, dont nous les auons releuez, en nous payans par lesdits anciens Officiers, pour la conseruation de leurs Offices, pour vne fois seulement, la finance pour laquelle ils seroient moderément taxez, & tant par lesdits anciens que nouueaux Officiers, par chacun an en l'Hostel de ladite Ville, és mains du Receueur d'icelle, vne recognoissance qui seroit arbitrée pour le desdommagement des Preuost des Marchands & Escheuins, Procureur & Greffier de ladite Ville, de la faculté qu'ils auoiét de pourueoir ausdits Offices, vacation aduenãt d'iceux; Lequel Edict vous ayant esté presenté afin de verification, l'Adjudicataire General des Gabelles de France y ayãt formé son opposition, sous pretexte de l'interest qu'il dit auoir, & du préjudice qu'il pretẽd luy estre fait, tant par la création desdits Mesureurs, Porteurs, Briseurs & Courtiers de sel, qu'attribution du parisis des droicts ausdits Maistres des Ponts. Vous auez par vostre Arrest du 17. Septembre dernier, declaré ne pouuoir entrer en la verification dudit Edict. Et d'autant que nous auons fait Estat des deniers qui doiuent prouenir de l'execution dudit Edict ; A CES CAVSES, De l'aduis de nostredit Conseil, & de nostre plaine puissance & authorité Royale, Nous vous mandons, ordonnons, & tres-expressément enjoignons par ces presentes, signées de nostre main, qui vous seruiront de premiere & finale Iussion, & du plus exprés & absolu commandement que pourriez sur ce attendre de Nous; que vous ayez à proceder incessamment à la verification pure & simple dudit Edict cy-attaché, sous le contre-seel de nostre Chancellerie: Nonobstant vostre Arrest de refus, causes & motifs d'iceluy, que ne voulons auoir lieu, & l'opposition formée par l'Adjudicataire General des Gabelles de France: Sur laquelle il se pouruoira en nostre Conseil, pour luy estre fait droict, s'il y eschet, ny autres empeschemens, oppositions où appellations quelconques, pour lesquelles ne voulons estre differé: Car tel est nostre plaisir. Donné à Chasteau-thierry le quinziesme iour d'Octobre, l'an de grace mil six cens trente-trois: Et de nostre regne le vingt-quatriesme. Signé, LOVYS. Et plus bas, Par le Roy, DE LOMENIE. Et seellées sur simple queuë du grand seau de cire iaulne. Et à costé est escrit:

Registrée en la Cour des Aydes; Ouy le Procureur General du Roy, pour estre executées selon sa forme & teneur: suiuant & aux charges portées par l'Arrest du iourd'huy. A Paris le dixiesme iour de Decembre mil six ceus trente-trois. Signé, BOVCHER.

EXTRAICT DES REGISTRES DE LA Cour des Aydes.

VEV par la Cour les Lettres patentes du Roy, données à Saint Germain en Laye, au mois de Fevrier, mil six trente-trois, signées LOVYS. Et plus bas, Par le Roy, DE LOMENIE. Et seellées sur double queuë du grand seau de cire verte, sur lacqs de soye rouge & verte: Par lesquelles & pour les causes y contenuës: Sa Majesté auroit creé & érigé en tiltre d'Office formé, en l'Hostel de la Ville de Paris: outre le nombre d'Officiers qui y est de present, Vnze Iurez Mouleurs, Visiteurs & Compteurs de Bois. Neuf Iurez Vendeurs & Controlleurs de Vins. Quatre Iurez Mesureurs de Charbon.

Cinq Iurez Porteurs de Charbon. Quatorze Mesureurs de Grains. Treize Iurez Porteurs de Grains. Trois Sergens de Ville. Neuf Iurez Courtiers de Vins. Six Iurez Crieurs de Corps. Quatorze Chargeurs de Bois. Six Iurez Mesureurs de sel. Six Iurez Henoüards Porteurs de Sel, & Vn Iuré Courtier de Sel és Ports de l'Escolle; Lesquels sadite Majesté a joinct, vny & incorporé, aux corps & communautez des anciens Officiers de l'Hostel de ladite Ville, pour en iouyr aux mesmes fonctions, droicts, priuileges, que ceux dont iouyssent les anciens Officiers: Et encores du Parisis des droits de leurs charges que sadite Majesté leur attribuë par augmentation, à prendre sur les natures, denrées & marchandises subjettes ausdits anciens. Et pour des-interesser lesdits Officiers du prejudice qu'ils pourroient pretendre de ladite Création; Sadite Majesté leur attribuë pareillement le Parisis de leursdits droicts, sans qu'à l'occasion de ce ils soient tenus payer aucune finance; Veut aussi sadite Majesté que les Trois Maistres des Ponts de Paris, Six Maistres des Ponts de Saint Cloud, le Pec, Chatou, Neüilly, Poissy & Ponthoise, & Six Maistres des Ponts de l'Isle-Adam, Beaumont, Creil, Champigny, Saint Maixant & Compiegne, iouyssent à l'aduenir du Parisis des droicts de leurs charges: Sadite Majesté leur attribuë, en tant que besoin seroit, par augmentatiõ, en payant par chacun d'eux par forme de supplément de Finance, les sommes ausquelles ils seront moderément taxez au Conseil sur le pied de la valeur de leurs Offices: Et qu'à faute de ce faire ils seront remboursez de la finãce par eux payée, frais & loyaux cousts, suiuãt la liquidation qui en sera faite par les Commissaires à ce députez, pour y estre pourueu en leur lieu & place d'autres personnes. Veut en outre sadite Majesté que lesdits Officiers, tant anciens que nouuellement créez; & tous autres Officiers de ladite Ville puissent (conformément à l'Edict du mois de Feurier mil six cens vingt-trois) resigner leurs Offices pardeuant Notaires ou Tabellions, en la mesme forme & tout ainsi que les autres Officiers, sans estre tenus d'en faire, si bon ne leur semble, leurs resignations en personne dans ledit Hostel de Ville, dont sadite Majesté les a dispensez & releuez, en payant par lesdits Officiers pour vne fois seulement pour ladite dispense & conseruation de leurs Offices, à leurs veufues & heritiers, la finance qui sera moderément taxée au Conseil; Comme aussi sera payé à l'aduenir, tant par lesdits anciens que nouueaux Officiers par chacun an en l'Hostel de ladite Ville, és mains du Receueur d'icelle, vne recognoissance annuelle, telle qu'elle sera pareillement arbitrée, pour desdommager lesdits Preuost des Marchands & Escheuins, Procureur & Greffier de ladite Ville, de la faculté qu'ils auoient de pourueoir ausdits Offices, vacation aduenant d'iceux, le tout & ainsi que plus au long le contiennent lesdites Lettres. Acte d'opposition formée au Greffe de ladite Cour par Maistre Philippes Hamel, Adjudicataire General des Gabelles de France, en date du vingt-neufiesme iour de Iuillet mil six cens trente-trois. Causes d'opposition dudit Hamel, Arrest de ladite Cour du dix-septiesme Septembre mil six cens trente-trois: Par lequel elle auroit dit ne pouuoir entrer en la verification desdites Lettres: Et que sa Majesté seroit tres-humblement suppliée de l'en vouloir dispenser. Autres Lettres Patentes en forme de Iussion, données à Chasteau-Thierry le 15. iour d'Octobre ensuiuant. Signées, LOVYS. Et plus bas, Par le Roy, DE LOMENIE. Séellées du grand seau de cire jaune: Par lesquelles & pour les causes y contenuës, sa Majesté enjoint à ladite Cour, qu'elle ait à proceder à la verification pure & simple dudit Edict, nonobstant ledit Arrest de refus qu'elle ne veut auoir lieu, & l'opposition formée par l'Adjudicataire General des Gabelles: sur laquelle il se pouruoira en son Conseil pour luy estre fait droict, s'il y escheoit, ny autres oppositions ny appellations quelsconques: Conclusions du Procureur general; Le tout consideré: LA COVR a ordonné & ordonne lesdites Lettres, en forme d'Edict & de Iussion, estre registrées au Greffe d'icelle, pour estre executées selon leur forme & teneur; A la charge que ceux desdits Officiers nouuellement créez, qui auront pris Lettres de prouision du Roy, & payé la finance à laquelle ils auront esté taxez, & les anciens qui auront pareillement payé la finance à laquelle ils auront esté taxez, pour jouyr de la dispense & conseruation de leursdits Offices à leurs veufues & heritiers, jouyront dudit droict à perpetuité, suiuant ledit Edict, en payant par eux ladite recognoissance annuelle ausdits Preuost des Marchands & Escheuins: Et que les Courtiers, Mesureurs & Briseurs, & Porteurs de Sel, presteront le serment pardeuant les Officiers du Grenier à Sel de Paris: Et les Iurez Vendeurs, Controolleurs, Courtiers & Iaugeurs de Vins, pardeuant les Officiers de l'Eslection de ladite Ville. Et pour faire droict sur l'opposition formée par ledit Philippes Hamel, a ordonné qu'il se retirera pardeuers le Roy pour luy estre pourueu. Fait à Paris en la Cour des Aydes, le 10. iour de Decembre, mil six cens trente-trois.

Signé, BOVCHER.

LETTRES PATENTES, PORTANT attribution de Iurisdiction.

LOVYS par la grace de Dieu, Roy de France & de Nauarre: A nos amez & feaux Conseillers les Gens tenans nostre Cour des Aydes à Paris; Salut. Nous auons par Edict du present mois, crée & érigé en nostre bonne Ville de Paris, iusques à Cent quatre Offices, dont nous auons iugé l'establissement necessaire pour l'vtilité & commodité publique. Et iceux vnis & incorporez aux Corps & Communautez des anciens Officiers; Pour iouyr par ceux qui en seront pourueus, des mesmes fonctions, droicts & priuileges dont iouyssent lesdits anciens Officiers: Auec attribution tant ausdits Officiers & nouueaux, qu'aux Maistres des Ponts de Paris, Saint Cloud, Neüilly, le Pec, Chattou, Poissy, Ponthoise, l'Isle-Adam, Beaumont, Creil, Champigny, Pont Saint Maixant & Compiegne, du parisis de leurs droicts. Mesmes permis à tous les Officiers de nostredite Ville de Paris, de resigner leurs Offices pardeuant Notaires ou Tabellions, ainsi que nos autres Officiers, sans qu'ils soient plus tenus de faire leur Resignation en personne dans ledit Hostel de Ville, en nous payant pour vne fois par lesdits anciens Officiers, pour la conseruation de leurs Offices, à leurs veufues & heritiers, la somme à laquelle ils seroient moderément taxez, & tant par lesdits anciens que nouueaux Officiers au Corps de nostre-dite Ville, vne recognoissance annuelle pour le dédommagement de la faculté qu'ils ont de pouruoir ausdits Offices, vacation aduenant d'iceux: De laquelle recognoissance le tiers sera employé à l'acquit & rachapt des rentes deües par le Domaine de ladite Ville, & autres necessitez d'icelle. Et les deux autres tiers demeureront aux Preuost des Marchans, Escheuins, Procureur & Greffier de ladite Ville, comme droicts & émolumens de leurs charges. En execution duquel Edict, les Prouisions desdits Offices de nouuelle création ont esté expediées, & lesdites attributions leuées. Et d'autant que pour l'establissement d'iceux & desdites attributions, il pourra y auoir quelques difficultez, oppositions ou empeschemens, dont nous voulons que la cognoissance appartienne ausdits Preuost des Marchands, & à vous en cas d'appel de leurs Ordonnances & Iugemens. A CES CAVSES, de l'aduis de nostre Conseil, Nous vous mandons & ordonnons de rendre aux parties bonne & briefue Iustice, sur les appellations qui se pourroient interjetter des Sentences & Iugemens qui seront rendus par lesdits Preuost des Marchans & Escheuins de nostre Ville de Paris, en execution de nostre-dit Edict dudit present mois: Duquel copie collationnée est cy attachée sous le contreseel de nostre Chancellerie, vous en attribuant à ceste fin toute Cour, Iurisdiction & cognoissance, icelle interdisons & deffendons à toutes nos autres Cours & Iuges quelconques: Car tel est nostre plaisir. Donné à S. Germain en Laye le quatorziesme iour de Feurier, l'an de grace mil six cens trente-trois. Et de nostre regne le vingt-troisiesme. Signé, LOVYS. Et plus bas, Par le Roy. DE LOMENIE. Et seellée sur simple queuë du grand seau de cire jaune. Et à costé est escrit:

Registrée en la Cour des Aydes; Ouy le Procureur General du Roy, pour estre executée selon sa forme & teneur, suiuant l'Arrest du iourd'huy. A Paris le dixiesme iour de Decembre, l'an mil six cens trente-trois.

Signé, BOVCHER.

EXTRAICT DES REGISTRES DE la Cour des Aydes.

VEV par la Cour les Lettres Patentes du Roy, données à Saint Germain en Laye en forme de Declaration, le quatorziesme iour de Feurier mil six cens trente-trois. Signées, LOVYS. Et plus bas, Par le Roy, DE LOMENIE. Seellées du grand seau sur simple queuë de cire jaune, à ladite Cour addressantes: Par lesquelles & pour les causes y contenuës, leur est mandé de rendre aux parties bonne & briefue Iustice, sur les appellations qui se pourroient interjetter des Sentences & Iugemens qui seront rendus par les Preuost des Marchands & Escheuins de la Ville de Paris, en execution de son Edict dudit mois de Fevrier, portant création de Cent quatre Officiers de Police en ladite Ville de Paris, duquel coppie collationnée est attachée sous le contre-seel desdites Lettres, luy en attribuant à ceste fin toute Cour, Iurisdiction & cognoissance: & icelle interdite & deffenduë à toutes ses autres Cours & Iuges quelcôques, le tout ainsi que plus au long le contiennent lesdites Lettres. Conclusions du Procureur General; Et tout consideré: LA COVR a ordonné & ordonne, lesdites Lettres estre Registrées au Greffe d'icelle, pour estre executées selon leur forme & teneur. Fait à Paris en la Cour des Aydes, le dixiesme iour de Decembre mil six cens trente-trois.

Signé, BOVCHER.

DECLARATION DV ROY, POVR LES OFFICE de Lieutenant Ciuil, & Commission de Preuost des Marchands.

LOVYS par la grace de Dieu, Roy de France & de Nauarre; A tous ceux qui ces presentes lettres verrôt; Salut. Le desir que nous auons toûjours eu de voir establir vn bon ordre & Police dans nostre bonne Ville de Paris, pour entretenir l'vnion & la tranquilité qui doit estre entre nos Sujets, les Habitans d'icelle, nous a fait souuent penser à diuers moyens d'y pouuoir paruenir, & auec dautant plus d'affection, qu'estant l'abord non seulement des peuples des autres Prouinces de nostre Royaume, mais encore de plusieurs Nations Estrangeres, elle doit seruir comme d'exemple à toutes les autres qui sont sous nostre obeyssance: Et bien que par les frequents voyages ausquels nous ont obligé les interests de cét Estat, & la conseruation de nos Alliez, il semble que ce bon dessein ait esté iusques icy retardé; nostre intention neantmoins n'a pas esté de le laisser sans effet; Et à present que la charge de Lieutenant Ciuil de la Ville, Preuosté & Vicomté de Paris est venüe à vaquer, par le deceds du sieur Moreau, & que nous auons estimé que comme elle estoit paruenüe à vn prix excessif, il seroit difficille que ceux qui en seroient pourueus, apres auoir payé vne notable somme, n'eussent leurs interests particuliers en plus grande recommandation que celuy du public; Nous auons aduisé à la remettre en nos mains, pour la faire exercer desormais par Commission, & pour vn temps: Et bien que la necessité de nos affaires nous fist trouuer de la difficulté au remboursement de cette charge; Nous auons neantmoins mieux aimé passer par dessus tous les obstacles, qui pouuoient trauerser ce bon dessein, que de laisser sans effet vne chose si vtile pour le bien de nostre-dite Ville. A CES CAVSES, apres auoir fait mettre cét affaire en déliberation en nostre Conseil; De l'aduis d'iceluy, & de nostre certaine science,

science, pleine puissance & authorité Royale; Nous auons dit & declaré, disons & declarons par ces presentes, signées de nostre main: Voulons & nous plaist, que ladite charge de Lieutenant Ciuil de la Preuosté & Vicomté de Paris, vacante, (comme dit est) & que nous auons remise en nos mains, soit & demeure doresnauant exercée par Commission pour trois ans, sauf à prolonger ou diminuër ledit temps, ainsi que nous verrons bon estre: Nous reseruant pour cét effet de faire choix des personnes que nous jugerons capable pour le remplir; & donner sujet par ce moyen, non seulement à ceux qui seront honorez de cét employ, de s'y comporter auec toute probité; mais encores aux autres qui seront dans l'esperance d'y paruenir, vn loüable desir de les imiter: Et parce que cy-deuant nous auons tolleré, que cette charge de Lieutenant Ciuil pût estre exercée conjointement auec celle de Preuost des Marchands, pour n'auoir pas recogneu que l'vn & l'autre en particulier requeroient de grands soins, & qu'il estoit difficile qu'estans tenuës par vne mesme personne, on s'en peût acquiter au contentement du public; Nous auons pareillement declaré & declarons par cesdites presentes, que nous ne voulons & n'entendons, que ladite charge de Lieutenant Ciuil puisse estre cy-apres exercée par vne mesme personne, auec celle de Preuost des Marchands, sous quelque pretexte ou occasion que ce puisse estre: Et pour tesmoigner combien nous estimons prejudiciable au bien de nostre seruice, & du public, la jonction desdites deux charges, en vne mesme persōne; Nous deffendōs tres-expressément à ceux qui pourront estre cy-apres par nous commis à celle de Lieutenant Ciuil, de nous faire, ou faire faire, directement ou indirectement, aucune demande ny instance pour ladite charge de Preuost des Marchāds: Et si par importunité ou autrement nous en aurions accordé quelques breuets ou permissions, nous les auons dés à present, comme pour lors, declarez nulles & de nul effet; auec deffenses à tous ceux qui ont accoustumé d'estre appellez pour l'eslection dudit Preuost des Marchands, de donner leurs voix ou suffrages à ceux qui (comme dit est) seront par nous commis à ladite charge de Lieutenant Ciuil, sur peine d'encourir nostre indignation. SI DONNONS EN MANDEMENT à nos amez & feaux Conseillers, les Gens tenans nostre Cour de Parlement, Preuost de Paris, ou son Lieutenant, que ces presentes ils ayent à faire lire, publier, & enregistrer, & le contenu en icelles faire garder & obseruer selon sa forme & teneur: Car tel est nostre plaisir. En tesmoin dequoy, nous auons fait mettre nostre scel à cesdites presentes. Donné à Saint Germain en Laye, le 9. iour de Nouembre, l'an de grace 1637. Et de nostre regne le vingt-huitiesme. Signé, LOVYS. Et sur le reply, Par le Roy, DE LOMENIE. Et scellé du grand scel de cire jaune sur double queüe.

Registrées; Ouy le Procureur General du Roy, pour estre executées selon leur forme & teneur, & qu'à la diligence dudit Procureur General, coppies d'icelles seront enuoyées, tant au Chastelet, qu'en l'Hostel de cette Ville de Paris, pour y estre leües, publiées & registrées, à la diligence de ses Substituds. A Paris en Parlement, le dix-huictiesme iour de Nouembre 1637. *Et lesdites Lettres leües au*

Parc Ciuil du Chastelet, l'Audiance tenant, le dix-neufiesme dudit mois de Nouembre. Signé, DV TILLET.

Leües, publiées au Bureau de la Ville, l'Audiance tenant, & registrées és registres d'icelle, ouy & ce requerant le Procureur du Roy, & de la Ville, pour estre executées selon leur forme & teneur, le vingt-septiesme Nouembre mil six cens trente-sept. Signé, LE MAIRE.

ARREST DV CONSEIL PRIVÉ DV ROY, AV *proffit des Marchands de bois, pour rescourre & faire repescher leurs bois, en quelque lieu qu'ils soient.*

SVR la Requeste presentée au Roy en son Conseil, par les Marchands traffiquans de bois flotté, sur les Riuieres d'Yonne & Seine, & autres y affluantes, pour la prouision & fourniture de la Ville de Paris; Contenant que depuis quinze iours en çà, le desbordement des eauës leur ayant causé vne perte de plus de vingt mil cordes de bois, qui ont esté emmenées aual l'eau, & espanchées le long de la Riuiere d'Yonne, qui est la plus notable perte qui soit arriuée de memoire d'hommes: ils auroient conuenu de grand nombre de mercenaires pour faire pescher & ramasser lesdits bois espars sur les terres, prez, & heritages voisins de ladite Riuiere, depuis le Bourg de Moreuillon iusques à Mailly-la-ville; faisant en tout l'estenduë de plus de vingt-cinq lieuës d'eauë; pendant lequel temps & alors qu'ils pensoient auec de plus de celerité trauailler au recouurement desdits bois, les habitans de Coulanges sur Yonne, & du Chastel-Sansoy (qui sont les lieux où la plus grande part desdits bois sont espanchez, & où on a accoustumé de les faire flotter pour de là les amener en ceste-dite Ville, & pour la prouision d'icelle) auroient receu ordre & mandement de sa Majesté pour le logement de quantité de gens de guerre, iusques à cinq Compagnies de Caualerie dans ledit lieu de Coulanges; l'arriuée desquels a causé vn tel desordre parmy les habitans dudit lieu, & autres circonuoisins, que non seulement tous les mercenaires, auec lesquels lesdits Marchands auroient conuenus pour remettre leurs bois en estat, ont abandonné leur trauail; mais encores les habitans desdits lieux qui auoient accoustumé de trauailler aux flottages desdits bois qui sont empillez sur les ports dudit Coulanges, & Chastel-Sansoy, & que lon deuroit amener journellement en cette Ville, se sont retirez, & ne veulent plus vacquer ausdits flottages; tellement que les bois qui ont esté emmenez par le desbordement des eauës, & espars sur les terres, prez, & heritages, demeurent par ce moyen exposez à la mercy & brigandages des habitans des lieux, scituez le long desdites Riuieres, & proprietaires desdites heritages, qui se seruent de cette occasion, pour emporter lesdits bois, & empescher les Marchands de les reprendre: les autres bois qui sont empillez sur lesdits ports de Coulanges & Chastel Sansoy, demeurans à flotter dans cette saison, qui est la seule commode dans toute l'année pour faire les flottages & voitures d'iceux en cette Ville; comme aussi ceux qui sont ja flottez en chemin pour venir en cette Ville, sont arrestez par les gens de guerre & Garnisons des Villes scituées le long des Riuieres d'Yonne & Seine, empeschans le passage desdits trains iusques à ce qu'on leur aye payé ce qu'ils demandent & exigent pour la liberté dudit passage, tant en deniers que marchandises. A CES CAVSES, requeroient qu'il pleust à sa Majesté ordonner autres logemens & départemens ausdits gens de guerre, & Garnisons desdits lieux de Coulanges & Chastel Sansoy, & faire deffenses, tant à eux qu'aux habitans desdits lieux, scituez le long desdites Riuieres, & proprietaires des heritages, & tous autres, de les empescher, eux ou leurs Facteurs, de ramasser & enleuer leursdits bois allez aual l'eau, continuant des flottages d'iceux, & mesmes aux Garnisons des autres Villes & terres, le long desdites Riuieres, d'arrester les trains desdits bois, ny en empescher aussi les passages, prendre ny exiger des conducteurs aucuns deniers ou marchandises, en quelque sorte ou maniere que ce soit: Veu ladite Requeste, & ouy le rapport d'icelle: LE ROY EN SON CONSEIL ayant esgard à ladite Requeste, a permis & permet aux supplians de rescourre, faire repescher des Riuieres & ruisseaux, ramasser & retirer des terres, prez & heritages, & autres lieux scituez le long desdites Riuieres d'Yonne, Seine, & autres y affluantes, tout ce qu'ils pourront recouurer de leursdits bois; sans que pour raison de ce, les proprietaires desdits heritages puissent pretendre aucune chose, ny exiger aucuns droicts desdits supplians, pour estre lesdits bois flottez conduits & voicturez en cette Ville de Paris, pour la fourniture d'icelle: A sadite Majesté fait tres-expresses inhibitions & deffenses à tous gens de guerre, tant ceux qui sont ausdits lieux de Coulanges sur Yonne, & Chastel Sansoy, qu'autres lieux scituez le long desdites Riuieres & ruisseaux où passent lesdits bois, & à toutes autres personnes, de quelque qualité ou condition qu'elles soient, de prendre ny exiger desdits supplians, leurs Facteurs, Commissionnaires & Voicturiers, pour la liberté des passages desdits bois, & autres pretextes que ce soit, aucuns deniers ou marchandises, troubler ny empescher lesdits Marchands, leurs Facteurs, Commis & preposez au ramassage, repeschage, voicture & conduite desdits bois, les saisir, arrester, ny retenir, partie ne portion d'iceux, en quelque sorte & maniere que ce soit, sur peine de punition corporelle, restitution des choses mal prises & exigées, & de tous despens, dommages & interests. Enjoint sadite Majesté à tous ses Lieutenans generaux, Iuges, Capitaines & Officiers des gens de guerre, de donner main forte à l'execution du present Arrest, à peine ausdits Capitaines & Officiers, de respondre en leur propre & priué nom des maluersations qui pourroient arriuer, & estre faites par ceux qui seront sous leurs charges: Permet ausdits Marchands de faire par le premier Iuge ou Sergent sur ce requis, informer des contrauentions à ce que dessus; ensemble des exactions, larcins, pilleries, latitemens & mes-vs desdits bois; en faire perquisitions & recherches, suiuant les formes ordinaires & accoustumées, pour ce qui sera trouué desdits bois, estre repris par lesdits Marchands, leurs Commis & Facteurs, nonobstant toutes oppositions & empeschemens quelconques; dont si aucuns interuiennent, sadite Majesté en a attribué la cognoissance en premiere instance au Preuost des Marchands & Escheuins de ladite Ville de Paris, & par appel au Parlement dudit lieu; & icelle interdit & defend à tous autres Iuges. Fait au Conseil d'Estat du Roy, tenu à Paris le 9. iour d'Avril 1642.

Signé, BORDIER.

OVYS par la grace de Dieu, Roy de France & de Nauarre: A nos amez & feaux les Gens tenans nostre Cour de Parlement de Paris, Preuost des Marchands & Escheuins de ladite Ville, & premier Iuge sur ce requis: Salut. Nous vous mandons & ordonnons de tenir chacun en droict soy la main à l'execution de l'Arrest, dont l'extraict est cy attaché sous le contre-scel de nostre Chancellerie, cejourd'huy donné en nostre Conseil d'Estat: Sur la Requeste des Marchãds trafiquans de bois flotté sur les Riuieres d'Yonne & Seine, & autres y affluantes, pour la prouision & fourniture de nostre bonne Ville de Paris: Et commandons au premier nostre Huissier ou Sergent sur ce requis, de faire pour ladite execution, toutes significations, commandemens, sommations, defenses sur les peines y contenües, & autres Actes & Exploicts necessaires, sans demander autre permission; & sera adjoûté foy comme aux Originaux, aux coppies dudit Arrest & des presentes, collationnées par l'vn de nos amez & féaux Conseillers & Secretaires: Car tel est nostre plaisir. Donné à Paris le 9. iour d'Avril, l'an de grace 1642. Et de nostre regne le trente-deuxiesme. Signé, Par le Roy en son Conseil, BORDIER.

ARREST DE LA COVR DE PARLEMENT, POVR apporter tiltres, en vertu desquels les particuliers jouyssent des Moulins, Forges, & autres bastimens sur les Riuieres.

EV par la Cour la Requeste à elle presentée par les Marchands de bois fournissans cette Ville de Paris, trafiquans sur les Riuieres d'Yonne, Cure, & ruisseaux y descendans; par laquelle attendu qu'au prejudice du public, & contre les Arrests de ladite Cour, plusieurs commettent abus, maluersations, & les empeschent à la conduitte de grande quantité de bois qui est sur lesdites Riuieres, estans pour la fourniture de ceste Ville de Paris, qui en reçoit grande incommodité, requierent leur estre sur ce pourueu, au bien & vtilité publique: Veu aussi les Arrests du 23. May, mil cinq cens soixante & douze, du 17. Decembre, mil cinq cens quatre-vingts trois. Conclusions du Procureur general du Roy; Et tout consideré: Ladite Cour a ordonné & ordonne, que tous Gentils-hommes, & autres ayans Cha-

steaux, Moulins, Forges, & autres bastimens sur les Riuieres d'Yonne, Cure, & ruisseaux y descendans, seront appellez en icelle, pour apporter les tiltres en vertu desquels en jouyssent: iceux veus, si besoin est informer de la commodité ou incommodité, & communiquez au Procureur General du Roy, en estre ordonné ce que de raison. Cependant leur fait inhibitions & defenses de ne faire, ne faire faire, directement ou indirectement aucunes exactions sur les marchandises de bois, Voicturiers, Mercenaires, en conduisant bois flotté, merrain, bois carré, eschallats, & autres marchandises passans sur lesdites Riuieres & ruisseaux, ny iceluy bois prendre & brusler pendant qu'il passe; ains leur enjoint se contenter des droicts qui leur appartiennent, par tiltres de possession valables & legitimes; Et à ce qu'aucun n'en pretende cause d'ignorance, sera le present Arrest leu & publié par les Iuges des lieux; Ausquels & aux Preuosts Vissenеschaux, enjoint la Cour de tenir la main à l'execution, à ce que la nauigation des bois soit exercée sans exaction, informer des contrauentions, & d'enuoyer le tout au Greffe de nostre-dite Cour, pour en estre par elle ordonné ce qu'il appartiendra. Fait en Parlement le dixneufiesme Avril, mil cinq cens quatre-vingts quinze.

Signé, VOISIN.

ARREST DE LA COVR DE PARLEMENT, portant injonction aux Gentils-hommes, leurs Musniers, & autres, de donner passage libre aux Marchands, sans commettre aucune exaction.

VEV par la Cour la Requeste à elle presentée par les Marchands de bois fournissant cette Ville, traficquans sur les Riuieres d'Yonne, Breuon, Cure, & ruisseaux y descendans; par laquelle attendu qu'auprejudice & contre les Arrests, plusieurs Gentils-hommes, leurs Musniers, Fermiers & autres, ne veulent permettre aux supplians, & à leurs mercenaires, passer auec le bois qu'ils amenent; d'autant qu'ils empeschent que les Palles & Vannages des Moulins soient leuez, sinon en leur donnant des cinquante, soixante & quatre-vingts escus qu'ils exigent; Et pour mieux colorer l'exaction, aucuns des Proprietaires, ou des Fermiers & Musniers, ou autres qui font séjourner iusques à ce qu'ils ayent accomply la volonté desdits proprietaires, esloignez desdits lieux, & qui se font celer, requeroient sur ce leur estre pourueu, au bien & commodité du public. Veu les Arrests des 17. Decembre, mil cinq cens quatre-vingts trois, & 19. Avril dernier: Conclusions du Procureur General du Roy; Tout consideré; LADITE COVR a ordonné & ordonne, que les Gentils-hommes & autres, qui ont Moulins & places sur les Riuieres & ruisseaux, seront appellez en icelle, pour apporter les tiltres en vertu desquels ils pretendent droict sur les bois, pour en ordonner ce qu'il appartiendra; ET CEPENDANT leur inhibe & deffend de faire, ou faire faire directement ou indirectement, aucunes exactions sur les supplians, leurs Voicturiers & Mercenaires, conduisans bois flotté, de moulle, merrain, bois carré, eschallats, & autres marchandises, passant sur lesdites Riuieres & ruisseaux, ny iceluy bois prendre ny brusler lors qu'il passe. Enjoint ladite Cour aux détempteurs & Fermiers desdits Moulins, & autres lieux, de leuer incontinent qu'ils seront requis, les Palles & Vannages desdits Moulins, pour le passage desdits bois, & autrement; Et à leur refus, ladite Cour a permis & permet aux supplians, Voicturiers & Mercenaires, apres commandement aux proprietaires, parlant à leursdits Musniers, ou Fermiers, ou à leur domicile, faire leuer lesdites Palles & Vannages; & si besoin est, faire rompre lesdites écluses desdits Moulins, faisant inhibitions & defenses à toutes personnes d'y apporter aucun empeschement, à peine de cinq cens escus d'amende, & de plus grande peine, s'il y eschet; & à ce qu'aucun n'en pretende cause d'ignorance, sera le present Arrest leu & publié sur les lieux. Enjoint aux Iuges, Preuosts, & Vissenefchaux, tenir la main à l'execution, à ce que la nauigation de bois soit libre & sans exaction, & informer des contrauentions si aucunes sont faites. Fait en Parlement, le 12. Iuillet mil cinq cens quatre-vingts quinze. Signé, DV TILLET.

OVYS par la grace de Dieu, Roy de France & de Nauarre; au Bailly d'Auxerre, ou ses Lieutenans Generaux & Particuliers, Iuge Preuost desdits lieux, & autres plus prochains Iuges Royaux de la demeure des parties, premier des Huissiers de nostre Cour de Parlement, ou autre nostre Huissier ou Sergent chacun d'eux sur ce requis: Salut. A la supplication des Marchands de bois fournissant nostre Ville de Paris, trafficquans sur les Riuieres d'Yonne, Breuon, Cure, & ruisseaux y descendans, demandeurs. Nous vous mandons en commettant par ces presentes, que veu certain Arrest par extraict de nostre-dite Cour, en datte du 12. iour de Iuillet mil cinq cens quatre-vingts quinze, donné à leur profit, à l'encontre de plusieurs Gentils-hommes, leurs Musniers, Fermiers, & autres, qui ont Moulins & places sur lesdites riuieres & ruisseaux, iceluy mettre en deüe & entiere execution, selon sa forme & teneur, en ce que execution le requiert, en contraignant par toutes voyes deües & raisonnables; de ce faire vous donnons pouuoir. Donné à Paris en nostre Chambre des Vaccations, le 4. iour d'Octobre, l'an de grace 1610. Et de nostre regne le premier. Signé, VOISIN.

COMMISSION POVR INFORMER DE L'ENLEVEMENT du bois, tant par larcins, que creuës & débordemens des Riuieres.

A TOVS ceux qui ces presentes Lettres verront, Macé le Boullenger, sieur de Neumoulin, Quinquempois, Maslée, & Fercourt, Conseiller du Roy en ses Conseils d'Estat & Priué, President és Enquestes de sa Cour de Parlement, Preuost des Marchands, & les Escheuins de la Ville de Paris; Salut. Sçauoir faisons que veu la Requeste à Nous faite & presentée par Guillaume & Nicolas Philippes, Nicolas Gaillard, Iacques Moreau, Louys Bertault, Laurens Vezinier, Iean Boise, Martin Belier, René Gaillard, François Vezinier, Anthoine Bertrand, André Girardot, François Girardot & Pierre Bureau, Marchands trafiquans de bois flotté sur les riuieres d'Yonne, Seine, & autres y affluantes; contenant qu'outre le débordement extraordinaire des eauës, arriué esdites Riuieres au mois de Nouembre dernier, dont ils auroient beaucoup souffert, il estoit encores de nouueau en ce present mois de Mars suruenu en icelles Riuieres d'autres creües d'eau, si grandes & rapides, qu'elles auroient aussi débordé & causé de notables pertes & dommages ausdits Marchands; & entr'autres ayant la furie & violence desdites eaües rompu & entraisné le pertuis du moulin de la forest proche Clamecy, les débris d'iceluy seroient tombez sur vn flot arresté entre ledit pertuis, & celuy de Coullanges, & emmené quinze à seize mil cordes de bois dudit flot au moins; comme elles auroient aussi fait d'vn autre flot qui estoit arresté au lieu dit le Gué au Cerf, proche le Bourg de Moreuillon, iusqu'à huit ou dix mil cordes, comme pareillement emmené quantité d'autres bois qui auoient esté empillez sur les ports dudit Clamecy, Coullanges, Chastel-Sansoy, Vermenton, & autres lieux; & mesme grand nombre de bois de plusieurs flots qui maintenant estoient sur les riuieres de Cure, Beuuron, Doussiere, & autres qui se joignent dans celles d'Yonne & Seine; tous lesquels bois destinez pour la prouision & fourniture de Paris, lesdites creuës & débordemens d'eauës auroient jettez & rendus épars sur les terres & heritages voisines desdites riuieres & ruisseaux, ponts, moulins, écluses, & leurs dépendances qui y sont scituez, & estoient iceux bois exposez à la vollerie & brigandages d'vn chacun, par le moyen dequoy outre qu'vne bonne partie se perdoit: Ce qui pouuoit rester du surplus respandu çà & là, estoit transporté & latité par les habitans des lieux circonuoisins qui en mes-vsoient; les proprietaires desdites terres, prez, heritages, ponts, moulins, écluses & dépendances, s'en emparoient, les retenoient, vexoient, & poursuiuoient lesdits Marchands, ou leurs Commis & Facteurs pardeuant les Iuges des lieux, sous pretexte de dommages & interests, dégasts & ruptures, desquels ny lesdits Marchāds, ny leursdits bois, n'ē pouuoient estre tenus, eu égard que cela procedoit d'vn coup du Ciel & vis major, dont nul n'estant garand. Iceux Marchands auoient tousiours esté déchargez & repris leurs choses franches & quittes de telles pretentions, lors que les occasions pareilles s'estoient rencontrées: Et par ce qu'en cét accident inopiné, lesdits Bertault & Consors souffroient de grandissimes pertes, sans beaucoup de frais qu'il leur conuenoit faire pour retirer & mettre en estat leursdits bois, Requeroient leur estre pourueu. Consideré le contenu en laquelle requeste, & sur icelle ouy le Procureur du Roy & de la Ville en ses Conclusions. Auons ce dont il s'agist, permis & permettons par ces presentes ausdits Bertault, Philippes Gaillard, & Consors, de recourre, faire repescher des riuieres & ruisseaux sus declarez, ramasser & retirer des terres, prez & heritages, & lieux circonuoisins; ensemble des ponts, moulins, écluses & dépendances qui y sont scituez, tout ce qu'ils pourront recouurer de leursdits bois; lesquels eux ou leurs Commis & Facteurs, prendrôt & remettront en leurs possessions, francs & quittes des dommages & interests, dégats & ruptures que l'on pourroit pretendre iceux bois auoir faits & causez ausdites terres, prez, heritages, ponts, moulins, écluses, & dépendances, dont lesdits Bertault & Consorts demeureront déchargez, ayant égard audit accident & vis-major; Pour ce fait estre lesdits bois conduits & voiturez en cette-dite Ville de Paris, pour la prouision & fourniture d'icelle: FAISONS inhibitions & defenses à toutes personnes, de quelque qualité ou condition qu'elles soient, de les y troubler ny empescher, ny mesmes saisir, arrester, ny retenir leursdits bois, partie ne portion d'iceux, en quelque sorte & pour quelque occasion que ce soit: Comme aussi de ne les traduire ny poursuiure ailleurs que pardeuant Nous, pour les choses susdites, circonstances & dépendances, à peine de mil liures d'amende, nullité des procedures, & de toutes pertes & dommages, interests & despens; aux Iuges des lieux d'en cognoistre, & à tous Huissiers ou Sergens d'executer leurs permissions, Sentences & contraintes, sur les mesmes peines, & d'en respõdre en leurs propres & priuez noms. Permettons en outre ausdits Bertault & Consorts, de faire par le premier Iuge ou Sergent Royal desdits lieux, qu'à cét effet commettons, informer tant dudit accident & enleuement de leursdits bois, par lesdites creuës & desbordement d'eauë, que des contrauentions à ce que dessus, ensemble des larcins, pilleries, latitemens & mesus; à ces fins obtenir, & faire publier monition où besoin sera, pour en auoir reuelation & preuue; & pareillement d'en faire faire perquisitions & recherches és lieux & endroits où ils sçauront y en auoir, desquels sera fait ouuerture par le premier Serrurier ou Mareschal, en presence dudit Iugé ou Sergent, & de deux voisins, faute par les proprietaires ou locataires de les ouurir: Pour ce qui sera trouué desdits bois estre aussi repris par lesdits Bertault & Consorts, ou leurs Facteurs, dont & dequoy seront dressez informations & procez verbaux, pour iceux rapporter pardeuers Nous, estre procedé à l'encontre des délinquans & contreuenãs, par les voyes de droict, & selon le merite du cas: Ce qui sera executé réellement, directement & de faict, nonobstant toutes saisies, oppositions, ou appellations, & autres empeschemẽs quelconques, faits ou à faire, & sans prejudice d'iceux; pour lesquels ne sera differé; Et pour l'execution de ce que dessus, pourront eux faire assister des Preuosts des Mareschaux, leurs Lieutenans & Archers, afin d'y donner mainforte. Si donnons en mandement ausdits Iuge ou Sergent, & tous autres qu'il appartiendra sur ce premier requis, de mettre ces presentes à execution, selon leur forme & teneur; De ce faire leur donnons pouuoir. En tesmoin de ce, nous auons mis à ces presentes le scel de ladite Preuosté des Marchands. Ce fut fait & donné au Bureau de ladite Ville le 29. iour de Mars 1642. Signé, LE MAIRE.

LOVYS

OVYS par la grace de Dieu, Roy de France & de Nauarre: Au premier nostre Huissier ou Sergent sur ce requis; Nous te mandons & commandons par ces presentes, qu'à la Requeste de Guillaume & Nicolas Philippes, Nicolas Gaillard, Iacques Moreau, Louys Bertault, Laurens Vezinier, Iean Boise, Martin Bellier, René Gaillard, François Vezinier, Anthoine Bertrand, André Girardot, François Girardot, & Pierre Bureau, Marchands trafiquans de bois flotté sur les riuieres d'Yonne, Seine, & autres y affluantes; Tu mette à deuë & entiere execution de poinct en poinct selon sa forme & teneur, le jugement des Preuost des Marchands & Escheuins de nostre bonne Ville de Paris, du 29. du present mois, cy attaché sous le contrescel de nostre Chancellerie, à l'encontre de tous ceux qu'il appartiendra, par tous les lieux & endroits de cettuy nostre Royaume, terres & seigneuries de nostre obeyssance: Mandons aussi à tous Iuges & Officiers, te prester main forte & ayde en l'execution dudit jugement; De ce faire te donnons pouuoir, commission & mandement special, sans demander aucun congé ny permission: Car tel est nostre plaisir. Donné à Paris le premier iour d'Avril 1642. Et de nostre regne le trente-deuxiesme. Signé, Par le Roy en son Conseil, FARDOYS. Et scellé du grand sceau de cire jaune.

ARREST DE LA COVR DE PARLEMENT, portant deffences de retenir le bois flotté, en passant deuant les Villes.

OVYS par la grace de Dieu, Roy de France & de Nauarre; Au premier des Huissiers de nostre Cour de Parlement, ou autre nostre Sergent sur ce requis: Salut. Comme le iour & datte des presentes; Veu par nostre-dite Cour la requeste presentée par les Marchands trafficquans de bois flotté pour la prouision de cette Ville; contenant que depuis vn mois ou enuiron, nous ayant commandé que l'on fist garde en plusieurs Villes de ce Royaume, notamment en celles qui sont sur la riuiere d'Yonne, comme Auxerre, Ioigny, Villeneufue-le-Roy, Sens, Ponts, Montereau, Melun & Corbeil, les Chefs desdites Villes auroient preposé les habitans d'icelles pour faire ladite garde, lesquels habitans desdites Villes faisant ladite garde, toutesfois que les trains de bois des supplians coulent à val l'eau pour arriuer en ceste Ville, vont auec Bateaux sur la riuiere arrester les trains, & ceux qui les conduisent; & prennent impunément, & par force, de chacun train, grande quantité de bois, iusques à cinq & six voyes d'vn train & plus; en sorte que s'ils continuënt ce larcin, cela ira à la diminution & perte de plus d'vn quart de tous les bois que les supplians ont sur les ports, prests à faire mettre en trains, & à faire amener en cette Ville, ce qui leur causeroit vne grande ruine; Requeroient les supplians defences estre faites ausdits habitans desdites Villes qui sont sur ladite riuiere d'Yonne, préposez à la garde d'icelles, prendre ne faire prendre ou emporter le bois des supplians, par batteaux ou autrement, en quelque sorte & maniere que ce soit, lors que leurs trains de bois passeront deuant leurs Villes, sur peine de cinq cens liures d'amende, & de punition corporelle, s'il y eschet: Qu'il fust enjoint à nos Iuges, Substituds de nostre Procureur General, Maire & Escheuins des lieux, d'y tenir la main, à peine d'en respondre en leurs noms, de tous despens, dommages & interests desdits Marchands, & que l'Arrest fust leu, publié & affiché; & en cas de contrauention, permis ausdits supplians d'en informer pardeuant le Rapporteur de la Requeste, pour les informations faites & communiquées à nostre Procureur General, estre pourueu ausdits supplians sur icelles, ainsi que nostre-dite Cour verra estre à faire par raison. Conclusions de nostre Procureur General; Et tout consideré: Nostre-dite Cour ayant esgard à ladite Requeste, a fait tres-expresses inhibitions & deffences particulieres ausdits habitans desdites Villes, qui sont sur ladite riuiere d'Yonne, préposez à la garde d'icelles, prendre ne faire prendre ou emporter le bois des trains des supplians, par batteaux ou autrement, en quelque sorte & maniere que ce soit, lors que leursdits trains de bois passeront deuant leursdites Villes, à peine de cinq cens liures d'amende, & de punition corporelle, s'il y eschet; Enjoinct aux Substituds de nostre-dit Procureur General, & aux Maire & Escheuins desdites Villes, tenir la main à l'execution du present Arrest, à peine de respondre en leurs noms des despens, dommages & interests des supplians; & en cas de contrauention, permis ausdits supplians faire informer contre les contreuenans; pour les informations faites, rapportées & communiquées à nostre-dit Procureur General, faire droict ainsi qu'il appartiendra; Et sera le present Arrest leu, & publié à son de trompe & cry public, par tout où besoin sera, à ce qu'aucun n'en pretende cause d'ignorance. Si te mandons, à la Requeste desdits Supplians, mettre le present Arrest à execution; de ce faire te donnons pouuoir. Donné à Paris en nostre Parlement, le 17. iour de Mars, l'an de grace 1628. Et de nostre regne le dix-huitiesme. Signé, Par la Chambre, RADIGVES. Et scellé de cire jaune.

ARREST DE LA COVR DE PARLEMENT, en Reiglement de Iuges.

ENTRE Clement de la Val, Marchand & Bourgeois de Paris, demandeur aux fins d'vne Commission par luy obtenüe en ladite Cour, le 4. Iuillet 1618. d'vne-part: Et François Dhuysard, Escuyer, sieur de Tamenay, deffendeur d'autre: Veu par la Cour ladite Commission du 4. Iuillet 1618. tendante à ce que ledit deffendeur fust appellé en ladite Cour, & autres qu'il appartiendroit, pour voir ordonner qu'ils procederoient pardeuant les Preuost des Marchands & Escheuins de ceste Ville, Iuges ordinaires des Marchandises de bois; & que deffences fussent faites de poursuiure pardeuant les Presidiaux de Saint Pierre le Moustier, & tous autres Iuges, à peine de nullité de procedures, & de tous despens, dommages & interests du demandeur; deffences, appointemens en droict, productions desdites parties: Et tout consideré; Dit a esté que ladite Cour a ordonné & ordonne, que pour tous les differends concernans lesdits bois, destinez pour estre amenez en ceste Ville de Paris, lesdites parties procederont pardeuant lesdits Preuost des Marchands & Escheuins de cette Ville de Paris, pardeuant lesquels les Iuges des lieux qui en seront requis serõt tenus de faire le renuoy desdites causes, à peine de nullité desdites procedures, & de tous despens, dommages & interests des parties, sans despens de l'instance. Prononcé le 20. iour de Feurier 1621.

Signé, GALLAND.

ARREST DV CONSEIL PRIVÉ DV ROY, POVR la recousse des bois emmenez par les eaux.

SVR la Requeste presentée au Roy en son Conseil, par les Marchands de bois flotté, tant de la Ville de Paris, que forains; tendante afin qu'il leur soit permis de ramasser le bois qu'ils auoient fait entasser sur les ports, tant de la riuiere de Cure, que d'Yonne, pour iceluy enuoyer en la Ville de Paris, où il auroit esté destiné pour la prouision & fourniture de ladite Ville; lequel bois, pour la grande quantité d'eaux, & débordemens desdites riuieres, a esté enleué & respandu dans les bleds, prez & heritages de plusieurs particuliers, sans estre sujets de payer ausdits proprietaires aucuns despens, dommages & interests, attendu que c'est vn accident & vn coup du Ciel, qui ne procede de leur faute, & ne le pouuant euiter; & que s'ils estoient abstraints à recompenser lesdits particuliers, ce seroit les ruïner entierement, tant pour la grande quantité de leursdits bois, qu'ils ont perdus à l'occasion desdits rauages, que pour les larcins & exactions qui s'exercent journellement sur eux pour le passage & conduitte desdits bois, & que tous & chacuns les procez & differends qui pourroient naistre, tant pour raison dudit bois ainsi enleué & respandu, que pour lesdits larcins & exactions, soient renuoyez pardeuant les Preuost des Marchands & Escheuins de ladite Ville de Paris, Iuges de tels differends, pour estre pourueu ausdits supplians; & que deffences soient faites à tous autres Iuges d'en cognoistre, & à toutes personnes d'en faire aucunes poursuites ailleurs que pardeuant lesdits Preuost des Marchands & Escheuins de la Ville de Paris, à peine de nullité, dépens, dommages & interests. LE ROY EN SON CONSEIL ayant esgard à ladite Requeste, a éuoqué à soy & à sondit Conseil, tous les procez & differends concernant la poursuitte & recousse dudit bois flotté, dommages & interests pretendus par les proprietaires des heritages proches desdites riuieres de Cure & Yonne, exactions & larcins, circonstances & deppendances, & a iceux renuoyez pardeuant le Preuost des Marchands &

Escheuins de la Ville de Paris, en premiere instance, & par appel en la Cour de Parlement, auquel Preuost & Escheuins, sa Majesté en a attribüé toute Cour, Iurisdiction & cognoissance ; fait deffences à tous autres Iuges d'en cognoistre, & à toutes personnes d'en faire poursuitte ailleurs, à peine de nullité, cassation de procedures, tous despens, dommages & interests desdits Marchands de bois. Fait au Conseil Priué du Roy, tenu à Paris le 5. iour d'Aoust 1613. Signé, MOREAV.

LOVYS par la grace de Dieu, Roy de France & de Nauarre ; A nos amez & féaux Conseillers les Gens tenans nostre Cour de Parlement de Paris, Preuost des Marchands & Escheuins de nostre-dite Ville ; Salut : Par Arrest de nostre Conseil, cy attaché sous nostre cõtrescel, ce jourd'huy donné sur la Requeste à nous presentée par les Marchands de bois flotté, tant de nostre-dite Ville de Paris, que Forains ; Nous auons éuoqué à Nous & à nostre Conseil, tous & chacuns les procez & differends concernant le faict mentionné audit Arrest, & iceux, auec leurs circonstances & dépendances, renuoyé & renuoyons pardeuant lesdits Preuost des Marchands & Escheuins en premiere instance, & par appel pardeuant vousdits Conseillers, tenans nostre-dite Cour de Parlement, vous en attribuant audit cas d'appel, & audit Preuost, toute Cour, Iurisdiction & cognoissance, & icelle interdisons & deffendons à tous autres nos Iuges : Mandons & commandons à nostre Huissier ou Sergent premier sur ce requis, signiffier nostre-dit Arrest à tous qu'il appartiendra, à ce qu'ils n'en pretendent cause d'ignorance ; leur faisant de par nous inhibitions & deffences de faire aucune poursuite desdits procez & differends ailleurs que pardeuant ledit Preuost des Marchands, à peine de nullité, cassation de procedures, despens, dommages & interests ; & faire au surplus pour l'execution de nostre-dit Arrest, & des presentes, à la Requeste desdits Marchands, tous autres Actes & Exploicts requis & necessaires ; Car tel est nostre plaisir. Donné à Paris, le cinquiesme iour d'Aoust, l'an de grace mil six cens treize. Et de nostre regne le quatriesme. Signé, Par le Roy en son Conseil, MOREAV.

ARREST DU GRAND CONSEIL, EN REGLEment de Juges, du 13. Ianvier mil six cens trente-deux.

LOVYS par la grace de Dieu, Roy de France & de Nauarre : A tous ceux qui ces presentes lettres verront : Salut. Sçauoir faisons, que comparans en Iugement en nostre grand Conseil, nos bien amez Guillaume de Villaines, Guillaume & Nicolas Phelippes, Marchands de bois flotté, Bourgeois de Paris, demandeurs en Requeste par eux presentée à nostre-dit Conseil, & sur icelle impetrant Commission d'iceluy, du 19. Iuillet 1631. tendante affin de Reiglement de Iuges, pour la contention de Iurisdiction, d'entre nostre Cour de Parlement de Bourgongne, & le Preuost des Marchands & Escheuins de la Ville de Paris, & de renuoy du procez & different d'entre les parties, pardeuant les Iuges ausquels la cognoissance en devra appartenir, d'vne part: Et Damoiselle Anne le Seurre, veufue de feu Maistre Hubert Filsjean, demeurante au Bourg de Sermisselle, deffenderesse & assignée en nostre-dit Conseil, en vertu de ladite Commission, d'autre: Et encores lesdits de Villaines & Phelippes, demandeurs en Requeste par eux presentée en nostre-dit Conseil, le 18. Nouembre audit an 1631. tendante affin pour les causes y contenües, que certaines nos lettres en forme de desertion d'appel, par elle obtenuë en nostre Chancellerie de Bourgongne, le 12. Aoust 1631. Exploict d'assignation donnée en nostre-dite Cour de Parlement de Bourgongne, en vertu d'icelle ausdits demandeurs, à sa requeste, & autres procedures par elle faites en icelles, soient cassées, reuocquées, & annullées, comme ayant esté faites & données contre & au prejudice de la Iurisdiction de nostre Conseil, & de ses deffences; & ladite le Seurre condamnée en tous leurs despens, dommages & interests, d'vne part: Et ladite Damoiselle le Seurre deffenderesse à ladite Requeste d'autre; ou les Aduocats & Procureurs des parties: Apres que de Sainte Marthe pour lesdits de Villaines & Phelippes; Vorce pour ladite Damoiselle le Seurre, & de Raine-fort pour nostre Procureur General, ont esté ouys: Iceluy nostredit grand Conseil par son Arrest, faisant droict sur ledit Reiglement de Iuges, sans auoir esgard aux procedures faites en nostre-dite Cour de Parlement de Dijon, a renuoyé & renuoye les parties pardeuant le Preuost des Marchands & Escheuins de la Ville de Paris, & par appel en nostre Cour de Parlement dudit lieu, pour y proceder entr'elles sur leurs procez & differends, ainsi que de raison, despens reseruez. Si donnons en mandement, & commettons par ces presentes, au premier des Huissiers de nostre grand Conseil, ou autre nostre Huissier ou Sergent sur ce requis, qu'à la Requeste desdits de Villaines & Phelippes, le present Arrest il signiffie, en tant que besoin seroit, à ladite deffenderesse, à ce qu'elle n'en pretende cause d'ignorance, en luy donnant assignation à comparoir à certain & competant iour, pardeuant le Preuost des Marchands & Escheuins de la Ville de Paris, pour y proceder entre lesdites parties sur leurs procez & differends, ainsi que de raison, & par appel en nostre Cour de Parlement dudit lieu. Et outre pour l'entiere execution dudit present Arrest, faire tous Exploicts requis & necessaires; de ce faire auons à nostre-dit Huissier ou Sergent donné & donnons pouuoir, sans pour ce, demander Placet, Visa, ne Pareatis. En tesmoin dequoy, nous auons fait mettre nostre seel à ces presentes. Donné, & prononcé en l'Audiance de nostre-dit grand Conseil à Paris, le 13. iour de Ianvier, l'an de grace 1632. Et de nostre regne le vingt-deuxiesme. Signé sur le reply, Par le Roy, à la relation des Gens de son grand Conseil, COLLIER. Et scellé.

ARREST DE LA COVR DE PARLEMENT, portant renuoy aux Preuost des Marchands & Escheuins, des differends du bois flotté.

ENTRE Louys Bertault, Bourgeois de la Ville de Troyes, appellant de certain jugement rendu par Maistre Pierre Courtois, Conseiller au Bailliage de Troyes, le 21. May 1640. d'vne-part: Et Sebastien Goüault, Marchand demeurant audit Troyes, inthimé d'autre; & demandeur en Requeste du 4. Decembre audit an, affin d'éuocquation du principal differend des parties, pendant au Bailliage de Troyes; & encores à ce que dés à present l'appellant soit condamné payer à l'inthimé la somme de deux cens quatre-vingt sept liures quatre sols, offerte par l'appellant par Exploict signiffié à sa Requeste, le 25. de ladite année 1640. pour le chommage du Moulin dudit inthimé, sallaires d'ouuriers employez à faire le papier d'iceux, d'vne autre part; & ledit Bertault deffendeur d'autre; Appointé est, ouy sur ce le Procureur General du Roy, que la Cour sur ledit appel a mis & met les parties hors de Cour & de procez: Et sans s'arrester à la Requeste d'éuocquation du principal, a renuoyé & renuoye les parties pardeuant les Preuost des Marchands & Escheuins de Paris à huitaine, pour y proceder ainsi que de raison, sauf en jugeant estre ordonné qu'il sera procedé à nouuelle visitation du lieu, s'il y eschet; condamne l'appellant, suiuant les offres contenuës par l'Exploict du 25. Iuin 1640. payer à l'inthimé la somme de cent dix liures seize sols six deniers, restant à payer du chommage pretendu par l'inthimé, lequel aussi demeurera deschargé du payement du bois, tant à bastir qu'à brusler, par luy achepté de l'appellant, auparauant ledit Exploict. Fait en Parlement le huitiesme Aoust, mil six cens quarante-vn.

Signé, GVYET.

LETTRES PATENTES DV ROY, ATTRIBVTIVES *de Iurisdiction du blois flotté, aux Preuost des Marchands & Escheuins.*

HENRY par la grace de Dieu, Roy de France & de Pologne; Aux grands Maistres Enquesteurs, & Generaux Reformateurs de nos Eaües & Forests és Prouinces de l'Isle de France & Bourgongne, ou leurs Lieutenās Generaux & Particuliers, Preuost de Paris, Bailly de Sens, Auxerre, Niuernois, Morant, ou leurs Lieutenans, Maires & Escheuins des Villes, Capitaines & Gardes des portes, peages & passages de nos Iurisdictions & destroits; & à tous nos autres Baillifs, Preuosts, Iuges, Officiers & Sujets qu'il appartiendra: Salut. Sçauoir faisons que desirans preuoir à la necessité que Nous & la Reyne nostre tres-honnorée Dame & Mere, & la Reyne nostre Espouse, nostre tres-cher Frere, & autres Princes, Seigneurs & Dames, tant de nostre suitte que Habitans, & residans en nostre Ville de Paris; auons permis, accordé & octroyé, permettons, accordons & octroyons par ces presentes, à Guillaume Girard, Marchand demeurant à Paris, & Guillaume Mazurier, qu'ils puissent & leur soit loisible toutefois & quantes que bon leur semblera, par tels de leurs Seruiteurs, Facteurs & Negotiateurs qu'ils aduiseront, & ausquels ils donneront charge de voicturer, flotter & conduire en cette Ville de Paris, à vne ou plusieurs fois, par les Riuieres de Seine, Yonne, Cure, Breuon, & Ruisseaux de ce Royaume, telle quantité de bois carré, mousle & quartiers, que lesdits Marchands aduiseront & pourront faire conduire en nostre-dite Ville de Paris, sans que pour la conduitte dudit bois on leur puisse, ou leursdits Seruiteurs, Facteurs & Negociateurs, faire ou donner aucun destourbier ou empeschement; lequel s'y fait, mis ou donné leur estoit, nous voulons estre par vous osté & leué, comme dés à present nous l'ostons & leuons, & tous autres qui leur pourront directement ou indirectement estre donnez au contraire: Mandons & enjoignons à chacun de vous en droict soy, si comme à luy appartiendra souffrir, comme nous faisons ausdits Marchands & leurs Facteurs, faire ladite conduitte; & pour icelle faciliter, leur faire ou faire faire à leur premiere Requeste, & de leurs Facteurs, ouuerture & passage par dessous tous les Ponts, Riuages, Moullins & Escluses, ruptures, & lieux plus commodes, & autres endroits qui sont sur lesdites riuieres, & où ont accoustumé passer semblables bois de flotte, en payant toutefois par lesdits Marchands, ou leurs Facteurs, les droicts pour ce deubs & accoustumez, suiuant nos Ordonnances & l'ancienne coustume: Pourront aussi lesdits Marchands, leurs Facteurs & entremetteurs, tirer & pescher desdites riuieres tout le bois carré, mousle, & de quartier, qui demeure en canardy & dans l'eaüe, & ce dedans six sepmaines apres la queüe de leur flotte, & estant retirez hors desdites riuieres; & pareillement souffrir empiller és lieux conuenables & moins dommageables que faire se pourra ; & bailler ledit bois carré & mouslé, estant empillé, en garde au plus prochain voisin, ou au Musnier, pourueu qu'il soit soluable, pour éuiter aux grandes-pertes que lesdits Marchands souffrent de iour en iour, pour leur estre ledit bois pris & desrobé ; de sorte qu'aucuns d'eux en sont tombez en grande mandicité ; permettons aussi ausdits Marchands, ou leurs Facteurs, de faire informer des troubles & empeschemens, larcins & pilleries qui leur sont faites, en quelque part & lieu que ce soit : Et ou les Seigneurs & proprietaires desdits Moulins, Escluses, & autres lieux où ils passeroient, leur feroient ou donneroient empeschement ; lesdits Marchands ou leursdits Facteurs, pourront protester à l'encontre d'eux, & de tous despens, dommages & interests, pour le retardement de leurs marchandises ; Et à ce que dessus, faire & souffrir & obeyr, contraignez & faites contraindre par toutes voyes & manieres deües & raisonnables, nonobstant oppositions ou appellations quelconques : pour lesquelles & sans prejudice d'icelles, ne voulons l'execution des presentes estre differé : Et si pour raison des choses susdites il se mouuoit procez, differends & contentions, ne voulons que lesdits Marchands soient molestez, trauaillez & enuelloppez en volutions de procez, en diuers endroits & Iurisdictions : Nous auons par ces presentes, de nostre grace specialle, pleine puissance & authorité Royale, éuocqué & éuocquons à Nous, & à nostre personne, tous les differends qui se pourront mouuoir pour raison de ce que dessus, & iceux renuoyez & renuoyons pardeuant le Preuost des Marchands & Escheuins de nostre-dite Ville de Paris, ausquels nous auons attribué & attribuons toutes Cours, Iurisdictions & cognoissances en premiere instance ; & icelle interdite & deffendüe, interdisons & deffendons à nos Cours de Parlemẽs, & à tous autres Iuges & Magistrats, fors & excepté nostre Cour de Parlement de Paris, en cas d'appel dudit Preuost des Marchands & Escheuins : Et pource que de ces presentes on pourra auoir affaire en plusieurs & diuers lieux, Nous voulons qu'au vidimus d'icelles, deüement collationnées sous le scel Royal, & par vn de nos amez & féaux Notraires & Secretaires, foy y soit adjoûtée comme au present original : Car tel est nostre plaisir ; nonobstant quelconques Ordonnances, Mandemens, & deffences à ce contraires. Donné à Paris le 2. jour de Nouembre, l'an de grace 1582. Et de nostre regne le 9. Ainsi signé, Par le Roy en son Conseil, DE VILLEROY.

ARREST

ARREST DV CONSEIL PRIVE' DV ROY, POVR informer des abus, desordres & exactions qui se font sur les Riuieres.

SVR ce qui a esté remonstré au Roy en son Conseil, par les Preuost des Marchands & Escheuins de la Ville de Paris, que journellement ils reçoiuent des plaintes en leur Bureau, par les Marchāds de bois flotté, tant de ladite Ville, que Forains, des empeschemens qui leur sont faits à la voicture & conduite de leur bois & flottes, venant des Pays de Bourgongne & Moruant, & des leuées des deniers, & exactions que commettent sur eux, tant les Musniers, ayans Moulins sur les Ruisseaux & Riuieres desdits Pays, que les proprietaires d'iceux, & autres personnes qui les y contraignent, & retiennent l'eauë desdits Moulins, pour empescher le passage dudit bois, iusques à ce que l'on ayt composé auec eux, auec grandes sommes de deniers; ce qui fait encherir & retarder le plus souuent les prouisions de ladite Ville; Pour à quoy remedier, ils se disposoient de députer quelques-vns d'entr'eux, pour en vertu d'vn Arrest du Conseil, & auec le Procureur de sa Majesté audit Hostel de Ville, & Greffier d'icelle, se transporter sur tous lesdits lieux, pour informer desdits empeschemens, leuées des deniers, restitutions de bois, exactions, & visiter lesdits Moulins & dépendances; Ce qu'estant venu à la cognoissance de quelques Seigneurs, Gentils-hommes, Musniers, & autres, pour empescher ladite descente & visitation, se sont depuis peu addressez au sieur de la Fautriere, Conseiller audit Conseil, Maistre des Requestes & Intendant de la Iustice audit Pays de Bourgongne, estant sur lesdits lieux; lequel sous ce pretexte a donné Sentence le 12. Iuillet dernier, par laquelle il a ordonné qu'il seroit par luy informé de l'incommodité que le passage du bois apporté en leurs Moulins, Pertuis, Chaussées, Vannes, Escluses, Terres & Prez qui seroiét à ceste fin veus & visitez en sa presēce, qui est du tout entreprendre sur la Charge & Iurisdiction desdits Preuost des Marchands & Escheuins, qui notoirement sont Iuges de la nauigation, depuis les sources des Ruisseaux & Riuieres iusques en ladite Ville de Paris, ont l'intendance & direction des prouisions de ladite Ville, venant par lesdits Ruisseaux & Riuieres, & craignent que par le moyen des poursuites qui sont ainsi faites sur lesdits lieux, par ledit sieur de la Fautriere, à l'encontre desdits Marchands de bois, ne soient retardez au prejudice du public: Requerant sa Majesté y vouloir pourueoir; & outre ordonner que l'vn des Escheuins, le Procureur de sa Majesté dudit Hostel de Ville, & Greffier d'icelle, se transporteroient esdits Pays de Bourgongne & Moruant, aux fins dessusdits; Ouy le rapport du sieur de Paris, Conseiller & Maistre des Requestes de l'Hostel du Roy: VEV par le Roy en son Conseil ladite Requeste, ouy le rapport du sieur de Paris, Commissaire à ce député; Et tout consideré: LE ROY EN SON CONSEIL, sans s'arrester à ladite Sentence du douziesme Iuillet, a ordonné que l'vn des Escheuins de ladite Ville de Paris, auec le Procureur & Greffier d'icelle, se transportera esdits Pays de Bourgongne, Niuernois, & Moruant, pour informer des empeschemens faits à la conduite du bois que l'on amene pour la fourniture de ladite Ville, retention d'iceluy, leuées de deniers, & autres exactions, visiter les Moulins, Vannes, Gores, Pertuis, Escluses & Pescheries, estans sur lesdits Ruisseaux & Riuieres; & si faire ce doit, se faire representer par les proprietaires desdits Moulins leurs titres, & de tout en dresser procez verbal, pour iceluy fait & rapporté pardeuers lesdits Preuost des Marchands & Escheuins, y estre par vous pourueu, ainsi qu'il appartiendra; leur en attribuant sa Majesté toute Iurisdiction & cognoissance en premiere instance, & par appel au Parlement de Paris, & icelle interdite à tous autres Iuges. Fait au Conseil Priué du Roy, tenu à Fontaine-bleau, le 23. de Septembre 1625.

OVYS par la grace de Dieu, Roy de France & de Nauarre; Au Preuost des Marchands & Escheuins de nostre bonne Ville de Paris; Salut. Nous vous mandons, expressément enjoignons; que suiuant l'Arrest ce jourd'huy donné en nostre Conseil, dont l'Extraict est cy attaché sous le contre-scel de nostre Chancellerie, l'vn de vous Escheuins, auec nostre Procureur & Greffier de nostre-dite Ville, vous ayez à vous transporter le plus diligemment que faire ce pourra, en nos Pays de Bourgongne, Niuernois, & Moruant, pour informer des empeschemens faits à la conduite du bois que l'on amene pour la fourniture de nostre-dite Ville, retention d'iceluy, leuée de deniers, & autres exactions, visiter les Moulins, Vannes, Gores, Pertuis, Escluses, & Pescheries, estans sur les Ruisseaux & Riuieres; & si faire ce doit, se faire representer par les proprietaires desdits Moulins leurs titres, & de tout en dresser bon procez verbal; pour iceluy fait & raporté pardeuers vous en l'Hostel de nostre-dite Ville, y estre pourueu ainsi qu'il appartiendra, vous en attribuant à ceste fin toute Iurisdiction & cognoissance en premiere instance, & par appel en nostre Cour de Parlement de Paris; & icelle interdisons & deffendons à tous autres Iuges. Mandons au premier nostre Huissier ou Sergent sur ce requis, faire pour l'execution de nostre-dit Arrest, toutes significations, assignations, exploicts, & contraintes requises & necessaires; mesmes faire inhibitions & deffences de par nous à toutes personnes d'y contreuenir, à peine de tous despens, dommages & interests, sans que nostre-dit Huissier ou Sergent, soit tenu demander aucun congé, ny pareatis: Car tel est nostre plaisir. Donné à Fontaine-bleau le 23. iour de Septembre, l'an de grace mil six cens vingt-cinq. Et de nostre regne le seiziesme. Ainsi signé, Par le Roy en son Conseil, DE CHOISY.

LETTRES PATENTES DV ROY; AV PROFFIT de Denis de Folligny, pour rendre la Riuiere d'Ourcq, & autres nauigables.

LOVYS par la grace de Dieu, Roy de France & de Nauarre; A tous ceux qui ces presentes lettres verront: Salut. Ayant veu en nostre Conseil la Requeste qui nous y auroit esté presentée, par nostre bien-amé Denys de Folligny, Bourgeois de Paris, portant offres de faire porter bateaux aux Riuieres d'Ourcq, Velle, Chartres, Dreux & Estampes, aux conditions portées en icelles, lesdites offres ayant esté renuoyées & veuës par les Preuost des Marchands & Escheuins de nostre bonne Ville de Paris, suiuant l'Arrest de nostre-dit Conseil, du vingtiesme Aoust dernier, qui nous auroiét donné leur aduis, contenant qu'icelles offres estoient vtiles & proffitables au public, auec supplication à nous de les receuoir, comme auroient fait les Habitans de nostre Ville de Rheims pour ladite Riuiere de Velle; & le tout examiné & deliberé en nostre-dit Conseil, par Arrest donné en icelluy, le septiesme iour de Feurier dernier, lesdites offres auroient esté receües, pour estre executées sous les conditions mentionnées audit Arrest, cy-attaché sous le contre-scel de nostre Chancellerie; suiuant lequel, sçauoir faisons, que voulans les offres dudit de Folligny, ainsi jugées aduantageuses & proffitables au commerce & traffic, estre effectuées: Nous auons dit & ordonné, disons & ordonnons par ces prensentes, signées de nostre main, qu'iceluy de Folligny rendra nauigables à ses frais & despens lesdites Riuieres, selon cesdites offres, & conformément à nostre-dit Arrest; sçauoir celle de Velle, depuis ladite Ville de Rheims, où plus haut, si faire se peut, iusqu'à la Riuiere d'Esne; celle d'Ourcq, depuis la Ferté-Millõ, ou plus haut, s'il se peut, iusques à son emboucheure dans Marne, prés Lizy; celle de Chartres, depuis Nogent iusques audit Chartres; celle de Dreux, iusques à son emboucheure en la Seine; & celle d'Estampes, iusques audit Paris, sans tarder, ny estre sujet de descharger & recharger à Corbeil, & ce dans deux ans pour chacune desdites Riuieres, sans discontinüation, à compter vn mois apres l'enregistrement des presentes, que ledit de Folligny sera tenu de poursuiure incessamment; pour l'effet dequoy nous luy auons permis & permettons d'eslargir, si besoin est, lesdites Riuieres, faire canaux nouueaux, excauations, escluses, batardeaux, portes, ponts, portereaux, establir ports és lieux & endroits plus commodes, pour l'apport & descharge des Marchandises, se seruir des ouurages qui ont esté commencez par nostre commandement, & prendre les terres & heritages voisins desdites Riuieres; ensemble les Moulins qui se trouueront vtils & necessaires pour ladite nauigation, en desdommageant les proprietaires d'iceux, au dire de gens à ce cognoissans, dont les parties conuiendront pardeuant les Iuges Royaux plus prochains desdites terres &

heritages; & moyennant ce, voulons & accordons audit de Folligny & à ses associez, de pouuoir seuls voiturer toutes les personnes & marchandises qui se transporteront & voitureront par lesdites riuieres, qu'il aura renduës nauigables durant le temps de vingt ans, luy donnant en outre pouuoir de faire cõstruire tels nombres de bateaux qu'ils en jugeront necessaires pour ladite nauigation, & de la sorte qu'ils en aduiseront; faisant deffenses à toutes personnes d'entreprendre aucunes voitures sur lesdites Riuieres, pendant lesdites vingt années, si ce n'est du consentement dudit de Folligny, sur peine de la perte de leurs bateaux & marchandises, lesquelles demeureront confisquées à son proffit: luy permettant de plus, de faire rediffier les Moulins ruïnez & desmolis sur lesdites riuieres, qui se trouueront nous appartenir, mesmes si bon luy semble d'y en construire de nouueaux, tant à Papier, Draps, qu'autres, pour vtilité publique, és lieux & endroits d'icelles Riuieres, plus propre & non incommodant ladite nauigation, pour en jouyr luy & sesdits associez, pendãt quarente années, lesquelles escheuës nous retourneront & demeureront vnis à nostre domaine, en payant dúrant ledit temps à la Recepte d'iceluy trois liures par an de redeuance pour chacun desdits Moulins: Et pour plus grande facilité de la confection desdits ouurages, & donner sujet audit de Folligny de les diligenter, luy accordons encores le Priuilege de Noblesse pour huit personnes telles qu'il voudra choisir, autres toutefois que de Normandie & de Dauphiné, duquel Priuilege ils ne pourront neantmoins jouyr qu'apres la perfection de trois desdites riuieres, & sans qu'iceluy de Folligny & associez puissent empescher ceux qui ont accoustumé de voiturer par la riuiere d'Estampes, d'y continüer leur commerce & nauigation, pourueu neantmoins qu'ils ne passent par les ouurages faits par ledit de Folligny & associez, & de leur industrie; leur permettant de ne permettre pendant lesdites vingt années aucuns establissement de Peages, Droicts, Gabelles, Subsides & autres Impositions sur les Marchandises & denrées passant sur lesdites Riuieres, leur deffendant & interdisant dés maintenant; & ne pourront aussi iceux de Folligny & associez estre depossedez de ladite entreprise & jouyssance des susdites conditions, sous pretexte de nouuelles offres, & pour quelque occasion que ce soit. SI DONNONS en mandement, à nos amez & féaux Conseillers les Gens tenans nostre Cour de Parlement à Paris, que ces presentes ils ayent à faire enregistrer & du contenu en icelles jouyr & vser plainement & paisiblement ledit de Folligny & ses associez, cessant & faisant cesser tous troubles & empeschemens au contraire, & nonobstant oppositions ou appellations quelsconques; pour lesquelles & sans prejudice d'icelles ne voulons estre differé; Mandons pareillement à nos amez & féaux Conseillers, les Presidens, Tresoriers de France, & Generaux de nos Finances, Grands Maistres de nos eauës & Forests; Maistres particuliers d'icelles, & autres nos Officiers qu'il appartiendra, chacun en droit soy de tenir la main, & satisfaire à l'execution desdites presentes, en ce qui dépendra du pouuoir de leurs charges, sans aucune difficulté: Et parce que l'on pourra auoir affaire des presentes en plusieurs lieux; Nous voulons qu'au vidimus d'icelles, deüement collationné par l'vn de nos amez & féaux Conseillers, Notaires & Secretaires, foy soit adjoustée comme au present Original: Car tel est nostre plaisir; En tesmoing dequoy nous auons fait mettre nostre scel à cesdites presentes. Donné à Ruel le 3. iour d'Avril, l'an de grace 1632. Et de nostre regne le 22. Signé, LOVYS. Et sur le reply, Par le Roy, DE LOMENIE. Et scellé en queüe du grand sceau de cire jaune.

Et à costé est escrit.

Registrées, Ouy le Procureur General du Roy, pour jouyr par l'Impetrant & ses associez de l'effet y contenu, aux charges portées par le Registre de ce iour; A Paris en Parlement le septiesme Septembre mil six cens trente-deux.

Signé, DV TILLET.

EXTRAICT DES REGISTRES DE PARLEMENT.

VEV par la Cour les lettres patentes données à Ruel, le troiziesme Auril mil six cens trente-deux. Signées, LOVYS. Et sur le reply, Par le Roy, DE LOMENIE; & scellées sur double queüe du grand scel de cire jaune, par lesquelles & pour les causes y contenuës; Ordonne que Denys de Foligny rendroit nauigable à ses frais & despens les Riuieres d'Ourcq, Velle, Chartres, Dreux & Estampes; sçauoir celle de Velle, depuis la Ville de Rheims iusqu'à la Riuiere d'Haine, celle d'Ourcq, depuis la Ferté-millon iusqu'à son embouchеure dans la Marne, prés Lizy, celle de Chartres, depuis Nogent iusques audit Chartres, & celle de Dreux, iusqu'à son emboucheure en la Seine; & celle d'Estampes iusques à Paris sans tarder, ny estre sujet à descharger à Corbeil dans deux ans pour chacune desdites Riuieres, sans discontinüation, à compter vn mois apres l'enregistrement desdites lettres: pour l'effet dequoy ledit Seigneur permet audit de Folligny d'eslargir si besoin est lesdites Riuieres, faire canaux noueaux, excauations, escluses, batardeaux, portes, ponts, portereaux, establir ports, & prendre les terres voisines desdites Riuieres, ensemble les moulins qui se trouuerront vtils & necessaires pour ladite nauigation, en desdommageant les proprietaires d'iceux, & moyennant ce accordé audit de Folligny de pouuoir seul voiturer toutes les personnes & marchandises qui se transporteront & voitureront par lesdites Riuieres qu'il aura rendu nauigables, durant le temps de vingt ans, audit pouuoir faire redifficr les moulins ruïnez & démolis sur lesdites Riuieres qui se trouuerront appartenir au Roy, & en cóstruire de nouueaux, tant à Papier, Draps, qu'autres, & d'icelles Riuieres non incommodans la nauigation, pour en jouyr par luy & ses associez pendant quarante années, lesquelles escheües retourneront & demeureront lesdits moulins vnis au Domaine du Roy, en payant pendant ledit temps à la Recepte d'iceluy par an trois liures de redeuance pour chacun desdits moulins: Et pour plus grande facilité de la confection desdits ouurages, & donner sujet audit de Folligny de les diligenter; Sa Majesté luy auroit encore accordé le Priuilege de Noblesse pour huit personnes, telles qu'il voudroit choisir, autres toutefois que de Normandie & Dauphiné, duquel priuilege il ne pourroit neantmoins jouyr qu'apres la perfection de trois desdites Riuieres, suiuant & ainsi qu'il est porté par lesdites Lettres; l'Arrest du Conseil du Roy, du 20. Aoust 1631. portant renuoy des offres dudit de Folligny pardeuant le Preuost des Marchands & Escheuins de ceste Ville de Paris; l'aduis desdits Preuost des Marchands & Escheuins, du 29. Aoust 1631. Requeste dudit de Folligny presentée à ladite Cour, affin de veriffication desdites lettres; Arrest du 11. May dernier, par lequel ladite Cour auroit ordonné que lesdites lettres seroient communiquées aux Maires & Escheuins des Villes de Chartres, Dreux, Estampes, & la Ferté-Millon, pour dire sur icelles ce que bon leur sembleroit; & outre que douze notables Marchands de ceste Ville seroient ouys d'Office, sur la commodité ou incommodité que pourroit apporter la nauigation desdites Riuieres, dont seroit dressé procez verbal: les aduis & consentemens desdits Maires & Escheuins, & Officiers desdits Villes: procez verbal de l'vn des Conseillers de ladite Cour, contenãt l'aduis desdits douze notables Bourgeois; Conclusions du Procureur General du Roy: Et tout consideré: Ladite Cour a ordonné & ordonne, que lesdites lettres seront Registrées au Greffe d'icelle, pour jouyr par l'impetrant de l'effet y contenu, à la charge que tant ledit de Folligny, que ses associez, ne pourront empescher la nauigation ancienne, ordinaire, & accoustumée de la Riuiere d'Estampes, & demeurera libre comme elle est à present: Et outre seront tenus faire que les nauigations des Riuieres mentionnées esdites lettres, paracheuées bailleront vn estat & declaration du prix des voitures qu'ils voudront establir & prendre sur lesdites Riuieres pour ce faict, & communiquer au Procureur General, ordonner ce que de raison; & iusques à ce que taxe en soit faite, se contenteront d'vn prix si moderé & raisonnable, tellement qu'il n'en arriue aucune plainte, & le public n'en souffre dommage. Fait en Parlement le 7. Septembre 1632.

Signé, DV TILLET.

LETTRES PATENTES DV ROY, POVR les bois flottez.

CHARLES par la grace de Dieu, Roy de France: A nos tres-chers & bien amez les Preuost des Marchands & Escheuins de nostre bonne Ville de Paris, & Baillif d'Auxerre, ou son Lieutenãt, & chacun d'eux premier sur ce requis; Salut & dilection. Le Procureur de nous, & de l'Hostel de nostredite Ville de Paris, & René Arnoul, Bourgeois & Marchand, demeurãt audit Paris, nous ont en nostre Conseil Priué fait remõstrer, que deffunt nostre tres-honoré Seigneur & Pere, que Dieu absolue, préuoyant à l'vtilité publique de ladite Ville, qui consiste en partie en la fourniture du bois à brusler; auroit par ces Lettres patentes cy attachées sous le contreséel de nostre Chancellerie, permis audit Arnoul, que tant luy, ses Commis, Facteurs & entremetteurs, qu'autres ayant droict de luy & cause, peussent faire mettre, conduire & flotter les bois par luy acheptez, & autres qu'il pourroit achepter par apres busche à busche, sur les Ruisseaux & Riuieres de Cure & Yonne, librement, & à leur temps & commodité; sans qu'il leur fust donné aucun empeschement par les tenanciers & proprietaires, ou autres possesseurs d'aucuns moulins, escluses, ou ayant droict de Seigneuries, pescherie, ou autres Riuieres de Cure & Yonne, sur les peines & charges contenües esdites lettres à vous adressantes: Et combien que l'intention de nostre cher feu Seigneur & Pere, fust que tous & chacuns les differends procedans de l'execution desdites lettres, estre traitez & jugez pardeuant vous Preuost desdits Marchands & Escheuins en premiere instance; & par appel en nostre Cour de Parlement à Paris, affin de ne distraire ledit Arnoul de son traffic & marchandise, & de le soulager des frais & despens qu'il eust esté contraint supporter à raison desdits procez: Toutefois aucuns l'auroient pour raison de ce, voulu tirer en procez en nostre Cour de Parlement de Dijon, sous pretexte que partie des bois par luy acheptez sont assis en nostre Pays de Bourgongne, laquelle aussi en auroit voulu prendre cognoissance; tellement que pour estre reglez de Iuges, il y à instances pendantes en nostre grand Conseil, où ledit Arnoul a desià souffert grands frais & despens, & en voye de n'en tenir de long-temps expedition, estant cependant son traffic de Marchandise grandement retardé, à son grand interest & préjudice: Requerant sur ce nostre prouision; Nous à ces causes, apres auoir fait voir en nostre-dit Conseil, lesdites lettres cy attachées: Auons de l'aduis d'iceluy, dit & declaré, voulu & ordonné, qu'elles ayent lieu, sortent effet; & suiuant icelles, ledit Arnoul, sesdits gens, Facteurs & autres, ayant de luy droict, puissent & leur soit loisible faire flotter, conduire & passer leurs bois, selon & ainsi que par lesdites lettres est contenu & declaré, sans qu'il leur soit, ou puisse estre donné empeschement; & que à ce faire, souffrir & obeyr tous ceux qu'il appartiendra, seront contraints par les voyes & rigueurs contenües esdites lettres, & autres deües & raisonnables, par le premier des Preuost de nos amez & féaux les Connestables & Mareschaux de France, Huissier & Sergent sur ce requis, qu'à ce faire commettons; nonobstant oppositions ou appellations quelsconques, & sans préjudice d'icelles; desquelles, ensemble de tous les autres differends meus & à mouuoir pour l'execution desdites Lettres, circonstances & dépendances, Nous vous auons, à vous Preuost desdits Marchands & Escheuins, commis & attribué, commettons & attribuons en premiere instance, la Iurisdiction & cognoissance, & par appel en nostredite Cour de Parlement de Paris, sans que nostre-dite Cour de Parlement de Dijon, grand Conseil, & autres nos Iuges quelsconques, en puissent plus entreprendre cognoissance, que leurs auons pour les causes susdites: Et attendu qu'il est question de l'vtilité publique de nostredite Ville de Paris, interdite & deffendüe toute cognoissance par ces presentes, & ne voulons leur estre à ceste fin signiffiées, si besoin est, par le premier nostre Huissier ou Sergent sur ce requis, qu'à ce faire commettons, & pour toute signiffication leur en estre laissé vne coppie, sans pour ce faire requerir ne demander aucunes Lettres de permission, visa ne pareatis: Car tel est nostre plaisir; nonobstant quelques Edicts & Ordonnances au contraire, ausquels nous auons pour ce regard, & sans tirer à cognoissance à l'aduenir, dérogé & dérogeons par cesdites presentes. Donné à Paris le 23. iour de Decembre 1566. Et de nostre regne le septiesme. Signé, Par le Roy en son Conseil, AVBERY. Et scellé du grand scel de cire jaune.

ARREST DE LA COVR DE PARLEMENT, *pour le faict du bois flotté.*

LOVYS par la grace de Dieu, Roy de France & de Nauarre; Au premier de nos amez & féaux Conseillers en nostre Cour de Parlement, trouué sur les lieux, Bailly de Troyes, ou ses Lieutenans Generaux & Particuliers, premier des Conseillers dudit siege Presidial, & autres de nos Iuges sur ce premier requis: Salut. Sçauoir faisons, comme le iour & datte des presentes, comparans en nostre-dite Cour les Preuost des Marchands & Escheuins de la Ville de Paris, appellans de l'Ordonnance decernée par nostre Bailly de Troyes, ou son Lieutenant, le 4. Nouembre 1632. comme de pretendu Iuge incompetant, & deffendeurs; & Louys Bertault, Bourgeois dudit lieu, joint auec eux, & demandeur en execution d'Arrest, du 30. Decembre audit an, d'vne-part: Et les Doyens, Chanoines & Chapitres de l'Eglise Saint Pierre dudit Troyes, les Administrateurs des Hospitaux & Maladeries de ladite Ville, & Nicolas Denise, Marchand demeurant au lieu, intimez & opposans à l'execution de l'Ordonnance desdits Preuost des Marchands & Escheuins, du 2. Octobre audit an, d'autres; Messire Henry de Bourbon, Prince de Condé, les Doyens, Chanoines & Chapitres de Vincennes; Maistre Nicolas Vignier, Conseiller en nostre grand Conseil, Baron de Ricey; Maistre François de Montmorancy, Abbé de Molesmes, & les Maires & Escheuins de ladite Ville de Troyes, interuenants aussi d'autres; ledit Bertault demandeur selon le contenu en sa Requeste du septiesme Avril 1634. d'vne-part, & lesdits de Chapitres de Vincennes, & de Troyes, Administrateurs d'Hospitaux, & Denise, deffendeurs d'autre; lesdits de Chapitres de Troyes, demandeurs selon le contenu és Lettres par eux obtenües les 7. Iuillet audit an, & 10. Ianvier dernier d'vne-part; Et ledit Bertault, deffendeur d'autre, lesdits du Chapitres de Vincennes demandeurs en Requeste par eux presentée le 19. dudit mois d'vne autre part, ledit Bertault deffendeur d'autre; ledit Denise demandeur en dommages & interests, & chomage, selon la declaration par luy baillée le 4. Octobre 1633. d'vne autre part, & ledit Bertault deffendeur d'autre; lesdits de Chapitres de Troyes, demandeurs selon le contenu en la Commission par eux obtenüe, le 9. Decembre dernier d'vne-part; Et lesdits Administrateurs

Administrateurs, deffendeurs d'autre, où les Procureurs des parties: VEV par nostre-dite Cour ladite Ordonnance dont est appel, par laquelle ledit Bailly, ou son Lieutenant, auroit ordonné que les lieux & endroits des Riuieres & Canaux de la Riuiere de Seine, au dessus de ladite Ville de Troyes, seroient visitez par Experts & gens à ce cognoissans, qui seroient nommez par le Substitud de nostre Procureur General audit lieu, pour faire rapport de la commodité ou incommodité que le flottage du bois que pretendoit faire ledit Bertault, pouuoit apporter à ladite Ville, & aux Moulins estans sur ladite Riuiere; & si pour flotter iusques en ladite Ville de Paris, il estoit necessaire que les flottes passassent par les Moulins de Sancey, Perail & autres, estans sur lesdites Riuieres & Canaux; & cependant fait deffences audit Bertault de faire aucun flottage; Arrest du 15. dudit mois de Nouembre, par lequel lesdits Preuost des Marchands & Escheuins auroient esté receus appellans de ladite Ordonnance, du 4. dudit mois, & de tout ce qui s'en seroit ensuiuy; & ordonné que les parties auroient Audiance sur ledit appel; & cependant sans préjudice des droicts des parties, deffences faites audit Bailly, & autres Officiers dudit Troyes, de mettre à execution leurdite Ordonnance, iusques à ce que autrement en eust esté ordonné; Ladite Ordonnance & Commission desdits Preuost des Marchands & Escheuins, adressante au Preuost de Bar-sur-Seine, ou autre Iuge sur ce requis, pour à la Requeste du Substitud de nostre-dit Procureur General de ladite Ville de Paris, poursuitte & diligence dudit Bertault, se transporter en tous les lieux & endroits des Riuieres de Legne & Seine, depuis le Bourg dudit Legne iusques audit Troyes, & faire appeller pardeuant luy les proprietaires ou locataires des Ponts, Vannages, Moulins, Escluses, & autres édifices & empeschemens estans esdites Riuieres, & bords d'icelles, pour conuenir auec ledit Substitud de nostre-dit Procureur General, de Massons, Charpentiers, & Voituriers par eaüe, pour visiter lesdits Ponts, Vannages, Moulins, & Escluses, & autres édifices & empeschemens, & assister à ladite visitation; & à faute d'en couuenir, en seroit nommé d'Office par le Commissaire executeur de ladite Ordonnance, dont seroit dressé procez verbal; & cependant enjoint ausdits proprietaires, ou locataires desdits Ponts, Vannages, Moulins, & Escluses, de les faire promptement reparer, & les entretenir apres en bon & suffisant estat; & aux proprietaires ou locataires des heritages, estans au long desdites Riuieres, de faire coupper, arracher, & oster incessamment les arbres, hayes, Buissons, & autres empeschemens y estans, & rendre le chemin libre & suffisant pour la nauigation, auec deffences d'empescher ou retarder la Voiture & conduite des batteaux, marchandises, & flottes de bois à bastir, ou brusler; prendre ny exiger aucuns deniers, pour raison de ce, sur les peines de l'Ordonnance; Arrest du 30. Decembre audit an, interuenu sur la Requeste desdits de Chapitre & Consors, du premier dudit mois, affin d'estre receus opposans à l'execution de ladite Ordonnance & Commission desdits Preuost des Marchãds & Escheuins; par lequel auant faire droict sur ladite Requeste, auroit esté ordonné que descente seroit faite sur les lieux dont estoit question, par

Hhh

l'vn des Conseillers de nostre-dite Cour, auec l'vn des Substituds de noste-dit Procureur General, pardeuant lequel les parties interessées, apperlées, mesme le Substitud de nostre-dit Procureur General en ladite Villle de Paris, contesteront sur la commodité ou incommodité de ladite Riuiere de Seine, pour le flottage dudit bois; ensemble sur les dommages & interests pretendus par lesdits de Chapitre & Administrateurs, Goüault, & Denise, à cause des démolitions qui pouuoient arriuer, ruïnes, dégasts, & chomages des Moulins, circonstances & dépendances, dont seroit fait & dressé procez verbal par ledit Conseiller; mesme figure, description, & mesurage fait desdits lieux; pour le tout veu, rapporté, & communiqué à nostre-dit Procureur General, estre fait droict aux parties, ainsi que de raison: Et cependant fait deffences audit Bertault de jetter sur ladite Riuiere de Legne, descendans en celle de Seine, autre bois que celuy qui y estoit lors, iusques à ce que autrement en eust esté ordonné: Et pour le regard dudit bois estant sur ladite Riuiere de Seine, permis audit Bertault de le faire passer iusques au Port de ladite Ville de Troyes, & en disposer comme de chose à luy appartenant; à la charge neantmoins de payer ausdits de Chapitre & Consors, les dommages & interests, & chomages des Moulins, circonstances & dépendances par eux pretendus, si aucuns estoient deubs, & suiuant l'estimation qui en seroit faite par Experts, & gens à ce cognoissans, dont les parties conuiendroient pardeuant ledit Conseiller; & à faute d'en conuenir, en seroit pris d'Office, & de tout à bailler bonne & suffisante caution, qui seroit receüe auec lesdites parties; Autre Arrest du 13. Aoust 1633. par lequel auroit esté ordonné que dans trois iours, pour toutes prefixions & delais, les parties conuiendroiẽt d'Experts, Marchands trafficquans & flottans sur les Riuieres, pour en execution du precedent Arrest, visiter & faire rapport de la force & capacité de ladite Riuiere de Seine, au dessus de ladite Ville de Troyes, pour le flottage desdits Bois; ensemble des lieux plus commodes pour le passage d'iceux; autrement, & à faute de ce faire dans ledit temps, & iceluy passé, en seroit nommé d'Office par ledit Conseiller Commis; pardeuant lequel, sur les lieux, lesdites parties contesteroient sur la commodité ou incommodité dudit flottage, dommages & interests, & chomages pretendus, circonstances & dépendances, dont seroit fait & dressé procez verbal par ledit Conseiller, mesme figure & description faite desdits lieux; lors de laquelle lesdits de Chapitre & Consors declareroient s'ils estoient Seigneurs de ladite Riuiere, & lieux où estoient bastis leurs Moulins, representeroient leurs tiltres, si aucuns ils auoient, sur lesquels lesdites parties contesteroient pareillement, & conuiendroient aussi d'Experts pour l'estimation desdits dommages & interests, & chomages de Moulins, pretẽdus par lesdits de Chapitre & Consors, si aucuns estoient deubs; autrement, & à faute de ce faire, en seroit nommé d'Office, & au surplus le precedent Arrest executé; Autre Arrest du 3. Septembre ensuiuant, par lequel à faute d'auoir par les parties conuenu d'experts; Nostre-dite Cour auroit nommé d'Office quatre Experts, pour, suiuant ledit Arrest du 23. Aoust, proceder par eux, ou trois d'iceux, en l'absence du quatriesme à la visitation de ladite Riuiere de Seine, & faire rapport pardeuant ledit Conseiller, Commis pour faire ladite descente, de la commodité ou incommodité des bois flottans sur ladite Riuiere, au dessus de ladite Ville de Troyes, capacité & force d'icelle; pour ce faict, & les precedens Arrests executez, estre fait droict aux parties, ainsi qu'il appartiendroit; Procez verbal dudit Conseiller, du 18. Aoust 1633. & autres jours suiuans, contenant ladite descente faite sur les lieux, auec ledit Substitud de nostre Procureur General; visitation, conuention de Peintre pour faire la figure d'iceux, la prestation de serment desdits Experts, contestation des parties, & rapport desdits Experts, ladite figure accordée par lesdites parties; Autre Arrest du 14. Ianvier 1634. par lequel sur l'appel de ladite Ordonnance dudit Bailly de Troyes, ou son Lieutenant, lesdites parties auoient esté appoinctées au Conseil, & ledit procez verbal de descẽte, veuë, visitation & rapport d'Experts, ensemble ladite figure receüe pour juger, joint les moyens de nullité, & sauf à débatre ledit rapport & procez verbal; escrire, produire, bailler contredits & saluations par les parties, dans le temps de l'Ordonnance; lesdits pretendus moyens de nullité, & cause d'opposition desdits de Chapitre & Consors; declaration desdits appellans contenuë en leur Requeste, du 16. Decembre 1634. que pour cause d'appel ils employent ce qu'ils auoient escrit & produit; ensemble pour production sur les interuentions desdits sieurs Prince de Condé, Chapitre du Bois de Vincennes, & Vignier; productions desdits Preuost des Marchands & Escheuins, Bertault, Chapitre de Troyes, & Denise; Acte du 16. Nouembre audit an, & Requeste du premier dudit mois de Decembre ensuiuant, par lesquels lesdits Administrateurs des Hospitaux auroient declaré qu'ils acceptoient les offres & declarations dudit Bertault, de ne faire flotter ny passer ses bois par le canal des Moulins pontaux, appartenans à l'Hostel-Dieu dudit lieu; declaration d'iceux contenüe en autre Requeste par eux presentée le 23. Ianvier dernier, que pour production ils employent lesdits Actes & Requeste; Autre Requeste dudit Bertault du mesme iour, contenant l'acceptation de ladite declaration, sans prejudice de ses despens, dommages, & interests; contredits du Chapitre, & Denise, contre les productions desdits Preuost des Marchands & Escheuins, & dudit Bertault contre celle desdits de Chapitre, & Denise; saluations d'iceux; reuocation dudit Bertault de contredire la production desdits Preuost des Marchands & Escheuins; forclusions de fournir de contredits de leur part; production nouuelle dudit Bertault contre lesdits de Chapitre; contredits d'iceux; saluations d'iceluy Bertault; Requeste desdits de Chapitre du 27. Mars dernier, communiquée audit Bertault, auec les pieces y attachées & mentionnées pour les contredire; Requeste d'iceluy du mesme iour, employée pour contredits; lesdites lettres par eux obtenües, tendantes affin d'estre receus à articuler de nouuel, & verifier les faicts y contenus, & estre restituez contre leur declaration erronnement faite, que la descharge de Sancey estoit l'ancien & naturel cours de ladite Riuiere de Seine, communiquée audit Bertault, & mise au sac de l'Ordonnance de nostre-dite Cour; Requeste dudit Vignier, du

19. Decembre 1633. affin d'estre receu partie interuenante en l'instance principalle, & desdits sieurs Prince de Condé, & Maire & Escheuins de Troyes, du 24. Mars dernier, à mesme fin; appoinctement en droict; Requeste d'iceluy sieur pour moyens d'interuention & production sur icelle, auec ce qui auoit esté escrit & produit par lesdits Preuost des Marchands & Escheuins, & Bertault; forclusions de fournir de moyens d'interuention par les autres interuenans, & de produire par iceux sur lesdites interuentions, mesme par lesdits Preuost des Marchands & Escheuins de Paris, apres que ledit Bertault auroit employé ce qu'il auoit escrit & produit; Requeste desdits de Vincénes dudit iour 24. Mars, affin d'estre aussi receus parties interuenantes en ladite instance; appoinctement en droict; forclusions de fournir de moyens d'interuention; productions desdits interuenans & dudit Bertault; forclusions de produire par les autres parties; Requestes employées pour contredits par lesdits Bertault, & Chapitre de Vincennes, des 26. Aoust & 27. Fevrier derniers; forclusions d'en fournir par les autres; Requeste d'interuention dudit de Montmorancy, Abbé de Molesmes, du 19. Ianvier dernier; moyens d'icelle fournis cótre ledit Bertault; responfe à iceux d'iceluy; appoinctement en droict; production dudit interuenant; declaration dudit Bertault, que pour production il employe ce qu'il auoit escrit & produit; production desdits de Chapitre de Troyes, tant sur ladite interuention, que sur celle dudit Vignier; demande faite par ledit Denise de dommages & interests, ruptures, & chomages des Moulins de Sancey, causez par le passé des bois dudit Bertault; deffences d'iceluy, contenües audit procez verbal de descente, contenant la reuocation de ses offres, de payer lesdits chomages, auec leurs autres plaidoyers & moyens, & l'appoinctement à mettre pardeuers ledit Conseiller pour leur faire droict; productions des parties; Arrest de jonction de ladite instance, à ladite instance principalle, du 29. Auril 1634. ladite Requeste dudit Bertault du 7. dudit mois d'Avril audit an, à ce que suiuant & conformément aux Ordonnances, Reiglemens, & Arrests, il luy soit permis de jetter & flotter les bois, tant à bastir, qu'à brusler, mener & conduire batteaux sur lesdites Riuieres de Leigne & Seine, en train & bois perdu; & à ceste fin lesdits de Chapitre & Consors, interuenans, & tous autres ayans Moulins, Escluses, & empeschemens sur lesdites Riuieres, tenus de rendre les passages libres, faire les ouuertures des lieux & endroits contenus audit procez verbal, & oster tous empeschemens nuisibles; auec deffences de le troubler ny empescher, à peine de dix mil liures; & pour l'auoir fait, condamné en tous ses despens, dommages & interests; deffences desdits de Chapitres de Vincennes, de Troyes, & Consors; appoinctement en droict, & joint; production dudit Bertault; forclusions de produire par iceux, ladite Commission du 9. Decembre dernier, à ce que lesdits Administrateurs des Hospitaux dudit Troyes soient condamnez contribüer aux frais faits & à faire par lesdits de Chapitre dudit lieu esdites instances, suiuant le contract fait entr'eux, le 26. Nouembre 1632. deffences, appoinctement en droict, & joint; production des parties; ladite Requeste desdits de Chapitre de Vincennes, du 19. Ianvier dernier, à ce

qu'ils soient receus opposans à l'execution desdits Arrests, des 30. Decembre 1632. 18. & 23. Aoust & 3. Septembre 1633. & 14. Ianuier ensuiuant; ensemble d'autre Arrest du 18. dudit mois d'Aoust audit an 1633. portant renuoy pardeuant ledit Conseiller, Commis pour la nomination desdits Experts; & encores d'vn pretendu Arrest du 18. Mars audit an 1634. & faisant droict sur leur opposition, faire deffences audit Bertault de plus faire passer aucun bois sur ladite Riuiere de Seine, és lieux de Chastellier, Comteur, Viroy, & Mery, dont ils sont proprietaires & Seigneurs hauts-Iusticiers sous nostre nom, sinon en batteaux seullement, tels que la Riuiere les peut porter, & que les Vannes & Biez le peuuent permettre, en payant les droicts, deuoirs, & peages accoustumez; & pour le passage par luy fait, condamné en tous les despens, dommages & interests par eux & leurs Musniers & Fermiers de la Pesche soufferts, & reparer les dégasts & ruptures de leurs Moulins, Biez, Vannes, Escluses, & Ponts, causées par ledit passage du bois, & le tout remettre en bon & suffisant estat, au dire d'Experts, & gens à ce cognoissans; mesmes les acquitter enuers lesdits Fermiers des diminutions qu'ils pourroient pretendre à cause de ces deffences, appointement en droict, & joint; productions des parties; Conclusions de nostre-dit Procureur General: Et tout consideré; NOSTRE-DITE COVR faisant droict sur le tout, sans s'arrester aux lettres obtenuës par lesdits de Chapitre de Troyes, à mis & met l'appellation, & ce dont a esté appellé au neant, en émandant, conformément aux Ordonnances, Reiglemens, & Arrests; A ORDONNÉ ET ORDONNE, que les Riuieres de Leigne & Seine demeureront libres, & sans empeschement, pour la nauigation & passage, tant des batteaux que bois flottez, à bastir & brusler, depuis la source de ladite Riuiere de Leigne, iusques au lieu de Polisi, auquel elle se rend dans celle de Seine; comme aussi ladite Riuiere de Seine, depuis ledit lieu de Polisi iusques en ladite Ville de Paris; & ayant esgard à la Requeste dudit Bertault, du septiesme Avril 1634. & interuention dudit sieur Prince de Condé, apres la declaration d'iceluy Bertault faite en l'instance, qu'il n'entendoit faire flotter son bois qu'à bois perdu, & non en train, iusques au dessous de ladite Ville de Troyes, pour mener en ladite Ville de Paris: A permis & permet audit Bertault de jetter & flotter à bois perdu sondit bois, tant à brusler qu'à bastir, mener & conduire batteaux sur lesdites Riuieres; & à ceste fin, lesdits opposans, interuenans, & tous autres ayans Moulins, Escluses, & Vannages sur lesdites Riuieres, tenus bailler & souffrir passage libre pour lesdits bois & batteaux, par les lieux & endroits désignez, sur le rapport desdits Experts; sçauoir pour les pertuis estans dans les Escluses des Moulins de Grizelle, Bugnon, Villier-les-Moynes, Villedieu-les-Chumeaux, le Maigny, Molesme, Crabosse, Moulin Rouge, Moulin de Lasne de Iean Vrbain des Prez, Rissay le Bas, Moulin à Foullon au dessous dudit Rissay le Bas, & Debalne, & par les Vannages des Moulins de la Mothe, Rissay le Haut, autrement Moulin du Mont, Pelisot, Besace, Berniere, Villeneufue, Bar-sur-Seine, Bourguignon, Forby, Chastellier, Foucheu, Chappes, Courcelle, Cleré, Verneres, Sauzon, la Moluë, & la Raue, si mieux n'ayment les proprietaires desdits Moulins de la Mothe-Rissay, Haut-Chastellier, Chappes, Courcelle, & Verneres, faire des Pertuis dans les Escluses desdits Moulins, pour le passage desdits batteaux & bois flotté, à la charge de reparer par iceluy les ruïnes & dégasts, si aucuns sont faits esdits Bannages & Escluses par le passage dudit bois; Ensemble payer le chomage desdits Moulins, selon la conuention qu'il en fera de gré à gré auec les Musniers, sinon selon la taxe qui en sera faite par lesdits Preuost des Marchands & Escheuins de ladite Ville de Paris: A condamné & condamne lesdits de Chapitre de Troyes, pour la facilité dudit passage, reduire dans huictaine les deux Vannes du Moulin de la Moline en vne, & oster les pieux du petit pont de bois, estant au dessous des Moulins de la Raue, & mettre iceluy de hauteur cõpetante pour le passage desdits bois & batteaux, ensemble celuy proche & au deuant du Moulin de la Pielle; autrement & à faute de ce faire dans ledit temps, & iceluy passé, permis audit Bertault de les faire enleuer; Cõme aussi luy a permis faire oster & enleuer à ses frais & despens le Moulin à Escorce, de nouueau cõstruit & posé entre les deux anciens Moulins de la Raue-Barraut, ladite Riuiere de Seine, & empeschant la nauigation appartenant ausdits de Chapitre, en les rembourſant des bastimens & vstancilles d'iceluy en l'estat qu'ils sont, selon le dire d'Experts, & gens à ce cognoissans, dont les parties conuiendront pardeuant vous premier de nos Conseillers trouué sur les lieux, ou autres de nos Iuges sur ce premier requis, que nostre-dite Cour a Commis pour l'execution du present Arrest; autrement en sera par Vous nommé d'Office, pour en la place dudit Moulin à Escorce, estre aux frais dudit Bertault, posé vne grande Vanne, pour l'vsage & passage desdits bois & batteaux, & les deux Vannes du lieu appellé le Gouffre, estant proche ladite Ville de Troyes, reduites en vne, affin que lesdits bois & batteaux y puissent aisément passer lors du passage; desquels bois audit lieu du Gouffre, ledit Bertault, suiuant ses offres, sera tenu de mettre des cheualets, planches, & autres choses necessaires au dessus dudit Gouffre, si besoin est, pour soûtenir l'eauë, en sorte qu'il en puisse entrer en ladite Ville par les Pertuis estans proche ledit lieu. A fait inhibitions & deffences ausdits opposans interuenans, & tous autres proprietaires des Moulins, & Escluses estans sur lesdites Riuieres de Leigne & Seine, iusques en ladite Ville de Paris, de donner aucun trouble ny empeschement audit Bertault, au passage desdits bois, batteaux & marchandises, ny d'exiger aucunes choses pour iceluy, à peine de mil liures parisis d'amende; lesquelles marchandises seront amenées de droicte voye pour la fourniture de ladite Ville de Paris: A condamné & condamne ledit Bertault, payer audit Denise le chomage desdits Moulins de Sancey, causé par le passage dudit bois, au dire de gens à ce cognoissans, dont les parties conuiendront pardeuant l'executeur dudit Arrest. Ordonne que ce qui sera par vous ordonné sera executé, nonobstant oppositions ou appellations quelsconques, & sans prejudice d'icelles: Et sur la demande desdits de Chapitre de Troyes, contre lesdits Administrateurs d'Hospitaux, & autres demandes des parties, a mis les parties hors de Cour & de procez, le tout sans despens. SI VOUS

MANDONS en commettant, à la Requeste dudit Bertault, le present Arrest mettre à deuë & entiere execution, de poinct en poinct, selon sa forme & teneur: Mandõs en outre au premier nostre Huissier ou Sergent sur ce requis, faire tous exploicts à ce requis & necessaires pour l'execution d'iceluy, contraignant tous ceux qu'il appartiendra, par toutes voyes, manieres deües & raisonnables; Mandons à tous nos autres Iusticiers, Officiers, ce faisant obeyr. Donné à Paris en nostre Parlement, le 3. iour d'Avril, l'an de grace 1635. Et de nostre regne le vingt-cinquiesme. Signé, par la Chambre, LEVESQVE. Et scellé.

ARREST DE LA COVR DE PARLEMENT, *portant que les bois d'Ouurage tiendront Port trois iours, pour estre apres lotis.*

COMME de la Sentence donnée par le Preuost des Marchands & Escheuins de nostre bonne Ville de Paris, le 5. Aoust 1633. Entre nostre Procureur en ladite Ville, demandeur d'vne part; Et Pierre Perrot, Marchand, demeurant à S. Iust; Marguerite Mouchard, veufue de Iean Lepostre; Charles Pelletier, & Nicolas Droüet, Maistres Menuziers à Paris, deffendeurs; Et Gilles Belot, Gilles Boyer, Cathelin le Sueur, Nicolas Blanche, Iean Iully, Emanuel Gouthier, Iacques Michelet, & Hugues Deffinon, tous Maistres Tourneurs en bois, & autres Bacheliers dudit mestier, interuenans d'autre. Par laquelle faisant droict sur l'interuention desdits Belot, Boyer, & Consors, lesdits Droüet, Pelletier, & ladite Mouchard, auroient esté condamnez, & par corps, comme dépositaires de biens de Iustice, rapporter, ou faire rapporter sur le Port au bled de ladite Ville, les six-vingts six Escoffrois par eux acheptez dudit Perrot, mentionnez au procez, pour apres les trois iours de port, estre lotis entre les interuenans; deffences audit Perrot de vendre à l'aduenir aucun bois à Ouurer, & aux deffendeurs d'en achepter, enleuer, ou faire enleuer, au préalable il n'ait tenu lesdits trois iours de Port à terre, à peine de confiscation, & d'amende arbitraire, auec despens, eust esté par lesdits Droüet, Pelletier, & ladite Mouchard, appellé à nostre Cour de Parlement, en laquelle le procez par escrit conclud & receu, pour iuger si bien ou mal, les despens respectiuement requis, & l'amende pour nous: Ioint les griefs hors le procez: Pretendus Moyẽs de nullité, & Production nouuelle desdits appellans, ausquels lesdits Belot, Boyer & Consors, pourroient respondre, & contre ladite Production nouuelle, bailler Contredicts aux despens desdits appellans. Veu iceluy Procez, Griefs, Responses, Forclusions de fournir Moyens de nullité, & produire de nouuel, Instance entre lesdits Pelletier, Droüet, & veufue Mouchard, demandeurs en sommation, aux fins d'vne Requeste du 20. Nouembre 1633. à ce que lesdits Iurez Menuziers de ladite Ville eussẽt à ce joindre auec eux, soustenir ledit appel, & à faute de ce faire, condamnez en leurs dommages, interests & despens d'vne part: Et lesdits Iurez Menuziers, deffendeurs d'autre; deffences, appoinctement en droict; Arrest du 26. Iuillet 634. par lequel lesdits Iurez Menuziers, ensemble les Iurez Tourneurs de ceste Ville, auroient esté receuës Parties interuenantes au procez; Productions desdites parties tant sur ladite sommation que interuention; Requeste desdits Iurez Tourneurs, du 22. May 1635. à ce que deffences fussent faites ausdits Iurez Menuziers d'achepter ou employer en leurs Ouurages autres bois que Chesne, Noyer, & Cormier, & d'enleuer ledit bois des batteaux, ny sur le paué, qu'auparauant il n'ayt tenu port trois iours, pour apres iceux estre lotis entre tous ceux qui se presenteront, & qu'il leur fût permis à eux seuls d'employer du bois blanc; Autre Requeste desdits Iurez Menuziers, du 12. Iuin ensuiuant, à ce que deffences fussent faites ausdits Maistres Iurez Tourneurs, d'achepter aucuns bois de sciage, à peine de confiscation de cinquante liures d'amende, communiquée ausdites parties, & mises au sacq: Tout joint, & diligemment examiné; NOSTREDITE COVR par son Iugement & Arrest, faisant droict sur le tout, a mis & met lesdites appellations & Sentences, de laquelle a esté appellé au neant, sans amende; émendant, fait inhibitions & deffences à tous Marchands Forains d'exposer aucuns bois d'Ouurage en vente, & ausdits Menuziers & Tourneurs d'en enleuer, qu'il n'ayt tenu port trois iours entiers, suiuant & conformément audit Reglement de Police, à peine de confiscation desdits bois, & d'amende arbitraire; apres lesquels tous bois blanc de sciage seulement, amenez par lesdits Marchands Forains, seront lotis entre lesdits Menuziers & Tourneurs, ausquels ladite Cour fait expresses inhibitions & deffences de le regratter ny reuendre, qu'il ne soit par eux manifacturé, sous pareille peine; & neantmoins de grace pour ceste fois, & sans tirer à consequence, a fait & fait main-leuée audit Pelletier, Droüet, & veufue Mouchard, des Escoffrois sur eux saisis, le tout sans dommages, interests, & despens. Prononcé le 30. iour de Iuin 1635. Signé, GVYET.

COMMISSION DV ROY, POVR FAIRE ASSIGNER les Proprietaires des Moulins sur les Riuieres.

LOVYS par la grace de Dieu, Roy de France & de Nauarre; Au premier des Huissiers de nostre Cour de Parlement, ou autre nostre Huissier ou Sergent sur ce requis: Salut. De la partie de nostre Procureur General, a exposé à nostre-dite Cour, que c'est vn vsage notoire qui se pratique, non seulement és Riuieres de Seine, de Marne, mais en toutes les autres Riuieres & Ruisseaux qui affluent & aboutissent au dedans d'icelles, qu'en tous les Moulins qui sont construits, & Escluses, & Vannes d'iceux, il y doit auoir des Pertuis, que les proprietaires sont tenus de faire, pour donner passage au bois qui se conduit sur lesdites Riuieres, soit en trains, soit à bois perdu, destiné pour la fourniture de nostre Ville de Paris, à la charge de reparer par les Marchands ce que

que ledit bois peut auoir démoly & rompu ausdits Pertuis; ensemble de payer le séjour & dommage desdits Moulins, pendant le passage dudit bois; Et toutes & quantes fois que se sont presentées en nostre-dite Cour des causes conçernans lesdits Pertuis, elle a perpetuellement condamné par ses Arrests les Proprietaires & Musniers, à faire faire lesdits Pertuis en telle sorte, que le bois y peust commodément passer, & sans aucun empeschement : Ce qui auroit particulierement esté jugé par Arrest du 22. Aoust 1609. touchant les Moulins assis sur la Riuiere d'Armansson, par lequel les Musniers & Proprietaires d'iceux, auroient esté condamnez faire Pertuis és Escluses & Vannes de leursdits Moulins, & icelles leuer & donner passage si commode au bois, qu'il peust passer par lesdits Pertuis, & estre conduit iusques à l'emboucheure d'Yonne: Et quoy que cét Arrest ayt esté donné du consentement desdits Proprietaires, comme estant chose qu'ils ne pouuoient éuiter; Neantmoins ils n'auroient depuis ce temps-là tenu cõpte de l'executer, en telle sorte que la pluspart desdits Moulins seroient demeurez sans Pertuis; & ceux où il y en à, sont construits & scituez en lieux si mal propres, & incommodes, que le bois ny peut passer, entr'autres ceux des Moulins d'Argenteüil & de la Roche; Au moyen dequoy les Marchands n'auroient peû faire passer leurs bois; ce qui va à la foulle du public, & qui rend plus cher ledit bois qu'il ne seroit, s'il y en auoit vne grande abondance, laquelle arriueroit si les passages desdits Moulins scituez sur ladite Riuiere d'Armansson estoient libres: Or Estienne Ozon, l'vn desdits Marchands, ayant depuis quelque temps en çà acheté quantité de bois és Forests-Rochefort, qu'il a destiné pour la fourniture de ceste Ville de Paris; il auroit troué luy estre impossible de le faire passer par lesdits Moulins d'icelle Riuiere d'Armansson, pour n'auoir esté reparée, ny lesdits Pertuis faits au desir dudit Arrest: ce qui regarde non seullement l'interest public, mais aussi celuy de tous les Marchands qui traffiquent en bois, particulierement celuy dudit Ozon, attendu que l'achapt qu'il a fait desdits sauls, luy causeroit sa ruïne entiere, si tant estoit qu'ils ne peussent passer ladite Riuiere d'Armansson, pour estre conduits en celle d'Yonne. A CES CAVSES, requeroit nostre-dit Procureur General Commission luy estre deliurée, pour faire appeller en nostre-dite Cour lesdits Proprietaires & Musniers desdits Moulins, aux fins d'eux voir condamner d'executer promptement & sans discontinüation ledit Arrest du 22. Aoust 1609. & en ce faisant reparer les Vannes & Escluses desdits Moulins, faire Pertuis suffisans & commodes pour le passage de tous les bois jettez à bois perdu sur ladite Riuiere d'Armansson, & faire scituer & asseoir les Pertuis d'Argenteüil & la Roche, en lieux plus commodes que ceux ausquels ils sont à present; & à faute de ce faire, qu'ils y seront contraints par toutes voyes deuës & raisonnables, & outre en quinze cens liures d'amende chacun, & en tous les despens, dommages & interests desdits Marchands; Surquoy nostre-dite Cour auroit octroyé Commission pour faire appeller aux fins que dessus: Pource nous te mandons qu'à la Requeste de nostre-dit Procureur General, tu assignes à certain & competant iour en nostre-dite Cour de Parlement, lesdits Musniers & Proprietaires desdits Moulins de ladite Riuiere d'Armansson, & autres qu'il appartiendra, pour respondre sur le contenu cy-dessus, & autres Conclusions que nostre Procureur General voudra contr'eux prendre; de ce faire te donnons pouuoir. Donné à Paris en nostre Parlement, le premier Avril, l'an 1628. Et de nostre regne le dix-huitiesme. Signé, par la Chambre, GALLARD.

ARREST DE LA COVR DE PARLEMENT, *faisant deffences à tous Iuges de cognoistre des differends du bois flotté, lesquels sont renuoyez à l'Hostel de Ville.*

VEV par la Chambre des Vaccations la Requeste à elle presentée par François Bouteroüe, Marchand Bourgeois de la Ville d'Orleans, & trafficquant de Marchandise de bois; contenant que depuis, & pendant vne longue suitte d'années que le commerce des bois flottez est ouuert, & se fait pour la prouision de ceste Ville, ayant esté recogneu l'importance de ce commerce, l'on auroit toûjours reçeu en bõne part, fauorisé & recherché ceux qui s'en sont meslez, comme seruans au public; la faculté & permission d'iceluy, és Pays les plus éloignez, demeure libre aux Marchands de ceste profession, auec pouuoir de se seruir des Ruisseaux & Riuieres des lieux, mesme d'en faire de nouueaux où il seroit necessaire, affin d'y jetter, flotter, & voiturer, & dont la Direction & Iurisdiction en premiere instance a esté attribuée aux Preuost des Marchands & Escheuins de ceste-dite Ville: Or le Suppliant qui est de ceste profession, ayant achepté quantité de bois à prendre dans les Forests de Saint Martin, Saint Amand, & lieux circonuoisins par luy destinez, pour la prouision de ceste-dite Ville, ne les y pouuant amener, sinon en se seruant de quelques Ruisseaux & petites Riuieres, faits & à faire au Pays de Puysois, affluans en la Riuiere de Loing, au dessus de Montargis, qui descend dans la Seine; comme aussi d'icelle Riuiere de Loing, Estangs, & autres commoditez; auroit en consequence de sadite destination, & des Edicts, Ordonnances, Arrests & Reglemens, obtenu le premier de ce mois & an, Commission desdits Preuost des Marchands & Escheuins; le Substitud du Procureur General ouy & joinct, pour l'effet dudit traffic, cõduittes & fournitures desdits bois à Paris, faire & disposer toutes choses à ce vtilles & de necessité, pour l'accomplissement de son entreprise, en desdommageant raisonnablement les interessez, encores que ces choses se soient praticquées sans contre-dit en plusieurs Prouinces du Royaume, & que la pluspart desdites Riuieres dudit Pays de Puysois & circonuoisins, aye desia seruy à tel vsage; neantmoins il craint d'estre trauersé en l'execution de ladite Commission, par personnes, Iuges & Officiers des lieux qui pourroient mépriser sans doute ladite Commission, si elle n'estoit appuyée de l'authorité de la Cour. A CES CAVSES, & le besoin & vrgente necessité, à cause de l'accroissement du Peuple, & que la Ville pourroit estre frustrée de sa prouision;

Requeroit estre ordonné que ladite Commission sera suiuie & executée selon sa forme & teneur; auec deffences à tous Iuges & autres, de quelle qualité & condition qu'ils soient, d'y apporter ny souffrir estre fait aucun trouble ny empeschement, en quelque sorte & maniere que ce soit, sur les peines y contenües, & de suspension de leurs charges, le tout en desdommageant, & indemnisant par le suppliant, ainsi qu'il est porté par icelle. VEV aussi ladite Commission, & autres pieces attachées à la Requeste, mesme l'Arrest de la Cour, donné en Vaccations le 25. Septembre 1631. Conclusions du Procureur General du Roy: Tout consideré; LADITE CHAMBRE ayant esgard à ladite Requeste, à ordonné & ordonne, que ladite Commission desdits Preuost des Marchands & Escheuins, du premier de ce mois & an, sera executée selon sa forme & teneur: Fait inhibitions & deffences à toutes personnes, de quelque qualité ou condition qu'ils soient, d'empescher ledit Suppliant en la conduite desdits bois flottez; & à tous Iuges prendre cognoissance des differends qui pourront suruenir, à cause du commerce d'iceux bois, & autres choses portées par ladite Commission, circonstances & dependances, à peine de nullité, mil liures d'amende, & de tous despens, dommages & interests. Fait en Vaccations le 13. Septembre 1635. Signé, GVYET.

ARREST DV CONSEIL D'ESTAT DV ROY, *pour élargir, redresser, & nettoyer les Ruisseaux, pour la conduite du bois flotté, en indemnisant les Proprietaires des terres voisines.*

SVR ce qui a esté remonstré par Pierre & Michel Ozon, Bourgeois de la Ville de Montargis, qu'ils ont entrepris de faire charoyer, flotter, & conduire en la Ville de Paris grande quantité de bois de Moole, Corde, & autres bois qu'ils ont achepté, tant en la Forest d'Orleans, Pays de Puisay, que lieux circonuoisins; laquelle conduite il leur est impossible de faire, s'ils ne le font flotter à bois perdu, par les Ruisseaux & Riuieres estans au dessus de ladite Ville de Montargis, les vns descendans de ladite Forest d'Orleans, & passant par Beau-champs, Chailly, & autres lieux, iusques à Cepoy: Comme aussi la Riuiere de Loing, & Ruisseaux descendans en icelle, depuis ledit Pays de Puisay iusques audit Montargis; ce qu'à present ils ne peuuent, si premierement ils ne le nettoyent, dressent, élargissent, & s'ils ny prennent Ports, selon la necessité du Charoy: Comme aussi s'ils ne font porter Pertuis, Delais, Esclufes, Vannes, & Arrets; A quoy ils feroient volontiers trauailler, à leurs propres cousts & despens; mais ils craignent que les Proprietaires d'aucuns desdits Ruisseaux & Riuieres, & ceux qui ont des Moulins sur iceux; ensemble ceux qui ont des terres, prez, & possessions adjacentes, y apportet quelque difficulté, s'il ne plaist à sa Majesté leur pouruoir; la suppliant leur permettre de faire lesdites accommodations, à la charge de desdommager les Proprietaires & Locataires des Riuieres, Moulins, & autres terres & possessions adjacentes; par lequel desdommagement, les Proprietaires se pouruoiront pardeuant le Bailly de Montargis, ou son Lieutenant General; auec deffences, tant aux Proprietaires, Locataires, que tous autres, de donner aucun trouble ny empeschement aux Supplians, au fait de ladite accommodation; & à cét effet, leur permettre de faire nettoyer, dresser, eslargir, ou appetisser lesdites Riuieres & Ruisseaux, passer par les Palles & Vannages ja faits, és Moulins y estans; s'ils sont commodes, y faire porter Pertuis, Delais, Escluses, Vannes, Arrets, & prendre Ports où il sera necessaire, le tout à ses frais & despens. LE ROY EN SON CONSEIL a permis & permet aux Supplians de faire nettoyer, dresser, eslargir, ou appetisser lesdites Riuieres & Ruisseaux, de faire passer leur bois par les Palles & Vannages ja faits és Moulins estans dessus, s'ils sont commodes; sinon y faire porter Pertuis, Delais, Escluses, Vannes, & Arrets, & prendre Ports és endroits les plus commodes qu'ils verront bon estre, & toutes accommodations qu'ils jugeront necessaires pour cét effet, le tout à leurs frais & despens; à la charge de desdommager les Proprietaires & Locataires des Riuieres, Moulins, & autres terres & possessions adjacentes; que les estimations des terres & prez qui seront prises par les Supplians, & le dommage que pourroit pretendre les Proprietaires & Locataires, seront arbitrez par l'vn des Tresoriers Generaux de France à Orleans, qui sera Commis à ceste fin; & que s'il suruient des differends sur lesdites estimations, ils seront jugez par le Bailly de Montargis, ou son Lieutenant, pardeuant lequel les parties se pouruoiront: fait sa Majesté deffences ausdits Proprietaires, Locataires, & tous autres, de donner aucun trouble ny empeschement ausdits Supplians, en l'execution du present Arrest. Fait au Conseil d'Estat du Roy, tenu à Saint Germain en Laye, le 14. iour de Nouembre 1626.

Signé, BARDEAV.

ARREST DE LA COVR DE PARLEMENT, POVR *le passage des Voicturiers & Marchands, sur l'Isle de la Guiche.*

ENTRE René le Roy, Marchand Voicturier par eauë, demeurant à Paris, appellant de la Sentence rendüe par le Bailly de Melun, ou son Lieutenant, du 17. Iuin 634. saisies & executions faites en vertu d'icelle, & de tout ce qui s'en est ensuiuy, & demandeur en Lettres en forme de Requeste Ciuille, du 16. iour de Mars 1635. Anthoine Bertrand, François Amblard, Claude Mounier, Nicolas le Febure, Claude Barbé, & Consors, iusques au nombre de soixante-deux Marchands & Voicturiers par eauë, tant de Paris que Forains; & les Preuost des Marchands & Escheuins de Paris, tous interuenans, joincts auec ledit le Roy, & appellans de ladite Sentence, d'vne part: Et Messire Louys Tronson, Seigneur du Coudray, Percy, & autres terres, Conseiller du Roy en ses Conseils, Intendant de ses Finances, inthimé & deffendeur d'autre; Apres que les parties, presens leurs Aduocats & Procureurs, communiquans au Parquet des Gens du Roy, & par leur aduis, sont demeurez d'accord de l'appoinctement qui ensuit: Appoincté est, ouy sur ce le Procureur General du Roy; que la Cour a mis & met les appellations, & ce dont a esté appellé au neant; en émendant, ayant esgard aux Letres en forme de Requeste Ciuille, & icelles entherinant, a remis & remet les parties en tel estat qu'elles estoient auparauant les Arrests obtenus par l'inthimé, des 7. iour de May & 5. iour de Iuin 1630. 23. iour de Iuillet, 24. iour d'Octobre 1631. 17. iour de Decembre 1633. & 21. iour de Iuin 1635. les deffences y contenües leuées; Ce faisant, suiuant les Ordonnances & Arrests, des 28. iour de Fevrier 1581. & 9. May 1609. à permis aux Marchands & Voicturiers par eauë, de passer sur l'Isle de la Guiche, par le chemin de quatre thoises, qui sera pris sur le bord d'icelle, vers la Riuiere, le reste de ladite Isle demeurant en deffences, sans restitution des amendes, attēdu qu'elles ont esté employées en œuures pies, & sans despens. Fait en Parlement, le 5. iour de Septembre 1636. *Signé*, GVYET.

ARREST DV CONSEIL PRIVÉ DV ROY, portant renuoy au Parlement de Paris, pour juger l'appel de Sentence du Iuge d'Auallon.

ENTRE Pierre le Bossu, Marchand Bourgeois de Paris, demandeur en lettres de Reglement de Iuges, d'entre les Cours de Parlement de Paris, & de Dijon, d'vne-part; Et Damoiselle Anne le Seurre, veufue de feu Hubert Filsjan, deffenderesse d'autre; VEV par le Roy en son Conseil lesdites Lettres du 28. Iuin 1621. Sentence du Iuge d'Auallon, par laquelle est ordonné, que ledit le Bossu & ladite le Seurre conuiendront d'Experts, pour la visitation des dommages & interests pretendus par ladite le Seurre auoir esté faits és Escluses & Goutieres de son Moulin à Batoüer, par le bois dudit le Bossu, flottant sur la Riuiere de Cernuzelle, auec main leuée audit le Bossu de son bois de Mousle, saisi à la Requeste de ladite le Seurre, du 10. Nouembre 1620. Autre Sentence dudit Iuge, portant que par lesdits Experts, les dommages & interests seroient visitez dudit iour; rapport desdits Experts, fait pardeuant ledit Iuge le 16. dudit mois; Sentence dudit Iuge d'Auallon, donnée entre lesdits le Seurre & le Bossu, par laquelle ledit le Bossu auroit esté deboutté de son renuoy requis au Parlement de Paris, & ordonné que ladite le Seurre pourroit faire saisir du bois dudit le Bossu, iusqu'à la concurrance de cent liures, du 19. dudit mois de Nouembre 1620. Sommation faite à la Requeste dudit le Bossu à ladite le Seurre, à ce que sans prejudice de l'appel de ladite Sentence, elle ayt à luy declarer, quel droict elle pretend auoir sur ladite Riuiere de Cernuzelle, & quel dommage son bois luy auoit fait, affin que sur la recognoissance qu'elle prendra, il fasse ce que de raison; & à ces fins luy communiquer ses titres qu'elle a justifficatifs dudit droict, autrement proteste de tous despens, dommages, & interests, & de releuer son appel audit Parlement de Paris, du 22. dudit mois; Responce de ladite le Seurre à ladite sommation, qu'elle est preste de s'acheminer sur lesdits lieux, pour monstrer les dommages à elle faits sur ladite Riuiere, du 24. dudit mois; Relief d'appel de la Sentence dudit Iuge d'Auallon audit Parlement de Paris, du 13. Decembre audit an 1620. Commission du Parlement de Dijon, portant que ledit le Bossu seroit reassigné en iceluy sur défaut, du 2. Mars 1621. Arrest dudit Parlement de Paris, du 13. May 1621. par lequel est ordonné, que deffences seroient faites à tous Seigneurs, Gentils-hommes, leurs Receueurs & Admodiateurs, Musniers, & autres personnes, de faire aucunes leuées de droicts sur les Riuieres & Ruisseaux, pour empescher le passage, auallage, conduitte, & Voicture de bois, & autres marchandises qui se meneront à Paris; Signiffication dudit Arrest à ladite le Seurre, du 28. Nouembre audit an; Sommation faite à la Requeste dudit le Bossu à ladite le Seurre, à ce qu'elle n'ayt au prejudice de l'instance pendante au Parlement de Paris, laquelle elle a recogneu competant, faire aucunes poursuites à celuy de Dijon, autrement protestoit de nullité; laquelle Seurre auroit respondu, que ledit Parlement de Dijon estoit saisi de la cause, comme Iuge naturel, où elle proteste d'y poursuiure sa cause, du 26. Avril 1621. Lettres Patentes du 2. Nouembre quatre-vingts deux, attributiues de Iurisdiction au Preuost des Marchands & Escheuins de la Ville de Paris, pour la cognoissance des conduites, voitures & flottages du bois acheté par Guillaume Girard, Marchand, pour les fournitures & entretenemens de Paris; Autres Lettres Patentes du 23. Mars mil cinq cens quatre-vingts dix-sept, aussi attributiues de Iurisdiction ausdits Preuost des Marchands & Escheuins, de la cognoissance de ce qui regarde la nauigation sur la Riuiere de Seine, & autres y descendans; auec deffences à tous Iuges d'en cognoistre, obtenu par Gilles Defferesses; Edicts & Declarations sur le faict de la nauigation, pareillement attributiues de Iurisdiction ausdits Preuost & Escheuins, du mois de May 1520. 27. Decembre 1596. & 15. Octobre 1597. Requeste presentée ausdits Preuost des Marchands & Escheuins, par ledit Gilles Defferesses, à ce que les informations faites pour raison du larcin commis sur les bois qu'il faisoit flotter sur la Riuiere de Cure, lors de l'innondation arriué pendant ledit flot, fussent enuoyez pardeuant ledit Preuost des Marchands; sur laquelle auoit esté ordonné, soit fait ainsi qu'il est requis, du 12. May 1598. Commission dudit Preuost des Marchands, à mesme fin dudit iour; Coppie d'Arrest du Conseil du 5. Aoust 1613. donné sur la Requeste presentée en icelle, par la Communauté des Marchands de bois de la Ville de Paris, conçernans la poursuite & resoulte du bois flotté, dommages & interests pretendus par les Proprietaires des heritages, proche des Riuieres de Cure & Yonne, exactions & larcins sur eux faits; par lequel ledit faict auroit esté éuoqué & renuoyé pardeuant lesdits Preuost des Marchands & Escheuins de Paris, circonstances & dépendances, & iceluy interdit à tous autres Iuges; Arrest dudit Parlement de Paris, donné entre Clement de Laval, &

François Desuissard, par lequel a esté ordonné que pour tous les differends des parties, conçernans les bois destinez pour estre amenez à Paris, lesdites parties procederoient pardeuant le Preuost des Marchands & Escheuins de la Ville de Paris, du 20. Feurier 1621. Ladite Requeste d'interuention desdits Preuost & Escheuins, du dernier Decembre audit an; Requeste d'employ dudit le Bossu, à la production de ladite le Seurre dudit iour; Moyens d'interuention desdits Preuost & Escheuins; Autre Requeste d'employ de ladite le Seurre, du 24. Ianvier 1622. Appoinctement de Reglement, pris entre les parties le 5. iour de Nouembre 1621. leurs escritures & procedures, inuentaires & productions, & tout ce que par elles a esté mis & produit pardeuers le Commissaire à ce députe; Ouy son rapport: Et tout consideré; LE ROY EN SON CONSEIL faisant droict sur ladite instance, a renuoyé & renuoye les parties au Parlement de Paris, pour y proceder sur l'appel de ladite Sentence du Iuge d'Auallon, ainsi que de raison, despens reseruez. Fait au Conseil Priué du Roy, tenu à Paris le dernier iour de Feurier 1622. Signé, POTEL.

ARREST DE LA COVR DE PARLEMENT, *par lequel a esté ordonné, que les arbres & murailles qui nuisoient à la nauigation, seront abatus.*

ENTRE Nicolas & André Goujon, sieurs de Thou, sur Marne, appellans des Sentences & appoinctemens contr'eux donnez par les Preuost des Marchands & Escheuins de la Ville de Paris, les 10. & 19. Ianvier 1605. & de ce qui s'en est ensuiuy; Et Maistre Iean du Viuier, Conseiller en la Cour, Prieur du Prieuré de Thou, aussi appellant desdites Sentences & appoinctemens; & d'autre appoinctemét du 2. Decemb. 1604. en ce qu'il fait contre luy, d'vne-part; le Procureur General du Roy, prenant la cause pour son Substitud en l'Hostel de ladite Ville, & Iean Grossier, Buissonnier de la Riuiere de Marne, inthimez d'autre. VEV PAR LA COVR l'Arrest du 14. Mars 1605. par lequel sur lesdites appellations, lesdites parties auroient esté appoinctées au Conseil, bailler causes d'appel, responses, produire, & à ouyr droict; procez verbal de rapport, & visitation faite par Maistre Louys le Lievre, l'vn des Escheuins de ladite Ville, le 23. Octobre 604. ledit appoinctement du 2. Decembre, par lequel entr'autres choses auroit esté donné acte audit du Viuier de son interuention, & ordonné que dans le Samedy lors prochain, pour tous délais, il bailleroit ses moyens; Ledit appoinctement du 10. Ianvier, par lequel auroit esté donné acte audit du Viuier, de ce qu'il auroit esté receu partie interuenante, & joinct au procez, & appellé dudit appoinctement, son appel releué en ladite Cour, & presenté Requeste affin d'éuoquation, & ordonné que ladite Declaration seroit mise és mains dudit le Lievre pour en faire son rapport, & en estre par ledit Preuost & Escheuins ordonné, sans autre forclusion, ny signiffication; Ladite Sentence du 19.

Ianvier, par laquelle faisant droict sur les Conclusions du Procureur du Roy, & plainte desdits Voicturiers, entherinant ledit rapport de visitation, lesdits Goujon auroient esté condamnez faire abatre, coupper & démolir dans vn mois apres la signiffication d'icelle Sentence, tous & chacuns les arbres & murailles du Iardin à eux appartenant, estans le long de la Riuiere, & laisser 24. pieds de lé de chemin libre de toutes eaües, pour le traict des Cheuaux, tirant les batteaux pour la commodité de la nauigation, à l'endroit de leurs heritages; & à faute de ce faire dans ledit temps, seroient lesdites choses abatuës & coupées, & les empeschemens ostez, à la diligence dudit Grossier, aux despens desdits Goujon; & pour lesquels seroit contr'eux déliuré executoire, & iceux condamnez és despens faits par ledit Grossier; Et seroit ladite Sentence executée, nonobstant oppositions ou appellations quelconques, faites ou à faire, & sans prejudice d'icelles; Causes d'appel; Responses & productions desdites parties; Contredits desdits Procureur General & Grossier, suiuant l'Arrest du 30. Ianvier 1605. Forclusion de bailler contredits & saluations par lesdits Goujon & du Viuier; Et tout consideré: DIT A ESTÉ, que ladite Cour a mis & met les appellations au neant, sans amende & despens des causes d'appel, a ordonné & ordonne, que lesdits appoinctemens & Sentences sortiront leur plain & entier effet. Prononcé le 9. May 1609.

Signé, GVYET.

ARREST DE LA COVR DE PARLEMENT, *portant Reglement pour les Mesurages des Grains, & droict de Minage, en la Ville, Bailliage, & Preuosté d'Estampes.*

LOVYS par la grace de Dieu, Roy de France & de Nauarre: A nostre Bailly d'Estampes, ou son Lieutenant: Salut. Sçauoir faisons, comme de la Sentence donnée par nostre Bailly, ou son Lieutenant, le 4. May 1633. entre nostre cher & bien-amé Frere Cesar, Duc de Vendosme & d'Estampes, ayant pris le faict & cause de Pierre Boudeaux, son Receueur, & Fermier general en sondit Duché d'Estampes, demandeur d'vne-part: Et Israël Gaultier, deffendeur d'autre-part. Par laquelle nostre-dit Bailly auroit condamné ledit Gaultier, à payer audit Boudeaux audit nom, le droict de minage, des seize septiers de grain qu'il auroit le quatorziesme Decembre 1630. judiciairement affermé auoir vendu & liuré en ladite Ville d'Estampes, & és despens: Et faisant droict sur la perception & leuée dudit droict de minage, auroit suiuant & conformément aux Sentences & Reiglemens donnez audit Bailliage, les 20. Fevrier & 17. Mars 1608. & 14. Septembre 1601. ordonné que le Receueur & Fermier du Domaine d'Estampes, appartenant audit sieur de Vendosme, seroit payé pour son droict de minage accoûtumé, de tous les grains qui seroient liurez en ladite Ville d'Estampes, Faux-bourgs & Banlieüe d'icelle, fors & excepté des grains des moissons,

rentes

rentes & reuenus: Pour la facilité de laquelle perception & recolte, seroient tenus ceux qui achepteroient lesdits grains d'aduertir le Minager, affin de les mesurer, à peine de payer le droict en leurs noms priuez: Lequel Minager pour la commodité publique, seroit tenu fournir, tant en ladite Ville, Faux-bourgs, Villages & Hameaux, enclauez & situez dans ladite Banlieuë, de mesure & personnes capables pour la mesure desdits grains, aussi-tost & incontinent qu'ils en seroient requis; Ce qui seroit executé nonobstant oppositions ou appellations quelconques, eust esté par ledit Gaultier appellé à nostre Cour de Parlement: En laquelle parties ouyes en leur cause d'appel, & le procez par escrit conclud, & receu pour iuger entre icelle; ioinct les griefs hors les procez, pretendus moyens de nullité, & production nouuelle dudit appellant, qu'il pourroit bailler dans le temps de l'Ordonnance, ausquels ledit inthimé pourroit respondre: Et contre ladite production nouuelle, bailler contredits aux despens dudit appellant: Iceluy procez veu, forclusions de bailler griefs, & produire de nouuel par ledit Gaultier: Arrest du 19. Iuillet 1633. Entre les Maire de Escheuins de ladite Ville d'Estampes, appellans d'vne Sentence donnée le 4. Septembre 1601. contre Nicolas Peltier, au proffit de Damian Prouençal, lors Fermier dudit lieu, comme de nouuel venu à leur cognoissance, de ladite Sentence dudit iour 4. May 1633. entre ledit Duc de Vendosme, d'vne-part, & ledit Gaultier, d'autre. Et encores d'vne autre Sentence donnée par Monsieur le Bailly d'Estampes le 6. May 1633. par laquelle auroit esté ordonné, qu'attendu l'appel interjetté par ledit Duc de Vendosme, d'vne Sentence donnée ledit iour, au proffit desdits Maire & Escheuins, les parties se pouruoiroient en nostre-dite Cour, inthimez, deffendeurs & demandeurs en Requeste du 16. Iuillet audit an 1633. affin d'éuoquation du principal, d'vne-part: Et ledit Duc de Vendosme, inthimé & appellant de la Sentence donnée par ledit Bailly d'Estampes, ledit iour 6. May audit an; par laquelle auroit esté ordonné, que le Greffier dudit Bailly d'Estampes, deliureroit ausdits Maire & Escheuins vne expedition de ladite Sentence du 4. May, & deffendeurs, d'vne-part: Et entre les Preuost des Marchands & Escheuins de nostre Ville de Paris, interuenans & demandeurs en Requeste du 12. May audit an 1633. & appellans desdites Sentences des 4. Septembre 1601. & 4. May 1633. d'vne-part: Et lesdits Duc de Vendosme, Maire & Escheuins dudit Estampes, deffendeurs en ladite interuention & Requeste dudit 12. May: Et encores ledit Duc de Vendosme, inthimé, d'autre-part; par lequel lesdits Maire & Escheuins de Paris auroient esté receus parties interuenantes: Et apres qu'ils auroient conclud sur l'appel de ladite Sentence du 4. May, auroit receu le procez, pour iuger en la maniere accoustumée: Et sur lesdites appellations verballes des Sentences des 4. Septembre 1601. & 6. May 1633. appoincté les parties au Conseil, & éuoqué le principal differend: Et sur iceluy les parties appoinctées en droict, griefs, causes, & moyens d'appel & d'interuention desdits Maire & Escheuins, Corps de Ville, & Bourgeois d'Estampes: Causes d'appel, & responses dudit sieur Duc de Vendosme: Productions desdits Maire & Escheuins d'Estampes, & dudit Duc de

Vendosme; Requeste des Preuost des Marchands & Escheuins de Paris; par laquelle ils auroient employé pour moyens d'interuention, cause d'appel & production, le contenu en icelle, & ce qui auroit esté escrit & produit par lesdits Maire & Escheuins d'Estampes : Arrest du premier Iuin 1635. entre Iean Prunier, soy disant proprietaire de l'Office de Mesureur de grains de la Ville & Faux-bourgs d'Estampes, demandeur en Requeste du 7. May audit an 1635. affin d'interuention, d'vne-part: Et lesdits Duc de Vendosme, Preuost des Marchands & Escheuins de ladite Ville de Paris & d'Estampes, & Gaultier d'autre; par lequel ledit Prunier auroit esté receu partie interuenante, bailleroit ses moyens d'interuention, les deffendeurs leurs responses, & produiroient, joinct les fins de non receuoir des deffendeurs, & deffences au contraire: Moyens d'interuention dudit Prunier: Responses à iceux par lesdits Maire & Escheuins d'Estampes: Forclusions d'en bailler par ledit Duc de Vendosme, Preuost des Marchands & Escheuins de ladite Ville de Paris, & Gaultier: Productions desdits Prunier & Duc de Vendosme, Maire & Escheuins d'Estampes : Forclusions de produire par lesdits Preuost des Marchands & Escheuins de Paris, & Gaultier: Forclusions de fournir fins de non receuoir par lesdits deffendeurs: Contredicts desdites parties, tant sur les appellations verballes, qu'interuention, suiuant l'Arrest du 4. Fevrier 1635. Arrest du 7. Aoust dernier, entre les Chantres, Chanoines & Chapitre de l'Eglise Colegialle Nostre-Dame dudit Estampes, demandeurs en Requeste du 17. Iuillet aussi dernier, affin d'interuention, d'vne-part: Et lesdits Gaultier, Maire & Escheuins d'Estampes, & ledit Duc de Vendosme, deffendeurs d'autre: Par lequel lesdits Chanoines & Chapitre auroient esté receus parties interuenantes, bailleroient leurs moyens d'interuention, les deffendeurs leurs responses, & produiroient: Et seroient lesdits interuenans tenus de mettre ladite interuention en estat de juger dans trois iours: autrement seroit procedé au iugement dudit procez, sans autre forclusion ne signiffication, & ledit Arrest declaré commun auec lesdits demandeurs: Requeste desdits Chantre, Chanoines & Chapitre, employez pour moyens d'interuention & production: Trois productions nouuelles dudit Duc de Vendosme: Requeste desdits Maire & Escheuins d'Estampes, employez pour contredits contre icelle: Forclusions d'en bailler, & de produire de nouuel par lesdits Preuost & Escheuins de Paris, Maire & Escheuins d'Estampes, & Gaultier: Arrest du 6. Septembre 1636. par lequel auant proceder au jugement dudit procez & instance, nostre-dite Cour auroit ordonné que par le Conseiller Rapporteur qui se transporteroit en ladite Ville d'Estampes, il seroit informé de la façon & maniere, & à quelle raison on auoit perceu & leué ledit droict de minage & mesurage de grains, vendus & liurez en ladite Ville, Faux-bourgs & Banlieüe, par les Habitans, Marchands & Laboureurs y demeurans: Et s'il auoit esté pris & perceu, tant sur les grains exposez & vendus au marché & places publiques, que sur ceux liuré ausdits Bourgeois, Marchands & Laboureurs, & par eux vendus en leurs maisons & greniers, tant durant les iours de marché, qu'autres iours de la sepmaine, & ce par Marchands, Bourgeois & Laboureurs de ladite Ville & des enuirons qui seroient nommez d'Office par nostre Procureur General, ou l'vn de ses Substituds: Comme aussi seroit fait enqueste d'Office par ledit executeur, qui se transporteroit és Villes d'Orleans, Yeuuille, Dourdan, Chartres, Melun, & Corbeil, de la façon & maniere que ledit droict de minage & mesurage se leue & perçoit, & a accoûtumé se perçeuoir en icelle, & à quelle raison, tant és marchez & places publiques, qu'és maisons & greniers des particuliers, & ce par quatre Bourgeois & Habitans de chacune desdites Villes, qui seroient aussi nommez d'Office par les Substituds; pour ce faict & rapporté estre fait droict, despens, dommages & interests reseruez: Arrest du 29. Mars 1638. par lequel les enquestes faites d'Offices par ledit Conseiller, les 5. 7. 9. 10. 12. 14. 16. & 18. Septembre 1637. en execution dudit Arrest, auroient esté receus pour juger, joinct les pretendus moyens de nullité, & sauf à debattre le procez verbal d'icelle, & lesdites parties appoinctées à produire comme deuant: Lesdites enquestes: Productions desdits Duc de Vendosme, Maire & Escheuins de ladite Ville d'Estampes, & Preuost des Marchands & Escheuins de Paris: Forclusions de produire par lesdits Gaultier, & Chapitre dudit Estampes: Requeste desdits Duc de Vendosme, Maire & Escheuins d'Estampes, employée pour contredicts: Forclusions d'en bailler par lesdits Gaultier, Preuost des Marchands & Escheuins de Paris, & Chapitre d'Estampes, suiuant l'Arrest du 17. Aoust dernier: Conclusions de nostre Procureur General, tout diligemment examiné; NOSTRE-DITE COVR par son Iugement & Arrest, sans s'arrester ausdites fins de non reçeuoir, faisant droict tant sur ledit procez par escrit, appellations verballes, qu'interuentions desdits Preuost des Marchands & Escheuins de nostre-dite Ville de Paris: & des Chantres, Chanoines & Chapitre de l'Eglise Nostre-Dame dudit Estampes, a mis & met lesdites appellations, Sentence, & ce dont a esté appellé au neant, sans amende: Emandant a fait & fait deffences à tous Marchands, & autres Habitans de ladite Ville & Faux-bourgs d'Estampes, d'aller au deuant des bleds & grains, pour iceux achepter ou arres à deux lieües prés de ladite Ville: Et enjoint à tous Laboureurs & Forains demeurans au dedans desdites deux lieües qui voudront amener des bleds & grains pour vendre en ladite Ville & Faux-bourgs, descharger iceux en plein marché, à poche descouuerte, & non par monstre, & dont le droict de minage sera payé au Receueur du Domaine, ses Commis, ou Fermiers, à raison d'vne mine pour muid, fors &. excepté les Ecclesiastiques, les Bourgeois & Habitans de ladite Ville & Faux-bourgs, & Nobles Forains, qui ne payeront qu'vn minot pour muid: Et pour le regard des bleds & grains qui seront amenez hors lesdites deux lieuës, vendus aux Habitans de ladite Ville & Faux-bourgs, & liurez dans leurs maisons & greniers, ou que lesdits Habitans achepteront hors lesdites deux lieües, & feront amener en leurs maisons ou greniers, n'en sera deub ny payé aucun droict de minage: Et toutesfois si lesdits Habitans, Bourgeois & Laboureurs demeurans en ladite Ville & Faux-bourgs, comme aussi les Laboureurs & Forains tenans des greniers à titre de loyer dedans ladite Ville &

Faux-bourgs, vendent des bleds & grains en leurs maisons ou greniers aux iours de Foires ou marchez, ou autres iours de la sepmaine, ils en payeront demy droict de minage, reuenant à vn minot pour muid audit Receueur, ou ses Fermiers & Commis, sauf les Bourgeois & Habitans demeurans dans les franchises desdits Chantres, & Chanoinies de Nostre-Dame, & de Saint Gilles dudit Estampes, qui ne payeront ledit minot pour muid pour ledit droict de minage, que pour les grains & bleds qu'ils vendront dans leurs maisons & greniers, les iours de Foires & marchez seulement, & non pour ceux qu'ils vendront és autres iours de la sepmaine: A cét effet seront tenus les susdits Bourgeois, Habitans & Laboureurs, appeller le Fermier dudit minage, ou ses Commis, pour mesurer lesdits grains & bleds lors de la vente d'iceux; Et ne pourront lesdits Habitans, Bourgeois, Laboureurs & Forains, ayant des greniers & magasins à loyer en ladite Ville & Faux-bourgs, faire mesurer en leurs maisons & greniers lesdits bleds & grains lors de la vente d'iceux, par leur Seruiteur, Porte-faix, ou autre, ains par le Fermier dudit minage, ou ses Commis, qui n'en pourront pretendre pour ce plus grand droict que ledit minot pour muid; demeurant neantmoins en la liberté desdits Bourgeois & Habitans de ladite Ville & Faux-bourgs d'Estampes, d'aller achepter au delà desdites deux lieuës, & faire apporter & descharger dans leurs greniers audit Estampes, des bleds & autres grains, pour de là les faire transporter à leurs frais, tant par eauë que par terre, en nostre-dite Ville de Paris, & ailleurs, pour iceux grains exposer & vendre hors ladite Ville & Faux-bourgs, sans pour ce payer aucun droict de minage ausdits Receueur, ou Fermier, & Commis: Et en consequence sur la demande dudit Duc de Vendosme contre ledit Gaultier, a mis & met lesdites parties, ensemble sur l'interuention dudit Prunier, hors de Cour & de procez, sans despens entre toutes lesdites parties: Pourront neantmoins lesdits Habitans auoir dans leurs maisons & greniers mine & minots pour leur vsage, & commodité particuliere, & mesmes pour leurs grains non sujets au droict de minage. Et sera le present Arrest enregistré au Greffe dudit Estampes, & publié le marché tenant. Enjoinct à nostre-dit Bailly, ou son Lieutenant audit Estampes, Preuost, & autres Officiers, tenir assemblée generale sur le faict de la Police des grains, Pain, & Vin, & autres danrées, & faire que les Ordonnances & Reglemens soient gardez, pour le bien & soulagement des Habitans de ladite Ville & Faux-bourgs d'Estampes. Si vous mandős à la Requeste dudit sieur Duc de Vendosme, ce present Arrest mettre à deüe & entiere executiő, selon sa forme & teneur: Et à nostre premier Huissier ou Sergent, de faire tous exploicts requis & necessaires: De ce faire à chacun de vous donnons pouuoir. Donné à Paris en nostre Parlemēt le 19. Feurier, l'an de grace 1639. Et de nostre regne le 29. Signé, par Iugement & Arrest de la Cour, RADIGVES. Et scellé.

ARREST DV CONSEIL D'ESTAT DV ROY, POVR *les Sergents de la Ville, contre les Huissiers de la Cour des Aydes.*

SVR ce qui a esté remonstré au Roy en son Conseil par les Preuost des Marchands & Escheuins de la Ville de Paris; Qu'ayant au mois de Septembre dernier décerné leur Ordonnance pour la publication des Fermes des Aydes, Dons & Octroys de ladite Ville, au Bureau de ladite Ville; icelles Ordonnances auroient esté affichées par les Huissiers Sergents de ladite Ville, és lieux & endroits accoûtumez; dont les Huissiers de nostre Cour des Aydes s'estans formalisez, quoy que sans interests, auroient presenté Requeste à ladite Cour, & sur icelle fait appeller Thomas le Franc, & François Feret, deux des Huissiers Sergents de ladite Ville: Et d'autant que la fonction & exercice desdits Huissiers Sergents de ladite Ville n'a rien de commun en celle desdits Huissiers de la Cour des Aydes; Que par les Ordonnances du Roy verifiées, les Huissiers Sergents de ladite Ville, exclusiuement à tous autres, doiuent executer les Mandemens & Ordonnances desdits Preuost des Marchands & Escheuins, & qu'ils sont en possession immemorialle de ce, sans iamais y auoir esté troublez ny inquietez par qui que ce soit: A CES CAVSES requeroient lesdits Preuost des Marchands & Escheuins, lesdits le Franc & Feret, estre deschargez de ladite assignation, auec deffences aux Huissiers de la Cour des Aydes, de faire aucunes poursuittes, à peine de nullité des procedures, cassation d'icelles, & de trois mil liures parisis d'amende. VEV les Ordónances sur le faict de la Preuosté des Marchands, & Escheuins de ladite Ville: Coppie d'Arrest de ladite Cour des Aydes, du vingt-quatriesme Octobre dernier, sur la Requeste presentée à ladite Cour par les Huissiers d'icelle; les assignations données ausdits le Franc & Feret, par Gueste Huissier des Eauës & Forests, le sixiesme Mars mil six cents trente-six: LE ROY EN SON CONSEIL a deschargé lesdits le Franc & Feret, des assignations à eux données en ladite Cour des Aydes, à la requeste desdits Huissiers d'icelle, ausquels sa Majesté a fait inhibitions & deffences de faire aucune poursuitte en ladite Cour sur lesdites assignations, à peine de nullité, cassation de procedure, despens, dommages & interests des parties, & d'amande arbitraire; A ordonné & ordonne que les Huissiers & Sergents de ladite Ville, pourront exclusiuement à tous autres, faire tous les Exploicts, Significations, appositions d'Affiche, & Ordonnance desdits Preuost des Marchands & Escheuins, en tous lieux & endroits que besoin sera, en la maniere accoûtumée. Fait au Conseil Priué du Roy, tenu à Paris le premier iour d'Avril, mil six cens trente-six. Signé, DE CREIL.

ARREST DE LA COVR DE PARLEMENT, entre les Preuost des Marchands & Escheuins, & l'Euesque d'Auxerre, pour le faict du Pertuis de Regennes.

NTRE l'Euesque d'Auxerre, demandeur en matiere d'execution d'Arrest, d'vne-part; Et Iean Henriet, Perrinet Fauleau, & leurs Consors, Mariniers & Voituriers frequentans la Riuiere d'Yonne, deffendeurs; Et les Preuost des Marchands & Escheuins de la Ville de Paris, adjoincts auec eux; Iceux Preuost des Marchands & Escheuins, demandeurs & requerans, que le rapport de la vision & visitation des Pertuis de Regennes, & de Gurgy, desquels est fait mention audit Arrest, fait par les esleus & nommez par lesdits Euesque, & Preuost des Marchands & Escheuins, pardeuant Maistre Germain Chartelier, Conseiller du Roy en ladite Cour, & Commis par icelle à executer ledit Arrest, leur fut communiqué, & aussi que ledit Euesque fût condamné és frais & despens faits par Guillaume Sauget, leur Procureur; pour auoir assisté esdites vision & visitation, y nommer & presenter les nommez & esleus de par luy audit nom, & iceux salariez; & aussi lesdits Iean Henriet, Perrinet Fauleau, & leurs Consors, requerans semblablement estre appellez à ladite visitation, & aux dependances d'icelle, qui restoient encores à vuider, d'autre. Et ledit Euesque, deffendeur esdites instances, d'vne autre part; VEV par la Cour ledit Arrest donné & prononcé en icelle le premier iour de Iuillet dernier passé; les aduertissemens desdites parties; ledit rapport fait pardeuant ledit Commissaire par lesdits nommez & esleus d'icelles parties, à voir & visiter lesdits Pertuis & Hamdars estans sur iceux; le procez verbal dudit Commissaire, contenant les protestations faites par lesdites parties, & l'appointement donné par iceluy Commissaire; par lequel il a appointé que sur le tout il feroit son rapport à ladite Cour, pour en ordonner par elle ainsi que de raison; Et tout consideré: DIT A ESTÉ, que ledit rapport fait sur lesdites vision & visitation ne sera communiquée ausdits Preuost des Marchands & Escheuins, ny ausdits Iean Henriet, Perrinet Fauleau, & Consors, & ne seront iceux Henriet, Fauleau, & Consors, appellez aux dépendances de ladite visitation qui restent encores à faire, & a condamné & condamne lesdits Preuost desdits Marchands & Escheuins, Iean Henriet, Perrinet Fauleau, & Consors, respectiuement és despens de ladite instance; & semblablement a condamné & condamne ledit Euesque és frais & despens faits & soûtenus par ledit Sauget, pour raison de ladite visitation, & aux despens d'icelle instance; la taxation de tous iceux frais & despens reseruez par deuers ladite Cour; Et entant que touche les constructions & reparations necessaires à faire esdits Pertuis de Regennes & de Gurgy; Ladite Cour a ordonné & ordonne, qu'en ensuiuant ledit Arrest, & pour obuier aux inconueniens, perils, dommages, & periclitations des Nauires, Batteaux, marchandises, & denrées, montans & déualans par lesdits Pertuis; ledit Euesque à ses propres cousts & despens, le plûtost que faire ce pourra, fera élargir ledit Pertuis de Regennes de trois pieds & demy en œuure, à l'endroit de la Clef, en descendant au dessous dudit Pertuis, & tirant vers le moulin qui y est, & de longueur de quinze thoises, tant qu'elles dureront, & mettre tout au neant, la chanlate estant au dessous desdites quinze thoises; aussi fera élargir ledit Pertuis au dessus d'icelle longueur, de ladite largeur de trois pieds & demy, comme celle de l'endroit de ladite Clef, & fera faire icelles largeurs, tant de dessus ledit Pertuis, qu'au dessous d'iceluy, d'vn mesme costé, c'est à sçauoir de celuy qui est deuers ledit moulin; aussi fera dépescher & oster les sablons estans au dessus dudit Pertuis, en maniere, & tant si auant que les Batteaux & Nauires montans & déualans, puissent prendre fons, & qu'il y ait flot conuenable selon la charge dont ils seront chargez, & puissent monter & aualer depuis le grand pieu, iusques audit Pertuis; Et semblablement fera arracher le pieu marchand, qui est à present, & planter à trois pieds & demy de largeur vers le biars, s'il n'est ainsi qu'il doit estre, & abaisser les fusts, grauier & herisson, chacun d'vn pied, venant à fleur dudit fust grauier; fera mettre aussi, & afficher en tirant droit de la bacule de la barre dudit Pertuis, tout au long des escluses d'iceluy, & jusques & joignans les prés des pieux qui seront plantez, liarnez & chanlatez par dessus où il sera necessaire; & des pieux marchands liarnez & armoisez, iusques au nombre de six, & faire faire les pauez desdits liarnes de largeur de trois pieds pour aller à seureté par dessus; & au cas que ledit Euesque ne voudroit faire les reparations dessusdites audit Pertuis de Regennes, fera faire vn autre Pertuis nouueau, bon & conuenable prés ledit moulin, & vne Vanne francs, sans ce qu'il soit tenu faire faire aucune chose audit Pertuis de Regennes, sinon l'entretenir en l'estat qu'il est, lequel pourra seruir par les basses eauës, au choix toutesfois & option dudit Euesque; & au regard dudit Pertuis de Gurgy, lequel à present est du tout aboly, & n'y a que vieils pieux debout, ledit Euesque y fera semblablemēt faire à ses propres cousts & despens, vn Pertuis de la largeur de quatre thoises, lequel sera scitué & assis du costé où est à present le Haindart qui y est, & prendront les escluses depuis le Bourreau qui sera fait en tirant droit iusques à vn saulx qui pend sur la Riuiere d'Yonne du costé deuers Gurgy; & du costé dudit Haindart, fera ledit Euesque faire d'autres escluses, qui comprendront depuis ledit Pertuis iusques au rez des prés où ledit Haindart est assis; d'vn chacun costé dudit Pertuis aura vn pieu marchand pour garder les marchandises des montās & aualans, & seront arrachez tous lesdits vieils pieux qui y sont à present; & aussi fera ledit Euesque garnir ledit Pertuis de fust, grauier, herisson, barres, boucheures, & autres choses necessaires: Et ledit Pertuis ainsi fait, sera assis ledit Haindart où l'on verra estre le plus necessaire; & si ledit Euesque veut faire vn moulin où il estoit d'ancienneté prés ledit Pertuis de Gurgy, y aura vne voye ou poste pour laisser aller & passer l'eau audit moulin: Et enjoint ladite Cour audit Euesque, qu'en toute diligence il face faire lesdites reparations & constructions, & icelles faites, ils entretiennent & soûtiennent lesdits Pertuis audit estat, tant de Charpenterie que de Maçonnerie, Paulx, Escluses, & autres choses necessaires & accoûtumées, & qu'il ayt sur lesdits Pertuis propres, Nasselles & gens Experts en nombre competans, pour mener les chables des Mariniers & Voicturiers par eaüe, aux Haindars estans sur lesdits Pertuis, & leur ayder, amener iceux batteaux, nasselles, marchandises & denrées, en leur faisant ouurir lesdits Pertuis, à toutes heures quand ils voudront monter & aualer lesdits batteaux, nasselles, marchandises, & danrées, selon la forme & teneur dudit Arrest, sans les faire attendre outre raison; Et a deffendu & deffend ladite Cour ausdits Fauleau, Henriet, & Consors, de n'entreprendre, ne haster l'vn sur l'autre, pour passer par lesdits Pertuis, en montant & deualant, afin qu'inconuenient n'en aduienne; le tout sous peine d'amende arbitraire, à appliquer audit Seigneur, & touchant le salaire dudit Commissaire, de soy estre transporté sur les lieux, que lesdits Preuost des Marchands & Escheuins, & aussi ledit Euesque, requeroient pardeuant ledit Commissaire, estre aux despens de l'vn à l'encontre de l'autre, dont est fait mention en l'appoinctement dudit Commissaire, du 3. iour de Septembre dernier passé, lesdites parties bailleront si bon leur semble, leur Requeste à ladite Cour, qui en ordonnera comme de raison. Dit aux parties le 11. iour d'Avril, l'an 1502. apres Pasques.

Ainsi signé, PICHON.

ARREST DE LA COVR DE PARLEMENT, portant Reglement entre les Sergens de la Ville, & les Commissaires des Quays.

ENTRE Iean le Clerc, & Pierre Duguard, eux disans Commissaires de l'Hostel de Ville, pour la Police de la Riuiere, Quays & Pourtour d'icelle, appellans de la Sentence donnée par le Preuost des Marchands & Escheuins de ladite Ville, le 18. Decembre dernier, d'vne-part. La Communauté des Sergens, eux disans Commissaires dudit Hostel de Ville, inthimez, d'autre. Et encores lesdits le Clerc & Dugard, appellans de deux Sentences données par lesdits Preuost des Marchands & Escheuins, le 8. Ianvier, dernier d'autre-part. Et lesdits Sergens de l'Hostel de Ville, inthimez, d'autre. VEV par la Cour ladite Sentence du 18. Decembre, par laquelle par prouision, & sans prejudice du droict des parties au principal, deffenses ont esté faites aux Commissaires des Quays, d'eux mesler ny entremettre à faire des Exploicts ny Adjournemens aux Marchands de Bois ny à autre, pour ce qui concerne la Police de ladite Ville, ny rien entreprendre sur l'Office desdits Sergens, ains de prendre garde seullement aux ordures, grauois, & immondices estans sur Quays, Ports, & bordages de la Riuiere. Autre Sentence dudit 8. Ianvier, par laquelle autres deffenses auroient esté faites ausdits Duguard & le Clerc, de doresnauant se qualifier

fier Commissaires ordinaires, ains prendre seulement qualité de Commissaires des Quays de ladite Ville, au desir de leursdites institutions, & de leurs Lettres de prouision de Commissaire des Quays. Arrests des premier Mars & 19. Iuillet, par lesquels le principal éuocqué, & pour y faire droict, ensemble sur les appellations, ordonné qu'ils verront les Reglemens & procez des parties appoinctez au Conseil, leurs plaidoyez, productions sur l'appel de la premiere Sentence, contredicts desdits Sergens, forclusion d'en fournir par lesdits le Clerc & Duguard, production des Sergens sur l'appel de la derniere Sentence, forclusion des escripts & produire par les appellans; Conclusions du Procureur General du Roy; Tout consideré, dit a esté, que ladite Cour faisant droict, tant sur les appellations que principal éuocqué, a mis & met icelles appellations au neant, sans amende. Ordonné que les Sentences de prouision, sortiront diffinitiuement leur effect, condamné les appellants és despens, tant des causes principalles que d'appel. Prononcé le 27. Aoust 1616. Signé par collation, VOISIN. Et au dessous est escript ce qui ensuit.

LE premier iour de Septembre 1616. a esté le present signiffié & baillé coppie à Maistre Gruau, Procureur de partie aduerse, qui a dit qu'il proteste de se pouruoir contre l'Arrest, par les voyes de droict.

Signé, LE CAMVS.

ARREST DE REGLEMENT, ENTRE LES Sergens de la Ville, Commissaires des Quays, & Controlleur du bois.

ENTRE la Communauté des Sergens de l'Hostel de ceste Ville Paris, Commissaires pour la Police d'icelle sur l'eauë, parties place de ladite Ville, appellans d'vne Sentence rendüe par les Preuost des Marchands & Escheuins d'icelle Ville, le 11. Octobre 1624. & inthimez d'autre-part. Et Michel de Bauuille, & Martin Garnier, Commissaires des Quays d'icelle-dite Ville, inthimez: Et encores lesdits de Bauuille, Garnier, & Claude Gouffé, interuenans & joinct auec eux, aussi appellans de ladite Sentence. Et Guillaume Barbier, Controlleur de bois de chauffage & charbon, demandeur en Requeste d'interuention, presentée à la Cour le 14. de ce mois. Et lesdits Sergens, Commissaires de la Police, Bauuille, Garnier, & Gouffé, deffendeurs d'autre, sans que les parties puissent nuire ne prejudicier aux parties. Odespung pour les Sergens de l'Hostel de Ville de Paris, conclud en son appel de ce qu'au prejudice de l'Arrest de Reglement de leurs Offices, donné auec les inthimez, l'on les a reçeus à reçeuoir les plainctes des fautes & maluersations commises en la marchandise estant sur la Riuiere, permis en dresser leurs procez verbaux, & en faire rapport, qui est leur attribuer tout ce qui despend de leur charge, à ce qu'il soit dit mal jugé, émandant que deffenses leurs seront faites de contreuenir à l'Arrest. Tallon pour Barbier, Controlleur des bois & charbon, a aussi conclud en son appel de ladite Sentence, en ce qu'elle luy fait préjudice, attendu qu'en consequence de ce, les inthimez se veullent attribuer qualité de Commissaires de ladite Ville: si la Sentence à lieu, ils entreprendront sur la vente des bois & charbon, ce qui luy est attribué à cause de son Office, à ce qu'il soit deffendu de le troubler. Baudouyn pour les inthimez, que la contestation n'a esté agitée pardeuant le Preuost des Marchands, telle que les Aduocats des appellans l'ont playdée, & qu'elle est par l'Arrest de l'année 1616. ils sont & doiuent estre qualiffiez Commissaires de la Ville, & de ce sont fondez en l'Ordonnance d'icelle, peuuent visiter, voir, & faire rapport des fautes & maluersations, ce qui est permis à plus simples Bourgeois de ceste Ville, & eux tellement necessaires, que les Sergens colludans auec les Marchands, negligent de faire rapport, & reçeuoir les plaintes, & cependant le vice est couuert, ce qui a esté jugé au soulagement du peuple, pendant soustient la Sentence juridique: & d'autant que la Sentence leur oste la qualité de Commissaires de la Ville, ains simplement Commissaires des Quays, & Ports, en ont interjetté appel, auquel conclud à ce que la qualité de Commissaire de la Ville leur demeure. Seruin pour le Procureur General du Roy a dit, que la Sentence contreuient à l'Arrest de 1616. qui a attribué aux appellans la permission d'informer & faire rapport de ce qui despend des maluersations au commerce sur la Riuiere: quant aux inthimez sont personnes destinez pour le nettoyement des Ports & Quays, & sous ombre de ce mot de Commissaire, veullent s'attribuer le pouuoir tel que celuy attribué aux Commissaires du Chastelet: ce n'est l'intention de l'Ordonnance ny de l'Arrest: les inthimez alleguent que les Sergens colludent auec les Marchands: pour y pouruoir demandent qu'il soit enjoinct aux Sergens de dénoncer à leurs sujets en ceste Ville, les contrauentions aux Ordonnances, à ce que le peuple en soit soulagé. La Cour sur les appel interjetté par les Sergens de l'Hostel de Ville de Paris, & par le Controlleur, a mis & met l'appellation, & ce dont a esté appellé au neant, émendant a fait & fait inhibitions & deffenses aux Commissaires des Quays & Ports de Paris, d'entreprendre sur la charge & fonction des Sergens de la Ville, & en consequence de ce, sur l'appel interjetté par lesdits Commissaires, a mis & met les parties hors de Court & de procez, le tout sans despens: Et ayant esgard aux Conclusions du Procureur General du Roy, enjoinct ausdits Commissaires de tenir la main au nettoyement desdits Quays & Ports de la Ville, & aux Sergens de reçeuoir les dénonciations des maluersations, dresser leur procez verbal, & en faire rapport au Substitud du Procureur General du Roy, à peine d'en respondre en leurs noms. Fait en Parlement le 21. Ianvier 1625. & collationné. Signé, GALLARD.

AVTRE REGLEMENT ENTRE LES *mesmes parties.*

ENTRE la Communauté des Sergens de l'Hostel de Ville de Paris, Commissaires sur la Police d'icelle sur l'eau, Ports & Places de la Ville, demandeurs en Requestes du 27. Aoust 1625. & en execution d'Arrest des 27. Aoust 1616. & 21. Ianvier 1625. d'vne-part. Et Philippes Raoul & Iacques du Trou, deffendeurs d'autre. Et Martin Garnier l'aisné, Iacques du Trou, Philippes Raoul, Anthoine Olliuier, Iean Lair, & Michel Bauuille, Commissaires des Quays, demandeurs en Requestes du 17. Nouembre audit an 1625. d'vne-part. Et ladite Communauté des Sergens de l'Hostel de Ville de Paris, deffendeurs d'autre. Et encores entre lesdits Commissaires des Quays, appellans de la Sentence donnée par le Preuost des Marchands & Escheuins de ladite Ville de Paris, le 12. Iuillet 1616. d'vne-part. Et la Communauté des Sergens, inthimez d'autre. VEV par la Cour lesdites Requestes des 27. Aoust, & 27. Nouembre 1625. ensemble lesdits Arrests des 27. Aoust 1616. & 21. Ianvier 1625. demandes, deffenses, replicques, appoinctement en droict, aduertissement, productions, contre-dits desdites parties, suiuant l'Arrest du 26. Ianvier 1626. saluations desdits Sergens, ladite Sentence du 12. Iuillet 1616. par laquelle entr'autres choses a esté enjoinct aux Commissaires des Quays, se transporter és lieux où l'on a jetté les immondices & boües, & en faire rapport, ensemble au Substitud du Procureur General du Roy : & a eux enjoinct de doresnauant suiure les batteaux chargez de matiere fecalle, iusques au lieu où elles doiuent estre deschargées, & voir faire ladite descharge, suiuant l'Ordonnance de la Ville. Arrest du 4. May 1626. par lequel sur l'appel interjecté de ladite Sentence, par lesdits Commissaires, les parties auroient esté appoinctez au Conseil, bailleroient les appellans leurs causes d'appel dedans trois iours, & les inthimez leurs responses trois iours apres, produiront dedans les trois iours ensuiuant ce que bon leur sembleroit, & joinct à ladite instance. Requestes desdits appellans du 6. Iuillet 1626. employée pour causes d'appel, escriptures, productions & contre-dits desdites parties, suiuant l'Arrest du 28. Iuillet 1626. Autre instance entre la Communauté desdits Commissaires des Quays, Ports, Places, Riuieres, & Pourtour de ladite Ville de Paris, demandeurs en Requeste du 8. Ianvier dernier, d'vne-part: Et lesdits Sergens, deffendeurs d'autre ; ladite Requeste desdits Commissaires tendant & concluant à ce qu'ils fussent maintenus & gardez en la qualité de Commissaires des Quays, Ports, Riuieres, & Pourtour de ladite Ville, & en la fonction attribuée à leurs charges, suiuant les Ordonnances de la Ville : Et deffenses ausdits Sergens de prendre qualité de Commissaires : procez verbal du Commissaire, pour ouyr & regler les parties, du 12. Ianvier dernier, par lequel sur les demandes, deffenses & contestations desdites parties, elles auroient esté appoinctées à mettre, & joinct ausdites instances, escriptures & productions desdites parties: Autre instance entre lesdits Commissaires des Quays, demandeurs en Lettres du 19. May 1627. tendant affin d'estre conseruez à l'exercice de leurs charges, conformément aux Articles 25. du Chapitre 8. & 16. Article du Chapitre 54. des Ordonnances Royaux conçernans ladite Police, d'autre-part. Et lesdits Sergens, deffendeurs d'autre. Deffenses, appoinctement en droict, & joinct ausdites instances, escriptures & productions desdites parties, interrogatoires & responces de Guillaume Charrier, Scindicq & plus ancien desdits Sergens, joinct ausdites instances; Conclusions du Procureur General du Roy: Et tout consideré, DIT a esté, veu ladite Cour, sans s'arrester ausdites Lettres, autant que touche ladite appellation de la Sentence dudit 12. Iuillet, a mis & met lesdites parties hors de Cour & de procez: & faisant droict sur lesdites instances de Requeste, a fait & fait inhibitions & deffenses ausdits Sergens de prendre qualité de Commissaires, ains de Sergens de l'Hostel de Ville, conformément aux Ordonnances de la Police de la Preuosté & Escheuinage de ladite Ville de Paris: & ausdits Commissaires prendre autre qualité que de Commissaires des Quays: & ce faisant, ordonné & ordonne, que lesdits Arrests des 27. Aoust 1616. & 21. Ianvier 1625. seront executez selon leur forme & teneur: & neantmoins pourront lesdits Commissaires des Quays faire les dénonciations & rapports verballement aux Preuost des Marchands, & Substitud du Procureur General du Roy, des abus & maluersations qui se commetteront és Quays & Ports de ladite Ville de Paris, & des contrauentions aux Reiglemens de la Police, ordonnée par lesdits Preuost des Marchands & Escheuins de ladite Ville, & sans despens de toutes lesdites instances. Prononcé le 21. d'Aoust 1627. Signé par collation, RADIGVES.

AVTRE REGLEMENT EN CONSEQVENCE *des precedens.*

ENTRE les Commissaires des Quays de ceste Ville de Paris, demandeurs en Requeste du 7. de ce mois, d'vne part. Et la Communauté des Sergens de l'Hostel de ceste Ville, deffendeurs d'autre, sans que les qualitez puissent prejudicier: Apres que le Feron pour les demandeurs a conclud à leur Requeste, à ce qu'en interpretant l'Arrest du 21. Aoust dernier, & autres precedents, il soit ordonné qu'ils feront les dénonciations, assignations verballes ou par escript, & rapports des abus & maluersations qui se commettent sur le faict des marchandises, & autres qui se vendent & débitent sur les Ports de la Riuiere pardeuant les Preuost des Marchands & Escheuins de ceste Ville, sans qu'ils y puissent estre empeschez par les Sergens de l'Hostel de ladite Ville & autres, & que Gaultier le jeune, Aduocat desdits Sergens de l'Hostel de ladite Ville, a esté ouy en ses deffenses; LA COVR sur la Requeste, a mis & met les parties hors de Cour & de procez, sans despens. Fait en Parlement le vnziesme Septembre mil six vingt-sept. Signé par collation, RADIGVES.

ARREST DE LA COVR DE PARLEMENT, portant renuoy en l'Hostel de Ville, des differends militaires des Bourgeois de Paris, auec éuocation de la cause pendante pardeuant le Lieutenant criminel, pour estre iugée par les Preuost des Marchands & Escheuins.

ENTRE Maistre Thomas Morant, sieur du Mesnil-Garnier, Conseiller du Roy en ses Conseils d'Estat & Priué, Tresorier de son Espargne, l'vn des Colonels de Paris, & les Capitaines de ladite Colonelle, demandeurs à l'entherinement d'vne Requeste par eux presentée à la Cour le 18. Ianuier dernier, d'vne part; Et Ioseph Despinay, l'vn des Bourgeois & Habitans de ceste Ville de Paris, deffendeur d'autre, sans que les qualitez puissent préjudicier; apres que Gaultier, Aduocat des demandeurs, a conclud en leur Requeste, à ce que les informations, decret, & autres procedures faites par le Lieutenant criminel à la Requeste dudit Despinay, contre Charpentier, Anspessade, tous deux Bourgeois de Paris, de la Compagnie du sieur de S. Genis, l'vn des demandeurs, fussent euoquées en ladite Cour, & renuoyées pardeuant Messieurs les Preuost des Marchands & Escheuins de la Ville de Paris, leurs Iuges pour ce naturel, & joindre le tout à autre information & procedures faites pardeuant eux pour le mesme fait, à la Requeste dudit Charpentier, afin de leur estre fait sommairement droit, sur les reparations des injures & voyes de fait respectiuement requises, & à ce que le Roy soit d'oresnauauant mieux seruy, les mandemens desdits Preuost des Marchands executez, les demandeurs & ceux qui ont pareilles charges, obeys & respectez; & les Bourgeois & Habitans, sujets du Roy, confirmez & entretenus en vne punctuelle affection & obeyssance, & tirez des longues procedures & immunitez esquelles ils pourroient d'oresnauant succomber, quand tels actes arriueroient, deffences fussent faites audit Lieutenant criminel de plus connoistre de tels differends militaires à l'aduenir, ains iceux r'enuoyer pardeuant lesdits Preuost des Marchands & Escheuins, pour y estre sommairement pourueu, & que Tubeuf, Aduocat dudit Despinay a soustenu la procedure faite pardeuant ledit Lieutenant criminel valable, & qu'il en doit connoistre, comme iuge naturel des parties, & non lesdits Preuost des Marchands & Escheuins, lesquels n'ont pour ce aucune Iurisdiction contentieuse, comme a esté iugé par Arrest de 1618. La Cour sans auoir esgard à la Requeste afin d'éuocation, a renuoyé & renuoye les parties pardeuant lesdits Preuost des Marchands & Escheuins de ceste Ville de Paris, pour proceder sur leurs differends, & y estre fait droict, ainsi que de raison. Fait en Parlement le 16. iour de Mars 1623.

Signé, GALLARD.

ARREST DE LA COVR DE PARLEMENT, *par lequel la quantité de grains que peuuent achepter les Greniers par chacun iour de marché, est reglée.*

COmme de la Sentence donnée par les Preuost des Marchands & Escheuins de nostre Ville de Paris, le 20. Auril 1617. entre les Marchands de grains de ladite Ville, demandeurs d'vne part; Et Louys Bourdin, Maistre Grenier en ladite Ville, deffendeur; Robert Bellanger, Claude le Groux, Iean Robellin, Iean Hebert, Louys Heuyn, Matthieu Ruë, & Anthoine Cauallier, aussi Maistres Greniers, vendans à la petite mesure, interuenans d'autre: Par laquelle Sentence il auroit esté dit, que sur la demande des Marchands de grains, afin de confiscation du muid d'auoine, achepté par ledit Bourdin, & loty auec les interuenans, ainsi qu'ils auroient dit, les parties auroiẽt esté mises hors de Cour & de procez; Et faisant droict sur les Conclusions de nostre Procureur, & de ladite Ville, & reglement entre les parties, que la Sentence du 11. Ianuier 1617. seroit executée, & que conformement à icelle, deffences seroient faites aux Greniers, d'achepter plus de trois mines de chacune qualité de grains par chacun iour de marché, & d'en achepter à autres iours, à peine de confiscation, & d'amende arbitraire, & sans despens, eust esté de la part desdits Bourdin, le Groux, & Heuyn, Maistres Greniers, appellez à nostre Cout de Parlement, en laquelle le procez par escrit, conclud & receu pour iuger entre lesdites parties, si bien ou mal auroit esté appellé, les despens respectiuement requis, & l'amende pour nous; joint les griefs hors le procez; Moyens de nullité, & production nouuelle desdits appellans, ausquels griefs lesdits intimez pourroient respondre, & contre ladite production nouuelle, bailler contredicts. VEV ledit procez, griefs, responces, forclusions de produire de nouuel par lesdits appellans. Arrest du vingtiesme Aoust audit an, entre lesdits Bourdin, le Groux, & Heuyn, Maistres Greniers, appellans des Sentences desdits Preuost des Marchands & Escheuins de nostredite Ville, des 11. & 13. Ianuier audit an, d'vne part; Et Louys de Prime, Pierre Maille, Pierre Oger, & Consors, Marchands de grains, intimez d'autre: Par lequel lesdites parties auroient esté appoinctées au Conseil à bailler leurs causes d'appel, & responces, & produire ce que bon leur sembleroit, & joint audit procez: Requeste desdits appellans employée pour causes d'appel, & productions sur lesdites appellations: Responces & production desdits intimez: Autre Arrest du douziesme Decembre audit an 1617. entre les Iurez Greniers de nostredite Ville, demandeurs en Requeste, d'vne part; & lesdits de Prime, Pierre Maille, & Consors, Marchands de grains, deffendeurs d'autre: Par lequel lesdits demandeurs auroient esté receus parties interuenantes audit procez; ordonné qu'ils bailleroient leurs moyens d'interuention, & les deffendeurs escriroient & produiroient, & ioinct audit procez moyens d'interuention desdits Iurez: Responces desdits Marchands de grains: Productions desdites parties sur ladite interuention: Interrogatoire de Guillaume de Fessier, Simon Lancelot, Iean de Champrenault, & Nicolas Phelippes, Marchands de grains de ladite Ville, du 7. Decembre 1617. à la Requeste desdits Louys Bourdin, & Consors: Arrest du 10. Mars 1618. par lequel nostredite Cour auroit dit, auant proceder au jugement du procez, que huit anciens Marchands, ou autres Bourgeois de nostredite Ville, seroient ouys d'office dans quinzaine, sur certains faicts resultans, & qui seroient extraits dudit procez, ausquels seroient fait lecture des Sentences, & de l'article seiziesme des Ordonnances, sur la Iurisdiction des Officiers de nostredite Ville, produits au procez, produiroient lesdites parties, bailleroient contredicts, & saluations, despens reseruez, enqueste d'office, & audition desdits huit anciens Bourgeois, fait par l'vn des Conseillers de nostredite Cour, à la Requeste de nostre Procureur General, le 24. Ianuier 1619. reçeuë pour iuger le 17. Auril audit an: Productions desdites parties: Contredicts, saluations respectiuement fournis: Production nouuelle desdits Bourdin, le Groux, & Consors: Requeste employée pour contredicts, par lesdits Marchands de grains, contre ladite production nouuelle: Saluation desdits Iurez Greniers: Conclusions de nostre dit Procureur General: Et tout diligemment examiné. NOSTRE-DITE COVR par son Iugement & Arrest, faisant droict sur le tout, a mis & met lesdites appellations, Sentences, & ce dont a esté appellé, au neant, sans amende; en émandant, a ordonné & ordonne, que lesdits Maistres Greniers pourront achepter par chacun iour de marché, apres l'heure de Midy, chacun d'eux, iusques à la quantité de six septiers d'auoine, & deux septiers de chacune autre sorte de grains & legumes seulement; lesquels grains ils ne pourront vendre ny debiter autrement qu'à la petite mesure, & sans que lesdits Greniers puissent auoir ny garder en leurs maisons plus de deux muids de ladite auoine, & huit septiers de chacune sorte desdits autres grains & legumes, à peine de confiscation du surplus, & d'amende arbitraire; & sur les autres fins & conclusions desdites parties, a mis & met icelles parties hors de Cour & de procez, sans despens, mesmes des reseruez par ledit Arrest du 10. Mars 1618. Prononcé le 1. Feurier 1620. Et plus bas est escrit; Extraict des Registres de Parlement.

Ainsi signé, DV TILLET.

EDICT DV ROY, PORTANT QVE LES IVREZ Crieurs de corps & de vins de la Ville & Faux-bourgs de Paris, feront en commun les fournitures des Serges, Draps, Satins, Veloux, & Robbes des obseques & funerailles des defuncts, qui seront faites en ladite Ville & Faux-bourgs, & ailleurs où ils seront appellez, & prendront pour droicts, conformément à l'Arrest du Conseil, du 5. Decembre 1634. trois sols pour chacune aulne de Serge, ou Drap blanc ou noir, huit sols pour chacune aulne de Satin ou Veloux, & quatre sols pour chacune Robbe, par iour qu'ils seruiront aux tentures, pour les funerailles & obseques qui se feront, tant aux Eglises qu'aux maisons, desquels droicts à eux attribuez ils feront bourse commune entierement, pour estre partagez entr'eux esgalement.

LOVYS par la grace de Dieu, Roy de France & de Nauarre: A tous presens & aduenir: Salut. Encores que les droicts de ceux qui fournissent les Draps, Serges, Satins, & Veloux, pour les tentures des obseques & funerailles des defuncts, ayent esté reglez par diuers Arrests de nostre Conseil; Neantmoins aucuns des Crieurs de corps & de vins de nostre Ville de Paris, qui fournissent lesdites tentures, exigent des particuliers beaucoup plus que ce qui est porté par lesdits Arrests, supposans auoir fourny vne plus grande quantité desdites estoffes, qu'il n'en entre dans lesdites tentures, & se faisans payer plus grands droicts que ce qui a esté reglé: dont ayant esté fait diuerses plaintes en nostre Conseil, & diuerses propositions; pour faire cesser les exactions, mesmes de tirer du bon ordre qui y sera apporté, quelque fruict que nous pourrions faire tourner au bien & soulagement des pauures, entre lesquels il n'y a point de plus necessiteux, & qui ayent plus besoin d'assistance que les enfans trouuez, & exposez dans ladite Ville & Faux-bourgs de Paris, desquels il est mort vn tres-grand nombre par le passé, à faute de nourriture, & d'autres ont esté vendus pour estre supposez, ou seruir à d'autres mauuais effets: vne desquelles propositions, estant d'affermer à prix d'argent par chacun an ledit fournissement, aux droicts portez par lesdits Arrests, à l'exclusion desdits Iurez Crieurs. Mais comme il nous a esté representé, qu'encores que lesdits Crieurs n'ayent aucun tiltre particulier pour la perception desdits droicts, n'ayant pour ce payé aucune finance; neantmoins qu'estans en possession, & ayant acquis leurs Offices, au prix desquels ils ont employé vne partie de leurs biens & facultez, sur l'asseurance qu'ils ont prise de ladite possession de leurs predecesseurs, en la jouyssance desdits droicts, conformément à l'Arrest de nostre Conseil, du 5. Decembre 1634. & que de les déposseder desdits droicts, il s'en ensuiuroit la ruine de plusieurs d'entre lesdits Crieurs. Pour à quoy remedier, & neantmoins tirer quelque somme, pour employer à l'effet que dessus; nous auons, pour plus fauorablement traitter lesdits Crieurs, resolu de les confirmer en la jouyssance desdits droicts, & de les rendre communs en la fourniture

fourniture desdites tentures & Robbes, & perception desdits droicts, desquels, ainsi que les autres Communautez des Iurez & Officiers de Police de Paris, ils feront bourse commune ; & par ce moyen, faire cesser le procez qui est entr'eux, pour raison de ce, pendant pardeuant le Preuost des Marchands & Escheuins de ladite Ville de Paris, sans qu'ils puissent prendre ny exiger autres ny plus grands droicts que ceux portez par ledit Arrest du Conseil, du 5. Decembre 1634. A CES CAVSES, l'affaire mise en déliberation en nostre Conseil, où estoient aucuns Princes, Officiers de la Couronne, & autres grands & notables Personnages ; De l'aduis d'iceluy, & de nostre certaine science, pleine puissance, & authorité Royale ; Nous auons par le present Edict, perpetuel & irreuocable, dit, statué, & ordonné, disons, statuons, & ordonnons, qu'à l'aduenir, tous lesdits Iurez Crieurs de corps & de vins de nostre Ville de Paris, au nombre de trente, feront en commun les fournitures des Serges, Draps, Satins, Veloux, & Robbes des obseques & funerailles des defuncts, qui seront faites en nostre-dite Ville & Faux-bourgs de Paris, & ailleurs où ils seront appellez, & prendront pour droicts, conformément audit Arrest de nostre Conseil, du 5. Decembre 1634. trois sols pour chacune aulne de Serge, ou Drap blanc ou noir, huit sols pour chacune aulne de Satin ou Veloux, & quatre sols pour chacune Robbe par iour qu'ils seruiront aux tentures, pour les funerailles & obseques qui se feront, tant aux Eglises, qu'aux maisons : ausquels droicts nous les auons confirmez, & à iceux de nouueau par le present Edict, attribuez & attribuons, & desquels nous voulons que lesdits Iurez Crieurs de corps & de vins, facent bourse commune entr'eux entierement : Pour cét effet establiront vn Bureau & magasin commun pour lesdites tentures & Robbes, qui seront aux frais communs : Esliront d'entr'eux vn Controolleur chacun mois, pour tenir Registre des fournitures qui seront faites, & des droicts qui en prouiendront, lesquels seront distribuez entr'eux esgalement, ainsi qu'il est à present obserué par lesdits Crieurs, pour partie desdits droicts. De tous lesquels droicts, nous voulons qu'ils jouyssent doresnauant pleinement & paisiblement, & qu'ils demeurent vnis & incorporez à leurs Offices, en payant par chacun d'eux en nos Parties Casuelles, les sommes ausquelles ils seront moderément taxez en nostre Conseil, auec les deux sols pour liure d'icelles : lesquelles sommes nous auons affectées & destinées pour faire vn fonds annuel, & seruir à la nourriture & entretenement desdits Enfans trouuez, dont l'employ se fera en heritage ou en rente, du consentement de nostre Procureur General au Parlement de Paris, par les Dames Officieres de la charité de l'Hostel-Dieu de ceste Ville, lesquelles ont entrepris le soing desdits Enfans trouuez, auec tant de benediction, que là où depuis cinquante ans l'on n'en n'auroit peu esleuer pas vn d'enuiron trois cens cinquante, qui sont exposez annuellement dans Paris ; il se trouue neantmoins qu'elles en ont esleué plusieurs qui se portent bien, depuis qu'elles en ont pris le soing. Et sera tenu le Thresorier des Parties Casuelles, remettre lesdits deniers au fur & à mesure qu'il les receura, és mains de Iean Borde, Bourgeois de Paris, qui sera nommé & Commis par lesdites Dames Officieres, lesquelles auront l'administration du reuenu qui en prouiendra, & l'employeront pour la nourriture & entretenement desdits Enfans trouuez, sans qu'elles soient tenües d'en rendre compte, sinon aux Officiers de la mesme charité, qui leur succederont. Et moyennant ce, nous auons par cesdites presentes deschargé & deschargeons lesdits Crieurs de toutes recherches & restitutions qui pourroient estre contr'eux pretenduës pour raison desdits droicts, & de ce qu'ils en peuuent auoir exigé de plus que le contenu audit Arrest du 5. Decembre iusques à present. Si donnons en mandement au Preuost de Paris, ou son Lieutenant Ciuil, Preuost des Marchands & Escheuins de nostre-dite Ville de Paris, que le present Edict, ils facent registrer és Registres de leurs Audiances, & le contenu en iceluy entretenir & faire entretenir, garder & obseruer selon sa forme & teneur, sans permettre qu'il y soit contreuenu; nonobstant toutes Ordonnances, Edicts, Reglemens, Arrests, Iugemens, & autres choses à ce contraires, ausquelles nous auons, en tant que besoin seroit, dérogé & dérogeons par cesdites presentes, & toutes oppositions, appellations, & empeschemens quelsconques, desquelles nous auons retenu & reserué la cognoissance en nostre-dit Conseil, & icelle interdite & defenduë à tous autres Iuges: Car tel est nostre plaisir. Et à fin que ce soit chose ferme & stable à toûjours, Nous auons fait mettre nostre scel à cesdites presentes, sauf en autres choses nostre droict, & l'autruy en toutes. Donné à Amiens au mois de Septembre, l'an de grace 1641. Et de nostre regne le trente-deuxiesme. Signé, LOVYS. Et sur le reply, Par le Roy, DE LOMENIE. Et scellé sur double queuë en lacs de soye rouge & verte, du grand sceau de cire verte.

ARREST DV CONSEIL D'ESTAT DV ROY, entre les Iurez Crieurs de corps & de vins.

ENTRE Guillaume Dassy, Pierre Mareschal, Anthoine Flache, & Consors, Iurez Crieurs de corps & de vins de la Ville & Faux-bourgs de Paris, demandeurs en Requeste du dernier iour de Decembre 1641. d'vne-part: Et Claude Thirement, Iacques Piget l'aisné, Iacques Piget fils, Iacques Dutel, & Consors, defendeurs d'autre-part. Sans que les qualitez puissent nuire ne prejudicier aux parties. VEV par le Roy en son Conseil l'instance d'entre lesdites parties. Ladite Requeste dudit iour dernier Decembre 1641. à ce qu'attendu que l'opposition formée par lesdits demandeurs à l'execution de l'Edict de sa Majesté, du mois de Septembre dernier, tant au Chastelet, que pardeuant les Preuost des Marchands & Escheuins de la Ville & Faux-bourgs de Paris, en vne dépendance de l'instance que les demandeurs ont au Parlement de Paris, sur l'appel par eux interjetté de la Sentence desdits Preuost des Marchands & Escheuins de Paris, du vingt-troisiesme dudit mois de Septembre dernier, s'agissant en l'vn & en l'autre de mesme faict, & de mesme question. Arrest du Conſeil, dudit iour, portant qu'aux fins de ladite Requeſte, leſdits Thirement, & autres qu'il appartiendra, ſeront aſſignez en iceluy, pour eſtre les parties ſommairement ouyes ſur les fins de ladite Requeſte, pardeuant le Commiſſaire à ce deputé, pour ce fait eſtre ordonné ce qu'il appartiendra par raiſon. Exploict d'aſſignation donnée audit Thirement audit Conſeil, en conſequence, du 4. Ianvier 1642. Requeſte des Iurez Crieurs de corps de ladite Ville & Faux-bourgs de Paris, au Conſeil, à fin qu'il ordonne, qu'ils jouyront eſgalement des droicts à eux attribuez, par Arreſt du Conſeil, du 5. Decembre 1634. ſur les tentures & Robbes qu'il fourniſſent aux funerailles & enterremens, deſquels droicts ils feront bourſe commune entiere, moyennant quoy ils ſe ſouſmettent de payer quelque petite taxe, qui ſera moderément faite au Conſeil. Placet preſenté au Roy, à fin d'interdiction à toutes perſonnes la faculté de fournir les tentures mortuaires dans la Ville & Faux-bourgs de Paris, qu'à condition de payer par chacune perſonne, vne ſomme par chacun an: ledit Placet renuoyé au Conſeil par ſa Majeſté, par ſon Ordonnance, eſtant au bas d'iceluy, du 22. May 1641. Copie de Lettres Patentes, du mois de Septembre dernier: par laquelle leſdits Iurez, au nombre de trente, ſont maintenus en la faculté de fournir leſdites tentures & Robbes de deüil, aux clauſes & conditions portées par icelles. Sentence du Preuoſt de Paris, contenant l'entherinement deſdites Lettres, en ce qui concerne l'vnion deſdits Crieurs, eſtabliſſement de Bureau, & bourſe commune. Acte d'oppoſition formée par leſdits Daſſy, Mareſchal, Flache, Pierre Spens, Pierre Regnault, François Damonneville, & Claude Bourgeois, à la verification deſdites Lettres, ſignifiée les 9. & 11. Nouembre 1641. Copie des Statuts, accordez entre la Communauté des Iurez Crieurs de corps & de vins de ladite Ville & Faux-bourgs de Paris, qui ſeront confirmez par ſa Majeſté. Arreſt du Conſeil Priué, du dernier 1640. par lequel, ſur la demande à fin d'homologation deſdits Statuts, les parties auroient eſté renuoyées pardeuant les Preuoſt des Marchands & Eſcheuins de ladite Ville de Paris, & pour y proceder ſur leurs procez & differends. Sentence deſdits Preuoſt des Marchands & Eſcheuins, du 23. Septembre 1641. portant homologation deſdits Statuts & Reglemens, pour ce qui concerne les Draps & Serges deſdites tentures, & pour ce qui eſt des droicts, pour en jouyr en commun. Commiſſion obtenüe par leſdits Daſſy & Conſors, du 30. Octobre dernier, portant que les autres Crieurs Iurez, ſeront aſſignez audit Parlement, pour proceder ſur l'appel interjetté par leſdits ſupplians de ladite Sentence. Exploict d'aſſignation donnée auſdits Crieurs, en ladite Cour, pour proceder ſur ledit appel. Arreſt du Conſeil d'Eſtat, du 10. Nouembre 1622. portant aduis à ſa Majeſté, que les vingt-quatre Crieurs Iurez de corps & de vins de ladite Ville de Paris, doiuent eſtre maintenus & gardez en la fonction & exercice de leurs charges de fourniture de tentures de Draps mortuaires. Autre Sentence dudit Hoſtel de Ville, du 28. Feurier 1565. portant homologation du Reglement fait entre les vingt-quatre Crieurs de corps & de vins. Statuts & Ordonnances accordez entre la Communauté deſdits Iurez Crieurs de corps &

de vins, approuuez & homologuez par les Preuost des Marchands & Eſcheuins de ladite Ville. Autres nouueaux Statuts & Reglemens accordez entre la Communauté deſdits Iurez Crieurs de corps & de vins de ladite Ville & Faux-bourgs de Paris, du 12. Iuin 1636. homologuez par Sentence de l'Hoſtel de Ville, du 23. Iuillet 1638. Sentence deſdits Preuoſt des Marchands & Eſcheuins de ladite Ville de Paris, du 6. Aouſt mil cinq cens quatre-vingts dix-huit, portant que le Reglement fait le 5. Septembre 1597. pour leſdits Crieurs de corps & de vins, ſeroit gardé & obſerué. Copie imprimée d'Arreſt du Conſeil, du 24. Mars 1634. ſur le procez verbal, d'entre Marc de la Porte, d'vne-part: & les 24. Iurez Crieurs de corps & de vins en ladite Ville & Faux-bourgs de Paris, d'autre: par lequel leſdits Crieurs ont eſté maintenus en la fonction & exercice de leurs Offices, & de fournir les Draps & tentures aux obſeques & funerailles, tant en la Ville, que Faux-bourgs de Paris, auec deffenſes audit de la Porte de les plus troubler. Autre Arreſt dudit Conſeil, donné pour le Reglement des droicts deſdits 24. Iurez Crieurs de corps & de vins, pour les tentures & funerailles. Factum deſdits Thirement, Piget, Maubert, & Conſors, au nombre de 20. pour le procez contre leſdits Daſſy & Conſors, à preſenter au Preuoſt des Marchands & Eſcheuins de ladite Ville de Paris. Procez verbal du 17. Ianvier dernier: par lequel ladite inſtance a eſté reglée. Eſcritures & productions deſdites parties: Et tout ce que par icelles a eſté mis & produit pardeuers le ſieur Commiſſaire à ce deputé; Ouy ſon rapport: Et tout conſideré; LE ROY EN SON CONSEIL, faiſant droict ſur l'inſtance, a debouté & deboute ledit Daſſy & Conſors, de l'oppoſition par eux formée auſdites Lettres du mois de Septembre dernier: Et ce faiſant, ordonne que leſdites Lettres ſeront executées ſelon leur forme & teneur, & les droicts portez par icelles, pour les Serges, Draps, & Satins, employez aux tentures pour les funerailles & obſeques, payez auſdits Crieurs, nonobſtant la modification appoſée à l'enregiſtrement deſdites Lettres, par le Lieutenant Ciuil, que ſa Majeſté a leuée & oſtée: Leſquels droicts, & tous autres attribuez à la fonction deſdits Iurez Crieurs, ſeront partagez entr'eux eſgalement, en payant par chacun d'eux, les ſommes auſquelles ils ſeront taxez, pour eſtre les deniers en prouenans employez à la nourriture & entretenement des Enfans trouuez. Et pour l'execution du preſent Arreſt, & deſdites Lettres, obſeruation & homologation des Statuts, à garder entre leſdits Iurez Crieurs, ſa Majeſté les a renuoyez & renuoye pardeuant les Preuoſt des Marchands & Eſcheuins de la Ville de Paris: & ce qui ſera par eux ordonné executé, nonobſtant oppoſitions ou appellations quelsconques, deſquelles ſi aucunes interuiennent, ſa Majeſté s'en eſt reſerué la cognoiſſance en ſondit Conſeil, & icelle interdite & defenduë à tous autres Iuges, ſans deſpens de la preſente inſtance. Fait au Conſeil d'Eſtat du Roy, tenu à Paris le 29. iour de Mars 1642.

Signé, BORDIER.

LOVYS par la grace de Dieu, Roy de France & de Nauarre: Au Preuost des Marchands & Escheuins de nostre bonne Ville de Paris: Salut. Suiuant l'Arrest, dont l'Extraict est cy attaché sous le contre-scel de nostre Chancellerie, ce iourd'huy donné en nostre Conseil d'Estat: Entre Guillaume Dassy, Pierre Mareschal, Anthoine Flache, & Consors, Iurez Crieurs de corps & de vins de la Ville & Faux-bourgs de Paris, demandeurs d'vne-part: Et Claude Thirement, Iacques Piget l'aisné, Iacques Piget fils, Iacques Dutel, & Consors, defendeurs d'autre; Nous vous renuoyons les parties sur l'execution dudit Arrest, des Lettres Patentes y mentionnées, obseruation & homologation des Statuts à garder entre lesdits Iurez Crieurs: & vous mandons & ordonnons de leur rendre bonne & briefue Iustice, vous en attribuant à ceste fin toute Cour, Iurisdiction & cognoissance, icelle interdisons à tous autres Iuges. Et outre commandons au premier nostre Huissier ou Sergent sur ce requis, de signifier ledit Arrest à tous qu'il appartiendra, à ce qu'ils n'en pretendent cause d'ignorance: & faire pour l'execution d'iceluy, à la Requeste de Iacques Piget, tous commandemens, sommations, defenses, & autres actes & exploicts necessaires, sans demander aucune permission; nonobstant oppositions ou appellations quelsconques; dont nous retenons la cognoissance en nostre-dit Conseil, & l'interdisons à tous autres Iuges: Car tel est nostre plaisir. Donné à Paris le 29. iour de Mars, l'an de grace 1642. Et de nostre regne le trente-deuxiesme. Par le Roy en son Conseil. Signé, BORDIER. Et scellé du grand sceau de cire jaune sur simple queuë.

STATVTS ET REGLEMENS, ACCORDEZ POVR *la Communauté des Iurez Crieurs de corps & de vins de ceste Ville & Faux-bourgs de Paris, en execution de l'Edict de sa Majesté, du mois de Septembre 1641. & des Arrests du Conseil, des 5. Decembre mil six cens trente-quatre, & 29. Mars dernier.*

PREMIEREMENT.

POVR l'establissement de la Communauté ordonnée par ledit Edict; Nul desdits Crieurs n'aura en son particulier aucune chose, dont il se puisse seruir aux Pompes & Ceremonies Funebres, comme Draps, Serges, blanches & noires, Veloux, Satins, Robbes de deüil, Paremens, Poësies, Carrez, Plaques, Daiz, Carreaux, Chappelles ardentes, Argenteries, & toutes autres choses generalement quelsconques, ains seront tenus les faire porter incessamment en la Chambre

& Magasin commun de ladite Compagnie, ou en autre lieu le plus commode, selon qu'il sera aduisé, & dont il sera fait Inuentaire, & prisée entr'eux à l'amiable, de ce que chacun y portera, sinon par gens à ce cognoissans, pour estre chacun remboursé par la Communauté de la iuste valeur de ce qui sera porté dans ledit Magasin commun, dés l'instant de ladite prisée, & sans remise. Pourront neantmoins chacun desdits Crieurs auoir vne Robbe particuliere à leur vsage, & vne Sonnette, sans estre obligez de les porter ny prendre audit Magasin commun.

II.

Qu'il sera fait tous les ans, & renouuellé vn Inuentaire de tous les tiltres, papiers, Arrests, Sentences, Lettres Patentes, Reglemens nouueaux, & de tous les meubles qui se trouueront, tant en ladite Chambre, que Magasin commun, tant pour la conseruation desdits tiltres, que pour le renouuellement desdits meubles & vstanciles seruans à leur exercice, & fonction de leurs charges: Tous lesquels tiltres seront mis en vn coffre fort qui sera en ladite Chambre commune, fermé de trois clefs differentes, dont l'vne sera mise entre les mains du Doyen de ladite Compagnie, vne autre du sous-Doyen, & la troisiesme du plus ancien Maistre de Confrairie.

III.

Que doresnauant il ne sera permis de se seruir aux Conuoys, Seruices, Enterremens, ou Annuels, soit és Eglises, ou maisons des defuncts, ou ailleurs, tant en la Ville, que Faux-bourgs, mesmes aux champs, d'autres tentures & vstanciles dépendantes de l'exercice & fonction desdits Crieurs, que de ceux qui seront pris dans ledit Magasin commun, à peine de confiscation desdites tentures, & autres vstanciles, & de cent liures d'amende, applicables au profit de ladite Communauté.

IV.

Ne sera permis à qui que ce soit, de rien entreprendre sur l'Office & fonction desdits Crieurs, ny en la fourniture des choses necessaires pour les Pompes Funebres, qu'ils ont de tout temps fournies, & esquelles de nouueau ils ont esté maintenus & conseruez par ledit Edict, & Arrest dudit Conseil.

V.

Que doresnauant, chaque mois il sera nommé deux d'entr'eux, l'vn Receueur, & l'autre Controolleur, pour tenir le Bureau, controoller les parties & fournitures des Conuoys, Enterremens & Seruices, ou Annuels, tenir registre des choses fournies pour chacun d'iceux, & les certifier, à commencer du premier iour du mois, sçauoir, le Doyen auec le dernier receu, le sous-Doyen auec le penultiesme, & ainsi alternatiuement de mois en mois, selon l'ordre de leur reception, iusques à la fin d'iceluy, pour recommencer puis apres, & de là en auant pour toûjours, sans que ledit ordre puisse estre changé, sinon en cas de maladie, ou telle incommodité que l'on y puisse va-

vaquer: auquel cas il sera loisible au malade d'y commettre en sa place vn de ladite Compagnie, à ses frais & despens.

VI.

Lesdits Receueur & Controolleur, pendant leur mois, seront tenus d'escrire sur vn Registre, qui demeurera en ladite Chambre commune, la quantité des aulnages de toutes les tentures, & autres choses qui seront fournies & deliurées pour chaque Conuoy, ou autre Ceremonie Funebre, & tous les deniers qui seront par eux desboursez pour lesdites ceremonies, suiuant le memoire qui leur en aura esté baillé par le Crieur, mandé pour la ceremonie. Et pour faciliter lesdits aulnages, sera mis vn Plomb aux deux bouts de chacune piece de Drap ou Serge, qui contiendra ce que chacune contient d'aulnage.

VII.

Lesdits Receueur & Controolleur, seront obligez de se tenir en ladite Chambre tous les iours, depuis sept heures du matin, iusques à quatre heures du soir, du iour de la Saint Remy, iusques au premier iour d'Avril: duquel iour, iusques au dernier Septembre, depuis les six heures du matin, iusques à six heures du soir, sans qu'ils s'en puissent dispenser, sinon depuis vnze heures du matin, iusques à vne heure apres midy, pour prendre leur repas en leurs maisons, & pour vaquer à leurs affaires particulieres, à peine de six liures parisis d'amende pour chaque iour, applicables à la Confrairie desdits Crieurs.

VIII.

Le particulier Crieur qui aura fait la ceremonie, sera tenu d'aller porter son billet audit Bureau, du desboursé qu'il aura fait pour ladite ceremonie, le iour ou le lendemain d'icelle. Et sera le Receueur tenu à l'instant, luy rendre l'argent qu'il aura aduancé, suiuant son memoire, pour estre escrit sur le Registre commun. Comme aussi sera tenu ledit particulier Crieur qui aura fait ladite ceremonie, d'en faire les parties, conformément audit Registre, lesquelles seront signées dudit Receueur ou Controolleur qui sera en mois, pour en poursuiure le payement, sans qu'il puisse demander plus grande somme que le contenu ausdites parties, au desir desdits Edicts & Arrests. Et sera tenu ledit Crieur, qui aura receu les deniers, prouenans desdites parties, de les porter incessamment & sans delay audit Bureau, entre les mains desdits Receueur & Controolleur, qui en chargeront à l'instant leur Registre, à costé de l'article desdites parties, pour la verification de leur recepte & despense, dont ils feront la supputation & arresté, pour bailler en mesme temps la cinquiesme partie du profit qui se trouuera sur chaque affaire, (les frais d'icelle déduits, suiuant ledit Registre) au Crieur qui aura esté employé, pour sa peine particuliere & vacations.

IX.

Le premier iour de chacun mois, à l'heure de huit heures du matin, au cas qu'il ne soit Dimanche, ny Feste, sinon le iour suiuant, sera par les Receueur ou Controolleur, sortans de charge, rendu compte de la recepte & despense qu'ils auront faite, où chacun desdits Crieurs sera tenu de se trouuer à ladite heure : & à faute de ce, sera passé outre à l'examen & closture desdits comptes, par ceux qui se trouueront. En laquelle despense sera employé, tant ledit cinquiesme ordonné à chacun desdits Crieurs, pour les Ceremonies qu'ils auront faites, que les loyers dudit Bureau, gages du Concierge, salaires des gens entretenus pour nettoyer, tendre, & refaire lesdites tentures, & les autres frais ordinaires, pour à l'instant de ladite reddition de compte, estre le reuenant bon, & reliqua d'iceluy, (à l'esgard des esmolumens) partagé esgalement entre tous lesdits Crieurs: & à ceste fin, le Concierge sera tenu aduertir la Compagnie, la veille du jour que lesdits comptes se rendront.

X.

Et pour les parties qui resteront à payer chaque mois, les nouueaux Receueur & Controolleur, de mois en mois, seront tenus de s'en charger, pour en faire les poursuites & le recouurement, iusques à l'assignation qu'ils auront fait donner aux débiteurs: laquelle mise entre les mains du Procureur de la Compagnie, lesdits Receueur & Controolleur en demeureront deschargez.

XI.

Que s'il se trouue quelque partie en non-valeur, elle sera portée par toute la Compagnie, sans que le Crieur qui aura fait la Ceremonie en soit responsable.

XII.

Que pour subuenir à faire les frais desdites Ceremonies sera fait vn fonds, qui demeurera en propre à ladite Communauté, & pour ce fourny par chacun desdits trente Crieurs, la somme de deux cens liures entre les mains desdits Receueur & Controolleur qui seront en mois: & lors qu'ils sortiront de ladite charge à la fin de leur mois, en rendront compte à la Communauté: & ce qu'ils en auront de deniers, sera par eux mis entre les mains desdits Receueur & Controolleur qui entreront au mois suiuant, sans qu'audit fonds aucuns desdits Crieurs, ny leurs veufues & heritiers, y puissent rien pretendre.

XIII.

Ne pourront lesdits Crieurs aller aux maisons des defuncts, ny se presenter pour aucune Ceremonie, s'ils ne sont mandez par les veufs, veufues, enfans ou heritiers, executeurs testamentaires, & non autres, à peine contre chacun contreuenant de trente liures d'amende pour la premiere fois, de cent liures pour la seconde, & de priuation de bourse commune pour la troisiesme, ou de telle autre peine qui sera aduisé dans la Compagnie, qui seront payez, & sans deport, nonobstant opposition ou appellation quelconque, pour laquelle il ne sera differé.

XIV.

Et aduenant que deux desdits Crieurs soient mandez concurremment en vne maison pour faire vne Ceremonie Funebre, la Ceremonie & profit d'icelle, pour ledit cinquiesme, appartiendra au plus ancien seul. Et en cas que le plus jeune la vueille faire, il ne pourra pretendre aucune part audit cinquiesme.

XV.

S'il arriue que lesdits Crieurs soient mãdez pour faire quelque Ceremonie Funebre en la Campagne, celuy qui sera chargé de faire conduire les Draps, Serges, & autres choses necessaires en icelle, au delà de la Banlieüe de Paris, outre & par dessus le quint qui luy appartiendra, comme des autres Ceremonies Funebres, faites en ceste Ville de Paris, aura chacun iour la somme de cent sols tournois, outre sa despense, & frais extraordinaires, & participera encore à la bourse commune, comme les autres. Et arriuant que les tentures & choses appartenans à ladite Communauté soient volées, elles seront portées par toute ladite Communauté.

XVI.

Que si quelqu'vn vouloit faire marché pour vne Ceremonie funebre à certaine somme, le Crieur qui sera mandé ne pourra point faire ledit marché qu'au prealable il n'ait dressé le memoire de ce qu'il conuiendra pour ladite Ceremonie : & ne pourra arrester ledit marché sans l'aduis des Receueur & Controolleur en mois.

XVII.

Si tost les Ceremonies acheuées, le Crieur qui aura conduit la Ceremonie sera tenu de prendre le soin de faire rapporter les tentures & autres choses qui y auront seruy, en la Chambre commune, sur peine d'vn escu d'amende.

XVIII.

S'il arriuoit qu'aucun de ladite Compagnie eust contreuenu aux presens Statuts, ou commis quelque fraude, soit pour auoir receu plus qu'il n'auroit rapporté à la Compagnie, ou bien qu'il eust exigé quelque chose dauantage que ce qui auroit esté demandé par les parties controollées; pour la premiere fois il est dés à present condamné en cent liures d'amende, & priué de la bourse commune pour trois mois: pour la seconde fois au double de l'amende, & priué pour vn an de la bourse commune: & pour la troisiesme fois sera tenu de se deffaire de sa charge dans trois mois, sans esperance d'y pouuoir r'entrer.

XIX.

Aucun ne sera receu en ladite Compagnie qu'il ne soit nay en legitime mariage; Qu'il ne fasse profession de Religion Catholique, Apostolique & Romaine; Qui ait esté noté d'infamie, dont & de sa vie & mœurs auant sa reception il sera fait information sommaire pardeuant deux qui seront nommez par ladite Compagnie, qui en feront leur rapport, sur lequel le poursuiuant sera presenté & receu, s'il est iugé capable, & de qualité conuenable pour ce faire.

XX.

Les nouueaux receus en la Compagnie, seront admonestez en entrant en icelle de se comporter honnestement, & de ne rien faire dérogeant à leur condition; d'honorer les anciens, & Officiers de ladite Compagnie: & lors des comptes & assemblées, qu'ils se garderont bien de prendre parole auec aucun; de ne point iurer ny blasphemer le Saint Nom de Dieu, à peine pour la premiere fois de dix liures d'amende: & les autres fois selon leur demerite, qui sera iugé par la Compagnie.

XXI.

Que s'il arriue qu'aucun desdits Crieurs fust malade, en telle sorte qu'il ne peust agir; il ne laissera pourtant de participer pendant toute sa maladie aux esmolumens & bourse commune d'icelle, comme tous les autres presens & trauaillans. Et en cas de deceds, leurs veufves & enfans ioüiront pareillement de ladite bourse commune vn an seulement, à la charge qu'arriuāt le mois de Receueur ou Controolleur, ils seront tenus, à leurs despens, mettre vn de la Compagnie pour faire en leur place la recepte, despense, & controolle d'icelle.

XXII.

Ceux qui auront esté receus en l'vn desdits Offices ne pourront faire les fonctions & exercices d'iceux, ny participer aux esmolumens de la bourse commune, qu'au prealable ils n'ayent remboursé la part & portion du fonds qui appartenoit à leur resignant en ladite Communauté, dont ils feront apparoir, & qu'ils n'ayent payé tous les droicts ordinaires de reception, & puis auec la somme de quatre cens liures tournois pour bien-venuë en ladite Compagnie, qui seront mis dans le fonds de ladite Communauté.

XXIII.

Le dernier receu sera tenu les veilles de Saint Martin d'Hyuer & d'Esté, d'aller aduertir les Confreres de se trouuer au diuin seruice que l'on a de coustume de faire celebrer lesdits iours, suiuant ce qui est pratiqué iusques à present. Et en cas qu'il ne le face, sera tenu de le faire faire par vn de ses Compagnons, à ses despens, à peine de cinquante liures d'amende.

XXIIII.

Lors qu'il arriuera le deceds d'aucun desdits Crieurs, ou de leurs femmes, les Crieurs seront tenus d'assister à son conuoy & enterrement, auec leurs Robbes de Confrairie, s'ils n'ont excuse valable de maladie, ou autrement, à peine de trois liures d'amende enuers la Confrairie de Saint Martin leur Patron: & huit iours apres l'on fera celebrer vn Seruice complet pour le repos de l'ame du defunt, à la Chappelle de ladite Confrairie, où lesdits Crieurs assisteront, en cas qu'ils le puissent.

XXV.

Sera tous les ans le lendemain de la Saint Martin d'Esté, esleu vn Maistre de Confrairie, pour demeurer deux ans en ladite charge, auec celuy qui sera demeuré de l'année precedente: lesquels auront la charge & administration de ladite Confrairie, & des affaires d'icelle Communauté: Comme aussi de faire celebrer le Seruice diuin ordinaire & extraordinaire, & d'assister en personne à la Messe que l'on dit le premier iour de chacun mois en la Chappelle d'icelle: & à la fin de leur temps rendront bon & fidel compte du maniement de ladite Confrairie.

XXVI.

S'il arriue quelques differends entre lesdits Crieurs, pour raison de leur charge & fonctions d'icelle, ils seront iugez par deux anciens de ladite Compagnie, au iugement desquels ils seront tenus de se sousmettre. Et en cas que lesdits deux anciens fussent de contraire aduis, ils seront tenus de conuenir d'vn tiers, ou d'en prendre vn de l'aduis de la Compagnie pour iuger leur differend, à peine de trente liures d'amende au profit de ladite Confrairie.

XXVII.

Les Confrairies, certaines nouuelles, & Tauernes, seront criées comme elles ont esté par le passé, par ceux qui en seront requis, en rapportant à la Communauté ce qu'ils ont arresté par le Registre desdites Confrairies, qui est en ladite Chambre.

XXVIII.

Les procez & affaires de ladite Communauté seront poursuiuies aux despens d'icelle.

XXIX.

Et à fin que lesdits Crieurs ne puissent à l'aduenir pretendre, demander, ny receuoir pour les choses susdites qu'ils ont accoustumé fournir, (outre ce qui est porté par les Arrests du Conseil,) plus grands prix & droicts par iour que ceux cy apres declarez, à peine de suspension de leurs charges pour trois mois, a esté arresté qu'il leur sera payé, sçauoir; Pour vn Daiz de Charpenterie, sous lequel reposera le corps d'vn defunt dans vne Court, compris le port & rapport d'iceluy, auec la peine du Menuisier qui le dressera, la somme de douze liures tournois. Pour vn grand Carré, en façon de petite Chappelle ardente, garny de ses Croisillons & Piramides, qui se dresse dans les Eglises, compris le port & rapport d'iceluy, vingt liures tournois. Pour vn moyen Carré, douze liures tournois: Et pour vn petit Carré simple, quatre liures tournois. Pour vn Pot & Tasse d'argent, auec les Seruiettes d'offrande, trente sols tournois. Pour chacun Carreau de Veloux noir, vingt sols tournois. Pour chaque Carreau de Serge, dix sols tournois. Pour chaque Manteau de deüil, dix sols tournois. Pour chaque Plaque qui se met dans les Salles, dix sols tournois. Pour vn Parement de Veloux noir, ou Damas blanc, qui se met au logis d'vne personne decedée, à la teste du corps, en forme d'Autel, aussi chacun iour, trois liures tournois. Pour vn Poisle de Veloux noir, ou Damas blanc, qui se pose sur les Cercueils, six liures tournois. Pour chaque Chandelier d'argent, vingt sols tournois: Et s'il est vermeil doré, trente sols tournois. Pour chacun Crieur qui assistera à vn Conuoy, auec sa Robbe & Sonnette, pour iceluy conduire du logis à la Paroisse, trois liures quatre sols. Et s'il y a transport du corps en vn autre Eglise, pour y estre inhumé, quatre liures dix sols tournois. Et pour la vacation du Crieur qui aura la principale charge d'vn Conuoy, Seruice, ou bout de l'an, il sera payé selon la peine qu'il aura.

DISCOVRS SOMMAIRE de l'establissement, Iurisdiction, & pouuoir des Preuost des Marchands & Escheuins de la Ville de Paris, & Officiers d'icelle.

E Corps & Communauté de la Ville, & Parlouer aux Bourgeois, a esté estably de si long-temps, qu'il n'est memoire du contraire, voire de plus de six cens ans, composé de Preuost des Marchands, quatre Escheuins, Procureur du Roy, Greffier, Receueur, Conseillers, Quartiniers, Sergens, Archers, & de plusieurs autres Officiers.

Font lesdits Preuost des Marchands & Escheuins, le serment és mains du Roy, par lequel ils jurent & promettent de seruir bien & loyaument sadite Majesté, en ses droicts de ladite Preuosté, & Escheuinage, en faisant Iustice, tant au petit qu'au grand, & au grand comme au petit.

Ont de tout temps & ancienneté eu Iustice & Iurisdiction, tant ciuile que criminelle, sur tous les Ports, & autres lieux de la Ville, & aussi sur leurs Officiers, Marchands de bois, vins, bleds, & grains, & autres marchandises, venans en ceste Ville par les Riuieres affluantes en Seine, ensemble cognu, vuidé, & determiné les debats, querelles, delits, & larcins, qui se commettent sur lesdites Riuieres, Ports d'icelle, Quais, Portes, Fontaines, & Asteliers publics, & de ce sont en pleine possession; comme aussi de iuger & decider priuatiuement à tous Iuges, les differends qui naissent pour raison des rentes constituées sur l'Hostel de ladite Ville, faire compter les Receueurs & Payeurs desdites rentes par estat, pardeuant eux, les mander pour rendre raison de leurs charges, & veiller qu'ils ne retiennent les deniers publics, ains qu'ils payent promptement les Rentiers à mesure que le fonds leur vient, les receuoir Officiers, & installer ensemble les Controlleurs generaux & particuliers, & les Commis aux Controlles.

A l'esgard de la Iurisdiction ciuile, elle s'exerce tous les iours audit Hostel de Ville par le moyen des Audiances, où l'on traite les matieres qui regardent la Police & le commerce, & les actions publiques qui resident en la bouche du Procureur du Roy & de la Ville; il y a en ce siege des Procureurs pour les parties, qui traitent les affaires particulieres des Marchands pour le fait des societez contractées entr'eux, & autres cas qui se presentent ; les Officiers de ladite Ville ne peuuent par l'Ordonnance plaider ailleurs pour raison de leurs charges, ils en font mesme le serment lors de leur reception ; & comme la Police, & l'ordre dans la Ville ne se peut obseruer qu'auec seuerité, les Magistrats sont fondez à mulcter d'amendes ceux qui contreuiennent aux Ordonnances, Arrests, & Reglemens, mesme punir corporellement les crimes qui se commettent sur lesdites Riuieres, Ports, Places, Fossez, Remparts, Fontaines, Esgousts, & autres lieux & endroits où leur Iustice s'estend ; & de ce faire ont tiltre & possession par plusieurs exemples, dont les plus notables seront icy remarquez.

Par Lettres Patentes du Roy du 14. Ianuier 1425. sa Majesté ayant aduis que plusieurs personnes de mauuaise vie sortoient & entroient la nuit en cettedite Ville par dessus les murs pour desrober & voler, auroit adressé ses Lettres de Commission au Preuost de Paris, & au Preuost des Marchands & Escheuins, pour faire le procez ausdits voleurs, & les faire punir & chastier. *Confirmation de Iurisdiction.*

Du temps du Roy Louys vnziesme, vn nommé Iean Hardy, cuisinier, fut accusé d'auoir voulu empoisonner sa Majesté ; iceluy Hardy estãt pris, fut par le commandement de sadite Majesté, qui estoit lors au Plessis-lez-Tours, enuoyé ausdits Preuost des Marchands & Escheuins, pour luy estre fait & parfait son procez, & qu'il fut detenu dedans les prisons de ladite Ville, ce qui fut fait, & ledit Hardy executé à mort. *Condemnation de mort.*

Par Arrest du Parlement du 6. Feurier 1511. donné entre les Preuost des Marchands & Escheuins, d'vne part ; Et le Lieutenant criminel, d'autre. La Cour ordonna que Pierre Maille, Voiturier par eauë, lors prisonnier au Chastelet, seroit renuoyé ausdits Preuost des Marchands & Escheuins, pour estre procedé en la matiere de son emprisonnement. *Renuoy du Chastelet à l'Hostel de Ville.*

Arrest du Parlement du huitiesme iour de Nouembre 1522. confirmatif d'vne Sentence donnée par lesdits Preuost des Marchands & Escheuins, à l'encontre de Iulien Dauuillier ; par laquelle, & pour auoir exigé sur le port au bois, il auroit esté condamné à estre battu & fustigé, nud de verges. *Le foüet pour bois.*

Par autre Arrest de nosdits Seigneurs de la Cour de Parlement du 20. iour de Nouembre 1522. confirmatif de la Sentence donnée par lesdits Preuost des Marchands & Escheuins, à l'encontre de Noël Coiget, Chartier ; par laquelle, & pour auoir exigé des deniers à la Voiture du bois, il auroit esté condamné à estre mis au Carcan, estant en la place de Gréve, & est fait deffences aux Chartiers de charger en l'eauë, ains se tenir à dix thoises du Port, à peine de punition corporelle. *Carcan pour exaction par vn Chartier.*

Par autre Arrest de ladite Cour du 22. iour dudit mois de Nouembre audit an 1522. confirmatif de la Sentence donnée par lesdits Preuost des Marchands & Escheuins, à l'encontre de Iean Gaucher, Chartier ; par laquelle, & pour auoir contreuenu à l'Ordonnance sur le salaire des Chartiers, il auroit esté condamné à estre battu & fustigé nud de verges, ce fait estre mis au Carcan estant en Gréve, iceluy Gaucher renuoyé ausdits Preuost des Marchands & Escheuins, pour faire executer ledit Arrest. *Le foüet pour mesme sujet.*

Pendu sous les esselles, & le foüet pour larcin de bois.

Par Arrest de la Cour de Parlement du 29. Decembre 1531. la Sentence donnée par lesdits Preuost des Marchands & Escheuins, à l'encontre de Nicolas Quillis, Iardinier & Chartier, qui auoit desrobé vne voye de bois ; & par laquelle iceluy Quillis auroit esté condamné estre battu & fustigé nud de verges, au cul d'vne charrette, par les trois Ports jurez de cette Ville, ce fait pendu sous les esselles, en vne potence qui seroit plantée en la place de Gréve, pour y demeurer l'espace d'vne heure, banny à perpetuité du Port, auroit esté confirmée, & ledit prisonnier renuoyé pardeuant lesdits Preuost des Marchands & Escheuins, pour executer.

Vn Marchand de bois fait amande honorable.

Arrest du Parlement, du 17. May 1532. Signé Lormier ; par lequel Martin du Fay, Marchand de bois, demeurant à Meaux, prisonnier en la Conciergerie, appellant de la sentence des Preuost des Marchands & Escheuins ; par laquelle pour exaction de sept liures d'vne part, cinquante sols d'autre, & dix sols d'autre, outre le prix & salaire accoustumez & ordonnez, il auroit esté condamné à restituër lesdites sommes, & deffences de recidiuer ny d'égarer ou descendre son bois prés les Celestins, ny ailleurs en la Ville, qu'és Ports jurez ; & pour reparation condamné en deux cens liures parisis d'amende, & à tenir prison iusques à plain payement, sur laquelle seroient préalablement pris les frais de Iustice ; de laquelle Sentence le Procureur General du Roy auroit aussi appellé *tanquam à minima* ; par lequel la Cour auroit mis l'appellation, & ce dont a esté appellé au neant, sans amende ; & neantmoins pour raison desdites exactions & faute, auroit condamné ledit prisonnier à faire amende honnorable nuë teste, à genoux, en la Chambre du Conseil desdits Preuost des Marchands & Escheuins, en la presence d'iceux Preuost des Marchands & Escheuins, Procureur, Receueur, & Greffier de ladite Ville, à huis ouuert, & iour de plaids, & requerir mercy & pardon desdites exactions & fautes, à Dieu, au Roy, à Iustice, & ausdits Preuost & Escheuins : Et outre en cent liures d'amende enuers le Roy, & ladite Ville, & à restituër les sommes dessusdites par luy exigées, lesquelles seroient mises par luy és mains de Maistre Iean le Picart, pour estre conuerties & employées à la nourriture des pauures de cette Ville de Paris, & à tenir prison iusques à plain payement de toutes les sommes dessusdites : Et au surplus, a deffendu audit prisonnier, & à toutes autres personnes, que d'oresnauant ils ne soient Marchands de bois, & Voituriers par eauë ensemblement, sur peine de punition corporelle, & d'amende arbitraire.

Deffenses au Lieutenant Criminel de cognoistre du fait du bois.

Arrest de la Cour de Parlement, du 17. Decembre 1534. donné entre les Preuost des Marchands & Escheuins de Paris, & le Lieutenant criminel, d'autre : par lequel est fait deffences aux Lieutenant ciuil & criminel, de prendre aucune cognoissance du fait du bois, & autres choses portées par ledit Arrest.

Lettres d'attribution de Iurisdiction.

Par Lettres Patentes du Roy Henry second, données à Compiegne le 8. iour d'Avril 1554. Signées, par le Roy, Hurault, adressantes au Preuost de Paris, & à ses Lieutenans : Sadite Majesté a attribué ausdits Preuost des Marchands & Escheuins, lors presens & à venir, en premiere instance, toute Cour, Iurisdiction, & cognoissance des procez, débats & differends qui pourroient soudre & mouuoir du faict de la Fortification de cette Ville, & de ce qui en dépend, tant en ciuil qu'en criminel, & ce tant pour les excez qui pourroient estre faits par les executeurs des Ordonnances desdits Preuost des Marchands & Escheuins à la leuée des deniers qu'autrement, entre les ouuriers trauaillans sur lesdits asteliers d'icelle Fortification : Et fait deffences à tous autres Iuges d'en cognoistre, lesdites lettres signifiées le 29. d'Aoust ensuiuant, à nobles hommes Maistre Iacques Aulbry, lors Lieutenant ciuil, Pierre Seguier, Lieutenant criminel, & à Martin de Bragelonne, Lieutenant particulier, en parlant à leurs personnes audit Chastelet.

Que puisque lors ils auoient Iustice criminelle sur les ouuriers trauaillans à leurs asteliers, par consequent ils l'ont sur leurs regards, thuyaux, & robinets des Fontaines publiques, dont ils ont la charge, garde & direction.

Arrest de nosdits Seigneurs de la Cour de Parlement, du 10. iour de Nouembre 1563. Signé du Tillet, contenant le Reglement de la vente & distribution du bois, faict & police d'iceluy, & par lequel est enjoint aux Mousleurs de bois & autres, de garder & obseruer ledit Reglement, à peine de priuation de leurs Offices, & de la hart ; & ordonné aux Preuost des Marchands & Escheuins y auoir l'œil, comme estant de leur principale charge. Arrest pour la Police du bois.

Arrest de ladite Cour, du 30. iour de Ianuier 1564. Signé Malon, confirmatif de la Sentence donnée par les Preuost des Marchands & Escheuins, à l'encontre de Pierre Garnier, Iean Regnart, Nicolas Desjardins, & Marguerite Breual, sa femme, prisonniers & accusez d'auoir desrobé du vin sur le port ; par laquelle ils ont esté condamnez à estre battus & fustigez de verges, tant sur le port qu'à l'estappe ; ce fait mis au Carcan à la place de Gréve, pour y demeurer trois heures, renuoyez pardeuant lesdits Preuost des Marchands & Escheuins, pour estre executez & mis au Carcan seulement. Le foüet & le carcan pour larcin de vin.

Par Sentence de la Ville, du septiesme iour de Septembre 1569. Nicolas Confornier a esté condamné à auoir le foüet au cul d'vne charette deuant l'Hostel de l'Arsenac de la Ville, ayant vne Masselote au col, pour auoir desrobé quantité de Masselotes, seruans à harquebuses à crocq, auec deffences à luy de plus se trouuer és astcliers de ladite Ville, à peine de la vie. Le foüet pour larcin de Masselote.

Sentence desdits Preuost des Marchands & Escheuins, du 7. iour d'Auril 1570. donnée à l'encontre de Pierre Ferre, Commis du Receueur de la Fortification de cette Ville ; par laquelle & pour auoir par ledit Ferre, pris & exigé d'aucuns Bourgeois, Manans & Habitans de cette Ville, sous ses quittances, sans pouuoir de son Maistre, & sous fausses qualitez ; & pour reparation & exemple, a esté condamné à faire amende honnorable au Bureau de la Ville, heure de plaids, nuë teste, à genoux, & ayant vne torche ardente au poing. Amande honorable pour deniers de la fortification.

Sentence contre Mery Ioron, du 13. Ianuier 1571. condamné au Carcan, pour auoir desrobé du vin, & supposé les noms. Le carcan pour du vin.

Le carcan pour auoir exigé sur les Bourgeois.

Sentence de ladite Ville, du 22. Feurier 1571. à l'encontre de Iacques de Villiers ; par laquelle & pour auoir pris fausse qualité de Commis de la Ville, & fait commandement à plusieurs personnes d'abattre leurs Auuents pour l'entrée du Roy ; & sous ce pretexte, pris & exigé des Bourgeois plusieurs deniers, a esté condamné à estre mis au Carcan.

Le carcan pour rebellions à Iustice.

Sentence du 1571. à l'encontre de Pierre Desgueur ; par laquelle & pour s'estre efforcé d'attenter à la personne du Substitud du Procureur du Roy de la Ville, en faisant sa charge sur les Ports, condamné à estre mis au Carcan.

Sentence de ladite Ville, du 26. May 1571. à l'encontre de Pierre Thibault, Gaigne-denier ; par laquelle ledit Thibault auroit esté condamné à auoir le foüet pour exceds.

Le carcan pour exceds & batteries.

Sentence de ladite Ville, du 26. May 1571. donnée au proffit de Iean Emond, à l'encontre de Iean Lemoyne, & pour auoir par ledit Lemoyne excedé sur le Port ledit Emond, condamné à estre mis au Carcan.

Le foüet pour exceds.

Par Sentence du 8. Iuin audit an 1571. pour auoir par Yuon Detilly, Crocheteur, battu & excedé vn Mousleur de bois, sur le Port de l'Escolle Saint Germain, condamné à auoir le foüet.

Le foüet pour bois.

Par autre Sentence de la Ville, du 7. Iuillet audit an 1571. à l'encontre d'Estienne Pichonnet, Crocheteur, pour auoir exigé sur le bois, & auoir entré dans vn batteau sans adueu, condamné à auoir le foüet.

Le carcan pour bois & blasphemes.

Par Sentence du 28. Aoust audit an 1571. François Barreau, Chartier, condamné au Carcan, pour auoir iuré & blasphemé le Nom de Dieu, & auoir exigé dix-huit sols pour la voicture d'vne voye de bois.

Le foüet & à la chesne. Bled.

Autre Sentence du 19. Septembre audit an 1571. Nicolas Lesain, Compagnon Boulenger, pour auoir desrobé du bled sur le Port, condamné à estre battu & fustigé nud de verges ; ce fait, estre attaché à la chesne, pour seruir és œuures publics, par force.

Le foüet pour bois.

Autre Sentence de ladite Ville, du 18. Avril 1572. contre Cristofle Charpentier, & Iean Nantier, Crocheteurs, condamnez au foüet, pour auoir voulu exiger vn teston, pour le desbardage de deux cens de costerets, contre les Ordonnances & Arrests de la Cour de Parlement.

Amandes.

Par Sentence du 19. Iuin 1572. Guillaume Picquery, & Marie Leblanc, Christophle Fresneau, & Pierre Nicolle, ont esté blasmez au Bureau, & condamnez en des amendes, pour auoir entré des Champs dedans la Ville, par dessus les tuyaux des Fontaines, & non par les portes.

Le foüet pour blasphemes & exceds.

Par Sentence du 20. Decembre 1572. Agnen Lannetier, Crocheteur, a esté condamné à estre battu & fustigé nud de verges, és trois Ports ordinaires de la Ville, & banny desdits Ports, à peine de la Hart, pour blasphemes, rebellions, & exceds faits aux Sergens de la Ville.

Le foüet. Bois.

Par Sentence du 24. Decembre 1572. Pierre Berruyer, Crocheteur, condamné au foüet, pour auoir desrobé des Costerets.

Le foüet pour larcin de bois.

Par Sentence du 8. d'Aoust 1573. Roch Grassedies, Compagnon Pescheur à engins, a esté condamné au foüet, pour auoir desrobé du bois.

Lettres pour l'at-

Par autres Lettres Patentes du Roy Charles neuf, données au Chasteau de Vincennes, le 4 May 1574. Signées, Par le Roy, BRVLART, & scel-

& scellées ; sur la querelle meüe en la place de Gréue, entre l'vn des Capitaines des Archers de la Ville, & l'vn desdits Archers, lors de l'execution en ladite place, des sieurs Lamolle & Coconasse ; le Roy attribuë la Iurisdiction dudit differend auldits Preuost des Marchands & Escheuins, comme à eux appartenant, interdit le Chastelet, & tous autres Iuges ; veut que les informations, plaintes, & ce qui auoit esté fait audit Chastelet, feussent apportées au Greffe de l'Hostel de la Ville, pour estre ledit procez jugé exemplairement par lesdits Preuost des Marchands & Escheuins, iusques à Sentence diffinitiue inclusiuement, & par appel en la Cour de Parlement.

tribution de Iurisdiction.

Lesdites Lettres signifiées à Monsieur Gilles, Lieutenant Criminel, estant en son Siege, & parlant à sa personne, le 5. dudit mois de May 1574. & à Monsieur de Villemontée, Procureur du Roy, le lendemain 6. dudit mois.

Sentence desdits sieurs Preuost des Marchands & Escheuins, du 26. May 1574. en execution desdites Lettres Patentes, données entre Charles Marchant, Capitaine des cent Harquebusiers de la Ville, demandeur & complaignant, à l'encontre de Michel Gamans, & autres Archers de ladite Ville, pour raison des exceds commis par lesdits Archers, en la personne dudit Marchant, en la place de Gréue, lors de ladite execution des sieurs de Lamolle, & Coconasse ; ledit Gamans a esté condamné à faire amende honorable, dégradé de ses Armes & Hoqueton, condamné en de grandes amendes ; par laquelle Sentence est fait mention du veu des informations faites au Chastelet, sur ce sujet.

Querelle d'entre les Archers de la Ville, en la place de Gréue.

Sentence desdits sieurs de la Ville, du 16. Octobre 1574. par laquelle Iean Porte, dit Champagne, a esté condamné à estre mis au Carcan, pour auoir remply son vin d'eauë, ayant la cruche penduë au col.

Carcan pour remplage de vin, d'eauë.

Autre Sentence du 4. Decembre 1578. à l'encontre d'Anthoine Plarcquet, Chartier, Tombelier ; par laquelle, & pour auoir par ledit Plarcquet deschargé des Tumbereaux de bouës sur le Boulleuard de la porte Saint Martin, & auoir proferé des blasphemes scandaleux, condamné à faire amende honorable.

Amende honorable pour blasphemes & descharges de bouës sur les rempars.

Arrest du Parlement, du 20. Decembre audit an 1578. confirmatif de ladite Sentence, cy-dessus donnée, auec renuoy à la Ville pour l'executer, le procez fait à la Requeste du Substitud du Procureur General du Roy, & de cette Ville.

Arrest confirmatif.

Par autre Arrest du Parlement, du 22. iour d'Octobre 1579. sur le faict du Reglement de la Police du bois & charbon, il est expressément enjoint & commandé aux Sergens de ladite Ville, chacun à son tour, par chacun iour, se trouuer sur les Ports à sept heures du matin, & à deux heures de releuée, pour y faire tous commandemens, exploicts, & contraintes necessaires, & certifier chacun iour lesdits Preuost des Marchands & Escheuins, de ce qui sera passé la iournée sur lesdits Ports, & du deuoir qui aura esté fait pour l'execution dudit Arrest, sur peine de suspension de leurs estats.

Arrest pour la Police du bois.

Sentence du 14. Nouembre 1585. Claude Laurens, & Iean Moignon,

Le Carcan. Bois.

Crocheteurs, condamnez au Carcan, pour auoir exigé sur le Port au bois, & injurié les Archers qui y estoient.

Le foüet pour larcin de vin.

Autre Sentence du 15. Mars 1586. par laquelle Nicolas Challopin, & Pierre Bridou, ont esté condamnez à auoir le fouët en quatre endroits sur les Ports, & à la porte Saint Anthoine, pour auoir desrobé du vin sur le Port au Sel; auquel Challopin seroit pendu vn sceau, auec lequel il s'estoit seruy pour desrober ledit vin.

Le foüet, bois, & coup de cousteau.

Autre Sentence du 24. May 1590. à l'encontre de Guillaume Cerizier, pour auoir fait amas de bois, & auoir donné vn coup de cousteau, condamné au fouët.

Arrest de renuoy.

Le foüet pour vuidanges jettées en la Riuiere.

Par autre Arrest de ladite Cour, du 21. iour de Iuin 1586. Signé, BOVCHER, confirmatif de la Sentence donnée par les Preuost des Marchands & Escheuins de ladite Ville; à la Requeste du Substitud du Procureur General du Roy & de la Ville, à l'encontre de Laurens Habert, Compagnon des basses œuures, & Iean Trouuy, Crocheteur, prisonniers; par laquelle & pour reparation d'auoir par eux jetté dans la Riuiere des vuidanges de Priuez, auroient esté condamnez estre battus & fustigez nuds de verges, sur le Port de l'Escorcherie, iceux prisonniers renuoyez pardeuant lesdits Preuost des Marchands, pour estre executez.

Le foüet & Carcan, bois.

Sentence du 10. Iuillet audit an 1586. contre Iean Buret, Toussaints Varé, & Iean Vacquelin, & autres Crocheteurs & Chartiers, condamnez au foüet & Carcan, pour exactions & monopoles sur le bois.

Foüet pour larcin de bois.

Autre Sentence du 16. Iuillet 1586. par laquelle Iacques Maillet a esté condamné à auoir le fouët, pour auoir desrobé vne piece de bois, auec l'Arrest de la Cour, du 29. dudit mois, confirmatif d'icelle Sentence, à la Requeste du Substitud du Procureur General du Roy.

Arrest confirmatif.

Arrest de Nosseigneurs de la Cour, du 24. Iuillet 1586. confirmatif de la Sentence cy-dessus, à la Requeste du Substitud du Procureur General du Roy & de la Ville, auec renuoy à la Ville, pour l'execution.

Thuyaux des Fontaines.

Sentence desdits sieurs Preuost des Marchands & Escheuins, du 9. iour d'Aoust 1586. donnée à l'encontre d'Estienne Poicteuin, Marchand demeurant ruë S. Denys; par laquelle ledit Poicteuin a esté condamné en cent escus d'or d'amende, pour l'entreprise par luy faite au cours & thuyau des Fontaines de la Ville, & à reparer les lieux.

Thuyaux des Fontaines.

Sentence desdits sieurs de la Ville, du 14. iour d'Aoust 1586. Guillaume Cocquet, Pasticier, demeurant proche & hors la porte Saint Denys, a esté condamné à l'amende, pour auoir percé le thuyau des Fontaines publiques de ladite Ville, & à reparer.

Pendu & estranglé.

Par Sentence de ladite Ville, du 5. Decembre mil cinq cens quatre-vingts dix, Iean Lestourneau a esté condamné à estre pendu & estranglé, pour auoir couppé vne bourse dans la Gréue, proche le Carcan de la Ville.

Le foüet & Carcan, pour larcin de bois.

Autre Sentence desdits sieurs de la Ville, du 3. Avril 1598. par laquelle Pierre Simon, dit Manicquet, & Iean Mereau, Voicturiers par eauë, ont esté condamnez à estre fouëttez & mis au Carcan, pour auoir desrobé & vendu du bois carré par les chemins, appartenant à Charles Marchant.

Par autre Sentence desdits sieurs de la Ville, du 4. Decembre 1603. Tassin le Riche, Crocheteur, a esté condamné à estre mis aux Carcans, tant de la place de Gréue, que de l'Escole Saint Germain, pour auoir fait amas de bois, & s'estre parjuré à la face de Iustice. Carcan, bois.

Arrest de la Cour, du 19. Decembre 1603. confirmatif de la Sentence de la Ville, du 13. dudit mois, à la Requeste du Substitud du Procureur General du Roy & de la Ville; par laquelle Pierre Thuillon, Chartier, a esté condamné à estre mis au Carcan, pour rebellions à Iustice, blasphemes, & injures. Carcan, rebellions à Iustice.

Sentence de ladite Ville, du 22. Nouembre 1605. par laquelle Louys Gaucher a esté condamné à estre battu & fustigé nud de verges, deuant la porte, & dedans la grande salle de l'Hostel de la Ville, pour auoir frauduleusement, & à fausses enseignes, receu des deniers des rentes, lors des payemens dans ladite grande salle. Le fouët pour deniers des rentes.

Autre Sentence desdits sieurs de la Ville, du 20. Iuin 1608. à l'encontre de René Lancre, & Mathurin Bouët; par laquelle ledit Lancre a esté condamné à auoir le fouët, & ledit Bouët à estre mis au Carcan, pour auoir desrobé du bled sur le Port. Le fouët & Carcan, larcins de bled.

Sentence de ladite Ville, du 4. Decembre 1608. par laquelle Iean le Mercier, Crocheteur, a esté condamné à estre mis au Carcan, pour exactions sur le bois. Le Carcan. Bois.

Autre Sentence du 20. desdits mois & an, contre Guillaume Maillet, Crocheteur, condamné au Carcan, pour des exactions sur le bois. Le Carcan. Bois.

Autre Sentence de ladite Ville, du 17. Octobre 1611. contre Iean Gegu, condamné à auoir le fouët, ayant la corde au col, pour auoir desrobé du bled. Le fouët, larcin de bois.

Autre Sentence d'icelle Ville, du 6. Feurier 1612. contre Claude Arroy, condamné à estre mis au Carcan, ayant à son col la cruche pleine d'eauë, auec laquelle il r'emplissoit son vin. Le Carcan, pour remplir du vin, d'eauë.

Autre Sentence desdits Preuost des Marchāds & Escheuins, du 16. Iuin 1612. contre Iean Dubois, Iean Lucas, Iacques Bourgeois, & Iean Menuise; par laquelle, & pour reparation des larcins, exceds, & voyes de faict, par eux commis nuittamment dans les batteaux chargez de vin, au Port S. Paul, ont esté condamnez; sçauoir ledit Dubois aux Galeres pour neuf ans, & les autres sus-nommez, à estre battus & fustigez nuds de verges, ayans la corde au col, & bannis. Galleres & le fouët pour larcin, sur les Ports.

Autre Sentence desdits Preuost des Marchands & Escheuins, du dernier Ianvier 1613. donnée à l'encontre de Iacques Legrand; par laquelle & pour auoir par ledit Legrand desrobé des robinets des Fontaines publiques de ladite Ville, a esté condamné à estre battu & fustigé nud de verges, ayant la corde au col; ce fait estre mis au Carcan estant en la place de Gréue, ayant pendu à son col l'vn desdits robinets. Thuyaux des Fontaines, Foüet & Carcan.

Autre Sentence du 5. Mars 1613. contre Charles Guesnon, & Innocent Danes, condamnez à auoir le fouët ayant la corde au col, pour auoir desrobé du bled sur le Port. Le fouët, pour larcin de bled.

Par autre Arrest de ladite Cour, du 5. Mars 1613. Signé, VOISIN, Le fouët, pour auoir enuoyé des batteaux aual l'eaüe.

confirmatif d'autre Sentence donnée par lesdits Preuost des Marchands & Escheuins, à l'encontre de Guillaume Plouras, Cocher, prisonnier; par laquelle & pour auoir par ledit Plouras défermé vne corde qui tenoit en estat quatre batteaux chargez de bois, qui auoient esté aual l'eaüe, auroit esté condamné estre battu & fustigé nud de verges, deuant l'Hostel de la Ville, & sur le port; ce fait estre mis & attaché au Carcan, pour y demeurer l'espace de deux heures, & banny du Royaume de France pour trois ans, renuoyé pardeuant lesdits Preuost des Marchands & Escheuins, pour estre executé & fustigé seulement.

Carcan, larcin de bled.

Autre Sentence du dernier Mars 1616. contre Marin Taboureux, condamné au Carcan, pour auoir desrobé du bled au Port.

Carcan pour Larcins.

Arrest donné le 6. Aoust 1632. confirmatif de la Sentence renduë par les sieurs Preuost des Marchands & Escheuins; par laquelle le nommé Moutant, Garde de nuict, auroit esté condamné au Carcan, & à se desfaire de sa charge, à cause des larcins & maluersations par luy commises.

Chartier, condamné au foüet pour exaction.

Autre Arrest du 18. Decembre 1638. confirmatif d'vne Sentence de la Ville, contre Iean Gallois, Chartier, condamné au Carcan, auec vn escriteau deuant & derriere, qui porteroit, ce Chartier n'a tenu Run, & voulu exiger cinquante sols de voicture, estant enjoint d'afficher & publier de nouueau le Reglement des taxes faites aux Chartiers, Crocheteurs & Gaigne-deniers, ensemble ledit Arrest.

Amende honorable, pour auoir receu des rentes, sous noms supposez.

Arrest donné sur vne Sentence de la Ville, le 8. Mars 1641. contre Gerard Cappit, par lequel ledit Cappit pour auoir receu des rentes à l'Hostel de Ville sous noms supposez, a esté condamné à faire amende honorable au Bureau des rentes & audiance de ladite Ville, & pour ce faire renuoyé pardeuant les sieurs Preuosts des Marchands & Escheuins.

Carcan pour exceds commis en la personne des Archers.

Arrest du 2. Iuillet 1641. contre Guiard, dit Gallas, confirmatif d'vne Sentence renduë par la Ville, portant condemnation de Carcan, pour voyes de fait, exceds & violences commises és personnes des Archers de la Ville, en la place de Gréue.

Chartier, condamné au Carcan, pour auoir exigé.

Arrest du 12. May 1643. par lequel en confirmant la Sentence renduë à l'Hostel de Ville, le nommé Pierre Bonnelle, Voicturier par terre, pour exaction par luy faite, a esté condamné au Carcan; & pour l'execution renuoyé au Preuost des Marchands & Escheuins.

Condamnation de foüet sur les Ports, pour larcins.

Arrest du premier Septembre 1643. contre Iean Neret, accusé de plusieurs vols & larcins, commis sur les Ports & autres lieux; & pource condamné au foüet, & renuoyé aux Preuost des Marchands & Escheuins, pour estre ledit Arrest & Sentence executé.

ARREST DV CONSEIL D'ESTAT DV ROY, *portant renuoy pardeuant les Preuost des Marchands & Escheuins, des differends des Rentes; auec deffenses aux autres Juges d'en cognoistre.*

SVR ce qui a esté representé au Roy en son Conseil par François Tardif, Receueur & Payeur general des huit millions de liures de rentes alienez sur les Tailles; Que sa Majesté ayant par Arrest de son Conseil du 15. Septembre 1638. expedié pour le recouurement des deniers desdites rentes de ladite année 1638. donné la cognoissance aux Preuost des Marchands & Escheuins de ceste Ville de Paris, du fonds destiné au payement desdites rentes sur les Receueurs prouinciaux d'icelles; leur auroit aussi pour le soulagement des Payeurs & des rentiers, attribué la jurisdiction & cognoissance, priuatiuement à tous autres Iuges, de tous les differends concernans l'ordre & payemens d'icelles; Et mesmes par autre Arrest du 18. Iuillet dernier, donné en cassation d'vn Arrest de la Cour des Aydes, confirmé ladite attribution de jurisdictió, & fait deffences par lesdits Arrests à tous rentiers de se pouuoir ailleurs que pardeuant lesdits Preuost des Marchands & Escheuins; Nonobstant lesquels Arrests, Me Hector de Marreau a fait appeller ledit Tardif le 19. dudit mois de Iuillet en ladite Cour des Aydes, pour se veoir condamner à luy payer en monnoye le quartier de ses rentes sur les Tailles, escheu le dernier Mars 1638. combien que ledit Tardif n'ait en ses mains pour le payement dudit quartier que des especes d'or leger qu'il a receuës en la presence & par l'ordre desdits Preuost des Marchands & Escheuins, qui en ont scellé & cacheté les sacqs, & sont tousiours presens aux payemens qui se font aux rentiers des arrerages dudit quartier; En suitte de laquelle assignation ledit Tardif a fait signifier audit de Marreau les susdits Arrests des 15. Septembre 1638. & 18. Iuillet dernier, en parlant à la personne dudit de Marreau; lequel a fait responce que lesdits Arrests ne le regardoient point, & continüé ses poursuittes au mespris desdits Arrests en ladite Cour des Aydes, où il a obtenu Arrest contre ledit Tardif, portant condamnation par corps du payement dudit quartier en monnoye; Ce qui tourneroit à vn notable prejudice audit Tardif, qui est chargé de grandes sommes desdites especes d'or leger, dont il y a encore au Greffe dudit Hostel de Ville plusieurs voictures desdites especes qui ne sont distribuées és mains desdits Payeurs. Requerant, attendu ce que dessus, & qu'il n'est raisonnable qu'il soit iournellement vexé & traduit en des jurisdictions qui n'ont cognoissance du fonds desdites rentes; Qu'il pleust à sa Majesté casser ledit Arrest, & faire deffences à ladite Cour des Aydes, & à tous autres Iuges, de prendre aucune cognoissance des differends concernans l'ouuerture des quartiers, l'ordre & payemens desdites rentes entre les rentiers & Payeurs d'icelle, & à tous rentiers de se pouruoir ailleurs que pardeuant lesdits Preuost des Marchands & Escheuins, à peine contre les contreuenans de cinq cens liures d'amende, applicable au pain des prisonniers; & à tous Huissiers & Sergens de mettre à execution aucuns Arrests, Iugemens ou Sentences données pour le fait desdites rentes contre lesdits Payeurs, à peine de mil liures d'amende, & de suspension de leurs charges; Et mesmes où ledit Tardif fust contraint de payer ou consigner ledit quartier dudit de Marreau, ordonner que la somme luy en sera restituée, auec la somme de trois cens liures pour ses frais, dommages & interests, par les mesmes voyes; VEV les Exploicts d'assignation dudit de Marreau, les Arrests du Conseil des 15. Septembre 1638. & 18. Iuillet dernier, signification faite d'iceux audit de Marreau, auec sa responce; LE ROY EN SON CONSEIL a cassé & casse ledit Arrest de la Cour des Aydes du trente-vniesme iour de Iuillet dernier; Fait deffenses audit de Marreau de s'en ayder, & à tous Huissiers & Sergens de le mettre à execution, à peine de mil liures d'amende, & de suspension de leurs charges; Et où ledit Tardif auroit contraint de payer ou consigner ladite somme auparauant l'expedition du present Arrest; Veut sadite Majesté que ladite somme luy soit restituée en vertu du present Arrest, par les mesmes voyes qu'il y auroit esté contraint, tant par ledit de Marreau que Huissiers qui l'auroient executé; & pour le fonds de la demande dudit de Marreau, a renuoyé & renuoye lesdites parties pardeuant lesdits Preuost des Marchands & Escheuins, ausquels sadite Majesté en attribuë toute Cour, Iurisdiction & connoissance; ensemble de tous les differends concernans l'ouuerture des quartiers, ordre & payement desdites rentes: Fait deffenses à ladite Cour des Aydes, & à tous Iuges d'en cognoistre, aux rentiers de se pouruoir ailleurs que pardeuant lesdits Preuost des Marchands & Escheuins, & audit Tardif & autres Payeurs d'y respondre; Et sera le present Arrest signifié aux Greffiers de ladite Cour des Aydes, & au Scindic des Huissiers, à ce qu'ils ne mettent à execution aucuns Arrests de ladite Cour pour raison de ce, à peine de mil liures d'amende, & de suspension de leurs charges. Fait au Conseil d'Estat du Roy, tenu à Paris le premier iour d'Aoust, mil six cens quarante. Signé, GALLAND.

LOVYS par la grace de Dieu, Roy de France & de Nauarre: Au premier des Huissiers de nostre Conseil, ou autre Huissier ou Sergent sur ce requis: Nous te mandons & commandons que l'Arrest, dont l'extraict est cy attaché sous le contrescel de nostre Chancellerie, ce jourd'huy donné en nostre Conseil d'Estat; Sur ce qui nous a esté representé en iceluy par François Tardif, Receueur & payeur general des rentes assignées sur les Tailles: Tu signifies aux Greffiers de nostre Cour des Aydes, au Scindicq des Huissiers, à Hector de Marreau, & autres qu'il appartiendra, à ce qu'ils n'en pretendent cause d'ignorance; Faits les deffences y contenuës, sur les peines y declarées, & tous commandemens, sommations, contraintes, conformément audit Arrest, & autres actes & exploicts necessaires, sans demander autre permission: Car tel est nostre plaisir. Donné à Paris le premier iour d'Aoust, l'an de grace mil six cens quarante; Et de nostre regne le trente-vniesme. Signé, Par le Roy en son Conseil, GALLAND.

ARREST DV CONSEIL D'ESTAT DV ROY, *confirmatif de la Iurisdiction de la Ville, pour le faict des Rentes.*

SVR ce qui a esté remonstré au Roy en son Conseil par Pierre Chastellain, Conseiller du Roy, Receueur & Payeur des Rentes assignées sur les Aydes ; que sa Majesté ayant par son Arrest du Conseil, du iour de 1639. donné la cognoissance au Preuost des Marchands & Escheuins de cette Ville de Paris ; du fonds destiné pour le payement desdites Rentes, icelle interdite à tous autres Iuges, de tous les differends concernans l'ordre & payement d'icelles, & fait deffences à tous Rentiers d'eux pourueoir ailleurs ; ce qui auroit esté reïteré par plusieurs Arrests du Conseil ; Nonobstant lesquels Arrests, Iean Gaudion & Ieanne Gaudion auroiẽt fait appeller ledit le Chastellain le 10. Avril dernier en la Cour des Aydes, pour se veoir condamner à luy payer deux cens liures, pour vne année de pareille rente, qu'il a à prendre sur lesdites Aydes, escheus le dernier Decembre 1638. combien que ledit Chastellain n'ayt en ses mains lesdits deux cens liures entiers, au sujet de la tarre & diminution des Especes ordonnées estre faites par les Arrests du Conseil & Reglemens dudit Preuost des Marchands & Escheuins ; en suitte de laquelle assignation ledit Chastellain auroit fait ses offres de payer, conformément ausdits Arrests, requis les parties estre renuoyées pardeuant le Preuost des Marchands & Escheuins pour contester au principal ; au prejudice de laquelle responce, ledit Gaudion ne délaisse de continüer ses poursuittes au mespris desdits Arrests, & mesmes obtenu Arrest à l'encontre dudit Chastellain du iour d'Avril dernier, portant condamnation de payer lesdits deux cens liures, sans faire la deduction portée par lesdits Arrests du Conseil ; ce qui tourneroit à vn notable prejudice audit Chastellain: Requeroit, attendu ce que dessus, & qu'il n'est raisonnable qu'il soit iournellement vexé, & traduit en diuerses Iurisdictions, qui ne doiuent auoir cognoissance du fonds desdites rentes ; qu'il pleust à sa Majesté casser ledit Arrest, & faire deffences à ladite Cour des Aydes, & à tous autres Iuges, de prendre cognoissance des differends concernãs le faict & payement desdites rentes ; & à tous Rentiers d'eux pourueoir ailleurs que pardeuant ledit Preuost des Marchands & Escheuins, à peine contre les contreuenans de cinq cens liures d'amande ; & à tous Huissiers de mettre aucuns Arrests, Sentences, & autres actes à execution, à l'encontre desdits Receueurs & Payeurs, sur les mesmes peines, & de suspension de leurs charges. VEV lesdits exploicts d'assignation desdits Iean & Ieanne Gaudion, ledit Arrest de la Cour des Aydes, les Arrests du Conseil, du Iuillet 1640. & 1. Aoust audit an ; Responce dudit Chastellain à la signification de l'Arrest du premier Avril : LE ROY EN SON CONSEIL a cassé & casse ledit Arrest de la Cour des Aydes, dudit iour premier Auril dernier, & autres qui pourroient auoir esté donnez en consequence d'iceluy; fait deffences ausdits Gaudion de s'en ayder, & à tous Huissiers & Sergens de le mettre à execution, à peine de mil liures d'amende; & où ledit Chastellain auroit esté contraint de payer ou consigner ladite somme, ordonne sadite Majesté que ladite somme luy sera restituée en vertu du present Arrest, par les mesmes voyes qu'il y aura esté contraint par ledit Gaudion & Huissiers qui l'auroient executé, & a renuoyé & renuoye les parties au principal, pardeuant lesdits Preuost des Marchands & Escheuins, ausquels sadite Majesté en attribuë toute Cour & Iurisdiction, icelle interdite tant à ladite Cour des Aydes que tous autres Iuges; enjoint aux rentiers d'eux pouruoir pardeuant ledit Preuost des Marchands & Escheuins. Fait Conseil d'Estat du Roy, tenu à Paris le quatorziesme iour de Iuin, mil six cens quarante-deux. Signé, DE BORDEAVX.

LOVYS par la grace de Dieu, Roy de France & de Nauarre: Aux Preuost des Marchands & Escheuins de nostre bonne Ville de Paris; Salut. Suiuant l'Arrest dont l'Extraict est cy attaché sous le contrescel de nostre Chancellerie, ce jourd'huy donné en nostre Conseil d'Estat; Sur ce qui nous a esté remonstré en iceluy par Pierre Chastellain, Receueur & Payeur des Rentes assignées sur les Aydes; Nous vous renuoyons les parties, & vous mandons & ordonnons de leur pouruoir au principal ainsi que de raison, vous en attribuant à cette fin toute Cour, Iurisdiction & cognoissance, icelle interdisons à nostre Cour des Aydes, & à tous autres Iuges; & outre commandons au premier nostre Huissier ou Sergent sur ce requis, de signifier ledit Arrest à Iean & Ieanne Gaudion, y denommez, & à tous autres qu'il appartiendra, à ce qu'ils n'en pretendent cause d'ignorance; faire les deffenses y contenuës, sur les peines y declarées, & tous autres actes & exploicts necessaires pour l'execution d'iceluy, sans demander autre permission: Car tel est nostre plaisir. Donné à Paris le quatorziesme iour de Iuin, l'an de grace mil six cens quarente-deux; Et de nostre regne le trente-trois. Signé, Par le Roy en son Conseil, DE BORDEAVX, & scellé de cire jaune, & contrescellé.

ARREST DV CONSEIL D'ESTAT DV ROY, portant interdiction à la Cour des Aydes de cognoistre du faict des Rentes.

SVR ce qui a esté representé au Roy en son Conseil par Frãçois Tardif, Receueur & Payeur general de la premiere partie des huit millions; Qu'encores que par plusieurs Arrests du Conseil, des 15. Septembre 1638. 8. Iuillet & premier Aoust 1640. la cognoissance & Iurisdiction desdites Rentes, ont esté attribuées au Preuost des Marchands & Escheuins de cette Ville de Paris, & icelle interdite à la Cour des Aydes, & tous autres Iuges; & mesme que par autre Arrest du 9. Avril dernier, il ait esté fait deffences

deffences à tous Rentiers de poursuiure les payemens desdites rentes pour le payement du quartier de Iuillet 1637. duquel ils doiuent compter pardeuant les Sieurs Aubry, Talon & Tubeuf, Commissaires deputez par ledit Arrest, pour voir le manque de fonds dudit quartier; Neantmoins Mᵉ Hector de Marreau, Conseiller au Parlement, ayant fait appeller ledit Tardif à ladite Cour des Aydes pour le payement dudit quartier, ledit Tardif luy auroit le 30. Iuillet dernier, fait signifier ledit Arrest du Conseil dudit iour 9. Auril dernier, portant lesdites deffences: Au preiudice dequoy il n'a laissé de poursuiure ledit Tardif en ladite Cour; où ayant esté contraint de deffendre, pour n'estre surpris par vne condemnation qui eust peû interuenir par deffaut contre luy; ladite Cour par Arrest du 8. Aoust present mois, a ordonné qu'elle verroit les pieces: Et dautant que lesdites pieces sont celles de l'estat du compte que ledit Tardif est obligé de rendre, & qu'il a presenté pardeuant lesdits Sieurs Aubry, Talon & Tubeuf, conformément audit Arrest du 9. Avril dernier, pour le manque de fonds dudit quartier de Iuillet; pour raison duquel il n'est raisonnable que ledit Tardif procede & compte en diuerses Iurisdictions & pardeuant diuers Iuges, attendu les contrarietez qui en pourroient arriuer; joint mesme que depuis ledit Arrest, ledit de Marreau en vertu d'vne Requeste responduë par vn des Conseillers de ladite Cour, a fait saisir & arrester entre les mains du Sieur Chastrier, Receueur general des Finances à Moulins, les deniers qu'il peut deuoir audit Tardif; ce qui est contre tout ordre de Iustice, n'y ayant aucune condemnation contre luy, & les deniers que ledit Chastrier doit audit Tardif estans destinez pour le payement des Rentes de l'année 1639. & non de celles de 1637. sur laquelle tãt s'en faut qu'il y ait fonds, qu'au contraire il se trouuera que ledit Tardif est en aduãce d'vne notable sõme; Requeroit luy estre sur ce pourueu, & que ladite saisie & toutes autres qui pourroiẽt auoir esté & estre faites cy apres par ledit de Marreau, pour raison dudit quartier, soient declarées nulles; & conformément audit Arrest du 9. Avril estre renuoyé pardeuant lesdits Sieurs Cõmissaires: VEV lesdits Arrests des 15. Septembre 1638. 8. Iuillet & premier Aoust 1640. dont l'vn est donné contre ledit de Marreau, portant cassation dudit Arrest de ladite Cour des Aydes: VEV aussi ledit Arrest dudit iour 9. Auril dernier & signification faite d'iceluy audit de Marreau, le 30. Iuillet dernier; l'Arrest de ladite Cour des Aydes, dudit 7. Aoust; saisie faite par ledit de Marreau és mains dudit Chastrier, le 18. dudit mois d'Aoust; LE ROY EN SON CONSEIL a euoqué & euocque à soy, & à sondit Conseil, l'instance pendante en ladite Cour des Aydes, entre ledit Tardif d'vne part, & ledit de Marreau d'autre; ordonne que les parties y procederont suiuant les derniers erremens, pour au rapport desdits Sieurs Commissaires y estre procedé ainsi qu'il appartiendra par raison; a declaré & declare la saisie faite par ledit de Marreau, & toutes autres qui ont esté & pourroient estre faites pour raison dudit quartier de Iuillet 1637. nulles, dont sa Majesté fait pleine & entiere main-leuée audit Tardif; fait inhibitions & deffences à ladite Cour des Aydes de prendre aucune cognoissance du differend des parties, & audit de Marreau d'y continüer ses poursuittes, à peine de nullité, cassation de procedures, & à tous Huissiers & Sergens de mettre aucuns Arrests de ladite Cour à execution pour raison de ce, à peine de suspention de leurs charges, mil liures d'amende, & de tous despens, dommages & interests: Fait en outre sadite Majesté deffences à tous Rentiers desdits huit millions, de poursuiure ledit Tardif pour le payement dudit quartier de Iuillet 1637. iusques à ce que par sa Majesté, apres l'arresté de l'estat dudit Tardif, en ait esté ordonné, conformément audit Arrest dudit 9. Auril. Fait au Conseil d'Estat du Roy, tenu pour ses Finances le 19. iour d'Aoust, mil six cens quarante-deux.

Signé, GALLAND.

LETTRES PATENTES DV ROY, POVR PROCEDER à la distribution des eaües des Fontaines; & mandement au Procureur du Roy, & de la Ville, de tenir la main à l'execution.

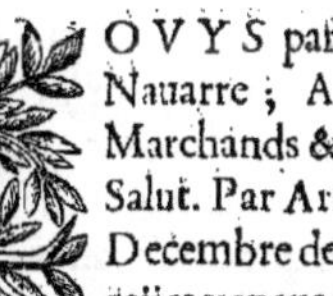

LOVYS par la grace de Dieu, Roy de France & de Nauarre; A nos chers & bien-amez les Preuost des Marchands & Escheuins de nostre bonne Ville de Paris; Salut. Par Arrest donné en nostre Conseil, le 9. iour de Decembre dernier passé, procedant à la distribution des eaües venans des sources & Fontaines de Rongis: Nous aurions ordonné que d'icelles il en demeureroit, & seroit déliuré pour nostre-dite Ville, la quantité d'vnze pouces, & deux en superficie, prises dans le grand regard de l'amas desdites eaües, proche les fossez du Faux-bourg Saint Iacques, pour sur icelles en estre par vous distribué en lieu le plus commode & proche, vn pouce à l'Hostel de Condé du Faux-bourg Saint Germain; & le reste, tant desdites eaües de Rongis, que celles dont ladite Ville jouyst & possede d'ancienneté, des eaües des sources de Belleville, & pré Saint Geruais, fut distribuée par preference aux Fontaines publiques & Communautez, selon qu'il sera par vous aduisé & arresté, eu esgard à la necessité desdites Fontaines, & selon leur assiette, & à celles desdites Communautez; & ce qui en pourroit rester, lesdites Fontaines publiques & Communautez fournies, en accommoder les particuliers, ausquels vous trouuerez le pouuoir & deuoir faire, selon leur necessité & esloignement qu'ils seroient des Fontaines publiques: Et l'estat de ce que dessus fait & dressé, estre rapporté en nostre Conseil, pour s'il est trouué & jugé que bien soit, y estre approuué & arresté, sans qu'à l'aduenir il soit apporté aucun changement ny retranchement par nouuelle concession ny autrement, à qui, & pour qui que ce soit, qu'auec grand sujet. A CES CAVSES, Nous voulans plus longuement differer l'execution de ce que dessus; Nous vous mandons & ordonnons, que le plus promptement que faire ce pourra, & sans discontinüer, vous ayez à proceder à la distribution desdites eaües de Rongis, ainsi par nous à vous delaissez, & qui vous seront déliurées & mesurées par Thomas Franciny,

Intendant General de nos eaües & Fontaines, auquel de nouueau il est ordonné d'ainsi le faire, au lieu & suiuant la quantité mentionnée cy-dessus, dés aussi-tost que l'estat de distribution que vous en aurez fait, aura esté rapporté & approuué en nostre Conseil : comme aussi, vous ferez pareille distribution & estat de celles prouenantes des sources de Belle-ville & du pré Saint Geruais, pour le tout reüny ensemble, en faire vne seule quantité, & les distribuer, comme dit est, par preference aux Fontaines publiques, & aux Communautez ; Et eu esgard à l'assiette des quartiers, & necessité desdites Communautez, & de ce qui en pourroit rester aprés lesdites Fontaines publiques & Communautez fournies, & la déliurance faite du pouce de l'Hostel de Condé, en accommoder aucuns particuliers tels que vous jugerez le pouuoir & deuoir faire ; & eu esgard à leur necessité & éloignement desdites Fontaines publiques, & à tout ce que dessus, vous procediez sans auoir aucun esgard, ny vous arrester à toutes concessions qui par nous vous & vos predecesseurs en charge pourroient auoir esté accordées à toutes lesdites Communautez & particuliers, bien qu'ils en fussent en possession & jouyssance ; lesquels Nous auons reuoquez & reuoquons par ces presentes, signées de nostre main ; lequel estat qui sera ainsi par vous fait, sera rapporté en nostre Conseil, pour y estre veu, & s'il est trouué que bien soit approuué & arresté ; & d'autant qu'au moyen des concessiõs par vos predecesseurs, & vous cy-deuant accordées aux particuliers, qu'il est recogneu qu'aucuns d'eux en ont abusé, au prejudice du public, & que telles entreprises pourroient cõtinuër & augmẽter, s'il n'y estoit remedié : Nous voulons & ordonnons, que par Augustin Guillain, Maistre des Oeuures, Garde, & ayant charge des Fontaines de ladite Ville, pour éuiter à tels abus & entreprises, vous ayez à faire promptement trauailler, pour reffor̃mer toutes les prises des eaües des Fontaines de Belle-ville, & du pré Saint Geruais, & les reduire par bassinets dans les regards publics, comme il est pratiqué aux concessions des Fontaines, prises sur les eaües de Rongis ; Et affin que ces presentes, & ce qui sera executé en suitte d'icelles soient fermes & stables ; nous voulons qu'icelles, ensemble ledit estat de distribution qui sera arresté, estre le tout enregistré au Greffe de ladite Ville, pour y auoir recours quand besoin sera ; de ce faire vous donnons pouuoir, Commission, & mandement special ; nonobstant oppositions ou appellations quelsconques ; pour lesquelles & sans prejudice d'icelles, ne voulons estre par vous differé ; dont si aucuns interuiennent, nous en auons retenu & reserué la cognoissance en nostre-dit Conseil, & l'interdisons à toutes nos Cours & Iuges ; Mandons à nostre Procureur & de nostre bonne Ville, tenir la main à l'execution de ces presentes, circonstances & dépendances : Car tel est nostre plaisir. Donné à Chasteau-Thierry, le 26. iour du mois de May, l'an de grace 1635. Et de nostre regne le vingt-cinquiesme. Signé, LOVYS. Et plus bas, Par le Roy, DE LOMENIE. Et scellées sur simple queuë du grand scel de cire jaune.

LETTRES PATENTES DV ROY, PORTANT *que les Concessions des Fontaines particulieres se prendront dans les Reseruoirs publics, par bassinets separez, & non ailleurs.*

LOVYS par la grace de Dieu, Roy de France & de Nauarre: A nos tres-chers & bien-amez les Preuost des Marchands & Escheuins de nostre bonne Ville de Paris; Salut: Comme ainsi soit que de tout temps immemorial, les Roys nos Predecesseurs ayent eu vn soin particulier pour décorer & embellir les lieux & places publiques de ladite Ville, ayans à cét effet permis de faire venir les eauës des sources des Fontaines estans à l'enuiron des Villages de Belle-ville sur sablon, & de celuy dit le Pré saint Geruais; à quoy l'on n'auroit espargné aucune despense; les ayans fait conduire en tous les quartiers les plus esloignez de la Riuiere, & qui sont incommodez d'auoir des eauës de Puits, qui ne sont bonnes à boire; dont nostre peuple à reçeu vn grand soulagement: jusques à ce que depuis quelques années plusieurs particuliers, par importunité, plus pour décoration de leurs maisons, que vtilité, auroient obtenu, tant de vos Predecesseurs, que de Vous, grande quantité de concessions, à les auoir, & percer les gros tuyaux & canaux publics; jusques à vne telle profusion, que nos Predecesseurs Roys, tant Henry II. que nostre tres-honoré Seigneur & Pere, que Dieu absolue, vous auroient enuoyé & addressé lettres pour retrancher le tout, où la plus grande partie, en remettant au public ce qui luy auroit esté osté, estimans par ce moyen y auoir estably vn bon ordre à l'aduenir: ce que n'ayant reüssi à l'vtilité publique, & bon dessein qu'ils auoient, en ce que nous ayans sçeu & recogneu par les plaintes qui nous ont esté faites, de ce qu'aucunes Fontaines publiques sont renduës inutiles, & à neant, & particulierement celles des Religieuses de l'Aue Maria; laquelle comme estant tres-haute, & d'autres concessions tres-basses, quelque soulagement de despense que leur ayez fait, ils sont six mois & plus sans auoir eauë; Pour à quoy remedier, nous auons differé de voir, & faire apporter vne carte entiere des deriuations & concessions desdites anciennes Fontaines, pour estre icelles retranchées, reiglées & reduites en meilleur ordre que par le passé; & à present que par nostre liberalité, nous nous serions resolus pour continuër & conseruer à nostre peuple la commodité qui luy auroit esté procurée, par le soin & affection de nos Predecesseurs, de faire venir d'autres eauës du costé de Rōgis, dont il n'estoit encores venu aucunes: afin que nostre-dite bonne Ville, en tous les quartiers d'icelle, tant d'vn costé que de l'autre de la Riuiere, & dans la Cité, peust estre soulagée & accommodée de cét element, tant necessaire pour la vie de l'homme; ce qu'estant en fin reüssi selon nostre intention, apres vn long-temps, & vne grande despense, en telle sorte que depuis quatre années l'on voit fluer quantité de Fontaines publiques, &

quantité de Communautez jouyssans de l'eauë que nous leur auons liberalement accordée, à prendre en la portion que les Entrepreneurs nous sont obligez fournir & liurer; pour lesquelles conduire & dériuer en chacunes des maisons en particulier; vous nous auriez donné à entendre que pour euiter à pareils desordres qui sont suruenus en la conduite & dériuations des concessions au faict desdites anciennes Fontaines de Belle-ville, & du Pré saint Geruais, & empescher qu'à l'aduenir les eauës destinées au public ne fussent alterées & destournées par les concessions des particuliers; il estoit necessaire d'ordonner & arrester pour reigle infaillible & inuiolable, tant pour le passé, & le present, que pour l'aduenir, que les concessions des particuliers ne se prendroient plus sur les gros tuyaux, & canaux publics; ains demeureroient en leur entier, sans estre percez ny ouuerts en quelque endroit que ce soit; & que lesdites concessions particulieres se prendroient dans les Reseruoirs publics, y establissant à cét effet des bassinets pour chacun en particulier; par le moyen desquels les eauës seroient distribuées & dériuées aux particuliers, sans offence des canaux; ou alteration de l'eauë publique; lequel reiglement vous auriez depuis fait par nostre commandement, dés le quinziesme Octobre mil six cens vingt-quatre, dont coppie est attachée sous le contrescel de nostre Chancellerie, duquel auroient esté lesdites eauës de Rongis fournies, tant au public, qu'aux particuliers, auec contentement d'vn chacun: Et neantmoins nous sommes aduertis que quelques particuliers pour se sauuer & soulager de la despense qu'il leur conuiendroit faire, s'ils auoient à prendre de l'eauë dans lesdits Reseruoirs publics, se preparent solliciter, & pressent qu'il leur soit permis percer le gros tuyau & canal public, pour en conduire auec moindres frais en leurs maisons, les portions qui leur sont concedées; ce qui seroit contreuenir directement audit Reiglement, ou plûtost le subuertir, & retourner dans la mesme confusion desdites anciennes Fontaines. A CES CAVSES; Nous desirans le bien & soulagement de nos sujets, & singulierement de nostre bonne Ville de Paris, laquelle nous nous sommes efforcez d'orner autant qu'aucuns de nos Predecesseurs, & recognoissans que le vray moyen de conseruer les eauës au public, & particulier, est d'obseruer le Reiglement que vous auez sous nostre bon plaisir fait & arresté; & apres que plusieurs de nostre Conseil se sont transportez aux Reseruoirs faits par vostre soin, pour la dériuation & subdiuision de l'eauë desdites Fontaines de Rongis, en plusieurs endroits de nostre-dite Ville & Faux-bourgs d'icelle, où ils auroient recognu la chose estre establie d'vn tresbel ordre, par bassinets particuliers, selon la quantité des concessions: DISONS, statuons, ordonnons, voulons, & nous plaist, que ledit Reiglement du 15. Octobre 1624. soit inuiolablement gardé & obserué, tant pour le present, que pour l'aduenir; Et en tant que besoin seroit, auons iceluy agréé & confirmé, agréons & confirmons, à ce que les concessions & dériuations soient executées, conformément à iceluy: Vous mandant & enjoignant de tenir la main à l'execution d'iceluy; & que si aucunes permissions de perçer & attacher sur le gros tuyau auoient esté par vous autrement accordées, au prejudice dudit Reiglement; Nous les auons reuoquées & annullées, & ne voulons qu'elles sortent aucun effet, à peine de s'en prendre contre les donaires, tant presens, qu'aduenir, en leurs propres & priuez noms, & d'estre tenus des dommages & reparations qu'il conuiendra faire pour cét effet. Si vous mandons que ces presentes, & ledit Reiglement, vous ayez à faire lire & publier en l'Hostel de nostredite Ville, & enregistrer aux registres d'icelle, & tenir la main à l'execution, sur les peines susdites: faisant deffences à tous les officiers ayans charge desdites Fontaines, d'y contreuenir, en quelque sorte & maniere que ce soit: CAR tel est nostre plaisir. Donné à Paris, le 23. iour de Iuin, l'an de grace 1627. Et de nostre regne le dix-huictiesme, Signé, LOVYS; Et plus bas par le Roy, DELOMENIE. Et scellé du grand scel de cire jaune, sur simple queuë.

A TOVS ceux qui ces presentes lettres verront, Nicolas de Bailleul, Cheualier, Seigneur de Vattetot sur la Mer, & de Soisy sur Seine, Conseiller du Roy nostre Sire, en ses Conseils d'Estat & Priué, Lieutenant Ciuil de la Ville de Paris, Preuost des Marchands, & les Escheuins de ladite Ville, salut: Sçauoir faisons que veu les Lettres Patentes du Roy, données à Paris le 23. iour de Iuin dernier, signées LOVIS; & au dessous, Par le Roy, DELOMENIE; & scellées sur simple queuë de cire jaune, à nous addressantes; par lesquelles, & pour les causes & considerations y contenuës, sa Majesté veut & ordonne, que le Reiglement par nous fait le 15. Octobre 1624. concernant la distribution des eauës à plusieurs particuliers, venans des sources & Fontaines de Rongis, soit inuiolablement gardé & obserué, tant pour le present, que pour l'aduenir; & en tant que besoin seroit, sadite Majesté à iceluy agrée, ratifié & confirmé, à ce que les concessions particulieres, & deriuations soient executées, conformément à iceluy. Nous mandant & enjoignant de tenir la main à l'execution d'iceluy; & que si aucunes permissions de percer & attacher sur le gros tuyau auoient esté par nous, ou autrement accordées, au prejudice dudit Reiglement, sadite Majesté les a reuoquées & annullées, sans qu'elles sortent aucun effet, à peine de s'en prendre contre les donataires, tant presens, qu'à l'aduenir, en leurs propres & priuez noms, & d'estre tenus des dommages & reparations qu'il conuiendra faire pour cét effet. Nous mandant en outre de faire lire & publier audit Hostel de Ville, & enregistrer aux registres d'icelle, lesdites Lettres & Reiglement, & tenir la main à l'execution, sur les peines susdites; Faisant deffenses à tous les Officiers, ayans charge desdites Fontaines, d'y contreuenir, en quelque sorte & maniere que ce soit, ainsi que plus au long le contiennent lesdites Lettres. NOVS, ce requerant le Procureur du Roy, & de la Ville: Ordonnons que lesdites Lettres Patentes cy-dessus dattées, ensemble nostre Reiglement du 15. Octobre 1624. seront leuz, publiez au Bureau de la Ville, & registrez és registres du Greffe d'icelles, pour y estre suiuis & executez selon leur forme & teneur, & conformément à la volonté de sadite Majesté. En tesmoin de ce, nous auons mis à ces presentes le séel de ladite

Preuosté des Marchands. Ce fut fait & donné au Bureau de ladite Ville, le Vendredy 30. iour de Iuillet 1627. Signé, CLEMENT.

LETTRES PATENTES DV ROY, PORTANT *permission & pouuoir à Messieurs de la Ville de faire foüiller, creuser, & retrancher les heritages des particuliers, pour la recherche & conduitte des eauës pour la commodité de la Ville de Paris.*

HENRY par la grace de Dieu, Roy de France & de Nauarre: A nos tres-chers & bien amez les Preuost des Marchands & Escheuins de nostre bonne de Paris; Salut: Ayans par nos Lettres du vingt-septiéme iour d'Avril dernier, vallidé & approuué la resolution de l'Assemblée generale faite en l'Hostel de ladite Ville le dix-septiéme dudit mois, par laquelle aurions esté suppliez de trouuer bon qu'il fust leué quinze sols pour chacun muid de vin entrant en icelle dite Ville, à commencer du premier iour d'Octobre lors prochain, pour estre employez par moitié égallement, tant à la construction du Pont-Neuf qui s'y fait, qu'au restablissement du cours des Fontaines d'icelle, qui a cessé par le malheur des troubles derniers: Nous auons estimé qu'incontinent feriez trauailler ausdits ouurages, mesmes au restablissement du cours desdites Fontaines, & icelle mettre en bon estat; de sorte qu'en bref les Bourgeois & habitans de ladite Ville en receuroient le bien & commodité que nous estions promis du cours desdites Fontaines: Toutesfois auons esté aduertis qu'il ne s'y trauaille auec telle diligence & continuation d'ouurages que nous le desirons, pour le bien de ladite Ville, obstant quelques empeschemens qui sont faits aux ouuriers & maneuures qui y trauaillent par aucuns des Proprietaires des heritages, par lesquels est de besoin & necessaire de faire passer & poser les tuyaux desdites Fontaines, qui ne veulent permettre de creuser & foüiller leursdits heritages, tant pour faire les tranchées necessaires à la recherche des eauës égarées par l'interruption de leurs cours ordinaires, que pour faire les Pierrées & Reseruoirs à eauës & regards desdites Fontaines; & outre empeschent les voictures & charriages des materiaux à ce necessaires par leurs terres; ce qu'ayant lieu, tireroit la construction & reparation d'icelles Fontaines en grande longueur. A quoy voulans pourueoir, & vous donner le moyen de faire faire lesdits restablissemens & constructions de Fontaines en la plus grande diligence que faire ce pourra, & leuer tous empeschemens qui les pourroient retarder; VOVS auons de nos grace speciale, pleine puissance & auctorité Royale, permis & permettons de faire creuser, foüiller & retrancher par tous les heritages qu'il conuiendra, tant pour faire lesdites Pierrées, Regards, Reseruoirs à eauë, que poser les canaux & tuyaux dans & au trauers d'iceux; & pour cét effet, y faire mener conduite & chartier tous les materiaux, tant de chaux, sable, plastre, qu'autres propres & duisans à tels ouurages, & ce tant dans nostredite Ville de

Paris, qu'és enuirons, & en tous lieux où seront trouuées les eauës disposées & sera de besoin : deffendant à toutes personnes de vous y troubler, ou empescher les ouuriers qui y seront par vous employez, soit pour la place, estenduë, Reseruoirs & appareils qu'il conuient ausdits ouurages, pour l'embellissement, décoration de nostredite Ville, qu'autrement: en quelque sorte & maniere que ce soit, ou puisse estre, & generalement tout ce qui deppendra de la construction desdites Fontaines, & jusques à perfection d'icelles : de ce faire vous auons donné & donnons pouuoir & auctorité, comme de chose qui de tout temps vous a esté commise & attribuée, deppendant de l'acquit de vos charges. Voulant que tout ce qui sera par vous fait & ordonné pour ce regard, soit promptement executé par vos Officiers ; & à ce faire souffrir & obeyr toutes personnes contraintes par toutes voyes deuës, raisonnables & accoustumées en tel cas ; Nonobstant oppositions ou appellations quelsconques, faites ou à faire, & sans préjudice d'icelles ; desquelles, attendu qu'il s'agist d'vn bien general, preferable à l'interest d'vn particulier, ne sera differé, & en auons reserué la cognoissance à nous & à nostre Conseil ; deffendant & interdisant icelle à nostre Preuost de Paris, & à tous autres nos Iuges & Officiers quelsconques, ny de prendre aucune cognoissance & Iurisdiction du faict cy-dessus, circonstances & deppendances, que nous auons à vous seuls attribuée & attribuons priuatiuement à tous autres, sauf par apres à faire par vous recompense aux parties interessées, si faire ce doit & s'il y eschet: Car tel est nostre plaisir ; Nonobstant quelsconques Ordonnances, Priuileges & Lettres à ce contraires. DONNÉ à Fontainebleau le quinziéme iour d'Octobre mil six cens vn, & de nostre regne le treiziéme. Par le Roy, RVZÉ. Et scellé du grand scéau de cire jaune.

ORDONNANCE POVR LES RENTES.

SVR ce qui a esté representé par le Procureur du Roy, & de la Ville ; Qu'au prejudice des Reiglemens cy-deuant donnez pour le faict des Rentes ; Aucuns Receueurs & Payeurs desdites Rentes ne payent au Bureau de ladite Ville, que partie des sommes de deniers qui leur sont fournis par ceux sur lesquels ils sont assignez, & les employent au payement de ce qui reste des quartiers passez, au lieu de s'en seruir pour satisfaire au quartier courant ; destournant par ce moyen la destination de l'argent qu'ils reçoiuent par chacune semaine ; à quoy les Controlleurs desdites Rentes negligent de veiller, & apporter par chacun jour au Bureau de ladite Ville, autant de leurs Controlles. Requerant y estre pourueu: NOVS faisant droict sur ledit Requisitoire ; Ordonnons que les Receueurs & payeurs desdites Rêtes, payeront à Bureau ouuert par chacune semaine, tous les deniers qu'ils receuront de ceux sur lesquels ils seront assignez, sans qu'ils puissent pour quelque occasion que ce soit, confondre les quartiers precedens auec le courant, suiuant & conformément au Reiglement du septiesme May dernier, à peine d'amende arbitraire : Et à l'esgard des Controlleurs, seront aussi tenus d'apporter par chacun jour de payement, au Bureau de ladite Ville, les extraicts de leurs Controlles, signez & collationnez aux Originaux, faisant mention de ce qui aura esté payé par lesdits Receueurs, à peine d'interdiction de leurs Charges, & de cinq cens liures d'amende. Et seront les presentes affichées, & signifiées à qui il appartiendra. Fait au Bureau de la Ville, ce Mardy premier jour d'Auril mil six cens quarante-deux.

Signé, LE MAIRE.

ORDONNANCE DE LA VILLE, POVR *les Rentes.*

SVR ce qui a esté representé par le Procureur du Roy, & de la Ville, qu'au prejudice des Reiglemens, les Receueurs & Payeurs des rentes payent confusément ce qui reste des feüilles des precedens quartiers, auec le quartier courant : mesmes qu'au payement desdites feüilles ils obseruent l'ordre de la Lettre, bien qu'ils ayent le fonds entre leurs mains, estant besoin d'y pouruebir, & faire en sorte que les precedens quartiers se payent à autres heures que le quartier courant, requerant en outre que les Controolleurs desdites rentes, soient tenus d'apporter de semaine en semaine au Bureau de ladite Ville l'Extraict de leur Controolle, signé & collationné à l'Original ; Nous faisant droict sur le requisitoire dudit Procureur du Roy & de la Ville : Ordonnons que d'oresnauant les Receueurs & Payeurs des rentes qui auront payé le matin, & à l'heure ordinaire sur le quartier courant, continueront le mesme iour de releuée le payement des restes du quartier precedent, dont sera fait Controolle separé, sans qu'ils puissent confondre lesdits quartiers, ny obseruer l'ordre de la Lettre, pour le regard des quartiers passez dont ils ont le fonds ; & en cas de refus de payer en cette maniere sur l'assignation qui leur sera baillée pardeuant nous, seront condamnez au payement des sommes demandées & contraints, tant par saisie de leurs biens, qu'emprisonnemens de leurs personnes, comme ayant le fonds destiné & affecté ausdites rentes, & à l'esgard des Controolleurs desdites rentes, seront tenus par chacune semaine d'apporter au Bureau de ladite Ville vn Extraict, signé & collationné à l'Original, des Controolles des payemens qui auront esté faits ; pour iceux, veus & communiquez audit Procureur du Roy, & de la Ville, estre ordonné ce que de raison : sera le present Iugement signifié ausdits Receueurs & Controolleurs, & affiché tant à la principalle porte, qu'aux Bureaux des rentes de ladite Ville, à ce qu'ils n'en ignorent ; En tesmoin de ce, nous auons mis à ces presentes le scel de ladite Preuosté des Marchands. Fait au

Bureau de la Ville, le Mardy septiesme iour de May mil six cens quarante-vn. Signé, LE MAIRE.

ORDONNANCE DV ROY, POVR LA *Police du bois.*

SVR l'aduis donné à sa Majesté, que les Pages, Suisses & Laquais des grandes Maisons, armez de Pistolets, Hallebardes, & autres armes, sont journellement aux Ports de la Ville de Paris, où par violences ils s'emparent des batteaux & marchandises, & les font vendre à des Regratiers, & autres personnes qui font magasin des danrées, desquels ils tirent de l'argent, empeschans aux Marchands la liberté de les vendre, & aux Bourgeois d'en acheter; ce qui cause beaucoup de troubles & de desordres en diuers quartiers de ladite Ville: A quoy voulant pouruoir; SA MAIESTE' fait tres-expresses inhibitions & deffenses à tous Pages, Suisses & Laquais, de venir ausdits Ports, auec quelques armes que ce puisse estre, & de s'entre-mettre en quelque maniere que ce soit de la distribution du bois, charbon, & autres danrées: Comme aussi d'entrer dans les batteaux, se mesler de faire les prouisions de leurs Maistres, auoir intelligence auec les Regratiers, & autres personnes faisans magasin de bois, charbon, & autres marchandises, à peine de la vie. Enjoint sa Majesté au Preuost des Marchands & Escheuins de ladite Ville, de faire publier & afficher la presente, sur les Ports & aux Carrefours de ladite Ville, à ce qu'aucun n'en pretende cause d'ignorance, & tenir la main à l'execution d'icelle, faisant emprisonner les contreuenans, & leur faisant & parfaisant le procez; Et en outre de faire vne recherche exacte contre ceux qui font magasin desdites danrées, au prejudice du public, pour estre punis suiuant la rigueur des Ordonnances & Reglemens de Police, lesquels sa Majesté veut estre ponctuellemeut suiuis & obseruez, selon leur forme & teneur. Fait à Saint Germain en Laye, le 13. Decembre 1641. Signé, LOVYS. Et plus bas, SVBLET. Et scellé.

ORDONNANCE DE LA VILLE, CONTRE LES *Regratiers de bois & charbon.*

SVR ce que le Procureur du Roy, & de la Ville, nous a remonstré; Que plusieurs habitans, tant de cette Ville, Faux-bourgs, que des Villages & lieux circonuoisins d'icelle, ont fait & font iournellement magasins de bois & charbon, pour le reuendre & regratter pendant l'Hyuer, à prix excessif, au prejudice des Reglemens de Police: Ce qui cause

là penurie & necessité desdites marchandises, & que les Bourgeois ne peuuent commodément auoir leurs prouisions, se faisant lesdits Regrattiers assister, pour enleuer lesdites marchandises des Ports publics, de Pages, Suisses, & Laquais, & d'autres gens incogneus qui s'aduoüent de personnes Puissantes, ausquels ils disent appartenir; & par ce moyen lesdits Regrattiers exercent des violences extrémes, offensent, battent, & excedent les Bourgeois, Officiers, & Marchands, armez qu'ils sont d'Espées, & Armes à feu; Requerant estre sur ce pourueu. NOVS faisant droict sur les Conclusions & Requisitoire dudit Procureur du Roy, & de la Ville; Ordonnons que dans huictaine, du iour de la publication des presentes, toutes personnes, tant de cette Ville, Faux-bourgs, que Villages circonuoisins, qui ont fait amas & Magasins de Bois & Charbon, en leurs Maisons ou Chantiers, pour les reuendre & regratter, seront tenus de venir declarer au Bureau de ladite Ville, la quantité qu'ils en ont: Et à faute de ce faire, ledit temps passé, dés à present, sans qu'il soit besoin d'autre Iugement ou Ordonnance, lesdites Marchandises seront venduës au public, par l'vn des Sergens de ladite Ville, en presence du Substitud dudit Procureur du Roy & de la Ville; & les deniers en prouenans baillez par aumosne, moitié aux pauures de l'Hostel-Dieu, & l'autre moitié à l'Hospital des Incurables: Et en outre, les auons condamnez en mil liures d'amende; le tiers au dénonciateur. Et pour l'execution de la presente Ordonnance, auons Commis l'vn de Nous Escheuins, auec ledit Procureur du Roy, & de la Ville, qui se feront assister d'Archers, & Sergens, pour la recherche desdits Magasins: Pour lesquels recognoistre & découurir plus aisément, Ordonnons qu'il sera informé sur les lieux & endroits où peuuent estre lesdits Magasins, mesme publié Monition; si besoin est, pour sur le tout estre procedé ainsi que dessus est dit & ordonné: Et seront les presentes leuës, publiées & affichées, à ce qu'aucun n'en pretende cause d'ignorance. Fait au Bureau de ladite Ville, le dernier Septembre mil six cens quarante-vn. Signé, LE MAIRE.

REGLEMENT GENERAL, FAIT PAR MESSIEVRS *les Preuost des Marchands & Escheuins, sur la Police du Bois & Charbon, qui se vendent sur les Ports, & Places publiques de la Ville de Paris, contenant la taxe de chacune espece desdites danrées: Ensemble les droits des Officiers, suiuant le Iugement donné par prouision au Bureau de ladite Ville, le deuxiesme Iuillet mil six cens quarante-vn.*

SVR ce qui a esté representé par le Procureur du Roy, & de la Ville; qu'encores qu'il y ait eu plusieurs Reglemens pour le fait de la Police de Bois & Charbon; Il est neantmoins necessaire de les renouueller, mesmes y adjouster, afin de remedier aux abus presens, retenir les Marchands, Officiers, Gaignedeniers,

Voicturiers & Crocheteurs, en leur deuoir, & faire en sorte que l'ordre estably soit bien soigneusement gardé. NOVS apres auoir ouy, & ce requerant ledit Procureur du Roy, auons fait & ordonné par maniere de prouision le Reglement qui suit.

PREMIEREMENT, Ordonnons qu'en ce qui concerne le prix de toutes les Marchandises de Bois & Charbon, il ne sera en aucune façon dérogé à la Taxe cy-apres declarée & distinguée par chaque Port où les Marchandises arriueront pour la prouision de la Ville de Paris.

A sçauoir, au Port de l'Escolle Saint Germain de l'Auxerrois.

Le meilleur bois de Moulle sera vendu à raison de dix liures la voye, tous droits comptez, fors & excepté les trois sols des Iurez, & les quatre sols des Chargeurs de bois; en sorte que le tout pour chacune voye de Moulle du meilleur ne reuienne qu'à dix liures dix-sept sols tous frais faits.

La voye de bois de Trauerse sera venduë à raison de neuf liures dix-sept sols, aussi tous droits compris, fors lesdits trois sols des Iurez, & quatre sols des Chargeurs, en sorte que la voye ne reuienne qu'à 10. l. 4. s.

La voye du meilleur bois de Corde sera venduë neuf liures dix sols, tous droits compris, excepté les trois sols des Iurez, & quatre sols des Chargeurs, en sorte que la voye reuienne à neuf liures dix-sept sols.

La voye de bois de Corde, taillis, chesne, charme, haistre & fresne, à neuf liures, tous droits compris, excepté lesdits trois sols des Iurez, & quatre sols des Chargeurs, en sorte que la voye reuienne à neuf liures sept sols.

L'autre bois de Corde taillis, meslé de bois blanc, sera vendu huit liures dix sols la voye, tous droits compris, fors & excepté lesdits trois sols des Iurez, & quatre sols des Chargeurs, en sorte que ladite voye de bois ne reuienne qu'à huit liures dix-sept sols.

La voye de bois Dandelle sera venduë neuf liures dix-sept sols, tous droits compris, fors lesdits trois sols, & quatre sols desdits Iurez & Chargeurs, en sorte que ladite voye ne reuienne qu'à dix liures quatre sols.

La voye de bons Costerets de haistre, composée de deux cens huit, sera venduë vnze liures six sols, compris tous les droits, fors les quatre sols des Chargeurs de bois seulement, en sorte que ladite voye ne reuienne qu'à vnze liures dix sols.

La voye de Costerets de bois de taillis sera venduë dix liures dix sols, tous droits compris, fors lesdits quatre sols des Chargeurs, en sorte que la voye reuienne à dix liures quatorze sols.

La voye de Fagots composée de deux cens huit, sera venduë neuf liures dix sols, tous droits compris, fors les quatre sols desdits Chargeurs, en sorte que ladite voye reuiendra à neuf liures quatorze sols.

Ports de la Gréue, & Paué.

Le meilleur bois de Moule y sera vendu dix liures dix sols, tous droits compris, fors celuy de trois sols des Iurez, & de quatre sols des Chargeurs, en sorte que ladite voye reuiendra à dix liures dix-sept sols.

La voye de bois de Trauerse sera venduë neuf liures dix-sept sols, tous droits compris, excepté lesdits trois sols des Iurez, & quatre sols des Chargeurs, en sorte que la voye reuiendra à dix liures quatre sols.

La voye du gros bois de Corde, sera venduë neuf liures dix sols, tous droits compris, excepté lesdits trois sols des Iurez, & quatre sols des Chargeurs, en sorte que la voye reuiendra à neuf liures dix-sept sols.

La voye de bois de Corde, taillis, chesne, charme, haistre & fresne, à neuf liures, tous droits compris, excepté lesdits trois sols des Iurez, & quatre sols des Chargeurs, en sorte que la voye reuiēdra à neuf liures sept sols.

L'autre bois de Taillis meslé auec bois blanc, sera vendu huit liures dix sols, tous droits compris, fors lesdits trois sols, & quatre sols des Officiers susdits, en sorte que la voye reuiendra à huit liures dix-sept sols.

La voye des Costerets de Marne, composée de deux cens huit, sera venduë dix liures, tous droits compris, fors lesdits quatre sols des Chargeurs, le tout reuenant à dix liures quatre sols.

La voye de Costerets d'Yonne, composée de deux cens huit, sera venduë neuf liures, tous droits compris, excepté lesdits quatre sols des Chargeurs, en sorte qu'elle reuiendra à neuf liures quatre sols.

La voye de Fagots, composée de deux cens, sera venduë neuf liures dix sols, tous droits compris, fors lesdits quatre sols desdits Chargeurs, qui reuiendra à neuf liures quatorze sols.

Les Ports au Plastre, & Saint Bernard.

La voye de gros bois flotté, sera venduë à raison de dix liures cinq sols, tous droits compris, fors lesdits trois sols des Iurez, & quatre sols des Chargeurs, ladite voye reuenant à dix liures douze sols.

Le bon bois de Corde sera vendu neuf liures cinq sols la voye, tous droits compris, fors lesdits trois sols des Iurez, & quatre sols des Chargeurs, ladite voye reuenant à neuf liures douze sols.

Le menu bois blanc flotté meslé, sera vendu huit liures cinq sols la voye, tous droits compris, excepté les trois & quatre sols des Officiers, le tout reuenant à huit liures douze sols, aussi tous frais faits.

Pour les Eschallats.

Le cent de botes d'Eschallats de quartier, sera vendu trente-six liures, tous droits compris, fors & excepté les droits des Chargeurs de bois.

Et receuront lesdits Moulleurs de bois, & Chargeurs en charrettes, leursdits droicts cy-dessus, chacun à leur égard. Deffences aux Marchands de s'y entremettre, à peine de cinq cens liures d'amende, de crainte que lesdits Officiers ne se dispensent du seruice qu'ils doiuent, fors & excepté des cotterets & fagots qui seront payez ausdits Iurez Mouleurs par le Marchand vendeur seulement.

Ensuit le prix du Charbon, arriuant tant à l'Escole, Port de Gréue, que celuy qui arriue par terre.

LE Charbon de l'Escole sera vendu trente-six sols la mine.

Celuy de la Gréue trente-quatre sols la mine.

Celuy arriuant par terre aux Petits-carreaux, & autres places publiques, à quarante sols.

Ausquels Mesureurs de Charbon sera payé pour chacun minot six deniers par l'achepteur, & six deniers par le vendeur : Et aux Porteurs de Charbon, tant prés que loin, six sols par l'achepteur. Auec deffences ausdits Mesureurs & Porteurs de perceuoir leurs droits, sinon des marchandises qui seront effectiuement venduës és places publiques, qui seront portées par eux, à peine de priuation de leurs Charges, & quatre cens liures d'amende.

Et afin que personne ne puisse ignorer le prix desdites Marchandises, selon les qualitez d'icelles ; Ordonnons qu'il sera mis sur chacun des Batteaux & Pilles de bois neuf & flotté, des Bannerolles de fer blanc, aux despens de ladite Ville, où il sera escrit en grosses Lettres, les qualitez & prix des Marchandises qui y seront contenuës, pour estre par les Iurez Moulleurs de bois, Mesureurs & Porteurs de Charbon, attachez aux lieux les plus eminens des Batteaux & Pilles de bois flotté, dés l'instant que la vente des Marchandises se commencera, & que les arriuages en auront esté faits en l'Hostel de Ville ; dont lesdits Officiers seront responsables.

Ausquels Officiers, Moulleurs de bois, nous enjoignons de corder lesdits bois, sans permettre qu'il soit enleué, sans estre mis & mesuré en vne membrure de charpenterie, ordonnée pour cét effet : Auec deffences, tant à eux, que Mesureurs & Porteurs de Charbon, de faire exercer leurs Charges par autres que par eux, afin qu'ils puissent respõdre de l'execution du present Reglement pour la taxe de la Marchandise, à peine de trois cens liures d'amende, & de priuation de leurs Charges.

A l'instant de l'arriuée de ladite Marchandise de bois neuf & flotté ; & dans le iour d'icelle, lesdits Iurez Moulleurs apporteront au Bureau de la Ville deux pieces de bois, vne grosse & vne moyenne de chacun Batteau, ou train, & feront rapport de la qualité, & quantité dudit bois, selon la Lettre de Voicture, laquelle sera à cette fin representée par le Marchand Voicturier, pour estre la Marchandise par nous mise à prix, apres que le bois aura esté mesuré par lesdits Moulleurs sur la Chesne, & mesure ordinaire, en la presence du Procureur du Roy, & de la Ville, & qu'il aura esté trouué de l'eschantillon requis : Dequoy ledit Moulleur sera tenu, en faisant son rapport, d'affirmer ; Et en cas que lesdits Moulleurs vsassent de conniuence, seront interdits de leurs Charges. Ce qui sera pareillement obserué à l'égard des Iurez Mesureurs & Porteurs de Charbon.

Enjoignons à tous Marchands de bois, tant de cette Ville, que Forains, de faire à l'aduenir façonner leurs gros bois, celuy appellé de Corde, & des Cotterets & Fagots appellez Danrées, des grosseurs & longueurs de l'Ordonnance. C'est à sçauoir le bois de Moulle, tant neuf que flotté, de trois pieds & demy de long au moins, & vn dour de tour. Celuy de Trauerse, tant neuf que flotté, de pareille longueur, & quatre poulces de tour : Et le gros bois de Corde, de pareille longueur. Les Cotterets de deux pieds de longueur, & de dix-sept à dix-huit poulces de grosseur. Les Fagots de trois pieds de longueur au moins, & de pareille grosseur de dix-huit poulces. Faisons deffences à tous Marchands & Ventiers, à peine de confiscation, de faire fassonner leurs bois autrement qu'en la forme cy-dessus. Et aux Compteurs de Bois, Empilleurs, d'en receuoir aucun, ny permettre qu'il soit chargé sur lesdits Ports s'il n'est de la qualité susdite, à peine de punition. Et à cette fin seront tenus lesdits Compteurs & Empilleurs, d'auoir leurs chaisnes semblables à celles des Officiers de ladite Ville. Deffendons aussi tres-expressément à tous Marchands & Voicturiers, tant de cette Ville que Forains, de faire charger en leurs Batteaux aucune Marchandise qu'elle ne soit bonne & loyalle, & de l'eschantillon cy-dessus exprimé, à peine contre lesdits Marchands & Voicturiers, de confiscation de leurs Marchandises: Et contre les Bocherons, Ouuriers, Compteurs, & Empilleurs de bois, de punition corporelle.

Comme aussi il est enjoint ausdits Marchands & Voicturiers, de voicturer promptement bois & charbon chargé sur la riuiere de Seine, ou autres descendantes en icelle, pour la prouision de cette Ville, sans les faire sejourner aucunemēt, descharger ou vēdre en chemin, ou descharger de batteau pour les diuertir en autres, à peine de cōfiscation de leurs Marchandises, & de deux cens liures d'amende. Lesquels Marchands & Voicturiers seront tenus de faire leurs Lettres de Voictures pardeuant le Greffier ou Tabellion des lieux où les Marchandises de Bois ou Charbon auront esté chargez, lesquelles contiendront la qualité & quantité des Marchandises sur le lieu où elles auront esté chargées, les noms des Marchands Vendeurs & Achepteurs, le temps du partement, & de la destination.

Faisons deffences à tous Marchands & Voicturiers de mettre du bois à part pour le mesler sur les ports: Et ordonnons qu'ils feront desbarder & descharger le bois de leurs batteaux à terre, à leurs frais & despens, à peine contre les contreuenans de mil liures d'amende; & seront tenus de vendre leur bois en personne, ou par leurs domestiques, & non par autres.

Et quand à ce qui concerne le bois de prouision appartenant aux Bourgeois prouenans de leur creu, estant iustiffié par attestation de personnes publiques, il sera deschargé au Port S. Paul, & en l'arche Beaufil, ou autre, en la commodité du Bourgeois; en prenant toutesfois nostre permission. Deffendons à tous Bourgeois, Manans & Habitans de Paris, & tous autres, de quelque estat & qualité qu'ils soient, residans en icelle, & Fauxbourgs, d'aller faire achapt d'aucun bois & charbon hors de cette Ville, ains se fourniront, & feront prouision de leurs bois és Ports d'icelle, & non ailleurs: Et au cas qu'aucun d'eux en ait fait prouision, sera deschargé esdits Ports ordinaires, vendu & debité au public selon l'Ordonnance.

Comme aussi deffences sont faites ausdits Bourgeois, d'achepter le Bois, Charbon, & danrées, plus que le prix cy-dessus declaré, à peine d'amende arbitraire, ny de transporter sur les Ports pour enleuer le Bois & Charbon des batteaux auant les six heures du matin, depuis Pasques iusques à la S. Remy, & apres pareilles six heures du soir. Et depuis ledit iour de S. Remy iusques audit iour de Pasques, auant sept heures du matin, & apres cinq heures du soir, & sans qu'il y ait Iurez, Moulleurs, Mesureurs & Porteurs, à peine de confiscation des marchandises.

Et d'autant que les Chartiers & Voicturiers par terre, exigent pour leur voicture plus grand salaire qu'il leur appartient: Nous ordonnons qu'ils auront pour taxe de leurdite voiture, sçauoir des lieux circonuoisins des ports où ils enleueront le Bois, ou Charbon, quatorze sols, & dans l'enceinte de la Ville, dix-huit sols, & aux Fauxbourgs & lieux plus esloignez, vingt-deux sols, sans qu'ils en puissent prendre dauantage, bien qu'il leur fust offert par les Bourgeois. Et deffences d'empescher les particuliers qui enuoyeront leurs chariots pour prendre leur prouision.

Deffences sont faites à tous Voicturiers par eaue, Battelliers, & passeurs d'eau, Crocheteurs, & tous autres, de charger aucun bois en Flettes, ou Nacelles, à peine de de confiscation dudit bois & Nacelles, & de prison au proprietaire d'icelle, & du fouet aux Crocheteurs. Enjoint aux Sergens, & Archers de ladite Ville, où ils trouueront lesdites Nacelles chargées, de les saisir, & emprisonner les conducteurs d'icelles.

Et outre deffences sont faites à toutes personnes, de quelque qualité & condition qu'elles soient, de faire amas ou magasins de bois en cette Ville & Fauxbourgs, ny aux lieux circonuoisins, à peine de confiscation d'iceluy, & d'amende arbitraire. Enjoignons à tous Regrattiers, Chandeliers, Fruictiers, Cabarettiers & Hosteliers, & autres vendant & regrattant sur le Bois, Charbon, & autres danrées, auant que faire leur prouision, de venir declarer au Bureau de la Ville, & demander permission de la quantité qui leur est necessaire, pour leur donner vn temps propre pour enleuer leursdites marchandises, sans interesser les Bourgeois.

Et afin que ce present Reglement puisse estre executé de poinct en poinct: Il est enjoint aux Sergens de la Ville de se départir chacun iour tour à tour, pour aller sur lesdits Ports depuis les sept heures du matin iusques à dix, & depuis deux heures de releuée iusques à six, pour donner aduis s'il est contreuenu audit present Reglement; ce qu'ils seront tenus de faire, à peine de priuation de leurs Offices, & d'amende arbitraire: Lequel present Reglement nous ordonnons qu'il sera leu, publié à son de Trompe, & cry public, sur les Ports & Places publiques de cette Ville, affiché à chacun des Ports aux poteaux destinez, où il sera mis des Tableaux par les Moulleurs de Bois, qui seront tenus l'oster le soir, & le mettre le matin, qui s'enfermera auec chaisne & cadenat, dont ils auront la clef, & en seront responsables en leur propre & priué nom.

Ce fut fait ainsi, & ordonné par lesdits Preuost des Marchands & Escheuins de ladite Ville de Paris, au Bureau d'icelle, le deuxiesme iour de Iuillet, mil six cens quarante-vn.

Signé, LE MAIRE.

ARREST

ARREST DV CONSEIL D'ESTAT DV ROY, *pour la fourniture des Bleds pour la Ville de Paris ; Auec deffences à tous Gouuerneurs, Maires, Escheuins & Officiers des Villes, d'arrester aucuns Batteaux chargez de Bled, venans en ladite Ville de Paris ; Auec injonction ausdits Gouuerneurs & Officiers d'y tenir la main, à ce que les Bleds qui seront achептez par les Marchands, y soient promptement voiturez ; Et deffences de laisser sortir aucuns grains hors le Royaume, le tout à peine d'en respondre en leur propre & priué nom.*

SVR ce qui a esté representé au Roy estant en son Conseil, la Reyne Regente sa Mere presente, par les Preuost des Marchands & Escheuins de sa bonne Ville de Paris : Que suiuant les commandemens qu'ils auoient receus de sa Majesté, de pouruoir à ce qu'il y eust abondance de Bleds dans les Ports & Marchez de ladite Ville, & de s'enquerir exactement des causes du prix excessif auquel il estoit monté : Ils auroient mandé en l'Hostel de Ville les principaux Marchands de bleds, pour entendre par leurs bouches les raisons de la cherté, & les moyens d'y remedier : lesquels Marchands ont tous dit, que le sujet du haut prix du bled procedoit de deux causes. La premiere, que les Laboureurs estans occupez à leurs semailles, ils n'auoient encores battu leurs nouueaux bleds ; & que pour ceux de l'année derniere, ayant esté vn peu sterile, il ne s'en trouuoit pas si grande quantité : Et que l'autre cause qui empeschoit l'abondance dans Paris, estoit que les Villes des enuirons de Paris, d'où l'on auoit accoustumé de tirer des bleds, ayans crainte d'en auoir necessité, empeschoient auec violence les Marchands d'enleuer les grains qu'ils auoient achептez ; Particulierement, que les Villes de Meaux, Prouins, S. Iean des Iumeaux, Lizi, Rebes, Collommiers, Chasteau-thierry, & autres lieux desnommez en leurs rapports, voulans enleuer les grains qu'ils auoient achептez, la sedition a esté si grande, qu'ils ont eu peine à se sauuer. En sorte que iusques icy, il n'a pas esté possible de faire conduire les bleds par eux achептez. SA MAJESTE' desirant pouruoir à ces desordres, & preuenir les incommoditez que les habitans de sa bonne Ville de Paris pourroient receuoir, par le manquement ou disette de bleds ; DE L'ADVIS DE LA REYNE REGENTE SA MERE PRESENTE, a ordonné & ordonne, que les Preuost des Marchands & Escheuins de ladite Ville de Paris, deputeront deux de leurs Corps, pour se transporter en tous les lieux qui sont le long de la Riuiere de Seine, & Riuieres y entrans, pour s'enquerir de la quantité de bleds, tant vieux que nouueaux qui sont esdits lieux, du prix qu'ils ont esté vendus dans les trois Marchez derniers : Et apres auoir consideré auecque les Officiers la quantité necessaire pour la nourriture des habitans où sont lesdits bleds ; feront commandement de par sa Majesté ausdits habitans d'en vendre de gré à gré aux Marchands trafiquans pour la

Ville de Paris; Veut ſadite Majeſté, que ſes Officiers tiennent la main à l'execution de ce qui ſera jugé neceſſaire par leſdits Eſcheuins, apres en auoir conferé auec eux; feront faire la deliurance des bleds achepte par les Marchands, auſquels ſa Majeſté enjoint de les faire inceſſamment voiturer en ladite Ville de Paris; S'enquerront pareillement leſdits Eſcheuins des lieux de la Campagne où il y a amas de bleds, en feront leurs procez verbaux, enuoyeront faire commandement de par ſa Majeſté d'ouurir les greniers, & d'en vendre au prix courant, du moins la moitié; donneront aduis du refus qui aura eſté fait de vendre leſdits grains, pour y eſtre pourueu. Et d'autant que ſa Majeſté a eu aduis qu'en pluſieurs lieux, le long de la Riuiere de Seine, & Riuieres y deſcendans, les Gouuerneurs, Maires & Eſcheuins arreſtent les batteaux chargez de bleds, & empeſchent qu'ils ne deſcendent; Elle fait tres-expreſſes inhibitions & deffenſes auſdits Gouuerneurs, Maires, Eſcheuins, & autres Officiers de ſes Villes, d'arreſter aucuns batteaux venans en cette Ville de Paris; leur enjoignant au contraire de tenir la main, à ce que les bleds qui ſeront acheptez par les Marchands, ſoient promptement voiturez, & qu'il ne ſoit fait aucune violence auſdits Marchands, à peine d'en reſpondre en leur propre & priué nom. Mande à ſes Lieutenans Generaux, & autres Officiers de Iuſtice, d'informer des violences & ſeditions ſuruenües en diuers lieux de leurs deſtroits, proceder extraordinairement contre les autheurs, & empeſcher à l'aduenir que pareils deſordres n'arriuent. Tiendront pareillement la main leſdits Gouuerneurs, Baillifs, Lieutenans generaux, Maires, Eſcheuins des Villes, & autres Officiers, à ce qu'il ne ſoit tranſporté aucuns grains de leurs Villes, pour eſtre menez hors du Royaume. Leur enjoignant pareillement à ceux qui ſont ſur les Frontieres & paſſages deſdits Pays Eſtrangers, de ne permettre aucune ſortie deſdits grains, ſur peine d'en reſpondre en leur propre & priué nom. Et afin qu'il ne ſoit fait aucune fraude en l'enleuement deſdits grains, veut que ceux qui en achepteront pour la fourniture de ladite Ville de Paris, faſſent leurs declarations aux Greffes des lieux, de la quantité qu'ils en auront achepté, auec ſoubmiſſion de rapporter certificats du Preuoſt des Marchands de ladite Ville de Paris, qu'ils ont fait voiturer leſdits grains dans les Ports de ladite Ville; Enuoyeront les Officiers des lieux audit Preuoſt des Marchands, les actes de ſoubmiſſions & declarations faites par leſdits Marchands, afin qu'ils ſoient informez de la quantité des achapts, & empeſcher qu'ils ne ſoient deſtournez; & ne prendront leſdits Officiers & Greffiers aucuns ſalaires, à peine de concuſſion pour la reception & deliurance deſdits actes. Fait au Conſeil d'Eſtat du Roy, SA MAJESTÉ Y ESTANT, LA REYNE REGENTE SA MERE PRESENTE, tenu à Paris le deuxieſme iour d'Octobre 1643. Signé, DE GVENEGAVD.

LOVYS par la grace de Dieu, Roy de France & de Nauarre; A tous Gouuerneurs, & Lieutenans Generaux en nos Prouinces & Villes, Gouuerneurs particuliers de nosdites Villes, Baillifs, Seneschaux, Preuosts, Iuges, ou leurs Lieutenās, Maires, Escheuins, & à tous autres nos Iusticiers & Officiers qu'il appartiendra; & particulierement ceux ordonnez & establis és Villes & lieux qui sont sur la Riuiere de Seine, & Riuieres y entrans: Salut. Ayant par Arrest ce jourd'huy donné en nostre Conseil d'Estat, Nous y estans, la Reyne Regente nostre tres-honorée Dame & Mere presente, préueu les incommoditez que les habitans de nostre bonne Ville de Paris pourroient receuoir par le manquement & disette de bleds; & empescher la cherté d'iceux; mesmes pourueu aux desordres arriuez sur ce sujet, afin qu'ils ne se transportent de nos Frontieres chez les Estrangers: Nous voulons, vous mandons, & à chacun de vous tres-expressément enjoignons par ces presentes, signées de nostre main, que ledit Arrest, dont l'extraict est cy attaché sous le contre-scel de nostre Chancellerie, vous ayez à executer & faire executer exactement, de poinct en poinct, selon sa forme & teneur, dans l'estendüe de vos pouuoirs & Iurisdictions, & tenir la main que les personnes preposées pour cét effet, & qui porteront nos commandemens, soient obeys, sans qu'il leur soit fait ou donné aucun empeschement au contraire; En sorte que nostre volonté soit en cela suiuie, sans aucun retardement ny difficulté. De ce faire vous auons donné & donnons pouuoir, commission, & mandement special. Mandons & commandons à tous, en ce faisant vous obeyr diligemment; & au premier nostre Huissier ou Sergent sur ce requis, faire pour l'execution dudit Arrest & des presentes, tous exploicts, commandemens, & significations requis & necessaires, sans pour ce demander autre permission: Car tel est nostre plaisir. Donné à Paris le deuxiesme iour d'Octobre, l'an de grace 1643. Et de nostre regne le premier. Signé, LOVYS. Et plus bas, Par le Roy, LA REYNE REGENTE SA MERE PRESENTE. Signé, DE GVENEGAVD. Et scellé du grand sceau.

COMMISSION DV ROY, ADDRESSANTE A Messieurs de la Ville de Paris, pour la recherche des Bleds.

LOVYS par la grace de Dieu, Roy de France & de Nauarre; A nostre cher & bien-amé Maistre

Escheuins de la Ville de Paris: Salut. Nous sommes bien informez que plusieurs de nos Sujets, pour proffiter de la misere des plus pauures, ont fait de grands amas de Bleds, Fromens, Seigles, & autres Grains, qu'ils tiennent cachez à dessein d'en augmenter le prix, pour auoir differé d'en auoir les quantitez ordinaires & accoutûmées aux marchez: Depuis peu de temps ils seroient tellement encheris, qu'il s'en ensuiuroit à la fin de grands desordres, & principallement en nostre bon-

ne Ville, pour le grand Peuple dont elle abonde, si nous n'y apportions le remede conuenable: A CES CAVSES, nous vous auons commis, ordonné & deputé, commettons, ordonnons & deputons par ces presentes, signées de nostre main, pour vous transporter és Villes, gros Bourgs, & autres lieux dépendans de la Generalité & le long des Ports & Riuieres de Seine, Marne, Oyse, & autres; où estans auec nos Lieutenans generaux, leurs Lieutenans, & autres Iuges des lieux, ausquels nous enjoignons tres-expressément de vous assister, vous vous enquererez soigneusement des Greniers & Magasins à Bleds qui sont dans les Villes & Maisons de la Campagne, & de la quantité des Grains qui s'y trouueront, quel prix ils auront esté vendus les trois derniers Marchez precedans, & quelle quantité sera necessaire pour la nourriture & prouision des Habitans desdits lieux, dont vous dresserez procez verbal, que vous enuoyerez en nostre-dit Conseil; pour iceluy rapporté, & veu, estre ordonné ce qu'il appartiendra par raison: Cependant vous enjoindrez de par Nous aux Proprietaires desdits Bleds & Grains, d'en vendre du moins la moitié d'iceux aux Marchands qui trafiquent pour la fourniture de nostre-dite Ville de Paris; auec deffences d'en faire aucunes ventes desdits Bleds, pour estre transportez dans les Païs Estrangers: Enjoignons aux Gouuerneurs des Villes, leurs Lieutenans, Iuges, Magistrats, Maires, Escheuins, Preuost des Mareschaux, leurs Lieutenans, & autres nos Iusticiers, Officiers & Sujets sur ce requis, d'y tenir la main, à peine de respondre en leurs propres & priuez noms du préjudice que Nous & nos Sujets en receurions: Commandons au premier nostre Huissier ou Sergent sur ce requis, de faire pour l'execution des presentes, & de ce que vous ordonnerez à cét effet, tous commandemens, sommations, assignations pardeuant Vous, deffences, & autres actes & exploicts necessaires, sans demander autre permission: Car tel est nostre plaisir. Donné à Paris le cinquiesme jour d'Octobre, l'an de grace mil six cens quarante-trois. Et de nostre regne le premier. Signé, LOVYS. Et plus bas, Par le Roy, LA REYNE REGENTE SA MERE PRESENTE, DE GVENEGAVD. Et scellé du grand scéau de cire jaune.

ARREST DV CONSEIL D'ESTAT DV ROY, confirmatif de la Iurisdiction de la Ville, pour le faict des Rentes.

SVR ce qui a esté representé au Roy en son Conseil, par Maistre Toussaincts de Coulanges, Receueur General & Payeur des rentes de l'Hostel de Ville de Paris, assignées sur les Receptes generalles; Que quelques poursuittes & diligences qu'il ayt peû faire depuis l'année 1636. pour le recouurement des assignations à luy données en ladite année, pour le payement des arrerages desdites rentes, il luy a esté impossible de se faire payer de la somme de trente-huit mil huit cens trente-quatre liures dix-sept sols, qui luy reste deüe desdites assignations ; sçauoir par le Receueur General des Finances de Tours, quatorze mil trois cens soixante & quatorze liures dix-huit sols vn denier; par celuy de Soissons vnze mil sept cens quatre-vingts cinq liures seize sols; & par celuy d'Orleans douze mil six cens soixante & quatorze liures neuf sols ; ce qui est si veritable, public & notoire, qu'aucun desdits Rentiers ne le peut ignorer, pour en auoir ledit de Coulanges baillé & certiffié plusieurs Estats, tant au Conseil, qu'aux Preuost des Marchands & Escheuins de ladite Ville, & fait apparoir des sommations & diligences par luy faites; Et toutesfois Messire Charles de Rostaing, Comte de Bury, le poursuit aux Requestes du Palais, pour le faire condamner à luy payer la somme de quatre cens quatre-vingts liures sept sols, pour ledit quartier d'Avril 1612. où il a obtenu vne Sentence de debouté, de deffences, le 24. Octobre dernier 1643. Encores que par plusieurs Arrests du Conseil, tous les procez & differends concernans le payement des rentes, constituées à ladite Ville de Paris, ayent esté éuoquez & renuoyez pardeuant lesdits Preuost des Marchands & Escheuins ; ausquels sadite Majesté en attribuë toute Cour, Iurisdiction & cognoissance, & icelle interdite à tous autres Iuges ; & que sur pareille poursuitte faite pour ledit quartier, par Maistre Henry Leprestre, qui auoit obtenu Arrest de condemnation en la Cour des Aydes, à l'encontre dudit de Coulanges, par Arrest du 5. Aoust 1638. signiffié audit de Rostaing : Sa Majesté en sondit Conseil aye cassé & annullé ledit Arrest de la Cour des Aydes, du 3. dudit mois d'Aoust, & fait deffences à tous Huissiers ou Sergens de le contraindre, à peine de suspension de leurs Offices, & de mil liures d'amende. Requerant ledit de Coulanges, attendu ce que dessus, & qu'il n'est raisonnable qu'il soit journellement traduit & trauaillé en diuerses Iurisdictions, qui n'ont cognoissance de la Recepte & payement du fonds desdites rentes ; qu'il pleust à sa Majesté casser ladite Sentence du 24. Octobre ; éuoquer l'instance pendante ausdites Requestes du Palais, entre ledit de Rostaing & ledit de Coulanges ; ensemble toutes les autres instances intentées & à intenter pour raison du payement desdites rentes, & icelles renuoyer pardeuant lesdits Preuost des Marchands & Escheuins, auec attribution de Iurisdiction & cognoissance ; & faire deffences ausdites Requestes du Palais, & à tous autres Iuges d'en cognoistre, & aux Rentiers de se pouruoir ailleurs que pardeuant lesdits Preuost des Marchands & Escheuins, à peine de nullité, despens, dommages & interests : Veu lesdits Arrests du Conseil, des 17. Septembre 1637. 5. Aoust 1638. 15. Septembre audit an, 8. Iuillet & premier Aoust 1640. & Exploict de signiffication du 3. Aoust 1643. desdits Arrests des 17. Septembre 1637. & 5. Aoust 1638. audit de Rostaing : Coppie de ladite Sentence de debouté, de deffences desdites Requestes : LE ROY EN SON CONSEIL a éuoqué & éuoque à soy l'instance pendante aux Requestes du Palais, entre lesdits de Rostaing & de Coulanges ; ensemble toutes les autres instances qui seront intentées pour raison du payement desdites rentes, & icelles auec leurs circonstances & dependances, renuoyé pardeuant lesdits Preuost des Marchands & Escheuins, ausquels sa Majesté attribuë toute Cour, Iurisdiction & cognoissance, & de tous les differends concernans le faict desdites rentes, l'ouuerture des quartiers, ordre & payemens, & icelle interdite à tous autres Iuges; faisant deffences audit de Rostaing, & tous autres Rentiers, de se pouruoir ailleurs que pardeuant lesdits Preuost des Marchands & Escheuins, à peine de nullité, cassation de procedures, tous despens, dommages & interests; & à tous Huissiers ou Sergens de mettre à execution aucuns Arrests ny Sentences, à peine de mil liures d'amende, & de suspension de leurs Charges. Fait au Conseil d'Estat du Roy, tenu à Paris le 4. iour de Nouembre 1643. Signé, GALLAND.

ARREST DE LA COVR DE PARLEMENT, portant injonction aux Laboureurs, Blastriers & Marchands, de liurer & débiter de bonne Auoine, loyalle & marchande.

LOVYS par la grace de Dieu, Roy de France & de Nauarre: Au premier des Huissiers de nostre Cour de Parlement, ou autre nostre Huissier ou Sergent sur ce requis: Salut. Sçauoir faisons; Que le iour & datte des presentes; VEV par nostre Chambre des Vaccations, la Requeste presentée par les Marchands faisans trafic de la marchandise de grains pour la prouision de la Ville de Paris; Contenant qu'ils faisoient ordinairement leurs achapts de grains, notamment des auoines és lieux de Nogent-sur-Seine, Mery, Bray, Anglure, Nogent-Lartault, Chasteau-Thierry, Verneüil, Dormans, Chaalons, & autres lieux proche des riuieres de Seine, Yonne & Marne; lesquelles auoines sont remplies de pailles & ordures blastrées & falcifiées, où les supplians trouuent grand deschet & perte en la reuente qu'ils en faisoient en ladite Ville de Paris: Et bien qu'ils les facent nettoyer au mieux qu'il leur est possible; Neantmoins lors qu'elles sont portées és maisons, les Cochers & Palfreniers qui les vennent & les nettoyent auparauant que de les donner à manger aux cheuaux, y trouuent encores beaucoup de deschet; & celles qui sont blastrées & falcifiées rendent les cheuaux malades, & quelquesfois leur causent la mort, dont les Supplians & leurs Facteurs, ont toûjours fait plainte aux Laboureurs, Blastriers & Marchãds qui leur vendent lesdites marchãdises esdits lieux: A quoy ils n'auoient jamais voulu entẽdre de les faire venner, & en oster les pailles & ordures, ny discontinüer leurs artifices, & de ne les point blastrer & falcifier, & ont pris vne telle habitude & coustume d'en vser de la sorte, qu'il est impossible de les en priuer & empescher, sinon par vne haute puissance Souueraine, absoluë & seuere, qui leur seroit ordonnée par nostredite Cour. A CES CAVSES, requeroient estre ordonné que tous les Laboureurs, Blastriers & Marchands qui auoient & auroient à l'aduenir des marchandises d'auoines en leurs greniers & maisons, & lieux & Prouinces de Brie, Champagne, Bourgongne, & autres lieux, de faire venner & nettoyer leurs auoines, & en oster les pailles & ordures, en sorte qu'il n'y reste que le grain pur & net, ainsi qu'au bled froment, sans estre blastrée ny falcifiée, & leur faire defences d'y faire ny souffrir estre fait aucune fraude & falcification, sur peine de confiscation des marchandises, & de punition corporelle; & à cette fin qu'ils pourroient estre visitées dans les greniers, mesmes sur les Ports des lieux où elles seroient chargées par Experts, qui seroient nommez respectiuement par les Marchands Vendeurs & Achepteurs, ou qui seroient nommez d'Office par le Iuge des lieux sommairement, sans prendre autre cognoissance. Et où il se trouueroit y auoir collusion, ou conniuence des Experts, & qui ne rapportassent la verité, qu'ils demeureroient responsables en leurs noms: Et à cette fin que lesdits Blastriers, Laboureurs & Marchands, & autres, seroient assignez en la Cour, & qu'il fust permis d'informer des contrauentions par le premier Iuge, Sergent ou autre sur ce requis. Conclusions de nostre Procureur general; Apres auoir ouy son Substitud en l'Hostel de Ville: Tout consideré. Nostre-dite Chambre a ordonné & ordonne; Qu'à la requeste de nostredit Procureur general, ou son Substitud en l'Hostel de cette Ville, commandement sera fait à tous Laboureurs, Blastriers & Marchands, de liurer & debiter l'auoine bonne, loyalle & marchande, seiche & nette; leur enjoinct de garder les Ordonnances de Police faites sur le faict de ladite marchandise: Et en cas de contrauention, seront les contreuenans assignez pardeuant nostre Preuost des Marchands & Escheuins de ladite Ville, pour y estre par eux pourueu ainsi qu'il appartiendra. Si te mandons, qu'à la requeste de nostredit Procureur general, le present Arrest tu mettes à execution: De ce faire te donnons pouuoir. Donné à Paris en nostredite Chambre des Vacations le vingt-vniéme Octobre, l'an de grace 1643. Et de nostre regne le premier. Signé, Par la Chambre, GVYET. Et seellé.

LETTRES PATENTES DU ROY,

Contenant les Priuileges & exemptions octroyez par sa Majesté, & ses predecesseurs Roys, aux Capitaines Arbalestriers, Archers & Harquebusiers de Paris.

OVYS par la grace de Dieu, Roy de France & de Nauarre: A tous presens & aduenir, Salut: Sçauoir faisons, qu'ayans esgard à la tres-humble supplication de nos chers & bien-amez, les Capitaines Arbalestriers, Archers, Harquebusiers de nostre bonne Ville de Paris; contenant que pour plusieurs bonnes considerations, mesmes afin de conseruer ladite Ville contre les esmotions populaires qui y pourroient arriuer. Les feuz Roys nos predecesseurs, les auroient successiuement, & selon que la necessité du temps le requeroit, créez, ordonnez & establis pour rendre continüellement le seruice necessaire aux commandemens qui leur seroient faits à toutes heures iour & nuict, sans pour raison de ce, il leur aye esté ordonné aucuns gages; ains en consideration desdits seruices, & des grands frais & despences qu'ils supportent, leur auroient seulement accordé quelques priuileges & exemptions, la jouyssance desquels auroit esté discontinüée, tant par la negligence des chefs & membres desdites Compagnies, qu'à l'occasion des guerres qui ont couru en cestuy nostre Royaume; de sorte qu'ils ne jouyssent à present d'autre exemption que du vin de leur creu, & attribution de leurs causes deuant nostre Preuost de Paris, & ce trouuera les deux tiers desdites Compagnies qui n'ont heritages, & ne jouyssent par consequent d'aucuns desdits priuileges: Et pour les autres contenus en leurs Chartres & lettres, ils nous ont tres-humblement supplié & requis y estre conseruez, d'autant qu'ils sont érigez à l'instar des Arquebusiers & Arbalestriers de nos Villes de Roüen & Tournay, auec pareils droicts, priuileges & exemptions dont ceux dudit Roüen ont jouy & vsé en tout temps, lesquels priuileges & exemptions le feu Roy dernier decedé, nostre honoré Seigneur & Pere, que Dieu absolue, auroit confirmez par Lettres Patentes du quatriesme Nouembre, mil cinq cens quatre vingts quatorze, & depuis par autres Lettres données à Lyon, au mois de Decembre, mil six cens, pour en jouyr par les exposans plainement & paisiblement, eu esgard à leur residence en nostre-dite Ville de Paris, principalle & Capitalle de nostre Royaume, ce qui les rend plus fauorables. Et d'autant que par lesdites Lettres de nostre-dit feu Seigneur & Pere, ils sont exempts de toutes choses generallement quelconques: neantmoins ils craindroient d'estre troublez & empeschez en quelques vns desdits priuileges & exemptions, s'ils n'estoient expressément nommez & specifiez. Au moyen dequoy, ils nous ont tres-humblement supplié & requis, en considera-

consideration des fidelles, agréables & recommandables seruices qu'ils ont rendu à feu nostre Seigneur & pere, à la reduction & entrée de nostre Ville de Paris, des grandes despences qu'ils ont faites pour l'entrée de la Reyne nostre tres-honorée Dame & mere, qui leur reuient à cinquante mil liures, & dés seruices qu'ils nous rendent & desirent nous continüer à l'aduenir, leur confirmer lesdits priuileges & exemptions mentionnez en toutes leurs-dites Lettres, & d'abondant leur octroyer, desquelles la teneur ensuit. A sçauoir qu'eux, & leurs successeurs esdites charges, seront tenus francs, quittes & exempts de loger en leurs maisons, tant des champs que de la Ville & Faux-bourgs, aucunes garnisons de gens de guerre, soit de Cheual ou de pied; ensemble de toutes Commissions, tutelles & curatelles, de payer nos droicts de Tailles & subsides, guets de portes, sentinelles, arriere-guets, eschauguets, peages & chantelages, pauages, passages, pontages, trauers, emprunts, dons-gratuits, gabelles, aydes de cent feux, de tous tributs, leuées au lieu de Tailles, de tout ce qu'ils vendront ou feront vendre, prouenant du creu de leurs heritages, droict d'auoir & prendre en nostre Magasin de nostre Ville de Paris par lesdits Capitaines, Lieutenans & Enseignes, chacun vne mine de Sel, & vn minot pour chacun Arbalestrier, Archer & Harquebusier, chacun an, pour la prouision & despence de leurs maisons, en payant par eux le droict du Marchand seulement, & baillant par lesdits Capitaines roolle & certificat des noms & surnoms desdits Arbalestriers, Archers & Harquebusiers, auec quittances mesmes pouuoir d'achepter, vendre, ou faire achepter, & vendre de toutes sortes de denrées & Marchandises, tant dedans que dehors ladite Ville, & autres lieux & endroits de nostre Royaume, sans que pour raison de ce, ils soient tenus payer aucuns subsides ou impositions, soit à nous, que nos Fermiers Adjudicataires de nos Fermes, tant du grand que du petit poids de nostre-dite Ville, qu'autres lieux où ils trafiqueront, & feront marchandises, iusques à la somme de quinze liures, qui sera diminüée à chacun d'eux sur lesdits droicts, par chacun an, & aussi de vendre & distribuer à leur proffit, soit en gros ou en destail, chacun d'eux, le nombre & quantité de dix queuës de vin par chacun an, outre & par dessus le vin de leur creu, sans payer aucun ayde, subside, ou imposition, à nous & nos successeurs Roys, ny à ladite Ville, ores ny pour le temps aduenir, soit du gros, huictiesme, quatriesme, ayde d'entrée de Ville de quatre sols deux deniers, & dix deniers, vn sol parisis pour le droict de Ville, & six deniers pour chacun muid, & dehors de menuës ventes; droict du treillis, ceinture de Reyne, ny autres tributs, imposts, taxes, dons-gratuits, contributions, impositions & subsides generallement quelconques, mis ou à mettre, taxez ou imposez, soit par nous ou nostre-dite Ville de Paris, pour quelque cause ou occasion que ce soit, sans rien reseruer, fors & excepté la rançon de nous & de nos successeurs Roys, si prins estions de nos ennemis, que Dieu ne vueille permettre, le ban, arriere-ban, contre-ban, & fortifications de nostre-dite Ville, au cas qu'il n'y eust aucuns deniers en icelle pour ce faire tant seulement, à la charge que chacun desdits Arbalestriers, Archers & Harquebusiers, aura deux escus & demy de solde chacun an, des deniers de nostre-dite Ville de Paris, que s'ils sortent & marchent en armes hors des portes de nostre-dite Ville de Paris, par le commandement de Nous, nos Lieutenans, Gouuerneurs, Preuost de Paris, & des Marchands & Escheuins de ladite Ville, ils seront payez & soldoyez par icelle nostre-dite Ville, à raison de trois sols pour chacun Arbalestrier, Archer & Harquebusier; Capitaines, Lieutenans & Enseignes, chacun cinq sols par iour de la monnoye qui aura cours au pays, auec la nourriture de leurs personnes, gens & Cheuaux; & si leur sera loisible & permis de transporter l'vn à l'autre de leursdits compagnons, lesdits droicts, franchises, exemptions, & libertez susdites, & non à autres, & qu'ils ne pourront estre traitez ny trauaillez en procez, pour quelque cause que ce soit en premiere instance, tant en demandant que deffendant, ailleurs que pardeuant nostre Preuost de Paris, ou son Lieutenant, auquel la cognoissance de toutes leurs causes est attribuée & commise, comme conseruateur de leursdits priuileges. POVR ces causes, inclinant liberallement à la supplication desdits exposans, & ayant esgard aux grands & actuels seruices qu'ils ont faits & rendus aux deffunts Roys, & à ladite Ville, à leurs frais & despens, pour la conseruation, repos & tranquillité d'icelle, sans aucuns gages, droicts, ny profits quelsconques, sinon lesdites exemptions, priuileges, franchises & libertez susdites; De l'aduis de nostre Conseil, & de nostre certaine science, grace specialle, plaine puissance & authorité Royalle, & veu par nous les Lettres de confirmation desdits priuileges de nostre-dit feu sieur & Pere, le Roy dernier decedé; Nous les auons confirmez, ratifiez & approuuez, confirmons, ratifions & approuuons; Et entant que besoin est, leur auons de nouueau concedez, octroyez, & accordez, concedons, octroyons & accordons, pour en jouyr d'oresnauant par eux, leurs successeurs esdites charges, tout ainsi qu'ils sont cy-dessus specifiez & declarez, que par les autres Lettres des feus Roys nos predecesseurs; desquels priuileges y contenus, ils ont bien & deüement jouy & vsé, en consequence de toutes lesquelles Lettres, mesmes de celles de nostre-dit feu Sieur & Pere. Nous mandons à nos amez & féaux Conseillers, les gens tenans nos Cours de Parlement, Chambres des Comptes, Cours des Aydes, Tresoriers generaux de France, Preuost de Paris & des Marchands, & Escheuins de ladite Ville, que ces presentes ils verifient, facent registrer, inuiolablement garder, suiure, entretenir & obseruer, & du contenu en icelles, ils souffrent & laissent iouyr lesdits Supplians, plainement & paisiblement, sans aucun retranchement ny diminution quelconque, ny permettre & souffrir leur estre fait ny donné aucun empeschement, au contraire si fait mis ou donné estoit, l'ostent & mettent incontinent & sans delay à pleine déliurance au premier estat & deu, contraignant à ce faire & souffrir tous ceux qu'il appartiendra, nonobstant oppositions ou appellations quelsconques, Ordonnances, Restrinctions, Mandement, deffences, & lettres à ce contraires, ausquelles nous auons desrogé & desrogeons par ces presentes, à la desrogatoire de la desrogatoire y contenuë, pour lesquelles & sans preiudice d'icelle ne sera differé; & sans s'arrester ny auoir esgard à la surannation desdites Lettres, d'autant que nous les en auons releuez & dispensez, releuons & dispensons par ces presentes, ensemble du temps de l'intermission de la jouyssance d'iceux, que ne voulons leur nuire ne prejudicier. Et d'autant que lesdits supplians pourroient auoir affaire de ces presentes en plusieurs & diuers lieux: Nous voulons qu'au vidimus d'icelles, fait par l'vn de nos Notaires, Secretaires, foy soit adjoustée comme au present Original: Car tel est nostre plaisir. Et afin que ce soit chose ferme & stable à toujours, Nous auons fait mettre nostre scel à cesdites presentes, sauf en autres choses nostre droict, & l'autruy en toutes. Donné à Paris au mois de Feurier, l'an de grace 1615. Et de nostre regne le cinquiesme. Signé, LOVYS. Et sur le reply, Par le Roy, DE LOMENIE. Et icelles scellées de cire verte en lacs de soye rouge & verte. Et encores audit reply, est escrit, Visa. Et au dessous, Contentor. Signé, CHALOPIN. Et au dos est escrit, Registrata. Plus audit reply;

Lesdites Lettres ont esté registrées où besoin a esté.

REGLEMENT, POVR BORNER LES LIMITES des Passeurs d'eaüe.

A TOVS ceux qui ces presentes lettres verront, Macé le Boullanger, Seigneur de Neumollin, Quinquempoix, Mafflée & Fercourt, Conseiller du Roy en ses Conseils d'Estat & Priué, President és Enquestes de sa Cour de Parlement, Preuost des Marchands, & les Escheuins de la Ville de Paris: Salut. Sçauoir faisons, que sur ce qui nous a esté representé au Bureau de ladite Ville, par le Procureur du Roy & de ladite Ville, Qu'il auroit pleu à sa Majesté par ses Lettres en forme de Breuet, données à Chantilly le 27. de ce mois, Signées Louys, & plus bas, De Lomenie; nous ordonner de regler & faire marquer les endroits plus commodes pour passer & trauerser la Riuiere de Seine, vis à vis le Port du Guichet, & Gallerie du Louure, au Port de Mallaquais, & Faux-bourg Saint Germain, & oster les empeschemens que les Batteaux qui se trouuent là ordinairement, donnent aux Maistres Passeurs d'eaüe de ladite Ville: Requerant ladite Lettre ou Breuet estre registrée au Bureau de ladite Ville, & à l'effet d'icelle nous vouloir transporter sur les lieux, pour y estre pourueu suiuant l'intention de sa Majesté. Et aprés que lecture en a esté faite par le Greffier de ladite Ville, & l'affaire mise en déliberation: Auons ordonné que ladite Lettre en forme de Breuet, donnée à Chantilly ledit iour 27. des presens mois & an. Signé Louys, & plus bas, De Lomenie, sera registrée au Greffe de ladite Ville, & qu'à l'effet & execution d'icelle, nous nous transporterons sur les lieux, pour en nos presences, & celle du Procureur du Roy & de la Ville, estre veus, visitez, marquez, & bornez par les Maistres des œuures, & des Ponts de ladite Ville, les lieux & endroits plus commodes pour passer & trauerser ladite Riuiere, & laisser de part & d'autre telle largeur qu'il conuiendra, pour aborder, & ranger les flettes des Passeurs, sans neantmoins incommoder l'abord & descharge des Marchandises qui se font auf-dits Ports du Guichet, & Mallaquais. En tesmoin de ce, nous auons mis à ces presentes le scel de ladite Preuosté des Marchands. Ce fut fait & donné au Bureau de la Ville, le Samedy trentiesme iour d'Aoust mil six cens quarante-deux.

S'ensuit la teneur de ladite Lettre, ou Breuet.

LE Roy voulant faciliter le passage de la Riuiere de Seine, trauersant vis à vis la porte du Guichet, de la Gallerie du Louure au Port de Mallaquais, Faux-bourg Saint Germain, & oster les empeschemens que les Batteaux qui se trouuent là ordinairement, donnent aux Maistres Passeurs, qui ne peuuent aborder à cette occasion, ny placer leurs flettes, dequoy le public reçoit beaucoup d'incommoditez, & le seruice de sa Majesté quelquefois du retardement, à present mesmes que le Pont des Thuilleries est rompu; A quoy estant necessaire d'y remedier, sadite Majesté mande, ordonne & enjoint tres-expressément aux Preuost des Marchands & Escheuins de la Ville de Paris, de se transporter incontinent aux susdits lieux, vis à vis la porte du Guichet de la Gallerie du Louure & Port Mallaquais, pour apres deüe visitation, regler & faire marquer & borner les endroits plus commodes pour passer & trauerser la Riuiere, où elle veut estre laissée de part & d'autre, à cinq toises de largeur, pour aborder & ranger les flettes desdits Passeurs, sans que lesdites espaces puissent estre doresnauant occupées ny empeschées par aucuns autres Batteaux ou Marchandises, quels qu'ils soient; Ce que sadite Majesté deffend tres-expressément à tous Batteliers, Mariniers ou Marchands, sur peine d'amende arbitraire; A quoy faire lesdits Preuost des Marchands & Escheuins tiendront soigneusement la main, en sorte que lesdits Passeurs n'y puissent estre troublez à l'aduenir, ny le public incommodé. Fait à Chantilly le 27. iour d'Aoust 1642. Signé, LOVYS. Et plus bas, DE LOMENIE.

L'AN mil six cens quarante-deux, le Ieudy 18. iour de Septembre, Nous Macé le Boullanger, Seigneur de Neumoulin, Qninquempoix, Mafflée, Fercourt, & Vierme, Conseiller du Roy en ses Conseils d'Estat & Priué, President és Enquestes de sa Cour de Parlement, Preuost des Marchands de la Ville de Paris, Commissaire en cette partie; Nous sommes transportez, accompagnez du Procureur du Roy, & Greffier de ladite Ville, sur le Port de Mallaquais, poursuiuant l'intention du Breuet de sa Majesté, donné à Chantilly le 27. iour d'Aoust dernier passé, signé Louys, & plus bas, De Lomenie; Par lequel sadite Majesté Nous a ordonné, de regler & faire marquer les endroits les plus commodes pour passer & trauerser la Riuiere de Seine, vis à vis du Port du Guichet & Gallerie du Louure au Port de Mallaquais, & Faux-bourg S. Germain, & oster les empeschemens que les Batteaux qui se trouuent là d'ordinaire, donnent aux Maistres Passeurs d'eaüe de ladite Ville. Où estans, nous aurions trouué Iean & Nicolas Vicongne, Maistre Passeurs d'eaüe, & Procureurs Scindicqs de leur Communauté, Paul Rozemont, Roch Bourguillot, Iean Tauernier, aussi dudit mestier de Maistre Passeur d'eaüe de ladite Ville, assistez de Maistre Arnoul Des-hayes leur Procureur, qui nous auroit requis de vouloir destiner vne place de ce costé-cy, en lieu commode & de largeur competante pour l'abord de toutes personnes, & pour ranger les Batteaux desdits Maistres Passeurs d'eauë, sans qu'ils y puissent estre à l'aduenir troublez ny empeschez par qui que ce soit, eu esgard à la necessité dudit passage, & à la grande vtilité qu'en reçoit le public. Surquoy ouy Pierre Lesguillier, Marchand demeurant à Compiegne, & quelques autres personnes entenduës au faict de la nauigation; Ensemble le Procureur du Roy & de la Ville, en ses Conclusions: Auons ordonné à Montrier, l'vn des Maistres des Ponts de ladite Ville, par nous appellé, de voir & considerer l'endroit le plus commode, & le moins embarassant ledit Port de Mallaquais, que l'on pourra donner ausdits Maistres Passeurs d'eaüe, tant pour l'abord de leurs flettes ou Batteaux, que pour la facilité d'y aller & venir. A quoy y ayant trauaillé en nos presences, accompagé comme dessus, il nous a fait cognoistre qu'on ne les pouuoit plus commodément mettre qu'à l'endroit de la premiere fenestre basse de la maison qu'a fait bastir feu le sieur de Sevre, qui appartient à sa veufue, du costé de la cour de la maison de feu Monsieur de Vassan, & six toises au dessous de ladite fenestre, en tirant vers le Pont des Thuilleries; Ce fait nous nous sommes mis dans vne desdites flettes, accompagnez comme dessus, & passé de l'autre costé de la Riuiere, vis à vis de la porte du Guichet; où estans, nous aurions trouué le nommé Pierre de Beyne, auquel appartient le Batteau à lauer lessiue, qui est vn peu au dessus dudit Port du Guichet, Pierre Vascal & Charles Petiot, Marchands voicturiers de Paris & Roüen; desquels ayans pris l'aduis & ordonné audit Maistre des Ponts de voir & recognoistre l'endroit le moins empeschant dudit Port, & où le monde puisse facilement aborder; nous auons trouué qu'il falloit commencer leur place au premier anneau de fer qui est attaché au Quay dudit Port du Guichet, du costé du Iardin du Louure, qui aduance prés de deux toises de large dans la muraille, en tirant vers la porte Neufue, & leur donner outre lesdites deux toises encores trois toises au dessous, qui font en tout cinq toises, à commencer à l'endroit dudit premier anneau de fer, en descendant du costé dudit Port du Guichet; Et quoy que ledit Des-hayes nous ait remonstré qu'il falloit au moins de costé & d'autre ausdits Passeurs d'eauë, huit toises de largeur pour ranger leurs flettes, & empescher qu'il ne s'y face confusion; si est-ce que nous n'auons pas trouué le pouuoir ny deuoir faire, à cause du grand abord de marchandise qu'il y a ausdits Ports, en sorte qu'ils se contenteront quant à present d'auoir cinq toises de place sur ladite Riuiere du costé du Guichet, à commencer audit premier anneau de fer en auallant du costé dudit Port du Guichet, & de six toises du costé du Port de Mallaquais, à commencer au coing de la premiere fenestre du logis du feu Sieur de Sevre, du costé de la Tour de Nesle, en auallant du costé du Pont des Thuilleries, sans que lesdits Passeurs d'eaüe en puissent occuper dauantage, pour quelque cause ny occasion que ce soit. Faisant deffenses à toutes personnes, de quelque qualité & condition qu'elles soiẽt, de les troubler ny empescher en la jouyssance desdites places, ainsi par nous à eux destinées pour la commodité publicque : & pour satisfaire à l'intention de sa Majesté, & seront ces presentes affichées esdits Ports, à ce que nul n'en ignore. Fait les an & iour que dessus ; signé en la minutte, le Boullanger, Pietre, Lemaire, Des-hayes & Moutier.

REGLEMENT POVR LE DROICT D'IMMATRICVLE, *deub aux Receueurs & Payeurs des Rentes, assignées sur l'Hostel de Ville de Paris.*

A Tous ceux qui ces presentes lettres verront ; Oudart le Feron, Seigneur d'Oruille & de Louures en Parisis ; Conseiller du Roy en ses Conseils d'Estat & Priué, President és Enquestes de sa Cour de Parlement à Paris, Preuost des Marchands, & les Escheuins de ladite Ville : Salut. Sçauoir faisons, qu'aujourd'huy datte des presentes, comparans en iugement deuant nous Maistre Anthoine Noël, Procureur de Maistre Iean Popot, Bourgeois de Paris, és noms & qualitez qu'il procede, present en personne, demandeur ; & Maistre Anthoine Torchebœuf, Procureur de Maistre Nicolas Colbert, Conseiller du Roy, Receueur & Payeur des Rentes assignées sur les Aydes, deffendeur. Nous parties ouyes, ensemble le Procureur du Roy & de la Ville en ses Conclusions ; auons condamné le deffendeur payer audit demandeur la somme de vingt-cinq liures tournois, restant à payer de plus grande somme, pour vn quartier escheu le dernier Decembre mil six cens vingt-quatre, des Rentes mentionnées en sa demande : Comme aussi à rendre audit demandeur dix liures dix sols, qu'il a retenu pour le droict d'immatricule par luy pretendu : Et faisant droict sur les Conclusions du Procureur du Roy, & de la Ville ; Auons ordonné que les Reglemens seront executez ; & suiuant iceux, que ledit deffendeur lors qu'il entrera en exercice, sera tenu prendre de son Compagnon d'Office l'Extraict des immatricules faits pendant l'année precedente, pour les immatriculer en son Registre ; Auec deffences de prendre aucune chose pour raison de ce, à peine de concussion ; Et outre le deffendeur condamné és despens, taxez à vingt quatre sols parisis. En tesmoin de ce, nous auons fait sceller ces presentes. Ce fut fait & donné au Bureau de la Ville, & prononcé par Noble homme Germain Pietre, Conseiller du Roy au Chastelet, & l'vn des Escheuins de ladite Ville, le 7. Iuin 1639.

REGLEMENT POVR LA RECHERCHE *du Bois de chauffage, tant dans les Maisons de Religion, que des Bourgeois de la Ville de Paris, pour secourir la necessité qui estoit lors.*

LES Preuost des Marchands & Escheuins de la Ville de Paris, suiuant la resolution prise au Bureau de ladite Ville, ont fait appeller les Marchands de bois, Iurez Moosleurs de cette Ville, pour auoir aduis de ce qui se peut faire pour la commodité publicque, & secourir la necessité qui se presente, de gros bois & menu, tant pour la suitte de la Cour, qui est de present au Chasteau de Bolongne, que pour cette Ville, dont les Iurez Moosleurs ont rapporté, suiuant ce qui leur auoit esté commandé dés le Vendredy 26. du mois passé, comme il s'est ja beaucoup débité de bois, que quelques Bourgeois & Marchands de la Ville auoient reserué pour chantier durant le grand froid qu'il á fait; Tellement qu'ils n'ont peû rapporter au vray combien il y auoit de menu bois; Mais quand au gros bois, ils ont nommé plusieurs Maisons, tant de Religions, que maisons Bourgeoises, esquels ils disent y en auoir plus que pour leurs prouisions, à tout le moins pour passer ce mauuais temps, iusques à ce que la Riuiere soit plus nauigable, dont le roolle a esté baillé au Bureau de ladite Ville, pour y estre pourueu: Et quand ausdits Marchands de bois, ont dit que la pluspart d'eux ont perdu la pluspart du bois qu'ils auoient mis sur les ports, prest à charger, lequel les grandes eauës ont emporté, & disent iusques au nombre de quinze mil Moosles pour le moins, qui ont esté perdus, & n'y à eu que l'vn d'eux qui a dit en auoir encores cent ou six vingts Moosles, qu'il dit qu'il fera venir incontinent; toutesfois la pluralité est d'aduis, pour éuiter plus grande necessité, que l'on enuoye iusques à Greuan, là où ils disent qu'il y à moyen d'en auoir en grande quantité, qu'il faudroit faire charger en toute diligence, & arrester les batteaux que l'on pourroit charger de Vin pour secourir cette necessité. Puis ont dit aucuns desdits Marchands, qu'ils ont vendu grande quantité de bois aux Gobelins de S. Marcel, qui en peuuent auoir de reste, & aux Plastriers de cettedite Ville, qui en ont aussi prouision. A CES CAVSES, ont esté commis Messieurs Poulain, Bouquet, & Decresse, Escheuins de ladite Ville, pour aller en plusieurs Maisons d'icelle; à sçauoir lesdits sieurs Poulain & Decresse, pour le costé de la Ville; & ledit sieur Bouquet, pour le costé de l'Vniuersité & Fauxbourgs S. Marcel; pour & affin de mener Archers auec eux, & foüiller és Maisons dénommez audit Roolle, & faire mettre ledit bois en arrest & garde, pour en estre pourueu à ceux qui en auroient le plus de besoin. Plus a esté arresté pour le secours de la necessité qui se presente, d'enuoyer aux seize Quartiniers de la Ville de Paris, à chacun vn Mandement de la Ville, pour faire deuoir enuers les Bourgeois & Citoyens d'icelle, qui en peuuent auoir prouisions en leurs Maisons, & les admonester d'en secourir, tant pour la suitte de la Cour, que pour la necessité de la Ville, en payant de gré à gré; leur faisant sçauoir que là où il se trouueroit quelque ingratitude, ou reffus de secours, à ce grand besoin, le bois leur sera osté, & en pourroient encourir grande peine, comme estant cause du trouble qui en pourroit aduenir. Et pour pourueoir au secours lointain pour la descente du bois, a esté ordonné qu'il y sera enuoyé vn des Escheuins, ou Procureur de la Ville, auec vn Sergent de la Marchandise, affin de faire charger tout le bois qui se pourra charger en toute diligence, & donner ordre que partie des batteaux ne soient empeschez pour le faict du Vin, à ce que cette necessité soit promptement secourue; Et pour ce faire, sera deliurée Commission pour y estre pourueu; & au surplus, seront cherchez tous les moyens possibles pour informer à l'encontre des Vendeurs Regratiers, qui ont fait Monopole à la reuente dudit bois, & qui ont vendu bois & chantier à prix excessif, de leur authorité, & sans pouuoir & permission. Fait au Bureau, l'an 1571.

ENSVIVENT

ENSVYVENT LES NOMS des Preuosts des Marchands & Escheuins, depuis la reduction d'icelle Preuosté.

PREMIEREMENT.

LE vingtiesme Ianvier, mil quatre cens onze, fut esleu pour Preuost des Marchands, sire Pierre Gentien.

ITEM, Le xx. Fevrier ensuiuant, furent esleus & ordonnez Escheuins, Maistre Iean de Troyes, Iean de Loliue, Denys de saint Yon, & Robert de Bellon.

ITEM, Le Mercredy trentiesme iour de Fevrier apres ensuyuant, iceux Preuost & Escheuins firent le serment deuant le Roy en l'Hostel saint Pol, & le lendemain en l'Hostel de la Ville.

Le Mercredy seiziéme Mars, mil quatre cens onze, au lieu dudit Gentien fut esleu pour Preuost André d'Espernon.

Le neufiéme Septembre, cccc. treize, fut remis sire Pierre Gentien.

Le Ieudy dixiéme Octobre, mil cccc.xv. au lieu dudit Gentien, fut esleu Philippes de Brebant, qui ledit iour fist le serment audit Hostel de la Ville.

Le Dimanche douziéme Septembre, mil cccc. xvij. au lieu dudit Brebant, fut esleu sire Guillaume Ciriasse.

Le Lundy sixiéme Iuin, mil quatre cens dix-huit, au lieu dudit Ciriasse, fut esleu Noël Preuost.

Le Ieudy vingt-sixiéme Decembre, mil cccc. xix. au lieu dudit Noël Preuost, qui n'agueres estoit trespassé, fut esleu Maistre Hugues le Coq.

Le douziéme Iuillet, mil cccc. xx. fut esleu pour Preuost, sire Guillaume Sanguin.

Au lieu dudit Sanguin, fut esleu Maistre Hugues Rapioult.

Le Lundy xxiij. Iuillet, mil cccc. xxxvj. auquel an, la Ville de Paris fut reduitte & mise par les Bourgeois & habitans d'icelle, & par leur entreprise, en l'obeyssance du Roy Charles septiéme, fut faite nouuelle eslection de Preuost des Marchands, & quatre Escheuins; c'est à sçauoir, des personnes de sire Michel Laillier pour Preuost, & lequel auoit esté Chef & conducteur desdits Bourgeois & habitans, en faisant ladite Reduction, en reboutant les Anglois & Aduersaires dudit Seigneur: & pour Escheuins, furent esleus Iean Bellon, Nicolas de Neufville, Pierre des Landes, & Iean de Grand-ruës: tous iceux Preuost & Escheuins natifs de ladite Ville de Paris, & lesquels firent le serment és mains du Doyen de Paris, lors tenant & gardant le petit scel du Roy.

Le Mercredy xxiij. Iuillet, mil cccc. xxxviij. fut esleu pour Preuost au lieu dudit Laillier, sire Pierre des Landes, qui fist le serment és mains du seigneur de Richemont, Connestable de France. Et fut ledit des Landes continüé audit estat iusques au vingt-troisiéme mil cccc. xliij. & lors en son lieu fut esleu Maistre Iean Baillet, Conseiller en Parlement. Et fut ledit Baillet continüé iusques en l'an mil quatre cens cinquante, le Lundy xviij. Aoust: & lors fut l'assemblée pour ce faite & tenuë solemnellement en l'Hostel de la Ville de Paris, & déliberation pour ce prinse entre les Preuost des Marchands, Escheuins, Conseillers, Quartiniers, & Bourgeois, qui auoient esté assemblez le lendemain de la feste de la Magdelaine precedant, pour faire eslection nouuelle dudit Preuost, & deux Escheuins, ainsi qu'il estoit accoustumé auparauant. Et pource qu'apres aucunes difficultez ouuertes sur ce, qu'aucuns des assistans à icelle assemblée maintenoient, que l'on deuoit eslire & mettre esdits Estats gens d'autre nation que deParis: & que le Procureur du Roy & de la Ville auoit interdit & empesché, & tant par anciens registres & enseignemens, comme par raisons viues & peremptoires, auoit clairement remonstré, qu'aucun d'autre nation que de la Ville de Paris, ne deuoit estre esleu esdits estats de Preuosté & Escheuinage: & aussi auoit esté trouué par aucuns desdits anciens registres, que d'ancienneté, ladite eslection se faisoit le lendemain de la Feste de nostre-Dame de my-Aoust: Pour ces causes, par l'aduis & déliberation des assistans, & en la presence d'honorable homme & sage Maistre Arnoult de Marle, Conseiller du Roy, & President en sa Cour de Parlement, à ce commis & deputé, fut conclu & déliberé, que l'on procederoit à l'eslection desdits Estats de gens natifs de la Ville de Paris, ainsi qu'il est accoustumé: & si procederoit-on d'oresnauant à icelle eslection, ledit iour de lendemain de nostre-Dame de my-Aoust, selon & sous la forme & maniere de certaines Ordonnances imprimées en la fin du volume intitulé les Ordonnances de la Ville, & enregistrées en l'Hostel d'icelle Ville en la fin Liure, contenant le double de la chartre des Ordonnances de la Ville. Et ce fut fait d'honorable homme & sage Maistre Iean Baillet, en ce temps Preuost des Marchands, qui auoit fait son temps: & fut esleu Preuost Maistre Iean Bureau, Thresorier de France, lors absent. Et le lendemain ledit Bureau estant à Paris, accepta la charge de ladite Preuosté, & fist le serment.

ITEM, Le Samedy dix-neufiéme Aoust, mil quatre cens cinquante-deux, au lieu dudit Bureau, Maistre Dreux Budé, Audiencier de France, fut esleu Preuost: & fut esleu pour l'vn des Escheuins Iean le Riche. Et pour ce qu'aucuns maintindrent que ledit le Riche n'estoit natif de

Paris, fut faite information sur ce, & trouué, que combien qu'au temps de sa natiuité, ses pere & mere demeurassent au Bourg-la-Royne, neantmoins sa mere en estoit accouchée en ceste Ville de Paris, & auoit esté baptisé en l'Eglise saint Pol à Paris.

ITEM, Le Vendredy seiziéme Aoust, mil quatre cens cinquante-quatre, ledit Budé fut continüé.

ITEM, Le Lundy seiziéme Aoust, mil quatre cens cinquante-six, au lieu dudit Budé, Maistre Iean de Nanterre, President des Requestes, fut esleu Preuost.

Le Mercredy seiziéme Aoust, mil quatre cens cinquante-huit, ledit de Nanterre fut continüé Preuost.

ITEM, L'an mil quatre cens soixante, au lieu dudit de Nanterre, Maistre Henry Deliure fut Preuost.

ITEM, Le Ieudy seiziéme Aoust, mil quatre cens soixante-quatre, furent leües & publiées deux lettres missiues, de par le Roy, aux Preuost des Marchands, Escheuins, & Bourgeois de Paris, & presentées par Messire Charles de Meleun, Bailly de Sens, & Lieutenant dudit Seigneur, pour continüer ledit Deliure, & eslire pour Escheuin Simon de Cregy. Fut faite eslection par scrutine, & en la Chambre du Conseil, où estoient ledit Lieutenant, l'Euesque de Paris, le premier President de Parlement, & autres Conseillers; & fut prononcé ledit Deliure pour continüé Preuost, & fut trouué qu'entre ceux qui auoient esté esleus pour estre Escheuins, sire Iean de Harlay, Cheualier du Guet, auoit la plus grand voix, & apres luy, sire Christofle Paillart, Maistre des Comptes: à quoy le Procureur de la Ville s'opposa, disant, que ledit Paillart n'estoit de Paris. Sur ce ledit Paillart fut interrogé, & confessa qu'il estoit natif d'Auxerre. Les eslisans declarerent qu'il leur auoit donné à entẽdre qu'il estoit natif de Paris, & qu'autrement ne l'eussent esleu: & fut ledit de Harlay receu, & derechef visité ledit scrutine, & que sire Denys Gibert auoit apres ledit Paillart le plus de voix; & le vingt-troisiéme Aoust fut receu par ledit Lieutenant.

ITEM, Mil cccc. soixante-cinq, ne fut faite aucune eslection pour les guerres, & demeurerent les anciens.

ITEM, Mil cccc. soixante-six, fut ordonné que sire Iean de Harlay, Cheualier du Guet, & Denys Gibert Escheuins, demeureroient pour vn an: & fut faite eslection d'vn Preuost & de deux Escheuins nouueaux: sire Michel de la Grange, Maistre de la Chambre aux deniers du Roy, & general de ses Monnoyes, fut publié Preuost.

ITEM, L'an mil cccc. lxviij. le Mardy xvj. Aoust, au lieu dudit de la Grange, sire Nicolas de Louuiers, seigneur de Cannes, Conseiller du Roy, & Maistre de ses Comptes, fut esleu pour Preuost: qui le Samedy vingtiéme dudit mois, en fist le serment és mains du Chancelier à Paris.

ITEM, L'an mil quatre cens soixante & dix, au lieu dudit Louuiers, sire Denys Hesselin, Escuyer, Pannetier dudit Seigneur, fut esleu pour Preuost: & fut continüé mil quatre cens soixante & douze, Preuost.

ITEM, L'an mil quatre cens soixante & quatorze, le Mardy seiziéme Aoust, au lieu dudit Hesselin, sire Guillaume le Comte, Conseiller du Roy, & Grenetier de Paris.

ITEM, Mil quatre cens soixante & seize, fut esleu pour Preuost Maistre Henry Deliure, Conseiller.

Mil quatre cens soixante & dix-huit, le Lundy dix-septiéme Aoust, ledit Deliure fut continüé audit estat pour deux ans.

Mil cccc. lxxx. le xvj. Aoust, ledit Deliure fut continüé.

Mil cccc. lxxxij. le Vendredy xvj. Aoust, fut ledit Deliure continüé.

ITEM, Mil qautre cens quatre-vingts quatre, le Lundy seiziéme Aoust, fut le Scrutine porté au Roy: & au lieu dudit Deliure, Maistre Guillaume de la Haye, Conseiller & President és Requestes du Palais, receu par Monseigneur le Chancelier.

ITEM, Mil cccc. lxxxvj. le Mercredy xvj. Aoust, Maistre Iean du Drac, Vicomte d'Ay, seigneur de Marueil, fut esleu Preuost.

Mil cccc. lxxxviij. le xvj. Aoust, ledit du Drac continüé Preuost.

ITEM, Mil cccc. xc. le xvj. Aoust, au lieu dudit du Drac, Maistre Pierre Poignant, Conseiller en Parlement.

ITEM, Mil cccc. xcij. le seiziéme Aoust, au lieu dudit Poignant, Maistre Iacques Piedefer, Aduocat en Parlement.

ITEM Mil cccc. xciiij. le seiziéme Aoust, au lieu dudit Piedefer, Maistre Nicole Viole, Correcteur des Comptes, pour Preuost.

ITEM, Mil cccc. xcvj. le seiziéme Aoust, au lieu dudit Viole, Maistre Iean de Montmiral, Aduocat en Parlement, pour Preuost.

Du regne du Roy Louys douziesme.

ITEM, Mil quatre cens quatre-vingts dix-huit, le seiziéme Aoust, au lieu dudit Montmiral, Maistre Iacques Piedefer, Aduocat en Parlement.

ITEM, Le Samedy xxvij. Octobre, mil cccc. xcix. par Ordonnance de la Cour, fut esleu au regime & gouuernement dudit Hostel de ceste Ville, sire Nicolas Potier, General des Monnoyes, pour Preuost.

ITEM, L'an mil cinq cens, le seiziéme Aoust, fut esleu ledit Potier pour Preuost.

ITEM, L'an mil cinq cens & deux, le seiziéme Aoust, au lieu dudit Potier, sire Germain de Marle, General des Monnoyes, pour Preuost.

ITEM, L'an mil cinq cens & quatre, le seiziéme Aoust, Maistre Eustache Luillier, seigneur de saint Mesmin, & Maistre des Comptes, au lieu dudit de Marle.

ITEM, Mil cinq cens six, le seiziéme Aoust, au lieu dudit Luillier, Dreux Ragnier, Escuyer, seigneur de Tummelle, Conseiller du Roy nostre sire, & Maistre de ses Eaux & Forests.

ITEM, Mil cinq cens huit, le seiziéme Aoust, au lieu dudit Ragnier, Maistre Pierre le Gendre, Thresorier de France, pour Preuost.

ITEM, Mil cinq cens dix, le Vendredy seiziéme Aoust, Maistre Robert Turquant, Conseiller en Parlement, fut esleu Preuost au lieu dudit le Gendre.

ITEM, Mil cinq cens douze, le Lundy seiziéme Aoust, au lieu dudit Turquant, Maistre Roger Barme, Conseiller & Aduocat du Roy en Parlement.

Du regne du Roy nostre Sire, François premier de ce nom.

ITEM, Mil cinq cens quatorze, le Mercredy seiziéme Aoust, au lieu dudit Barme, Maistre Iean Boulart, Conseiller en Parlement.

ITEM, Mil cinq cens seize, le Samedy seiziéme Aoust, au lieu dudit Boulart, Maistre Pierre Clutin, Conseiller en Parlement, pour Preuost.

ITEM, Mil cinq cens dix-huit, le Lundy xvj. Aoust, au lieu dudit Clutin, Maistre Pierre Lescot, seigneur de Lissy, Conseiller du Roy, & son Procureur general en la Cour des Generaux, sur le faict de la Iustice des Aydes.

ITEM, Mil cinq cens vingts, le Ieudy seiziesme Aoust, au lieu dudit Lescot, messire Anthoine le Viste, Cheualier, Conseiller, & Maistre des Requestes ordinaire de l'Hostel du Roy, fut esleu pour Preuost.

ITEM, Mil cinq cens vingt-deux, le Samedy seiziesme Aoust, au lieu dudit Viste, Maistre Guillaume Budé, seigneur de Merly-la Ville, Maistre des Requestes ordinaire de l'Hostel du Roy, & Maistre de la Librairie, pour Preuost: & estoient pour anciens Escheuins Maistre Gaillard Spifame, seigneur de Dissaulx, & Nicolas Cheualier, Bourgeois de Paris. Et furent esleus pour nouueaux Escheuins, sire Iean Croquet, Bourgeois de Paris, & Maistre Iean Morin, lors Lieutenant, Bailly du Palais, & aussi Lieutenant general du grand Maistre general, reformateur des Eaux & Forests au Royaume de France, en son siege de la Table de Marbre.

ITEM, Mil cinq cens vingt-trois, le Lundy seiziesme Aoust, sire Claude Sanguin, Marchand & Bourgeois de Paris, & Maistre Iean le Clerc, seigneur d'Armendielle, & Auditeur pour le Roy aux Comptes, furent esleus Escheuins és lieux desdits Spifame & Cheualier.

ITEM, Mil cinq cens vingt-quatre, le Mardy seiziesme Aoust, au lieu dudit Budé, ledit Maistre Iean Morin, lors Lieutenant general des Bailliages de Paris, & du Palais dudit lieu, fut esleu pour Preuost: & sire Guillaume Seguier, & Claude le Liéure, pour Escheuins.

ITEM, Mil cinq cens vingt-cinq, ledit Seguier deceda en son Hostel deuant saint Innocent, & fut son corps inhumé au saint Sepulchre, & pour son conuoy partirent de l'Hostel de la Ville, les Preuosts des Marchands & autres Escheuins dessus nommez, vestus en leurs robbes my-parties: & marchoient deuant lesdits seigneurs, les Sergens de l'Hostel de la Ville, vestus de leurs robbes my-parties. Et en tel ordre marcherent lesdits seigneurs apres le corps, & apres lesdits seigneurs marchoit le dueil, & autour du corps seize Torches aux armes de la Ville, que portoient les Henoüars. Et le lendemain en tel ordre que dessus, partirent lesdits Preuost, Escheuins, & Sergens dudit Hostel de la Ville en leurs habillemens ordinaires, & allerent au seruice au saint Sepulchre. Dieu face mercy aux Trespassez.

Audit an, Mil cinq cens vingt-cinq, le Mardy seiziéme Aoust, fut faite esle&ction de trois Escheuins, tant au lieu desdits Sanguin & le Clerc, qui auoient fait leur temps, qu'au lieu dudit Seguier, qui estoit allé de vie à trespas, & n'auoit paracheué son temps: & furent esleus Escheuins au lieu des dessusdits, sire Claude Foucault, seigneur de Maudetour, Bourgeois de Paris: sire Iean Turquan, Quartinier, & Bourgeois de Paris: & Maistre Pierre Lormier, Commissaire au Chastelet de Paris. Et auoit esté ordonné, que celuy qui auroit le moins de voix ne seroit Escheuin qu'vn an, pour paracheuement du temps dudit deffunt.

ITEM, Mil cinq cens vingt-six, au mois d'Aoust, au lieu dudit Maistre Iean Morin, qui auoit fait son temps, fut esleu Maistre Germain de Marle, seigneur de Tillay, Conseiller, Notaire & Secretaire du Roy nostre sire, & General de ses Monnoyes, pour Preuost. Et au lieu desdits Claude le Liéure & Lormier, furent esleus Escheuins Germain le Lieux, & Iacques Pinet.

ITEM, Mil cinq cens vingt-sept, furent esleus Escheuins au lieu desdits Foucault & Turquan, Maistre Nicole Guesdon, Aduocat en Parlement, & Maistre François Gayant, Auditeur des Comptes.

ITEM, Mil cinq cens vingt-huit, le Lundy dix-huitiéme Aoust, au lieu dudit de Marle, fut Maistre Gaillard Spifame, seigneur de Pisseaux, & general de France, en la charge d'outre-Saint. Et au lieu desdits le Liéure & Pinet, sires Claude Maciot, Quartinier, & Bourgeois de Paris, & Pierre Fournier, Bourgeois de Paris.

L'AN Mil cinq cens vingt-neuf, le Lundy seiziesme iour d'Aoust, au lieu de Maistre Nicole Guesdon, & François Gayant, furent esleus pour Escheuins Maistre Regnault Picart, Notaire & Secretaire du Roy, & Pierre Hennequin, Aduocat en Parlement, natifs de Paris.

L'AN Mil cinq cens trente, le Mardy seiziesme iour d'Aoust, au lieu de Maistre Gaillard Spifame, fut esleu pour Preuost des Marchands Maistre Iean Luillier, Conseiller du Roy nostre sire, & Maistre ordinaire de ses Comptes: & au lieu desdits sires Claude Maciot & Pierre Fournier, furent esleus pour Escheuins sire Iean de Moussy, & Maistre Simon Teste, aussi Conseiller du Roy, natif de Paris.

L'AN Mil cinq cens trente-vn, le Mercredy seiziesme iour du mois d'Aoust, au lieu de Maistre Regnault Picart, & Pierre Hennequin, furent esleus pour Escheuins sires Geruais Larcher, & Iacques Boursier, natifs de Paris.

L'AN Mil cinq cens trente-deux, le Vendredy seiziesme iour du mois d'Aoust, au lieu de Maistre Iean Luillier, fut esleu pour Preuost des Marchands, Monsieur Maistre Pierre Viole, Conseiller du Roy nostre sire en sa Cour de Parlement, & au lieu desdits sire Iean de Moussy, & Maistre Simon Teste, furent esleus pour Escheuins Maistre Claude Daniel, aussi Conseiller du Roy, & sire Iean Barthelemy, Quartinier, Bourgeois & Marchand de ladite Ville, natifs de Paris.

L'AN Mil cinq cens trente-trois, le Samedy seiziesme iour du mois d'Aoust, au lieu de sires Geruais Larcher, & Iacques Boursier, furent esleus pour Escheuins Maistre Martin Bragelongne, Conseiller du Roy au Bailliage de Paris, & Iean Courtin, aussi Conseiller du Roy, natifs de Paris.

L'AN Mil cinq cens trente-quatre, le Dimanche seiziesme iour du mois d'Aoust, au lieu de Maistre Pierre Viole, fut esleu pour Preuost des Marchands Monsieur Maistre Iean Tronçon, Conseiller du Roy nostre sire; furent esleus pour Escheuins Maistre Guillaume Quinette, Receueur des Generaux des Aydes sur le faict de la Iustice, & Quartinier, & sire Iean Arroger, Bourgeois de la Ville, natifs de Paris.

L'AN Mil cinq cens trente-cinq, le Lundy seiziesme iour du mois d'Aoust, au lieu de Maistre Martin Bragelongne, & Iean Courtin, furent esleus pour Escheuins Maistre Christofle de Thou, Aduocat du Roy és Eaux & Forests, & Eustace le Picart, Notaire & Secretaire du Roy, natifs de Paris.

L'AN Mil cinq cens trente-six, le Mercredy seiziesme iour du mois d'Aoust, suyuant les Lettres patentes du Roy nostre sire, Monsieur Maistre Iean Tronçon, Preuost des Marchands, fut continüé & remis à ladite Preuosté pour deux ans: & au lieu desdits Maistre Guillaume Quinette, & sire Iean Arroger, furent esleus pour Escheuins sire Claude le Liéure, & Pierre Raoul, natifs de Paris.

L'AN Mil cinq cens trente-sept, le Lundy seiziesme du mois d'Aoust, au lieu de Maistre Christofle de Thou, & Eustace le Picart, furent esleus pour Escheuins Maistre Iacques Paillart, seigneur de Iumeauville, & Nicole de Haqueville, Aduocat en la Cour de Parlement, natifs de Paris.

L'AN Mil cinq cens trente-huit, le Vendredy seiziéme iour du mois d'Aoust, au lieu de Maistre Iean Tronçon, fut esleu pour Preuost des Marchands Monsieur Maistre Augustin de Thou, Conseiller du Roy: & au lieu desdits sire Claude le Liéure, & Pierre Raoul, furent esleus pour Escheuins sire Iean Croquet, & Guillaume Danes, Quartiniers de ladite Ville, natifs de Paris.

L'AN Mil cinq cens trente-neuf, le Samedy seiziéme iour du mois d'Aoust, au lieu de Maistre Iacques Paillart, & Nicole de Haqueville, furent esleus pour Escheuins Maistre Anthoine le Coincte, Conseiller du Roy nostre sire au Chastelet de Paris, & sire Iean Parfaict, natifs de Paris.

L'AN Mil cinq cens quarante, le Lundy seiziéme iour d'Aoust, au lieu de Monsieur Maistre Augustin de Thou, fut esleu pour Preuost des Marchands, Monsieur Maistre Estienne de Montmiral, Conseiller du Roy en sa Cour de Parlement: & au lieu desdits sires Iean Croquet, & Guillaume Danes, furent esleus pour Escheuins, sires Guillaume le Gras, & Guichard Courtin, Quartinier, natifs de Paris.

L'AN Mil cinq cens quarante-vn, le Mardy seiziesme iour d'Aoust, au lieu de Maistre Anthoine le Coincte, & sire Iean Parfaict, furent esleus pour Escheuins, Maistre Thomas de Bragelongne, Conseiller du Roy en la conseruation des priuileges de l'Vniuersité de Paris, & sire Nicolas Perrot, natifs de Paris.

L'AN Mil cinq cens quarante-deux, le Mercredy seiziesme d'Aoust, au lieu de Monsieur Maistre Estienne de Montmiral, fut esleu pour Preuost des Marchands Monsieur Maistre André Guillart, Conseiller du Roy, & Maistre des Requestes ordinaire de l'Hostel dudit Seigneur, & au lieu desdits sires Guillaume le Gras, & Guichard Courtin, furent esleus pour Escheuins Maistre Denys Picot, Conseiller d'icelluy Seigneur, & sire Henry Godefroy, Quartinier de ladite Ville, natifs de Paris.

L'AN Mil cinq cens quarante-trois, le Ieudy seiziesme iour d'Aoust, au lieu de Maistre Thomas de Bragelongne, & sire Nicolas Perrot, furent esleus pour Escheuins Monsieur Maistre Pierre Seguier, Lieutenant Criminel au Chastelet de Paris, & sire Iean Choppin, Marchand & Bourgeois de ladite Ville de Paris.

L'AN Mil cinq cens quarante-quatre, le Samedy seiziesme iour d'Aoust, au lieu de Monsieur Maistre André Guillart, fut esleu pour Preuost des Marchands Monsieur Maistre Iean Morin, Lieutenant Ciuil de la Preuosté de Paris: au lieu desdits Maistre Denys Picot, Auditeur des Comptes, & sire Henry Godefroy, furent esleus pour Escheuins, sires Iean de saint Germain, & Iean Barthelemy, Bourgeois, natifs de Paris.

L'AN Mil cinq cens quarante-cinq, le Dimanche seiziesme iour d'Aoust, au lieu de Monsieur Maistre Pierre Seguier, & Iean Choppin, furent esleus pour Escheuins Maistre Iacques Aubery, & Denys Tanneguy, Aduocat en la Cour de Parlement, natifs de Paris.

L'AN Mil cinq quarante-six, le Lundy seiziesme iour d'Aoust, au lieu de Monsieur Maistre Iean Morin, fut esleu pour Preuost des Marchands Monsieur Maistre Louys Gayant, Conseiller du Roy en sa Cour de Parlement: & au lieu desdits sires Iean de saint Germain, & Iean Barthelemy, furent esleus pour Escheuins sires Denys Barthelemy, Quartinier, & Fiacre Charpentier, Marchands & Bourgeois de ladite Ville, natifs de Paris.

L'AN Mil cinq cens quarante-sept, le Mardy seiziesme iour du mois d'Aoust, au lieu de Maistre Iacques Aubery, & Denys Tanneguy, furent esleus pour Escheuins Maistre Nicole le Cirier, Aduocat en Parlement, & Monsieur Maistre Michel Vialart, Lieutenant de la conseruation, natifs de Paris.

Du Regne du Roy Henry, deuxiesme de ce nom.

L'AN Mil cinq cens quarante-huit, le Ieudy seiziesme iour d'Aoust, au lieu de Monsieur Maistre Louys Gayant, fut esleu pour Preuost des Marchands Monsieur Maistre Claude Guyot, Conseiller, Notaire & Secretaire

Secretaire du Roy nostre sire: & au lieu desdits sires Denys Barthelemy, & Fiacre Charpentier, furent esleus pour Escheuins, sires Guillaume Pommereau, & Guichard Courtin, Quartinier de ladite Ville, natifs de Paris.

L'AN Mil cinq cens quarante-neuf, le seiziesme iour d'Aoust, au lieu desdits Maistres Nicole le Cirier, & Michel Viallart, furent esleus Escheuins, sires Anthoine Soly, & Guillaume Choart, Marchand Drappier, natifs de Paris.

L'AN Mil cinq cens cinquante, le seiziesme iour du mois d'Aoust, fut continüé ledit Maistre Claude Guiot, Preuost; & au lieu desdits sires Guillaume Pommereau, & Guichard Courtin, furent esleus Escheuins, sires Iean le Iay, Marchand, & Maistre Cosme l'Huillier, Bourgeois, natifs de Paris.

L'AN Mil cinq cens cinquante-vn, le seiziesme iour d'Aoust, au lieu desdits sires Anthoine Soly & Guillaume Choart, furent esleus Escheuins, Maistre Guy Lormier, & sire Robert des Prez, Bourgeois, natifs de Paris.

L'AN Mil cinq cens cinquante-deux, le seiziesme iour d'Aoust, au lieu dudit Maistre Claude Guiot, fut esleu Preuost Maistre Christofle de Thou, Notaire & Secretaire du Roy, Aduocat en la Cour de Parlement; & au lieu desdits le Iay & l'Huillier, furent esleus Escheuins, sires Thomas le Lorrain, Quartinier, & Iean de Breda, Marchand, natifs de Paris.

L'AN Mil cinq cens cinquante-trois, le seiziesme iour du mois d'Aoust, au lieu desdits Lormier & des Prez, furent esleus Escheuins sires Claude le Sueur, Marchand, & Maistre Iean Soulfour, Thresorier de la Royne Alienor, natifs de Paris.

L'AN Mil cinq cens cinquante-quatre, le seiziesme iour du mois d'Aoust, au lieu de Maistre Christofle de Thou, fut esleu Preuost Maistre Nicole Deliure, Notaire & Secretaire du Roy; & au lieu desdits sires Thomas le Lorrain, & Iean de Breda, furent esleus Escheuins Maistre Iean Palleau, Notaire & Secretaire du Roy; & Iean Lescalopier, Marchand, natifs de Paris.

L'AN Mil cinq cens cinquante-cinq, le seiziesme iour du mois d'Aoust, au lieu desdits sires Claude le Sueur, & Maistre Iean de Soulfour, furent esleus Escheuins, sires Germain Boursier, & Michel du Ru, Marchand, natifs de Paris.

L'AN Mil cinq cens cinquante-six, au lieu desdits sieur Deliure, de Paluau, & Lescalopier, furent esleus Monsieur Perrot, pour Preuost des Marchands: Et pour Escheuins Maistre Guillaume Decourlay, Controlleur de l'Audience, & sire Iean Messier.

L'AN Mil cinq cens cinquante-sept, au lieu desdits Boursier, & du Ru, furent esleus pour Escheuins, Maistre Augustin de Thou, Aduocat en Parlement, & sire Claude Marcel.

L'AN Mil cinq cens cinquante-huit, au lieu dudit sieur Perrot, fut esleu pour Preuost, Maistre Martin de Bragelonne, Lieutenant particulier: Et pour Escheuins, Maistre Preuost, Esleu de Paris, & sire Guillaume Larcher.

Du regne du Roy François deuxiesme.

L'AN Mil cinq cens cinquante-neuf, furent esleus pour Escheuins, sires Iean Aubery, & Nicolas Godefroy.

Du regne du Roy Charles neufiesme.

L'AN Mil cinq cens soixante, furent esleus pour Preuost des Marchands Guillaume de Marle, seigneur de Versigny, pour Escheuins Maistre Iean Sanguin, Secretaire du Roy: Et sire Nicolas Hac.

Et au lieu desdits Aubery & Godefroy, l'an Mil cinq cens soixante-vn, furent esleus pour Escheuins Maistre Cristofle Dasnieres, qui n'a esté qu'vn an, & sire Henry Laduocat.

L'AN Mil cinq cens soixante-deux, ledit sieur de Versigny fut continüé pour Preuost. Et pour Escheuins, furent esleus Maistre Iean Lescalopier, & Maistre Mathurin le Camus, qui deceda le vingt-sixiesme Ianuier audit an, cinq cens soixante-deux ensuiuant. Et fut esleu en son lieu, sire Claude le Prestre, & Claude Marcel, pour le reste du temps dudit Dasnieres.

L'AN Mil cinq cens soixante-trois, ledit Marcel n'accepta ladite charge qu'vn an, par la démission duquel fut esleu sire Iean Merault, Escheuins & sire Iean le Sueur.

L'AN Mil cinq cens soixante-quatre, Monsieur Guyot, seigneur de Charmeaux, fut esleu pour Preuost. Et auec luy pour Escheuins, Maistre Pierre Preuost, Esleu de Paris, & Maistre Iean Sanguin, Secretaire du Roy.

L'AN Mil cinq cens soixante-cinq, furent esleus pour Escheuins, au lieu des dessusdits, Maistre Philippes le Liéure, & sire Pierre de la Court.

L'AN Mil cinq cens soixante-six, Monsieur de Villeroy fut esleu pour Preuost, au lieu dudit sieur Guyot. Et pour Escheuins, sire Nicolas Bourgeois, & Iean de Bray.

L'AN Mil cinq cens soixante-sept, au lieu desdits le Liéure & de la Court, furent esleus Maistre Iacques Sanguin, seigneur de Liury, & sire Claude Heruy, Escheuins.

L'AN Mil cinq cens soixante-huit, ledit seigneur de Villeroy fut continüé pour Preuost. Sire Iacques Keruer, & Maistre Hierosme de Varade, pour Escheuins.

L'AN Mil cinq cens soixante-neuf, ledit seiziéme d'Aoust, au lieu desdits Sanguin & Heruy, sire Pierre Poullin, & Maistre François Dauuergne, seigneur de Dampont, furent esleus pour Escheuins.

L'AN Mil cinq cens soixante-dix, au lieu dudit seigneur de Villeroy, fut esleu pour Preuost Monsieur Marcel. Et pour Escheuins, au lieu desdits Keruer & Varade, Maistre Simon Bocquet, & sire Simon de Cresse.

L'AN Mil cinq cens soixante-vnze, au lieu desdits Poullin & Dauuergne, furent esleus Maistre Guillaume le Clerc, & Maistre Nicolas Lescalopier, Conseiller du Roy & Thresorier general de France en la generalité de Caën, pour Escheuins.

L'AN Mil cinq cens soixante-douze, au lieu dudit Marcel, fut esleu pour Preuost Monsieur le President Charron : Et pour Escheuins, Maistre Iean de Bragelongne, & Maistre Robert Danes, Greffier des Comptes.

L'AN Mil cinq cens soixante-treize, au lieu desdits le Clerc & Lescalopier, furent esleus pour Escheuins, sire Iean le Iay, seigneur de Ducy, & Maistre Iacques Perdrier, Secretaire du Roy.

Du regne du Roy Henry troisiesme.

L'AN Mil cinq cens soixante-quatorze, ledit sieur President Charron fut cõtinüé Preuost, & pour Escheuins, au lieu desdits Bragelongne & Danes, M. Claude Daubray, Secretaire du Roy, & sire Guillaume Parfaict.

L'AN Mil cinq cens soixante-quinze, au lieu desdits le Iay & Perdrier, furent esleus pour Escheuins Maistre Augustin le Preuost, Secretaire du Roy, & Iean le Gresle, seigneur de Beau-pré.

L'AN Mil cinq cens soixante-seize, au lieu dudit sieur Charron, fut esleu pour Preuost des Marchands Monsieur le President Luillier : Et pour Escheuins ; sire Guillaume Guerrier, & Maistre Anthoine Mesmin, Aduocat en Parlement.

L'AN Mil cinq cens soixante-dixsept, au lieu desdits sieur Preuost, & le Gresle, furent esleus pour Escheuins, Maistre Iean Bouer, Aduocat en Parlement, & Procureur du Roy au Bailliage du Palais, & sire Louys Abelly.

L'AN Mil cinq cens soixante-dixhuit, au lieu dudit sieur Luillier, fut esleu pour Preuost Monsieur Daubray, Secretaire du Roy : Et pour Escheuins, sire Iean le Comte, & Maistre René Baudart.

L'AN Mil cinq cens soixante-dixneuf, au lieu desdits Bouer & Abelly, furent Escheuins Maistre Iean Gedoin, & Maistre Pierre Laisné, Conseiller du Roy au Chastelet de Paris.

L'AN Mil cinq cens quatre-vingts, le seiziéme Aoust, au lieu dudit sieur Daubray, fut esleu pour Preuost des Marchands, Monsieur Maistre Augustin de Thou, Conseiller du Roy en son Conseil d'Estat ; & son Aduocat general en sa Cour de Parlement : Et auec luy pour Escheuins, au lieu desdits le Comte & Baudart, furent ledit Maistre Anthoine Mesmin, Aduocat en Parlement pour la deuxiesme fois, & Nicolas Bourgeois.

L'AN Mil cinq cens quatre-vingts & vn, ledit seiziéme iour d'Aoust, au lieu desdits seigneurs Gedoin & Laisné, furent esleus pour Escheuins, Maistre Iean Poussepin, Conseiller du Roy, ordinaire en la Preuosté de Paris, & siege Presidial estably audit lieu, Maistre Denys Mamyneau, Conseiller du Roy, & Auditeur en sa Chambre des Comptes à Paris.

L'AN Mil cinq cens quatre-vingts deux, au lieu dudit sieur de Thou, fut esleu pour Preuost des Marchands Monsieur le President de Neully, & auec luy au lieu desdits Mesmin & Bourgeois, furẽt esleus pour Escheuins sire Anthoine Huot, & M. Iean de Loynes, Aduocat en Parlement.

L'AN Mil cinq cẽs quatre-vingts trois, au lieu desdits sieurs Poussepin, & Mamyneau, furent esleus pour Escheuins, Maistre Gedoin & de la Fau.

L'AN Mil cinq cens quatre-vingts quatre, Monsieur le President de Neully fut continüé Preuost, & au lieu des sieurs Huot & de Loynes, furent esleus pour Escheuins, sire Pierre le Gois & sire Remond Bourgeois.

L'AN Mil cinq cens quatre-vingts cinq, au lieu desdits Gedoin & de la Fau, furent esleus pour Escheuins, Maistre Iean de la Barre, Aduocat en Parlement, & Maistre Philippes Hotman. Et le vingt-troisiéme Septembre audit an, fut esleu Maistre le Breton pour Escheuin, par le deceds dudit sieur de la Barre.

L'AN Mil cinq cens quatre-vingts six, au lieu de Monsieur le President de Neully, fut esleu pour Preuost Messire Nicolas Hector, sieur de Pereuse, Conseiller du Roy, & Maistre des Requestes ordinaire de son Hostel, & au lieu desdits le Goix & Bourgeois, furent esleus pour Escheuins, Monsieur de Saintyon, Aduocat, & Monsieur de Lugoly, Conseiller.

L'AN Mil cinq cens quatre vingts-sept, au lieu desdits Hotman & le Breton, furent esleus pour Escheuins, Maistre Iean le Comte & Bonnart.

Le douziesme iour de May, mil cinq cens quatre-vingts huit, par la damnable faction & ligue de quelques grands du Royaume, Paris fut ignoramment poussé à sedition & reuolte: & deux iours apres furent violentement depossedez de leurs charges, Messire Nicolas Hector, sieur de Pereuse, Conseiller au Conseil d'Estat, Maistre des Requestes, Preuost des Marchands, & Maistre Louys Saintyon, Pierre Lugoly, Iean le Comte, & Bonnart, Escheuins: au lieu desquels tumultuairement, & sans obseruation des solennitez, en furent establis d'autres, & tost apres ledit sieur de Pereuse fut emprisonné au Chasteau de la Bastille, dont il fut relasché apres le traicté du mois de Iuillet, & neantmoins mis hors de la Ville, par ceux ausquels sa vertu & fidelité au seruice du Roy estoit odieuse.

Du regne de Henry quatriesme, Roy de France & de Nauarre.

LE dix-huitiesme iour d'Octobre, Mil cinq cens quatre-vingts dix, l'on proceda à nouuelle eslection, & par le moyen & instance d'aucuns notables personnages des Cours souueraines, & Bourgeois de la Ville, la forme ancienne de l'eslection fut restablie, & fut esleu pour Preuost Maistre Charles Boucher, sieur d'Orsay, Conseiller du Roy, Maistre des Requestes, & President au grand Conseil; & pour Escheuins, Maistre Iacques Brette, Pierre Poncher, Bourgeois, Maistre Robert Desprez, & Martin Langlois, Aduocats en Parlement.

LE seiziesme iour d'Aoust, Mil cinq cens quatre-vingts vnze, lesdits Desprez & Langlois furent continüez, & de nouuel esleus pour deux ans: & peu de iours apres, la troupe seditieuse, communément appellée des Seize, par opposition & main-armée, pour le soupçon qu'ils auoient contre lesdits Desprez & Langlois, contraires à leur faction, les firent déposer, & furent esleus Maistre Denys le Moyne, sieur de Vaux, & M. Anthoine Hotman, Aduocat en la Cour.

Le dix-huitiesme iour de Decembre, Mil cinq cens quatre-vingts vnze, apres le meurtre inhumain commis par lesdits seditieux, és personnes de Messire Barnabé Brisson, President, Maistre Claude Larché, ancien Conseiller à la Cour, & M. Pierre Tardif, Conseiller au Chastelet, le Duc de Mayenne ayant pour suspecte l'arrogance des Seizes, ja liez à la faction d'Espagne, & vnis auec la garnison Espagnole, en fit punir aucuns: & les Bourgeois de la Ville prenans sujet sur ce que ledit Hotman ayant esté nommé pour exercer la commission d'Aduocat General, s'estoit deschargé de l'Escheuinage, esleurent derechef pour Escheuin, Maistre Martin Langlois.

Le quatorziesme iour d'Aoust, Mil cinq cens quatre-vingts douze, le Duc de Mayenne enuoya lettres à Paris, auec personnages de créance, pour differer l'eslection d'vn Preuost iusques apres son arriuée, qui fut le neufiesme Nouembre, que Maistre Iean Luillier, Conseiller du Roy, & Maistre ordinaire en sa Chambre des Comptes, fut esleu Preuost, & Denys Neret Bourgeois, de la Ville, & Maistre Iean Pichonnat, Aduocat en la Cour, Escheuins, au lieu desdits Brette & Poncher.

Pendant la Preuosté dudit sieur Luillier, le vingt-deuxiesme Mars, Mil cinq cens quatre-vingts quatorze, par l'entremise de Messire Charles de Cossé, Comte de Brissac, à present Mareschal de France, & d'iceluy sieur Luillier, & dudit sieur Langlois, lors Escheuins, secourus & fauorisez de quelques bons & notables Bourgeois, ladite Ville fut heureusement & miraculeusement reduitte sous l'obeyssance du Tres-Chrestien, Tres-magnanime, & Tres-victorieux, Inuincible & Débonnaire Henry quatriesme du nom, Roy de France & de Nauarre: par la sage conduitte duquel fut déchassée la garnison, composée d'enuiron deux mil, tant Espagnols, Italiens, que Valons & Lansquenets, tous vieux soldats, & la plus-part ayans eu commandement; & de plus de cinq cens François de ladite Ligue, outre les domestiques & suiuans des Seigneurs & Ambassadeurs Espagnols, & du Cardinal de Plaisance, qui vsurpoit la qualité de Legat en France: Ce qui fut executé sans effusion de sang, pillage & desordre, & sa Majesté receüe auec grand applaudissement de ses seruiteurs, qui de long-temps desiroient ceste heureuse iournée: & au mesme instant le peuple, lequel par les predications d'aucuns seducteurs & pensionnaires d'Espagne, auoit esté retenu au party de la Ligue, recognoissant son erreur, comme par inspiration diuine, s'essaya de faire toutes démonstrations d'allegresse, auec reclamation & prieres à Dieu, pour la santé & prosperité de sa Majesté.

Le vingt-huitiesme iour de Mars, sa Majesté ayant fait publier son Edict d'abolition, & oubliance de toutes choses passées, restablit & cófirma en la Preuosté ledit sieur Luillier, & en l'Escheuinage lesdits Langlois, Neret & Pichonnat, comme affectionnez à son seruice; desquels, ensemble des Conseillers, Quartiniers, Diziniers, & autres Officiers de ladite Ville, le serment fut receu en la grande Salle, par Messire François d'O, Cheualier des deux Ordres, Gouuerneur & Lieutenant general à Paris, & Isle de France, assisté de plusieurs notables personnes du Conseil d'Estat du Roy.

Et peu de iours apres fut aussi restably en la charge du Procureur du Roy en ladite Ville, Maistre Pierre Perrot, lequel en auoit esté dépossedé le douziesme iour de May, mil cinq cens quatre-vingts huit.

Le seiziesme iour d'Aoust audit an, cinq cens quatre-vingts quatorze, au lieu dudit sieur Luillier, Conseiller du Roy en son Conseil d'Estat, & President en sa Chambre des Comptes, fut esleu Preuost ledit sieur Maistre Martin Langlois, Conseiller du Roy, & Maistre des Requestes ordinaire de son Hostel: & pour Escheuins furent continüez lesdits Neret & Pichonnat, pour vn an: & au lieu d'iceluy Langlois & dudit sieur de Vaux, Maistre Robert Besle, Conseiller du Roy en la Preuosté & siege Presidial de Paris, & Iean le Comte Bourgeois de ladite Ville, pour la troisiéme fois.

Le seiziéme iour d'Aoust, Mil cinq cens quatre-vingts quinze, au lieu desdits Neret & Pichonnat, furent esleus Escheuins, Maistre Omer Talon, Aduocat en Parlement, & Maistre Thomas de Rochefort, aussi Aduocat en la Cour.

L'an Mil cinq cens quatre-vingts seize, le seiziéme iour d'Aoust, ledit sieur Langlois fut esleu & continüé Preuost des Marchands, pour deux ans: & au lieu desdits sieurs Belle & le Comte, furent esleus pour Escheuins Maistre André Canaye, Aduocat en Parlement, & Maistre Claude Iosse, Conseiller du Roy, Receueur general des bois.

L'an Mil cinq cens quatre-vingts dix-sept, le seiziéme iour d'Aoust, au lieu desdits sieurs Talon & de Rochefort, furent esleus sire Anthoine Abelly, & Iean Roüillé, Bourgeois de Paris.

L'an Mil cinq cens quatre-vingts dix-huit, le dix-septiesme iour d'Aoust, au lieu desdits sieurs Langlois, Canaye, & Iosse, furent esleus pour Preuost des Marchands, Messire Iacques Danes, seigneur de Marly-la-ville, Conseiller du Roy nostre sire en son Conseil d'Estat, President en sa Chambre des Comptes, & pour Escheuins Maistre Nicolas Boulon, & sire Valentin Targer, Bourgeois de Paris.

L'an Mil cinq cens quatre-vingts dixneuf, le seiziesme iour d'Aoust, au lieu desdit sieurs Abelly & Roüillé, furent esleus Maistre Guillaume Robineau, Conseiller & Aduocat du Roy, en l'Eslection & grenier à Sel de Paris, & Louys Viuien, sieur de Saint Marc, Conseiller du Roy & Controlleur general Prouincial en la generalité de Soissons.

L'an Mil six cens, le seiziesme iour d'Aoust, au lieu desdits sieurs de Marly, Bourlon & Targer, furent esleus pour Preuost des Marchands, Messire Anthoine Guiot, Seigneur de Charmeaux & Anssac, Conseiller du Roy nostre sire en son Conseil d'Estat, President en sa Chambre des Comptes: & pour Escheuins, Maistre Iean Garnier, Conseiller du Roy & Auditeur en sa Chambre des Comptes à Paris, & Iacques des Iardins, sieur du Marchaits, aussi Conseiller du Roy, en la Preuosté, Vicomté & siege Presidial, estably au Chastelet de Paris.

Le seiziesme iour d'Aoust, Mil cinq cens vn, au lieu desdits sieurs Robineau & Viuien, furent esleus Iean Baptiste de Champin, Conseiller, Notaire & Secretaire du Roy & de ses Finances, sieur de Roissy, & Claude de Choilly, Bourgeois de Paris.

Le seiziesme iour d'Aoust, Mil six cens deux, Messire Martin de Bragelonne, sieur de Charõne, Conseiller du Roy en ses Conseils d'Estat & Priué, & en sa Cour de Parlement, & President és Enquestes d'icelle, fut esleu au lieu dudit sieur de Charmeaux, Preuost des Marchands: & Maistre Gilles Durant, aussi Conseiller du Roy, & son Aduocat és Eaües & Forests, & Nicolas Quetin, Conseiller au siege Presidial du Chastelet, Preuosté & Vicomté de Paris, Escheuins, au lieu desdits sieurs Garnier & des-Iardins.

Le seiziéme iour d'Aoust, Mil six cens trois, au lieu desdits sieurs Champin & de Choilly, furent esleus Maistre Louys le Liéure, Conseiller du Roy, & Substitut de Monsieur le Procureur general en sa Cour de Parlement, & Maistre Leon Dollet, Aduocat.

Le seiziéme iour d'Aoust, Mil six cens quatre, au lieu desdits sieurs de Bragelonne, Durant & Quetin, furent esleus pour Preuost des Marchands, Messire François Myron, Cheualier, seigneur du Tremblay, de Lignieres, Bonnes, & Gilleuoisin, Conseiller du Roy en ses Conseils d'Estat & Priué, Lieutenant Ciuil de la Preuosté & Vicomté de Paris: & pour Escheuins, sires Pierre Sainctot, & Iean de la Haye, Bourgeois de Paris.

Le seiziéme iour d'Aoust mil six cens cinq, au lieu desdits sieurs le Liéure & Doller, furent esleus Escheuins sire Gabriel de Flecelles, Bourgeois, & Maistre Nicolas Belut, Conseiller en la Iustice du Thresor à Paris.

Le seiziéme iour d'Aoust, Mil six cens six, au lieu desdits sieurs Myron, Sainctot, & de la Haye, furent esleus pour Preuost, Monsieur Maistre Iacques Sanguin, seigneur de Liury, Conseiller du Roy en sa Cour de Parlement: & pour Escheuins, Maistre Germain Gouffé, Conseiller du Roy & Substitut de Monsieur le Procureur de sa Majesté au Chastelet de Paris, & Iean de Vailly, sieur du Breul de Pont, Bourgeois de Paris.

Le seiziéme iour d'Aoust, Mil six cens sept, au lieu desdits sieurs Flecelles & Belut, furent esleus Maistre Pierre Parfaict, Greffier en l'Eslection de Paris, & Maistre Charles Charbonnieres, Conseiller du Roy & Auditeur en sa Chambre des Comptes à Paris.

Le seiziéme iour d'Aoust, Mil six cens huit, ledit sieur Sanguin a esté continüé Preuost des Marchands pour deux autres années; & au lieu desdits sieurs Gouffé & de Vailly, ont esté esleus pour Escheuins, Maistre Iean Lambert, n'agueres Conseiller du Roy, & Receueur General des Gabelles en la generalité de Soissons, & Maistre Iean Theuenot, Conseiller du Roy en la Ville, Preuosté, Vicomté, & siege Presidial estably au Chastelet de Paris.

Le seiziéme iour d'Aoust, Mil six cens neuf, au lieu desdits sieurs Parfaict & Charbonnieres, furent esleus Maistre Iean Perrot, sieur du Chesnart, n'agueres Conseiller du Roy, & President en l'Eslection de Paris, & Iean de la Noüe, Aduocat en Parlement.

Du regne du Roy Louys treiziesme.

LE seiziéme iour d'Aoust, Mil six cens dix, la Reyne, mere du Roy, Regente en France, à cause des troubles qui pouuoient suruenir lors, au moyen du détestable parricide commis en la personne sacrée de Henry le Grand IIII. Roy de France & de Nauarre, enuoya lettres missiues à ladite Ville, pour la continüation du Preuost des Marchands, & des quatre Escheuins qui estoient lors: à sçauoir ledit Preuost pour deux ans, & lesdits quatre Escheuins chacun pour vn an. De maniere que ledit iour seiziéme d'Aoust, Mil six cens dix, en l'assemblée generale faite audit Hostel de Ville, en la maniere accoustumée, ladite assemblée se conformant à la volonté de ladite Dame Reyne Regente, ledit sieur de Liury fut esleu & continüé en ladite charge de Preuost des Marchands pour deux ans, & lesdits sieurs Lambert & Theuenot, chacun pour vn an.

Le seiziéme d'Aoust, Mil six cens vnze, au lieu desdits sieurs Lambert & Theuenot, qui auoient esté trois ans esdites charges, furent esleus Maistre Nicolas Poussepin, sieur du Belair, Conseiller du Roy au Chastelet de Paris, & Maistre Iean Fontaine, Maistre des œuures & Bastimens du Roy.

Le seiziéme d'Aoust, Mil six cens douze, au lieu dudit sieur de Liury, qui a esté six ans en ladite charge, a esté esleu Maistre Gaston de Grieu, sieur de saint Aulbin, Conseiller du Roy nostre sire en sa Cour de Parlement; & au lieu desdits sieurs Perrot & de la Noüe, qui ont esté trois ans esdites charges, ont esté esleus nobles hommes Maistre Robert des Prez, Aduocat en la Cour de Parlement, & Claude Merault, Conseiller du Roy, & Auditeur en sa Chambre des Comptes à Paris, seigneur de la Fossée, Escheuins.

LE seiziesme iour d'Aoust, Mil six cens treize, au lieu desdits sieurs Poussepin & Fontaine, furent esleus Maistre Israël Desneux, Grenetier au grenier à Sel de Paris, & Maistre Pierre Clapisson, Conseiller du Roy au Chastelet de Paris.

LE seiziesme iour d'Aoust, Mil six cens quatorze, au lieu dudit sieur de Grieu, Preuost, & desdits sieurs Desprez & Merault, Escheuins, ont esté esleus, à sçauoir pour Preuost, Messire Robert Myron, sieur du Tremblay, Conseiller du Roy en ses Conseils d'Estat & Priué, & en sa Cour de Parlement, President aux Requestes de ladite Cour: & pour Escheuins, Maistre Iacques Huot, cy deuant Conseiller, Secretaire du Roy, & l'vn des Quartiniers de ladite Ville, & Maistre Guy Pasquier, sieur de Bucy, Conseiller du Roy, & Auditeur en sa Chambre des Comptes, lesquels furent iusques à Nantes en Bretagne faire le serment és mains du Roy.

LE seiziesme iour d'Aoust, Mil six cens quinze, au lieu desdits sieurs Desneux & Clapisson, ont esté esleus pour Escheuins Maistre Iacques le Brest, Conseiller du Roy au Chastelet de Paris, & sire François Frezon, Marchand, & Bourgeois de ladite Ville.

Le seiziéme

Le seiziesme iour d'Aoust, Mil six cens seize, au lieu dudit sieur Myron, Preuost, & desdits sieurs Huot & Pasquier, Escheuins, ont esté esleus; à sçauoir pour Preuost, Monsieur Maistre Anthoine Bouchet, Seigneur de Bouuille, Conseiller du Roy en sa Cour de Parlement: & pour Escheuins, sire Nicolas de Paris, Bourgeois, & noble homme Maistre Philippes Pietre, Aduocat en Parlement.

Le seiziesme iour d'Aoust, Mil six cens dix-sept, au lieu desdits sieurs le Brest & Frezon, ont esté esleus noble homme Maistre Pierre du Plessis, Seigneur de la Saussaye, Conseiller du Roy au Chastelet de Paris, & sire Iacques de Creil, Bourgeois.

Le seiziesme iour d'Aoust, Mil six cens dix-huit, au lieu dudit sieur Bouchet, Preuost, & desdits sieurs de Paris & Pietre, ont esté esleus; à sçauoir pour Preuost, Messire Henry de Mesmes, Cheualier, Seigneur Dirual, Conseiller du Roy en ses Conseils d'Estat & Priué, & Lieutenant Ciuil de la Preuosté & Vicomté de Paris: & pour Escheuins, noble homme Maistre Iacques de Loynes, Conseiller du Roy, & Substitud de Monsieur le Procureur General en sa Cour de Parlement, & sire Claude Gonyer, Bourgeois.

Le seiziesme iour d'Aoust, Mil six cens dix-neuf, au lieu desdits sieurs du Plessis & de Creil, ont esté esleus noble homme Maistre Louys Damours, Conseiller au Chastelet de Paris, & sire Pierre du Buisson, Bourgeois de ceste-dite Ville.

Le Lundy dix-septiesme iour d'Aoust, Mil six cens vingt, ledit Messire Henry de Mesmes a esté de nouueau esleu & continüé en ladite charge de Preuost des Marchands, pour deux ans: & au lieu desdits sieurs de Loynes & Gonyer, ont esté esleus & receus noble homme Maistre Guillaume Lamy, sieur de Villiers-Adam, Conseiller, Secretaire du Roy, & Controlleur de la Chancellerie; & Pierre Goujon, Bourgeois de Paris.

Le seiziéme iour d'Aoust, Mil six cens vingt-vn, au lieu desdits sieurs Damours & du Buisson, ont esté esleus & receus nobles hommes Maistre le Prestre, Auditeur des Comptes, & Maistre Robert Danes, Secretaire du Roy.

Le seiziéme iour d'Aoust, Mil six cens vingt-deux, au lieu dudit sieur de Mesmes, Preuost, Lamy & Goujon, ont esté esleus & receus; sçauoir pour Preuost, Messire Nicolas de Bailleul, Cheualier, seigneur de Vattetot sur mer, & de Soisi sur Seine, Conseiller d'Estat, & Lieutenant Ciuil en la Preuosté & Vicomté de Paris: & pour Escheuins, Iacques Montrouge, Vendeur de Marée, & Maistre Louys Daujau, Aduocat en Parlement.

Le seiziéme Aoust, Mil six cens vingt-trois, au lieu des sieurs le Prestre & Danes, ont esté esleus & receus Maistre Prosper de la Motte, Conseiller du Roy en son Chastelet, & Pierre Perrier, Marchand, Bourgeois de ceste-dite Ville.

Le seiziéme Aoust, Mil six cens vingt-quatre, ledit Messire Nicolas de Bailleul a esté de nouueau esleu & continüé en ladite charge de Preuost des Marchands pour deux ans: & au lieu des sieurs de Montrouge &

Daujau, ont esté esleus & receus Maistre Charles Dolet, Aduocat en Parlement, & Simon Marcez, Marchands & Bourgeois de ceste-dite Ville.

Le seiziéme Aoust, Mil six cens vingt-cinq, au lieu des sieurs de la Motte & Perrier, ont esté esleus & receus André Langlois, Marchand & Bourgeois de ceste-dite Ville, & Maistre Iean Baptiste Hautin, Conseiller du Roy au Chastelet de Paris.

Le seiziéme Aoust, Mil six cens vingt-six, ledit Messire Nicolas de Bailleul a esté de nouueau esleu & continüé en la charge de Preuost des Marchands pour deux ans: Et au lieu des sieurs Dolet, Aduocat en Parlement, & Simon Marcez, Bourgeois de ceste-dite Ville, ont esté esleus & receus Pierre Parfaict, Bourgeois de ceste-dite Ville, & Maistre Denys Maillet, Aduocat en Parlement.

Le seiziéme iour d'Aoust, Mil six cens vingt-sept, au lieu desdits sieurs Langlois & Hautin, ont esté esleus & receus Maistre Augustin le Roux, Conseiller au Chastelet, & Nicolas de Laistre, Marchand & Bourgeois de ceste-dite Ville.

Le seiziéme iour d'Aoust, Mil six cens vingt-huit, au lieu desdits sieurs de Bailleul, Preuost, Parfaict & Maillet, Escheuins, ont esté esleus & receus; sçauoir pour Preuost, Messire Christophle Sanguin, seigneur de Liury, Conseiller du Roy nostre Sire en son Conseil d'Estat & Priué, President de sa Cour de Parlement en la cinquiesme Chambre des Enquestes d'icelle: & pour Escheuins, sire Estienne Heurlot, Bourgeois de Paris, & noble homme Maistre Leonard Renard, Conseiller du Roy, & son Procureur au Tresor.

Le seiziéme iour d'Aoust, Mil six cens vingt-neuf, au lieu desdits sieurs le Roux & de Laistre, ont esté esleus & receus Pamphile de la Cour, Marchand, Bourgeois, & l'vn des Conseillers de cette Ville, & Maistre Anthoine de Paris, Procureur en la Chambre des Comptes.

Le seiziéme iour d'Aoust Mil six cens trente, ledit Messire Christophle Sanguin a esté de nouueau esleu & continüé en la charge de Preuost des Marchands pour deux ans: & au lieu desdits sieurs Heurlot & Renard, ont esté esleus & receus noble homme Maistre Iean Pepin, Conseiller au Chastelet de Paris, & sire Iean Tronchot, Marchand, Bourgeois, & l'vn des Conseillers de cette Ville de Paris.

Le neufiéme iour d'Octobre de ladite année, Mil six cens trente, ledit sieur de Paris estant dans sa seconde année, seroit allé de vie à trespas; & d'autant que, comme dit est, il estoit dans sa seconde année, l'on ne proceda point à l'Eslection d'vn autre en sa place.

Le Samedy septiesme iour de Iuin, Mil six cens trente-vn, ledit sieur Tronchot seroit decedé dans sa premiere année; & par ce qu'on approchoit de la my-Aoust, par assemblée du Conseil de ladite Ville, du quatriesme iour de Iuillet audit an, Mil six cens trente-vn, il fut arresté qu'au lendemain de my-Aoust ensuiuant, l'on procederoit à l'Eslection de trois Escheuins; à sçauoir deux au lieu dudit sieur de la Cour, qui auroit fait son temps, & dudit sieur de Paris decedé, & le troisiesme au lieu dudit feu sieur Tronchot, & pour paracheuer son temps d'vn an ; & fut en ladite assemblée du Conseil de la Ville arresté, que celuy des trois qui auroit le moins de voix ne le seroit qu'vn an seulement, & pour paracheuer le temps d'iceluy sieur Tronchot ; & à condition toutesfois qu'il seroit le second Escheuin, & precederoit les deux qui seroient esleus pour deux ans.

Le Samedy seiziéme iour d'Aoust audit an mil six cens trente-vn, au lieu desdits sieurs de la Cour & de Paris, furent esleus & receus pour deux ans, sire Philippes le Gangneux, Quartinier, & sire Nicolas de Poix, Marchand, Bourgeois de Paris ; & pour paracheuer le temps d'vn an, au lieu dudit feu sieur Tronchot, fut esleu & receu Maistre Claude Lestourneau, l'vn des Conseillers de la Ville, lequel pendant ladite année precedera en sceance lesdits sieurs le Cangneux & de Poix.

Le seiziesme iour d'Aoust Mil six cens trente-deux, Messire Michel Moreau, Conseiller du Roy en ses Conseils d'Estat & Priué, Lieutenant Ciuil des Ville, Preuosté & Vicomté de Paris, fut esleu Preuost des Marchands, au lieu dudit sieur Sanguin ; & au lieu desdits sieurs Pepin & Lestourneau qui auoient fait leur temps, furent esleus & receus noble homme Maistre Hillaire Marcez, Conseiller au Chastelet, & Iean Bazin, sieur de Chaubuisson, l'vn des Conseillers de cette Ville de Paris.

Le seiziesme iour de Iuin de l'année Mil six cens trente trois, ledit sieur le Gangneux seroit decedé en sa seconde année.

Le seiziesme iour d'Aoust Mil six cens trente-trois, au lieu desdits sieurs le Gangneux & de Poix, ont esté esleus & receus Iean Garnier, Bourgeois de Paris, & noble homme Iacques Doujat, Conseiller & Secretaire du Roy, maison & Couronne de France & de ses Finances.

Le seiziesme iour d'Aoust, Mil six cens trente-quatre, ledit Messire Michel Moreau a esté de nouueau esleu & continué en la charge de Preuost des Marchands pour deux ans ; & au lieu desdits sieurs Marcez & Bazin, ont esté esleus & receus Nicolas de Creil, Marchand, & Bourgeois de cette Ville, Maistre Iean Toucquoy, Aduocat en Parlement, Conseiller & Maistre des Requestes ordinaire de la Reyne.

Le seiziesme iour d'Aoust, Mil six cens trente cinq, au lieu desdits sieurs Garnier & Doujat, ont esté esleus & receus noble homme Ioseph Charlot, Escuyer sieur de Princé, Conseiller du Roy au Chastelet de Paris, & Iean de Bourges, Bourgeois de ladite Ville.

Le seiziesme iour d'Aoust, Mil six cens trente six, ledit Messire Michel Moreau a esté de nouueau esleu & continué en la charge de Preuost des Marchands pour deux ans : & au lieu desdits sieurs de Creil & Toucquoy, ont esté esleus & receus Estienne Geoffroy, Bourgeois de Paris, & Maistre Claude Baussay, Conseiller du Roy, & Auditeur en sa Chambre des Comptes.

Le seiziéme iour d'Aoust, Mil six cens trente-sept, au lieu desdits sieur Charlot, & de Bourges, ont esté esleus & receus Maistre Germain Pietre, Conseiller du Roy au Chastelet de Paris, & Iacques Tartarin, Bourgeois de ladite Ville.

Le vingt-sixiéme Octobre, Mil six cens trente-sept, au lieu du sieur

Moreau, nagueres decedé, a esté esleu pour Preuost des Marchands Messire Oudart le Feron, seigneur d'Oruille, & de Louure en Parisis, Conseiller du Roy en ses Conseils d'Estat & Priué, & President és Enquestes de sa Cour de Parlement, tant pour paracheuer le temps qui reste de la Preuosté dudit feu sieur Moreau, que les deux années subsequentes.

Le Lundy seiziéme Aoust, mil six cens trente-huit, au lieu desdits sieurs Geoffroy & Baussay, ont esté esleus & receus noble homme Claude Galland, Conseiller du Roy, & Auditeur en sa Chambre des Comptes, & Claude Boüé, Marchand, & Bourgeois de ladite Ville.

Le Lundy dix-sept Aoust Mil six cens trente-neuf, au lieu des sieurs Pierre & Tartarin, furent esleus & receus noble homme Maistre Pierre de la Tour, Conseiller, Secretaire du Roy & de ses Finances, & Iean Chuppin, Marchand Bourgeois de Paris, l'vn des Conseillers de ladite Ville.

Le Mardy dix sept Aoust mil six cens quarante, ledit Oudart le Feron, sieur d'Oruille, & de Louure en Parisis, Conseiller du Roy en ses Conseils d'Estat & Priué, President és Enquestes de sa Cour de Parlement, a esté continué en ladite Preuosté des Marchands, & au lieu desdits sieurs Galland & Boüé, Escheuins, ont esté esleus & receus, Pierre Eustache, Marchand, Bourgeois de Paris, & Maistre Charles Coiffier, Commissaire Examinateur au Chastelet de Paris, l'vn des Conseillers de ladite Ville.

Le Lundy vingt-cinquiéme Fevrier Mil six cens quarante-vn, le deceds du sieur le Feron estant arriué, a esté esleu pour Preuost des Marchands, Messire Perrot, seigneur de la Malle-maison, Conseiller du Roy en la Grand Chambre de son Parlement, pour succeder audit feu sieur le Feron.

Le Lundy ving-deuxiéme Avril mil six cens quarante-vn, ledit sieur Perrot ayant esté fort peu de temps en ladite charge, seroit allé de vie à trespas, & en son lieu a esté esleu Messire Macé le Boullanger, seigneur de Mafflé, Quinquempoix, Vierme, & autres lieux, Conseiller du Roy en ses Conseils d'Estat & Priué, & President és Enquestes de sa Cour de Parlement, tant pour paracheuer le temps qui reste de la Preuosté dudit feu sieur le Feron, & deux autres années suiuantes.

Le Vendredy seiziesme Aoust Mil six cens quarante-vn, au lieu des sieurs de la Tour & Chuppin, furent esleus & receus Sebastien Cramoisi Marchand Libraire, Imprimeur ordinaire du Roy, & Directeur de l'Iimprimerie Royalle au Causteau du Louure, & Iacques de Monhers, Bourgeois de ladite Ville.

Le Samedy seiziesme Aoust, Mil six cens quarante-deux, au lieu desdits sieurs Eustache & Coiffier, ont esté esleus & receus noble homme Remy Tronchot, Conseiller du Roy, & Receueur general du Taillon en la Generalité de Paris, & l'vn des Conseillers de ladite Ville, & Guillaume Baillon, Marchand Bourgeois de Paris.

Du Regne de Louys quatorziéme.

LE Lundy dix-septiesme Aoust Mil six cens quarante trois, au lieu desdits sieurs Cramoisi & Monhers, ont esté esleus & receus Maistre Claude de Bourges, Conseiller du Roy, & Payeur du Bureau des Tresoriers de France en la Generalité d'Orleans, & Adrien Deuin Marchand Bourgeois de Paris.

Le Mardy seiziesme iour d'Aoust Mil six cens quarante-quatre, au lieu de Messire Macé le Boulenger, Preuost, & desdits sieurs Tronchot & Baillon, Escheuins, ont esté esleus; à sçauoir pour Preuost Messire Iean Scarron, sieur de Mandiné, Loiques, Boislarche, Chastellier, & Chauigny, Conseiller du Roy en ses Conseils, & en sa Cour de Parlement: Et pour Escheuins noble homme Monsieur Gabriel Langlois, Conseiller du Roy en son Chastelet, & Martin du Fresnoy, Bourgeois de Paris.

Le Mercredy seiziesme Aoust Mil six cens quarante-cinq, au lieu desdits sieurs de Bourges & Deuin, furét esleus nobles hommes Maistre Iean Gaigny, Commissaire Examinateur au Chastelet de Paris, & l'vn des Conseillers de ladite Ville, & René de la Haye, Bourgeois, & l'vn des Maistres & Gouuerneurs du reuenu temporel de l'Hostel-Dieu de Paris.

Le Mardy vingtiesme Fevrier Mil six cens quarante six, Monsieur Scarron sieur de Mandiné, Preuost des Marchands, estant decedé, a esté esleu en son lieu Messire Hierosme le Ferron, Seigneur d'Oruille & de Louure en Parisis, Conseiller du Roy en ses Conseils d'Estat & Priué, & en sa Cour de Parlement, President és Enquestes d'icelle; lequel S^r le Feron à fait & presté le serment de ladite charge és mains de sa Maiesté le Mardy sixiesme iour de Mars audit an mil six cens quarante six.

Le Ieudy seiziesme iour d'Aoust, Mil six cens quarante six, au lieu des sieurs Langlois & du Fresnoy, furent esleus & receus Maistre Iean de Bourges, Docteur Regent en la faculté de Medecine de Paris, & Geoffroy Yon, Bourgeois de ladite Ville.

Le Vendredy seiziéme iour d'Aoust, Mil six cens quarante-sept, au lieu des sieurs Gaigny & de la Haye furent esleus & receus nobles hommes Gabriel Anthoine Fournier, Escuyer, Conseiller du Roy, President en l'Eslection de Paris, & Pierre Heliot, Conseiller de Ville, & Bourgeois de Paris.

Le Lundy dix-sept iour d'Aoust Mil six cens quarante-huict à esté de nouueau esleu & continué Preuost des Marchands, Messire Hierosme le Feron, Seigneur d'Oruille & de Louure en Parisis: & au lieu de Maistres Iean de Bourges, & Geoffroy Yon, nobles hommes Pierre Hachette Conseiller au Siege Presidial du Chastelet de Paris, & Raymond Lescot Bourgeois, & l'vn des Conseillers de ladite Ville.

Le Lundy seiziesme iour d'Aoust Mil six cens quarante neuf, au lieu des Srs Fournier & Helliot, furent esleus & receus nobles hommes Claude Boucot sieur du Cloz Gaillard & du Coullombier, Conseiller Notaire & Secretaire du Roy, Maison & Couronne de France, & Simon de Sequeuille Bourgeois de Paris.

Le Mardy seiziéme Aoust Mil six cens cinquante, au lieu de Messire Hierosme le Feron, a esté esleu & receu Mr Me Anthoine le Febure, Conseiller du Roy en sa Cour de Parlement, pour Preuost des Marchands : Et au lieu & place des sieurs Hachette & Lescot, furent esleus & receus, par égalité de voix, Nobles hommes Michel Guillois Conseiller du Roy en son Chastelet, & en l'Hostel de cette Ville de Paris, & Nicolas Phelippes aussi Conseiller du Roy, cy-deuant Esleu en l'Election de Paris, Receueur au Grenier à Sel de ladite Ville, & l'vn des Quartiniers d'icelle.

Le Mercredy seiziéme Aoust Mil six cens cinquante-vn, au lieu des Sieurs Boucot & Sequeuille, furent esleus & receus Nobles hommes André le Vieux l'vn des Conseillers de ladite Ville, & Pierre Denison Bourgeois, & l'vn des Consuls d'icelle Ville.

Le Samedy sixiéme Iuillet mil six cens cinquante deux, Messire Pierre de Broussel, Conseiller du Roy en ses Conseils, & grande Chambre de sa Cour de Parlement, a esté receu Preuost des Marchands pour paracheuer le temps restant des deux années de l'exercice de M^r^ le Febure : Et le seiziéme Aoust mil six cens cinquante-deux ledit Sieur de Broussel a esté esleu & continué Preuost des Marchands. Et Messieurs Iulien Geruais Quartinier, & François Orry Bourgeois, & ancien Consul, ont esté esleus Escheuins, en la place de Messieurs Guillois & Phelippes.

Du Lundy quatorziéme Octobre mil six cens cinquante deux, Monsieur le Febure Preuost des Marchands, fut continué en ladite Charge pour deux années : Et les sieurs Guilloys, Phelippes, le Vieulx & Denison en celles d'Escheuins pour vn an, suiuant l'intention du Roy, qui voulut au prealable que Messieurs de Broussel, Geruais & Orry s'en retirassent, ce qu'ils auoient preuenu quelques iours auparauant, voyant qu'il y alloit du repos de la Ville, & du bien de l'Estat.

Le Samedy seiziéme Aoust mil six cens cinquante-trois, au lieu des Sieurs Guilloys & Phelippes Escheuins, furent esleus Nobles hommes Iullien Geruais & Mathurin de Moncheny Bourgeois de Paris, qui en presterent le Serment és mains du Roy le dix-huictiéme iour dudit mois, au Chasteau du Louure en la maniere accoustumée.

Du Lundy dix-septiesme Aoust mil six cens cinquante quatre, au lieu de Monsieur le Febure Preuost des Marchands, fut esleu Messire Alexandre de Seue, Cheualier Seigneur de Chantignonuille : & au lieu des sieurs le Vieulx & Denison Escheuins, ont esté esleus les sieurs Heron, Conseiller de ladite Ville, & Rousseau, cy-deuant Quartinier, qui en ont presté le serment és mains du Roy, le troisiéme Septembre ensuiuant, sa Majesté estant au Chasteau de Creil.

Le Lundy seiziesme iour d'Aoust mil six cens cinquante cinq, au lieu des Srs Geruais & de Moncheny, ont esté esleus Nobles hommes Antoine de la Porte Bourgeois, & Claude de Santeul ancien Conseiller de Ville, & ont lesdits Sieurs presté le Serment desdites Charges és mains du Roy le Ieudy neufiesme Septembre ensuiuant.

Le Mercredy seiziéme iour d'Aoust, mil six cent cinquante-six, Monsieur de Seue a esté continué Preuost des Marchands, & Noble homme Philippes Geruais, Conseiller de ladite Ville, Noble homme Iacques Regnard, Conseiller du Roy au Siege Presidial du Chastelet de Paris, ont esté esleus Escheuins, au lieu des sieurs Heron & Rousseau, & ont lesdits sieurs presté le Serment és mains du Roy; Sa Majesté estant à Compiegne, le Mardy vingt-neufiesme dudit mois.

Le Ieudy seiziesme iour d'Aoust 1657. ont esté esleus Escheuins Maistre Iean de Fauerolles, Conseiller du Roy en ses Conseils, & Tresorier General du Marc d'Or de ses Ordres; & Maistre Iacques Regnard, Sieur de la Nouë & de la Mormaire, Conseiller du Roy & Substitud de Monsieur le Procureur General; au lieu des Sieurs de la Porte & de Santeul, & ont presté le serment desdites charges és mains du Roy, sa Maiesté estant à la Fere, le Lundy vingt-septiesme dudit mois d'Aoust; & ont esté instalez au Bureau de la Ville, le Lundy trentiesme du mesme mois.

Le Vendredy seiziesme iour d'Aoust mil six cent cinquante-huict, Messire Alexandre de Séue a esté continué pour seconde fois Preuost des Marchands: Et pour Escheuins ont esté esleus Nobles hommes Iean le Vieulx, Bourgeois: & Nicolas Baudequin, Conseiller de ladite Ville; & ont ledit iour presté le serment és mains du Roy en son Chasteau du Louure à Paris.

Le Samedy seiziesme Aoust mil six cent cinquante-neuf, Nobles hommes Claude Preuost, Bourgeois; Et Charles du Iour Conseiller du Roy au Siege Presidial du Chastelet de Paris, ont esté esleus Escheuins, au lieu des Sieurs de Fauerolles & Regnard de la Nouë, qui auoient fait leur temps; & ont presté le serment desdites Charges és mains de Monsieur le Chancelier, le quatriéme Septembre audit an, suiuant l'Ordre du Roy, porté en ses Lettres, données à Bourdeaux, le vingt-six dudit mois d'Aoust.

Messire Alexandre de Seue, Cheualier Seigneur de Chastignonuille, & de Chastillon le Roy, Conseiller du Roy en ses Conseils & Direction de ses Finances, Preuost des Marchands, a esté esleu en ladite Charge en troisiesme continuation: Monsieur Maistre Pierre de la Mouche, Conseiller du Roy, & Auditeur en la Chambre des Comptes: Et Noble Iean Helissan Conseiller de la Ville, ont esté esleus Escheuins le Lundy seiziesme iour d'Aoust mil six cent soixante, & ont tous presté le Serment entre les mains du Roy au Louure le Vendredy vingt-septiéme dudit mois.

Maistre Iean de Mouhers, Aduocat en la Cour de Parlement & Maistre Eustache de Fauerolles, Bourgeois, ont esté esleus és charges d'Escheuins; au lieu & place des sieurs Preuost & du Iour, en l'Election faite le seiziesme Aoust 1661. Et le 22. dudit mois lesdits sieurs de Mouhers & de Fauerolles ont presté és mains du Roy le Serment desdites Charges, sa Maiesté estant à Fontaine-bleau.

Le Mercredy seiziesme iour d'Aoust mil six cent soixante-deux, Messire Daniel Voisin, Cheualier, Seigneur de Ville-Bourg, Cerizay, & autres lieux, Conseiller du Roy en ses Conseils d'Estat & Priué, Maistre des Requestes ordinaire de son Hostel, Intendant de la Iustice Police & Finances, & prés des trouppes de sa Maiesté en la Prouince de Champagne, fut esleu Preuost des Marchands, au lieu & place de Messire Alexandre de Seue. Et Messire Pierre Brigalier, Conseiller du Roy en ses Conseils, & son Premier Aduocat en son Chastelet de Paris; Et Noble homme Iean Gaillard Conseiller de Ville, ont esté esleus Escheuins, lesquels ont presté le Serment desdites Charges és mains du Roy, sa Maiesté estant à S. Germain en Laye, le 22. desdits mois & an.

TABLE DES MATIERES CONTENVËS EN CE LIVRE.

D

E

F

G

H

I

L

Fin de la Table des Matieres.

www.ingramcontent.com/pod-product-compliance
Lightning Source LLC
Chambersburg PA
CBHW061954220326
41599CB00019BA/2758